トルコ
イスタンブールとトルコ西北部 P.12~13
トルコ西南部 P.14~15
BULGARIA
GREECE
黒海
エーゲ海
地中海
Dereköy
Kırklâleli
Edirne
エディルネ
İğneada
Demirköy
P192
Babaeski
İpsala
Enez
Keşan
Tekirdağ
テキルダー
Gelibolu Yarımadası
ゲリボル半島
ダーダネルス海峡
マルマラ
ギョクチェ島
Gökçeada
Eceabat
チャナッカレ
Çanakkale
P214
Erdek
Bandırma
ボズジャ島
Bozcaada
トロイ
Truva
世界遺産
Edremit
エドレミット
Ayvacık
アソス
Assos
Ayvalık
アイワルク
レスボス島
ベルガマ
Bergama
P222
Foça
Menemen
チェシメ
Çeşme
İzmir
イズミル
P235
P226
Manisa
Akhisar
Balıkesir
Susurluk
Bursa
ブルサ
P199
イズニック
P196
İnegöl
Bilecik
Söğüt
サカルヤ川
Mudrunu
ボル
Bolu
Eskişehir
エスキシェヒル
P206
ゴルディ
Gordi
Halmancık
Kütahya
キュタフヤ
P205
ウシャク
Uşak
Salihli
Alaşehir
Ödemiş
Afyon
Çay
Akşehir
Selçuk
セルチュク
P236
エフェス
Efes
P242
P246
クシャダス
Kuşadası
Aydın
Nazili
世界遺産
Pamukkale
パムッカレ
P259
プリエネ
Priene
ミレト
Milet
ディディム
Didim
Afrodisias
アフロディスィアス
デニズリ
Denizli
エイルディル湖
P256
ウスパルタ
Isparta
エイルディル
Eğirdir
Burdur
ベイシェヒル湖
Beyşehir
Milas
Yatağan
Muğla
Bodrum
ボドルム
P270
クニドス
Knidos
ダッチャ
Datça
Marmaris
マルマリス
P276
Dalaman
Fethiye
フェティエ
P280
Korkuteli
テルメッソス
Termessos
Antalya
アンタルヤ
Perge
ペルゲ
Aspendos
アスペンドス
マナヴガット
Manavgat
スィデ
Side
アリカンダ
P292
ケメル
Kemer
世界遺産
Letoon
レトゥーン
Xanthos
クサントス
P284
Arykanda
ミュラ
Myra
ファセリス
Faselis
P305
オリンポス
Olympos
アランヤ
Ala
P306
Patara
パタラ
Kalkan
カルカン
Kaş
カシュ
P287
ケコワ島
Kekova Adası
ロードス島
クレタ島
0
300km
26
28
30
32
34
36
38
40
42

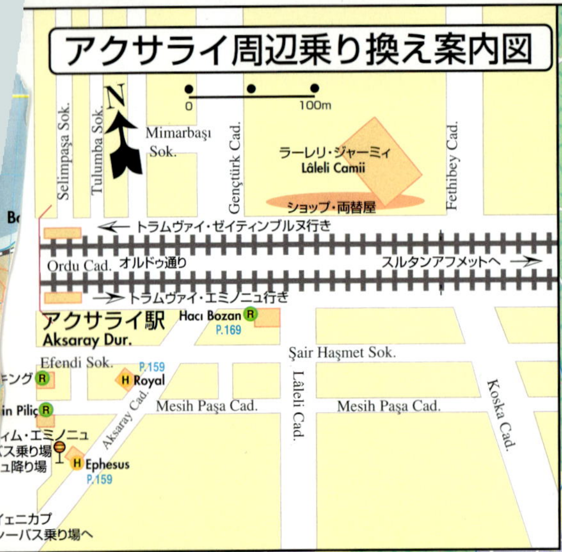

アクサライ周辺乗り換え案内図
N
0
100m
Selimpaşa Sok.
Tulumba Sok.
Mimarbaşı Sok.
Gençtürk Cad.
ラーレリ・ジャーミィ
Lâleli Camii
ショップ・両替屋
Fethibey Cad.
トラムヴァイ・ゼイティンブルヌ行き
Ordu Cad. オルドゥ通り
スルタンアフメットへ
トラムヴァイ・エミノニュ行き
アクサライ駅
Aksaray Dur.
Hacı Bozan R
P.169
Şair Haşmet Sok.
Efendi Sok.
P.159
H Royal
Aksaray Cad.
Mesih Paşa Cad.
Lâleli Cad.
Mesih Paşa Cad.
Koska Cad.
H Ephesus
P.159
イェニカプ
シーバス乗り場へ

アヤズアア
Ayazağa
サルイェル
Sarıyer
チャユルバシュ
Çayrbaşı
タラブヤ
Tarabya
ファーティフの森
Fatih Ormanı
イェニキョイ
Yeniköy
エミルギャン
Emirgân
エミルギャン公園
Emirgân Parkı
アリベイ湖
Alibey Barajı
環状道路
Çevre Yolu
P.141 ファーティフ・スルタン・メフメット大橋
Fatih Sultan Mehmet Köprüsü
ヨルダン総領事館
エティレル
Etiler
ルメリ・ヒサル
Rumeli Hisarı
P.141
Anadolu Hisarı
アナドル・ヒサル
P.142
Gaziosmanpaşa
ガーズィオスマンパシャ
Kâğıthane
キャーウトハーネ
チェリッキテペ
Çeliktepe
日本総領事館
P.135
アクメルケズ
Akmerkez
メジディエキョイ
Mecidiyeköy
Levent
レヴェント
Bebek
ベベッキ
Şişli シシリ
環状道路
アリ・サミ・イェン・スタドゥ
Ali Sami Yen Stadı
İstanbul Edirne Asfaltı
Okmeydanı
オクメイダヌ
P.137
P.162 Dedeman
P.134
オルタキョイ・ジャーミィ
Ortaköy Camii
Barbaros Bul.
P.138
ミニアトゥルク
Miniatürk
Osmanbey
オスマンベイ
ピエール・ロティのチャイハーネ
Pierre Loti Kahvesi
ハルビエ
Harbiye
ベシクタシュ
Beşiktaş
P.132
ユルドゥズ公園
Yıldız Parkı
Çengelköy
チェンゲルキョイ
Bayrampaşa
バイラムパシャ
エユップ・スルタン・ジャーミィ
Eyüp Sultan Camii
P.137
Eyüp
エユップ
ベシクタシュ周辺
P.133
ボスポラス大橋 P.141
Boğaziçi Köprüsü
ベイレルベイ宮殿
Beylerbeyi Sarayı
Kasımpaşa
カスムパシャ
タクスィム
Taksim
P.163
Çırağan Palace
P.131
ドルマバフチェ宮殿
Dolmabahçe Sarayı
P.140
Beylerbeyi
ベイレルベイ
エセンレル・オトガル
エディルネカプ周辺
P.135
ベイオウル
Beyoğlu
ボスポラス海峡
Boğaziçi
Kuzguncuk
クズグンジュック
Fener
フェネル
金角湾
Haliç
Karaköy
カラキョイ
Capitol
キャピトル
Güngören
ギュンギョレン
Topkapı
トプカプ
Adnan Menderes Bul.
城壁
アタテュルク橋
ガラタ橋
P.141
Kız Kulesi
クズ塔
Üsküdar
ユスキュダル
P.139
Altunizade
アルトゥニザーデ
Çamlıca
チャムルジャ
トプカプ
Topkapı
Çevre Yolu
Millet Cad.
P.135
Fatih
ファーティフ
Eminönü
エミノニュ
Sirkeci Garı
スィルケジ駅
Harem ハレム
P.140
Aksaray
アクサライ
Sultanahmet
スルタンアフメット
ハレム・ガラジュ
Acıbadem
アジュバデム
テオドシウスの城壁
Kocamustafapaşa Hamamı
P.51
Yenikapı İst.
イェニカプ駅
Cankurtaran İst.
ジャンクルタラン駅
Selimiye
セリミエ
Ankara Devlet Yolu
Kennedy Cad.
Kumkapı İst.
クムカプ駅
Koca Mustafa Paşa İst.
コジャ・ムスタファパシャ駅
ハイダルパシャ駅
Haydarpaşa Garı
P.139
Zeytinburnu
ゼイティンブルヌ
イェディクレ
Yedikule
P.138
イェディクレ駅
Yedikule İst.
イスタンブール中心部
Kadıköy
カドゥキョイ
ソユトゥリュチェシメ駅
Söğütlüçeşme İst.
Olivium
オリヴィウム
カズルチェシメ駅
Kazlıçeşme İst.
シュクリュ・サラチオウル・スタドゥユム
Şükrü Saraçoğlu Stadyumu
Kızıltoprak İst.
クズルトプラック駅
Zeytinburnu İst.
ゼイティンブルヌ駅
Feneryolu İst.
フェネルヨル駅
Yeni Mahalle İst.
イェニ・マハッレ駅
Crowne Plaza
マルマラ海
Marmara Denizi
N
0
5km
P.140
Bağdat Cad.
バーダット通り
イスタンブール
B
C

地球の歩き方
2007～2008年版

イスタンブールとトルコの大地

地球の歩き方編集室

イスタンブールとトルコの大地

Contents

クリスマス仕様のカッパドキアワイン

ネムルト・ダーゥのジェンデレ橋

スィミット売りの像

銀行のマスコットキャラ

一目瞭然 よくわかる トルコの魅力

イスタンブール

イスタンブール近郊

カラギョズの実演

エーゲ海、地中海沿岸

ハサンケイフの城跡

コンヤのメヴラーナ博物館

トラブゾンのアヤソフィア

本書をご利用になる前に

イスタンブールの夕日

本書は、トルコをじっくり旅する人のためのガイドブックです。初めての滞在でも個人で歩けるよう、交通機関や宿泊施設のデータを重視し、割安なホテルの情報も掲載しています。

写真も豊富に掲載し、見どころの解説にも力を入れましたので、個人で訪れるときはもちろん、ツアー旅行で訪れる際もご活用ください。

取材時期

本書は2006年9～12月の調査をもとに編集しています。具体的で役立つデータを記載していますが、時間の経過とともに変更が出てくることをお含みおきのうえでご利用ください。なお、ラマザン中、またはラマザン明けの祝祭日などは営業時間を短縮したり休業する施設もあります。不定期の休日については記載してありませんので現地でお確かめください。

通貨と為替レート

トルコの通貨は新トルコリラ（イェニ・テュルク・リラス**Yeni Türk Lirası**）で本書では**YTL**（イェー・テー・レーと発音）と表記しました。

また、ホテル料金については**US$**（アメリカドル）、€（ユーロ）での回答があった場合は、その通貨単位で表記しています。バスや船の国際便など、外国通貨で支払うことが要求されている料金は、そのまま指定された通貨で表記してあります。

発行後の更新情報

本書に掲載している情報で、発行後に変更されたものについては、『地球の歩き方』ホームページの「ガイドブック更新情報掲示板」で、可能な限り最新のデータに更新しています（ホテル・レストラン料金の変更は除く）。旅立つ前に、ぜひ最新情報をご確認ください。

inet **support.arukikata.co.jp**

読者投稿について

本書はトルコを旅した読者の投稿を貴重な体験と考え、スペースの許す限り掲載しています。囲み記事、ホテル情報、観光ポイントなど、マークがあり文章の終わりに（　　）で氏名があるものはすべて読者の体験談です。個人の感性やそのときどきの体験が、次の旅行者への指針となるとの観点から、文章はできるだけ原文に忠実に掲載しています。

ネムルトダーゥの山頂

なお、☺はよかった体験、☹はがっかりした体験を表します。

同一ホテルなどに多数情報が寄せられた場合は、好意的な投稿と否定的な体験をマークの数で表記しています。例えば「他投稿＝☺☺☺☹」は掲載の投稿のほかに、よかった体験が3通、よくなかったという意見が1通寄せられたことを意味します。

投稿年の春は2～5月、夏は6～9月、秋は10～11月、12月と1月についてはその旨明記してあります。

博物館、美術館の展示

博物館や美術館では展示物をほかの施設に貸し出したり、補修などのために予告なく非公開とすることがあります。そのため記載されている展示物は変更になることもあります。

掲載情報のご利用にあたって

編集部では、できるだけ最新で正確な情報を掲載するように努めていますが、現地の規則や手続きなどがしばしば変更されたり、またその解釈に見解の相違が生じることもあります。このような理由に基づく場合、または弊社に重大な過失がない場合は、本書を利用して生じた損失や不都合などについて、弊社は責任を負いかねますのでご了承ください。

また、本書をお使いいただく際は、掲載されている情報やアドバイスがご自身の状況や立場に適しているか、すべてご自身の責任でご判断のうえでご利用ください。

トルコ語表記について

本書は、都市名や見どころ、地図中などにトルコ語を併記してあります。地名以外で本書に頻繁に出てくるトルコ語は以下のとおりです。なお、シシ・ケバブ（串焼肉）、チャイ（茶）などの料理名はP.62～69をご覧ください。

●イスラーム関係

ジャーミィCami＝イスラーム寺院
メスジトMescit＝イスラーム寺院
ミンベルMinber＝イスラーム寺院の説教壇
ミフラープMihrap＝イスラーム寺院にあるメッカの方向を示すくぼみ
ミナーレMinare＝イスラーム寺院にある尖塔（光塔）
クルアーンKur'an＝イスラームの経典
メドレセMedrese＝イスラーム神学校
テュルベTürbe＝廟、王侯貴族の墓
キュルリイェKülliye＝ジャーミィやメドレセ、廟が集まった複合建築（コンプレックス）
エザーンEzan＝礼拝の時間を告げる呼びかけ
ラマザンRamazan＝イスラームの暦の第9月に行われる断食

●交通

オトガルOtogar＝長距離バスターミナル（町によってはテルミナルTerminalともいう）
ビレットBilet＝切符
ドルムシュDolmuş＝乗合タクシー、乗合のミニバス
セルヴィスServis＝市内とオトガルや空港を結ぶ無料送迎バス

●そのほか

ハマムHamam＝トルコ式共同浴場
オテルOtel＝ホテル
パンスヨンPansyon＝ペンション
ロカンタLokanta＝レストラン
パスターネPastane＝菓子店

記号、略号説明

住所、地名などの名称、略称

〜 Bul.（Bulvarı＝〜大通り）
〜 Cad.（Caddesi＝〜通り）
〜 Yolu＝〜通り
〜 Sok.（Sokağı＝〜細い通り）
〜 Yok.（Yokuş＝〜坂）
〜 İst.（İstasyonu＝〜駅）
〜 Dur.（Durağı＝〜停留所）
〜 Mah.（Mahallesi＝〜地区）

施設・見どころなどのデータ

✉住所または予約などの宛先
TEL 電話番号　無料 日本国内で利用できる無料電話
FAX ファクシミリ番号
Inet URLアドレス
※http://は省略しています。英語以外のページの場合、表示されている言語を表記しています。日本語のサイトには末尾に●と記してあります。
Mail Eメールアドレス
開 入場時間、開館時間、営業時間など　休 休日　料 料金

アタテュルク公園に建つ慰霊碑

メルスィン　Mersin

市外局番 0324 人口73万3400人

メルスィンは、羊毛、綿などトルコの産物の積み出し港として重要な役割を果たしている、地中海側第1の港町。人口70万人を抱える工業地帯でもあるため、中心地は大変なにぎわいだ。

メルスィンの目抜き通りはイスティクラール通りİstiklâl Cad.。ⓘはアタテュルク公園Atatürk Parkıの東端にある。公園西端の北側にはイチェル博物館İçel Müzesiや博物館になっているアタテュルクの家があり、見学可能。キプロス島へ向かうフェリーの埠頭はⓘのすぐ裏にある。鉄道駅は町の中心にある。オトガルは町の東側にあり、ミニバスが海岸沿いから市内を流している。

■メルスィンへの行き方
●イスタンブールから
バス ハレム発17:00〜23:00に数便
所要：14時間
運賃：40YTL
●アダナから
列車 5:30〜24:00に20分毎
所要：1時間
運賃：3YTL
バス 5:15〜22:30に30分毎
所要：1時間
運賃：2.50YTL
●スィリフケから
バス 5:30〜21:00に頻発
所要：1時間30分
運賃：5YTL

和歌山県の串本にも同じものがある

オスマン帝国海軍遭難慰霊碑

Osmanlı Deniz Kuvveti Şehitler Anıtı
オスマンル・デニズ・クウェーティ・シェヒットレル・アヌトゥ

アタテュルク公園には、オスマン帝国海軍の遭難慰霊碑がある。明治時代に、オスマン朝の軍艦エルトゥールル号は、横浜からイスタンブールを目指して出航したが、暴風雨のため和歌山県沖で遭難し、近くの住民が必死の救助をしたという。犠牲者は581名にものぼったが、その話は両国の友好関係のきっかけとして今も語り継がれている。和歌山県串本にも同様の碑がある。1996年末には両国の友好を記念して串本通りKushimoto Sok.という名を付けた通りができた。

メルスィン

302

聖パウロの故郷

タルスス

Tarsus タルスス

クレオパトラ門

タルススはアダナとメルスィンの中間にある都市で、聖パウロの故郷としても知られる。聖パウロはタルススで生まれ、キリスト教徒の迫害に加わるなかで回心し、自身もキリスト教徒となった人。タルススの旧市街の一角にはパウロゆかりとされる井戸が残っており、井戸の水は聖なる水といわれた。現在は井戸の遺跡周辺はきれいに整備されている。

■タルススへの行き方
T.O.Kトック社のバスが便利。他社のバスだと幹線道路沿いで降ろされ、町の中心までは徒歩。
■聖パウロの井戸
地図外
町の中心の広場を背に通りを西に進み、最初の道2705Sok.を左に入り、道なりに進む。
✉Tarsus Sok.
開9:00〜16:30　休無休
料2YTL

ホテル

メルスィンはホテルの多い町だから宿探しは簡単だ。中・高級ホテルは魚市場近く、ギョクハン・ホテルの周辺に集中している。イスティクラール通り沿い、海沿いにもホテルがいくつかある。オトガル周辺の便利なエリアにも安いホテルや中級ホテルが密集している。

タクスィム・インターナショナル Taksim International　最高級　Map P.302A
✉Hastane Cad.
TEL(0324)336 1010
FAX(0324)336 0722
Inet www.taksimotelcilik.com.tr
無料なし
S AC 90US$
W AC 110US$
US$ € YTL
T/C US$
C/C Ⓐ Ⓓ Ⓜ Ⓥ
●町のどこからでもよく目立つ高さ157mの建物。このビルはトルコで一番高い52階建てで、247室の大型ホテルだ。プールやハマム、フィットネスクラブなどの設備ももちろん充実している。46階にあるバーはTaksimbarとなってリニューアルされた。メルスィンの夜景を楽しみながら優雅な夜を過ごせる。

ギョクハン Hotel Gökhan　中級　Map P.302A
✉Soğuksu Cad.No.22
TEL(0324)237 4462
FAX(0324)232 4665
無料なし
S AC 40US$
W AC 75US$
US$ € YTL
T/C不可 C/C不可
●魚市場の近くにある。このあたりには中級クラスの手頃なホテルが並んでいるが、そのなかでも評価の高い2つ星。部屋は広々としていて清潔で、設備も充実している。朝食サロンやバーもよい造りだ。左は公式料金で、実際はS25US$、W30US$ほど。

レストラン

メルスィンの名物はメルスィン・タントゥニと呼ばれる肉料理。レストランは市中心部に何軒もあるが、店頭で細切りの肉を炒めているからすぐわかる。パンに挟んでもらって軽食として食べてもいいし、野菜と一緒におかずにしてもとてもおいしい。

庶民的 トルコ料理　Map P.305
Anadolu Sofrası
✉İnönü Cad.Doruk Dersanesi Altı 135/C No.3
TEL(0322)363 3998
FAXなし
開7:00〜22:30　休無休
YTL　C/C Ⓜ Ⓥ
い、アクデニズ・ホテルの斜め向かいにある。煮込みやケバブ、メイン料理なら何を頼んでも5YTLぐらい。ピラウは2YTL。タントゥル・ケバブなどもある。おすすめはベイティ10YTL（2人前）。シャルガムスユは1YTL。

303

アクセス

✈航空機
列車
バス
タクシー
フェリー

地図中の記号

Ⓗ宿泊施設　Ⓡ飲食施設
Ⓢショップ、旅行代理店
ⓘ観光案内所
Ptt 郵便電信電話局
THY トルコ航空　バス停
バスターミナル
Ⓜメトロ駅（イスタンブール）
シーバス乗り場

庶民的 トルコ料理

酒類を出すレストラン（レストランによってはラマザン中は酒類を出さないこともある）。このマークがない店は原則として酒類を提供しない。

支払い方法

現金
YTL（新トルコリラ）　JPY（日本円）　€（ユーロ）
£（イギリスポンド）　US$（アメリカドル）
T/C トラベラーズチェック
C/C クレジットカード
Ⓐアメリカン・エキスプレス
Ⓓダイナース
ⒿJCB
ⓂMasterCard
ⓋVISA

ホテルの部屋、設備のデータ

D ドミトリー　S シングルルーム
W ダブルまたはツインルーム（料金は部屋あたり）
A/C 部屋にエアコン付き
部屋にトイレ付き　共同トイレまたはトイレなし
部屋にシャワー付き
共同シャワーまたはシャワーなし
部屋にバスタブ付きのシャワールームあり
部屋にバスタブ付きのシャワールームなし
宿泊料金に朝食が込み
宿泊料金に朝食は含まれない

ジェネラル インフォメーション

正式国名

トルコ共和国　**Türkiye Cumhuriyeti**
（テュルキイェ・ジュムフリイェティ）

国旗

赤地に白の星と月の星月旗。トルコ語でアル・バイラック**Al Bayrak**。通称アイ・ユルドゥズ**Ay Yıldız**ともいう。

国歌

独立行進曲　**İstiklâl Marşı**
イスティクラール・マルシュ

面積

81万4758km²（日本の2倍強）

人口

7041万3958人（2006年）

首都

アンカラ　**Ankara**
人口340万人（2004年）

元首

アフメット・セゼル大統領
Ahmet Sezer

政体

共和制

民族構成

トルコ人、クルド人など

宗教

イスラーム99％

言語

トルコ語が公用語。南東部ではクルド語も広く日常的に話される。シリア国境近くではアラビア語も話される。

通貨と為替レート

トルコの通貨単位は新トルコリラ（YTL、イェニ・テュルク・リラス**Yeni Türk Lirası**）が新通貨。補助単位はイェニ・クルシュ**Yeni Kuruş**（**YKr**）で、**1YTL＝100YKr**。

1YTL≒82円（2006年12月18日現在）、1円＝1.2YKr。

紙幣は100YTL、50YTL、20YTL、10YTL、5YTL、1YTL。硬貨は1YTL、50YKr、25YKr、10YKr、5YKr、1YKr。

トルコをひとりで旅するキーワード ⇒ **P.28**
通貨と両替 ⇒ **P.471**

おもな祝祭日

- ●新年　1/1
- ●クルバン・バイラム※　12/20～23（2007年）
- ●独立記念日、子供の日　4/23
- ●アタテュルク記念日、青少年とスポーツの日　5/19
- ●勝利の日　8/30
- ●共和国の日　10/29
- ●シェケル・バイラム※　10/12～14（2007年）

※印は年によって変わる移動祝祭日

暦と祝祭日 ⇒ P.474

伝統舞踊は観光地で実演される

ビジネスアワー

以下は一般的な営業時間の目安。冬のラマザン期間中は日没で閉めることが多い。

銀行　平日8:30～12:00　13:30～17:00。休日は土・日曜、祝日。

博物館　平日8:30～17:00。月曜閉館。

デパートやショップ　9:30～19:00頃。

レストラン　9:00～23:00頃。ラマザン中は閉店するところもある。

暦と祝祭日 ⇒ P.474

営業中はアチュックという

電圧とプラグ

電圧は220Vで周波数50Hz、プラグは2本足のCタイプがメイン。日本国内の電化製品はそのままでは使えないので、変圧器が必要。

生活習慣 ⇒ P.475

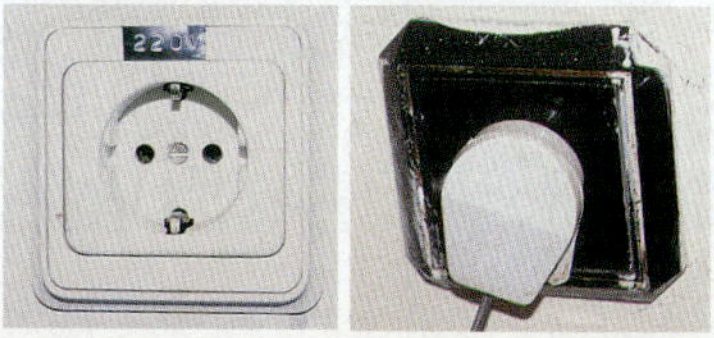

コンセントとプラグ

ビデオ方式

トルコのテレビ・ビデオ方式はPAL。日本やアメリカの方式（NTSC方式）とは異なる。一般的な日本国内用のビデオデッキでは再生不可能なので、ソフト購入時には確認しよう。また、DVDはリージョンコードは2で日本と同じだが、ビデオと同様に方式が異なるため、一般的な家庭用DVDプレーヤーでは再生できない。

チップ

トルコではチップの習慣はなく、必ずしもチップは必要ではない。また、レストランやホテルなどの料金にはサービス料が含まれていることがある。しかし、快いサービスを受けたときには、以下の相場を参考にして、スマートにチップを渡してみたい。大型ホテルでは、サービス料、KDV（付加価値税）が別料金というケースが多い。

タクシー　おつりの小銭をチップとする。

レストラン　庶民的な店では必要ないが、少し高級なところなら10％ぐらいを置いていく。

ホテル　ベルボーイやルームサービスに対しては1～5YTL。

フロントのスタッフ

トイレ　町なかの公衆トイレやジャーミィのトイレ、バスターミナルやドライブインなどのトイレは有料のことが多い。料金はたいてい入口に書かれているが、0.50～1YTL。

生活習慣 ⇒ P.475

有料トイレの表示

ハマム　アカすりやマッサージをしてくれた人に対し、1～2YTL。

トルコ風エステはハマムにあり ⇒ P.50

水

夏は必携！

水道水は大都市での飲用は不可。どの町でも入手しやすいので、旅行者はミネラルウオーターを飲むのが無難。500mℓで0.50YTLほど。多くの銘柄があるのでいろいろ試してみよう。

気候

国土が広いため、地方によって気候や降水量の差が激しい。一般的に夏は雨が少なく、乾燥しており。海岸部では蒸し暑い。冬期は曇りが多く、よく雨が降る。東部の高原地帯では積雪もある。

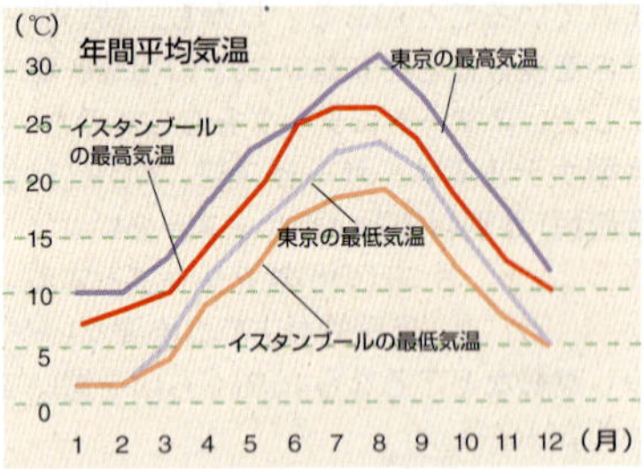

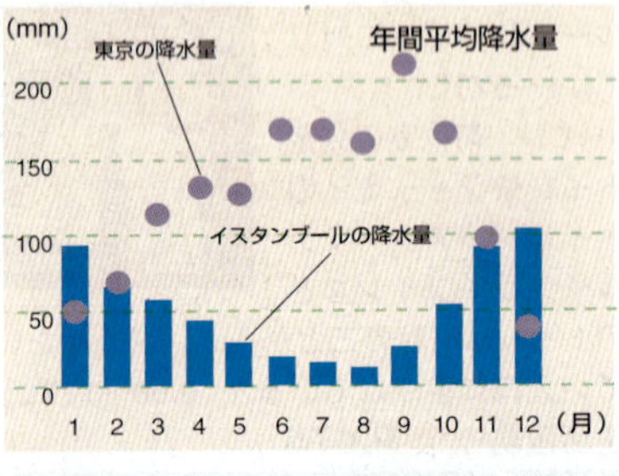

●イスタンブールと東京の気温＆降水量
※イスタンブールのデータは、International Station Meteorological Climate Summary、東京のデータは東京管区気象台による。

日本からのフライト時間

日本からイスタンブールまでは約12時間。現在トルコ航空の直行便と日本航空（トルコ航空とのコードシェア便）が運航している。成田空港からイスタンブールへは週4便。関西空港からの便は週2便。ほかにもアムステルダムやフランクフルトなど、ヨーロッパ経由の便が多数ある。

出国と入国 ⇨ P.467

時差とサマータイム

トルコと日本の時差は7時間で、日本時間から7を引けばよい。つまり、日本の8:00がトルコでは深夜の1:00となる。サマータイム実施中の時差は6時間。サマータイム実施期間は、通常は3月の最終日曜深夜1:00から10月の最終日曜の深夜1:00。

郵便

郵便局はトルコ語でPTT（ペー・テー・テー）と呼ばれる。営業時間は月～金曜8:30～17:30。土・日曜は休み。大都市の中央郵便局は24:00まで営業しているところもある。日本へのエアメールの場合、
ハガキは0.80YTL
封書は50gまで1.25YTL
100gまで1.70YTL

郵便と電話 ⇨ P.473

イスタンブール、スィルケジのPTT

入出国

ビザ　観光目的の旅であれば、通常は3ヵ月以内の滞在についてビザは不要。

パスポート　パスポートの有効残存期間は滞在日数＋6ヵ月以上あること。

入国カード　トルコ入国にあたって入国カード記入の必要はない。

出国と入国 ⇨ P.467

アタテュルク空港の到着ホール

電話のかけ方

郵便と電話 ⇒ P.473

●日本への電話のかけ方

00(国際電話認識番号) + 81(日本の国番号) + 相手先の電話番号(市外局番の最初の0は取る)

●日本からの電話のかけ方

001(KDDI)※1 0033(NTTコミュニケーションズ)※1
※1 マイラインの国際区分に登録している場合は不要。
詳細は inet www.myline.org
005345 (au)※ 009130 (NTTドコモ)※2
0046 (ソフトバンクモバイル)※3
※2 NTTドコモは事前登録が必要。
※3 ソフトバンクモバイルは事前登録が必要。
0046をダイヤルしなくてもかけられる。

+ 010 + 90 トルコの国番号 + 相手先の電話番号(市外局番の最初の0は取る)

※auは010不要

●現地での電話のかけ方

市内通話は( )内に書かれた市外局番をはずして番号をかける。
市外通話は( )内に書かれた番号を、0を含めてかける。

税金

トルコではほとんどの物品に18%のKDV(付加価値税)がかかっている。

免税の対象店で買い物をしたときには書類を作成してもらい、出国地の税関で申請することで、払い戻しができる。ちなみに戻ってくるのは買い物で支払った代金。ホテルや飲食など現地で受けたサービスについては還付されない。

トラブル

空港　観光案内所のスタッフを装い、巧みな日本語や英語で観光客をだまし、スルタンアフメット地区の悪徳旅行会社や絨毯屋、それらと関係の深いホテルに連れていき、巧妙にお金をだまし取る。

初日に現れるイスタンブールの客引き ⇒ P.101

空港バス　市内行きのバスの中で日本語や英語で話しかけ、スルタンアフメット地区の悪徳旅行会社や絨毯屋に連れていき、高額な買い物をさせる。

初日に現れるイスタンブールの客引き ⇒ P.101

睡眠薬強盗　外国人旅行者を装い、仲よくなってから飲食物に睡眠薬を入れ、身ぐるみはがす。

悪徳タクシー　有名観光地で客待ちをし、法外な料金を要求したり、回り道をする。

偽警官　言葉巧みに観光客に近づき、身体検査などと称して金品を奪う。

緊急時は【警察】TEL155【救急車】TEL122【火事】TEL110

旅のトラブル ⇒ P.484

年齢制限

トルコでは18歳未満の酒類とタバコの購入は不可。

また、レンタカーは年齢制限があり(25歳から60歳、というレンタカー会社もある)、身分証明書代わりにクレジットカードの提示を要求される。カードを持っていない場合はかなりのデポジット(預託金)が必要となる。

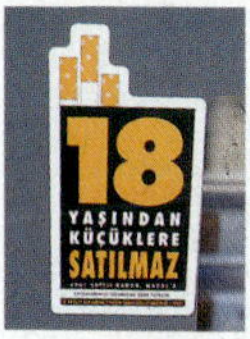

タバコは18歳から

度量衡

メートル法を採用している。%の表示の場合、%の記号は前に来て、ユズデ〜と読む。%30はユズデオトゥズとなる。

在外公館

在アンカラ日本大使館
Japonya Büyük Elçiliği
✉Reşit Galip Cad. No.81, Gazi Osmanpaşa, Ankara
TEL (0312) 446 0500
FAX (0312) 437 1812
inet www.tr.emb-japan.go.jp

在イスタンブール日本総領事館
Japonya Başkonsolosluğu
✉Tekfen Tower 10th floor, Büyükdere Cad. No.209, 4. Levent
TEL (0212) 317 4600
FAX (0212) 317 4604
inet www.istanbul.tr.emb-japan.go.jp/index_j.html

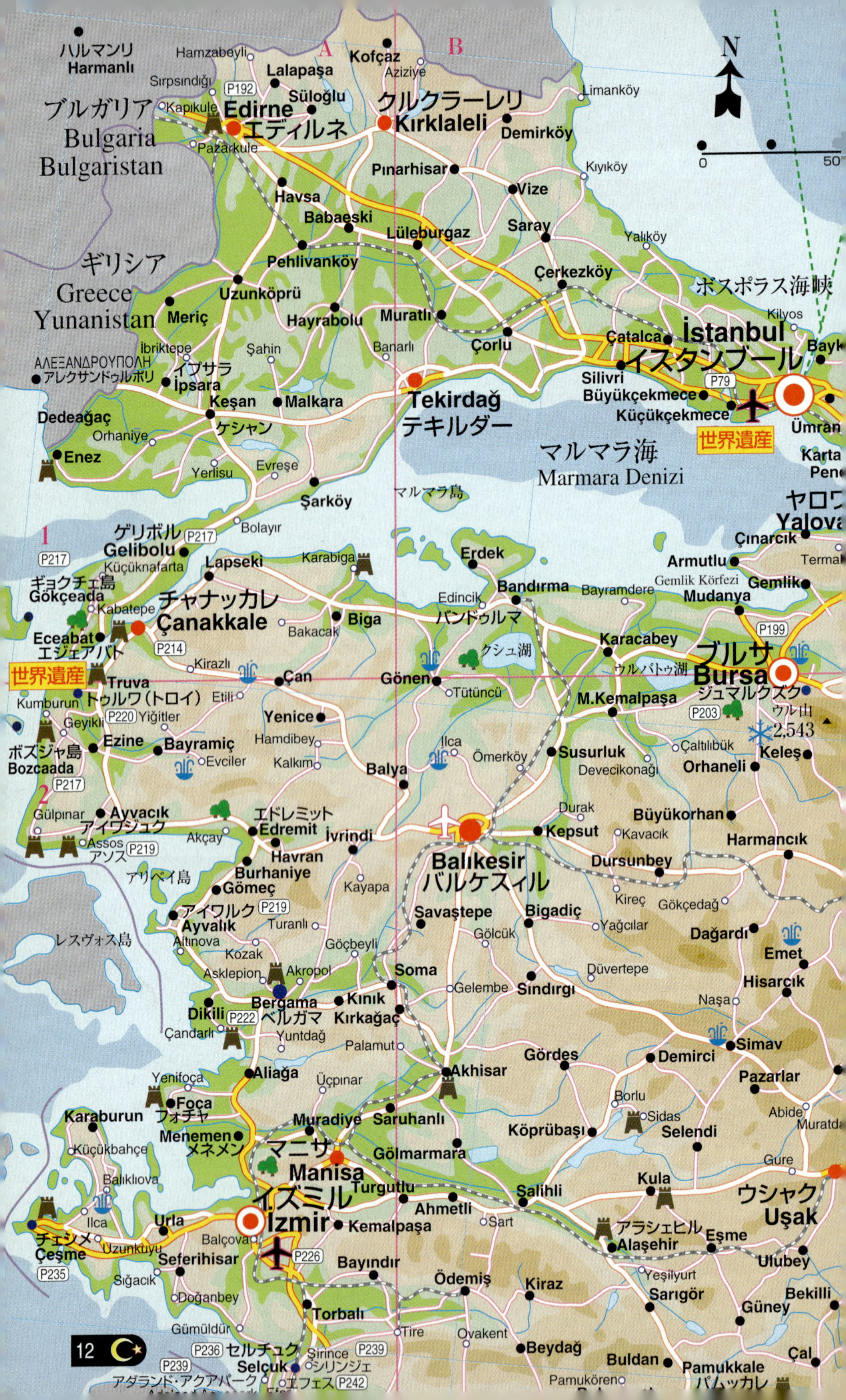

ハルマンリ
Harmanlı
Hamzabeyli
A
B
Kofçaz
Aziziye
Lalapaşa
Sırpsındığı
P192
Süloğlu
ブルガリア
Bulgaria
Bulgaristan
Kapıkule
Edirne
エディルネ
クルクラーレリ
Kırklareli
Limanköy
Demirköy
Pazarkule
Pınarhisar
Kıyıköy
N
0
50
Havsa
Vize
Babaeski
Lüleburgaz
Saray
Yalıköy
ギリシア
Greece
Yunanistan
Pehlivanköy
Çerkezköy
Uzunköprü
ボスポラス海峡
Meriç
Hayrabolu
Muratlı
Kilyos
Banarlı
Çorlu
Çatalca
İstanbul
İbriktepe
Şahin
イスタンブール
ΑΛΕΞΑΝΔΡΟΥΠΟΛΗ
アレクサンドゥルポリ
イプサラ
İpsara
Silivri
P79
Büyükçekmece
Tekirdağ
Keşan
Malkara
Küçükçekmece
ケシャン
テキルダー
Ümran
Dedeağaç
Orhaniye
世界遺産
マルマラ海
Marmara Denizi
Enez
Evreşe
Yerlisu
Şarköy
マルマラ島
ヤロワ
Yalova
ゲリボル
P217
Bolayır
1
Gelibolu
Çınarcık
P217
Erdek
Armutlu
Küçüknafarta
Lapseki
Karabiga
Gemlik Körfezi
Gemlik
ギョクチェ島
Gökçeada
Bandırma
Bayramdere
Mudanya
チャナッカレ
Edincik
Kabatepe
Çanakkale
Biga
バンドゥルマ
Eceabat
Bakacak
P199
エジェアバト
Karacabey
P214
クシュ湖
ブルサ
世界遺産
Kirazlı
ウルバトゥ湖
Bursa
Truva
Çan
Gönen
Kumburun
トゥルワ(トロイ)
Etili
Tütüncü
M.Kemalpaşa
ジュマルクズク
P220
Yiğitler
P203
ウル山
Geyikli
Yenice
2,543
ボズジャ島
Ezine
Bayramiç
Hamdibey
Ilca
Çaltılıbük
Keleş
Bozcaada
Evciler
Kalkım
Ömerköy
Susurluk
Orhaneli
P217
Balya
Devecikonağı
2
Durak
Büyükorhan
Gülpınar
Ayvacık
エドレミット
アイワジュク
Edremit
Kepsut
Kavacık
Harmancık
Assos
P219
Akçay
İvrindi
アソス
Havran
Balıkesir
Dursunbey
アリベイ島
Burhaniye
バルケスィル
Gömeç
Kayapa
Kireç
Gökçedağ
アイワルク
P219
Savaştepe
Bigadiç
Ayvalık
Turanlı
Gölcük
Yağcılar
Dağardı
レスヴォス島
Altınova
Göçbeyli
Emet
Kozak
Soma
Düvertepe
Asklepion
Akropol
Hisarcık
Gelembe
Sındırgı
Bergama
Kınık
Naşa
Dikili
P222
ベルガマ
Kırkağaç
Çandarlı
Yuntdağ
Simav
Palamut
Gördes
Demirci
Yenifoça
Aliağa
Akhisar
Pazarlar
Üçpınar
Foça
Borlu
Abide
Karaburun
フォチャ
Muradiye
Saruhanlı
Sidas
Muratdağı
Menemen
Köprübaşı
Selendi
Küçükbahçe
メネメン
マニサ
Gölmarmara
Manisa
Gure
Balıklıova
Turgutlu
Kula
イズミル
ウシャク
Ilıca
Salihli
Uşak
Urla
Ahmetli
İzmir
Sart
アラシェヒル
チェシメ
Kemalpaşa
Eşme
Çeşme
Uzunkuyu
Balçova
Alaşehir
Seferihisar
P226
Ulubey
P235
Bayındır
Sığacık
Yeşilyurt
Ödemiş
Kiraz
Doğanbey
Sarıgör
Bekilli
Torbalı
Güney
Gümüldür
Tire
Ovakent
Beydağ
Çal
12
P236
セルチュク
Şirince
P239
Selçuk
シリンジェ
Buldan
Pamukkale
P239
アダランド・アクアパーク
エフェス
P242
Pamukören
パムッカレ

トルコ西北部
P12～13
P17
P18～19
P14～15
P16
C
D
標高
4000
3000
2000
1500
1000
500
200
100
0
-200
凡例
国境
幹線道路
道路
鉄道
航路
河川
湖
湿地
塩湿地
国際空港
空港
首都
遺跡・旧跡
スキー場
国立公園
温泉
P000 掲載ページ
県庁所在地
掲載都市、主要都市
その他の市町村
Amasra
アマスラ
Kuru
Ulus
バルトゥン
Bartın
Hisarönü
ゾングルダク
Zonguldak
Kozlu
Gökçebey
Ereğli
Aalplı
Devrek
Yenice
Eyerci
Mengen
Yığılca
Konuralp
アクチャコジャ
Akçakoca
Kocaali
Cumaova
Düzce
デュズジェ
ボル
Bolu
Yeniçağa
Gerede
Dörtdivan
シレ
Şile
Teke
Ağva
Kerpe
Kefken
Kandıra
Karasu
Kaynarca
Ferizli
Söğütlü
Gebze
Hereke
イズミット
Izmit
アダパザル
Adapazarı
Hendek
Körfez
Karamürsel
Gölcük
Akyazı
Karapürcek
Pamukova
P196
イズニック湖
イズニック
İznik
Abant Gölü
Dukurcun
Çavuşdere
Taraklı
Göynük
Mudurnu
Seben
Kıbrıscık
Çamlıdere
Kızı
Yenişehir
Osmaneli
Gölpazarı
Çalıçalan
Kabaca
Karaşar
ビレジッキ
Bilecik
Kuyubaşı
Himmetoğlu
Yenipazarı
Çeltikci
Nallıhan
Urus
Güdül
negöl
Söğüt
İnhisar
Sarıcakaya
ソユト
Mihargazi
Sakar
Baraj Tesisleri
Beypazarı
Oylat
Pazaryeri
Kirbaşı
Yenikent
Bozüyük
Domaniç
Dodurga
İnönü
エスキシェヒル
Alpu
Mihalıççık
Ayaş
Sincan
Ilca
P206
Eskişehir
Yukarıdeağacı
Yunusemre
P376
Köprüören
Hamdiye
Beylikova
ゴルディオン
Gordion
Temelli
Sabuncu
セイトガーズィー
Seyitgazi
Kaymaz
Alayurt
Mahmudiye
Sivrihisar
Polatlı
ポラットル
キュタフヤ
Kütahya
P205
Han
Çifteler
Yenimehmetli
Haymana
Kırka
Yazılıkaya
ミダスモニュメント
Günyüzü
Çavdarhisar
Kümbet
Umraniye
Balıhisar
Aslanapa
Aslankaya
Aslantaş
Altıntaş
Döğer
Çal
Ayazin
Gömü
Dumlupınar
Bayat
İhsaniye
Emirdağ
Çeltik
Kelhasan
Gazlıgöl
Davulga
İscehisar
Sincanlı
Yunak
Sülüklü
Banaz
Çobanlar
Bolvadin
Koçyazı
Hocalar
アフヨン
Afyon
Sivaslı
Şuhut
Çay
Turgut
Kaplıca
Sandıklı
Sultandağı
アクシェヒル湖
Tuzlukçu
arahallı
Çivril
Kızılören
Haydarlı
Dombayova
Yalvaç
Akşehir
Argıthanı
Reis
Ilgın
Kadınhanı
Evciler
Dinar
Şenirkent
Yenice
Bal
Koz
Ciha
Ahil
Sirk
Pa

トルコ西南部
Assos アソス P219
Havran
Burhaniye
Gömeç
アリベイ島
Balıkesir バルケスィル
Dursunbey
Harmancık
Kayapa
Kireç
Gökçedağ
アイワルク P219
Ayvalık
Turanlı
Savaştepe
Bigadiç
Yağcılar
Gölcük
Dağardı
Emet
レスヴォス島
Altınova
Kozak
Göçbeyli
Soma
Düvertepe
Hisarcık
Asklepion
Akropol
Bergama ベルガマ
Kınık
Gelembe
Sındırgı
Naşa
Dikili P222
Kırkağaç
Çandarlı
Yuntdağ
Simav
Palamut
Gördes
Demirci
Pazarlar
Yenifoça
Aliağa
Üçpınar
Akhisar
Borlu
Sidas
Abide
Karaburun
Foça フォチャ
Saruhanlı
Köprübaşı
Selendi
Muradiye
Menemen メネメン
マニサ
Küçükbahçe
Gölmarmara
Manisa
Gure
Balıklıova
Turgutlu
Kula
イズミル
Izmir
Salihli
Ahmetli
ウシャク
Uşak
Ilca
Urla
Kemalpaşa
Sart
アラシェヒル
Alaşehir
Eşme
チェシメ
Çeşme
Uzunkuyu
Balçova
P226
Seferihisar
P235
Bayındır
Ödemiş
Ulubey
Sığacık
Doğanbey
Kiraz
Yeşilyurt
Sarıgöz
Torbalı
Güney
Gümüldür
Tire
Ovakent
P236 セルチュク
Şirince
P239
Beydağ
Buldan
Selçuk
シリンジェ
P239
アダランド・アクアパーク
Adaland Aquapark
エフェス P242
Efes
Pamukkale パムッカレ
Pamukören
Buharkent
Akköy
サモス島
クシャダス
Germencik
P246 Kuşadası
İncirliova
ナーズィルリ
Nazilli
Kuyucak
Sarayköy P259
Priene プリエネ
Söke ソケ
Koçarlı
Aydın アイドゥン
カラジャス
Babadağ
世界遺産
Karacasu
デニズリ
Denizli
Kaklık
カクルック
P250
Milet ミレト P251
Bozdoğan
アフロディスィアス
Karpuzlu
Çine
Kapıkırı
P253
Afrodisias (Geyre)
Çamlık
P263
Tavas
Yenihisar
Akbük
ディディム
Didim
Göktepe
Serinhisar
Turgut
Kıyıkışlacık
Kavaklıdere
Kale
Acıpayam
P252
Milas ミラス
Yatağan
ムーラ
Muğla
Beyağaç
Yalıkavak
P270
Gümüşlük
ボドルム
Bodrum
Ören
Ula
Gölhisar
P278
Köyceğiz
キョイジェイズ
Çameli
コス島
Körmen
マルマリス
カウノス
Kaunos
Knidos
ダッチャ
Dalyan ダルヤン P278
クニドス
Datça
Marmaris
Ortaca
P275
P275
Hisarönü
P276
Üzümlü
Söğüt
ダラマン
Dalaman
P280
フェティエ
Fethiye
Kemer
Yakaköy
P282 オリュデニズ Ölüdeniz
Çamurköy
P12〜13
P17
P18〜19
P14〜15
P16
P285 レトゥーン Letoon
クサントス Xanthos
サクルケント
Saklıkent
世界遺産 P284
Kınık P283
ロドス島
P286 Patara パタラ
Kalkan カルカン
P289
N
0
50Km
A
B
1
2

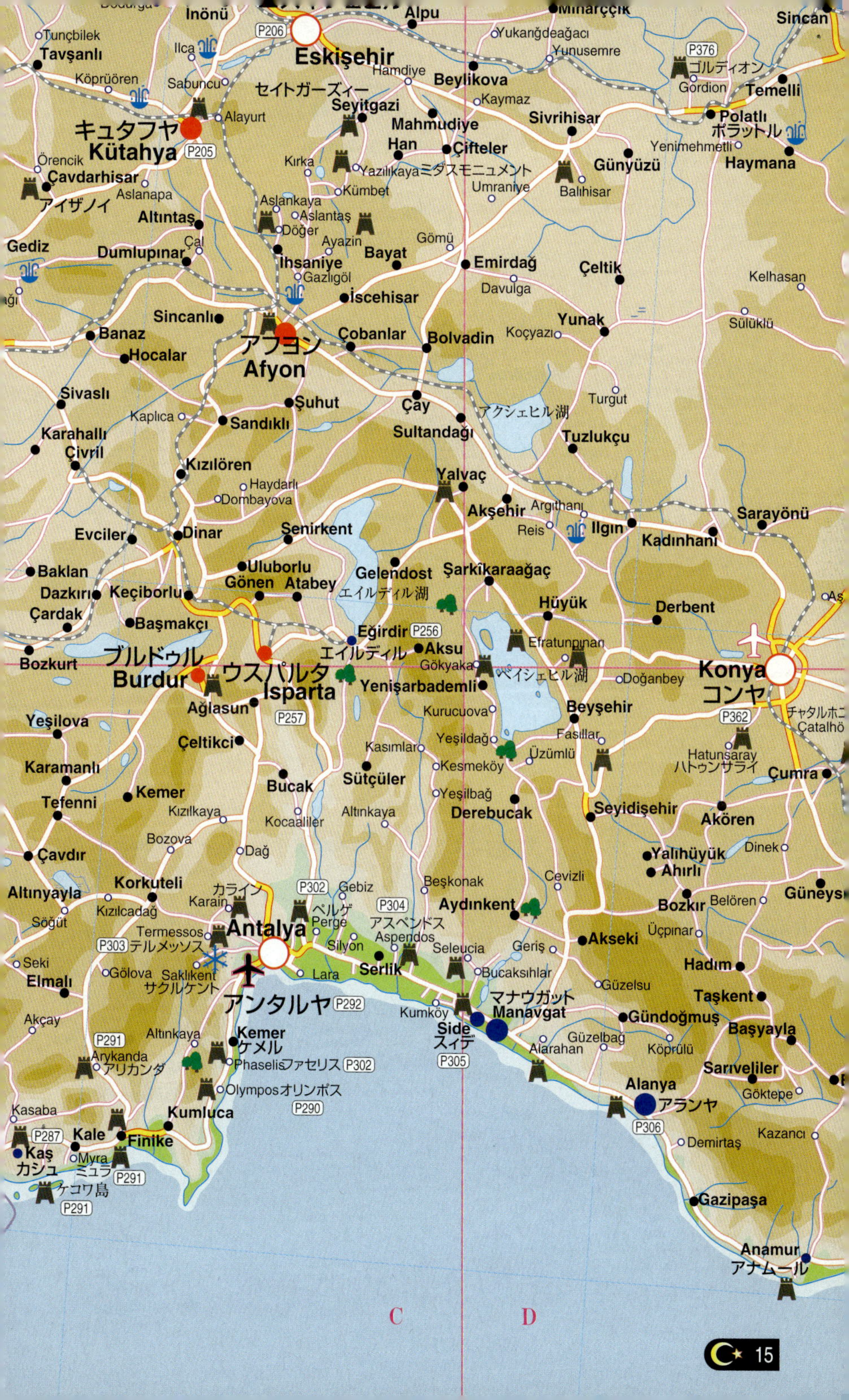

İnönü
Alpu
Minarççik
Sincan
Tunçbilek
P206
Eskişehir
Yukarıdeağacı
Yunusemre
P376
Tavşanlı
Ilıca
Hamdiye
Beylikova
ゴルディオン
Gordion
Temelli
Köprüören
Sabuncu
セイトガーズィー
Kaymaz
Seyitgazi
Sivrihisar
Polatlı
ポラットル
Alayurt
Mahmudiye
キュタフヤ
Kütahya
P205
Han
Çifteler
Yenimehmetli
Haymana
Örencik
Kırka
Yazılıkaya
ミダスモニュメント
Günyüzü
Çavdarhisar
Kümbet
Umraniye
Balıhisar
アイザノイ
Aslanapa
Aslankaya
Aslantaş
Altıntaş
Döğer
Gediz
Çal
Ayazin
Gömü
Dumlupınar
Bayat
Emirdağ
Çeltik
İhsaniye
Gazlıgöl
Kelhasan
Davulga
İscehisar
Sülüklü
Sincanlı
Yunak
Banaz
アフヨン
Çobanlar
Bolvadin
Koçyazı
Hocalar
Afyon
Şuhut
Turgut
Sivaslı
Çay
アクシェヒル湖
Kaplıca
Sandıklı
Sultandağı
Karahallı
Tuzlukçu
Çivril
Kızılören
Yalvaç
Haydarlı
Dombayova
Akşehir
Argıthanı
Sarayönü
Reis
Ilgın
Evciler
Dinar
Şenirkent
Kadınhanı
Baklan
Uluborlu
Gelendost
Şarkîkaraağaç
Dazkırı
Keçiborlu
Gönen
Atabey
エイルディル湖
Çardak
Hüyük
Derbent
Başmakçı
Eğirdir
P256
Efratunpınar
Bozkurt
ブルドゥル
Aksu
エイルディル
Konya
Burdur
ウスパルタ
Gökyaka
ベイシェヒル湖
Doğanbey
Isparta
Yenişarbademli
コンヤ
Ağlasun
P257
Kurucuova
Beyşehir
Yeşilova
P362
チャタルホユック
Çatalhöyük
Yeşildağ
Fasıllar
Çeltikçi
Kasımlar
Üzümlü
Hatunsaray
ハトゥンサライ
Karamanlı
Kesmeköy
Çumra
Bucak
Sütçüler
Kemer
Yeşilbağ
Tefenni
Seyidişehir
Kızılkaya
Altınkaya
Derebucak
Akören
Kocaaliler
Bozova
Dinek
Çavdır
Dağ
Yalıhüyük
Ahırlı
Cevizli
Korkuteli
カライン
Gebiz
Beşkonak
Altınyayla
Karain
P302
Aydınkent
Bozkır
Belören
Güneysınır
ペルゲ
Kızılcadağ
Perge
P304
Söğüt
Termessos
アスペンドス
Üçpınar
Antalya
Aspendos
Akseki
P303
テルメッソス
Silyon
Seleucia
Geriş
Seki
Hadım
Gölova
Saklıkent
サクルケント
Serik
Bucaksıhlar
Elmalı
Lara
Güzelsu
マナウガット
Taşkent
アンタルヤ
P292
Kumköy
Manavgat
Gündoğmuş
Akçay
Side
Güzelbağ
Başyayla
スィデ
Köprülü
P291
Altınkaya
Kemer
ケメル
Alarahan
P305
Arykanda
アリカンダ
Phaselis
ファセリス
P302
Sarıveliler
Alanya
Olympos
オリンポス
Göktepe
アランヤ
P290
Kasaba
Kumluca
P306
Kale
P287
Finike
Demirtaş
Kazancı
Kaş
Myra
カシュ
ミュラ
P291
ケコワ島
P291
Gazipaşa
Anamur
アナムール
C
D

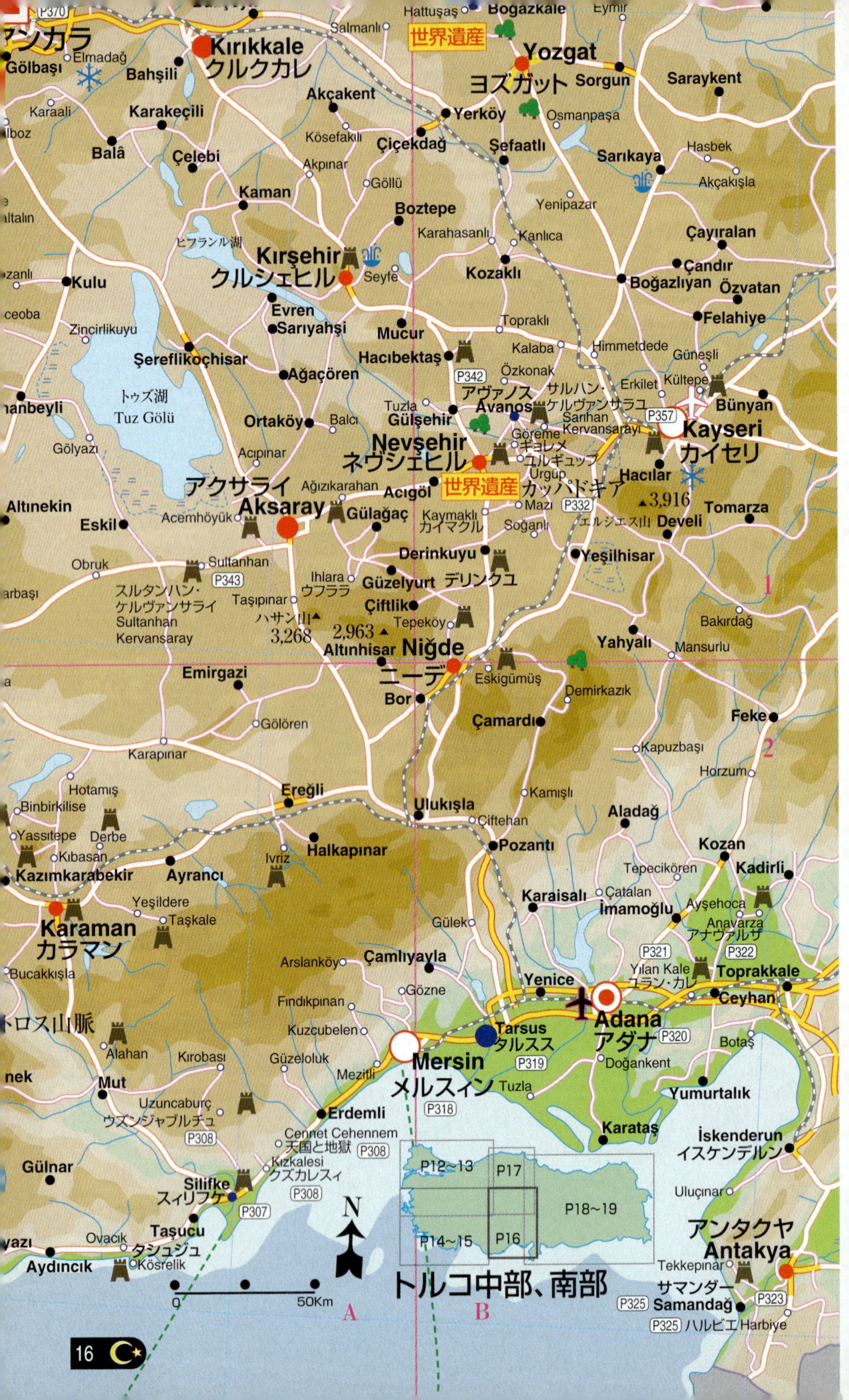

トルコ中部、南部
P12~13
P17
P14~15
P16
P18~19
N
0
50Km
A
B
1
2
アンカラ
Gölbaşı
Elmadağ
Kırıkkale
クルクカレ
Bahşili
Karaali
Karakeçili
Balâ
Çelebi
Kaman
ヒフランル湖
Kırşehir
クルシェヒル
Seyfe
Evren
Sarıyahşi
Kulu
Zincirlikuyu
Şereflikoçhisar
Ağaçören
トゥズ湖
Tuz Gölü
Gölyazı
Ortaköy
Balcı
Acıpınar
アクサライ
Aksaray
Ağızıkarahan
Acemhöyük
Altınekin
Eskil
Obruk
Sultanhan
P343
スルタンハン・
ケルヴァンサライ
Sultanhan
Kervansaray
Taşpınar
ハサン山
3,268
2,963
Altınhisar
Emirgazi
Gölören
Karapınar
Hotamış
Binbirkilise
Yassıtepe
Derbe
Kıbasan
Kazımkarabekir
Ayrancı
Ereğli
Halkapınar
Ivriz
Yeşildere
Taşkale
Karaman
カラマン
Bucakkışla
トロス山脈
Alahan
Kırobası
Mut
Uzuncaburç
ウズンジャブルチュ
P308
Gülnar
Silifke
スィリフケ
P307
Taşucu
タシュジュ
Ovacık
Kösrelik
Aydıncık
Hattuşaş
Boğazkale
世界遺産
Salmanlı
Akçakent
Kösefakılı
Yerköy
Yozgat
ヨズガット
Sorgun
Saraykent
Osmanpaşa
Çiçekdağ
Şefaatli
Akpınar
Göllü
Sarıkaya
Hasbek
Akçakışla
Boztepe
Yenipazar
Karahasanlı
Kanlıca
Kozaklı
Çayıralan
Çandır
Boğazlıyan
Özvatan
Topraklı
Felahiye
Mucur
Hacıbektaş
Kalaba
Himmetdede
Güneşli
P342
Özkonak
アヴァノス
Avanos
サルハン・
ケルヴァンサラユ
Sarıhan
Kervansarayı
Erkilet
Kültepe
Bünyan
Tuzla
Gülşehir
Nevşehir
ネヴシェヒル
Göreme
ギョレメ
ユルギュップ
Ürgüp
P357
Kayseri
カイセリ
Hacılar
Acıgöl
カッパドキア
Mazı
P332
3,916
Tomarza
Gülağaç
Kaymaklı
カイマクル
Soğanlı
エルジエス山
Develi
Derinkuyu
デリンクユ
Yeşilhisar
Ihlara
ウフララ
Güzelyurt
Çiftlik
Tepeköy
Bakırdağ
Yahyalı
Mansurlu
Niğde
ニーデ
Eskigümüş
Bor
Demirkazık
Çamardı
Feke
Kapuzbaşı
Horzum
Kamışlı
Ulukışla
Çiftehan
Aladağ
Pozantı
Kozan
Tepecikören
Kadirli
Karaisalı
Çatalan
İmamoğlu
Ayşehoca
Anavarza
アナヴァルザ
Güleк
P321
P322
Arslanköy
Çamlıyayla
Yılan Kale
ユラン・カレ
Toprakkale
Gözne
Yenice
Adana
アダナ
Ceyhan
Fındıkpınarı
Kuzcubelen
Tarsus
タルスス
P320
Botaş
Güzeloluk
Mezitli
Mersin
メルスィン
P319
Doğankent
Tuzla
Yumurtalık
Erdemli
P318
Karataş
Cennet Cehennem
天国と地獄
Kızkalesi
クズカレスィ
İskenderun
イスケンデルン
Uluçınar
アンタクヤ
Antakya
Tekkepınar
サマンダー
Samandağ
P323
P325
ハルビエ Harbiye

トルコ中北部
A
B
N
0
50Km
P12~13
P17
P18~19
P14~15
P16
1
2
Doğanyurt
Cide
İnebolu
Abana
Çatalzeytin
Ayancık
スィノップ
Sinop
P462
Küre
Ağlı
Şenpazar
Pınarbaşı
Bozkurt
Türkeli
Kurugöl
Erfelek
Gerze
Seydiler
Azdavay
Devrekâni
Hanönü
Ovacuma
Efrâni
Daday
Kasabaköy
Akpınar
Taşköprü
Dikmen
Guzfındık
Yakakent
Bafra
Alaçam
P385
世界遺産
サフランボル
Safranbolu
カラビュック
Karabük
Yörük
ヨリュク
Araç
İgdir
カスタモヌ
Kastamonu
Akkaya
Boyabat
Durağan
Saraydüzü
İhsangazi
Ovacık
Boyalı
Bayramören
Kargı
Mezraa
Kamil
Beşpınar
Vezirköprü
Çakıralan
Köprübaşı
Ilgaz
Atktaracalar
Kurşunlu
Belören
Tosya
Osmancık
Havza
Gümüşhacıköy
Çerkeş
Güvem
Korgun
Yapraklı
İkizören
Maden
Dodurga
Lâçin
Merzifon
Suluova
Alıcık
İskilip
Oğuzlar
Sarıbuğday
Orta
チャンクル
Çankırı
Bayat
チョルム
Çorum
Doğantepe
Kızılcahamam
Eldivan
Mecitözü
Karagöl
Şabanözü
Seydim
Gediksaray
Pazar
Kızılırmak
Uğurludağ
Göynücek
Hasayaz
Çubuk
Ortaköy
Alacahöyük
P383
アラジャホユック
Sirkeli
Akyurt
Kalecik
Sulakyurt
Sungurlu
スングルル
Alaca
Aydıncık
Ankara
P370
アンカラ
Balışeyh
Delice
P381
ハットゥシャシュ
Hattuşaş
Yazılıkaya
ヤズルカヤ
ボアズカレ
Boğazkale
Çekerek
Kadışehri
Eymir
Salmanlı
Kırıkkale
クルクカレ
Yozgat
ヨズガット
Sorgun
Saraykent
Gölbaşı
Elmadağ
Bahşili
Akçakent
Yerköy
Osmanpaşa
Karaali
Karakeçili
Ahilboz
Kösefakılı
Çiçekdağ
Şefaatlı
Balâ
Çelebi
Akpınar
Sarıkaya
Hasbek
Akçakışla
Göllü
Kaman
Boztepe
Yenipazar
Baltalın
ヒルフラン湖
Karahasanlı
Kanlıca
Çayıralan
Kırşehir
クルシェヒル
Seyfe
Çandır
Kozaklı
Boğazlıyan
Özvatan
Kozanlı
Kulu
Evren
Sarıyahşi
Felahiye
Zincirlikuyu
Mucur
Topraklı
Kalaba
Himmetdede
Şereflikoçhisar
Hacıbektaş
Güneşli
Ağaçören
Özkonak
P342
Erkilet
Kültepe
Cihanbeyli
トゥズ湖
Tuz Gölü
アヴァノス
Avanos
サルハン・
ケルヴァンサラユ
Sarıhan
Kervansarayı
Bünyan
Tuzla
Gülşehir
P357
Kayseri
Ortaköy
Balcı
Göreme
ギョレメ
Gölyazı
Nevşehir
ネヴシェヒル
ユルギュップ
Ürgüp
Acıpınar
アクサライ
Ağızkarahan
Acıgöl
カッパドキア
Hacılar

A
B
黒　海
Dikmen
İkiztepe
Yakakent
Bafra
Alaçam
Ondokuzmayıs
Kolay
サムスン
P459
Samsun
Çarşamba
Çakıralan
Vezirköprü
Terme
Ünye
Perşembe
オルドゥ
Ordu
Havza
Kavak
Asarcık
Salıpazarı
İkizce
Fatsa
Bolaman
Lâdik
Şeyhli
Ayvacık
Kumru
Gülyalı
Giresun
Tirebolu
Görele
Vakıfkebir
Çarşıbaşı
P448
Trabzon
トラブゾン
İyidere
Suluova
Destek
Korgan
Çamaş
Ulubey
Piraziz
ギレスン
Espiye
Eynesil
Akçaabat
Maçka
Yomra
Of
Merzifon
Taşova
Karayaka
Akkuş
Aybastı
Dereli
Güce
Şalpazarı
Araklı
P460
アマスヤ
Amasya
Doğanyurt
Gölköy
Sümera
スュメラ僧院
Dernekpazarı
Mecitözü
Erbaa
Niksar
Başçiftlik
Kürtün
Çaykara
Gediksaray
Mesudiye
Torul
P451
ウズンギョル
Uzungöl
Göynücek
Turhal
トカト
Gökdere
Reşadiye
ギュミュシュハーネ
Gümüşhane
P455
Almus
Koyulhisar
Sebinkarahisar
Aydıntepe
Zile
Pazar
Tokat
Alucra
Uğurlu
Boztepe
Mader
Çekerek
Doğanşar
Çamoluk
Şiran
Köse
バイブルト
Bayburt
Sulusaray
Çırçır
Suşehri
Gölova
Kelkit
Karaçayır
Akıncılar
Çatalçam
Kadışehri
Yeşilyurt
Yıldızeli
P392
Oltukbeli
スィワス
Zara
İmranlı
Sivas
Hafik
Refahiye
Tercan
Dilekli
Gümüşakar
エルズィンジャン
Üzümlü
Çayırlı
Akdağmadeni
Karacaören
Erzincan
Hasbek
Bedirli
Kayadibi
Celâlli
Kuruçay
Bozoğlak
Akçakışla
Sarıkaya
Ortaköy
Kemah
Ulaş
Pülümür
Yedisu
バルクル・カプルジャ
Oğuz
Çayıralan
Balıklı Kapıcla
İliç
Ovacık
Balpayam
Altınyayla
Kavak
Şarkışla
Deliktaş
Yeşilyazı
Kığı
Çandır
Divriği
Kemaliye
Nazimiye
Adaklı
Özvatan
Gemerek
P395
ディヴリイ
Başpınar
Karaoğlan
Kangal
Mursal
世界遺産
Hozat
Yayladere
Felahiye
カンガル
Örenşehir
Dutluca
Tunceli
Akkışla
Yoncalı
Çemişgezek
Mazgirt
ビンギョル
Arapgir
Bünyan
トゥンジェリ
Bingöl
Kuluncak
Hekimhan
Ağın
ケバンダム
Pertek
Karakoçan
Pazarören
Arguvan
Keban
カイセリ
Pınarbaşı
Harput
Kovancılar
Kayseri
Kurşunlu
Aydınlar
Poyraz
エラズー
Gürün
Palu
P357
Sarız
Yazıhan
Baskil
Elazığ
Alacakaya
Tomarza
Darende
Toklar
Balaban
Battalgazi
Arıcak
Develi
Alemdar
Malatya
Sivrice
Maden
Tufanbeyli
エルビスタン
Akçadağ
Doğanyol
Dicle
Afşin
Elbistan
マラテヤ
Çüngüş
Ergani
Hani
Gücük
Yeşilyurt
P405
Çayönü
Mansurlu
Doğanşehir
Kocaköy
Göksun
Sürgü
Sincik
Pütürge
Taraksu
Çermik
Merme
Saimbeyli
Çardak
Ekinözü
Nurhak
Çelikhan
Gerger
P416
Feke
Koçali
Eski Kâhta
ネムルトダーゥ
ディヤルバクル
Gölbaşı
Cendere
ネムルト山 2,150
世界遺産
Pirinçilik
Çokak
Karakuş
P400
Dagbaşı
Çağlayancerit
Tut
キャフタ
Kâhta
Bucak
Siverek
Diyarbakır
Horzum
カフラマンマラシュ
Besni
アドゥヤマン
Çınar
Kahraman Maraş
Çaylarbaşı
Andırın
P415
Çakırhöyük
Adıyaman
Karacadağ
Kozan
Kozludere
Pazarcık
Hilvan
Kadirli
Narlı
Araban
アタテュルクダム
Şekerli
Mazıdağı
İmamoğlu
Türkoğlu
Yavuzeli
Demirci
Anavarza
P413
Halfeti
ユーフラテス川
Bozova
Karakeçi
Derik
Hasanbeyli
ガズィアンテップ
Zeugmal
シャンルウルファ
Kabahaydar
Kocatepe
Toprakkale
Nurdağı
Şanlı Urfa
Kızıltepe
İslahiye
Aligör
P408
Viranşehir
Ceyhan
Osmaniye
Gazi Antep
Nizip
Birecik
Paymalı
Yardımcı
オスマニエ
Hassa
Polateli
Burç
Suruç
P412
Dörtyol
Karkamış
Harran
Ceylanpınar
Yumurtalık
キリス
Doğanpınar
ハラン
イスケンデルン
Kilis
Elbeyli
Akçakale
İskenderun
Kırıkhan
Belen
シリア
Kumlu
Syria
Antakya
Reyhanlı
Suriye
P323
アンタクヤ
A
B

トルコ東部
P12～13
P17
P14～15
P16
P18～19
C
D
グルジア
Gerogia
Gürcüstan
アルメニア
Armenia
Ermenistan
イラン
Iran
İran
イラク
Iraq
Irak
Nakhitchevan
ナヒチェヴァン
アゼルバイジャン領
1
2
N
0
100Km
ホパHopa
Arhavi
Fındıklı
Pazar
P453
リゼ
Rize
Çamlıhemşin
アイデル
Ayder
izdere
P457
Çamlıkaya
Kılıçkaya
Bağbaşı
İspir
Pazaryolu
Şenyurt
Tortum
Borçka
Camili
Artvin
アルトゥイン
Ardanuç
Şavşat
Posof
Hanak
アルダハン
Ardahan
Çıldır
Doğruyol
Sarıgöl
Öğdem
Yusufeli
İşhan
Olur
Kömürlü
Göle
Susuz
Arpaçay
Akyaka
Çamlıyamaç
Oltu
Uzundere
P438
Kars
カルス
Şenkaya
Selim
Ani
アニ
P439
Sarıkamış
Narman
Digor
Kötek
Karakurt
Gaziler
Kağızman
Pasinler
Köprüköy
Horasan
ホラサン
Ilca
şkale
Erzurum
エルズルム
Kandilli
Çiftlik
パランドケン山脈
Çat
Tekman
P440
Tuzluca
Cumaçay
Iğdır
ウードゥル
Aralık
P435
アール（アララット）山
5,137
Karayazı
Bubidağ
Ağrı
アール
Hamur
Tutak
Göksu
Doğubayazıt
ドウバヤズット
Diyadin
イサク・パシャ宮殿
Ishak Paşa
P433
Dilucu
Ortadirek
P434
Gürbulak
Maku
Gökoğlan
Hınıs
Aktuzla
Nurettin
P435
ノアの方舟
Nuh'un Gemisi
メテオ・ホール
Meteor Çukuru
Çaldıran
Karaçoban
Karlıova
Varto
Halilçavuş
Kalaköy
Bulanık
Patnos
Göynük
Malazgirt
Sarısu
エルジシュ
Deliçay
Erciş
Muradiye
Solhan
Mercimekkale
Erentepe
Karahasan
スュプハン山
4,058
Timar
Doruтay
Muş
ムシュ
Korkut
P432
Ovakışla
Göldüzü
Özalp
Saray
Yenisu
Genç
アフラット
Ahlat
Adilcevaz
Hasköy
2,935
ネムルト山
ネムルト湖
P431
P427
ワン湖
ワン
Van
Erçek
Kulp
Güroymak
タトワン
Tatvan
Hamzalı
Kavakbaşı
P431
Geyikpınar
Bitlis
ビトリス
Reşadiye
Edremit
P426
Güzelsu（Hoşap）
ホシャップ城
Sason
P432
Akdamar
Kozluk
Cevizlik
Hizan
アクダマル島
Çavuştepe
チャウシュテペ城
P428
Silvan
Tuzlagözü
Akşar
Gevaş
P428
P429
Albayrak
Başkale
Çatakköprü
Baykan
Şirvan
Bahçesaray
バトマン
Batman
Kurtalan
Aydınlar
Çatak
Beşiri
スィイルト
Siirt
Pervari
Yalınca
Bismil
Oğuz
Tepe
Raman
Doğanca
Narlı
ハサンケイフ
Hasankeyf
Sero
Gürgücü
P421
Dargeçit
シュルナク
Beytüşşbap
ハッキャリ
Esendere
Savur
Gercüş
Uludere
Yeşilli
Ömerli
ミディヤット
P425
İdil
ジズレ
Şırnak
Hakkari
Yüksekova
ユクセコワ
Midyat
Cizre
Ortabağ
Çiğli
マルディン
Mardin
P422
Mor Gabriel
聖ガブリエル修道院
Silopi
Dağlıca
Çıkırca
Şemdinli
ヌサイビン
P425
Oyalı
Nusaybin
Girmeli

一目瞭然 よくわかるトルコの魅力

目を閉じてイスタンブールに耳を澄ます
まずそよ風が吹き
ゆらりゆらりと木立の葉を揺り動かす
遠く、彼方から
水売りが鳴らす鈴の音が聞こえる
目を閉じてイスタンブールに耳を澄ます

オルハン・ヴェリ・カヌク

どこで、何が楽しめるの？

トルコ各地に点在する、美しく壮麗な遺跡や建築物に悠久の歴史を感じ、
母なる大地、小アジアの胸に抱かれるトルコの旅。
見どころも楽しみも満載のトルコでは、何を見て何ができるのか、見てみよう。

世界遺産にも登録されているイスタンブールの歴史地区は見どころ満載 P.79

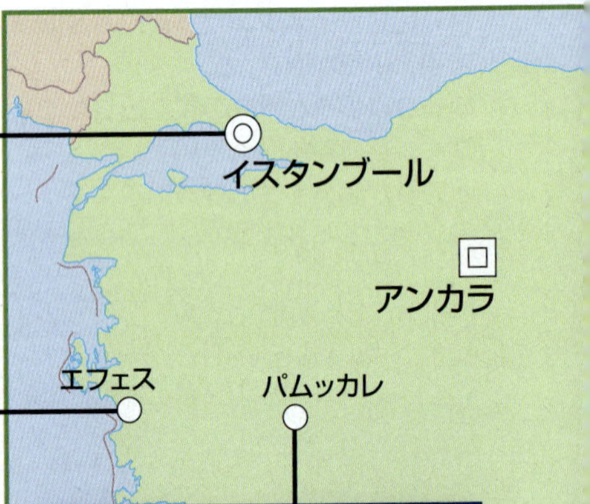

紺碧の海と空でリゾート客を魅了するエーゲ海。沿岸の遺跡、エフェスも見逃せない P.242

湧き出る温泉の石灰で白く輝くパムッカレ
古代の遺跡も眠る不思議な空間だ P.259

古代遺跡 Örenyerler

東西文明の接点にあるトルコは古代遺跡の宝庫。特に多くの文明が現れては滅びていったアナトリア（トルコのアジア部分）にはその遺跡が数多く存在している。

古くは鉄の発明で強固な軍事力を作り上げたヒッタイトのいにしえの都、ハットゥシャシュ。ギリシア文明はアナトリアでおおいに栄え、各地に遺跡が残る。トロイの木馬の故事やシュリーマンで有名なトロイ遺跡や、ヘレニズム時代のペルガモン王国の都市遺跡はエーゲ海岸地方にある。

ハイライトはローマ時代の遺跡。大規模な円形劇場など大きな都市遺跡が数多くあり、枚挙にいとまがないほど。エーゲ海や地中海のリゾートを楽しみながら遺跡を観光するのもポピュラーなコースだ。

歴史的建造物 Tarihî Eserler

1000年の都イスタンブールは、ビザンツ帝国時代のアヤソフィア、オスマン朝のトプカプ宮殿やスルタンアフメット・ジャーミィなど大帝国の栄華を偲ぶ壮麗な建造物にあふれている。

また、アナトリアに残る貴重な歴史的建

大自然が生み出す奇岩と、初期キリスト教の足跡が残るトルコを代表する観光スポット P.332

東部の最奥に位置するワン湖。ネッシーもどきが生息するというウワサもある秘境 P.427

造物としては、オスマン朝以前の時代の建築物に優れたものが多い。その代表がコンヤ、カイセリやスィワスに残るルーム・セルジューク朝時代のジャーミィやメドレセなどの宗教施設。ペルシアの影響を色濃く受けた細かな装飾が独特だ。

東部アナトリアのワンやアニにはアルメニア教会も残る。そのほか、古都ディヤルバクルをはじめ、中世の雰囲気を残すマルディン、預言者アブラハムゆかりのシャンルウルファなど、複雑な歴史をたどったアナトリア南東部にはさまざまな時代の建造物が多い。

自然　Tabiat

三方を海に囲まれ、5000m級の峰をも有するトルコは自然の景観もバラエティに富んでいる。

気の遠くなるような年月が造り出した奇景のカッパドキアはトルコ観光最大のハイライト。林立するキノコ岩や、何層にも掘り下げられた地下都市、修道士が過酷な修行をした洞窟の教会などが見どころだ。

透き通るような青い海のエーゲ海や地中海岸のリゾートは、ヨーロピアンのお気に入りのバカンス地。島々を巡るミニクルーズは、世代を問わず楽しめる人気のマリンアクティビティだ。フェティエやカシュ、カルカンといった小さなリゾートも隠れ家的雰囲気があってリピーターも多い。

また、火山の多いトルコは温泉大国。パムッカレやブルサ、ヤロワといった温泉地には設備の整った温泉ホテルも多い。

緑あふれる黒海沿岸は牧歌的風景が広がっている。ピクニックやトレッキングに最適な地域。ブルサのウルダーやカイセリのエルジエス、エルズルムのパランドケンは、設備の整ったスキーリゾートだ。

エンターテインメント　Eğlence

妖艶なベリーダンスやエキゾチックな民俗舞踊のフォークロアショーが、ホテルやショーレストランで楽しめる。

また、夏はコンサートのシーズン。イスタンブールのルメリ・ヒサルをはじめ、エーゲ海岸のリゾート地では人気アーティストの野外ライブが盛り上がりを見せる。年末年始にはカウントダウンライブもある。

スポーツでは何といってもサッカー。ヨーロッパを代表するサッカー大国であり、クラブチーム同士のリーグ戦もハイレベル。

W杯3位の栄冠に輝いたトルコ代表

モータースポーツでは、F1のイスタンブールGPが8月に開催される。

旅のガイダンス

旅のベストシーズン

地域＼月	12・1・2・3	4・5
イスタンブールと近郊	**気候**：雨が多く曇りがち。0℃以下になることはないが寒い。1・2月は雪が降ることもある。 **服装**：防水加工のコートが欲しい。道も悪いので、滑りにくく水たまりでも平気な靴を用意しよう。ニットキャップや手袋も助かる。 **観光アドバイス**：ウル山（ブルサ近郊）でスキーが楽しめる。街頭で売られる焼き栗（ケスターネ・ケバブ）も風物詩。 	**気候**：4月はまだ肌寒い日もあるが、5月になると夏の雰囲気になってくる。 **服装**：半袖でもOKな日が増える。脱ぎ着できるように調節の利く服装を心がけよう。 **観光アドバイス**：サマータイムになる。切り替わりに注意。
エーゲ海、地中海	**気候**：イスタンブールに比べれば寒くはないが、雨はさらに多い。海も荒れる。 **服装**：雨が多いので防水加工の上着と雨具が必要。フリースジャケットなども忘れずに。 **観光アドバイス**：有名観光地や大きな町以外の沿岸のリゾート地のホテルやペンションは閉鎖していることもある。 	**気候**：4月はまだ少し寒い日もあるが、5月になると、暑い日も多くなる。 **服装**：長袖のシャツや薄手のジャケットを1枚用意しておこう。 **観光アドバイス**：5月下旬になると、シーズンが始まり、クルーズや遺跡ツアーなどが始まる。
中部アナトリア	 **気候**：冷え込みが厳しく、雪が積もることも。平均気温は1〜2℃。 **服装**：コートや手袋など防寒具の用意は万全に。カッパドキアツアーに参加する人は滑りにくい靴の用意を。 **観光アドバイス**：暖房のない洞窟部屋はとても寒いのでホテル選びには注意を。レンタルバイクは雪道、凍結に注意。	**気候**：日中は暖かいが、日没後は寒くなる。平均気温は10〜15℃ぐらい。 **服装**：日中は半袖でもOKだが、朝晩は寒いので上着の用意を。 **観光アドバイス**：カッパドキアの気球ツアーが始まるが、寒いので防寒対策を忘れずに。
南東部、東部アナトリア	**気候**：東部の高原地帯はマイナスになり積雪もある。南部ではそれほど寒くはならない。 **服装**：東部の高原地帯では完全防備が必須。南部でもコートの用意はしたい。 **観光アドバイス**：ネムルトダーゥのツアーはやっていない。 	**気候**：南東部では、夏のように暑くなる日もあるが、東部では肌寒い日もある。 **服装**：南東部は日中は暑くなる日もあるが、東部の高原地帯ではジャケットが必要な日もある。 **観光アドバイス**：ネムルトダーゥの山開きは4月中旬ぐらい。
黒海	 **気候**：寒くはないが雨が多い。平均気温は8〜10℃。山間部では積雪もある。 **服装**：イスタンブールなどと同じ装備と考えてよい。 **観光アドバイス**：スュメラ僧院は積雪で閉まっていることもある。	**気候**：雨もそれほど多くはなく、気温は10〜15℃ぐらい。 **服装**：5月は半袖でOKの日もあるが、長袖のシャツと薄手のジャケットを用意しておこう。 **観光アドバイス**：黒海での海水浴にはまだ早い。新緑が美しく、ピクニックのシーズンが始まる。

航空運賃（最低料金の目安）

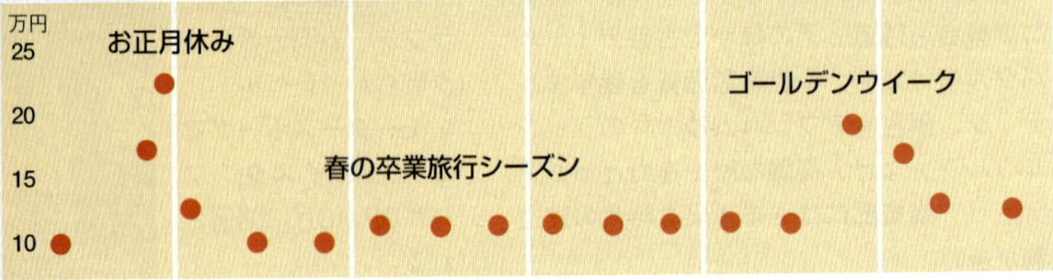

日本の2倍以上の国土をもつトルコは地方により気候もさまざま。
旅の目的に合わせて旅行時期を選ぶか、時期に合わせて目的地を考えるか……
ここでは地域別に、旅のベストシーズンを考えてみよう。

6	7	8	9	10	11

気候：夏は30℃以上になることもあり、イスタンブールなど沿岸部は蒸し暑い。
服装：半袖またはノースリーブ（ジャーミィなどの宗教施設内では不可）などリゾートウエアでOK。ただしバスの車内などは寒い。
観光アドバイス：エディルネのオイルレスリングは6月に開催。F1が開催される8月上旬はイスタンブールのホテルが値上がりする。

気候：そろそろ肌寒くなり、雨天の日も増えてくる。日本の秋よりもやや寒い。
服装：長袖のシャツやフリース、薄手のジャケットなどを準備しよう。
観光アドバイス：ラマザン（2007年は9/13〜10/11）中はさまざまな屋台がずらりと並ぶ。

気候：6月になると30℃を超え、8月は40℃を超える日もある。沿岸部は蒸し暑い。
服装：リゾートウエアや水着を忘れずに。
観光アドバイス：ツアーやクルーズ、ナイトライフにコンサートとありとあらゆる楽しみにあふれる。

気候：海風が冷たくなり、雨の日が増え始める。気温は日本と変わらない。
服装：長袖のシャツか、薄手のジャケット、雨具の用意も必要だ。
観光アドバイス：リゾート地域のホテルは閉めていることもある。オフシーズンなので料金は安い。

気候：日中は暑いが、日没後は涼しくて快適。乾燥が激しい。
服装：半袖でOKだが、長袖のシャツを1枚用意。カッパドキアツアーに参加する人は歩きやすい靴で。
観光アドバイス：ハイシーズンのカッパドキアでも一部の人気の宿を除き、ホテルには余裕がある。

気候：日中は暖かいこともあるが、基本的に肌寒い。積雪はまだない。
服装：フリースジャケットやコートの用意をしておこう。
観光アドバイス：観光地を除いてラマザン中の日中はレストランが閉鎖されるところも多い。

気候：南東部では40℃を超える猛暑が続く、トルコで最も暑い土地。東部高原地帯では涼しく過ごしやすい。
服装：南東部ではTシャツでOK。東部では日没後に涼しくなるので長袖を1枚用意しよう。
観光アドバイス：旬の果物がおいしい（おなかと相談しよう）。

気候：南東部は過ごしやすい。東部では寒くなり、11月には積雪も。
服装：南東部は長袖シャツに薄手のジャケット、東部ではコートなどの用意を。
観光アドバイス：信心深い人が多い地域なので、ラマザン中は日中食堂が閉まっていることもある。

気候：気温はそれほど高くはならないが、沿岸部ではかなり蒸し暑い。雨もたまに降る。
服装：半袖でOK。山間部へトレッキングに行く人は長袖の用意を。
観光アドバイス：蒸し暑いのが苦手な人はエアコン付きのホテルに泊まろう。

気候：1年を通して最も雨が多い時期。気温は15℃前後。
服装：長袖のシャツと薄手のジャケットの用意を。雨具の用意も忘れずに。
観光アドバイス：ウズンギョルなど山間部は紅葉がきれいなシーズン。ひと味違う風景が楽しめる。

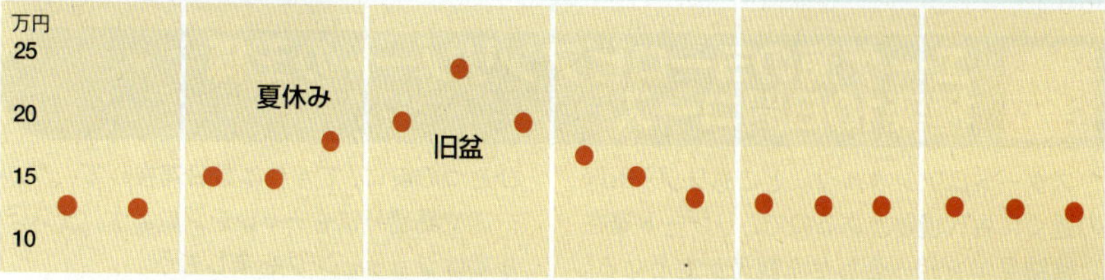

旅のガイダンス

旅の基本形 モデルルート

日本の2倍の国土面積があるトルコ。さまざまな魅力にあふれるこの広大な大地を、限られた時間で巡るのにはやっぱりプランニングが大事。おおまかに代表的なルートを紹介したので、これを土台にアレンジし、自分だけのトルコ旅行を作ってみよう。

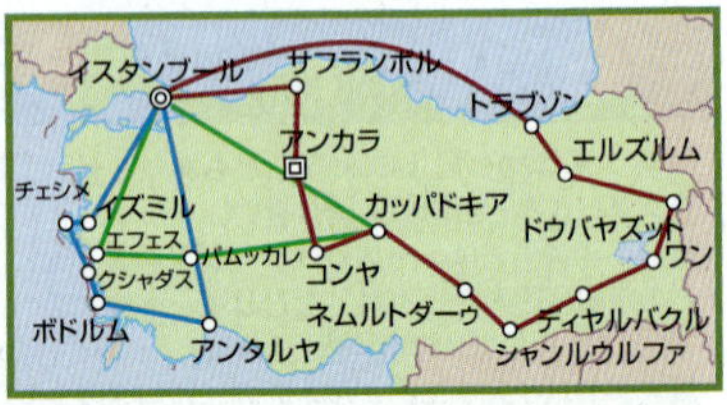

1 スタンダード・トルコ周遊8日間

日本から出発するツアーに多いコース。イスタンブールからの出発は航空機、ほかはバスを利用。逆回りのツアーもある。

イスタンブール → カッパドキア → パムッカレ → エフェス → イスタンブール

プラスワンの旅 1 サフランボル

イスタンブールからカッパドキアまでの間に寄るならサフランボル。世界遺産の町並みが残る村。

小さな路地に昔ながらの生活がかいま見える。伝統的古民家を改装したホテルもあり、観光客に人気だ

プラスワンの旅 2 コンヤ

カッパドキアからパムッカレの間に寄るならコンヤ。セルジューク朝期の建造物が多く残るアナトリアきっての古都。

緑のとんがり屋根が印象的なコンヤのメヴラーナ博物館

プラスワンの旅 3 ベルガマ

エフェスの遺跡で古代遺跡に興味を覚えたら、ベルガマにもぜひ寄りたい。世界遺産にこだわるならチャナッカレを起点にトロイに行ってもいいだろう。

プラスワンの旅 4 ネムルトダーゥ

カッパドキアから距離は遠く、バスの乗り換えも多いが、神秘的で見ごたえ充分の古代遺跡。カイセリからマラテヤに行き、ミニバスに乗り換え。シーズンは5〜10月。

2 エーゲ海のヨーロピアンリゾートの王様 極楽10日間コース

スタートはアンタルヤ。どこもリゾート地の近くに古代遺跡があるので、リゾート滞在と遺跡見学を組み合わせた観光が主となる。ひとつの町に、できれば数日滞在して、クルーズや島巡りにもチャレンジしよう。イズミルではショッピングを楽しもう。

アンタルヤ → ボドルム → クシャダス → イズミル、チェシメ

青い海にヨットやクルーザーが並ぶ。トルコ独特の赤い屋根がよく似合う港町

クルーザーで、エーゲ海の小さな島を巡ったり、遺跡を訪ねるのも楽しい

プラスワンの旅 1 マルマリス

ボドルムから南に4時間。美しい入江の港町。ギリシアのロドス島への起点。

小さなホテルでもプールが付いていることがある

プラスワンの旅 2 エイルディル

アンタルヤから3時間。美しい湖のほとりの町。エイルディルではフィッシングやトレッキングが楽しめる。

プラスワンの旅 3 北キプロス

アランヤやタシュジュからは北キプロスのギルネへの船便がある。遺跡や歴史建造物のバラエティは地中海の島々のなかでも際立っている。

3 文明の十字路　アナトリア紀行　18日間

アナトリアを東西に横断。最後は黒海のトラブゾンまで行く壮大なコース。バラエティあふれる見どころに加え、おいしい地方料理も楽しめる。イラン方面に抜けるならワンやドウバヤズットから、シリア方面に抜けるならネムルトダーゥやシャンルウルファからガズィアンテップやアダナ経由でアンタクヤへ。

イスタンブール → サフランボル → アンカラ → コンヤ → カッパドキア → ネムルトダーゥ → シャンルウルファ → ディヤルバクル → ワン → ドウバヤズット → エルズルム → トラブゾン

アンカラで少し時間がとれるならボアズカレやヤズルカヤの遺跡へ足を延ばそう

美しいレリーフが随所に残るドウバヤズットのイサク・パシャ宮殿

ネムルトダーゥの遺跡。地面から首が突き出たような不思議な姿

巡礼者の絶えない聖地シャンルウルファ

トルコをひとりで旅するキーワード

トルコ旅行の基本中の基本を、「移動する」、「食べる」、「泊まる」、「買う」、「話す」の5つのキーワードに分けて紹介。これさえ知っていれば、着いた瞬間からちょっぴりトルコ通。

移動する

オトビュス　Otobüs

トルコは本当に交通の便がよい国。広大なトルコを、縦横無尽に無数の路線網でカバーするのは何といってもバス。しかも新型車両で乗り心地は最高、サービスも満点！これを乗りこなすことができたら、どこにだって行ける。

快適な大型長距離バス

オトガル　Otogar

長距離バスが発着するバスターミナルのこと。大都市のオトガルはバス会社のカウンターが無数に並んでおり、どこに行ったらいいかわからないが、バス会社のおじさんに自分の目的地を言えば、適切な場所へ連れていってくれるから大丈夫！

バス会社別にブースが並ぶアンカラのアシュティ

イスタンブールのエセンレル・オトガル

メトロは全国区だが、小さなバス会社の連合のような会社

ビレット　Bilet

トルコ語でチケットのこと。出発時間やプラットホーム番号、座席の番号が書かれている。どのバスに乗ったらいいかわからなかったらこのビレットを見せよう。

セルヴィス　Servis

オトガルと町の中心にあるバスオフィスを結ぶ無料送迎バス。町のバスオフィスでチケットを買えば、オトガルまでこのセルヴィスに乗ることができる。

ドルムシュ　Dolmuş

満席（トルコ語でドルムシュ）にならないと発車しないミニバス。市内交通や、近郊の町への交通手段として大活躍。乗り場は長距離オトガルに隣接した所と市内の要所にある。

ドルムシュガラジ（ドルムシュのターミナル）

食べる

ロカンタ Lokanta

ロカンタとは大衆食堂のこと。この単語さえ覚えておけば食いっぱぐれることはない。ショーケースに並んでいる料理を指させばOK。本書の料理特集（→P.62）のメニュー例の写真を指さしてもOK。

指で指せば料理を盛ってくれるので言葉のわからない旅行者も注文しやすい

右はムール貝のフライを出す屋台

ドネル・ケバブ Döner Kebabı

薄切り肉の巨大な回転焼き。削ぎ落としてサンドイッチにして食べる。どこに行っても必ずあるトルコのファストフードの定番。ちょっとした軽食はこれで決まり！ハーフサイズが欲しければ「ヤルム」と言えばOK。薄焼きパンのユフカでくるんだものはデュリュム**Dürüm**と呼ばれる。

これがドネル・ケバブ。東京の街角にも進出

小腹がすいたらドネル・サンドイッチ

デュリュムはラップサンドのようで食べやすい

パケット Paket

トルコ語で包装の意味。ロカンタで「パケット」と言えば持ち帰り用のプラスチックやアルミの容器に詰めてくれる。さすがにスープの持ち帰りは難しいが、煮物などならOK。ホテルの部屋で食べたいときや、お弁当代わりに持っていくときなど、どんどん活用しよう。プラスチックのスプーンとフォークも付けてくれることが多い。

サラダ、煮物、ピラウ（豆載せ）をパケットにしてもらった例

パンの下にはサラダとピラウ、ケバブが隠れている

エキメッキ Ekmek

トルコ語でパンのこと。世界一おいしい、といわれるトルコのパンはバゲットタイプが主流。ほかにも丸い形のピデエキメッキや、薄くて細長いラヴァーシュ、クレープぐらいの薄さのユフカなど、形や大きさもさまざま。ロカンタなどではテーブルに積まれており、普通は無料で食べ放題。

朝早くから開いているパン工場では小売りをしているところが多く、焼きたてを食べることができる

泊まる

オテル　Otel

ホテルを探すのならこの単語。カテゴリー、等級はいろいろ。シャワー、トイレ、テレビ、朝食付きで40YTLぐらいから。地方都市なら30YTLぐらいから。

小さな町でもホテルはちゃんとある

パンスィヨン　Pansiyon（綴りはいろいろ）

観光地などに多いこぢんまりとしたペンションのこと。家族で経営するファミリーペンションはアイレ・パンスィヨヌAile Pansiyonuという。

家庭的なパンスィヨン。安くて居心地のよいところを見つけよう

カッパドキアでは洞窟風の部屋に安く泊まることができる

オダ　Oda

トルコ語で部屋のこと。シングルルームはテッキシリッキ・オダ**Tek Kişilik Oda**、ダブルまたはツインルームはイキキシリッキ・オダ**İki Kişilik Oda**、もしくはチフキシリッキ・オダ**Çift Kişilik Oda**という。

地方都市の安ホテル。古びてはいるが、清潔にされている

部屋の料金表はフロントに掲示されていることがある

カフヴァルトゥ　Kahvaltı

朝食のこと。パンとジャムやバター、チーズにオリーブ、トマトやキュウリなどの野菜がひと皿に盛られた形で出てくることが多い。ゆで卵が付くこともある。中級以上のホテルになると通常はビュッフェ形式で出される。リゾートホテルでは中庭やプールサイドで朝食を出すことも多い。

一般的なトルコ式朝食の例。季節のフルーツが付くこともある

ビュッフェ形式の朝食。オリーブとチーズは数種並ぶ

買う

いよいよデノミが施行された

高率のインフレとゼロの多い通貨が経済にも深刻な打撃を及ぼしてきたとして、トルコ政府は2005年1月1日にデノミ（通貨の呼称変更）を行った。100万、1000万とゼロが多かったトルコの紙幣（トルコリラTL）は旅行者にとっても悩みの種だったのだが、これが解消され、高率のインフレにも歯止めがかかりつつある。

通貨はYTL（新トルコリラ）

トルコの通貨は新トルコリラ（イェニ・テュルク・リラスYeni Türk Lirası）、略称はYTL（イェー・テー・レー）である。補助単位はイェニ・クルシュYeni Kuruş。略称はYKr。

新通貨が導入されてしばらくたつが、いまだに旧通貨から頭の切り替えができない人も多く、5YTLを5ミルヨン、50Ykrを500bin（ベシユズビン）という人も多い。

1 **通貨はYTL（イェニ・テュルク・リラス）**
2 **補助単位はYKr（イェニ・クルシュ）**
3 **1YTL＝100YKr**

トルコで便利な外貨

米ドルかユーロ　トルコに持っていく外貨のおすすめは、ずばりドルかユーロ。両替もすべての両替商や銀行で可能。観光地ならそのまま受け取ってくれることが多い。

日本円　イスタンブールや有名観光地なら問題なく受け取ってくれるが地方都市の場合は難しいことがある。

トラベラーズチェックT/C　両替できる場所は格段に少なくなるが、観光地ならなんとか両替が可能。ただし手数料の問題などで、けっこう損をしてしまうこともある。米ドル建てかユーロ建てを持っていこう。

クレジットカードC/C　クレジットカードや国際キャッシュカードを持っている人は、ぜひトルコに持っていこう。ATMは全国のほとんどの町にあるし、24時間稼働しているので、いざというときにとても便利。またクレジットカードで支払い可能な店も日本以上に多い。これは大変心強い。

値段表示の例

トルコ語の数を覚えよう

1	ビル	bir	11	オンビル	onbir	30	オトゥズ	otuz
2	イキ	iki	12	オニキ	oniki	40	クルク	kırık
3	ユチ	üç	13	オヌユチ	onüç	50	エッリ	elli
4	ドルト	dört	14	オンドルト	ondört	60	アルトゥムシュ	altmış
5	ベシ	beş	15	オンベシ	onbeş	70	イェトゥミシ	yetmiş
6	アルトゥ	altı	16	オナルトゥ	onaltı	80	セクセン	seksen
7	イェディ	yedi	17	オンイェディ	onyedi	90	ドクサン	doksan
8	セキズ	sekiz	18	オンセキズ	onsekiz	100	ユズ	yüz
9	ドクズ	dokuz	19	オンドクズ	dokuz	1000	ビン	bin
10	オン	on	20	イルミ	yirmi	100万	ビル ミルヨン	bir milyon

話す

トルコでは、観光地を除いて英語はあまり通じない。しかしトルコ語は、日本語と文法も近く発音も簡単。簡単なあいさつや言い回しを覚えるだけで、旅がぐっと楽しくなること間違いなし。人なつっこくておしゃべり大好きなトルコの人とコミュニケーションをとってみよう。

こんにちは（1日中使える）
メルハバ
Merhaba.

おはよう
ギュナイドゥン
Günaydın.

こんにちは（日中に使う）
イイ・ギュン**レ**ル
İyi günler.

こんばんは（午後〜夕方）
イイ・アクシャム**ラ**ル
İyi akşamlar.

おやすみなさい
イイ・ゲジェ**レ**ル
İyi geceler.

トルコのボディランゲージ

客人をもてなすことが大好きで好奇心いっぱいのトルコの人は、相手がトルコ語を知っていようといまいと、どんどん話しかけてくる。

そんなときはこちらも臆せず、身振り手振りで応戦だ。ここでは代表的なトルコの手振りを紹介しよう。

ありがとう
テシェッ**キュ**ル・エデリム
Teşekkür ederim.

ありがとう（くだけた感じの言い方）
サオルン
Sağ olun.

どういたしまして
ビシェイ・**ディ**ール
Bir şey değil.

おねがい（ものを指さしながら）
リュトフェン
Lütfen.

いくら？（ものを指さしながら）
ネカダル
Ne kadar?

（私は）〜がほしい
〜イス**ティ**ヨルム
〜istiyorum.

オーケー
タマム
Tamam.

またね（さようならの意味で）
ギョリュ**シュ**ルズ
Görüşürüz.

抱擁は日常的なあいさつ

Vallahワッラヒ（「マジで」の意）

オーバーなしぐさで程度を表す

Bittiビッティ

おしまい

Beraberベラーベル
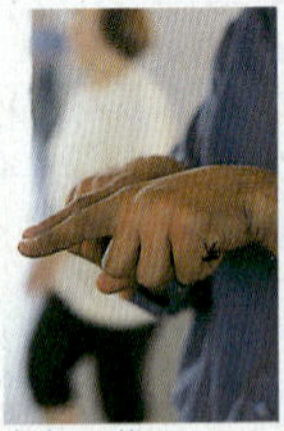
友達、一緒に

Paraパラ
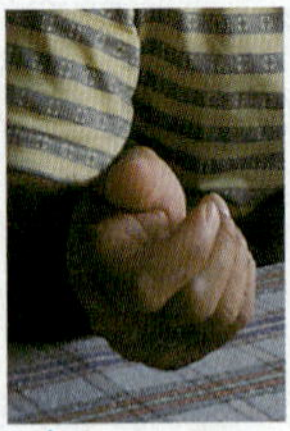
お金！

Güzelギュゼル

よい、かわいい！

トルコの歴史早わかり

先史時代から古代文明の時代へ、
ギリシア、ローマ時代からイスラーム諸王朝……
さまざまな文明の記憶を有するトルコの大地の歴史をざっと見てみよう。

新石器時代～青銅器時代

(紀元前8000～2000年)

アナトリア（トルコのアジア側）に人が住み始めたのは、武器に石を使い始めた旧石器時代からといわれている。彼らは狩猟をし、新石器時代には農耕が彼らの生活の中心となり、原始芸術の発展も見られた。宝石が装飾品に使われたり、粘土の小像が作られ、崇拝される。寺院の壁には牛の姿が描かれた。特に牛の角は神聖視されていたようだ。コンヤ近郊にある村落チャタル・ホユック（→P.367）は、アナトリア最古の原始共同体であり、この時代の代表的な遺跡だ。

紀元前3000年頃になると銅とスズを混ぜた青銅器で、武器や道具を作るようになった。金・銀をはめ込んだ像、アラジャホユックの王家の墓で見つかった金の道具類は、この時期に大変な進歩があったことを示している。シュリーマンが1873年に発掘したトロイはこの頃が最盛期。金の腕輪、ネックレスなどにその卓越した文化や芸術が見られる。

紀元前2000年頃になると、アッシリアの商人が植民を始める。アナトリアの金・銀が狙いだった。彼らはそれをメソポタミアから持ってきて、装身具や着物と交換した。中心地はキュルテペである。ここで出土した粘土板文書により、当時の交易をうかがい知ることができる。

数々の伝説に彩られたトロイ

ヒッタイト

(紀元前2000～700年)

紀元前2000年頃、アナトリア最初の統一国家が現れる。ヒッタイト古王国だ。ヒッタイトは黒海を渡ってきた北方系民族で、鉄器を初めて使用したことで知られている。ボアズカレに首都を置いたこの王国は、次第に勢力を増し紀元前1400年頃に帝国となる。紀元前1285年のカデシュの戦いにおいて、ラムセス2世時代のエジプトを撃退するほど強大になったが、謎の海の民によって崩壊した。この時代の代表的な遺跡はボアズカレ（→P.381）にあるハットゥシャシュ遺跡や、ヤズルカヤの神殿をはじめ、アラジャホユックにあるスフィンクス門などだ。

ヒッタイト帝国崩壊の後、末裔は各地で国家を作る。これが新ヒッタイトだ。中心地はマラテヤ（→P.405）、カルカムシュ、ズィンジルリ、カラテペである。しかし根強かったヒッタイトの影響も弱くなり、アッシリアの文化に取って代わられていった。

なお、ヒッタイト時代の遺物の多くは、アンカラのアナトリア文明博物館（→P.374）で観ることができる。

ハットゥシャシュのライオン門

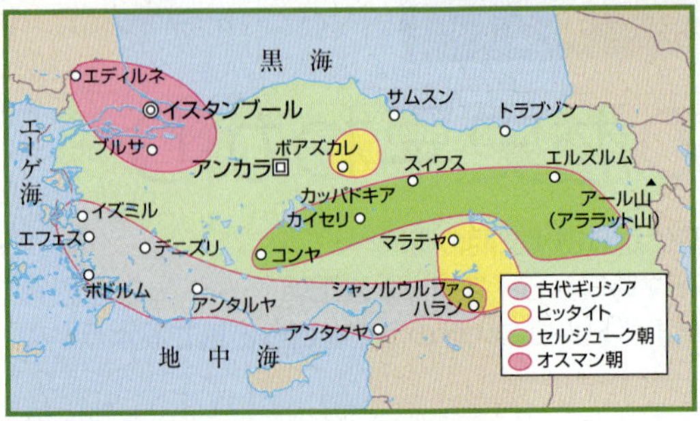

アラジャホユックにある遺構。4000年前のヒッタイトの遺跡だ

ペルシア帝国による征服

(紀元前700～334年)

紀元前900年頃、当時トゥシュパTushbaと呼ばれたワン(→P.426)を首都にウラルトゥ王国が成立する。アッシリアの内乱に乗じて領土を広げ、メディアに征服されるまで約3世紀続いた。ワンにはウラルトゥ王国時代の要塞が残っており、アッシリア楔形文字による文書が見られる。

アナトリアではフリュギア人がゴルディオン(→P.376)を首都とし国家を造った。ゴルディオンはアンカラからおよそ100km西にある。ギリシア伝説の耳をロバにされてしまったミダス王はフリュギアの王。ゴルディオン遺跡にはミダス王の墓と見なされる古墳があり、エスキシェヒル近くのヤズルカヤには、ミダス王のモニュメントなどの石碑がある。フリュギアは紀元前690年にキンメル人によって破壊された。

トルコはボスポラス海峡でアジアとヨーロッパに分かれている。イスタンブールはその接点にあり、ふたつの橋で結ばれている

ミレトのアゴラ

ベルガマの神殿跡

同じ頃エーゲ海地方はギリシアの植民地化が始まり、ミレトス（現ミレト→P.251）やエフェソス（現エフェス→P.242）などの都市が繁栄した。西アナトリアにはサルデスを都にリディア王国が造られた。この国は世界最古の鋳造貨幣を使用したとされている。紀元前547年にペルシアが征服し、全アナトリアを含む強大な帝国に発展した。

ヘレニズム・ローマ時代

（紀元前334～紀元後395年）

絶大な権力をもったペルシアであったがその支配は200年しか続かず、アナトリアは若き英雄アレキサンダーの支配下に入る。彼はギリシア、エジプト、アジアにまたがる大帝国を建設し、その死後帝国は彼の将軍たちによって分割された。そのひとつペルガモン王国は、アナトリアの文化・経済の中心となり栄えた。当時じわじわと力をつけていたローマは、ここを足がかりとしてアナトリア全域を支配していった。エフェス、ペルガモン（現ベルガマ→P.222）、ディディム（→P.252）、スィデ（→P.305）などにローマ帝国時代の遺跡があり、繁栄ぶりが偲ばれる。

ビザンツ帝国時代

（395～1071年）

330年にローマ帝国のコンスタンティヌス帝はビザンティウムに遷都を行い、名前をコンスタンティノープル（現イスタンブール→P.79）と改めた。以後ここは、ローマ（ヨーロッパ）と東方とを結ぶポイントとし

ビザンツを象徴するアヤソフィア

てますます発展する。395年にはローマ帝国は東西に分裂、アナトリアは東ローマ帝国の一部となった。時とともに帝国からローマ的色彩は去り、代わりに帝国は東方的な色彩をまとうようになる。後世の歴史家からビザンツ帝国と呼ばれるこの国は、ユスティニアヌス帝のときに最盛期を迎えたが、8世紀にイスラーム軍の侵入を受け、次第に衰退していく。周辺を脅かしていたセルジューク朝に1071年のマラズギルトの戦いで敗れ、以後アナトリアにトルコ族が入っていった。この時代のビザンツ様式の代表建築といえばイスタンブールのアヤソフィアだろう。537年に完成したこのギリシア正教会の聖堂は、ジャーミィ、博物館へと変えられ、変遷の歴史を物語っている。

セルジューク朝時代

（1071～1243年）

中央アジアに興ったイスラームのトルコ系王朝であるセルジューク朝は、当時メソポタミア地方に力を伸ばしていた。その分家であるルーム・セルジューク朝はセルジューク朝の創始者トゥグリル・ベクのいとこ、スライマン・ビン・クタルムシュによって創設され、クルチュ・アルスラン1世の時代に首都をコンヤ（→P.362）におき、13世紀前半におおいに繁栄した。ここにはメヴレヴィー教団の祖ジェラールッディン・ルーミーの墓がある。コンヤのほか、ジャーミィや学校、病院などが集まった複合建築物のあるカイセリ（→P.357）や、数多くのジャーミィや神学校の残るエルズルム（→P.440）、スィワス（→P.392）などにもセルジューク様式の見どころは多い。

スィワスのギョク神学校

オスマン朝時代

（1299～1922年）

ルーム・セルジューク朝末期はモンゴル軍の侵入を受け、1243年のキョセダーの戦いで敗れたあとはモンゴル（イル・ハーン朝）の宗主権下におかれた。そのため、アナトリア各地で将軍や有力者がいくつもの独立政権を建て、群雄割拠の時代となった。

オスマン朝の成立は1299年。オスマン・ベイはビザンツとの境目の辺境で勢力を増し、1326年にブルサ（→P.199）を攻め、首都とした。1402年、オスマン朝は中央アジアから怒濤の進軍をしてきたティムールにアンカラの戦いで敗れ、一時滅亡するがまもなく復興し、1453年にはコンスタンティノープルを占領、ビザンツ帝国を滅亡させる。その後、カラマン君侯国や、アクコユンル朝との抗争に打ち勝ち、アナトリアやバルカン半島のほとんどを領土に収める。さらに1517年にはエジプト、次いで北アフリカにまで領土を広げる。そしてオスマン朝は16世紀のスュレイマン大帝の時代に最盛期を迎えた。その領土は東欧から北アフリカや西アジアにまたがる広大なものとなり、ウィーンの包囲はヨーロッパ・キリスト教世界を震撼させた。

トプカプ宮殿で行われる軍楽隊の演奏

年表

B.C.	20C	イオニア文明始まる
	15C	ヒッタイト王国全盛（～1180？）（首都ハットゥシャシュ）
	859	ウラルトゥ王国成立（～612）（首都ワン）
	8C～	古代ギリシア文明の発展
		リキヤ文明興隆
	550頃	ペルシア帝国が小アジアを征服
	492	ペルシア戦争（～479）
	333	マケドニアのアレキサンダー大王、小アジア征服
	312	セレウコス朝成立（首都アンティオキア）
	263	ペルガモン王国成立（～133）（首都ペルガモン）
	69	コンマゲネ王国成立（～A.D.72）（首都サムサット）
	64	ローマ帝国がセレウコス朝を滅ぼす
A.D.	3C	軍人皇帝時代
	330	コンスタンティヌス帝、コンスタンティノープル遷都
	395	ローマ帝国、東西に分裂
	451	キリスト教カルケドン公会議で単性派が異端に
	527	ユスティニアヌス大帝即位、最大領土となる（～565）
	610	ヘラクレイオウス1世が即位、ササン朝を攻撃
	636～639	アラブ軍、ビザンツ領へ進出、シリア、エジプト陥落
	717	ウマイヤ朝軍、コンスタンティノープル攻撃失敗
	726	レオ3世、聖像禁止令発布、以降聖像破壊の波広がる
	843	コンスタンティノープル公会議で聖像論争決着
	976～1025	バシレイオス2世の治世、ビザンツ帝国全盛
	1054	東（コンスタンティノープル）西（ローマ）教会の分裂
	1071	マラズギルトの戦いでセルジューク朝にビザンツ軍大敗
	1077	ルーム・セルジューク朝成立（～1302）（首都コンヤ）
		セルジューク朝配下の将軍がアナトリア各地で独立
	1096	第１回十字軍、進軍開始
	1204	第４回十字軍、コンスタンティノープル占領、ラテン王国建国
		ニケーア帝国、トレビゾンド帝国成立
	1261	ニケーア帝国、コンスタンティノープル奪回
	1299	オスマン朝成立（首都ブルサ→エディルネ→イスタンブール）
	1453	コンスタンティノープル陥落、ビザンツ帝国滅亡
	1473	オルトゥックベリの戦いでアクコユンル朝に勝利
	1514	チャルドゥランの戦いでサファヴィー朝に勝利
	1517	エジプト征服、マムルーク朝滅亡
	1526	モハーチの戦いでハンガリーを領土とする
	17C前半	スルタンの暗殺や反乱が続き、オスマン朝混乱
	1656	キョプリュリュ時代始まる。オスマン朝は領土最大に
	1699	カルロヴィッツ条約でハンガリーを失う
	1703	アフメット3世即位、チューリップ時代始まる（～30）
	1768	露土戦争（～74）、キュチュック・カイナルジャ条約を締結
	1839	ギュルハネ勅令発布、タンズィマート改革始まる
	1876	ミドハト憲法発布、ミドハト・パシャ大宰相に（～77）
	1908	青年トルコ人革命、ミドハト憲法復活
	1914	第1次世界大戦にオスマン朝は同盟国側に立って参戦
	1918～22	大戦で敗北、独立宣言して祖国解放戦争で勝利
	1923	ムスタファ・ケマル初代大統領に就任
	1938	ムスタファ・ケマル・アタテュルク死去
	1995	EUと関税同盟を結ぶ
	2005	旧100万リラを1リラ（1YTL）にデノミが実施される

ネムルトダーゥにあるコンマゲネ王国の墳墓

奇岩で知られるカッパドキアには4世紀頃からキリスト教の修道士が住み始めたと考えられている

ディヴリイのウル・ジャーミィは1229年の建立。美しいレリーフで名高く、世界遺産に登録されている

ギリシアのテッサロニキにある建国の父ケマル・アタテュルクの生家

しかし、19世紀末からエジプト、ギリシア、ブルガリアなどが独立し、第1次世界大戦ではドイツ側につき敗戦国となる。

オスマン朝時代のおもな見どころはイスタンブールに多い。スルタンアフメット・ジャーミィ、トプカプ宮殿、ドルマバフチェ宮殿などがあり、興味は尽きない。

共和国時代

(1922年～)

「瀕死の病人」といわれたオスマン朝末期の国内の混乱のなか、ムスタファ・ケマルは革命の火の手を上げる。彼は列強による分割・植民地化の危機からトルコを救い、1923年10月29日にトルコ共和国を成立させ、初代大統領となった。アンカラ(→P.370)に首都を移し、政教分離、ラテン文字の採用などの大改革を行い、近代化を進めた。ケマルは「アタテュルク(トルコの父)」と呼ばれ、現在も国民に敬愛されている。アタテュルクがトルコ各地を歴訪したときに滞在した家は、現在まで保存されており、アタテュルクの家、博物館として全国のおもな都市に存在している。

ドルマバフチェ宮殿の美しい天井装飾

終着駅は、アジア側とヨーロッパ側にひとつずつ

ヨーロッパの玄関スィルケジ駅

かつてロンドンを始発としたオリエント急行は、イスタンブールのスィルケジ駅が終着駅だった。一方、ボスポラス海峡を隔ててアジア側にあるハイダルパシャ駅は、アジアの玄関口。イランやシリアへの列車が運行されている。まさに東西の接点がここにある。

ハイダルパシャ駅は、ドイツ人の設計による美しい建物。海側から眺めると、ひときわ大きい四角の駅が、ポッカリ海に浮かんでいるようにも見える。ヨーロッパ側から客を運んできたフェリーは駅前に横付けされ、階段を上ればもうホールだ。ここからは人気の寝台列車、アンカラエキスプレスィが発着する。

一方、アガサ・クリスティゆかりのスィルケジ駅は、ヨーロッパ側の玄関口。オリエント急行の終着駅として、かつては上流階級の人々でにぎわっていた。アガサは駅に降り立つと、隣接する専用の桟橋からボートで金角湾を渡り、ペラ・パラスへチェックインしたという。スィルケジ駅のレンガは往時のまま。オリエント急行にちなんだカフェで、チャイを飲んでみてはいかがだろうか。

アジアの玄関ハイダルパシャ駅

トルコの世界遺産

いくつもの民族がこの土地を通り過ぎ、いくつもの文化が
層をなして重なる歴史的遺産。変化に富んだ地形と気候が生み出した自然遺産。
ユネスコに登録された、トルコの「世界遺産」を9つすべて紹介！

スルタンアフメット・ジャーミィからアヤソフィアを望む。左側が金角湾、右がマルマラ海、右奥に延びるのがボスポラス海峡

世界遺産 1 P.79 Map P.12B1

イスタンブール歴史地区
İstanbul'un Tarihî Alanları

1000年の都

ビザンツ帝国、オスマン帝国合わせて1000年もの間、都として繁栄してきたイスタンブールの栄華を象徴する旧市街の建築群。ビザンツを代表するモニュメントのアヤソフィアは、ギリシア正教の大本山として君臨し、直径31mの大ドームは当時最高の技術力で造られた。オスマン朝の時代には数多くのジャーミィが造られたが、なかでも傑作はスルタンアフメット・ジャーミィやスュレイマニエ・ジャーミィだろう。歴代スルタンの住居だったトプカプ宮殿は、現在博物館となっており、東西から集められた秘宝の数々が展示されている。

トプカプ宮殿からスュレイマニエ・ジャーミィにかけての旧市街を歩くと、コンスタンティヌス大帝がエジプトから運んできたオベリスク、ユスティニアヌスに「我はソロモンを超えた」と言わしめたというアヤソフィア、そのアヤソフィアの美しさを超える建築に生涯を捧げたミマール・スィナンのスュレイマニエ・ジャーミィなど、数えきれない夢の跡を見つけることができるだろう。

キノコ岩が林立するカッパドキア

世界遺産 2 P.330 Map P.16B1

ギョレメ国立公園とカッパドキア奇岩風景
Göreme Millî Parkı ve Kapadokya

自然が造り出した不思議な景観

エルジエス山の麓、標高1200mのこの高原地帯は、太古からの火山活動と浸食作用によって、ニョキニョキと地面から顔を出すツクシのような岩峰が連なっている。

火山が活発に噴火を繰り返していた頃、熱い溶岩流は固い岩となった。噴煙は火山灰を降らせ、柔らかい土となり、それらが交互に重なっていった。長い間には、雨が降り、風が砂を払う。雨はやがて川となり、大地に溝を造る。こうして固い溶岩の部分だけは浸食が遅く、岩峰として残っていったのだ。

キリスト教徒が残した素朴なフレスコ画

カッパドキアは自然遺産としてだけでなく、文化的にも価値があることから、複合遺産とされている。その文化的要素というのが、洞窟教会堂のフレスコ画や地下都市の存在である。

ここにいつから人が住み始めたのかははっきりしないが、3～4世紀には修道士が入植していたようだ。現在残っている岩窟教会のフレスコ画は9世紀後半以降のもの。彩色も鮮やかなものが相当数残っている。

地下都市は、数万人が生活できたという、地下何層にもわたる空間である。何に使われたのかははっきりしないが、カッパドキアにはこのような地下都市が数ヵ所あり、一部は地下でつながっているともいわれている。通気孔や排煙口、下水道や家畜小屋、ワイン貯蔵庫などがあったとみられ、長期間生活していたことがうかがわれる。

世界遺産 3 P.259 Map P.14B1

ヒエラポリス・パムッカレ
Hierapolis-Pamukkale

温泉と石灰棚の奇景、さらにローマ遺跡も楽しめるパムッカレ

石灰が結晶してできた天然温水プール

デニズリの郊外を過ぎると、車窓から一部分だけ雪が積もったような台地が見える。近づくにつれ、それが奇妙な段々畑であることがわかるようになる。これが、世界的にも珍しい大規模な石灰棚だ。

石灰を含み台地の上を白くにごった湯が流れている。このお湯が流れ落ちるうちに、崖全体が結晶したのが石灰棚だ。

円形劇場が残る遺跡、ヒエラポリス

台地の上には、ペルガモン王国の古代名、ヒエラポリスの遺跡が残っている。紀元前2世紀頃の都市遺跡で、円形劇場や大浴場の跡がある。最も内陸部にある遺跡で、セルジューク朝に滅ぼされるまで栄えた。

世界遺産 4
P.385 Map P.17A1

サフランボルの宿場町
Safranbolu Şehri

昔の雰囲気を残すサフランボルの町並み

古い家がたくさん残るサフランボルの町並み

アナトリア中部から黒海へ続く道の途中にあるサフランボルは、宿場町としておおいに栄えた所。町の西にある城壁や南にある隊商宿の跡にその面影が残る。

サフランボルでは景観保全のための並々ならぬ努力が現在も続けられている。新しい建物を建てることは基本的にすべて禁止され、古い建物を修復するときにも、できるだけ建物にダメージを与えないようにするために、細心の注意が払われている。世界から高く評価された官民一体の景観保存運動が、世界遺産を支えているといっていいだろう。

世界遺産 5
P.382 Map P.17B2

ハットゥシャシュ
Hattuşaş

最強の騎馬軍団、ヒッタイトの都

統率のとれた軍隊でアナトリアを支配し、エジプトのファラオと古代世界の覇権をかけて戦ったヒッタイト帝国。エジプト最盛期のファラオ、ラムセス2世でさえヒッタイトに打ち勝つことができず、世界最古ともいわれる平和条約を結んだことでも知られている。そのヒッタイト帝国の都であるハットゥシャシュは、アンカラから東へ約200kmの谷に広がっている。王の門、ライオン門、スフィンクス門の3つの門をはじめ、大城塞や非常時の通路などといった戦略防衛的な機能を備えもった遺跡だ。大城塞の丘の上から遺跡を見渡すと遺跡の全景が一望にできる。

ヤズルカヤの王のレリーフ

ハットゥシャシュの近くにあるヤズルカヤの遺跡は岩山を利用した神殿。素朴で力強い神々や王のレリーフが残っている。

世界遺産 6
P.400 Map P.18B2

ネムルトダーゥ
Nemrutdağı

ユニークな石像

首だけが転がり落ちた遺跡。左がアポロン像

首から上だけの巨像が山頂にゴロゴロと転がる奇妙な光景で知られるネムルトダーゥ。ギリシア神話とペルシアの信仰のふたつの影響を受け、ヘレニズムの折衷様式の特徴をよく残している。

山頂の東と西の両側に転がる神像は、紀元前1世紀のコンマゲネ王国時代のものだ。古墳を造ったのはアンティオコス1世。シリアのセレウコス朝の流れをくむコンマゲネ王国だが、時代はローマ帝国が領土を拡大し、東のパルティアと覇権を争っていた頃だ。コンマゲネは小国にすぎなかったが、アンティオコス1世は山頂に並ぶゼウスやアポロンといった神像とともに自らをも神格化した像を東西に配置させた。地震で頭部が崩れ落ちてしまったが、現在もなお日の出と日没には、太陽の光を受けて輝く。

世界遺産 7 P.284 Map P.14B2

クサントス・レトゥーン
Xanthos-Letoon

リキヤ時代の大きな都

クサントスはリキヤ時代の首都、レトゥーンはその保養地として栄えた町。ビザンツ時代までは町としての機能が失われていなかったことがわかっている。

パンフィリヤ、ピスィディア、キリキヤなど周辺の地方と同じように、リキヤの歴史も、まだよくわかっていない。ホメロスなどの断片的な記述を除けば、ほとんど何もわからない。だが、アンタルヤからフェティエにかけての海岸沿いには、木造家屋を模した石

リキヤの遺跡はまだ発掘途上のものも多い

棺など、共通の特徴をもつ遺跡が多数発見されている。なかでもクサントスとレトゥーンは、リキヤ文化の中心都市であり、遺跡の規模も大きい。遺跡の発掘は続いており、未知の歴史が解き明かされる日は近いかもしれない。

世界遺産 8 P.395 Map P.18B1

ディヴリイのウル・ジャーミィと病院
Divriği Ulu Camii ve Darüşşifası

過剰なまでに装飾された門

ディヴリイのウル・ジャーミィは、世界遺産だが人々の生活とともにあり、毎日5度の礼拝には人々が集まってくる。

ウル・ジャーミィは13世紀前半のイスラーム建築の傑作。特に繊細にして壮麗な3つの門の装飾には思わず息をのむ。連続するアーチのくぼみの下にちりばめられた植物紋様と星のこまやかなレリーフは、アナトリアの建築物としてはほかに例を見ない。ジャーミィ内部の3分の1は慈善行為を目的とした、病院施設（ダーリュッシファー）として造られた。

レリーフが美しいジャーミィの扉

世界遺産 9 P.220 Map P.12A2

トロイ遺跡
Truva Arkeolojik Kenti

神話と歴史をつなぐ遺跡の発見

ホメロス『イーリアス』の舞台となったトロイ。10年に及んだ戦争のなかで、いろいろな勇者が出てきて活躍する。最後は木馬に潜んだギリシア軍が町に火をつけて勝利したという有名な話だ。そして、その話を信じたシュリーマンがこの遺跡を発見して周囲をあっと言わせたこともよく知られてお

シュリーマンによって発掘されたトロイ遺跡

り、彼の著作『古代への情熱』は古典的名著となった。現在、遺跡からの出土品の多くは持ち出され、あまり残っていない。だが、長い間栄えた遺跡は何層にもわたっており、時代を確認しながら歩くのは楽しい。

編集室イチオシ!
これが好きならここに行け!

ギリシア・ローマの足跡をたどって

アフロディスィアス
Afrodisias Örenyeri Map P.14B2

客席に座って思いをはせたい

博物館に収められた数々の彫像や、点在する神殿などの遺跡もすばらしいが、アフロディスィアスの魅力は、何といっても競技場。これだけ規模の大きな競技場が客席までほぼ完璧に残っているのは奇跡的だ。

アイザノイ
Aizanoi Örenyeri Map P.15C1

遺跡好きの心が揺さぶられる

トルコではマイナーなキュタフヤ近郊のローマ遺跡。だが、ゼウス神殿に残る大地の女神キベレの美しいレリーフを見るためだけにでもぜひ足を運んでみてほしい。周辺には劇場なども残っている。

アスペンドス
Aspendos Örenyeri Map P.15C2

アスペンドスの最大の見どころは何といっても円形劇場。反響板まできれいに残っており、保存状態は世界でもトップクラスだ。コンサート会場としても現役で使えるほど。夏はさまざまな公演が催される。

最大2万人を収容したという大劇場

ガズィアンテップ博物館
Gazi Antep Müzesi Map P.413

アキレスを描いたモザイク

近郊にあるゼウグマの遺跡から発掘されたモザイクを豊富に収蔵している。アキレスやエロスの生き生きした姿は、とても2000年も前のものとは思えない。アンタクヤのモザイク博物館と合わせて訪れたい。

定番!

エフェス Efes Örenyeri Map P.14A1
聖パウロもキリスト教伝道のため滞在した町。当時の町がほぼそのままの形で残されている。

ベルガマ Bergama Örenyeri Map P.14A1
ペルガモン王国の首都だった町。アレキサンドリアに次ぐ規模の大図書館があった。

パムッカレ Pamukkale Örenyeri Map P.14B1
白く輝く石灰棚ばかりが有名なパムッカレだが、周囲に広がる遺跡の保存状態もすばらしい。

ディディム Didim Örenyeri Map P.14A2
プリエネ、ミレトとともに、クシャダスから訪れる。アポロン神殿とメドゥーサのレリーフで有名。

キリスト教ゆかりの地を訪ねる

タルスス
Tarsus
Map P.16B2

タルススに残る聖パウロの井戸

タルススは、キリスト教の成立に決定的な影響を及ぼした聖パウロが生まれた町。彼はもともと信心深いユダヤ教徒として、原始キリスト教のコミュニティを迫害する側にいた。キリスト教に転じてからは、積極的に伝道し、そのなかで教義が整えられていった。トルコ各地にはほかにもパウロゆかりの地が残っており、彼の伝道の足跡をたどる旅は今でもキリスト教徒に人気だ。

ミュラ
Myra
Map P.15C2

聖ニコラス教会のモザイク

ミュラはサンタクロース伝説の元になった、聖ニコラスゆかりの地。ミュラの主教聖ニコラスは裕福な家庭の子として生まれたが、その財産を積極的に貧しい子供に分け与えたという。彼自身はローマ帝国の迫害により殉教したとされているが、その伝説はやがてキリスト教世界の中でサンタクロースとなって結実する。ミュラでは小さな教会跡が彼の存在を今に伝えている。

アヤソフィア(イズニック)
Ayasofya(İznik)
Map P.197

4世紀に建てられたビザンツ様式の建築

イズニックはビザンツ時代にはニケーアと呼ばれ、帝国の主要都市として繁栄を誇った。アヤソフィアは何といっても、最後の全地公会議となった第7回ニケーア公会議(787年)が行われたことで有名だ。この会議では従来どおりイコンを使用することが容認され、各地で吹き荒れていた聖像破壊運動は、その後徐々に収まっていくこととなった。

アヤソフィア(トラブゾン)
Ayasofya(Trabzon)
Map P.449外

後期ビザンツ美術の数々が観られる

アヤソフィアは、トラブゾンがトレビゾンド帝国の首都だった13世紀に大規模な改築が行われて現在のような形になった。長い間イスラーム寺院として使われてきたが、1964年までに修復が完了し、その過程で聖書の有名な場面を描いた美しいイコンが55枚見つかった。後期ビザンツ様式の傑作としての評価も高い。建築にはグルジア教会の影響も見られる。

スュメラ僧院
Sümela Manastrı Map P.18B1

人里離れた山の中腹にある

スュメラ僧院はトラブゾンから東黒海山脈を分け入った所にある。このあたりでは20世紀初めまでギリシア系住民が暮らしていた。内部のイコンなどは損傷が激しく、ていねいな修復が待たれている。

ザファラン修道院
Deyrül Zafaran Map P.422外

キリスト教伝来前は神殿だった

創建は紀元前にまでさかのぼるともいわれる古い修道院。13世紀末からシリア正教会の総主教座がおかれるようになり、以来20世紀前半までシリア正教会の中心として発展した。今でも活動が続いている。

アニ
Ani Map P.19D1

アルメニアとの国境にある教会

ビザンツの正教会とは早い段階に分かれ、独自の道を歩んだアルメニア教会の代表的教会群。10～11世紀に宗教的中心地として栄えた。アルメニアとの国境にあるため、現在は軍の管轄下におかれている。

コンスタンティノープル世界総主教座
Rum Patrikhane 折込Map左 A2

イスタンブールで行われた降誕祭

正教会の世界総主教座は今でも「コンスタンティノープル」であるイスタンブールにおかれている。各正教会が独立した存在となった今は名誉職的なものだが、イスタンブールに暮らす信徒たちの活動を支えている。

アクダマル島
Akdamar Adası Map P.19D2

湖の島に建つ美しい教会

ワン湖に浮かぶ島、アクダマルには10世紀に建てられたアルメニア教会がある。この教会は何といってもアダムとイヴを描いた外壁のレリーフで有名。ダヴィドとゴリアテなどのシーンを描いたものもある。

定番!

アヤソフィア Ayasofya Müzesi Map P.85C2
ユスティニアヌス帝の時代に建てられたビザンツ建築の傑作。美しいイコンが数多く眠る。

カーリエ博物館 Kariye Müzesi Map P.135B
ビザンツ後期に花開いたイコンの美しさを堪能するなら必須の見どころ。

カッパドキア Kapadokya Map P.16B1
中世に発達した修道院文化の中心的存在。僧たちは特異な景観の中で修道生活を送った。

聖母マリアの家 Meryam Ana Evi Map P.245外
エフェス近郊に残る聖母マリアの終の住みかとされる。エフェスはパウロも伝道活動を行った地。

イスラーム建築の奥深さを知る

ウル・ジャーミィ（ディヤルバクル）

Ulu Camii(Diyarbakır) Map P.417B

ウル・ジャーミィの中庭

もともとは聖トマスの名を冠したマル・トーマ教会と呼ばれたシリア教会だったが、後にイスラーム寺院に改築したとされている。今に残るこの建物は、シリアのダマスカスに残るウマイヤド・モスクにとてもよく似ている。建築年代が確定されてはいないが、極めて早い時期に建てられたものだと思われる。宗教建築史の観点からも大変ユニークな建築物だ。

フナトゥ・ハトゥン・キュルリイエスィ

Hunat Hatın Külliyesi Map P.358B

かつての神学校の内部はみやげ物屋になっている

セルジューク朝が登場すると、建築にも新たな波がやって来る。敷地の正面にイーワーン（入口の門）が造られ、細かな装飾が施されるようになった。世界遺産、ディヴリイのウル・ジャーミィもこの流れに位置づけられる。もうひとつの特徴が、ジャーミィに有力者の墓や神学校が併設されたこと。これをキュルリイェ（複合建築）と呼ぶ。カイセリのこの建築はその代表的なものだ。

聖なる魚の池

Halil-ür Rahman Gőlü Map P.409

聖地としてあがめられている

シャンルウルファの町は、古くはオデッサと呼ばれていた。旧約聖書には、アブラハムがオデッサ近郊にあるハランからやって来たことが記されているが、ウルファの町にはアブラハム（トルコ語ではイブラヒム）の生誕の地とされる場所があり、昔から聖地とされている。聖なる魚がすむ池の周りを、さまざまな時代の美しい建築が取り囲んでいる。

インジェ・ミナーレ博物館

İnce Minare Müzesi Map P.366A

モザイクの装飾も美しいドーム

コンヤはメヴレヴィー教団の拠点としてあまりにも名高い町だが、ルーム・セルジューク朝の首都がおかれた町だから、メヴラーナ博物館以外にも見ごたえのあるイスラーム建築物が多い。特にもともと神学校であるこの博物館は、ルーム・セルジューク朝の建築様式をよく表している。入口のイーワーンのほか、三角形を組み合わせて造った独特のドームも非常に特徴的だ。

ウル・ジャーミィ（マルディン）
Ulu Camii(Mardin) Map P.422

レリーフ付きのミナーレ

中央アナトリアで新たな建築様式が生まれた頃、南東部では別の様式が花開いていた。天高く伸びるミナーレには美しいレリーフが施されている。ディヤルバクルやハサンケイフでも同様のミナーレが残る。

イェニ・ジャーミィ
Yeni Camii Map P.86A2

中庭からジャーミィを見上げる

17世紀後半に完成した「新しいジャーミィ」。市場を従え、中庭を備えたオスマン朝最後の大建築だ。ハトがいっぱいの周りの風景にもよく溶け込んだ建物だ。シンプルな内装も落ち着きを与えている。

セリミエ・ジャーミィ
Selimiye Camii Map P.193

言葉を失うほどの名建築

オスマン朝最盛期の建築家、ミマール・スィナンの建築の最高傑作。ジャーミィ内部にある直径31.5mのドームはアヤソフィアのドームを上回る大きさ。細いミナーレがドームの大きさを際立たせている。

オルタキョイ・ジャーミィ
Ortaköy Camii Map P.179

小さいながらも美しい建築

オスマン朝後期には、バロック様式によるイスラーム建築が流行した。このジャーミィはグランドバザールそばに建つヌルオスマニイェ・ジャーミィとともに、19世紀オスマン朝建築の名作だ。

リュステム・パシャ・ジャーミィ
Rüstem Paşa Camii Map P.86A2

圧巻のイズニック・タイル

小さなジャーミィだが、ミマール・スィナンの作。エミノニュの雑踏の中にあり、1階は倉庫や商店になっている。2階がジャーミィで、壁を覆ったイズニックタイルの美しさに思わずため息が漏れてしまう。

定番!

メヴラーナ博物館 Mevlana Müzesi
Map P.366B

メヴラーナの墓としていつも信徒たちの姿が絶えない。収蔵するイスラーム美術作品も数多い。

スルタンハン・ケルヴァンサライ
Sultanhan Kervansaray
Map P.16A1

セルジューク朝期には隊商宿が発達した。今も残るなかで最も保存状態がよい隊商宿のひとつ。

スュレイマニエ・ジャーミィ
Süleymaniye Camii
Map P.91C3

いわずと知れたミマール・スィナンの代表作品。イスラーム建築を知るにははずせない。

スルタンアフメット・ジャーミィ
Sultanahmet Camii
Map P.84B3

ブルーモスクの愛称で知られるジャーミィ。6本のミナーレは圧巻。

どこまでも青い海を満喫！

ボズジャ島

Bozcaada

Map P.12A2

ボズジャ島のビーチ

小さな島でのんびりと……というならおすすめ。ペンションが多く高級ホテルはないが、ダイビングをして夜は地元産ワインとシーフードを、という過ごし方も楽しい。

オリュデニズ

Ölüdeniz

Map P.14B2

ヨーロッパでは有名なリゾート

さまざまなアクティビティが楽しめる、小さなビーチリゾートがオリュデニズ。ヨーロッパからバカンスを求めて訪れる人も多い。宿の数も多く、高級ホテルもある。

チェシメ

Çeşme

Map P.12A2

チェシメの港

チェシメの魅力といえば、美しいビーチと温泉。白い砂浜が続くアルトゥンクムをはじめ、周辺にたくさんのビーチがある。町の中心にある城塞からの眺めも抜群だ。

アマスラ

Amasra

Map P.13D1

アマスラの夕景

黒海沿岸には大きなビーチリゾートはなく、隠れ家的な小さなビーチが点在するが、なかでもアマスラは人気のスポット。美しいビーチと黒海の豊かな恵みを堪能しよう。

パタラ

Patara

Map P.14B2

トルコでナンバーワンのビーチ

粒の細かい白砂が約18kmにわたって続くビーチはヨーロッパでも指折りの美しさ。ウミガメの産卵地としても知られ、近くにはリキヤの遺跡も残る。

定番!

ボドルム Bodrum

Map P.14A2

トルコを代表する高級リゾート。ギリシアのコス島もすぐ。

マルマリス Marmaris

Map P.14B2

イギリスからのバカンス客が多い、地中海とエーゲ海の境目にあるリゾート地。ビーチも多い。

カシュ Kaş

Map P.15C2

ダイビング、パラグライディングなど、多彩なレジャーが楽しめるリゾート。

アンタルヤ Antalya

Map P.15C2

地中海リゾートの中心地。アスペンドスの古代劇場ではコンサートなどのイベントが行われる。

いなかでのどかな休日を過ごす

プリンスィズ諸島
Kızıl Adalar
Map P.142-3

クナル島のビーチ

イスタンブールから最も近い「いなか」がプリンスィズ諸島。車は通行禁止となっており、馬車が唯一の交通手段。島には別荘が建ち並び、教会も点在する。

シリンジェ
Şirince
Map P.14A1

シリンジェの家並み

セルチュク近郊にある小さな村。とりたてて見どころはないが、古い町並みがきれいに残されているので、のんびり村を歩くだけで楽しい。ワインの生産でも知られる。

カスタモヌ
Kastamonu
Map P.17A1

古い家が並ぶカスタモヌ

カスタモヌは県庁所在地だが、そうとは思えないほど素朴で古い家並みが広がっている。セルジューク朝やオスマン朝の古いジャーミィやケルヴァンサライといった見どころも多く、散策していても楽しい町だ。

アイデル
Ayder
Map P.19C1

高原にたたずむ村、アイデル

アイデルは黒海岸から内陸30kmほどにある小さな村。古くから温泉療養地として知られるこの村は、トルコでも屈指の景観美を誇る高原リゾートで、のんびりするにも山歩きを楽しむにも適している。

ハラン
Harran
Map P.18B2

独特の建物が建ち並ぶハラン

ハランは旧約聖書にも出てくるほど古い町だが、今は家々が並ぶ姿が独特だとしてよく知られている。観光客用に内部を公開している家も多いので、見学するのも楽しいものだ。

定番!

サフランボル Safranbolu Map P.17A1
世界遺産になって人気が急上昇中。かつての民家をホテルとして再生させた建物も多い。

ギョレメ Göreme Map P.16B1
カッパドキアの中心部に位置する村。観光地でありながらのんびりした風情が漂っている。

トルコ風エステはハマムにあり

フランスのタラソ、韓国のアカすり、タイの古式マッサージ、ときたら、
トルコのハマムを体験していただかないわけにはいきません。
ほのかに温かい大理石の上で至福のアカすりとマッサージを。

ドームから漏れる光が美しいハマムの内部

ハマム

トルコにはハマムと呼ばれる蒸し風呂式の共同浴場がたくさんある。イスラームの教えでは「清潔は信仰の半分」と明記されているように、体を常に清潔に保つことは非常に重要なこと。その点からもハマムは古くから独自の発達をしてきた。ローマのスチーム風呂はもちろん、イスラーム諸国でも共同浴場の文化はほとんど見られなくなってしまったが、トルコでは現在も営業しているところが多い。トルコのハマムの特徴はアカすりサービスが頼めること。歴史あるハマムの重厚な雰囲気も味わいたい。なにしろ地方に行けば500〜600年ほど前のハマムも残っているのだ。

いざ出陣

イスタンブールには観光客向けのハマムが数軒あり、外国人観光客も気軽にアカすりやマッサージを体験できる。

入口を入ると番頭さんが出迎えてくれる。料金表やサービス内容も掲示されていることが多いので確認しておこう。サービス内容を選び料金を払う。係の人に脱衣所まで案内してもらって服を脱いだら、タオルを体に巻いて（女性はセパレートの水着を着たほうが安心）、外に出よう。施錠は忘れずに。ちなみに脱衣所は4〜6人用だが、ひとりで行っても占領できることが多い。

さあ、ドアを開けて浴室に入ろう。温泉地以外は浴槽があることはまずなく、中央にへそ石が置かれ、蒸気がムンムンと立ち込めている。しかし、サウナのように熱くはない。自分で体を洗う人には、洗い場は銭湯のように片隅にあったり、個室になっていたりする。お湯を体にかける洗面器は

個室になっている脱衣所

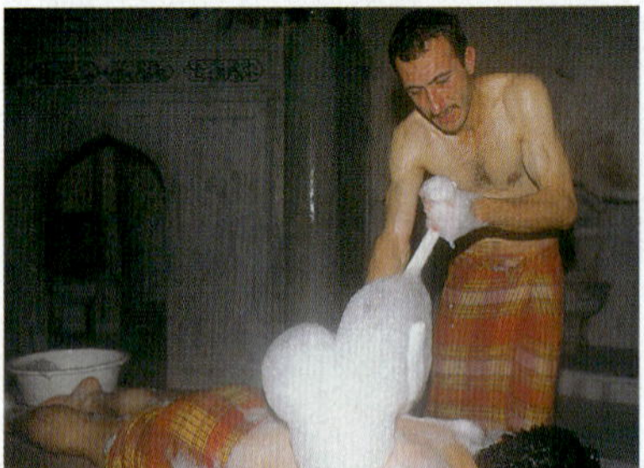

アカすりできれいにしたら、今度は石けんで洗う

日本のものよりかなり小ぶり。アカすりとマッサージを希望するなら、中央の大理石に腰かけたり寝そべって、体がしっとり汗ばむのを待っていよう。

アカすり師、ケセジ

アカすりは男性には男性のケセジ（三助さん）、女性には女性のケセジがつく。ただし、ホテル内のハマムなどでは、女性のケセジという職業は人気がないという事情もあり、女性のケセジはおらず、オジサンがアカすりをすることが多い。

さて、アカすりは専用のタオルでこする。少々固い生地なので、痛かったり赤くなったりするが、びっくりするほどアカが出る。こすり終わると石けんで頭と体を洗い、希望者にはマッサージをしてくれる。観光客相手のハマムでは、ダブルマッサージ、スペシャル・オリエント・サービスなど違いはわからないが、いろいろなサービスがある。すべてのサービスが終わったら出ればよい。

の〜んびりくつろぎタイム

浴室から出ると、係の人がタオルをくれるので、体に巻いていた濡れたタオルと交換する。頭や肩にもタオルを巻いてもらったら、服を着替えた脱衣所に戻り、着替えるのだが、横になってリラックスするのもよい。有料だが飲み物を持ってきてくれる。日本の銭湯ではコーヒー牛乳が定番だが、ハマムで風呂上がりにチャイやジュースをグビっとやるのもオツなものだ。

イスタンブールの観光客向けハマム

ジャーロウル・ハマム Cağaloğlu Hamamı Map P.84B1
✉Yerebatan Cad. No.34 TEL(0212)522 2424 FAX(0212)512 8553
inet www.cagalogluhamami.com.tr
開8:00〜22:10（男湯） 8:00〜20:00（女湯） 休無休
料13€ 入場料+アカすり21€ 入場料+アカすり+マッサージ30€
US$ € C/C不可
地下宮殿入口のある通りを、アヤソフィアを背にして歩いていくと右側にある。1741年に建設された、最後の大ハマムといわれる。ジャーミィだったアヤソフィアの収入源として建設された。

チェンベルリタシュ・ハマム Çemberlitaş Hamamı Map P.89D2
✉Vezirhan Cad. No.8 TEL(0212)522 7974 FAX(0212)511 2535
inet www.cemberlitashamami.com.tr
開6:00〜24:00（男湯、女湯とも） 休無休
料12€ 入場料+アカすり+マッサージ18€ US$ € C/C M V
トラムのチェンベルリタシュ駅下車、すぐ駅の横にある。入口は小さいが、中は広い。1584年にミマール・スィナンによって建てられた、歴史的建造物としての価値も大きいハマム。観光客も多いが地元の人も来ている。

アカすりとマッサージ合わせて5分くらいで石の上で温まるだけ。高いと思った。 （愛知県 日傘娘 '06夏）

アカすりもシャンプーも手抜きです。コースでは15分と書いてありましたが、もう終わり？ というかんじでアカすりなどは体半分しかやってくれませんでした。ツーリストが多いので観光ずれしているのかもしれません。その後自分で頭も体も洗って2時間ほどごろごろして粘りました。ハマムの雰囲気は味わえると思います。 （神奈川県 sakura '06夏）

7時頃に訪れたのですが、各国の観光客で混雑しており、アカすりにあまり時間をかけてもらえませんでした。建物はすばらしいですが、マッサージなどのサービスにあまり期待はできません。 （神奈川県 奈 '05春）

コジャムスタファパシャ・ハマム Kocamustafapaşa Hamamı 折込Map 右B4
✉Kocamustafapaşa Cad.441 TEL(0212)529 0948 FAX(0212)566 5577
開6:00〜24:00（男湯） 8:00〜20:00（女湯） 休無休
料入場料5YTL 入場料+アカすり+マッサージ10YTL
YTL C/C不可
コジャムスタファパシャのバス停から徒歩3分。地元の人以外はあまり来ないようだが、チェンベルリタシュ・ハマムと経営を同じくする、伝統あるハマム。古いにもかかわらず、最近改装していてとてもきれい。

ひょうきんなおばさんが歌を歌いながらアカすりとマッサージをしくれました。気持ちよかった。 （千葉県 bibi '05春）

イベントを盛り上げるベリーダンス

コンサートで、パーティで、結婚式で、飲み屋さんで、
とにかくみんな踊る、踊る。「ハディ、ハディ」と声をかけられたら、
下手でも何でもいいからどんどん踊ろう。

ベリーダンスのダンサーの華麗な動きや衣装には見とれてしまう

ベリーダンスの楽しみ方

ベリーダンスには、古代エジプトの壁画に踊り子の姿が描かれているほど、長い歴史がある。中近東各地で娯楽として親しまれたが、その後イスラームの浸透とともに、女性の露出度が多いダンスは敬遠され、だんだん派手さを失っていった。そんななかで、比較的戒律の厳しくないトルコは、ベリーダンスの中心地的存在になっている。

昔はベリーダンサーという職業は低く見られていたが、スィベル・ジャンというスター歌手のように、ベリーダンサーからスターダムに躍り出た例もあり、現在は積極的にダンサーを目指す人が多い。

ベリーダンスは、妖艶な体の動き、おへそを出したなまめかしい服装がよくクローズアップされるが、もちろん極めて健全なもの。チップというよりおひねりという感じだが、ダンサーが客席を回ると、みんなお札を衣装に挟み込む。トルコではベリーダンスは決して特殊なものではなく、若者向けのディスコでも、結婚式の祝いの席でも、あのエキゾチックな音楽がかかれば、トルコの男たちはたちどころに踊り出す。なんとも愉快ではないか。

カーヌーン(右)、ウド(左)はトルコ音楽に欠かせない楽器

一緒に踊ろう

踊りは見ているだけではつまらない。ベリーダンスのショーの中で、あるいは居合わせたパーティの席で「ハディ、ハディ(さあ、さあ)」と言われたら、躊躇せずに舞台に上がろう。格好を気にしたら負けだ。初めは見よう見真似で手を上にかざして踊ってもいいし、自分流にアレンジしてもいい。とにかくひとりでいてもつまらない。知っている人も知らない人も、酒を飲んでいようがいまいが関係なく、みんな一緒に楽しむ。それがトルコ流の遊び方なのだから。

エキゾチックな民俗舞踊

トルコの踊りといえばベリーダンスやメヴラーナの旋舞を思い浮かべる人がいるかもしれないが、最もポピュラーなダンスは民俗舞踊だ。民俗舞踊はトルコでは「オユン」と呼ばれる。オユンというのは本来「遊び」を意味する。昔は文字どおり、生活の中で最大の娯楽が踊りだったのだろう。

民俗舞踊だから、当然地域によってスタイルがまったく違う。リズムやステップの違いを見つけるのも楽しい。

地方色豊かな民俗舞踊

黒海沿岸では踊りはホロンと呼ばれる。ケメンチェという、バイオリンを小さくしたような楽器が、速くて複雑なリズムを刻み、1列に並んだ踊り子たちは必死になってリズムに合わせてステップを踏む。この足さばきは相当なもの。使われるリズムは7拍子や9拍子。3拍子や4拍子の変形なのだが、なかなか難しい。試しに黒海沿岸の踊りを見る機会があったら何拍子か数えてみてほしい。数えられたあなたは、トルコの踊りの才能があるかもしれない。

東部、南東部にかけての広い地域では、踊りはハライと呼ばれ、やはり手をつないで横1列になって踊る。端の人はハンカチを持ち、それを振りながら踊るのが定番。音楽チャンネルを回すと、たまに民謡歌手のビデオクリップが流れていて、歌に合わせてハライを踊っている姿もよく見かける。

エーゲ海地方ではみんなで踊るというより、順番にひとり、あるいはふたりずつ踊るゼイベックというタイプの踊りが有名だ。これは、海を越えたギリシアでもよく踊られる。

ほかにも各地方でいろいろな踊りが踊られている。ベリーダンスを観に行ったらフォークロアショーと銘打たれた、「オユン」を見ることもあるし、テレビでもしばしば流れているのを目にする。また、結婚式という場は、踊りの宝庫だ。披露宴に何日もかけるというようなことは最近はすっかり少なくなったが、代わりにデューン・サロヌと呼ばれる披露宴会場が繁盛している。そこではさまざまな音楽が流れ、人々はやっぱり次々と踊り出す。とても楽しい場だ。もし誘われる機会があったら、ぜひとも行ってみてほしい。

踊りに使用される伝統衣装にもさまざまな地方色がある

黒海地方のホロンは複雑なステップで知られる

トルコのサッカーは熱狂とともに

2002年の日韓ワールドカップで日本と戦ったトルコは
サッカーが生活の隅々にまで浸透していてあらゆる話題がサッカーにつながる。
試合も熱い。我らがチームへの声援と相手チームへのヤジ。
ボールがゴールラインを割った瞬間、歓喜の声が町中に響く。

タレント揃いのトルコ代表 苦難の日々が続く

2002年の日韓ワールドカップで堂々の3位に輝いたトルコ代表。世界3位**Dünya'nın Üçüncüsü**デュンヤヌン・ユチュンジュスュの文字がトルコ各紙の一面に踊り、国民におおいなる自信と勇気を与えた。

名実ともにヨーロッパのサッカー大国となったトルコだが、ここ最近の代表チームには苦しい日々が続く。2004年の欧州選手権予選ではプレーオフに進出するも格下のラトヴィアにまさかの敗戦で本戦出場ならず。日本が早々に出場を決めた2006年のドイツワールドカップ予選では、欧州王者のギリシア、デンマーク、ウクライナなど強豪揃いのグループでなんとか2位を決め、プレーオフに進出した。名将テリム監督を迎え、必勝を期して望んだが、勢いに乗るスイスの前に惜しくも敗退。トルコ系住民が多いドイツは、トルコにとっては第2のホームなだけに国民のショックは大きかった。

明るい期待を抱かせるのは、才能ある若手の台頭だ。17歳以下の各国代表で戦うU-17世界選手権では、準決勝でブラジルに大善戦。3点差を追いつくも惜しくも敗退。3位決定戦でもオランダに敗れたが、17歳のFW、ヌーリ・シャーヒンはこの大会での活躍を評価され、早くも代表入りを果たしている。アルトゥントプ兄弟らとともに次期トルコ代表を引っ張るエースストライカーに成長していくことだろう。

フェネルバフチェ

1907年に設立されたクラブ。本拠地はアジア側、カドゥキョイにある、シュクリュ・サラチオウル・スタドゥ。リーグ優勝が16回とトルコリーグの盟主的な存在。元日本代表監督のジーコの下、代表FWのトゥンジャイや元ブラジル代表のアレックスを擁し、安定した実力を誇る。

愛称：カナルヤ（ユニホームの色から）
ユニホーム：黄色と紺
ホームスタジアム：シュクリュ・サラチオウル・スタドゥ（イスタンブール、カドゥキョイ）
アクセス：ハイダルパシャ駅から国鉄で最初のソーユトリュチェシメ**Söğütlüçesme**下車、徒歩5分。
inet **www.fenerbahce.org**
創設：1907年
戦績：リーグ優勝16回
監督：ジーコ

おもな選手

- ヴォルカン・デミレル**Volkan Demirel** トルコ代表GK
- ファビオ・ルシアーノ**Fabio Luciano** 元ブラジル代表DF
- ステファン・アッピア**Stephen Appiah** ガーナ代表DF
- セルチュク・シャーヒン**Serçuk Şahin** トルコ代表MF
- セルカン・バルジュ**Serkan Balcı** トルコ代表MF
- アレックス**Alexandro de Souza** ブラジル代表MF
- トゥンジャイ・シャンル**Tuncay Şanlı** トルコ代表FW
- マテヤ・ケジュマン**Mateja Kežman** セルビア代表FW

日韓W杯では3位になったトルコ代表

熱い戦いが繰り広げられる国内リーグ

トルコの国内リーグが始まったのは今から約40年ほど前のこと。リーグとしての歴史はそれほど古くはないが、海外から、特にドイツと密接な関係を築き、指導者を招聘したりして強化に努めてきた。トルコの国内サッカーリーグ（スュペル・リグSüper Lig）はイスタンブールのビッグ3（ガラタサライ、フェネルバフチェ、ベシクタシュ）+1（黒海沿岸のトラブゾンスポル）によって支配されている、優勝持ち回りリーグだ。特にイスタンブールの3大チームは豊富な資金力で海外から有名選手を呼び寄せる、ヨーロッパの強豪だ。トルコ代表チームのメンバーもほぼこの3チームから選ばれている。

■情報収集

試合開始日時は前日のスポーツ新聞などで確認。そのほかはクラブの公式HPなどで収集しよう。

■チケットの取り方

基本的に当日券のみなので、スタジアムに行って並べばよい。ただし、上位チームの対戦やイスタンブールの3チームのダービー（トルコ語でデルビ）のチケットの入手は困難。スタジアム内や周辺の治安も極度に悪化し、ケガ人や死者さえも出ることがある。また、主要チームの試合はBiletix（inet www.biletix.com.tr）のウエブサイトでもチケットを入手することができる。ほかの都市での試合は当日券のみ。

■グッズの入手

日本で海外チームのユニホームを買うと1万円前後だが、トルコでは5000円でおつりがくる。グッズは市場やスポーツショップで

ガラタサライのユニホーム

ガラタサライ

1905年に設立されたクラブ。クラブの母体はガラタサライ高校のサッカーチーム。2000年のUEFA杯、スーパーカップ優勝の実績をもつ。チャンピオンズリーグではベスト8進出の経験もある。

監督は、ベルギー人のエリック・ゲレツ。オランダのPSVやドイツのカイザースラウテルンでの監督経験もある実力派だ。日本代表の稲本選手が移籍し、日本での知名度がアップした。

愛称：ジンボン、アスラン（ライオンの意）
ユニホーム：黄色と赤
ホームスタジアム：アリ・サミ・イェン・スタドゥ（イスタンブール、メジディエキョイ）
アクセス：タクスィムからメトロに乗り、メジディエキョイ駅下車、徒歩約5分。または、タクスィムからシシリ経由、レヴェント方面へ向かうバスに乗り、アリ・サミ・イェンで下車。

inet www.galatasaray.org
創設：1905年
戦績：リーグ優勝16回、UEFA杯優勝（2000年）
監督：エリック・ゲレツ

おもな選手

●ファリド・モンドラゴンFarid Mondragon
コロンビア代表GK
●リゴベール・ソングRigober Song
カメルーン代表DF
●稲本潤一
日本代表MF
●ネジャティ・アテシNecati Ateş
トルコ代表FW
●ハサン・シャシュHasan Şaş
トルコ代表FW
●ハーカン・シュキュルHakan Şükür
トルコ代表FW

フェネルバフチェの公式グッズショップ、フェネリウムはイズミルやブルサなど地方都市にもある

も売られているが、安物や非公式商品も多い。ベヤズットの市内バス乗り場周辺にはグッズを売る店が数軒あり、公式商品（オリジナル）と偽商品（サフテ）が売られている。グランドバザールに行くついでに寄ってみよう。

フェネルバフチェの公式ショップ、フェネリウム**Fenerium**はシュクリュ・サラチオウル・スタドゥのほか、アクメルケズやイスティクラール通りなどにある。

ガラタサライはイスティクラール通りを南下し、ベネトンの横のマクドナルドの次の角を左に入り、少し行った右側にガラタサライグッズ専門店**GS Fan Shop**がある。

ベシクタシュはイノニュ・スタドゥ内にショップ**BJK**ストアがある。また、公式HP上でもオンラインショッピングができ、日本にも発送してくれる。

トルコリーグが開始されるのは8月中旬とほかのヨーロッパリーグよりも若干早い。新シーズン用の新しいユニホームもちょうどこの時期に出回り始め、旧シーズンの1年落ちのものはかなり安く売られる。

大画面でサッカー中継を楽しめるレストランやバーなどもある。早めに行ってよい席を確保したい

お気に入りの選手のネームを入れてもらうこともできる

ベシクタシュ

1903年設立のトルコで最も古いクラブチーム。エンブレムにトルコ国旗の月と星の使用を許されている唯一のチーム。ドルマバフチェ宮殿などのあるベシクタシュ地区がホームタウン。新監督のジャン・ティガナはプラティニと同時代のフランス代表として活躍した名選手。稲本選手が在籍したイングランドのフルハムでも指揮を執った。

愛称：カルタル（鷹）
ユニホーム：黒と白
ホームスタジアム：イノニュ・スタドゥ（イスタンブール、カバタシュ）
アクセス：トラムヴァイの終点、カバタシュから徒歩。
inet **www.besiktasjk.com**
創設：1903年　戦績：リーグ優勝12回
監督：ジャン・ティガナ

おもな選手
- イブラヒム・ユズュルメズ**İbrahim Üzülmez**
  トルコ代表DF
- イブラヒム・トラマン**İbrahim Toraman**
  トルコ代表DF
- ギョクハン・ザン**Gökhan Zan**
  トルコ代表DF
- アリ・ギュネシ**Ali Güneş**
  元トルコ代表DF
- テュメル・メティン**Tümer Metin**
  トルコ代表MF
- クレーベルソン**Kleberson**
  元ブラジル代表MF
- ボボ**Bobo**
  元ブラジル代表FW
- イブラヒム・アクン**İbrahim Akın**
  トルコ代表FW

2006-2007 主要3チームの スュペル・リグ Süper Lig 対戦表

日程は変更されることがあります

第18節 2007年1月26～28日
ガラタサライ対アンカラスポル（イスタンブール）
エルジイェススポル対フェネルバフチェ（カイセリ）
ベシクタシュ対マニサスポル（イスタンブール）

第19節 2007年2月2～4日
カイセリスポル対ガラタサライ（イスタンブール）
フェネルバフチェ対ゲンチレルビルリィ（イスタンブール）
ガズィアンテップスポル対ベシクタシュ（ガズィアンテップ）

第20節 2007年2月9～11日
ガラタサライ対マニサスポル（イスタンブール）
フェネルバフチェ対サカルヤスポル（イスタンブール）
ベシクタシュ対デニズリスポル（イスタンブール）

第21節 2007年2月16～18日
ガズィアンテップスポル対ガラタサライ（ガズィアンテップ）
フェネルバフチェ対サカルヤスポル（イスタンブール）
コンヤスポル対ベシクタシュ（コンヤ）

第22節 2007年2月23～25日
ガラタサライ対デニズリスポル（イスタンブール）
アンタルヤスポル対フェネルバフチェ（アンタルヤ）
トラブゾンスポル対ベシクタシュ（トラブゾン）

第23節 2007年3月2～4日
ベシクタシュ対ガラタサライ（イスタンブール）
フェネルバフチェ対スィワススポル（イスタンブール）

第24節 2007年3月9～11日
ガラタサライ対トラブゾンスポル（イスタンブール）
フェネルバフチェ対コンヤスポル（イスタンブール）
アンカラギュジュ対ベシクタシュ（アンカラ）

第25節 2007年3月16～18日
コンヤスポル対ガラタサライ（コンヤ）
ブルサスポル対フェネルバフチェ（ブルサ）
ベシクタシュ対エルジエススポル（イスタンブール）

第26節 2007年3月30～4月1日
アンカラギュジュ対ガラタサライ（アンカラ）
フェネルバフチェ対アンカラスポル（イスタンブール）
ゲンチレルビルリィ対ベシクタシュ（アンカラ）

第27節 2007年4月6～8日
ガラタサライ対エルジエススポル（イスタンブール）
カイセリスポル対フェネルバフチェ（カイセリ）
ベシクタシュ対リゼスポル（イスタンブール）

第28節 2007年4月13～15日
ゲンチレルビルリィ対ガラタサライ（アンカラ）
フェネルバフチェ対マニサスポル（イスタンブール）
サカルヤスポル対ベシクタシュ（サカルヤ）

第29節 2007年4月20～22日
ガラタサライ対リゼスポル（イスタンブール）
ガズィアンテップスポル対フェネルバフチェ（ガズィアンテップ）
ベシクタシュ対アンタルヤスポル（イスタンブール）

第30節 2007年4月27～29日
サカルヤスポル対ガラタサライ（サカルヤ）
フェネルバフチェ対デニズリスポル（イスタンブール）
スィワススポル対ベシクタシュ（スィワス）

第31節 2007年5月4～6日
ガラタサライ対アンタルヤスポル（イスタンブール）
ベシクタシュ対フェネルバフチェ（イスタンブール）

第32節 2007年5月11～13日
スィワススポル対ガラタサライ（スィワス）
フェネルバフチェ対トラブゾンスポル（イスタンブール）
ブルサスポル対ベシクタシュ（ブルサ）

第33節 2007年5月18～20日
ガラタサライ対フェネルバフチェ（イスタンブール）
ベシクタシュ対アンカラスポル（イスタンブール）

第34節 2007年5月25～27日
ブルサスポル対ガラタサライ（ブルサ）
フェネルバフチェ対アンカラギュジュ（イスタンブール）
カイセリスポル対ベシクタシュ（カイセリ）

トラブゾンスポル

イスタンブールのチーム以外で初めてリーグ優勝を成し遂げたチーム。ユース年代の育成に定評があり、ギョクデニズ・アクデニズやヒュセイン・チムシルといった代表選手も送り出している。

愛称：マーヴィ・ボルドー（ユニホームの色）
ユニホーム：青とエンジ
ホームスタジアム：シェノル・ギュネシ・スタドゥ
inet www.trabzonspor.org.tr
創設：1967年　戦績：リーグ優勝7回
監督：ズィヤー・ドアン

おもな選手
- ファーティヒ・アクイェル　トルコ代表DF
- ギョクデニズ・カラデニズ　トルコ代表MF
- ヒュセイン・チムシル　トルコ代表MF
- イブラヒマ・ヤッタラ　ギニア代表MF

ゲンチレルビルリィ

トルコ語で青年団を意味するアンカラの古豪。名物会長のイルハン・ジャヴジャヴ氏の下、有能な外国人やトルコ人選手を安く買い、才能を開花させてビッグクラブに移籍させている。平均年齢が若いわりに毎年安定した成績を収めている。元トルコ代表主将、ビュレント・コルクマズがコーチに就任した。ナイジェリア出身のアイザック、フランス出身のニソワーズなどの若手フォワードは要注目。

愛称：アルカラ（ユニホームの色）。マスコットキャラクターは山羊
ユニホーム：赤と黒
ホームスタジアム：オンドクズ・マユス・スタドゥ
inet www.genclerbirligi.org.tr（トルコ語）
創設：1923年　戦績：特になし
監督：メスート・バッカル

トルコのポピュラー音楽入門

トルコでは、どんな音楽が流れ、どんな歌が流行っているのだろう。
まずはホテルのテレビで音楽番組をチェック！
長距離バスの車内で流れる曲に耳を澄ますのも楽しい。

ボドルムのローマ劇場でも7月中旬～8月下旬にかけて有名アーティストによる野外コンサートが行われる

多様なトルコのポピュラー音楽

日本にも演歌やポップスやニューミュージックがあるように、トルコのポピュラー音楽シーンもさまざまなスタイルの音楽が入り混じっている。演歌さながらにバイオリンが中心の楽団を従えた歌い手がメロディアスなフレーズを歌い上げても、古くからある民謡をロック調にアレンジしていても、サズを片手に弾き語るもっとむき出しの民謡でも、外国曲のカバーでも、どんな形を取っていてもどれもトルコのポピュラー音楽である。日本人の目からは、民謡がポピュラー音楽なのは不思議に見えるかもしれないが、トルコ人にとっては決して単なる昔の音楽ではない。

音楽シーンを最も簡単に知ることができるのがテレビだ。ビデオクリップや音楽番組を観れば、流行の音楽にすぐ接することができる。トルコにはどういったアーティストがいるのか、少し見てみよう。

トルコを飛び出したスターたち

トルコのポピュラー音楽は、その多様性からトルコ国内のみならず、国外にも訴える力をもっている。例えば民謡や、それに隣接するアラベスクというジャンルの歌手は、おもにトルコより東の国で人気がある。

ラフマジュンのファストフードやバス会社を経営していることでも知られるアラベスク歌手、シャンルウルファ出身のイブラヒム・タトゥルセス**İbrahim Tatlıses**は、シリアやアゼルバイジャン、イランといった周辺諸国でも非常に人気がある。

思い切ってコンサートに行くのも楽しい

ポップスは、地中海地方一帯のものと共通性があるといわれる。人気、実力ともにトップ歌手のセゼン・アクスSezen Aksuの曲は、ギリシアをはじめ周辺諸国で歌われることも多い。彼女もまたほかの国の曲のカバーには積極的だ。児童の就学を助ける慈善事業でも高い評価を受けている。

このアルバムの売り上げの一部が慈善事業に使われる

タルカン、国際的スターへの道

近年国際的に成功を収めた歌手といえばタルカンTarkanだ。1994年にセゼン・アクスの曲「ヘプスィ・セニン・ミ Hepsi Senin Mi?」で一躍トルコのスターダムに上り詰めた彼は、1997年に「Chu! Chu! は恋の合言葉 Şımarık」を出し、トルコ国内のみならずヨーロッパをはじめ各地で話題となった。

長距離バスやドルムシュ、タクシーで

ポップスはいつも最新の流行を生み出す。しかし、トルコの人々からまんべんなく人気を集めるのは、サナートというジャンルの歌手たちだ。このタイプの曲は、旅行中最もよく耳にする。つまり長距離バスやドルムシュなどの車の中で流す曲には、みんなに好かれるものを選ぶことが多いのだ。ムアッゼズ・エルソイMuazzez Ersoyは、そんな歌手の代表選手。ミス・トルコ出身、ギュルベン・エルゲンGürben Ergenのアルバムも定番ロングセラーだ。太っただの離婚しただのと、ワイドショーをいつもにぎわせるスィベル・ジャンSibel Canも人気がある。若手歌手のなかでも抜群の歌唱力があるエブル・ギュンデシEbru Gündeşの自慢の低音は、ぜひとも一度は聴いてみたい。ビュレント・エルソイBülent Ersoyは女装したうえに豊胸手術まで施した（元?）男性歌手。見た目のすごさとは別に実力はさすがだ。

民謡とアラベスク歌手

民謡やアラベスクといったジャンルでは先ほど挙げたタトゥルセスのほか、アラベスクの創始者、オルハン・ゲンジェバイOrhan Gencebay、マフスン・クルムズギュルMahsun Kırmızıgülなど、人気歌手が多い。大御所、ミュスリュム・ギュルセスMüslüm Gülsesもいる。民謡界には当代随一のサズの弾き手と呼び声も高いアリフ・サーArif Sağらがおり、若手歌手では、ザラZaraの人気が近年高まっている。子供時代から活躍を続けるジェイランCeylanもコンスタントにヒットを飛ばしている。

マフスン・クルムズギュルは国境を越えたイランでも人気がある

ポップスの実力派歌手

ポップスはほかのジャンルに入らないものを総称しているため、歌手の数がとにかく多く、移り変わりが最も激しい分野だ。どのアルバムを買うかは、結局旅行中よく耳にする曲ということになるだろうが、実力のあるベテラン歌手から挙げていくと、1960年代から活躍してきたアジダ・ペッカンAjda Pekkanがいる。もう60代に突入し

たのに、そのルックスの若さは驚異的ですらある。ニリュフェル**Nilüfer**も根強い人気を誇る。ユルドゥズ・ティルベ**Yıldız Tilbe**の作り出す音の世界にはファンが多い。メーフェーオー**MFÖ**の大人の渋さがにじむ独特の音作りは、ほかの追随を許さない。環境や社会問題、平和運動に力を入れるロッカー、ハルク・レヴェント**Haluk Levent**も若い人たちを中心に支持されている。

ムスタファ・サンダルの新作には、過去のヒット曲「アラバ」のリミックスもある

ほかに人気のある若手男性歌手は、ムスタファ・サンダル**Mustafa Sandal**、チェリッキ**Çelik**、セルダル・オルタッチ**Serdar Ortaç**といったところ。なかでもムスティの愛称をもつムスタファ・サンダルのサウンドにはファンが多い。ケナン・ドウル**Kenan Doğulu**も軽めの声で彼ら同様人気がある。ムラト・ギョエバカン**Murat Göğebakan**は、独特なテンポで、切ない歌を吠えるように歌い上げる。2005年にはクトスィ**Kutsi**の新作も注目され、女性人気歌手ペテッキ・ディンチョズ**Petek Dinçöz**とのデュエットも大ヒットした。

女性歌手では、セルタブ・エレネル**Sertab Erener**やオズレム・テキン**Özlem Tekin**などが人気。シェブネム・フェラフ**Şebnem Ferah**は実力派ロックアーティス

無骨な歌い方だが、男性ファンの心を掴んで離さないムラト・ギョエバカン

「サナ・ネ」が大ヒットしたクトスィ

トだ。ハンデ・イェネル**Hande Yener**は確かな歌唱力でコンスタントにヒットを飛ばす。2005年に注目されたのは4人組のボーカルユニットのヘプスィHepsi。R&Bを歌うアイドルグループのようだが、4人とも芸術系の名門ミマール・スィナン大学のバレエ学科に在籍しており、ダンスとボーカルのパフォーマンスは折り紙付き。

実力派の4人組、ヘプスィ

コンサートに行こう

移動中に歌を聴き、ホテルでテレビを観たら、次はコンサートへ行こう。イスタンブールのルメリ・ヒサルで行われる野外コンサートを狙うのもよいだろう。毎年1カ月以上行われるコンサートには、豪華な顔ぶれが揃う。また、祝日の広場や公園などでは、無料コンサートが催されることも多い。年末年始のカウントダウンライブにも注目。

コンサートのチケット

コンサート情報なら、ビレティクス**Biletix**のウエブサイト（inet **www.biletix.com**）などが参考になる。ここはオンラインでチケットの購入も可能。大手新聞にもコンサートの情報や宣伝が掲載されている。

テレビで観るコメディ映画

テレビをつけると、いつもやっている映画。トルコの人たちもつい手を止めて観てしまう人気ぶりだ。ここでは言葉がわからなくてもわかるコメディ映画を中心に代表的な作品をいくつか紹介しよう。

1970年代には年間300本近く製作されていたトルコ映画だが、今となっては昔の話、最近ではかつての勢いはすっかり影を潜めてしまっていた。しかし90年代以降トルコ映画は人気を取り戻しており、1997年には『エシュキヤー（山賊）』がトルコ映画史上最高である250万人を劇場に呼び込んだ。ここでは、テレビでも観られる旧作を中心に、全盛期のトルコ映画の代表作品を紹介しよう。

『ハババム・スヌフ Hababam Sınıfı』

ドリフのコントのようなお約束ネタがいっぱい

学園コメディのシリーズで、全6作品。第1作目は1974年に製作された。30年以上過ぎてもその人気に翳りが見えない、まさにお化け作品である。

舞台はイスタンブールにある全寮制の男子校、その中に有名なクラスがあった。それが「ハババム・スヌフ」、普通科3年生のクラスである。26歳なのに高校3年生のフェリット、牛男シャーバン、ギュドゥック・ネジュミといった強者どもを筆頭に、毎日タバコを吸いながらカンニングに命をかけているようなろくでなしばかり集まっている。言葉はわからなくとも充分に楽しめる作品。またこのシリーズの魅力は不思議なBGM。実は6作品どれもひとつの曲しか流れていない。哀しみも喜びも表現しているこの音楽を耳にしながら、毎日が心から楽しげな彼らを見るだけでも、この作品の価値はあるといっていい。

『チチェッキ・アッバス Çiçek Abbas』

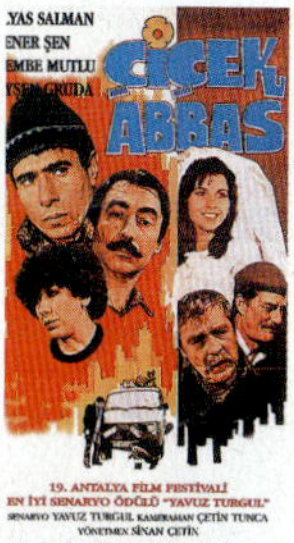

ひたむきにがんばるチチェッキに感動！

1987年に上映された。イスタンブール郊外のスラムに住む人々の生活を描いた心あたたまる作品。チチェッキ（トルコ語で花）と呼ばれた青年役を、日本でも放送された『愛しのハニーちゃん』のイリヤス・サルマンが演じる。ストーリーは正直で心優しい青年チチェッキが、女癖の悪い兄貴分の婚約者に恋をしてしまい、紆余曲折しながら最後は見事に結ばれるというもの。情景や、描かれる人々のあたたかさはトルコを極めてリアルに描いており、言葉がわからなくとも楽しめる。ダスティン・ホフマンの『卒業』を思わせるような感動的なエンディングは一度見る価値あり。

『没落 Züğürt Ağa』

シェネル・シェンの代表作のひとつ

1988年の作品。主役は『山賊』で有名なシェネル・シェン。舞台は南東部のある村。村を仕切るのは、豊かで村人にも慕われる族長だった。しかしある日、よそ者にまんまと罠にはめられ、泣く泣く村を手放しイスタンブールへと向かう羽目になる。金もある。そして徳も。だがイスタンブールという街はそんな彼を、真綿で首を絞めるごとく少しずつ少しずつ没落へと導いていく。ペーソスを少し加えた優れたコメディ作品である。

トルコの食事情

いつでも、どこでもおいしいものが指させば食べられるのがトルコの旅の楽しいところ。ここでは、滞在中にぜひ食べたい基本の料理を紹介しよう。

Mercimek Çorbası
メルジメッキ・チョルバス
定番中の定番。レンズ豆のスープ

Ezogelin Çorbası
エゾゲリン・チョルバス
花嫁のスープという意味

İşkembe Çorbası
イシュケンベ・チョルバス
ヒツジの胃袋のスープ。こってり風味

Domates Çorbası
ドマテス・チョルバス
トマトペーストを使ったスープ

Tavuk Suyu
タウク・スユ
鶏のダシが効いたチキンスープ

Tavuk Çorbası
タウク・チョルバス
鶏肉入りのスープ

Yayla Çorbası
ヤイラ・チョルバス
ヨーグルトのスープ

Tarhana Çorbası
タルハナ・チョルバス
ピーマンやトマトが入ったスープ

Ekmek
エキメッキ
世界一おいしい！トルコのパン

スープとパン

チョルバ　チョルバとはトルコ語でスープのこと。注文した肉料理を待つ間にいただくのが普通。パンに浸すと食が進む。歩き疲れて、おなかペコペコの胃や二日酔いの朝にも胃に優しい。寒い日などは体を芯から温めてくれる。

チョルバの食べ方　チョルバはテーブルにある香辛料や調味料で自分好みの味付けができる。トルコ人の真似をしてどばっと入れると大変なことになるので、慣れないうちは少しずつ。イシュケンベ・チョルバスは臭み消しのためにニンニクの搾り汁が付くこともある。これも入れすぎるとニンニクの味しかしなくなるので注意。

朝食代わりに　朝から営業しているロカンタでは朝食代わりにスープとパンを出している。

パン　世界一おいしいといっても過言ではないトルコのパン（エキメッキ）。外はカリカリで中はモチモチ。

Acılı Ezme
アジュル・エズメ
ピリッと辛い唐辛子のペースト

Cacık
ジャジュク
ヨーグルトとキュウリの和え物

Haydari
ハイダリ
ヨーグルトでさっぱり味

Karşık Meze
カルシュック・メゼ
数種の前菜が一度に楽しめてお得

Çoban Salatası
チョバン・サラタス
定番の角切り野菜のサラダ

Piyaz
ピヤズ
ゆで卵やオリーブ入りの豆サラダ

Rus Salatası
ルス・サラタス
マヨネーズたっぷりのポテトサラダ

Yaprak Dolması
ヤプラック・ドルマス
ブドウの葉で具を巻いたドルマの王様

Lahana Dolması
ラハナ・ドルマス
元祖！　ロールキャベツ

Domates Dolması
ドマテス・ドルマス
トマトをくり抜いて具を詰めたドルマ

Biber Dolması
ビベル・ドルマス
ピーマンの肉詰め。米も入っている

Patlıcan Dolması
パトゥルジャン・ドルマス
輪切りタイプのほかに縦型もある

前菜(メゼ)

ドルマ　前菜のなかでもトルコ料理を代表するのがドルマDolma。ドルマとはトルコ語の動詞のドルマックDolmak「詰まる、いっぱいになる」からきており、野菜に米、肉などの具材を詰めた料理。ロールキャベツの元祖ともいわれるこの料理は、ギリシアではドルマーデス、アラブではマフシーと呼ばれ、中近東、東地中海一帯でとてもポピュラーな料理だ。ボリュームもあるので、メインの代わりにもなる。

注文の仕方　サラダやアジュル・エズメ、ドルマ類なら庶民的なロカンタでも出すが、ちょっと高級なレストランのほうが、豊富な種類を取り揃えている。どれにしようか迷ったときは、ひとつのお皿に数種類のメゼを少しずつ盛って出してくれるカルシュック・メゼ**Karşık Meze**(前菜盛り合わせ)を注文するという裏技がある。

パンと一緒に　エズメやジャジュクはパンにつけて食べるとおいしい。

İzmir Köfte
イズミル・キョフテ
煮込みハンバーグ。これは弁当仕様

Musakka
ムサカ
ギリシアが有名だが、トルコも本家

Taze Fasulye
ターゼ・ファスリエ
インゲン豆の煮込み。家庭料理の定番

Orman Kebabı
オルマン・ケバブ
野菜と肉がバランスよく入った煮込み

Tas Kebabı
タス・ケバブ
肉とジャガイモの煮込み

Sebzeli Kebabı
セブゼリ・ケバブ
肉と野菜のソテー

Tavuk Sote
タウック・ソテ
鶏肉とトマトの煮込み

Mantar Sote
マンタル・ソテ
マッシュルームのトマト煮込み

İmam Bayıldı
イマーム・バユルドゥ
ナスを丸ごと煮込んだ料理

Sade Pilav
サーデ・ピラウ
オーソドックスなピラウ

Nohutlu Pilav
ノフトル・ピラウ
ピラウの上に豆をのせてもらう

Bulgur Pilavı
ブルグル・ピラウ
挽き割り小麦のピラウ

煮込みとピラウ

安い、早い、うまい　煮込み料理はトルコ語でスル・イェメッキSulu Yemekという。大衆的なロカンタではショーケースにたくさんの料理を並べて客を待っている。ケバブよりも安く、すぐ出てくるので安い、早い、うまいの3拍子が揃っている。

注文の仕方　メニューの名前を聞いてわからなくても、食べたい料理を指させばOK。一般的にトマトベースのスープ、シチュー系のものが多い。

ピラウ　トルコのピラフ（トルコ語でピラウ）は松の実の入ったシンプルなバターライス。米のピラウと、ブルグル（挽き割り小麦）がある。トルコ人にとって主食はパンであり、ピラウはあくまでもサイドディッシュ。ケバブの付け合わせで出てくることも多い。

裏技で丼にする　ピラウの上に煮込みをのせたり、鶏肉をのせたりしてもらう裏技的オーダー（別料金）を覚えると強い。

Poğaça
ポアチャ
チーズ入りなどもある調理パン

Simit
スィミット
露店でよく見るゴマ付きドーナツパン

Börek
ボレキ
ユフカを重ねて焼いたトルコ風パイ

Mantı
マントゥ
ヨーグルトソースのトルコ風ラビオリ

Gözleme
ギョズレメ
チーズや挽肉などが入ったクレープ

Lahmacun
ラフマジュン
レモンを搾って野菜を巻いて食べる

Karışık Pide
カルシュック・ピデ
挽肉とチーズのピデ

Kıymalı Yumurtalı Pide
クイマル・ユムルタル・ピデ
挽肉と卵がのった定番のピデ。黒海風

Etli Ekmek
エトリ・エキメッキ
薄い生地のピデ。コンヤ風

Kuşbaşılı Pide
クシュバシュル・ピデ
羊肉サイコロステーキがのったピデ

Sucuklu Yumurtalı Pide
スジュクル・ユムルタル・ピデ
サラミと卵がのったピデ

Kır Pidesi
クル・ピデスィ
黒海名物。カルツォーネ風のピデ

小麦粉から作る料理

調理パン　小麦粉を使った料理もバリエーションが豊富。ポアチャやスィミットはおやつ代わりの調理パン。

シルクロードの料理　マントゥの語源は中国の饅頭だ。西に移動するにつれ餃子からラビオリのようになるのが興味深い。ヨーグルトソースとミントで召し上がれ。

サクサクの薄焼き　ラフマジュンは南東部が本場の薄いクリスピーな生地のピザ。レモンを搾り、野菜を巻いて豪快に食べる。

ピデ　ピデとはトルコ風のピザ。イスタンブールのピデは生地が厚く舟形のものが多い。コンヤのピデは端に折り返しがなく、生地が薄くラフマジュンに近い。アンカラは両者の折衷型。黒海地方のカラデニズピデは、上がふさがったタイプのものが人気。地方によって特徴があるのでいろいろ食べ比べてみよう。焼き上がりの直前に卵（ユムルタ）をのせるトッピングは別料金という店が多い。

Döner Kebabı
ドネル・ケバブ
欧米でも定番になった回転焼肉

Şiş Kebabı
シシ・ケバブ
ご存知！　串刺しのケバブの王様

Tavuk Şiş
タウク・シシ
これも定番。チキンのケバブ

Patlıcan Kebabı
パトゥルジャン・ケバブ
ナスと肉の挟み焼き。写真は焼く前

Domates Kebabı
ドマテス・ケバブ
トマトと肉の相性がピカイチ！

Karşık Izgara
カルシュック・ウズガラ
お得なミックスグリル

Izgara Köfte
ウズガラ・キョフテ
小さなハンバーグ

Adana Kebabı
アダナ・ケバブ
唐辛子が効いたピリ辛のケバブ

Urfa Kebabı
ウルファ・ケバブ
挽肉を串に付けて焼いたケバブ

İskender Kebabı
イスケンデル・ケバブ
ヨーグルトソースで食べるケバブ

Pirzola
ピルゾラ
ラムチョップ。お肉がジューシー

Çöp Şiş
チョプ・シシ
薄焼きパンで挟んで串を抜いて食べる

肉料理　ケバブ

主役を飾るケバブ　トルコ料理の主役、ケバブ。種類や調理法は多岐にわたり、地方ごとにケバブがある。肉は羊肉か鶏肉がほとんど。

質の高い肉　トルコの肉はとても品質が高いことでも有名。臭みが少なく柔らかいので、羊肉が苦手という人もぜひ一度お試しあれ。

ひと手間かける　ドネル・ケバブやアダナ・ケバブ、ウルファ・ケバブなどは、さまざまな香辛料のタレに漬け込んだ肉を焼く。

炭火焼き　シシ**Şiş**とは串を意味し、ウズガラ**Izgara**はグリルを意味する。だいたいの店では、炭火焼き（キョムルデ・ウズガラ **Kömürde Izgara**）なので、香り高くてジューシーな焼き上がり。店名にオジャックバシュ**Ocakbaşı**という名前が付いている店は、いわゆる炉端焼き屋。炭火で焼いてくれる。

キレミット　アツアツの鉄板に載って出てくるキレミットも試してみたい。

Kuşbaşı
クシュバシュ
鳥の頭を意味する羊肉サイコロステーキ

Kiremit Kebabı
キレミット・ケバブ
野菜のダシが出て、肉が引き立つ

Güveç
ギュヴェチ
壺焼き料理。具はいろいろ

Piliç Çevirmesi
ピリチ・チェヴィルメスィ
鶏の回転焼き。半羽で注文できる

Çoban Kavurması
チョバン・カウルマス
羊と角切り野菜の鉄板焼き

Hünkâr Beğendi
ヒュンキャール・ベーエンディ
スルタンのお気に入りという意味の料理

Balık Izgara
バルク・ウズガラ
いわゆる焼き魚。川魚やマスが人気

Alabalık Tava
アラバルク・タワ
マスのフライ

Paramut Güveç
パラムート・ギュヴェチ
パラムートはカツオやサバの仲間

Kalamar Tava
カラマル・タワ
イカのフライ。タルタルソースで

Midye Dolması
ミディエ・ドルマス
ムール貝のピラフ詰め

Karidesli Güveç
カリデスリ・ギュヴェチ
エビの入ったギュヴェチ

魚介類

実は魚嫌い？　トルコ人は元来海とは無縁の遊牧民であったからか、魚はケバブと比べてあまりポピュラーではなかった。ミディエ（ムール貝）、カラマル（イカ）、カリデス（エビ）、アフタポッド（タコ）など魚介類の名前の多くはギリシア語からの借用であることからもわかる。しかし、今ではイスタンブールやエーゲ海や黒海などの沿岸部では庶民の暮らしになくてはならない食材。魚市場は新鮮な魚とそれを買い求める人々でいつも活気にあふれている。

おもな素材　ポピュラーな素材としては、マス（アラバルク）やイワシ（ハムスィ）など。焼く（ウズガラIzgara）と、揚げる（タワTava）が一般的な調理法。

注文の仕方　魚料理専門レストランではショーケースの魚を選び、好きな調理法を選択できる。値段はキロ単位で表示されていることが多い。ケバブ類に比べると値段は高め。

Baklava
バクラワ
パイのハチミツ漬け。甘さがヤミツキ

Kadayıf
カダイフ
ヘーゼルナッツがちりばめられたお菓子

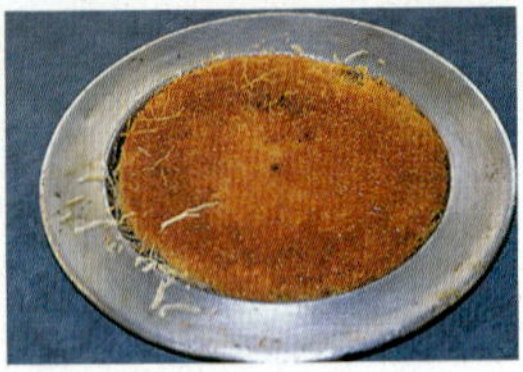

Künefe
キュネフェ
チーズ入りのカダイフ

Tulumba
トゥルンバ
ドーナツにシロップを浸したような菓子

Şekerpare
シェケルパーレ
ハチミツ漬けの焼き菓子

Dondurma
ドンドゥルマ
トルコ名物、伸び～るアイス

Fırın Sütlaç
フルン・スュトラッチ
焼きライスプディング

Kazandibi
カザンディビ
モチモチとした食感の牛乳の焼き菓子

Aşure
アシュレ
いろいろなドライフルーツが入っている

İrmik Helvası
イルミック・ヘルワス
セモリナ粉を使ったスイーツ

Profiterol
プロフィテロル
フランス生まれのシュークリーム

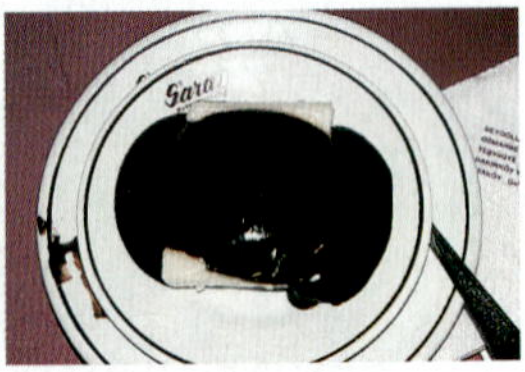

Muhallebi
ムハッレビ
牛乳や米粉で作った定番のスイーツ

トルコ菓子

お菓子屋さんはパスターネ　レストランやロカンタなどでもスイーツを置いている店はあるが、お菓子の専門店はパスターネPastaneと呼ばれる。お菓子屋さんといえば、女性客ばかりなのかと思いきや、おじさんがおいしそうにバクラワをほおばっている光景をよく目にする。

牛乳系とシロップ系　スイーツは大きく牛乳系のものとシロップ系のものに分けられる。初心者はまず牛乳系から挑戦すべし。シロップ系は最初は甘すぎて食べられないかもしれないが、いずれやみつきになる人もいるだろう。また西洋風のケーキもポピュラーだ。

伸び～るアイス、ドンドゥルマ　日本でもたびたび紹介されて話題になったドンドゥルマ。こんなに伸びる秘密はランの根を使ったサーレップの粉。ドンドゥルマ売りのおじさんのパフォーマンスも観光客を楽しませてくれる。

Çay
チャイ
1日10杯以上飲むことも

Elma Çayı
エルマ・チャユ
温かいリンゴジュースに近い味

Türk Kahvesi
テュルク・カフヴェスィ
粉ごと煮出した上澄みを飲む

Ayran
アイラン
甘くない飲むヨーグルト。肉料理に合う

Yoğurt
ヨウルト
ヨーグルトも実はトルコが起源

Boza
ボザ
キビを発酵させた甘酸っぱい冬の飲み物

Salep
サーレップ
ランの球根から採った粉の飲み物

Rakı
ラク
水で割ると白く濁る。果物や豆と合う

Beyaz Şarap
ベヤズ・シャラップ
白ワイン。銘柄も増えてきた

Kılmız Şarap
クルムズ・シャラップ
赤ワイン。人気種のカレジッキ・カラス

Efes Pilsen
エフェス・ピルゼン
定番のビール。ビールはビラという

Efes Dark
エフェス・ダルク
エフェス・ピルゼンの黒ビール

飲み物

生活に欠かせないチャイ　トルコの飲み物といえばチャイ。これがないと何も始まらない。チャイを飲みながら仕事をし、談笑する。町のビルの中や町のあちこちでチャイ屋（チャイジュ）がいて、みんなにチャイを運んでくれる。トルコでは町なかにチャイがあふれている。絨毯屋でもロカンタでも、このチャイジュからチャイが運ばれてくるのだ。

アルコール類　トルコはイスラームの国だが、お酒はどこでも簡単に手に入り、しかも安い。忘れてはいけないのが、トルコの地酒ラク。別名ライオンのミルクといわれ、水で割ると白く濁る。アニスの香りがきついが、甘みもあってノンベエにはくせになる味。ビールも最近銘柄が増えてきたが、エフェスEfesとトゥボルグTuborgが人気。トルコでも、近年のワインブームで各地方のワインの銘柄も豊富になり、ヴィンテージ物まで出てきた。

職人技が光るトルコの伝統工芸品

絨毯&キリム

今やトルコを代表するおみやげになった絨毯やキリム。いつ頃から織られ始めたのか判然としないが、トルコ民族の西進とともに中央アジアから持ち込まれたものだと考えられている。

キリムは、絨毯のようにしっかりしたものではなく、平織りの薄手のものだ。カジュアルな感覚でも使えるので、敷いたときのイメージを想像しながら、どちらを買うか決めるとよいだろう。

色とりどりのキリム。見ているだけでも楽しい

絨毯はトルコを代表する伝統工芸品

キリムが大きければキリムバッグを狙う手もある

布 刺繍 スカーフ

トルコ女性の必需品スカーフは柄も素材もいろいろ

布を買うなら専門店街へ。イスタンブールならウンカパヌにある

パッチワークや刺繍が施されたクッションカバー

楽器

ウド。ヨーロッパではリュート、アラブではウードと呼ぶ撥弦楽器

民俗音楽でポピュラーな撥弦楽器、サズ

トルコは独特の楽器を使う古典音楽と民俗音楽の伝統が今も息づいている。昔ながらの手作りの楽器を買ってみるのも楽しい。

シンバルはトルコから世界に広まった楽器のひとつ

陶器

キュタフヤのショップで見つけた水差し

トルコの陶器といえば、何といっても有名なのがキュタフヤのタイル。オスマン朝時代はイズニックで作られたため、イズニックタイルと総称されるが、現在は良質の土が産出されるキュタフヤで作られている。

また、カッパドキア地方のアヴァノスでは、民芸的で素朴な陶器が作られており、こちらのファンも多い。

建物のさまざまな部分を彩る、キュタフヤのタイル

アヴァノスの素朴な陶器も味があって捨てがたい

銅細工

チャイを配る人たちが持つお盆。意外に便利かも

お盆や水パイプ、チャイセットなどまばゆいばかりの銅製品

象嵌細工

象嵌製のチェス盤。バックギャモン盤も人気のおみやげ

細密画が描かれた小箱。象嵌が使われている

イスタンブールのアンティーク専門店街、ホルホルにて

ナザール・ボンジュウ

トルコの定番みやげといえばナザール・ボンジュウ。大きな目玉の魔除け

チャイ & コーヒーセット

キュタフヤのコーヒーカップ

上のヤカンで濃い茶を作り、下のお湯と混ぜて濃度を調節する

チャイやコーヒーは、日本のいれ方とは異なるため、道具ごと持って帰るのもよい。チャイのグラスはパシャバフチェ、コーヒーカップはキュタフヤ・ポーセレンなど有名なメーカーがあり、ショッピングセンターなどに出店している。

ひょうたんのような形をしたグラス、チャイバルダック

トルココーヒーを作る小さな鍋

絨毯とキリム

絨毯、キリムはトルコでは生活必需品のひとつであった。今でも村の家では冬の寒さや夏の湿気から家と住人を守る大切な道具であり、なくてはならないものである。

ただ近年においては絨毯、キリムを織る家庭も織り手も激減し、安価な機械織りの化繊絨毯が一般化している。結果、伝統的な手織物は特殊な存在となり、外国人観光客や趣味のあるトルコ人相手への商売へと変わりつつある。

カーペットの種類

トルコの絨毯、キリムは素材、年代、織り方のテクニックなどにより分類することができる。以下、トルコの手織物の分類と実際に購入する際の目安になる価格帯や見方、選び方などを紹介する。

シルク絨毯 İpek Halısı

細い光沢のあるシルク糸で織られる絨毯は、好む好まざるに関わらず見ていて美しいものである。トルコ旅行の記念に1枚と考える方も少なくないだろう。しかし高価なものだけに、価格が適正がどうか不安もつきものである。

●選び方のポイント

シルク絨毯は目数で値段が決まる。選ぶときに自分で実際に目数を数えたらよい。どのように数えるかというと、裏をひっくり返して、1cm×1cmの中に結び目がいくつあるかを見るのである。カイセリ産で6目×6目から8目×8目ぐらいである。1m^2あたり1500US$前後を目安にするとよい。例えば90×60cmのもので0.54m^2×1500US$＝810US$になる。

●ヘレケ絨毯

ヘレケ産は世界的にも有名であるが、その糸の質と細やかさがウリである。10目×10目が通常出回っているもので、1m^2あたりの価格は3000US$前後である。12目×12目となるとかなり細やかで、16目以上は表面もスムーズで素晴らしいが、生産数も極端に少なくなる。それでも24目×24目ぐらいまでは何件かのシルク絨毯専門的を回れば見つけることができるだろう。20目×20目のもので1m^2あたりの価格は1万5000～2万US$前後である。両面に別々のモチーフが入った特殊なものなどもあるが、11m^2あたり3万US$以上である。

上記の価格はあくまで目安で、さらに裏がボコボコしていないか、両端がまっすぐかどうかで値段が上下することもある。

ウール絨毯 Yün Halısı

絨毯の素材として一番に使用されているのがウール（羊毛）である。ウールは冬は暖かく、夏はさらさらした肌触りになる。また空気中の埃や余分な水分を吸い込んだり、乾燥しているときには吐き出すという性質をもつため、単なる敷物としてではなく空調の役割も果たす。

●イマラットとキョイマル

ウールの絨毯はおおまかに二つに分けることができる。織り子を抱える生産者によって新しく織られている新製品「イマラット」と、村人が伝統的な柄で織っていたもの、また家庭にあった古いものを売り出したものを村製品「キョイマル」と言う。キョイマルにはオールド絨毯も含まれる。

●イマラット

イマラットにはさらに手間のかかる草木染め糸による高価なものと、化学染料による一般的なものがある。草木染めものではコンヤやエーゲ海地方で作られているが、草木染めものは天然染料の自然な風合いと堅牢度の高い染色方法により、色あせしづらく、色にじみしにくいなどの特徴がある。1m²あたりの価格は糸の質によっても変わるが、300〜350US$を目安にするとよいだろう。

またヘレケ、カイセリ、ラディックなどの綿糸の縦糸に細かい柄を織り込んだものは横糸に草木染め糸は使われなくても、ウール織物の中で高級絨毯として扱われる。綿糸を縦糸に使うことで細かい結び目が作れるのである。2m²ぐらいのサイズから6〜10m²のリビングなどに敷ける大きなものがある。

一方、化学染料が使われるミラス、カルス産などのパステル調の絨毯は安価でどんなインテリアにも無難なので、トルコ人にも人気である。こちらは1m²メートルあたり200US$前後が目安である。

●キョイマル、オールド

キョイマル、オールド絨毯は30〜60年ぐらい前までのものはそれほど価格も高くないし、毛の状態が良好なものが多いので、普通に使用する目的で購入できる。買い手にこびない、各地域、各村ごとの独特な民族性の強い柄や色合いなどが特徴で、いろいろ見ているうちに自分好みの地域や村を見つけることもできる。

キョイマルやオールド絨毯は通常、村人が簡単なスピンドルを使って手で紡いだキルメン糸を使用している。キルメン糸の特徴は機械糸と違い油が混じらないため汚れがつきにくい。また紡ぐときに回転をきつめにかけるので、糸の密度が高く重みがあり丈夫である。またキルメン糸で織られた絨毯は、使えば使うほど表面にシルクにも似た光沢がでてくる。縦糸は通常ウール糸を使うが、綿花栽培の盛んな地域では綿糸を使用している場合もある。

●選び方のポイント

価格の目安は産地や年代、コンディション、染色方法、柄の貴重性などで変わるが2m²の大きさのもので、100US$のものもあれば1000US$のものもある。濃紺や赤、白をベースにしたタシュプナール産の絨毯のように、小売りでも200〜400m²で買える

繭から糸を取っているところ

ものがある一方、さらに細い糸を使うヤッヒャル産の上質なものは似たような柄でも500m²で買えたら安い買い物をしたことになる。

相場はあってないようなものなので、大切なことは気に入ったものが自分が考える価格に見合うかどうか。それでも不安があれば、日本の展示会やインターネットで地域や年代ごとによる、おおよその相場を調べておけばよいだろう。

キリム Kilim

キリムとは平織りの織物である。絨毯同様ウール糸を手織りしたものである。縦糸に綿糸を使う地域もある。平織りなので絨毯より薄く、持ち運びに便利である。

絨毯は高くてキリムは安いというのは、見た目のイメージからくる誤解であるが、差があるとしたら切り落とす無駄糸がない分、キリムの糸代の方が安くあがるということぐらいである。キリムにも絨毯同様、イマラットとキョイマルがある。

●イマラットのキリム

ここ数年のトルコではイマラットはコンヤ、カイセリ、ウシャク、その他エーゲ海地域の村々を中心に生産されている。以前はその他の地域でも生産されていたが、織り手の不足、売り上げの落ち込みを理由に次々に村の共同組合などが閉鎖されて、今現在は稼動していないところが多い。

イマラットは伝統的なモチーフや色を重視せず、いかに売りやすいかが追求される。観光客に売りやすい価格帯、外国人に好まれる色柄、伝統的な柄から現代的なモチーフの取り入れなど、トルコの伝統的な敷物としてではなく、一般的なインテリアとしてどう受け入れられていくかを考えることが売り上げにつながっているのも確かである。そうは言っても織り手は子供のころから伝統的な織り機で、昔ながらの作業を続けているのであり、一昼一夜にして得られる技術ではない。

コンヤやウシャクの一部では草木染めによる糸で織られているものがある。ウシャク産では細かいモチーフを織り出すために機械糸を使用するのが一般的である。コンヤ産では機械糸のものと手

で紡いだキルメン糸のものがある。キルメン糸のものは糸が太めで糸の太さに均一感がないが、汚れづらく使い込むほど、ツヤがでる。また糸の強度も強いため、使用に耐久性がある。

●キリムのサイズ

イマラットはヤストゥックと呼ばれる60×45cmを目安にしたもの、90×60cmのチェイレッキ、180×90cmのセッジャーデ、それ以上のカリヨラ、タバンとサイズごとに分類される。一般的なイマラットでヤストゥックは1枚30US$前後、チェイレッキは50US$前後、セッジャーデは100US$前後である。100%ウール糸で、手織りものとして考えると驚くほど安いし、ちょっとしたお土産にも適している。極細糸のものや、草木染め糸、手紡ぎ糸を使ったものなど高級品になると、1m²あたり120～300US$ぐらい。

●キョイマル、オールドのキリム

キョイマル、オールドキリムはさまざまなモチーフや色、独特な織り方、糸の質と、見る人をいろいろな観点から楽しませてくれる。地方の特色が顕著に現れ、使用している染料、毛の質、紡ぎ方、微妙な織り方の差などから、どこの地方、または地域、村、おおまかな年代まで分類することができる。

●選び方のポイント

価格は年代だけではなく、産地、染色、コンディション、モチーフの希少価値なども加わって、商人間の相場を目安に決まる。産地のブランドもあり、バルケスィル、コンヤ、スィヴリヒサル、マラテヤ、バイブルト、エルズルム、スィワス、ヤフヤール、アダナなど、またこれらの各地域の特殊な地区の特殊な柄に価値が出る場合もある。高値で取引されるものもあれば、素朴な遊牧民系のものもある。ヤギ毛を縦糸や横糸に使用したものや、染めをしないナチュラル・ウールを横糸に使ったりする。柄も色も地味であるが、それが味になって、安めに設定された価格も含めて日本人には魅力的である。

キョイマル、オールドキリム全般でみると、価格も30US$で買えるものもあれば、1000US$するものもある。オールド絨毯同様、ある程度日本で調べておくことも必要である。それを目安に自分の好み、予算などを考慮して選ぶことである。ただどれも1点ものであるから似たようなものでも他所で見つかるチャンスは少ない。価格だけにこだわるのではなく、好みのものを見つけたら、あとはじっくり交渉してみよう。

●そのほかのキリム

キリムの仲間には織りのテクニックにより、ジ

図案に従って糸を織っていく

ジム、スマック、ジリと呼ばれるものがある。また絨毯のようにキリムの間に結び目をしたトゥル、織り方はキリムなのに糸の表面の毛に方向をつけるシールト地方に見られるバッターニエなどがある。

ヘイベ、チュワル、ヤストゥック

絨毯、キリムは、村や遊牧民の生活のなかで敷物としてだけでなく、さまざまな道具としても使われた。現在は需要がないため新しく作られることはないので、現存するものだけになる。

ヘイベはドンキーバックとして説明されるが、細長く織った織物の両端を織り、端を縫いつけたバックである。小ぶりのものは人が肩に担いだり、ロバの背中にかけた。大型のものは馬やラクダに使用された。これにクッションを詰めて座椅子風にしたり、小さいものなら椅子の背にかけてマガジンラックにすることもできる。

チュワルは穀物袋であるが、農作物や穀物を保管したり、遊牧民が移動の際に家財道具をこれに入れて運ぶために使われた。テントを設営したあとは、そのままタンス代わりにもなった。チュワルには大きく2タイプあり、細長く織ったものを半分に畳んで横を縫い付けたものと、幅広に織って、上下を縫い合わせ、横の片方を口にしたものがある。前者はバルケスィル、フェティエ、アンタルヤ、コンヤなどの遊牧民に見られるタイプで、後者はマラテヤ、アンカラ、スィワスなどで多い。チュワルは袋状なら大型クッションとして、開いた状態では敷物としても使える。

ヤストゥックはサイズの名称にも使われているが、背あてとして中に詰め物をして部屋の壁に立てかけられて使用されたものである。通常は6～8点同じものが作られるので1つの家から同じ柄

が何点か出る。キリム、絨毯、ジジム、スマックなどのさまざまなテクニックで織られ、裏はキリムであったり、布を縫い付けたりして袋状になっている。裏をとった表面だけのものを玄関サイズの小さい絨毯、キリムとして売っていることもある。これらは小さいけれど、絶対的数量が少ないこと、さらに道具として使用されてきたためコンディションのよいものがごく限られていることなどから、大きい敷物並みの価格のものも少なくない。コンヤの1960年代もので50US$のヘイベもあれば、ユンジュの特殊モデルでは2500US$以下では見つからないものもある。普通のオールドものであれば、200〜600US$ぐらいで手に入る。

アンティーク Antika

100年以上前の時代のものを目安に、草木染め、手紡ぎ糸、伝統的なモチーフなど、当時のすばらしい技術と民族的な特徴を残していることを前提にアンティークとして区別する。

コレクターが優先して収集した、祈祷用小さめの絨毯、キリムは現在トルコ国内の市場で見つけることはほとんど不可能で、地面下の宝探しと同じ状態である。　また古いものを購入するときに気をつけたいのが修復である。アンティークの修復は穴を埋める、縦糸をつなぐ、フリンジにチェーンをかけるというレベルとは異なり、糸の選択、キリムの特徴を捉えた適切な修復、さらにアンティーク独特の雰囲気を壊さずに仕上げをできる高度なレベルの修理職人を必要とする。下手な修理は絨毯、キリムの価値を下げさせるだけではなく、買い手の絨毯、キリムへの愛情まで冷めさせる。安くあげるために手抜きの修復をされることもあり、知識のない売り手と、買い手の間でのトラブルも増えている。自分で勉強をしていくしかないのであるが、トルコでは高いものがいいもので、安いものは悪いものという日本の常識は通用しない。自分で判断できないうちはやたら高価なものに手を出さないことである。

■店選び

カーペット購入の際の重要なポイントは店選びだ。店により品揃えと専門に差がある。購入目的や予算を考慮しつつ、できるだけたくさんの店を見て、自分の好みの1点を見つけたい。

（キリムショップmihriオーナー・野中幾美）

トルコの手芸

トルコは手芸雑貨の宝庫である。手先の器用なことが「よいお嫁さんの条件」といわれるため、女性は幼い頃から手芸を母親から教えられ習得する。彼女たちのふくよかな手から編み出される手芸品の数々は、繊細なレース編み、実用性のあるニット雑貨、手の込んだ刺繍作品など多岐にわたる。

トルコ手芸の代表的なもののひとつにオヤOyaがある。ガーゼのように薄い花柄の素朴なスカーフの縁には、花や果物、野菜などを模った美しく緻密な縁飾りが付いている。その縁飾りを総称してオヤという。オヤは使う道具によって名称が異なり、かぎ針で作るトゥー・オヤ、ビーズを編み込んだボンジュク・オヤ、縫い針で作るイーネ・オヤなど、その種類もさまざま。最近はスカーフだけでなく、ヘアピンやブローチ、ピアスなどのアクセサリーからキッチン雑貨にいたるまで手作りのオヤモチーフが施された雑貨の人気が高い。

手編み雑貨なら、伝統模様を配した鮮やかな多色使いの靴下が有名だ。カッパドキアなどの観光地では、伝統衣装として着用するカラフルな靴下を現代風にアレンジして販売している。ルームシューズタイプの短い靴下が1足500円前後とお手頃だ。ただし、左右の大きさが違っていることも多いので買うときにはちゃんと確認しよう。

トルコの手芸品は、グランドバザールなどの常設市でも入手できるし、地方都市なら週1回決まった曜日に開催される市でも購入できる。野菜や果物などの食料品と一緒に近隣の村で製作された手芸品や手芸材料もたくさん扱っている。

トルコの手芸に興味のあるなら、各地にある民俗博物館がおすすめ。館内では人形を使って昔の生活様式を再現しているので、美しい手芸品や民族衣装が堪能でき、手芸ファンには見逃せない。

（七海　光）

inet www.needleworld.jp

今のトルコを持ち帰りたい！

スパイス

トルコがシルクロードの中継地だった名残が、バザールにうずたかく積まれたスパイス。おみやげとしてトルコの味を再現するのにもピッタリ。キョフテリッキはトルコ料理に使われるスパイスミックス。サフランは種類が多く、料理が好きなら選んでみて。

買うときはグラム単位で注文する

チャイ＆コーヒー

どこでも売られている定番の茶葉2種

コーヒー豆（クルカフヴェ）とコーヒー鍋のセット

エルマチャイなどさまざまなティーバッグ

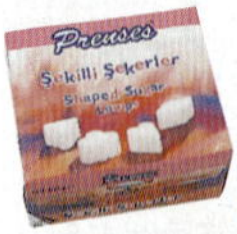

チャイ用の角砂糖。さまざまな形がある

スイーツ

ブルサ名物栗のお菓子、ケスターネ・シェケリ。旬は秋

乾燥長持ちタイプのバクラヴァ。空港で購入

イスタンブールの名店、ハジ・ベキルのロクム

綿菓子系のピシュマニエ。アフヨン銘菓

ワイン＆ラク

ワインブームが続くトルコ。ブドウの種類も、カベルネ・ソーヴィニオンなど外国から来たものから、ナーリンジェ（トカト産、白）やボアズケレ（ディヤルバクル産、赤）など国内のものまでさまざまだ。

「ライオンのミルク」の異名をもつラクは、ギリシアのウゾやアラブのアラクと同系で、水を入れると白濁する。

ラクもさまざまな銘柄のものが出てきた

国内の数種類のブドウから作られたワイン

トラキア産のブドウ、パパズカラスの赤

人気種ナーリンジェは今や各地で作られる

インスタント食品

冬の飲み物サーレップもこれでお手軽に

ドンドゥルマの素はトルコ人にも大好評

キョフテミックスは香辛料のセット

メルジメッキもイシュケンベも一発再現、スープの素

コロンヤ

バラ水入りのコロンヤはウスパルタ名産

バスでふるまわれるコロンヤを思い出にいかが？

アルバム

コンスタントにヒットを飛ばすハンデ・イェネル

人気のセクシーアイドルトゥーバ・オゼルク

サッカーグッズ

フェネルバフチェのマフラー。ド派手

トルコ代表ユニ。ワールドカップでおなじみ

テレビで、スタジアムでサッカー観戦をしたら、次はサッカーグッズを買いに行こう。公式グッズでなくてもよいなら、露天商でも購入できる。

ガラタサライショップの気さくな店員さん

スタジアム内にあるベシクタシュショップ

そのほか

トルコ麻雀と呼ばれるオケイ。ルールはブリッジに近い

オリーブ石けんできれいになろう

東黒海の山中で採れるハチミツは超美味！

革製品も人気のトルコみやげ。縫製など作りはしっかり確認を

人形

こけし人形の大家族

きらびやかな民族衣装をまとった人形や、メヴレヴィー教団のセマーゼン（旋舞をする人）の人形は、種類が多く、見ているだけでも楽しい。

サフランボルの民家や、カッパドキアの奇岩をかたどったものも人気のおみやげだ。

エルズルムで売られていた人形

人気みやげ、くるくる回るセマーゼン人形

踊り子をかたどった人形。とってもかわいい

ウズンギョルで見かけた茶摘み人形

パムッカレで発見した人形

トルコのエステ事情

トルコ語でエステティックサロンはギュゼルリック・サロヌGüzellik Salonuという。独立したサロンもあるが、美容室に併設されている場合も多い。

トルコ製の商品を使った地元の美容院ならフェイシャルが35YTLくらいから、ボディ海草パックは40YTLくらいから。有名サロンはそれなりに値段は高いが、優雅な気分を存分に味わえる。

ラ・プレリーのエステティシャン

また、トルコ女性はムダ毛のお手入れも頻繁にするので、アーダといわれるワックス脱毛や電気針やレーザーを使った永久脱毛も普及していて値段も安い。

最新の機器が揃っている

一方、美容室はトルコ語でキュアフォルKuaförといい、女性用美容室はバヤン・キュアフォリュBayan Kuaförüという。マニキュアやペディキュアは、トルコでは美容室の仕事の範疇。安いところでは5YTLくらいからできるので、気軽に頼める。美容室では、シャンプーやブローは別料金のことも多いので注意。ブローは膨らませることが多いので、髪質の違う日本人にはあまり向かない。

ヨーロッパとアジアの架け橋

イスタンブール

İstanbul

イスタンブールはこうなっている

ヨーロッパとアジアにまたがるイスタンブールの構造を理解しよう

「ヨーロッパとアジアの架け橋」。このキャッチフレーズは、地球上でただひとつイスタンブールだけに許された言葉である。日本から中国、パキスタン、イランと歩いてきた旅人がトルコに入り、イスタンブールを経てギリシアへ抜けるとき、まさにこの言葉を実感するだろう。あるいは、ヨーロッパ諸国を旅して、ギリシアやブルガリアからイスタンブールに入れば、イスラーム文化の異質さに驚くと同時に、「帰ってきた」と実感するのも、トルコのもつアジア的な雰囲気のためだろう。

この東西文明の接点イスタンブールは、ボスポラス海峡（Boğaziçiボアズィチ）によってヨーロッパ側とアジア側に分かれている。ボスポラス大橋とファーティフ・スルタン・メフメット大橋が架け橋となる。

観光客がおもに訪れるのは、観光スポットやホテルが多いヨーロッパ側。オフィスや商店などおもな都市機能も、ヨーロッパ岸に集中している。アジア側も近年開発が進んできたが、多くは住宅地となっており、たくさんの人々がフェリーに乗り、ヨーロッパ側へと通勤している。

1 ボスポラス海峡で分かれている

イスタンブールは長さ約30kmのボスポラス海峡で、ヨーロッパとアジアに分かれている。海峡の幅は最小で700m。ルメリ・ヒサルに上れば、ここがいかに軍事的に重要だったかがわかるだろう。

2 旧市街と新市街

ヨーロッパ側にある、金角湾とマルマラ海、テオドシウスの城壁で囲まれた地域が旧市街。金角湾を挟んだ対岸が新市街。ふたつの地区ををガラタ橋、アタテュルク橋などが結んでいる。

観光客にとって、旧市街はトプカプ宮殿やアヤソフィアなど歴史的建造物が並ぶ重要な地域。世界各国からの観光客であふれ、若者向けの安いホテルなども多い。

一方、ビジネスの中心地の新市街には外国資本の高級ホテルがあり、おしゃれなショッピングタウンとしても人気がある。

3 郊外に広がるイスタンブール

イスタンブールはトルコで最も大きい街。空港やエセンレル・オトガル（イスタンブールで最も大きなバスターミナル）はヨーロッパ側の郊外にある。

人口の増加にともない住宅地が広がっており、郊外型のショッピングセンターなどもどんどんできてきている。

観光ルート研究

地域ごとに回るイスタンブールの歩き方

イスタンブールは見どころがとても多いので、
できれば1週間以上滞在してほしいが、なかなか難しいもの。
効率よく観光するためには街をブロックに分けて集中的に回るといい。
滞在時間の長さに合わせてこれらのブロックを組み合わせてみよう。

旧市街Aコース

アヤソフィア ➡ トプカプ宮殿 ➡ スルタンアフメット・ジャーミィ ➡ 地下宮殿

旧市街には、ビザンツ1000年、オスマン朝700年の首都であったイスタンブールの代表的な建造物が集中している。ギリシア正教の総本山だったアヤソフィアをはじめ、オスマン朝歴代スルタンの居城だったトプカプ宮殿、ブルーモスクの名で親しまれるスルタンアフメット・ジャーミィなどは同じ地区にある。

じっくり見るならこれだけで1日がかり、駆け足なら近隣の博物館も見学できる。

アヤソフィアはオスマン朝時代にジャーミィとして使われていた

旧市街Bコース

スュレイマニエ・ジャーミィ ➡ グランドバザール（➡エミノニュ）

観光客の多いスルタンアフメット・ジャーミィを敬遠して、スュレイマニエ・ジャーミィに行っても見ごたえがある。迷路のようなグランドバザールに1日しか割けない人は、Aコースの夕方からグランドバザールだけをプラス。Bコースにたっぷり1日取れるなら、グランドバザールをエミノニュ方向に出て、散策しながら桟橋まで歩こう。エジプシャンバザールまでずっと露店の続く楽しい通りだ。

グランドバザールのメインストリート

金角湾Cコース

カーリエ博物館 ➡ エユップ

カーリエ博物館は、旧市街の西、テオドシウスの城壁の近くにある。さらに金角湾の奥に行くとエユップという地区に出る。ここには金角湾を眺められるチャイハーネ、ピエール・ロティのチャイハネがある。このあたりへはタクシーで往復するのが無難。3時間ほどでのんびり回れる。エユップ・スルタン・ジャーミィ周辺の門前町を散策してみるのもよいだろう。テーマパークのミニアトゥルクは対岸にある。

貴重なイコンが数多く残るカーリエ博物館

新市街Dコース

ドルマバフチェ宮殿 ➡ イスティクラール通り

新市街で一番の見どころはドルマバフチェ宮殿。入場制限があるので朝早めに行動し、昼過ぎからは新市街の散策をしよう。宮殿から北のオルタキョイやアクメルケズ、タクスィム広場の南西に延びるイスティクラール通りがお買い物ゾーン。軍事博物館は午後のコンサートに間に合うように行きたい。ガラタ塔へは、イスティクラール通りを散策するついでに訪れてもよいし、夕暮れ時にパノラマを楽しむのもよいだろう。

贅の限りを尽くして建てられたドルマバフチェ宮殿

ボスポラスクルーズEコース

海上から眺めるイスタンブールも旅のよい思い出になるだろう。定期船ならエミノニュから黒海の入口、アナドル・カヴァウまでの船があり、往復で半日の行程。旅行会社で募集しているものや、船の船長が呼び込みをしているクルーズはボスポラス大橋のあたりまで行き、2時間程度のことが多い。

船上からオルタキョイ界隈を眺める

A
B
1
2
3
4
故彡人
Erboy
Sude Konak
Hatay
Yaşmak Sultan
Olimpiyat
Amisos
イスタンブール高校
İstanbul Erkek Lisesi
イスタンブール県庁
İstanbul Valiliği
ギュルハーネ駅
Gülhane Dur.
イラン総領事館
İran Başkonsolosluğu
イスタンブール医師会
İstanbul Tabibler Odası
ハマム
Cağaloğlu P.51
マフムート・パシャ・ジャーミィ
Mahmut Paşa Camii
グランドバザール P.124
Kapalı Çarşı
（カパル・チャルシュ）
ヌルオスマニイェ・ジャーミィ
Nuruosmaniye Camii
Taş Hause
Dongyang
Celal Sultan
Kybele
And
地下宮殿出口
ツーリスト・ポリス
Yerebatan Sarnıcı
地下宮殿
イスタンブール女子高
İstanbul Kız Lisesi
モッラー・フェナリ・ジャーミィ
Molla Fenari Camii
チェンベルリタシュ駅
Çemberlitaş Dur.
Cozy Pub
Cozy Balık
Camille
Amedros
Atlantis
Karadeniz
Akdeniz
Çiğdem
Nomade
Rumeli Cafe
Mozaik
Petrol
Dubb
Star Holiday
Selim Usta
Pudding Shop
El Torito
Pierre Loti
マクドナルド
スルタンアフメット駅
Sultanahmet Dur.
フィルズアー・ジャーミィ
Firuzağa Camii
Cordial House
Altın Şiş
Tree of Life
裁判所
Adliye
Golden Horn
Blue Art
スルタンアフメット1世廟
1. Sultanahmet Türbesi
Arcadia
トルコ・イスラーム美術博物館
Türk İslam Eserleri Müzesi
オベリスク
絨毯・キリム博物館
Kilim ve Dız Dokma Müzesi
エミール・スィナン・ジャーミィ
Emir Sinan Camii
ディズダリイェ・ジャーミィ
Dizdariye Camii
İbrahim Paşa
スルタンアフメット・ジャーミィ
（ブルーモスク）
Sultanahmet Camii
ヒッポドローム
At Meydanı
Fehmibey
Türkmen
Blue Hills
Azler
スルタンアフメット
Sultanahmet
警察署
Bostan Ali Camii
ソクルル・メフメット パシャ・ジャーミィ
Sokullu M.Paşa Camii
アラスタ バザール
Tamara
モザイク博物館
Mozaik Müzesi
Yunus Emre
Doy Doy
Tash Konak
Sinbad
Sunrise
Dersaadet
Eresin Crwon
Antique
Sur
キュチュク・アヤソフィア・ジャーミィ
Küçük Ayasofya Camii
Sahil Yolu

国立考古学博物館
Arkeoloji Müzesi
P.122
古代東方博物館
Eski Şark Eserleri Müzesi
P.122
トプカプ宮殿
Topkapı Sarayı
P.113
サファ・ジャーミィ
Safa Camii
アヤイリニ教会
Aya İrini Müzesi
第一庭園
Coşkun P.148
Sarnıç P.165
Merih2 P.147
Konuk Evi
Ayasofya Konakları P.154
Soğukçeşme Sok.
Yücelt
Saint Sophia P.153
皇帝の門
アヤソフィア博物館
Ayasofya Müzesi
P.120
アフメット3世の泉
Ayasofya Meydanı Sok.
Bâb-ı Hümayun Cad.
İshak Paşa Cad.
Mimar Mehmetağa Cad.
Kabasakal Cad.
Taya Hatun Sok.
Mavi P.148
Yeşil Ev P.155
Tevkifhane Sok.
Four Seasons P.155
Seven Hills P.155
Seven Hills P.166
Empress Zoe P.152
Kutlugün Sok.
Adliye Sok.
Side P.149
Spina P.152
İstanbul P.147
Sultan P.147
Alaturka P.151
Orient P.146
Marmara P.150
Albura P.167
Zeugma P.148
Acropol P.152
漢陽 P.166
Poem
Big Apple P.146
Mesale P.166
Utangaç Sok.
Dalbastı Sok.
Blue House P.154
Aşkın P.148
Akbıyık Cad.
Bayram Fırın Sok.
Cankurtaran Cad.
İshak Paşa Cad.
ジャンクルタラン駅
Cankurtaran İst.
Eginci
Korean
Ararat P.151
Mimar Mehmetağa Cad.
Sultan Ahmet Sarayı P.155
Angels Home P.150
Obelisk
Historia
Avicenna P.154
Megara P.150
Akbıyık Sok.
Amiral Tafdil Sok.
Balıkçı Sabahattin P.166
Kutlugün Sok.
Akbıyık Değirmeni Sok.
Şadırvan Sok.
Keresteci Hakkı Sok.
Ahır Kapı Sok.
OyuncuSok.
P.134
P.96-97
P.133
P.94-95
P.92-93
P.135
P.90-91
P.86-87
P.88-89
P.84-85
N
スルタンアフメット周辺
0
200m
C
D
1
2
3
4

A
B
1
2
3
4
Perşembe Pazarı
Zincirli Han Sok.
Bereketzade Medrese Sok.
Bankalar Cad.
Hüseyin Sofu Sok.
Aynalı Lokanta Sok.
Necatibey Cad.
Maliye Cad.
テュネル駅
Tünel
Selahattin Evren Cad.
Gümrük Sok.
Kürekçiler Sok.
Yemeniciler Cad.
Kalafatçılar Cad.
Ağa Kaptanı Sok.
イェルアルトゥ・ジャーミィ
Yeraltı Camii
カラキョイ駅
Karaköy Dur.
Kemankeş Cad.
Rıhtım Cad.
ハイダルパシャ、カドゥキョイ行き桟橋
Haydarpaşa, Kadıköy İskelesi
ガラタ橋
Galata Köprüsü
P.126
TURYOL İskelesi
海上ドルムシュ乗り場
シーバス乗り場
İDO Deniz Otobüsüsü İskelesi
市内バスターミナル
主に城壁、エユップ方面
リュステム・パシャ・ジャーミィ
Rüstem Paşa Camii
P.128
地下道
ボスポラス海峡行き桟橋
Boğaz İskelesi
カドゥキョイ行き桟橋
Kadıköy İskelesi
ユスキュダル行き桟橋
Üsküdar İskelesi
Harem İskelesi
ハレム
（長距離バスターミナル）
行き桟橋
エミノニュ駅
Eminönü Dur.
イェニ・ジャーミィ
Yeni Camii
P.127
エミノニュ
Eminönü
Reşadiye Cad.
Kızılhan Sok.
Balkapanı Sok.
Kalcın Sok.
Hasırcılar Cad.
Tahmis Cad.
Yeni Camii Meydanı Sok.
Arpacılar Cad.
P.168
Hamdi
エジプシャン
バザール
Mısır Çarşısı
P.127
Cömert Türk Sok.
Fındıkçılar Sok.
Tahtakale Cad.
Tomruk Sok.
Çiçek Pazarı
Yalı Köşkü Cad.
Borsa
Bankacılar Sok.
Çelebet Sok.
Hafız Mustafa
P.169
Yeni Camii Cad.
Rahvancı Sok.
Şeyhül İslam Cad.
Hamidiye Cad.
Mimar Kemalettin Cad.
Konyalı
P.169
Emirler Sok.
スィルケジ駅
Sirkeci Dur.
国鉄スィルケジ駅
TCDD Sirkeci Garı
Marputçular Cad.
Saka Mehmet Sok.
Vakıf Han Sok.
Sultan Hamamı Cad.
Fındıkçı Remzi Cad.
Büyük Postane Cad.
Mimar Vedat Cad.
スィルケジ
Sirkeci
İstasyon Arkası Sok.
Vasıf Çınar Cad.
Ptt
Mıhzırbaşı Sok.
Hoca Paşa Sok.
P.168
Gar Pub
Et-iş
P.168
○小包専用受付
Aşir Efendi Cad.
P.156
Turvan
Balkan
P.168
Fahri 2
Akçınar
P.156
Orsep
Royal
Serdar Sok.
Nöbethane Cad
P.157
İlkay
Yeni
P.156
Orient
Express
P.157
Derviş Sok.
Darüssade Sok.
Nöbethane Çık.
Kebapçı Kardeşler
P.168
Orhaniye Cad.
Köprücü Sok.
Hammeli Sok.
Fincancılar Sok.
Hoca Hanı Sok.
Katırcıoğlu Sok.
İbni Kemal Cad.
Hüdavendigar Cad.
Ebussuud Cad.
Cemal Nadir Sok.
Mehmet Paşa Yok.
Çakmakçılar Yok.
Sandalyeciler Sok.
Çarkçılar Sok.
Tarakçı Cafer Sok.
Rastikçiler Sok.
Çeşinli Sok.
Necip Efendi Sok.
イスタンブール高校
İstanbul Erkek Lisesi
イスタンブール県庁
İstanbul Valiliği
P.157
Erboy
故郷人
P.169
P.158
Sude Konak
Hatay
文部省
Milli Eğitim
Bakanlığı
Yaşmak Sultan
P.158
Olimpiyat
P.157
Taya Hatun Sok.
Cağaloğlu Yok.
Narlı Bahçe Sok.
Trakçılar Cad.
Sultan Maktebi Sok.
Türk Ocağı Cad.
Amisos
P.157
ギュルハーネ駅
Gülhane Dur.
グランドバザール
P.124
Kapalı Çarşı
（カパル・チャルシュ）
Ferdi Gökçay Sok.
Bezciler Sok.
Tığcılar Sok.
マフムート・パシャ・
ジャーミイ
Mahmut Paşa Camii
Mengene Sok.
Selvili Mescit Sok.
Tavsir Sok.
イラン総領事館
İran Başkonsolosluğu
Ankara Cad.
Hükümet Konağı Cad.
Gümüşhaneli Sok.
ハマム
Cağaloğlu

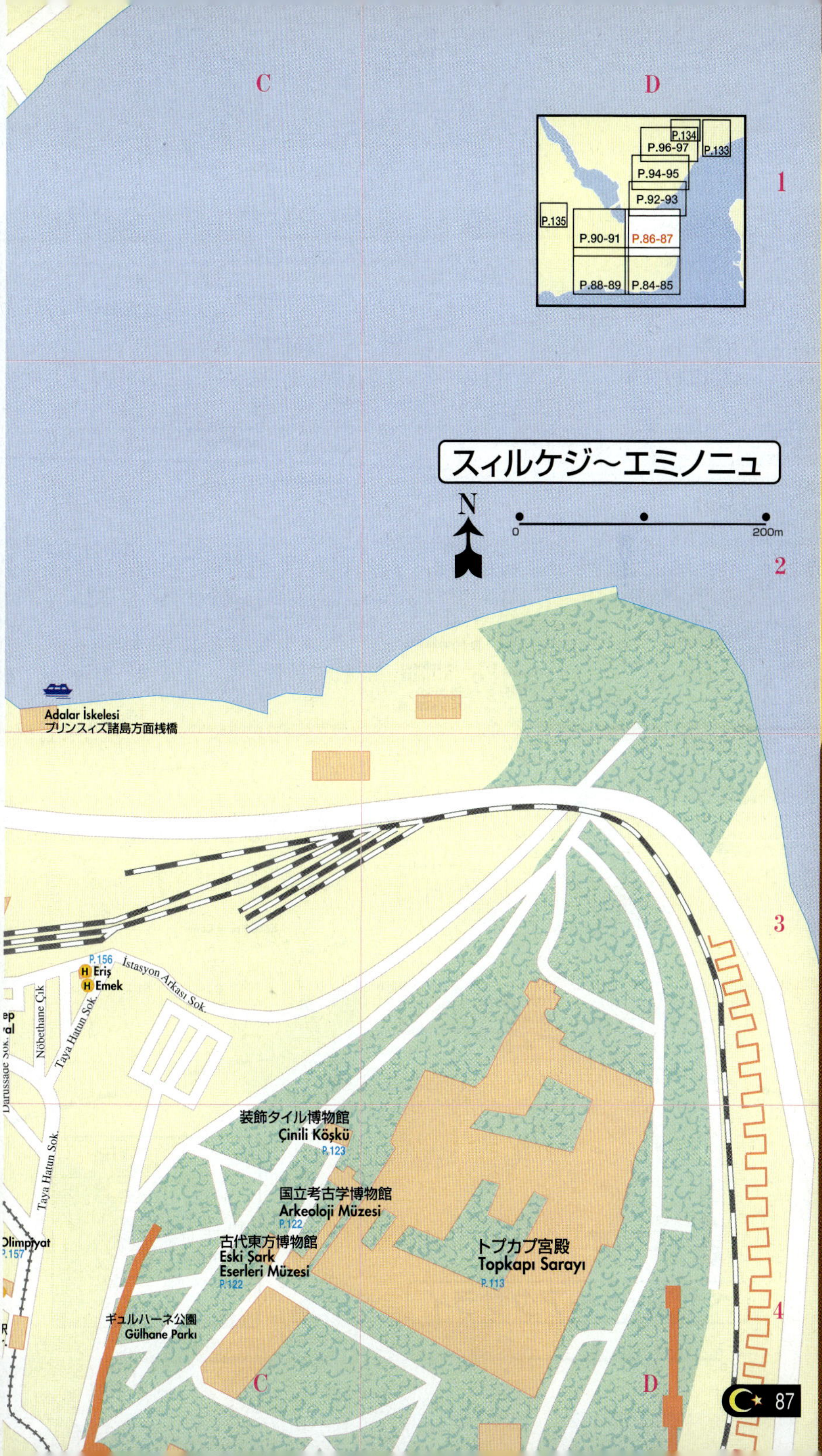
C
D
P.134
P.96-97
P.133
P.94-95
P.92-93
P.135
P.90-91
P.86-87
P.88-89
P.84-85
1
スィルケジ〜エミノニュ
N
0
200m
2
Adalar İskelesi
プリンスィズ諸島方面桟橋
3
P.156
H Eriş
H Emek
İstasyon Arkası Sok.
Nöbethane Çık.
Taya Hatun Sok.
Darüssade Sok.
Taya Hatun Sok.
装飾タイル博物館
Çinili Köşkü
P.123
国立考古学博物館
Arkeoloji Müzesi
P.122
古代東方博物館
Eski Şark
Eserleri Müzesi
P.122
Olimpiyat
P.157
トプカプ宮殿
Topkapı Sarayı
P.113
ギュルハーネ公園
Gülhane Parkı
4
C
D

ベヤズット〜アクサライ
A
B
1
2
3
4
イスケンデル・パシャ・ジャーミィ
İskender Paşa Camii
市庁舎
Büyükşehir Belediye Başkanlığı
Molla Hüsrev Sok.
Lütfü Efendi Sok.
Buk Ali Dede Sok.
Şehzadebaşı Cad.
Dede Efendi Cad.
Darul Elhan Sok.
Hacı Halil Efendi Sok.
Ahmet Selahattin Sok.
Atatürk Bul.
Buk Ali Dede Sok.
Şirvanizade Sok.
Onsekiz Sekbanlar Sok.
Fevziye Cad.
Ragıp Bey Sok.
Horhor Cad.
Çıngıraklı Bostan Sok.
Saray Külhanı Sok.
Uzun Yusuf Sok.
Vezir Çeşme Sok.
İmam Murat Sok.
Aĝa Yokuşu Sok.
Çukur Çeşme Sok.
Vidinli Tevfikpaşa Cad.
Zeynep Kâmil Sok.
Gümrük Emni Sok.
Mahfil Sok.
Büyük Reşit Paşa Cad.
アクサライ駅（メトロ）へ
Kaburga Sofrası
Kakmacı Sok.
Şekerci Sok.
Şeyh Osman Oyunbozan Sok.
Nalıncı Sok.
Dağracık Sok.
ヴァーリデ・スルタン・ジャーミィ
Valide Sultan camii
Selimpaşa Sok.
Ömer Yılmaz Sok.
Mimarbaşı Sok.
Genç Türk Cad.
Fethi Bey Cad.
Kurultay Sok.
Harikzedeler Sok.
ラーレリ・ジャーミィ
Laleli Camii
ムラト・パシャ・ジャーミィ
Murat Paşa Camii
アクサライ駅
Aksaray Dur.
Hacı Bozan
P.169
ユスフパシャ駅（トラムヴァイ）へ
ラーレリ
Laleli
アクサライ
Aksaray
Ceylan Sok.
P.159 Royal
Koska Cad.
Koca Garip Cad.
Çakırağa Camii Cad.
Sorguçlu Sok.
Cezmi Sok.
Teceddüt Sok.
バーガーキング
Sait Efendi Sok.
Aĝa Çeşmesi Sok.
Aksaray Cad.
メスィフ・パシャ・ジャーミィ
Mesih Paşa Camii
ボドルム・ジャーミィ
Bodrum Camii
Şair Fırat Sok.
Küçük Valide Camii Sok.
Namık Kemal Cad.
İnkilap Cad.
İnkilâp Cad.
Mesih Paşa Cad.
マクドナルド
Arjantin Piliç
Ephesus
P.159
P.158 Ebru
警察
空港からのハワシュ降り場
Laleli Cad.
Kızıltaş Sok.
Şehnameci Sok.
Abdullah Çavuş Sok.
Manastırlı Rıfat Sok.
Tiryaki Hasanpaşa Sok.
Mustafa Kemal Cad.
Nişanca Bostancı Sok.
アクサライ周辺乗り換え案内図（折込地図）
Hayriye Tüccarı Cad.
Langa Cad.
Koçi Bey Sok.
警察署
Güvenlik Cad.
Hadım Odaları Cad.
Natır Kızı Cad.
Kâtip Kasım Sok.
Kızılaş Sok.
Asker Sok.
Langa Bostanı Sok.
İmrahor Hamamı Sok.
Asya Sok.
Hemşire Sok.
Türkeli Çık.
Alaca Camii Sok.
Langa Karakol Sok.
タイヤ工場
Lastik Fabrikası
Kâtip Kasım Camii
Mollataşı Cad.
Sepetçi Sok.
Selim Sok.
Arap Mehmet Sok.
Beşikçi Sok.
Sayvan Sok.
İsmail Sefa Sok.
Hemşehri Sok.
Katip Kasım Bostan Sok.
Langa Hisarı Sok.
ハワシュ乗り場（空港行きバス）
イェニカプ駅
Yenikapı İst.
Gar
P.173
公園
Karaboyacı Sok.
Yenikapı Değirmenci Sok.
Mahramcı Sok.
Bostan Arkası Sok.
Alboyacı Sok.
Çorbacıbaşşı Sok.
Namık Kemal Cad.
N
イェニカプ
Yenikapı
Kâtip Çeşmesi Sok.
アルメニア教会
Ermeni Kilisesi
Yenikapı Kumsalı Sok.
P.134
P.96-97
P.133
P.94-95
P.92-93
P.135
P.90-91
P.86-87
P.88-89
P.84-85
ヤロワ方面シーバス乗り場
İDO Deniz Otobüsüsü Yenikapı İskelesi
0
200m

カレンデル・ジャーミィ
Kalender Camii
イスタンブール大学法学部
İstanbul Üniv. Hukuk Fak.
イスタンブール大学本部
İstanbul Üniversitesi Merkez Kampüsü
バイエズィト塔
Bayezit Kulesi
スルタン・ムスタファ・ジャーミィ
Sultan Mustafa Camii
メルジャン・ジャーミィ
Mercan Camii
イスタンブール大学図書館
İstanbul Üniv. Kütüphanesi
イスタンブール大学薬学部
İstanbul Üniv. Eczacılık Fak.
イスタンブール大学理学部
İstanbul Üniv. Fen Fak.
大学門
グランドバザール
Kapalı Çarşı
（カパル・チャルシュ）
P.124
イスタンブール大学文学部
İstanbul Üniv. Edebiyat Fak.
警察署
バイエズィト・ジャーミィ
Bayezit Camii
古本街
P.125
Sahaflar Çarşısı
ラーレリ・ユニヴェルスィテ駅
Laleli Üniversite Dur.
ヒュリイェット広場
Hürriyet Meydanı
ベヤズット
Beyazıt
ホジャ・ピーリー・ジャーミィ
Hoca Piri Camii
Kent
ベヤズット・カパルチャルシュ駅
Beyazıt Kapalı Çarşı Dur.
チョルル・アリ・パシャ・ジャーミィ
Çorlu Ali Paşa Camii
P.125
チェンベルリタシュ
Çemberlitaş
P.186 ハマム
Çemberlitaş
チェンベルリタシュ駅
Çemberlitaş Dur.
P.159 President
P.173 Orient House
シリア正教会
Sülyani Kilisesi
アルメニア教会
司教座
Ermeni Patrikliği
アルメニア聖母教会
Meryem Ana Kilisesi
ギリシア教会
Rum Kilisesi
Behram Çavuş Camii
教会
Nalbant Camii
アルメニア教会
Ermeni Kilisesi
クムカプ
Kumkapı
Balıkhali Camii
クムカプ駅
Kumkapı İst.
Kennedy Cad.
魚市場
İstanbul Belediyesi Su Ürünleri Hali
鮮魚店街
Balık Satış Tezgahlar
Kalender camii Sok.
16 Mart Şehitler Cad.
Tasodaları Sok.
Semaver Sok.
Çökelek Sok.
Çakmakçılar Yo.
Sandalyeciler Sok.
Trakçılar Cad.
Tığcılar Sok.
Üniversite Parkı Yolu
Vezneciler Cad.
Bozdoğan Kemeri Cad.
Büyük Reşit Paşa Cad.
Üniversite Cad.
Beyazıt Külliyesi Sok.
Bakırcılar Cad.
Turan Halıcılar Cad.
Lütfüllah Çık.
Yorgancılar Sok.
Fesçiler Sok.
Kürkçüler Kapısı Sok.
Kuyumcular Sok.
Yahni Kapan Sok.
Okçularbaşı Cad.
İskender Boğazı Sok.
Börekçi Sok.
Haznedar Sok.
Koca Garip Cad.
Yakuo Ağa Sok.
Sekbanbaşı Sok.
Soğan Ağa Sok.
Ab-u Hayat Sok.
Yeni Devir Sok.
Asma Kandil Sok.
Medrese Sok.
Bostan Sok.
Hattat Sok.
Gedik Paşa Cad.
Sucu Baki Sok.
Divan Ali Sok.
Abidin Döver Sok.
Doğramacı Sok.
Derin Kuyu Sok.
Sinan Sok.
İkbal Sok.
Turanlı Sok.
Mithat Paşa Cad.
Pehlivan Sok.
Gedik Paşa Camii Sok.
Çoban Çavuş Camii Sok.
Fermanlı Sok.
Tiyatro Cad.
Mollabey Sok.
Daltaban Sok.
İnci Sok.
Uysal Sok.
İşbaşı Sok.
Mitrip Sok.
Kafesi Semih Sok.
Müsellim Sok.
Tulcu Sok.
Tuğrakeş Sok.
Nişanca Yok.
Hamam Cad.
Saraç İshak Sok.
Sandarcı İhsan Sok.
Bahçeli Kahve Sok.
Asmalı Han Sok.
Çadır Çeşme Sok.
Ballıpaşa Yok.
Saray İçi Sok.
Neviye Sok.
Onur Sok.
Dağhan Sok.
Kadırga Hamamı Sok.
Türkeli Cad.
İbrahim Paşa Yok.
Kumkapı Değirmeni Sok.
Çilavcı Sok.
Arayıcı Sok.
Çadırcı Camii Sok.
Ehli Dil Sok.
Kenan Bey Sok.
Evcim Sok.
Tavaşı Çeşme Sok.
Samsa Sok.
Çifte Gelinler Cad.
Düzgün Sok.
Kadırga Limanı Cad.
Nalbant Sok.
Camii Sok.
Şarapnel Sok.
Fındıkkıran Sok.
Telli Odalar Sok.
Baba Yiğit Sok.
Behram Çavuş Sok.
Kumluk Sok.
Ali San Sok.
Tekin Alp Sok.
Hisar Çeşme Sok.
Çakmaktaşı Sok.
Işın Sok.
Cömertler Sok.
Küçük Mustafa Paşa Cad.
Şair Sermet Sok.
C
D
1
2
3
4

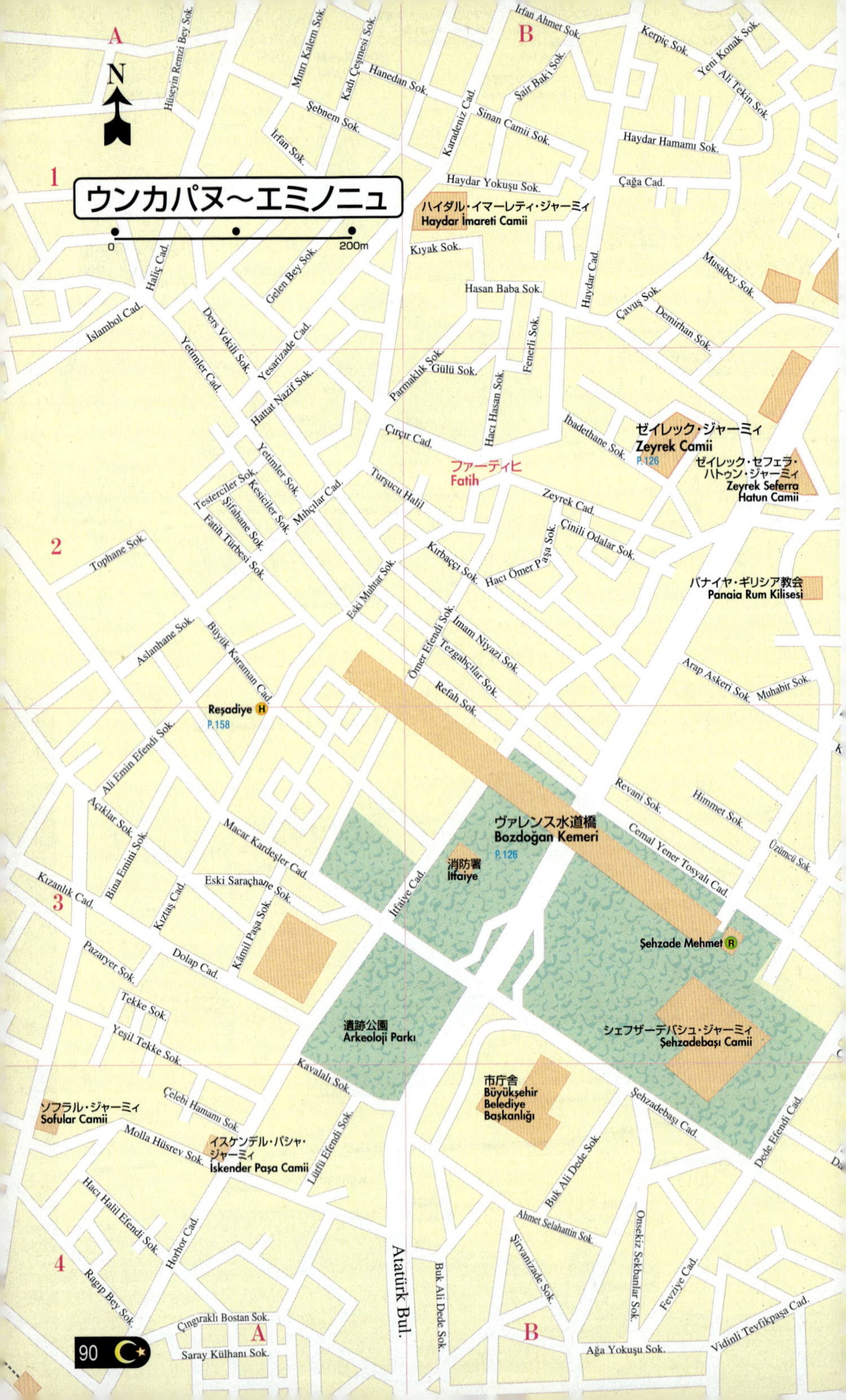
ウンカパヌ〜エミノニュ
0
200m
N
A
B
1
2
3
4
ハイダル・イマーレティ・ジャーミィ
Haydar İmareti Camii
ゼイレック・ジャーミィ
Zeyrek Camii
P.126
ゼイレック・セフェラ・ハトゥン・ジャーミィ
Zeyrek Seferra Hatun Camii
ファーティヒ
Fatih
パナイヤ・ギリシア教会
Panaia Rum Kilisesi
Reşadiye
P.158
ヴァレンス水道橋
Bozdoğan Kemeri
P.126
消防署
İtfaiye
Şehzade Mehmet
遺跡公園
Arkeoloji Parkı
シェフザーデバシュ・ジャーミィ
Şehzadebaşı Camii
市庁舎
Büyükşehir Belediye Başkanlığı
ソフラル・ジャーミィ
Sofular Camii
イスケンデル・パシャ・ジャーミィ
İskender Paşa Camii
Hüseyin Remzi Bey Sok.
Mıntı Kalem Sok.
Kadı Çeşmesi Sok.
Hanedan Sok.
Şebnem Sok.
İrfan Sok.
İrfan Ahmet Sok.
Kerpiç Sok.
Yeni Konak Sok.
Ali Tekin Sok.
Şair Baki Sok.
Karadeniz Cad.
Sinan Camii Sok.
Haydar Hamamı Sok.
Haydar Yokuşu Sok.
Çağa Cad.
Kıyak Sok.
Hasan Baba Sok.
Haydar Cad.
Musabey Sok.
Çavuş Sok.
Demirhan Sok.
Haliç Cad.
Gelen Bey Sok.
İslambol Cad.
Ders Vekili Sok.
Yesarizade Cad.
Yetimler Cad.
Hattat Nazif Sok.
Parmaklık Sok.
Gülü Sok.
Fenerli Sok.
Hacı Hasan Sok.
İbadethane Sok.
Çırçır Cad.
Yetimler Sok.
Testerciler Sok.
Kesiciler Sok.
Şifahane Sok.
Mıhçılar Cad.
Turşucu Halil
Zeyrek Cad.
Çinili Odalar Sok.
Fatih Türbesi Sok.
Tophane Sok.
Kırbaççı Sok.
Hacı Ömer Paşa Sok.
Eski Muhtar Sok.
Aslanhane Sok.
Büyük Karaman Cad.
Ömer Efendi Sok.
İmam Niyazi Sok.
Tezgahçılar Sok.
Refah Sok.
Arap Askeri Sok.
Muhabir Sok.
Ali Emin Efendi Sok.
Revani Sok.
Himmet Sok.
Açıklar Sok.
Bina Emini Sok.
Macar Kardeşler Cad.
Cemal Yener Tosyalı Cad.
Üzümcü Sok.
Kızanlık Cad.
Eski Saraçhane Sok.
Kıztaş Cad.
Kâmil Paşa Sok.
İtfaiye Cad.
Pazaryer Sok.
Dolap Cad.
Tekke Sok.
Yeşil Tekke Sok.
Kavalalı Sok.
Çelebi Hamamı Sok.
Şehzadebaşı Cad.
Molla Hüsrev Sok.
Lütfü Efendi Sok.
Dede Efendi Cad.
Buk Ali Dede Sok.
Hacı Halil Efendi Sok.
Horhor Cad.
Ahmet Selahattin Sok.
Şirvanizade Sok.
Onsekiz Sekbanlar Sok.
Fevziye Cad.
Atatürk Bul.
Buk Ali Dede Sok.
Ragıp Bey Sok.
Vidinli Tevfikpaşa Cad.
Çıngıraklı Bostan Sok.
Saray Külhanı Sok.
Ağa Yokuşu Sok.

C
D
1
2
3
4
アタテュルク大橋
Atatürk Köprüsü
P.134
P.96-97
P.133
P.94-95
P.92-93
P.135
P.90-91
P.86-87
P.88-89
P.84-85
Salih Paşa Cad.
Elvanlar Sok.
Şeref Sok.
専売公社
TEKEL Genel
Müdürlüğü
ウンカパヌ
Unkapanı
ヤウズ・スィナン・ジャーミィ
Yazuz Sinan Camii
ハジュ・ハリル・
メスジディ
Hacı Halil
Mescidi
Ragıp Gümüşpala Cad.
Kazancılar Cad.
Yeni Hayat Sok.
Atlama Taş Cad.
Arap Çeşme Sok.
Eminönü
Kantarcılar Camii
リュステム・パシャ
Rüstem Paşa
Hızır Külhanı Sok.
Hızır Bey Sok.
İşlek Sok.
Hacı Kadın Cad.
Küçük Pazar Cad.
ハジュ・カドゥン・メスジディ
Hacı Kadın Mescidi
イスタンブール商工会議所
İstanbul Ticaret Odası
Hanım Sok.
Mehmet Paşa Sok.
Pazar Mektep Sok.
Kıble Sok.
市内バスターミナル
タクスィム広場、
ベシクタシュ、エティレル方面
アヒー・アフメット・
チェレビー・ジャーミィ
Ahi Ahmet Çelebi Camii
Kâtip Şemsettin Sok.
Namahrem Sok.
Murat Efendi Sok.
İplikçiler Cad.
Kıble Çeşmesi Cad.
Ord. Prof. Cemil Bilsel Cad.
Kutucu Sok.
Limoncu Sok.
Kadıoğlu Sok.
Kutucular Cad.
Sarı Beyazıt Cad.
Sabunhane Sok.
Kantarcılar Cad.
Darülhadis Sok.
Vefa Türbe Sok.
Arabacı Çeşmesi Sok.
Fetva Yok.
Mutasarrıf Sok.
Parçacı Sok.
Kepenekçi Sok.
Süleymaniye İmareti Sok.
Şifahane Sok.
Uzunçarşı Cad.
Tomruk Sok.
Kâtip Çelebi Sok.
モッラー
シェムセッティン・ジャーミィ
Molla Şemsettin Camii
Darüzziyafe
P.169
スュレイマニエ・ジャーミィ
Süleymaniye Camii
P.125
Vefa Cad.
Molla Şemsettin Camii Sok.
Kazlı Mescit Sok.
スュレイマニエ助産院
Süleymaniye Doğum Evi
Dökmeciler Hamamı Sok.
Şamdancı Sok.
Siyavuş Paşa Sok.
Sahande Sok.
Ağızlıkçı Sok.
Tesbihçi Sok.
キラズル・メスジト・ジャーミィ
Kirazlı Mescit Camii
スュレイマニエ図書館
Süleymaniye Kütüphanesi
Manav Sok.
Avni Paşa Sok.
İsmetiye Cad.
イスタンブール大学地理学部
İstanbul Üniv. Coğrafya Fak.
Mangalcı Sok.
ハジュ・キュチュク・ジャーミィ
Hacı Küçük Camii
Tekneler Sok.
Emir Hoca Sok.
イスタンブール大学社会学部
İstanbul Üniv. Sosyal Bilgiler Fak.
Fuat Paşa Cad.
Havancı Sok.
Nargileci Sok.
Taştekneler Sok.
Cüce Çeşmesi Sok.
Süleymaniye Cad.
Besim Ömer Paşa Cad.
イスタンブール大学本部
İatanbul Üniversitesi
Merkez Kampüsü
Tacirhane Sok.
Delikanlı Sok.
カレンデル・
ジャーミィ
Kalender Camii
Kalender camii Sok.
Taşodaları Sok.
イスタンブール大学法学部
İstanbul Üniv. Hukuk Fak.
バイェズィト塔
Bayezit Kulesi
Semaver Sok.
Çökelek Sok.
Darul Elhan Sok.
16 Mart Şehitler Cad.
イスタンブール大学図書館
İstanbul Üniv. Kütüphanesi
メルジャン・ジャーミィ
Mercan Camii
Bozdoğan Kemeri Cad.
Üniversite Parkı Yolu
グランドバザール
Kapalı Çarşı
（カパル・チャルシュ）
P.124
Vezneciler Cad.
イスタンブール大学理学部
İstanbul Üniv. Fen Fak.
イスタンブール大学薬学部
İstanbul Üniv. Eczacılık Fak.

A
B
1
2
3
4
ガラタサライ
Galatasaray
MADO
P.172
Kaburga Sofrası
P.170
360 İstanbul
P.170
ガラタサライ高校
Galatasaray Lisesi
エルハムラ・シネマ
Elhamra Sineması
イスタンブール展示場
İstanbul Sergi Sarayı
カスムパシャ・スタジアム
Kasımpaşa Stadı
カスムパシャ
Kasımpaşa
ペラ博物館
Pera Müzesi
P.130
オダ・クワー
Odakule
Gloria Jean's Coffee
イスティクラール通り
İstiklâl Cad.
P.128
P.129
仏蘭西小路
Fransız Sokağı
ムアンメル・カラジャ劇場
Muammer Karaca Tiyatrosu
オランダ総領事館
Hollanda Başkonsolosluğu
聖ルイ教会
St. Louis Fransız Latin Kilisesi
トムトム・カプタン・ジャーミィ
Tomtom Kaptan Camii
イタリア総領事館
İtalya Başkonsolosluğu
Pera Palas
Marmara Pera
Elan
P.161
カスムパシャ高校
Kasımpaşa Lisesi
İnka
P.159
スウェーデン総領事館
İsveç Başkonsolosluğu
Hacı Ahmet Ağa Çeşmesi
Mirialem Halil Paşa Çeşmesi
ベイオウル区役所
Beyolu Belediyesi
テュネル駅
Tünel
ガラタ・メヴラーナ博物館
Galata Mevlevihane Müzesi
P.130
古典文学博物館
Divan Edebiyat Müzesi
クルム・インギリズ・プロテスタント教会
Kırım İngiliz Protestan Kilisesi
ネヴァ・シャローム・シナゴーグ
Neva Shalom Sinagogu
Bilâl Ağa Çeşmesi
ホジャ・アリ・ジャーミィ
Hoca Ali Camii
イタリヤン・シナゴーグ
İtalyan Sinagogu
Çeşme Sokak Çeşmesi
ガラタ塔
Galata Kulesi
P.129
スルブ・ルサヴォリッチ教会
Surp Lusavoriç Kilisesi
Sultan Selim Çeşmesi
アシュケナズィ・シナゴーグ
Eşkenazi Sinagogu
ケメルアルトゥ・シナゴーグ
Kemeraltı Sinagogu
聖ベノワ教会
St. Benoit Kilisesi
アイオス・イオアンニス教会
Ayios Ionannis Kilisesi
聖ピエール教会
St. Pierre Kilisesi
ベイオウル病院
Beyoğlu Hastanesi
テオドコス・カファティアニ教会
Theodokos Kafatiani Kilisesi
アラブ・ジャーミィ
Arap Camii
テルズィレル・シナゴーグ
Terziler Sinagogu
アヤ・トリアダ教会
Aya Triada Kilisesi
アイオス・アンドレアス教会
Ayios Andreas Kilisesi
Ptt
イスタンブール小包センター
İstanbul Paket Posta Merkezi
ズルガリス・シナゴーグ
Zulgaris Sinagogu
テュネル駅
Tünel
ケマンケシュ・ジャーミィ
Kemankeş Camii
イエルアルトゥ・ジャーミィ
Yeraltı Camii
カラキョイ駅
Karaköy Dur.
カラキョイ
Karaköy
ガラタ橋
Galata Köprüsü
P.126
ハイダルパシャ、カドゥキョイ行き桟橋
Haydarpaşa, Kadıköy İskelesi
Meşrutiyet Cad.
Kartal Sok.
Yunus Kaptan Sok.
Kallavi Sok.
Saka Salim Sok.
Eski Çiçekçi Sok.
Nuri Ziya Sok.
Deva Sok.
Refik Saydam Cad.
Tepebaşı Cad.
Camadan Sok.
Merdiven Sok.
Asmalı Mescit Sok.
Oteller Sok.
Balyoz Sok.
Perememeci Sok.
Gönül Sok.
Yeni Çarşı Cad.
Hayriye Sok.
Cezayir Sok.
Gülbaba Sok.
Baba Ocağı Sok.
Tomtom Kaptan Sok.
Şimal Sok.
Jurnal Sok.
Müeyyet Sok.
Kumbaracı Yok.
Şahkulu Bostani Sok.
Cuma Fevzi Sok.
Bedrettin Sok.
Kıblelizade Sok.
Şişhane Sok.
Yolcuzâde İskender Cad.
Şişhane Geçidi
Evliya Çelebi Cad.
Büyük Hendek Cad.
Galipdede Cad.
Balkon Çık.
Serdar Ekrem Cad.
Ali Hoca Sok.
Lüleci Hendek Cad.
Lüleciler Cad.
Hendek Sok.
Kafesçi Sok.
Galata Mandırası Sok.
Necatibey Cad.
Kemeraltı Cad.
Vekil Harç Sok.
Yolcuzâde Mektebi Sok.
Yüksek Minare Sok.
Emek Yemez Sok.
Mürver Sok.
Amver Sok.
Okçubaşı Cad.
Lâleli Çeşme Sok.
Yanıkkapı Sok.
Arap Camii Çık.
Eski Banka Sok.
Kart Çınar Sok.
Voyvoda Cad.
Felek Sok.
Horoz Sok.
Bankalar Cad.
Yüksek Kaldırım Cad.
Arageyk Sok.
Kuyu Sok.
Demirciler Sok.
Maliye Cad.
Galata Mumhanesi Cad.
Fransız Çık.
Kemankeş Cad.
Tersane Cad.
Perşembe Pazarı
Zincirli Han Sok.
Söğüt Sok.
Selahattin Evren Cad.
Kürekçiler Sok.
Yemeniciler Cad.
Kalafatcılar Cad.
Makarnacılar Sok.
Ağa Kaptanı Sok.
Karaköy Cad.
Gümrük Sok.
Rıhtım Cad.
Çinili Rıhtım Han Geç.

カラキョイ周辺
C
D
1
2
3
4
ハマム
Ağa
タクスィム救急病院
Taksim İlk Yardım Hastanesi
ドイツ病院
Alman Hastanesi
ジハンギル
Cihangir
Bolahenk Sok.
Somuncu Sok.
Akyol Sok.
Liva Sok.
Soğancı Sok.
Akçadam Yokuşu Sok.
Altıpatlar Sok.
Ağahamamı Sok.
スーパーGİMA
スーパーBİM
Oba Sok.
Bakraç Sok.
Hayvar Sok.
Başkent Sok.
Hardal Sok.
Bilezik Sok.
Fındıklı Çelebi Hamamı Sok.
Mebusan Yok.
フンドゥクル駅
Fındıklı Dur.
フンドゥクル
Fındıklı
Cihangir Cad.
Lengger Sok.
Güneşli Sok.
Emanetçi Sok.
Özoğlu Sok.
Ateşpare Sok.
Tekke Sok.
Çukur Cami Sok.
Kadirler Yok.
Türkgücü Cad.
Defterdar Yok.
Akarsu Yok.
Matara Yokuşu Sok.
Hayvar Yokuşu Sok.
Yeni Yuva Sok.
Susam Sok.
Şimşirci Sok.
Kumrulu Yok.
Cihangir Yok.
ジハンギル・ジャーミィ
Cihangir Camii
Tekke Yok.
ミマール・スィナン大学
芸術アカデミー
Mimar Sinan Univ.
Güzel Sanatlar
Akademisi
Anahtar Sok.
Coşkun Sok.
Kumrulu Sok.
Cihangir Yokuşu Sok.
Fındıklı Yok.
Tombaz Sok.
Altın Bilezik Sok.
チェレビー・イルヤス・
エフェンディ・ジャーミィ
Çelebi İlyas Efendi Camii
Salı Pazarı Yok.
Batarya Sok.
Enli Yokuşu Sok.
ジハンギル・クリニック
Cihangir Kliniği
Sanatkarlar Cad.
Tipa Sok.
トプハーネ
Tophane
海運局
Deniz Yolları
İşletmesi
イスタンブール港湾局
İstanbul Liman
İşletme Müdürlüğü
トプハーネ駅
Tophane Dur.
ヌスレティイェ・ジャーミィ
Nusretiye Camii
Tophane İskele Cad.
クルチュ・アリ・
パシャ・ジャーミィ
Kılıç Ali Paşa Camii
Murakıp Sok.
Odun Meydanı Sok.
Denizciler Sok.
Yuva Sok.
Kemankeş Cad.
P.130 イスタンブール現代美術館
İstanbul Modern
P.134
P.96-97
P.133
P.94-95
P.92-93
P.135
P.90-91
P.86-87
P.88-89
P.84-85
N
0
200m

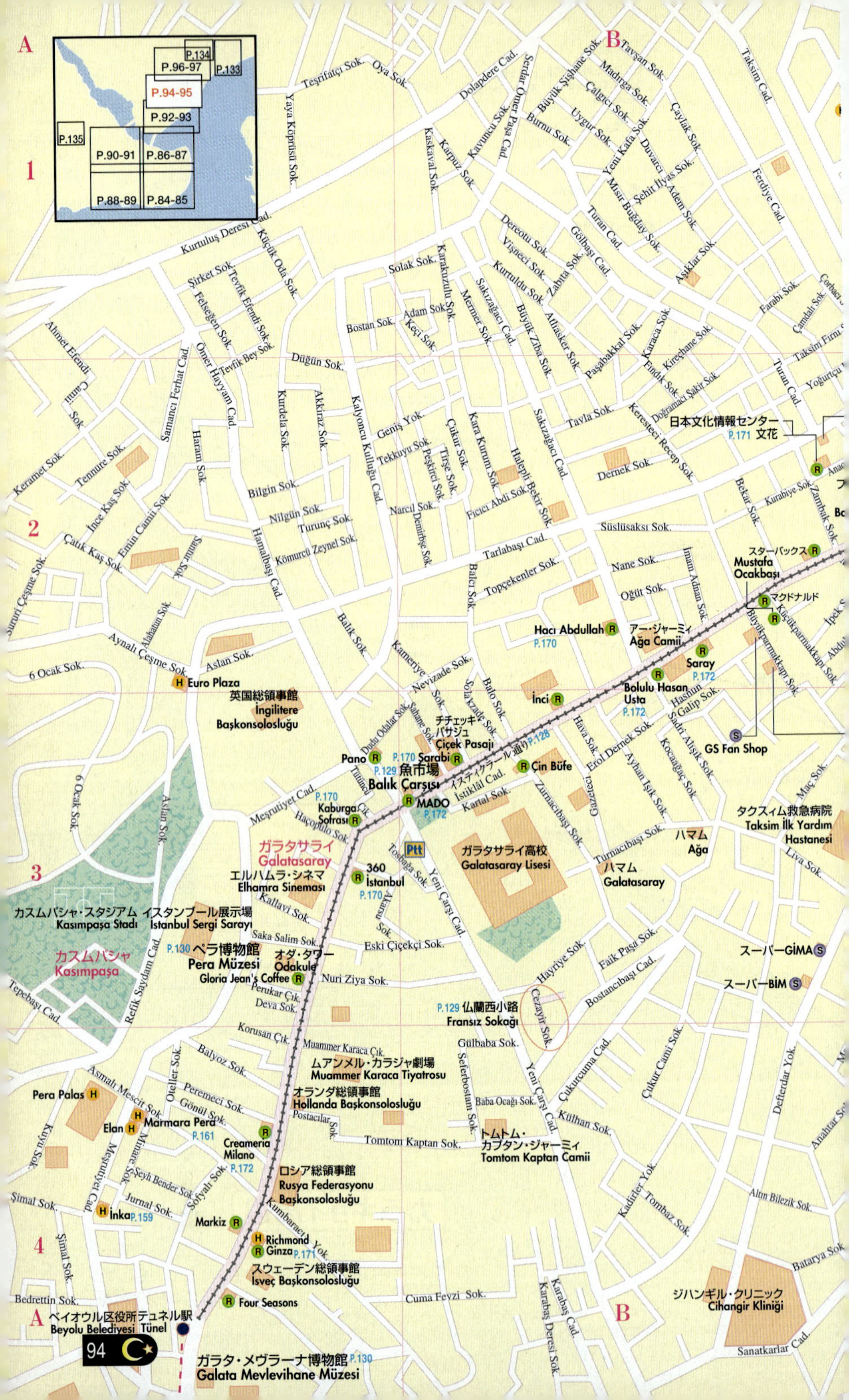

A
B
1
2
3
4
P.134
P.96-97
P.133
P.94-95
P.92-93
P.135
P.90-91
P.86-87
P.88-89
P.84-85
Teşrifatçı Sok.
Oya Sok.
Dolapdere Cad.
Serdar Ömer Paşa Cad.
Büyük Şişhane Sok.
Tavşan Sok.
Madırga Sok.
Çalgıcı Sok.
Taksim Cad.
Yaya Köprüsü Sok.
Kaskaval Sok.
Karpuz Sok.
Kavuncu Sok.
Burnu Sok.
Uygur Sok.
Yeni Kafa Sok.
Duvarcı Adem Sok.
Çaylak Sok.
Şehit İlyas Sok.
Mısır Buğday Sok.
Ferdiye Cad.
Kurtuluş Deresi Cad.
Küçük Oda Sok.
Dereotu Sok.
Vişneci Sok.
Turan Cad.
Gölbaşı Cad.
Aşıklar Sok.
Şirket Sok.
Tevfik Efendi Sok.
Felsefe Sok.
Solak Sok.
Karakuzulu Sok.
Kurtuldu Sok.
Zabıta Sok.
Adam Sok.
Bostan Sok.
Keçi Sok.
Mermer Sok.
Sakızağacı Cad.
Büyük Ziba Sok.
Atlasker Sok.
Paşabakkal Sok.
Karaca Sok.
Kirechane Sok.
Farabi Sok.
Çamdalı Sok.
Taksim Fırını Sok.
Ahmet Efendi Camii Sok.
Tevfik Bey Sok.
Ömer Hayyam Cad.
Düğün Sok.
Samancı Ferhat Cad.
Kurdela Sok.
Akkiraz Sok.
Kalyoncu Kulluğu Cad.
Geniş Yok.
Tekkuyu Sok.
Peşkirci Sok.
Çukur Sok.
Tirşe Sok.
Kara Kurum Sok.
Halepli Bekir Sok.
Sakızağacı Cad.
Fındık Sok.
Doğramacı Şakir Sok.
Turan Cad.
Yoğurtçu Sok.
Tavla Sok.
Keresteci Recep Sok.
日本文化情報センター
P.171 文花
Dernek Sok.
Keramet Sok.
Tennure Sok.
Haram Sok.
Bilgin Sok.
Nilgün Sok.
Turunç Sok.
Narcıl Sok.
Fıçıcı Abdi Sok.
İnce Kaş Sok.
Emin Camii Sok.
Samur Sok.
Kömürcü Zeynel Sok.
Demirbaş Sok.
Bekar Sok.
Kurabiye Sok.
Zambak Sok.
Süslüsaksı Sok.
Çatık Kaş Sok.
Hamalbaşı Cad.
Tarlabaşı Cad.
Topçekenler Sok.
Balcı Sok.
Nane Sok.
İmam Adnan Sok.
スターバックス
Mustafa Ocakbaşı
マクドナルド
Oğüt Sok.
Küçükparmakkapı Sok.
Büyükparmakkapı Sok.
İpek Sok.
Sururi Çeşme Sok.
Alabatun Sok.
Aynalı Çeşme Sok.
Balık Sok.
Hacı Abdullah
P.170
アー・ジャーミィ
Ağa Camii
Saray
P.172
6 Ocak Sok.
Aslan Sok.
Euro Plaza
英国総領事館
İngilitere Başkonsolosluğu
Kameriye Sok.
Nevizade Sok.
Sahne Sok.
Sola Kızade Sok.
Balo Sok.
İnci
Bolulu Hasan Usta
P.172
Hasnun Galip Sok.
Dudu Odaları Sok.
チチェッキ・パサジュ
Çiçek Pasajı
P.128
Hava Sok.
Erol Dernek Sok.
Sadri Alışık Sok.
GS Fan Shop
Pano
P.170
Sarabi
P.129
魚市場
Balık Çarşısı
イスティクラール通り
İstiklâl Cad.
Çin Büfe
Ayhan Işık Sok.
Kocabağ Sok.
Maç Sok.
Meşrutiyet Cad.
P.170
Kaburga Sofrası
Çık.
Haçopulo Sok.
MADO
P.172
Kartal Sok.
Zurnacıbaşı Sok.
Gazeteci Sok.
タクスィム救急病院
Taksim İlk Yardım Hastanesi
6 Ocak Sok.
Aslan Sok.
ガラタサライ
Galatasaray
Ptt
Tosbağa Sok.
Yeni Çarşı Cad.
ガラタサライ高校
Galatasaray Lisesi
Turnacıbaşı Sok.
ハマム
Ağa
Liva Sok.
360
İstanbul
P.170
エルハムラ・シネマ
Elhamra Sineması
Kallavi Sok.
Akarsu Sok.
ハマム
Galatasaray
カスムパシャ・スタジアム
Kasımpaşa Stadı
イスタンブール展示場
İstanbul Sergi Sarayı
Saka Salim Sok.
Eski Çiçekçi Sok.
P.130 ペラ博物館
Pera Müzesi
オダ・タワー
Odakule
Hayriye Sok.
Faik Paşa Sok.
スーパーGİMA
カスムパシャ
Kasımpaşa
Refik Saydam Cad.
Gloria Jean's Coffee
Nuri Ziya Sok.
Bostancıbaşı Cad.
スーパーBİM
Tepebaşı Cad.
Perukar Çık.
Deva Sok.
P.129 仏蘭西小路
Fransız Sokağı
Cezayir Sok.
Korusan Çık.
Muammer Karaca Çık.
Gülbaba Sok.
Çukurcuma Cad.
Çukur Camii Sok.
Defterdar Yok.
Balyoz Sok.
Oteller Sok.
ムアンメル・カラジャ劇場
Muammer Karaca Tiyatrosu
Seferbostanı Sok.
Yeni Çarşı Cad.
Asmalı Mescit Sok.
Peremeci Sok.
オランダ総領事館
Hollanda Başkonsolosluğu
Pera Palas
Gönül Sok.
Baba Ocağı Sok.
Elan
Marmara Pera
P.161
Postacılar Sok.
Külhan Sok.
Anahtar Sok.
Kuyu Sok.
Minare Sok.
Meşrutiyet Cad.
Creameria Milano
P.172
Tomtom Kaptan Sok.
トムトム・カプタン・ジャーミィ
Tomtom Kaptan Camii
Şeyh Bender Sok.
Sofyalı Sok.
ロシア総領事館
Rusya Federasyonu Başkonsolosluğu
Kadirler Yok.
Tombaz Sok.
Şimal Sok.
Jurnal Sok.
İnka P.159
Markiz
Kumbaracı Yok.
Altın Bilezik Sok.
Şimal Sok.
Richmond
Ginza P.171
スウェーデン総領事館
İsveç Başkonsolosluğu
Batarya Sok.
Bedrettin Sok.
Four Seasons
Cuma Fevzi Sok.
Karabaş Cad.
Karabaş Deresi Sok.
ジハンギル・クリニック
Cihangir Kliniği
ベイオウル区役所
Beyolu Belediyesi
テュネル駅
Tünel
Sanatkarlar Cad.
ガラタ・メヴラーナ博物館 P.130
Galata Mevlevihane Müzesi

イスティクラール通り周辺
Hai! Sushi P.171
Divan P.162
Yedi Kuyular Cad.
Feronya
Point
P.171 優曇也
P.160 Nippon
Aperitif Cafe
Hyatt Regency P.163
P.171 豊
Kervansaray
Topçu Cad.
P.161
Grand Öztanik
P.160 Avrupa
Taksim Select P.160
Eresin Taxim
Lares Park
Recep Paşa Cad.
メトロ・タクスィム駅
メトロ
Cafe Italiano P.172
P.164 Ceylan Intercontinental
Kuaförü Mehmet Demirkol P.186
イスタンブール工科大建築学部
İstanbul Teknik Üniv. Mimarlık Fak.
The Ritz Carlton P.164
Abdül Hakkı Hamit Cad.
Lamartin Cad.
H.I.S.
Aydede Cad.
Cumhuriyet Cad.
Simit Sarayı
THY
マクドナルド
Ptt
Tarlabaşı Cad.
Mete Cad.
ルフトハンザ
Miralay Şefik Bey Sok.
タクスィムTaksim 始発、終点用バス停
Lale İşkembeci P.172
タクスィム広場 Taksim Meydanı
メトロ・タクスィム駅
教会
Taksim Cad.
アタテュルク文化センター Atatürk Kültür Merkezi
Prof. Zafer Tuyana Sok.
Hacı Hanım Sok.
フランス総領事館 Fransa Başkonsolosluğu
Taxim Hill P.161
Taksim Square P.161
The Marmara P.163
バーガーキング
Dünya Sağlık Sok.
Sulak Çeşme Sok.
Gümüşsuyu Cad.
Taksim Süitş P.172
Özsüt
Taksim Metro Park P.161
Osmanlı Sok.
ギュムシュスユ Gümüşsuyu
Emektar Sok.
Yarasa Sok.
Hacı Baba P.170
Cihangir Sok.
Kazancıbaş Camii Sok.
香港大酒楼
Ayaspaşa Sok.
アヤ・トリアダ教会 Aya Triada Kilisesi
Tokyo P.171
Sıraselviler Cad.
オルタキョイ エミルギャン サルイェル方面
フンドゥクル駅 Fındıklı Dur.
フニキュレル駅 (地下ケーブル) Füniküler
Billurcu Sok.
Namık Paşa Sok.
Saray Arkası Sok.
Ayaspaşa Camii Sok.
Ağa Çırağı Sok.
Vardar Palace P.160
UFO博物館 UFO Müzesi P.129
Sanoğlu Sok.
Kazancı Yokuşu Sok.
Ülker Sok.
Kutu Sok.
Kolçak Sok.
Rıza Bey Sok.
Molla Bayırı Sok.
Hocazade Sok.
Arslan Yatağı Sok.
Başkent Sok.
Pürtelaş Sok.
Bolahenk Sok.
ドイツ病院 Alman Hastanesi
Somuncu Sok.
Akyol Sok.
Tımsah Sok.
ジハンギル Cihangir
Soğancı Sok.
Akçadam Yokuşu Sok.
Karun Sok.
フンドゥクル・モッラー・チェレビー・ジャーミィ Fındıklı Molla Çelebi Camii
Oba Sok.
Hardal Sok.
Fındıklı Çelebi Hamamı Sok.
Bakraç Sok.
Hayvar Sok.
Cihangir Cad.
Akyol Sok.
Özoğlu Sok.
Mebusan Yok.
Lengger Sok.
Emanetçi Sok.
Yeni Yuva Sok.
Kumrulu Yok.
Güneşli Sok.
Tekke Sok.
フンドゥクル駅 Fındıklı Dur.
Susam Sok.
ミマール・スィナン大学 芸術アカデミー Mimar Sinan Univ. Güzel Sanatlar Akademisi
Cihangir Yok.
ジハンギル・ジャーミィ Cihangir Camii
Tekke Yok.
Kumrulu Sok.
Cihangir Yokuşu Sok.
Fındıklı Yok.
チェレビー・イルヤス・エフェンディ・ジャーミィ Çelebi İlyas Efendi Camii
Coşkun Sok.
Enli Yokuşu Sok.
N
0
200m
C
D
1
2
3
4

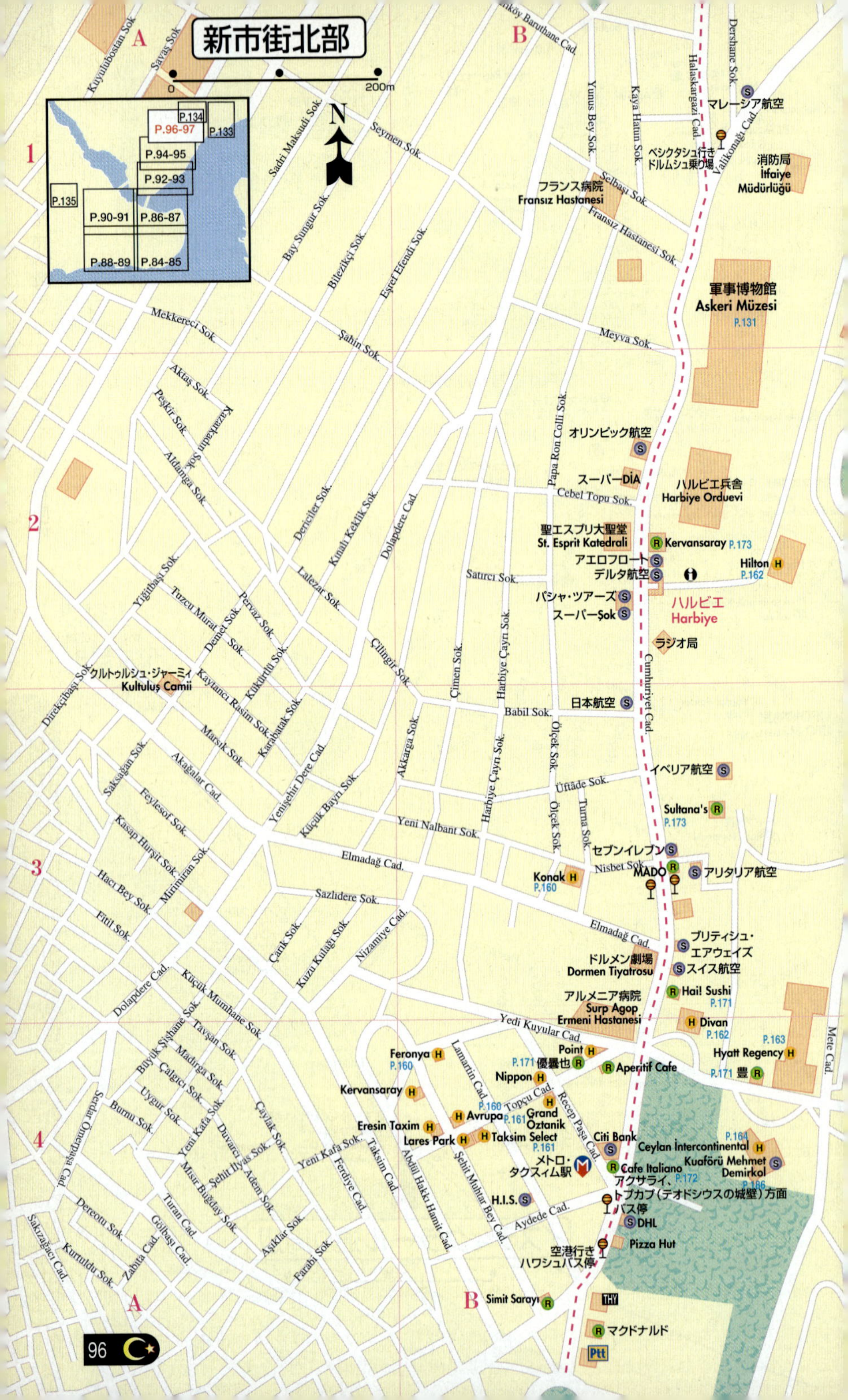
新市街北部
0
200m
N
A
B
1
2
3
4
P.134
P.96-97
P.133
P.94-95
P.92-93
P.135
P.90-91
P.86-87
P.88-89
P.84-85
Kuyulubostan Sok.
Savaş Sok.
Sadri Maksudi Sok.
Seymen Sok.
Bay Sungur Sok.
Bilezikçi Sok.
Eşref Efendi Sok.
Mekkereci Sok.
Şahin Sok.
Aktaş Sok.
Peşkir Sok.
Kazancıkadın Sok.
Aldanga Sok.
Dericiler Sok.
Kınalı Keklik Sok.
Dolapdere Cad.
Lalezar Sok.
Yiğitbaşı Sok.
Tuzcu Murat Sok.
Demet Sok.
Perviz Sok.
Kükürtlü Sok.
Kaytancı Rasim Sok.
Karabatak Sok.
Marsık Sok.
Direkçibaşı Sok.
クルトゥルシュ・ジャーミィ
Kulteluş Camii
Saksağan Sok.
Akağalar Cad.
Feylesof Sok.
Kasap Hurşit Sok.
Mirimiran Sok.
Hacı Bey Sok.
Fitil Sok.
Yenişehir Dere Cad.
Küçük Bayrı Sok.
Akkarga Sok.
Çilingir Sok.
Çimen Sok.
Harbiye Çayırı Sok.
Satırcı Sok.
Babil Sok.
Yeni Nalbant Sok.
Elmadağ Cad.
Sazlıdere Sok.
Çarık Sok.
Kuzu Kulağı Sok.
Nizamiye Cad.
Dolapdere Cad.
Küçük Mumhane Sok.
Büyük Şişhane Sok.
Tavşan Sok.
Madırga Sok.
Çalgıcı Sok.
Uygur Sok.
Burnu Sok.
Yeni Kafa Sok.
Divarcı Sok.
Çaylak Sok.
Şehit İlyas Sok.
Adem Sok.
Serdar Ömerpaşa Cad.
Dereotu Sok.
Turan Cad.
Mısır Buğday Sok.
Aşıklar Sok.
Farabi Sok.
Gölbaşı Cad.
Zabıta Cad.
Sakızağacı Cad.
Kurtuldu Sok.
Ferdiye Cad.
Taksim Cad.
Abdül Hakkı Hamit Cad.
Şehit Muhtar Bey Cad.
Aydede Cad.
Lamartin Cad.
Topçu Cad.
Recep Paşa Cad.
Yedi Kuyular Cad.
Mete Cad.
Ergenekon Baruthane Cad.
Yunus Bey Sok.
Kaya Hatun Sok.
Halaskargazi Cad.
Dershane Sok.
Valikonağı Cad.
Selbaşı Sok.
Fransız Hastanesi Sok.
Meyva Sok.
Papa Ron Colli Sok.
Cebel Topu Sok.
Cumhuriyet Cad.
Ölçek Sok.
Üftade Sok.
Turna Sok.
Nisbet Sok.
マレーシア航空
ベシクタシュ行き
ドルムシュ乗り場
消防局
İtfaiye
Müdürlüğü
フランス病院
Fransız Hastanesi
軍事博物館
Askeri Müzesi
P.131
オリンピック航空
スーパーDİA
ハルビエ兵舎
Harbiye Orduevi
聖エスプリ大聖堂
St. Esprit Katedrali
Kervansaray P.173
アエロフロート
デルタ航空
Hilton
P.162
パシャ・ツアーズ
スーパーŞok
ハルビエ
Harbiye
ラジオ局
日本航空
イベリア航空
Sultana's
P.173
セブンイレブン
MADO
アリタリア航空
Konak
P.160
ブリティシュ・
エアウェイズ
ドルメン劇場
Dormen Tiyatrosu
スイス航空
Hai! Sushi
P.171
アルメニア病院
Surp Agop
Ermeni Hastanesi
Divan
P.162
P.163
Hyatt Regency
Feronya
P.160
Point
P.171 優曇也
Aperitif Cafe
P.171 豊
Nippon
Kervansaray
P.160
Grand
Oztanik
P.161
Avrupa
Eresin Taxim
Lares Park
Taksim Select
P.161
Citi Bank
Ceylan İntercontinental
P.164
Kuaförü Mehmet
Demirkol
P.186
メトロ・
タクスィム駅
Cafe Italiano
P.172
アクサライ、
トプカプ（テオドシウスの城壁）方面
バス停
H.I.S.
DHL
空港行き
ハワシュバス停
Pizza Hut
Simit Sarayı
THY
マクドナルド
Ptt

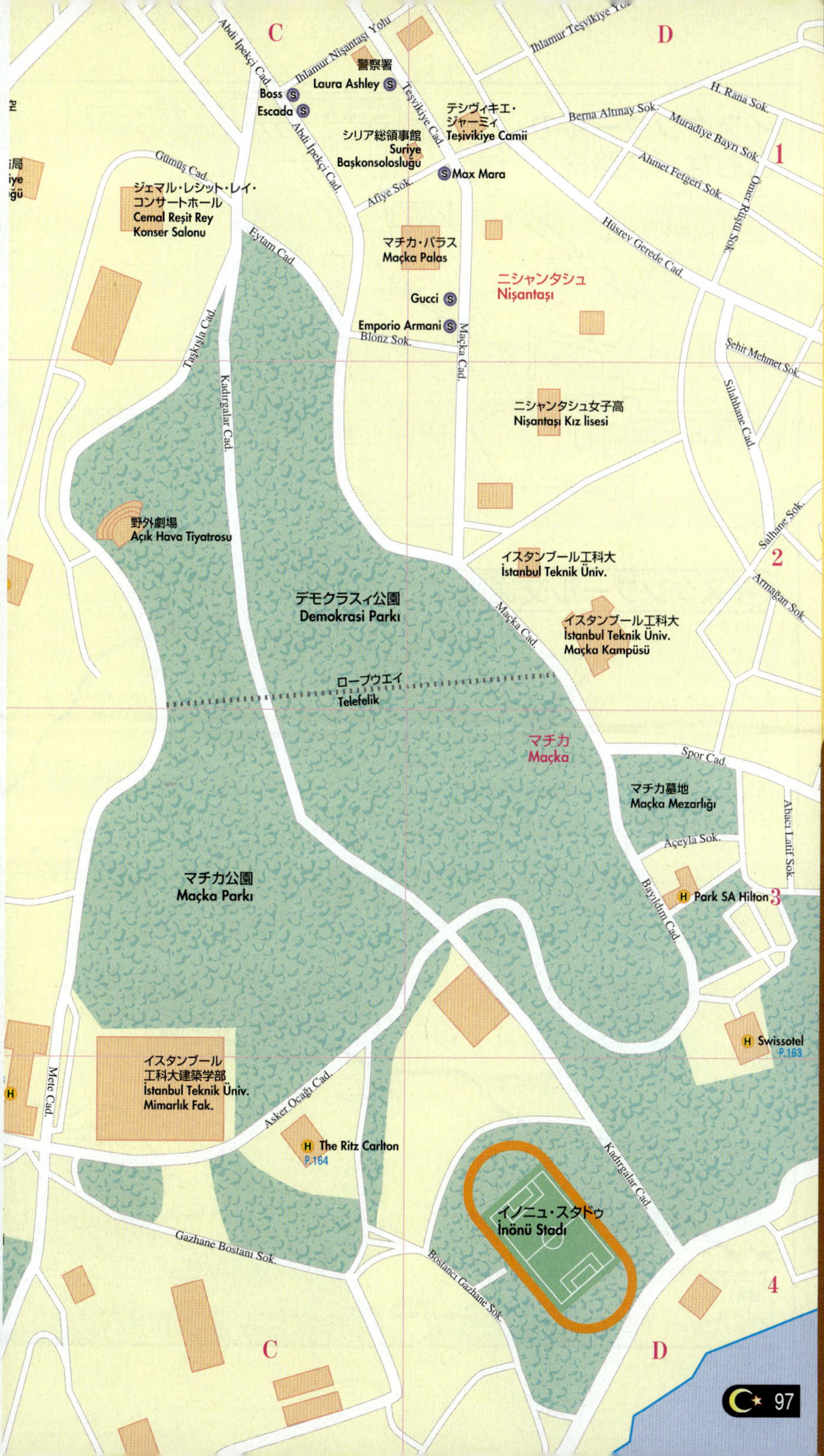

警察署
Laura Ashley
Boss
Escada
テシヴィキエ・ジャーミィ
Teşvikiye Camii
シリア総領事館
Suriye Başkonsoloslugu
Max Mara
ジェマル・レシット・レイ・コンサートホール
Cemal Reşit Rey Konser Salonu
マチカ・パラス
Maçka Palas
ニシャンタシュ
Nişantaşı
Gucci
Emporio Armani
ニシャンタシュ女子高
Nişantaşı Kız lisesi
野外劇場
Açık Hava Tiyatrosu
イスタンブール工科大
İstanbul Teknik Üniv.
デモクラスィ公園
Demokrasi Parkı
イスタンブール工科大
İstanbul Teknik Üniv. Maçka Kampüsü
ロープウエイ
Telefelik
マチカ
Maçka
マチカ墓地
Maçka Mezarlığı
マチカ公園
Maçka Parkı
Park SA Hilton
Swissotel
P.163
イスタンブール工科大建築学部
İstanbul Teknik Üniv. Mimarlık Fak.
The Ritz Carlton
P.164
イノニュ・スタドゥ
İnönü Stadı
Abdi İpekçi Cad.
Ihlamur Nişantaşı Yolu
Teşvikiye Cad.
Ihlamur Teşvikiye Yolu
Berna Altınay Sok.
H. Rana Sok.
Muradiye Bayırı Sok.
Ahmet Fetgeri Sok.
Ömer Rüştü Sok.
Hüsrev Gerede Cad.
Afiye Sok.
Gümüş Cad.
Eytam Cad.
Blonz Sok.
Maçka Cad.
Taşkışla Cad.
Kadırgalar Cad.
Şehit Mehmet Sok.
Silahhane Cad.
Salhane Sok.
Armağan Sok.
Spor Cad.
Abacı Latif Sok.
Açeyla Sok.
Bayıldım Cad.
Mete Cad.
Asker Ocağı Cad.
Gazhane Bostanı Sok.
Bostancı Gazhane Sok.
C
D
1
2
3
4

イスタンブールのおもなバス路線

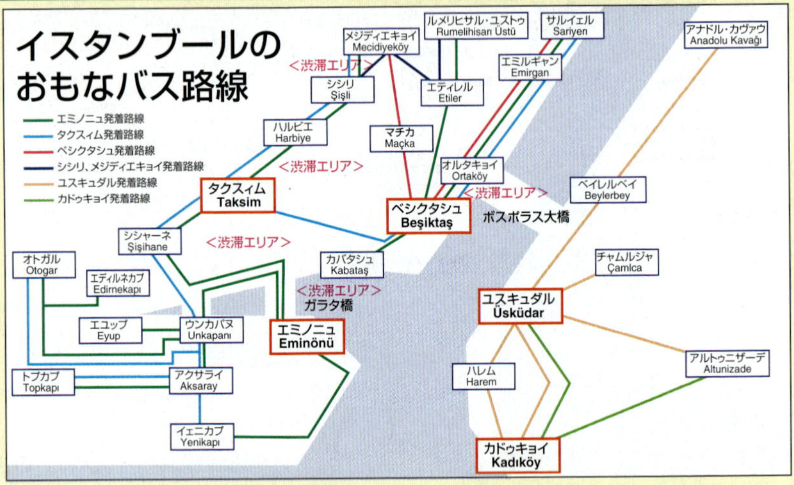

イスタンブール交通図

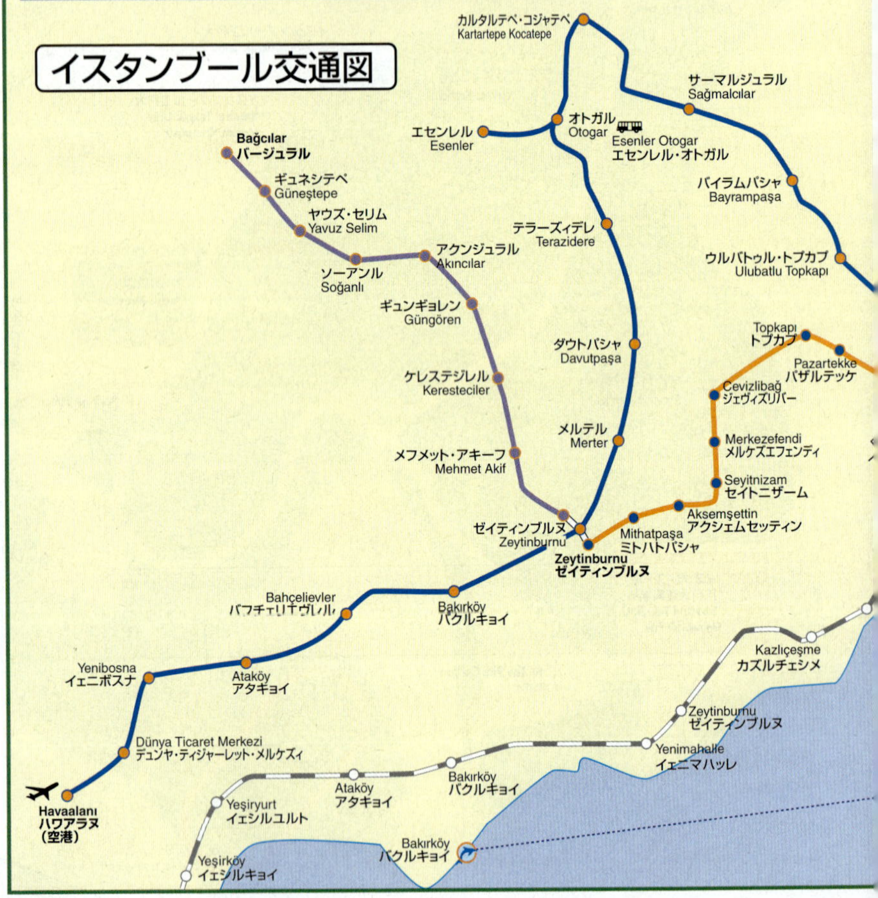

トラムヴァイ（ゼイティンブルヌ～フンドゥクル線）
Tramvay (Zeytinburnu-Fındıklı)
トラムヴァイ（ゼイティンブルヌ～バージュラル線）
Tramvay (Zeytinburnu-Bağcılar)
ハフィフ・メトロ（アクサライ～アタテュルク空港線）
Hafif Metro (Aksaray-Havaalanı)
メトロ（タクスィム～ドルデュンジュ・レヴェント線）
İstanbul Metrosu (Taksim-4. Levent)
TCDD国鉄近郊列車
TCDD Banlyö Treni
地下ケーブル（カバタシュ～タクスィム）
フニキュレルFuniküler
テュネル（カラキョイ～イスティクラール通り）
Tünel
ノスタルジック・トラムヴァイ
Nostaljik Tramvay
航路（フェリー、シーバス）
Vapur, Deniz Otöbüsü
シーバス乗り場
Deniz Otöbüsü İskelesi
N
4. Levent
ドルデュンジュ・レヴェント
Levent
レヴェント
Gayrettepe
ガイレッテペ
Şişli
シシリ
Osmanbey
オスマンベイ
Taksim
タクスィム
新市街
Sütlüce
スュトゥリュジェ
Eyüp
エユップ
Ayvansaray
アイヴァンサライ
Hasköy
ハスキョイ
Balat
バラト
金角湾
Fener
フェネル
Kasımpaşa
カスムパシャ
Galatasaray
ガラタサライ
Tünel
テュネル
Kabataşı
カバタシュ
ボスポラス海峡
Fındıklı
フンドゥクル
Tophane
トプハーネ
Karaköy
カラキョイ
Eminönü
エミノニュ
Eminönü
エミノニュ
Ortaköy
オルタキョイ
Beşiktaş
ベシクタシュ
Kızgıncık
クズグンジュック
Üsküdar
ユスキュダル
エムニイェト
Emniyet
Capa-Şehremini
チャパ・シェフルエミニ
アクサライ
Aksaray
Aksaray
アクサライ
旧市街
Sirkeci
スィルケジ
Sirkeci
スィルケジ
Gülhane
ギュルハーネ
Fındıkzade
フンドゥクザーデ
Haseki
ハセキ
Yusufpaşa
ユスフパシャ
Laleli-Üniversite
ラーレリ・ユニヴェルスィテ
Beyazıt Kapalıçarşı
ベヤズット・カパルチャルシュ
Çemberlitaş
チェンベルリタシュ
Sultanahmet
スルタンアフメット
Cankurutalan
ジャンクルタラン
Yenikapı
イェニカプ
Kumkapı
クムカプ
Koca Mustafa Paşa
コジャ・ムスタファ・パシャ
Yedikule
イェディクレ
マルマラ海
ヤロワへ
アジア側
Harem Garajı
ハレム・ガラジュ
Haydarpaşa
ハイダルパシャ
Kadıköy
カドゥキョイ
Kadıköy
カドゥキョイ
Bahariye
バハリイェ
Moda
モダ

イスタンブールの歩き方

イスタンブールでは、
旧市街のスルタンアフメット地区に
見どころが集中している。
ここだけ回るなら徒歩でOKだが
この街のいろいろな魅力を探しに、
トラムヴァイやバスを積極的に使ってみよう。

市外局番
0212（ヨーロッパ側）
0216（アジア側）
人口883万1305人

■イスタンブールへの行き方

●アンカラから

毎日10数便運航
所要：1時間
運賃：70～200YTL

いくつもの会社が頻発
所要：6時間
運賃：30YTL

急行 1日8便
所要：6時間30分～9時間30分
運賃：18～65YTL

●イズミルから

トルコ航空が毎日13～15便の運航、他社の便も多い。
所要：1時間
運賃：70～200YTL

ブルサ経由とチャナッカレ経由がある。どちらも便は多いが、内陸部を走るブルサ経由のほうが早い。
所要：9時間（ブルサ経由）～12時間（チャナッカレ経由）
運賃：30YTL

空港から市の中心部へ

イスタンブールにある空港は、市の南西にある**アタテュルク空港**Atatürk Havaalanıとアジア側にある**サビハ・ギョクチェン空港**Sabiha Gökçen Havaalanıのふたつ。日本やヨーロッパからの便をはじめほとんどの国際便は**アタテュルク空港**に着く。アタテュルク空港のターミナルは国内線（イチ・ハットラルİç Hatlar）と国際線（ドゥシュ・ハットラルDış Hatlar）に分かれており、地下通路でつながっている。

国際線のターミナルは、グランドフロアが到着ロビー、上階が出発ロビー。到着ロビーは、税関を出た所に両替のための銀行などがあり、出発ロビーには各航空会社のカウンターがある。さらにパスポートコントロールを受けて進むとデューティフリーの商店街とフードコートがある。地階と上階は館内の階段やエスカレーターで行き来が可能だ。

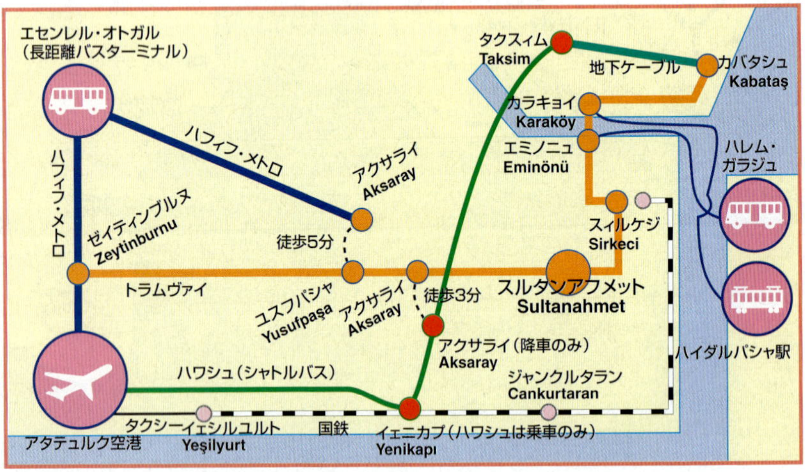

アタテュルク空港の国内線と国際線ターミナルを結ぶ地下通路はかなり長い。また国際線ターミナルと地下鉄駅を結ぶ地下通路は徒歩で約5分ほどかかる。（編集室）

メトロ（地下鉄）で市内へ　空港の国際線ターミナルの出口にメトロの空港駅とつながる乗り換え口がある。1本道を5分ほど歩けばメトロの空港駅に到着する。空港駅から終点のアクサライまでは約45分。スルタンアフメットへ行く場合は終点のアクサライでトラムヴァイに乗り換える(→折込Map 右)。メトロは空港駅から6:00～翌0:20に5～20分間隔で運転されている。

メトロの改札口

荷物が多い人は途中のゼイティンブルヌ駅で降りて、トラムに乗り換えるのがラク。ホームの階段を上って改札を出ると歩道橋越しにゼイティンブルヌのトラム駅が見える。

トラムへの乗り換え

シャトルバスで市内へ　空港から市内へは**ハワシュ**Havaşというシャトルバス（5:00～翌1:00に30分おき、8.50YTL）も利用する価値がある。ハワシュは到着ロビー出口から発着する。国内線→国際線→バクルキョイ・シーバス乗り場Bakırköy Deniz Otobüs İskelesi→アクサライAksaray→タクスィムTaksimというルートで走る。逆に市内から空港に行く場合は、タクスィム→イェニカプYenikapı→空港の順に停車する。

メトロの空港駅へはこの標識に沿って行く

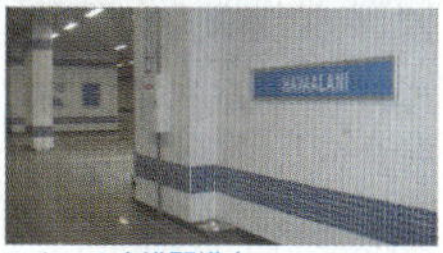
メトロの空港駅構内

■空港諸機関連絡先

●アタテュルク空港
inet www.ataturkairport.com

●ハワシュ
inet www.havas.com.tr

●イスタンブール交通局
inet www.iett.gov.tr

Information

初日に現れるイスタンブールの客引き

●空港内で偽ⓘのスタッフによる被害多発!

空港内で、旅行会社のスタッフがⓘのスタッフのバッジを付けたりして公共機関の職員を装い、自分の関係する旅行商品を売りつけるという被害が多発している。なかには日本語が堪能な人も多いので注意しよう。

彼らは、「あなたが泊まろうとしているホテルは満室。同じ系列のよいホテルに連れて行こう」とか、「無料の送迎サービスがある」という嘘を並べ、スルタンアフメットの旅行会社に連れて行き、1000US$以上の高額ツアーを売りつけるのが一般的。ホテル関係者も、予約していた客が彼らに連れ去られ、ホテルに来ないという被害に遭っている。特に深夜に空港に到着し、途方に暮れている旅行者は格好のカモ。

空港で話しかけてくるこういった人々は相手にせずに、予約したホテルの送迎サービスを利用したり、公共交通機関を使うなど自力でホテルに行くようにしよう。また、多少割高でもタクシーを使ってホテルに行くことをおすすめする。

●ハワシュに乗り込んでくる客引き

空港から市内へのバス、ハワシュの車内で、ほかに空席があるにもかかわらず、あなたの横に座ってくる人の多くは、絨毯屋や旅行会社の客引きだ。アクサライのバス降り場にもハワシュのスタッフを装う客引きや絨毯屋の客引きが待ちかまえている。

ハワシュのカウンター

英語や日本語でフレンドリーに話しかけてきて、まだ物価感覚や事情を知らない旅行者を自分の店に連れて行き、高額でツアーや絨毯を売りつけるという商法だ。最近は数日かけて一緒に行動し、信用させる場合も多い。「トルコ人のホスピタリティだから僕の家に泊まってよ」と言って自宅のマンションに宿泊させる手もあり、どんな場合も、買う気がない人ははっきり「あんたの店にゃ行かないよ!」と言ってつきあわないのが得策。

日本語を話す客引きは、わざと英語で話しかけ、あやしんでいると、「君たちが話していることは全部わかってるよ」と言ってたじろがせることもある。(編集室)

アクサライからスルタンアフメットへ　路面電車のトラムヴァイを使う（→折込Map 右）。アクサライのハワシュ降り場から一番近いトラムヴァイの駅はアクサライAksaray。バスを降りたら、進行方向に直進した、高架下の交差点にアクサライ駅がある。スルタンアフメットへの乗り場は南側にある。

タクシーで市内へ　空港出口には黄色いタクシーが常に待機している。4〜5人集まればひとりあたりの料金はバスとほぼ同じになるので、乗り換えがないぶんバスより楽だ。空港からスルタンアフメット周辺まで昼間で25〜30YTLぐらい、タクスィムまでは昼間で30〜40YTLぐらい。夜間はそれぞれ5割増しとなる。所要30分。夕方などは渋滞することもある。

白タクは少ないが、メーターを倒さない人や、降りるときに荷物代と言ってメーター以上の料金を請求する人もいるのでよく確かめよう。また、頼んでいないホテルに連れて行くタクシーもいるので、そうなったら躊躇せず戦おう。

ホテルの送迎サービスを利用する　最近空港やハワシュ、アクサライなどで観光客につきまとう客引きが増え、予約した客が奪われる事態が増えたため空港送迎サービスを行うホテルが多くなった。タクシーとほぼ同じ値段で行っている。事前にファクスやEメールなどで、自分の到着時間、便名、送迎サービス希望の旨をホテル側に伝えておけばよい。

鉄道を利用する場合　最寄りの国鉄駅はイェシルユルトYeşilyurt。空港と駅の間を運行するバスはないので、タクシー

■スルタンアフメットから空港へ行く場合

各ホテルなどで予約できるエアポート・トランスファーサービスを使うのが便利。Power TourやSem Turという旅行会社が行っている。ホテルの前まで迎えに来てくれるので、重い荷物を持っている人には便利。所要約40分、運賃は4€程度。

●Power Tour

3:00〜23:00に便あり。

TEL (0212) 518 0354

TEL (0536) 335 6211（携帯）

inet www.istanbultourguide.com

●Sem Tur

3:30〜22:00に便あり。

TEL (0212) 458 4436

TEL (0535) 642 4701（携帯）

●Coşkun Transfer

プライベート送迎専門。片道車1台35€。サビハ・ギョクチェン空港からは60€。

TEL (0533) 647 7940（携帯、日本語OK）

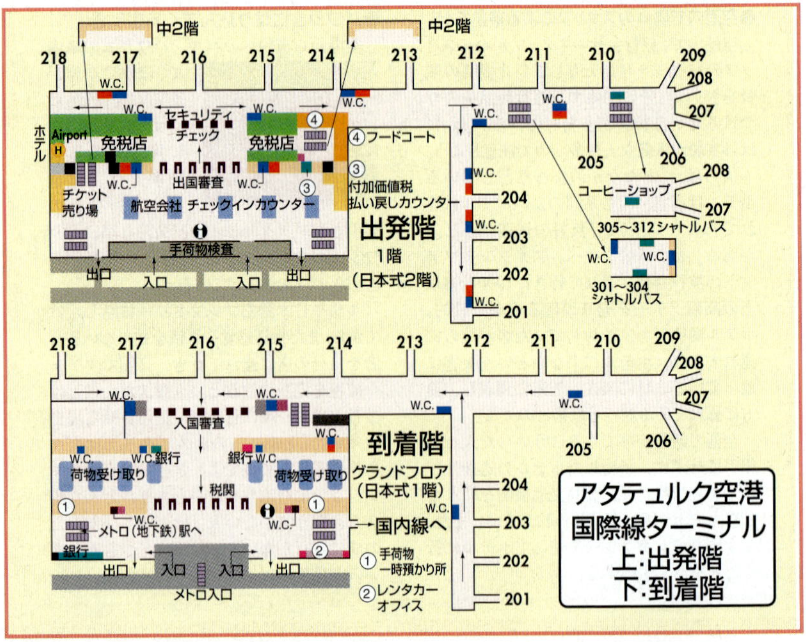

空港の出発階のフードコートはバーガーキングやトルコ料理、ピザなどかなり種類が充実している。出発前に時間があれば腹ごしらえしていこう。(編集室)

を利用する。列車はスィルケジSirkeci駅が終点。スルタンアフメットを目指す人はジャンクルタランCankurtaranで下車するとホテル街が近い。

深夜に空港に着いたら　空港ターミナルに隣接したエアポートホテル（→P.164）があるほか、空港近くのエリアに数軒ホテルがある。いずれもシングルで1泊150US$ぐらいのホテルがほとんどで、空港の周辺に手頃な宿はない。しかし、ホテルが多い旧市街への往復のタクシー代と中級クラスのホテル1泊分の料金を合わせると100US$を超す場合も考えられる。ちなみにエアポート・ホテルは人気が高いので、予約しておくのが無難。

空港での両替　アタテュルク国際空港内には24時間営業の銀行や両替所があり、深夜着でも両替が可能。ATMも24時間稼働しているのでキャッシングもできる。

サビハ・ギョクチェン空港から市の中心部へ

アジア側のペンディッキPendik地区にある新しい空港。国内線の一部や、ヨーロッパ（ドイツやオランダなど）からの便などが発着している。ターミナルは国内線と国際線のふたつがあり、隣り合っている。便の到着に合わせてハワシュのシャトルバスが運行されており、カドゥキョイKadıköyまで行くことができる。カドゥキョイの埠頭からフェリーに乗ればヨーロッパ側のエミノニュやカバタシュに着く。

市内バスのE3はヨーロッパ側のメトロのドルデュンジュ・レヴェントMetro 4. Levent駅へ行く。6:25〜19:00に1〜2時間おきの運行で日曜は運休。

バスがない場合は、タクシーで国鉄ペンディッキ駅まで行き、そこからTCDDの近郊列車でハイダルパシャ駅を目指すという手もある。

空港で両替しておきたい金額の目安

●アタテュルク空港から市内への交通費	
メトロ＆トラムヴァイ　ゼイティンブルヌ、あるいは終点のアクサライで乗り換え。	2.40YTL (1.20+1.20YTL)
ハワシュ　アクサライ、タクスィムで下車可能	8.50YTL
タクシー　空港→スルタンアフメット地区	25〜30YTL
空港→タクスィム広場方面	30〜40YTL
深夜0:00以降は5割増料金	140US$
●1泊分の宿泊費	
ドミトリーのある安いホテル	15〜25YTL
手頃なホテルのシングルルーム	70〜80YTL
スタンダードクラスのシングルルーム　クレジットカードで決済可能。	130〜150YTL
●1食分の食費	
ファストフード店のセットメニュー	6〜8YTL
セルフサービスの食堂で煮込み料理とサラダ	8〜10YTL
一般的なレストランでケバブとスープ	10〜15YTL

近郊列車の車内

空港内にあるATM

■サビハ・ギョクチェン空港
地図外
TEL (0216) 585 5000
FAX (0216) 585 5114
inet www.sgairport.com

発着の便数があまり多くないので、ひっそりとしている

空港内のチェックインカウンター

空港内の銀行は24時間営業

スルタンアフメットのキョフテ屋

深夜1:00に空港に到着し、朝まで空港で夜を明かしたが、国際線より国内線ロビーのほうがソファもあり、暖房が効いているのでおすすめ。（千葉県　bibi　'05春）

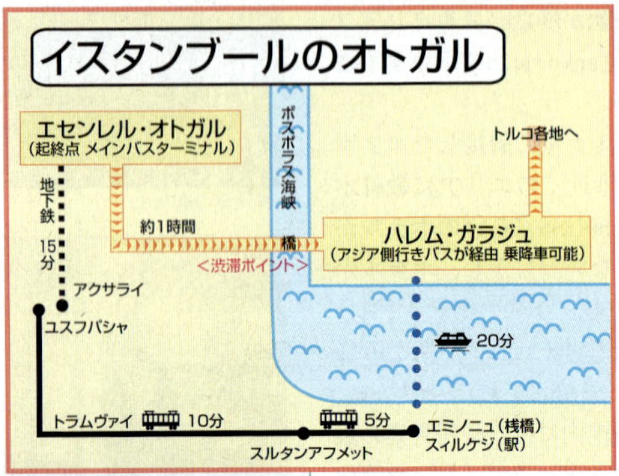

オトガルから市の中心部へ

バスはイスタンブール中心部の西側、**エセンレル**Esenlerにあるオトガルが終点。アジア側から来たバスは**ハレム・ガラジュ**Harem Garajıを通ってオトガルまで行く。

バス会社によってはエセンレル・オトガルからは旧市街西側、市内交通ターミナルのある**トプカプ**Topkapı(トプカプ宮殿とはまったく別の場所なので注意)や**タクスィム**などのバス会社のオフィスまで、ハレム・ガラジュからは**ユスキュダル**Üsküdarや**カドゥキョイ**Kadıköyまで無料のサービスバス(セルヴィス)を運行している会社も多い。

エセンレルのオトガルとハレム・ガラジュのどちらが旧市街やタクスィムに行くのに便利なのか。答えは**アナトリア各地から来たバスならハレム・ガラジュが断然便利**。エディルネやヨーロッパ各地から来たバスならばエセンレルになる。なぜならば、アナトリアから来たバスはハレム・ガラジュに着いたあと、ファーティフ・スルタン・メフメット大橋を渡ってエセンレルに向かうわけだが、ここで時間がかかるのだ。渋滞に巻き込まれたりすると2時間以上かかることもある。ハレム・ガラジュ前から出ているエミノニュ行きの船に乗ると、20分ほどで国鉄スィルケジ駅近くの桟橋に到着する。同じ理由でヨーロッパ側から来た場合はエセンレル・オトガルで降りよう。

エセンレルのオトガルから街の中心まで出るには、メトロが便利。これで6つ目の終点、アクサライAksarayまで出る。タクスィムへは市内バス83Eでアクサライを経由して行く。メトロ、バスともオトガルと直結しており、楕円状にバス会社の並ぶ中心に乗り場がある。またオトガルにはホテルもあり、早朝や夜間のバス利用の際に便利だ。

朝夕は渋滞が起こるファーティフ・スルタン・メフメット大橋

エセンレルは国内各地や周辺諸国からのバスが発着する

アナトリア各地へはハレム・ガラジュからが便利

エミノニュにあるハレム・ガラジュ行きの埠頭は円形の建物

イェニカプのシーバス乗り場

港から市の中心部へ

ヤロワやバンドゥルマからのシーバスの場合、**イェニカプ**Yenikapıかアジア側のボスタンジュBostancıに着く。イェニカプからアクサライまでは歩いて15分。TCDDの国鉄駅も近い。アクサライ経由タクスィム行きのバスも46HY、69A、70FYなど本数は多い。

鉄道駅から市の中心部へ

ヨーロッパからの鉄道は、ガラタ橋に近い**スィルケジ**Sirkeci駅に着く。アジア側のトルコ各地からは、アジア側の**ハイダルパシャ**Haydarpaşa駅に着く。ここからヨーロッパ側へは、フェリ

旧市街からハレム・ガラジュに行く場合だとエミノニュからフェリーに乗りますが、クルーズをしているようで気持ちいいです。(神奈川県 sakura '06夏)

ハイダルパシャ駅のチケット売り場

ーに乗ったほうが早い。フェリーは目の前のハイダルパシャ桟橋からガラタ橋のたもとのカラキョイ桟橋へ20分。カラキョイから旧市街へは徒歩でもすぐ。トラムの駅やバス停もガラタ橋のたもとにある。エミノニュ行きのモトル（→P.110）もある。ハイダルパシャ桟橋の横には海上ドルムシュの小さな乗り場もある。海上ドルムシュならエミノニュまで行くことができる。ただし、フェリーより本数は少ない。

トラムヴァイ（路面電車）

旧市街と新市街を結ぶトラムヴァイ　新市街のカバタシュKabataşからガラタ橋を渡ってエミノニュ、スルタンアフメット、ベヤズット、さらに城壁を越えてゼイティンブルヌZeytinburnuを結ぶ路面電車**トラムヴァイ**Tramvay（トラム）は、利用価値大。切符代わりとなるジェトンは1.30YTL。切符売り場でジェトンを買い、プラットホーム入口の改札機を通る。駅の入口はギリシGiriş、出口はチュクシュÇıkışと表示されている。6:00頃～24:00頃に運行している。ゼイティンブルヌとバージュラルBağcılarを結ぶ路線もある。

トラムヴァイの車内

新市街のトラムヴァイ　新市街の**イスティクラール通り**İstiklâl Cad.を通っているものはアンティークの路面電車。2両、もしくはたったの1両編成でタクスィム広場とガラタ塔近くのテュネルTünel地区を結んでいる。7:30～21:00の運行で1.30YTL。ただし日曜は9:00頃始発。もともとイスタンブールの街では、このタイプの路面電車があちこちで見られたが、バスに取って代わられた。ところが1980年代に入って高まった景観保存運動の結果、この路線が復活し、現在は新市街のシンボルとなっている。

カドゥキョイ（アジア側）のトラムヴァイ　2003年には、アジア側のカドゥキョイでも37年ぶりに路面電車の運行が始まった。これは新市街のものと同じくアンティークの車両だ。カフェやおしゃれな店が並ぶエリアを取り囲むように巡回運行している。

世界最短の地下鉄、テュネル

1875年に造られたという、ヨーロッパで最も古い地下鉄のひとつ。ガラタ橋近くのカラキョイから、路面電車の終点テュネルまでわずか3分ほどという短さで、あっという間に着く。ジェトン1枚1.30YTL、7:00～21:00の運行。

タクスィム～カバタシュ間にもフニキュレルFunikülerと呼ばれる地下ケーブルが完成した。タクスィム～カバタシュを約1分で結び、運賃は1.30YTL。5～10間隔で運転している。タクスィム駅ではメトロに乗り換えることができる。

いつもにぎやかなスィルケジ駅

ハイダルパシャは駅のすぐ前が埠頭になっている

トラムの始発駅、ゼイティンブルヌ駅

観光にも大活躍のトラムヴァイ

ノスタルジックトラムの別名もあるとおり、チンチン電車の音が郷愁を誘う

パリの地下鉄の試作版ともいわれるテュネル

地下ケーブルのカバタシュ駅

カバタシュの地下ケーブル乗り場はトラム駅の西側出口（最後尾の車両）の改札を降りるとある地下道を進むと地下ケーブルのチケット売り場と改札口がある。（編集室）

レヴェント行きのメトロ

メトロの始発駅であるアクサライ

市営バスのチケット売り場

バス路線一覧

このマークの入ったバスは車内で料金を支払う

空港と市内を結ぶメトロ

タクスィム駅

アクサライとアタテュルク空港を結ぶ路線と、タクスィム広場とドルデュンジュ・レヴェント4. Leventを結ぶ路線のふたつが開通している。アクサライ～アタテュルク空港路線は、地下を走るのはアクサライから2～3駅のみで、その後地上に出て「電車」となるためハフィフ(軽)メトロHafif Metroと呼ばれている。切符はジェトンで、自動改札機の中に回収される。運賃は1.30YTL。

市内バス

イスタンブールの市内バスの大きなターミナルは、新市街ではタクスィムTaksim、旧市街ではエミノニュEminönüなど。タクスィムなどは広場が広大なので、少しとまどうが、乗り場は行き先別になっていてきちんと表示されているので、初めてでも意外に乗りやすい。

どのバスに乗ればいいのかは、チケット売り場で聞けば教えてくれる。停留所ではバスの正面と側面にある表示板を見れば行きたい所を通るバスかどうかがわかるようになっている。正面の表示にはその路線の発着点とバス番号が、側面の表示にはそのほかに経由地点が記されている。路上のバス停にはİETT DURAKと書いてある。最近は経由地や時刻表を併記したバス停も、数は少ないが徐々に出てきている。もっとも時刻に関してはバスのことだから、渋滞で遅れたり、早めに出てしまっていた、なんてこともある。

民営バスの車体

チケットはİETTのマークが入った市営バスは白いボックスの切符売り場で、民営バスÖzel Halk Otobüsüは車内で買う。すべてのバス停に切符売り場があるわけではないので、必要と思われる分をまとめ買いしておこう。チケット売り場以外では立ち売りでも販売しているが、料金はやや高め。チケットは通常1枚1.30YTL。前から乗り込み、横にある箱に切符を入れる。

降りるときは後方や中央のドアから。目指すバス停の近くに来たら、降車ドアの上にあるボタンを押す。

オープントップの市内観光バス

アヤソフィア前の観光バス

旧市街や新市街のおもな見どころを回る観光バスはイスタンブールの概要を把握したり、時間のない旅行者に便利。日本語や英語などの音声ガイド付きで、基本的に乗り降り自由だが、本

■シティサイトシーイング
TEL (0212) 458 1800
TEL (0536) 590 4385 (携帯)
FAX (0212) 230 2272
inet www.plantours.com
出発：アヤソフィア前から
11:00 12:00 13:00 14:00
15:00発
料15€（学生10€）

市内観光バスはアヤソフィア周辺→ガラタ橋→ドルマバフチェ宮殿→タクスィム広場→アタテュルク橋→テオドシウスの城壁→イェディクレの順に回る。(編集室)

数はあまり多くないので、下車して観光するには不便。アヤソフィア前やタクスィム広場などで乗車可能。テオドシウスの城壁など公共交通機関では行きにくい所へも行ける。シティサイトシーイング社Citysightseeingが運行している。

ドルムシュとミニバス

　ドルムシュとは、ワンボックスカー(古い乗用車タイプのものはイスタンブールではほとんど見なくなった)を改造した、行き先の決まった乗合タクシーのこと。自動ドアを搭載した車体も増えてきている。イスタンブールのドルムシュは旧市街と新市街をバスよりも早く結ぶ。

　おもな路線は、エミノニュ〜タクスィム、タクスィム〜ベシクタシュ、アクサライ〜タクスィムなど。これらはいずれも黄色の

アジア側や住宅地などではドルムシュが市民の足

サルイェルとキルヨスを結ぶドルムシュ

Information

便利なアクビルを使いこなす

アクビルって何？　アクビルとは「賢いチケット」を意味するアクルル・ビレットAkıllı Biletの略で、新しいプリペイドシステム。初めは導入する公共機関も少なく、あまり使えなかったが、1997年頃からトラムヴァイ、メトロ、シーバスなどにも次々と広がり、あまりの普及率に民営バスも参加して、今ではほとんどのイスタンブールの公共交通にこれひとつで乗れるようになった。いちいち切符を買う必要もなく、しかもこれを使うと割引料金になる。現在ではほとんどのイスタンブール市民が持っているといっても過言ではない。イスタンブールに数日間滞在するならぜひ使いこなしたい。仲間と一緒に使うのもよいだろう。

これがアクビル。何種類か色がある

アクビルの買い方　まず、エミノニュやタクスィムのバスターミナル、トラムヴァイの主要駅などにあるアクビル・サトゥシュ・ノクタスAkbil Satış Noktasıと書かれたブースでデポジットと、充填したい任意の金額を払ってアクビルを入手する。デポジットは、ひとつ10YTL。

アクビルの使い方　使い方はバスなら運転席横の機械のボタンに押しつける。ワプルやメトロ、トラムヴァイ、TCDDの近郊路線は専用の改札機にアクビルを押しつければよい。

エミノニュなど主要ターミナルで購入可能。もちろん充填もできる

充填方法　金額充填は1YTL単位で可能だが、最低10YTL。ブースでもできるが、エミノニュやメトロのアクサライ駅、オトガル駅など主要ターミナルには24時間自動でできる「アクビル24」が設置されている。アクビル24はまずアクビルを端末に押しつけ、残量が表示されるので、その後、任意の紙幣を投入し、再びアクビルを押しつければ充填が完了する。なお、アクビル24はレシートが出ないので注意。

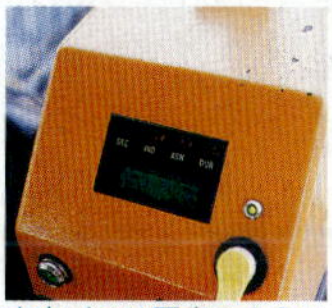
市内バスは写真のようにアクビルを押しつける

アクビル24

メトロのアクビル用改札口

乗り換え時　トラムヴァイからメトロやİETTの市営バスへ乗り継ぐ場合、初めにアクビルを押してから90分以内なら無料で乗り継ぐことができる。これはアクビルを持つ最大の利点だといえる。

　例えばトラムで終点のカバタシュまで行き、地下ケーブルでタクスィムへ行く場合も1回分で乗車できる。また、トラムのユスフパシャとメトロのアクサライ駅の乗り換えでも1回分で乗車可能。

ブルー・アクビル（マーヴィ・アクビルMavi Akbil）には1日用（9回使用可、7.50YTL）や1週間用（50回使用可、40YTL）、15日用（100回使用可、60YTL）などもある。（編集室）

ユスキュダルとハレム・ガラジュを結ぶドルムシュ

黄色い車体のタクシー。イスタンブールなら34、アンカラなら06が都市番号。イスタンブールのタクシー料金は地方都市よりも安く設定されている

車体に書かれたタクシーの番号

近郊を行くTCDDの車内ではさまざまな人間模様が見られる

車体だ。アジア側にも多くの路線があり、水色などさまざまな車体のドルムシュが活躍している。そのほかに、トプカプTopkapıとアクサライAksarayやベヤズットBeyazıtを結ぶドルムシュもある。

また、トプカプはミニビュス・ガラジュ（ミニバスのターミナル）になっており、郊外へ行く薄いベージュの車体のミニバスがたくさん出ている。

ドルムシュやバスの場合、料金は乗ってから支払い、路線上なら停車禁止の場所を除いて、好きな場所で降りることができる。ただし、乗客が満員にならないと出発しない。

タクシー

タクシーはほかの乗り物に比べるとかなり高いが、初乗りが1.73YTLと日本に比べたらずっと安い。かなり小刻みにメーターは上がる。深夜（0:00〜6:00）は初乗り2.70YTLと割増になる。昼間はメーターにギュンデュズGündüz（昼）、夜間ならゲジェGece（夜）の文字が料金と交互に表示される。

慣れない旅行者相手だと、なかにはメーターを倒さずに前の人の料金に上乗せしたり、遠回りをしたり、昼なのに夜間料金にしたり、チップを要求したりする悪い運転手もいる。遠回りされてもわからないのは仕方ないが、メーターの確認だけは必ずすること。運転手がおつり用に小額のお金を持っていることは稀なので、小銭を用意しておこう。4人まで乗れる。

長距離移動や近郊への足、国鉄TCDD

旧市街のスィルケジ駅からは国境を越えてヨーロッパ方面へ、アジア側のハイダルパシャ駅からはトルコ各地へ、それぞれ**トルコ国鉄**TCDDの路線がある。本数はそれほど多くはないが、ヨーロッパ側では**クムカプ**Kumkapı地区や空港近くのショッピングセンターやイェディクレに行くときに便利。アジア側ではフェネルバフチェのサッカースタジアム（シュクリュ・サラチオウル・スタドゥ）やボスタンジュの港、サビハ・ギョクチェン空港などに行くときに利用価値がある。運賃は一律1.30YTL。アクビル（→P.107）でも乗車可能。

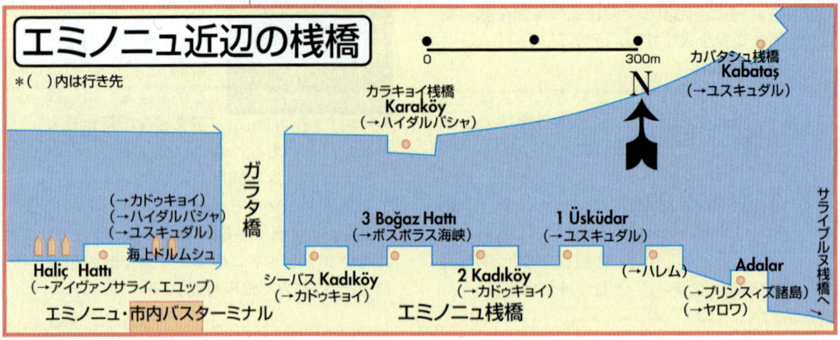

スィルケジ発の近郊列車は5:45〜23:45に15〜30分間隔、ハイダルパシャ駅発の近郊列車は5:00〜23:35に15〜30分間隔で運行している。（編集室）

イスタンブールの航路

海で隔てられたイスタンブールの3つのエリアを行き来するためには、ワプル（連絡船）Vapurの利用が便利だ。旧市街側のエミノニュEminönü（スィルケジSirkeciという人もいる）をはじめ、新市街側のカラキョイKaraköy、ベシクタシュBeşiktaş、カバタシュKabataş、アジア側のユスキュダルÜsküdarなど、桟橋はたくさんある。カラキョイは航路に関する会社のオフィスが多い中心地。出発時刻や本数は季節により相違する。桟橋の窓口の時刻表で確認しよう。

シーバス　イスタンブール・シーバスİstanbul Deniz Otobüsüはワプルより料金は高いが、短い時間で各地を結ぶ。こちらの中

通勤時間には満員の客を乗せて往復するワプル

海上ドルムシュ（モトル）

イスタンブールのおもな航路

●ボスポラス海峡路線→P.141　10:35、13:35（夏期のみ）　1時間30分　7.50YTL（片道4YTL）
エミノニュから黒海近くまで、海峡のあちこちの町にジグザグに寄りながら行く観光船。3番乗り場発。チケットは建物（Boğaz İskelesiと書いてある）の左脇の窓口で買う。終点のアナドル・カヴァウ発の戻りは、15:00、17:00。時間はよく変更されるので、窓口などであらかじめ確認しよう。
※エミノニュ埠頭にもクルーズといって海峡のおもな見どころを回る船が出ているが、料金は割高だ。値段は交渉し、回る見どころは要確認。ルメリ・ヒサルあたりで折り返す場合が多い。

●エミノニュ～ユスキュダル路線　6:30～23:30　10～20分毎　15分　1.30YTL
スィルケジ駅前の歩道橋近くにある1番乗り場発。朝夕は通勤客で混雑する。

●エミノニュ～カドゥキョイ路線　7:30～20:30　5～20分毎　1.30YTL
ユスキュルダル行き桟橋の隣の2番乗り場発。朝夕は込み合う。

●エミノニュ～金角湾路線　7:00～19:45　1時間に1本程度　1.30YTL
ガラタ橋の西側にある小さな桟橋から出航。金角湾を城壁手前のアイヴァンサライAyvansarayまで、数ヵ所に寄りながら行く。ミニアトゥルクに行くときにも便利。

●エミノニュ～ハレム路線　7:00～21:30　30分毎　1.30YTL
ユスキュダル行き1番乗り場の右隣の桟橋発。車も乗船可能。下船すると目の前がバスターミナル。

●エミノニュ～プリンスィズ諸島　7:00～24:00（エミノニュ発）　1日13便
クナル島まで約1時間、ビュユック島までは1時間30分　2.50YTL
エミノニュ桟橋の一番東の乗り場から、マルマラ海に浮かぶ島々まで行く船が出る。クナル島Kınalada、ブルガズ島Burgaz Adası、ヘイベリ島Heybeliada、ビュユック島Büyükadaの順に寄港するが、便によっては寄らない島もある。なお、ボスタンジュBostancıからもシーバスがある。

●エミノニュ～ヤロワ路線　9:00 18:30発　4YTL

●カラキョイ～ハイダルパシャ路線　6:15～23:00（夏期～24:00）　1.30YTL
新市街側のガラタ橋のたもと、カラキョイKaraköyからは、アジア側のハイダルパシャHaydarpaşaとカドゥキョイKadıköy行きの船が出る。ハイダルパシャ駅に行く人は、「H. Paşa」と行き先表示のランプがついた便に乗る。通勤時間帯は混雑する。

●ベシクタシュ～カドゥキョイ路線　7:15～20:45　1時間に2本程度　1.50YTL

問い合わせ先：TEL (0212) 244 4233　inet www.ido.com.tr

ヤロワ、バンドゥルマ方面への高速フェリー

●イェニカプ→ヤロワ　7:30（日休）9:30 11:30 13:30 15:45 17:30 19:30 21:30（季節により変動）
●ヤロワ→イェニカプ　7:30（日休）9:30 11:30 13:30 15:45 17:30 19:30 21:30 23:30（土・日のみ）
1時間　12YTL
ほかにアジア側のボスタンジュBostancıから1日1本、運賃は6YTL。カルタルからは1日6本、運賃は6YTL。ペンディッキからは1日12本、運賃は6YTL。

●イェニカプ→バンドゥルマ　1日2～4便。7:00 13:00 18:30など季節により変動
●バンドゥルマ→イェニカプ　1日2～4便。7:30 15:30 21:30など季節により変動
2時間　25YTL

問い合わせ先：TEL (0212) 444 4436　inet www.ido.com.tr

ヤロワ～イェニカプ間の高速フェリーではアクビルは使用できない。チケット売り場に行列ができることも多いので、早めに行ってチケットを買っておこう。（編集室）

エミノニュ桟橋はいつもにぎわっている

エミノニュのユスキュダル行き埠頭

アタテュルク空港にある銀行

クレジットカードや国際キャッシュカードがあればATMで24時間お金を引き出すことができて便利

心的な乗り場は、旧市街南岸のイェニカプYenikapı。そのほか、ドルマバフチェ宮殿西隣にあるカバタシュKabataşやショッピングセンターのあるバクルキョイBakırköy、アジア側のボスタンジュBostancı、カルタルKartalといった所からも乗れる。

エミノニュからはカドゥキョイ行きなどの路線がある。カドゥキョイへはエミノニュ発8:00～19:10、1日9本の運航。カドゥキョイまで約10分、2YTL。

海上ドルムシュ（モトル）　エミノニュではガラタ橋西側、金角湾行きの桟橋の横でボートが客待ちをしている。ハイダルパシャ、カドゥキョイ、ユスキュダルへの便がある。ほかにはカバタシュやベシクタシュといった桟橋からも船がたくさん出ており、料金は1YTL。モトルMotorと呼ばれる海上ドルムシュは満員にならないと出ないが、安いので客はすぐ集まる。料金は乗船前に切符を買う場合と、乗船してから集金係に払う場合がある。少々揺れるが、大きな連絡船とはまた違ったおもしろさがある。

両替・郵便・電話

両替　スルタンアフメットやグランドバザール、スィルケジ駅周辺、イスティクラール通りなどには私設の両替商がある。レートはグランドバザールの中にある両替商が最もよいが、どこもそのときどきのレートが掲げてある。銀行に比べ手数料を取らないし、作業も早く、手軽に利用できる。ほとんどのところは現金しか扱わないが、トラベラーズチェックを受け取るところも出てきている。銀行は両替商に比べて手続きに時間がかかるのが欠点。ただトラベラーズチェックが使える確率は両替商よりは高い。

旅行者の利用も多いスィルケジの中央郵便局の内部

郵便　イスタンブールの中央郵便局はスィルケジにある。24時間休みなしで営業しているが、平日の8:00～12:00、12:30～16:00以外の時間帯は、業務がかなり限られてくるので、なるべくこの時間帯を利用するようにしよう。小包の発送は中央郵便局の裏にある小包専用のPTTで。また、タクスィム広場北やイスティクラール通りのガラタサライ高校横、ヒッポドローム横にあるスルタンアフメットの裁判所の地下などにも郵便局はある。PTTと書かれた看板が目印だ。アヤソフィア前の広場にも小さなブースが出ている。

スィルケジの郵便局の小包センター入口。小包はここへ持っていくこと

電話　PTTは電話業務も兼ねており、テレホンカードを販売している。もちろんPTTに併設されたブースでも通話はできるが、短い電話なら電話ボックスでテレホンカードを使ってかけるほうが断然便利。最近はクレジットカードが使える公衆電話がかなり普及してきている。もちろんすべての公衆電話から国際電話をかけることが可能だ。

スルタンアフメットの地下宮殿入口近くにはツーリストポリスがあり、英語やドイツ語、フランス語など担当の係がいる。トラブルがあれば相談してみよう。（編集室）

旅の情報収集

観光案内所　スルタンアフメットやスィルケジ駅、カラキョイには❶があり、ひととおりの情報は揃う。イスタンブールの地図をはじめ、カラフルなパンフレットなども置いている。ホテルの予約や宿の紹介といった業務は行っていない。

イスタンブール発のツアー

天井知らずのツアー料金　イスタンブールは、トルコに来る外国人が初めて訪れる場所、ということで「相場を知らないうちに高い値段で売ってしまおう」という商売が成り立つところ。他店で相場を調べることができないようにずっとつきまとう客引きがあとを絶たない。問題が起こると店を閉め、また別の名前でオープンするため、なかなか改善されない。

旅行会社の客引きは「英語もろくに話せないあなたが自分の足で歩けるはずはない。バスは満席、ホテルも満室。ツアーでなければ行くことはできない」などと言ってくるだろう。断言しよう。**絶対にそんなことはない。**交通網が発達しているトルコでは、オトガルに行ってバス会社の人に目的地を言えば、どこにだって行くことができる。親切なトルコ人は旅行客が困っていればぜがひでも助けようとしてくれるはずだ。ツアーといっても個人手配の代行がほとんどで、自分で手配するよりもかなり割高になることがほとんど。

ツアーに参加するメリットは、時間を効率よく使えること。時間がもったいないのでツアーに参加するのだったらわかるが、自信がないからというのでは、旅の意味がない。

例えば、見どころが散らばっているカッパドキアにしても、なにもイスタンブールからツアーに参加しなくても、ネヴシェヒルやギョレメ、ユルギュップからでも確実に毎日ツアーがある。イスタンブールからのツアーにはカッパドキアまでのバスやホテルがプラスされるわけだが、これが質も料金も千差万別。

自分で手配した場合の目安　カッパドキアツアーの内容の目安としては、バス代は約22€（20:00前にエセンレルのオトガルに行けば通常は予約なしでも乗れる）、宿泊費はギョレメのペンションで20〜30€、スタンダードクラスのホテルや洞窟部屋のホテルで40〜60€、英語ガイド付き1日ツアーは25〜30€といったところなので、自分で手配すれば100€前後でも可能。

ツアーでは、200€、500€払ったという人もいるし、100€で楽しい旅ができたという人もいる。正当な旅行代金でも内容によってそれほどの違いがあるのだ。

ツアーに参加することに決めたのならば、**何軒か回って自分の目と耳で情報を集め、充分に比較検討したうえで決めること**だ。この労力を絶対に惜しんではならない。ツアー選びは大きなお金が動くのだから、細心の注意が必要なのだ。

■スルタンアフメットの❶
Map P.84B2
✉Sultanahmet Meydanı
TEL (0212) 518 8754
FAX (0212) 518 1802
開9:00〜17:00　休日

■スィルケジ駅の❶
駅構内にある。
Map P.86B2
✉Sirkeci Garı
TEL (0212) 511 5888　FAXなし
開9:00〜17:00　休冬期の土・日

■カラキョイの❶
Map P.92B4
✉Karaköy Yolcu Salonu
TEL (0212) 249 5776　FAXなし
開9:00〜17:00

■ヒルトン・ホテル前の❶
Map P.96B2
✉Hilton Oteli Girişi
TEL (0212) 233 0592　FAXなし
開9:00〜17:00　休土・日

よかった旅行会社
Merih Hotel横のOverseasという旅行会社がよかった。良心的な価格で対応が素早い。ツアーを組んだお客さんには、きちんとツアー先のホテルに電話を入れ、問題はないか聞いていた。なれなれしくなく、節度をわきまえた誠実な対応に好感がもてる。
（埼玉県　チャビー　'05春）

■カッパドキアツアーの目安
スルタンアフメットの旅行代理店での2泊3日（車中1泊）のカッパドキアツアーの相場はシーズンによっても異なるが125〜185€で150€前後が多い。この場合含まれるのは往復のバス代、ホテル1泊（ギョレメかユルギュップ）、ツアー2日分（英語ガイド付き）。食事は含まれないが、ホテルによっては朝食が付くことも。復路のバスはパムッカレやセルチュク方面に振り替えることができるが、現地での手配でトラブルが起きやすいので、現地の手配会社でも到着時によく確認しよう。ホテルのグレードアップや延泊などによっても料金は変わってくる。

行きと帰りを夜行バスに乗り、カッパドキアで1日ツアーに参加するという0泊2日の弾丸ツアーもある。スルタンアフメットの旅行代理店で60〜100€。（編集室）

イスタンブールの見どころ

千年にわたって首都として栄えたイスタンブールには
多くの人を引きつける歴史的見どころがたくさんある。
年代や文化の違いをじっくりと鑑賞してほしい。

見どころの多いスルタンアフメット地区

イスタンブールには数多くの見どころがある。ここでは滞在日数や興味に合わせて訪問場所を選べるように、下記の7つの地区に分けて紹介する。

スルタンアフメット地区

スルタンアフメットは、旧市街の歴史地区の中心。スルタンアフメット・ジャーミィ、アヤソフィア、トプカプ宮殿、地下宮殿など見どころはめじろ押し。この地区だけで最低でも丸1日は欲しい。

ベヤズット地区

ベヤズットは、スルタンアフメットの西に隣接する地区。トラムヴァイで駅1～3つの範囲だから、スルタンアフメットから徒歩でも回れる。この地区では何といってもグランドバザールが見逃せない。

スィルケジ周辺

スィルケジは国鉄駅のある所。新市街と旧市街を結ぶガラタ橋があり、エミノニュ桟橋も近いため大変にぎやか。スルタンアフメットの北に位置し、トラムヴァイもあるが徒歩圏内でもある。

新市街

新市街は、ガラタ橋以北の広い範囲を掲載している。バスやドルムシュも活用して効率よく回ろう。

テオドシウスの城壁周辺

城壁は、旧市街の西にあり、南北に長く連なっている。北のエリアの見どころと南端の見どころは離れている。

幾度もの攻撃から町を守った城壁

アジア側

アジア側にも興味深い見どころがある。フェリーやドルムシュで行ってみよう。

ボスポラス海峡周辺

海峡沿岸の見どころと、マルマラ海の島を掲載した。

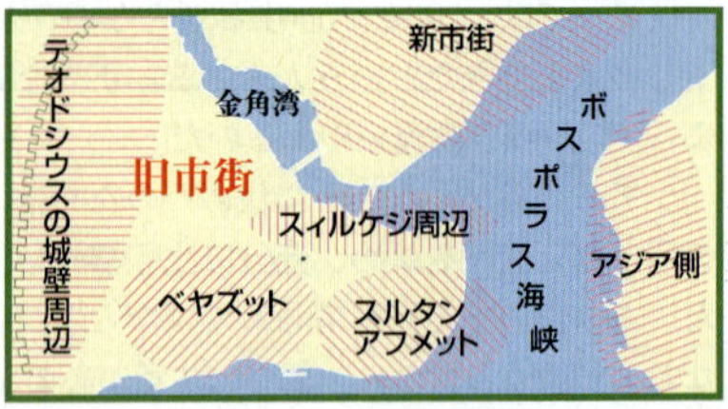

イスタンブールは本当に坂が多くて、石畳もデコボコの所も少なくなく、タクシーも通れない道もあるので歩きやすい靴が必須です。　（北海道　T.H.　'06夏）

スルタンアフメット地区

3大陸を制したスルタンの栄華を今に伝える

トプカプ宮殿

Topkapı Sarayı トプカプ・サラユ

トプカプ宮殿は、オスマン朝の支配者の居城として400年もの間、政治や文化の中心であった。その秘宝は膨大だ。

トプカプ宮殿は、マルマラ海を眼前に、ボスポラス海峡をも望む小高い丘に建てられている。15世紀の半ばから20世紀初頭にかけて、強大な権力をもっていた**オスマン朝の支配者の居城**として建設された。金角湾を隔てた新市街側から眺めると、トプカプ宮殿が重要な位置に建てられていることが手に取るようにわかる。

3方を海に囲まれた丘の端、東西交易の接点であるボスポラス海峡をにらむように宮殿は建つ。そしてかつてここに大砲が設置されていたことからトプ（大砲）カプ（門）サライ（宮殿）と呼ばれるようになったという逸話がある。

夏期のシーズン中は宮殿の中庭では軍楽隊の演奏が行われる

美しいデザインの花押

■トプカプ宮殿

Map P.85C1～D1

Map P.87D4

TEL（0212）512 0480

開9:30～16:00
（ハレムのみ～15:30）

休火

料10YTL
ハレム10YTL

※ハレムのチケットは内部で購入する。正義の塔は2006年現在閉鎖中。

宮殿入口のチケット売り場

海から眺めたトプカプ宮殿

スルタンの大広間。ときにはここで歌や踊りの宴が催された

トプカプ宮殿の公式サイトwww.topkapisarayi.gov.trでは、ハレムやスルタンの部屋などのバーチャルツアーが可能。見学前に見ておこう。（編集室）

第1庭園を過ぎると威厳のある送迎門が現れる

荷物検査を終えた所に模型があり、宮殿全体を把握できる

入口。学生も見学に来る

1453年にイスタンブールを陥落させた**メフメット2世**は、1460年代に現在の位置にトプカプ宮殿を着工。その後、さまざまなスルタンが当時の建築様式に従って増築を重ね、現在のようなスタイルとなった。70万㎡という広大な敷地をもつ宮殿は、それ自体ひとつの町となっており、1856年に**ドルマバフチェ宮殿**ができるまで、ここはウィーン付近から黒海、アラビア半島、果ては北アフリカまでを支配した**オスマン朝の中心地**として栄えていた。敷地内には議会やスルタンの居室はもとより、側室の女性たちの部屋も備えた**ハレム**もある。現在陶磁器のコレクションが置かれている部屋が、かつての厨房だ。

現在のトプカプ宮殿は博物館として、当時の様子を偲ばせている。宮殿はいまだ修復中で、公開されていない箇所もある。財宝類は4つの部屋に分けられて展示してあるが、総収蔵点数はまだわからないという。このような具合なので、ゆっくり見学したら、1日かかっても見終わらないだろう。展示品は部分的に入れ替えられるので、いつ行っても新しい発見がある。

皇帝の門と中庭

Bâb-ı Hümayun／Avlular バーブ・ヒュマユーン／アウルラル

入口はアヤソフィア裏側に1478年に建てられた**皇帝の門**。か

Information

イスタンブールの歴史

イスタンブールは、ローマ、ビザンツ帝国にオスマン朝、合わせて122人の最高権力者が手にした街。その間ざっと1600年。日本では弥生時代から大正時代にあたる。

紀元330年5月11日、ローマ帝国のコンスタンティヌス大帝は都をローマからビザンティオンに移し、ここを「新ローマ」と名付け、帝国の東半分の首都とした。後世の歴史家たちはこの東のローマ帝国を、古都の名にちなんで「ビザンツ帝国」と呼ぶようになった。

コンスタンティノープルは、最盛期には長安やバグダードと並んで、世界最大の都市のひとつであった。コンスタンティノープルはキリスト教の中心地として、シルクロードの終着駅として、繁栄の極みに達した。

繁栄している都は誰からも羨望のまなざしで見られる。あらゆる方面からの攻撃に遭った都は、1204年4月6日、第4回十字軍の前に陥落する。ビザンツ側は約60年後に奪還するが、帝国の弱体化は否めず、1453年5月29日、オスマン朝スルタン、メフメット2世の軍勢がコンスタンティノープルになだれ込んだ。

コンスタンティノープルを首都としたオスマン朝は、街に繁栄を取り戻した。再び世界最大級の都市となったこの街の繁栄ぶりは、トプカプ宮殿を見るだけでもわかる。

だが、さしものオスマン朝も、ビザンツ帝国と同じように後退に次ぐ後退を迫られる日がやって来る。第1次世界大戦とともに登場した英雄、ムスタファ・ケマルを中心とする大国民議会は、1923年10月13日、アンカラを首都とする憲法改正案を採択、ここにイスタンブールが首都である時代は終わった。できごとが起こった日付まではっきりと記録されているこの街は、歴史の主役であり続けたということを示しているといえるだろう。

コンスタンティノープル陥落後も、イスタンブールはコンスタンティニーイェと呼ばれていた。ちなみにロシア語ではツァーリグラードとも呼ばれていた。（編集室）

つては2階建てでかなりの大きさを誇っていたという。この門をくぐった所が**第1庭園**となっている。アヤソフィアの裏の小さな門をくぐるか、国立考古学博物館などのあるギュルハーネ公園から入ってもよい。第1庭園にはビザンツ時代に最初の建物が建立された**アヤ・イリニ教会**もある。さらに庭園を真っすぐ進み、右側にあるチケット売り場で入場券を買ったら、いよいよ送迎門をくぐる。8角形の塔を左右に置いた独特の形をしたこの門には、クルアーンの一節が刻まれている。

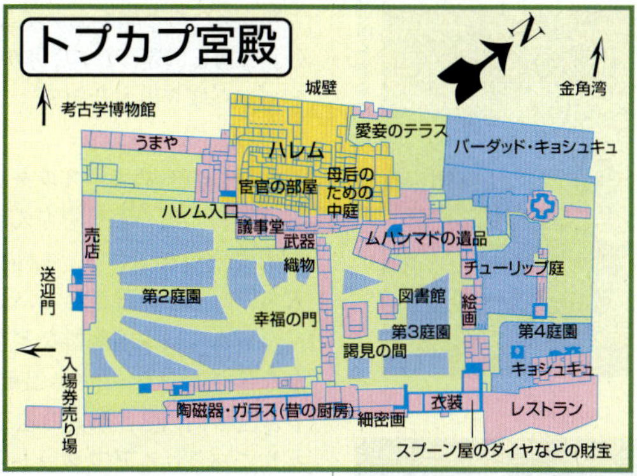

第2庭園は芝生と花壇が手入れされて、周りを取り囲むように建物がある。入口を背に左奥が**ハレム**、右側に陶磁器コレクションで有名なかつての**厨房**が並ぶ。

■ハレム
見学は30分ごとに区切って、トルコ語のガイドが付く。有料だが英語のオーディオガイドを借りることができる。入場時間を確かめ、時間があるようならほかの展示館を見ているといい。ただし夏のシーズンなどは並んだまま3時間ぐらい待たされることもあり、込み具合によっては14:00ぐらいで入場を打ち切ってしまうことも。できれば開館と同時か、午前中に行くのが理想的。

ハレム Harem ハレム

アラビア語のハラム（＝聖域）やハリム（＝禁じられた）を語源とするハレムは、トプカプ宮殿の最大の見どころのひとつであり、別の博物館として扱われている。

入口を入るとまず宦官の部屋。宦官の多くはエジプトから差し出された黒人のヌビア出身者で、彼らの任務はおもにハレム（女性の部屋）の警備だった。宦官長はスルタンの好みの女性を買ってきたりもしたらしい。とはいってもイスラームの掟に

ハレムの中庭。外からは見えないように囲われた空間

朝一番でもハレムのチケット売り場には行列ができる

人形を使ってハレムの生活を再現している部屋もある

アヤ・イリニ教会は6世紀、ユスティニアヌス帝の時代に建てられ、オスマン朝時代はジャーミィや武器庫として使われた。内部の一般公開はされていない。（編集室）

市街を俯瞰できた正義の塔

より、女たちと顔を会わすことはほとんどなかった。食事も2重のドア越しに運ばれ、片方から差し出された食事は、もう片方のドアから取り出す仕組み。こうした2重ドアの部屋が今でも残っている。

女たちの部屋は、スルタンの母が住む所、1番目から4番目の妻（最初に男の子供を産んだ順）が住む所、そのほか大勢の住む所に分かれている。4人の妻たちは自分の住まいと召使いをもち、生活も保護されていた。

ハレムには中国陶器なども置かれた大広間**皇帝の間**や、鮮やかなイズニック・タイル装飾の美しさでは随一ともいえる**ムラト3世**の間、花と果実の絵を施した壁画がすばらしい果物の間として知られる**アフメット3世の食堂**などもある。

またハレムの前にある四角柱の建物は、**正義の塔**と呼ばれるもの。市街の監視や外敵を発見するために使われていたという。

6〜9月の水曜13:30〜14:00には軍楽隊の演奏がある。期間や時間は変更の可能性があるので要確認

スルタンの調理場

Matbâh-ı Âmire マトバーフ・アーミレ

入口から見て第2庭園の右側にある、かつての**厨房**。16世紀末には1200人余の料理人がいたといわれているが、現在は陶磁器の展示館になっていて、当時の面影を偲ばせる部屋はない。

かつての厨房では、中国や日本からの**陶磁器**を展示している。現在は1万点以上の所蔵品のうち、ごく一部の約2500点を展示。コレクションの規模でも世界でも指折り。中国陶磁は10〜18世紀のものがおもで、宋・明代の白磁や青磁、染付に色絵など幅広い。

日本のものはもう少し新しく、18〜19世紀の伊万里が中心だ。これらの多くは陸や海のシルクロードをたどって運ばれたり、スルタンが世界中から買い取ったものだ。セリム1世がエジプトを征服した際にも多くの中国陶器を持ち帰っている。

謁見の間

Arz Odası アルズ・オダス

第3庭園のハレムの出口を出た所にある、幸福の門を入ってすぐ目の前の建物。当初

アフメット3世の食堂として使われた部屋。果物をモチーフにした装飾がすばらしい

トプカプ宮殿内には、マルマラ海を見渡すレストランがあり、値段は高かったですが、優雅な時間を過ごすことができました。（東京都　売り奈良　'06秋）

ここには週に4日、スルタンと高官、将軍などが集まっていた。ただし、スルタンが出席していたのはごく初期の頃だけ、日を追って**王の眼**と呼ばれた小窓から中をのぞくだけとなった。

宝物館 Hâzine Odası ハーズィネ・オダス

第3庭園の南側に財宝や衣装などを集めた**宝物館**がある。2001年に改装され、4つの部屋にテーマごとに展示品数を190点に絞って展示している。展示される宝物は第4の部屋の著名なものを除いて入れ替えられる。イスタンブールはオスマン朝時代になってから一度も侵略を受けていないので膨大な秘宝が略奪されることなく残った。

第4の部屋の部屋には世界有数の大きさといわれる**スプーン屋のダイヤモンド**は、86カラットの大きなダイヤを49個のダイヤで取り囲み、ティアドロップ型に仕上げたまばゆい宝石。このダイヤモンドには数々の伝説が伝わるが、漁師がダイヤの原石をひろい、市場で3本のスプーンと交換したため、この名が付いたともいわれている。

第4の部屋には3つの大きなエメラルドと時計が付いた**トプカプの短剣**は、映画『トプカピ』の中でメリナ・メルクーリ演じる泥棒が盗み出すという設定にも使われた。また重さ3kgという**世界最大のエメラルド**は、深いグリーンが大層美しい。エメラルドはイスラーム世界で大切な宝石で、スルタンが競って集めたものだといわれている。

バーダット・キョシュキュ
Bağdat Köşkü バーダット・キョシュキュ

第3庭園を抜けた、宮殿の奥にある**バーダット・キョシュキュ**は、内部のイズニック・タイルが見事。また、テラスにある金色屋根の建物は**イフタリエ**といわれ、ラマザン月に1日の断食を終えて、夕刻の食事をする所である。ここから眺める金角湾やその向こうに見える新市街の様子は絶景だ。

スプーン屋のダイヤモンド

トプカプの短剣

当時の服装なども展示されている

イフタリエからの眺めはすばらしい。ひと息入れるのには最高

均整のとれた美しさはイスタンブールを象徴する建物だ

■スルタンアフメット・ジャーミィ
Map P.84B3
開随時（1日5回の祈りの時間の入場は控えること）
休無休
料寄付歓迎
■ライトアップ
6～9月の夜には、21:00からライトアップショーが行われ、日替わりでトルコ語、英語、フランス語、ドイツ語などにより毎晩ジャーミィの歴史などが語られる。
TEL (0212) 518 3563

ミンベルと呼ばれる説教壇には細かい彫刻が施されている。段の最も高い所はムハンマドの場所とされ、説教をする人は階段の中ほどまでしか上らない

スルタンアフメット地区

ブルーモスクの名で親しまれている
スルタンアフメット・ジャーミィ

Sultanahmet Camii スルタンアフメット・ジャーミィ

大きなドームと鉛筆型のミナーレをもつ、トルコを代表するイスラーム寺院。もちろん今も現役、信者が集う神聖な場だ。

スルタンアフメット・ジャーミィは、このあたりの地域名にもなっているとおり、旧市街の観光の中心。壮大なその姿はイスタンブールの象徴でもある。

トルコのジャーミィは丸天井のドームと尖塔（ミナーレ）に特徴がある。スルタンアフメット・ジャーミィも例外ではなく、6本のミナーレと高さ43m、直径27.5mの大ドーム、4つの副ドーム、30の小ドームをもっている。6本ものミナーレをもつイスラーム寺院は世界でも珍しい。

このジャーミィは、スルタンアフメット1世の命を受け、ミマール・スィナンの弟子のメフメット・アー Mehmet Ağaの設計により1616年に建造された。言い伝えによると6本のミナーレはスルタンから「黄金（＝アルトゥンAltun）」と所望されたメフメット・アーが「6（＝アルトゥAltı）」と勘違いしたため、このような類を見ないものができあがったという。重厚なその姿は、オス

ドームに施された装飾は首が痛くなるほど見続けてしまう美しさ

マン朝建築の傑作のひとつとして高い評価を得ている。

ガランとした広いフロアの上を見上げると、高い丸天井が独特の雰囲気を作り出している。またドームには260にものぼる小窓があり、ステンドグラスに差し込む光が館内を淡く照らす。

内壁を飾る、2万枚以上のイズニック・タイルは青を主体とした非常に美しいもので、さまざまな文様を組み合わせているにもかかわらず、建物全体としてみると連続した美しさがある。そのため、このジャーミィはブルーモスクの愛称で広く親しまれている。敷き詰められた絨毯も見事。イスラームの聖なる色である「緑」の絨毯はエチオピアから贈られたものだ。

ジャーミィの前には広い庭があり、手入れの行き届いた花壇にはいつも草花があり、記念撮影する観光客や市民の憩いの場となっている。

壁一面に貼られた彩色タイルやステンドグラスは必見

スルタンアフメット地区

スルタンアフメット1世廟

1. Sultanahmet Türbesi ビリンジ・スルタンアフメット・テュルベスィ

スルタンアフメット・ジャーミィの北側の建物は、スルタンアフメット1世が眠る墓所となっており、淡い彩りのステンドグラスで飾られた廟では、ジャーミィ完成の翌年に亡くなったスルタンを中心に、家族らの墓が並んでいる。

■スルタンアフメット1世廟
Map P.84B2
開9:30〜16:30
休無休
料無料（出るときに下足預かり代として寄付）

スルタンアフメット1世廟内部

高台にあるスルタンアフメット・ジャーミィ。マルマラ海もすぐそこだ

ラマザン中のジャーミィ

ラマザン期間中の夜にスルタンアフメット・ジャーミィに行きました。ヒッポドロームに面した横の道に屋台がずらっと並んでいて、まるで縁日のようでした。ケバブやスイーツの屋台のほかに移動遊園地などもあって家族連れで大にぎわいでした。ラマザン＝断食と、とてもつらいイメージがありましたが、楽しいイベントもたくさんあって、とてもよかったです。

（静岡県　押忍万朝　'06秋）

ライトアップされたアヤソフィア。4本のミナーレは、別々のスルタンによって建立されたためデザインが異なる

■アヤソフィア博物館
Map P.85C2
開9:30〜16:30
休月
料10YTL
※クレジットカード払いも可
TEL(0212) 522 1750

洗礼者ヨハネと聖母マリアに囲まれたイエス（部分）

スルタンアフメット地区

時代に翻弄されて幾たびもその姿を変えた

アヤソフィア博物館

Ayasofya Müzesi アヤソフヤ・ミュゼスィ

ギリシア正教の大本山として君臨しながらも、後にイスラーム寺院に姿を変えたイスタンブールを象徴する建物。

スルタンアフメット・ジャーミィとトプカプ宮殿の間に建つアヤソフィアは、**ビザンツ建築の最高傑作**とも評され、長い歴史の中、さまざまな宗教に利用されながらも、トルコの歴史を体現してきた建築物だ。

西暦325年、**コンスタンティヌス1世**によりアヤソフィアのもととなる教会の建築が始まり、360年、コンスタンティヌス2世の時代になって完成した。その後、幾たびかの焼失を経て、537年、時の皇帝ユスティニアヌスの命を受け、6年近くの歳月をかけてビザンツ様式の大聖堂が完成。この後、ビザンツ帝国の時代が終わりを告げるまで、ギリシア正教の大本山としてあがめられていた。ギリシア語では**ハギア・ソフィア**という。

中庭に置かれたギリシア様式の円柱は、ユスティニアヌス帝が、アテネやエフェソスから運ばせたもの。直径31mの**大ドーム**の円屋根は、ロドス島で造られた軽いレンガでできている。皇帝は威信をかけて当時の最高技術を駆使し、その時代の最大級の建物を造ったのだ。内部には、多数の**モザイク画**が残り、ビザンツ文化を象徴している。

大ドームの神秘的な空間

フランスのミッテラン元大統領やアメリカのブッシュ大統領（父親）などイスタンブールを訪れる各国要人も聖母マリアの手形に手を入れている。（編集室）

1453年にコンスタンティノープルが陥落すると、スルタン、メフメット2世により、聖堂は**ジャーミィ**に変えられ、メッカの方向を示す**ミフラープ**などが加えられた。その後、1700年代には残されていたモザイクも漆喰で塗りつぶされ、20世紀に発見されるまで、日の目を見ることはなかった。

1931年、アメリカ人の調査隊により、壁の中のモザイク画が発見され、アヤソフィアはビザンツ時代の遺跡として再び脚光を浴び始める。機を見るに敏な初代大統領アタテュルクは翌年、ここを博物館として一般公開することを決定した。

聖堂内のモザイクは、損傷の激しいものも多い。比較的よい状態のものは、入口左側の傾斜した通路を上っていく上の階の回廊に多く残っている。南回廊に有名な聖母マリア、ヨハネとともに描かれたキリストのモザイクなどがある。

大ドームの中に掲げられている黒に金のカリグラフィーの**円板**には、アッラーやムハンマドと4人のカリフなどの名が、またドームの内輪にはクルアーンの一節が見える。

Information

聖母マリアの手形

アヤソフィア内部には「マリアの手形」といわれている柱がある。別名すすり泣く柱。柱のくぼみに指を入れたとき、水で濡れれば視力がよくなる、子宝に恵まれる、願い事がかなうなどといわれている。くぼみに親指を入れて、あとの4本指の指先で、柱から離すことなくぐるりと円を描けたら願いがかなうともいわれている。柱を保護するために付けた銅板もかなり擦り減っているから驚きだ。

みんな手を入れるのです

ヨアンネス2世と皇后イレーネがマリアとイエスに捧げ物をする画を鑑賞する人々

スルタンアフメット地区

地下宮殿

Yerebatan Sarnıcı イェレバタン・サルヌジュ

イスタンブールの旧市街では、地下の貯水池が数ヵ所発見されている。なかでもこの貯水池は、4世紀から6世紀、コンスタンティヌス帝からユスティニアヌス帝の時代に造られたものだといわれている。イェレYereとは「地に」、バタンbatanは「沈んだ」という意味のトルコ語だが、ここはまさに地下の大貯水池。ビザンツからオスマン朝時代にかけ、ここは周辺地域の主要な水がめとなっていた。水はアタテュルク大通りにかかるヴァレンス水道橋からここへ引かれ、後にトプカプ宮殿のスルタンたちののどを潤したという。全体は縦140m、横70m、高さ8mほどで、内部はコリント様式の柱で支えられている。当初はこの柱も28本の円柱が12列、合計336本あったが、南西の壁が19世紀末に塗りつぶされた際に、90本の柱がなくなっている。

今でも地面には水がたまり、内部はひんやりしている。フランス人考古学者が存在を発見するまで、誰も地下にこのような空間があることを知らず、人々は、地下宮殿の上に家を建て、床下に穴を開けては水を汲んだり、魚を釣っていた。

薄暗い列柱の間をライトの光に引かれて進む。上からは絶え間なく水滴がしたたり落ちる。薄暗い宮殿の一番奥にここの目玉のメドゥーサの顔が2体横たわる。巨大なメドゥーサの首も、1984年の大改修で底に残された2mに及ぶ泥が取り除かれ、初め

■地下宮殿
Map P.84B2
✉Yerebatan Cad. No.13
TEL (0212) 522 1259
FAX (0212) 512 1570
inet www.yerebatan.com
開9:00～19:00 休無休
料10YTL

有名なメドゥーサは横になって2体ある

地下宮殿内にはカフェがあり、夜になるとコンサートが行われることもある。出口ではいつも絵ハガキ売りが待ちかまえている。(編集室)

て発見された。暗やみにポッカリと照らし出されたあやしい顔は、伝説どおり、見た者をたちどころに石にしてしまう力を、いまだ秘めているかのように見える。

イオニア風のファサードをもつ国立考古学博物館

■国立考古学博物館
Map P.85C1
✉Osman Hamdi Bey Yokuşu
TEL (0212) 520 7740
開9:30～17:00
最終入場は16:30
休月
料5YTL

博物館の中庭の展示にも注目

スルタンアフメット地区

国立考古学博物館

Arkeoloji Müzesi アルケオロジ・ミュゼスィ

トプカプ宮殿の第1庭園の北側、石畳を下った所にある。ギュルハーネ公園の料金所の手前を右に上っていっても着く。

トルコの遺跡は、オスマン朝時代に英・仏により発掘調査が盛んに行われ、発掘品の大半は持ち去られて両国の博物館に収められているが、1881年以降の出土品はすべてイスタンブールに集められており、**アレキサンダー大王の石棺**をはじめとした、ギリシア・ローマ時代のコレクションは世界的にも評価が高い。グランドフロアにはアルカイック期からローマ、初期ビザンツ時代までの彫刻と**シドンの石棺**が展示されている。1階にはトロイ出土品と旧石器～フリギュア時代の出土品、2階にはキプロス、シリア、レバノンの土器や石像がある。

アレキサンダー大王の石棺　この博物館を代表する展示物のひとつで、第8室に収められている。1887年、現レバノン領のシドンで発見された古代フェニキア王室墓地の石棺のひとつで紀元前305年頃に制作されたものと考えられている。アレキサンダーの石棺と断定されていないにもかかわらずこの名が付いたのはその彫刻の題材ゆえ。側面のレリーフは、**マケドニアとペルシアの戦闘場面、ライオンと雄鹿狩り**のふたつの場面が描かれている。前者のアレキサンダー大王は、ライオンの皮を頭からかぶり、今にも飛びかからんとしている。後者では、馬に乗って疾走する姿が表現されている。

リキヤの石棺　第9室に展示されている。紀元前5世紀末の制作とされ、やや丸みがかった屋根にスフィンクスが彫られている。全体的に大胆な構成でデザインされている。

アレキサンダー大王の立像　第15室に展示されている。死者を悼む18人の女性の立像が側面に彫られている。アレキサンダー大王の石棺と同じシドンの王墓から出土した。

ライオン像　第13室に展示されている。紀元前400年頃に栄えた古代カリア王国の首都ハリカルナッソス（現ボドルムの古名）から出土した多数の遺物のひとつ。

ライオン像が鎮座する古代東方博物館

スルタンアフメット地区

古代東方博物館

Eski Şark Eserleri Müzesi エスキ・シャルク・エセルレリ・ミュゼスィ

国立考古学博物館の南にある付属棟。トルコはもちろん、中近東各地からの出土品や遺物が約2万点展示されている。バビロンの**イシュタール門の彩色レリーフ、ライオン像と牡牛の**

国立考古学博物館に展示されているアレキサンダー大王の棺の前には、色鮮やかに復元されたレリーフの複製があり、実物と見比べることができる。（編集室）

像はよく知られており、ハットゥシャシュの**スフィンクスのレリーフ**などもある。ヒッタイトとエジプト間で結ばれた**世界最古の平和条約**(カデシュの条約)も見逃せない。

■古代東方博物館
Map P.85C1
国立考古学博物館と共通チケット
開9:00〜17:00　休月

スルタンアフメット地区

装飾タイル博物館

Çinili Köşkü チニリ・キョシュキュ

国立考古学博物館の北側にある付属棟。入口はわかりにくいが、正面の壁タイルが美しい。内部壁のタイル装飾もすばらしいが、イズニックやチャナッカレなどの陶器も一見の価値あり。

建物はチニリ・キョシュキュと呼ばれ、1472年にメフメット2世により建造されたもの。国立考古学博物館などが建つこの敷地はもともとトプカプ宮殿の第1庭園で、ポロ競技が行われていた。このキョシュキュは競技の見物のために建てられ、非宗教の建物としては現存する最古のものといわれている。

■装飾タイル博物館
Map P.87C4
開9:00〜17:00　休月
料国立考古学博物館と共通券

装飾タイル博物館では秀逸なタイルや陶器が展示される

スルタンアフメット地区

トルコ・イスラーム美術博物館

Türk İslam Eserleri Müzesi テュルク・イスラーム・エセルレリ・ミュゼスィ

ここには、19世紀までのトルコおよびイスラーム圏の伝統的な美術工芸品が集められている。スルタンのお触れ書(フェルマーンFerman)やミニアチュール、クルアーンの写本、絨毯など、その文化水準の高さがわかる。1階には遊牧民の生活も再現され、生活についてのより身近な紹介もなされている。また、内庭のテラスからはスルタンアフメット・ジャーミィが正面に見える。

■トルコ・イスラーム美術博物館
Map P.84B3
✉İbrahim Paşa Sarayı, At Meydanı 46
TEL (0212) 518 1805
開9:00〜17:00
最終入場は16:30　休月
料4YTL

テラスからの眺めも美しいトルコ・イスラーム美術博物館

スルタンアフメット地区

絨毯・キリム博物館

Kilim ve Dız Dokma Müzesi
キリム・ヴェ・ドゥズ・ドクマ・ミュゼスィ

スルタンアフメット・ジャーミィの東側にある建物。14〜20世紀のアンティーク絨毯など約100点が展示されている。絨毯を買うつもりの人は買う前にぜひここものぞいてみよう。

■絨毯・キリム博物館
Map P.84B3
開9:00〜16:00
休月　料3YTL

スルタンアフメット地区

モザイク博物館

Mozaik Müzesi モザイク・ミュゼスィ

スルタンアフメット・ジャーミィの南にある。ビザンツ帝国の大宮殿にあったモザイクを復元して展示している。展示品のなかには緑や黄色など色鮮やかなタイルを使ったものが多く、動物や木々などのさまざまな物語が描かれている。

■モザイク博物館
Map P.84B3
TEL (0212) 518 1205
開9:30〜17:00
休月　料4YTL

紀元前1285年に世界最古の平和条約が結ばれたカデシュは、現在のシリアを流れるオロンテス川流域にある。(編集室)

■ヒッポドローム
Map P.84B3

テオドシウス1世のオベリスク

青銅製でぽっきりと折れている蛇の柱

コンスタンティヌス7世のオベリスク

■グランドバザール
Map P.89D1
開8:30～19:00
休日
料入場無料

スルタンアフメット地区

ヒッポドローム

At Meydanı アトゥ・メイダヌ

スルタンアフメット・ジャーミィの西にある**ローマの大競技場跡**。かつてはここに縦500m、横117mのU字型競技場があり、戦車競技が行われていた。現在は3本の柱が建つ広場である。現在では「アトゥ・メイダヌ（馬の広場）」と呼ばれており、祝祭日には催し物が行われる。

一番南側にある高さ25.6mのレリーフを施された石柱は、テオドシウス1世のオベリスクと呼ばれ、はるかエジプトのカルナック神殿からローマ皇帝により運ばれたもの。もとは、古代エジプトのファラオ、トトメス3世がルクソールにあるカルナック神殿に建立したもののひとつだ。柱にはヒエログリフなどが刻まれている。

真ん中に位置しているのが、途中から折れた高さ8mの青銅製の**蛇の柱**。これは、コンスタンティヌス1世の時代にギリシアのデルフォイのアポロン神殿に建てられていたものを持ってきたものだ。もとは紀元前5世紀にギリシア都市国家がペルシア戦争の戦勝記念に建てたものである。一番奥の**切石積みのオベリスク**はコンスタンティヌス7世によって造られたものとされる。また近くにある八角形の建造物は**ドイツの泉**といわれ、ドイツのヴィルヘルム2世から寄贈されたものだ。

ベヤズット地区

東から西から物資が集まる屋根付きの市場

グランドバザール

Kapalı Çarşı カパル・チャルシュ

小さなお店が無数に集まる中近東ならではの市場風景。今や観光地と化しているが、独特の熱気は健在だ！

グランドバザールは、トルコ語でカパル・チャルシュKapalı Çarşıといい、屋根付き市場という意味をもつ。ここの屋内市場

グランドバザールのメインストリート

グランドバザールでは、あっちこっちで日本語で呼び止められます。客引きとスリには気をつけて、買い物を楽しんでください。　（愛知県　大野鮎美　'05春）

は中東最大ともいわれる大規模なもの。買い物をする所というよりは、存在そのものが見どころになっている（→P.176）。

ベヤズット地区

古本街

Sahaflar Çarşısı サハフラル・チャルシュス

ここは、本屋＆古本屋が集まっている一角。入口はわかりにくいが、グランドバザールの西側とイスタンブール大学の間にある。トルコやイスラーム関係の美術書、写真のきれいなガイドブックから学術書、トルコ語・日本語ポケット辞書なども売られている。大学側出口を出た所では**蚤の市**が行われていて、アンティークものから日用品まで並んでいる。

さまざまな種類の本が並ぶ

■古本街
Map P.89D2
開9:00～18:00　休日
蚤の市は毎日やっている。

ベヤズット地区

チェンベルリタシュ

Çemberlitaş チェンベルリタシュ

この塔はコンスタンティヌス1世が、コンスタンティノープルに都をおいたことを記念し建てたものだ。**イスタンブール最古のモニュメント**で、当初は57mもあったが、火災や腐食による破損のため、今は34mの高さを残すのみである。

■チェンベルリタシュ
Map P.89D2

ベヤズット地区

スュレイマニエ・ジャーミィ

Süleymaniye Camii スュレイマニエ・ジャーミィ

オスマン帝国が最も繁栄した時代の君主スュレイマン大帝が造らせた寺院。金角湾を見下ろす高台に建ち、1557年に完成した。建築家はトルコ最高といわれる大建築家ミマール・スィナン。彼は当時の最高技術を駆使し59m×58mの床面に直径26.5mの円形屋根を載せ、高さ53mの大ドームを仕上げた。均整のとれたその大きさもさることながら、内部の装飾も極めて美しい。特に光が差し込む**ステンドグラス**は、16世紀に造られた彩色ガラスを用いたこまやかなもの。ミフラーブの側はステンドグラ

■スュレイマニエ・ジャーミィ
Map P.91C3～D3
開6:00～20:00
休無休　料寄付歓迎

7つの丘の街イスタンブールで、ひときわ目立つスュレイマニエ・ジャーミィ

チェンベルリタシュは長い間修復中で柱の回りに足場が組まれていたが、2006年に修復が完了し、以前の姿に戻った。(編集室)

ス職人イブラヒムによって造られたもので、絨毯模様のようなモチーフが使われている。また、館内に見られるカリグラフィーもクルアーンの一節を書道の大家、アフメット・カラヒサルが書き上げた。そびえ立つ4本のミナーレは大帝がイスタンブール遷都後の4代目のスルタンであることを表しているという。

また敷地内のジャーミィ裏には、こちらもスィナン設計のスュレイマンとその妻の**霊廟**がある。すぐ近くには生涯400の建築物を手がけた**スィナン自身の霊廟**もひっそりと建つ。

ベヤズット地区

ヴァレンス水道橋

Bozdoğan Kemeri ボズドアン・ケメリ

ヴァレンス帝時代の378年に完成した水道橋。トルコ語名は**灰色鷹**(チョウゲンボウ)**のアーチ**という意味。現在もまさしく旧市街のアタテュルク大通りをまたぐように、翼を広げた格好で建っている。水は市街地の北に広がるベオグラードの森から地下宮殿へと注がれていたといわれている。今では水道としては使われず、橋の上に上るのも禁止されている。

■ヴァレンス水道橋
Map P.90B3

歴史と現代を対比させるように交通量が非常に多い所にあるヴァレンス水道橋

ベヤズット地区

ゼイレック・ジャーミィ

Zeyrek Camii ゼイレック・ジャーミィ

中庭のカフェテリア

アタテュルク大通り西側の丘の上にある。12世紀前半に建立された聖パンクトラトール修道院として知られ、ビザンツ時代の修道院では現存する最古のもの。世界遺産にも登録されている。聖母マリアと大天使ミカエルなど3つの教会から成り立っており、一時は700人以上の修道僧がいたという。

イスタンブール陥落後は神学校として使われた。ジャーミィの名前は初代学長だったモッラー・ゼイレック・エフェンディ Molla Zeyrek Efendiから来ている。18世紀の地震と火事により大きな損害を受け、内部は大部分は荒れ果てている。1960年代から修復が続いており、床からは美しいモザイクが発見されている。

かつての僧坊は改装されておしゃれなレストランになっており、中庭も開放的なカフェテリアがあり眺めがよい。

■ゼイレック・ジャーミィ
Map P.90B2
ゼイレック地下道Zeyrek Yeraltı Geçidi横の坂を上りZeyrekhaneの看板を右折。通常は礼拝後に管理人に頼んで内部を見学させてもらう。午後なら比較的開いている。内部撮影不可。
開14:30〜日没
休無休　料寄付歓迎

中庭から見たゼイレック・ジャーミィ

ジャーミィの周囲はひっそりとした下町になっている

スィルケジ周辺

ガラタ橋

Galata Köprüsü ガラタ・キョプリュスュ

エミノニュ桟橋とカラキョイ桟橋を結ぶ、金角湾にかかる橋。1845年に木製の橋がかかったのが初代。1912年に建造された2

■ガラタ橋
Map P.86A2

ゼイレック・ジャーミィの内部は荒れ果てており、一部が礼拝所として機能している。礼拝所の床の絨毯の下にはモザイクが少しだけ残っている箇所がある。(編集室)

ガラタ橋の釣り人

代目ガラタ橋は、2階建ての跳ね橋としてその美しさを誇っていた。1992年に老朽化と火災のため、その役割を終えたが、イスタンブールのシンボルとして、長い間親しまれてきた。現在は隣に道幅も広い立派な橋がかかったが、日がな釣り糸を垂らすおじさんや、サンドイッチ売りの少年などそのにぎわいは以前のまま。橋からのジャーミィの眺め、行き交うフェリーや桟橋に横付けされる真っ白い船など美しい風景を堪能できる。

トラムヴァイも通るガラタ橋

ガラタ橋は上下2階建ての橋。火災で焼失する前の時代のように下のレストランもオープンした

スィルケジ周辺

エジプシャンバザール

Mısır Çarşısı ムスル・チャルシュス

ガラタ橋近くにあるイェニ・ジャーミィの裏に広がっている市場（→P.177）。イェニ・ジャーミィを運営するためのワクフ（財団のようなもの）の一環として建造された。内部には100近い商店が並び、香辛料や乾物を扱う店が多い。

■エジプシャンバザール
Map P.86A3
開8:30～19:00　休日・祝
料入場無料

ハトと人でごった返すエミノニュの広場。四角い建物がエジプシャンバザール入口

エジプシャンバザールの入口にあるトルココーヒー豆専門店。思わず立ち止まってしまういい香りが漂う

スィルケジ周辺

イェニ・ジャーミィ

Yeni Camii イェニ・ジャーミィ

ガラタ橋のたもとにある。もともとはユダヤ人が多く住んでいた地域に、1598年にムラト3世の妻、サーフィエ・スルタンによって建造が開始された。工事中断や、火災などによる苦難を乗り越え、1663年、メフメット4世の時代に完成した。設計は建築家ダウード・アーによる。大きなドームとそれを取り囲む小さなドームのバランスが非常に美しい。

新市街から眺めると、このジャーミィやスュレイマニエ・ジャーミィなどのシルエットが絶妙のコントラストで浮かび上がり、イスタンブールの美しい風景を作り上げている。

■イェニ・ジャーミィ
Map P.86A2-A3
開8:00～18:00　休無休
料寄付歓迎

夕暮れのイェニ・ジャーミィ周辺。右奥はスュレイマニエ・ジャーミィ

イスタンブールを代表する名建築

エジプシャンバザールにある15番のお店「イスタンブル」のメフメットさんは日本語が達者で親切。いろいろ教えてくれました。　（京都府　Ayakkabı　'06夏）

■リュステム・パシャ・ジャーミィ
Map P.86A2
開8:00〜18:00
休無休
料寄付歓迎

ジャーミィへの行き方
エジプシャンバザールを抜けて問屋街に入ります。道なりに真まっすぐの感じです。200mほども歩くと、右側の建物のならびに「18」という番号の付いた建物があり、そこがジャーミィへの入口に続く階段の角です。自動車が停まっていて見にくいかもしれません。
(神奈川県　サガミノバラ　'05春)

スィルケジの裏通り

スィルケジ周辺

リュステム・パシャ・ジャーミィ

Rüstem Paşa Camii リュステム・パシャ・ジャーミィ

青いタイルで飾られたジャーミィの内部

エジプシャンバザールから北東に200mほど進んだ所にある。周囲はバザールから続く問屋街になっており、非常にわかりにくいが、礼拝堂は小さな入口を入り、階段を上った所にある。

このジャーミィは宰相リュステム・パシャのため、1561年に設計されたもの。内装、外装ともに、すばらしいイズニック・タイルをふんだんに使っているにもかかわらず、訪れる観光客は少ない。全面にタイルを張りめぐらせた内部は、息を飲む美しさだ。タイルの赤色は、1500年代の後半にだけ使われたという珍しいイズニック・タイル。現在の技術をもってしてもこの色は出ないという逸品だそうだ。

■イスティクラール通り
Map P.92B1
Map P.94A4〜95C2

歩行者天国。トラムヴァイが走るイスティクラール通り

新市街

イスティクラール通り

İstiklâl Caddesi イスティクラール・ジャッデスィ

新市街の高台にあるタクスィム広場Taksim Meydanıから南へ下る道のひとつがイスティクラール通りだ。このあたりはベイオウルBeyoğluとも呼ばれるエリアで、イスタンブールでもハイセンスな地区として名高く、アンティークのトラムヴァイが走っている。デパートのワッコVakkoやブティックなどをひやかしながらテュネル（地下鉄）の入口まで行ってみよう。歩き疲れたらカフェでひと休みするのもいい。このあたりは歩行者天国となっており、人間観察にはもってこいだ（→P.178）。

from Readers　イスティクラール通り

イスティクラール通りはとてもにぎやかで、無理な客引きもなく、落ち着いて散策することができました。路地を入ってアンティーク街や魚市場を歩いているだけでも、とても楽しいです。おしゃれなブティックやカフェなどはたくさんありますが、どの観光地にもあるようなおみやげ屋はあまりありませんでした。（愛知県　大野鮎美　'05春）

新市街タクスィム広場からイスティクラール通りを散策しました。20:00過ぎでしたがまだ明るく（夏期の日没は21:00頃です）中華街や原宿の竹下通り並みの混雑でした。
（茨城県　nao　'06夏）

リュステム・パシャはスュレイマン大帝に使えた宰相。生真面目な性格で知られ、軍事、外交に活躍した。ジャーミィのほかに多くの施設を建立した。（編集室）

新市街

ガラタ塔

Galata Kulesi ガラタ・クレスィ

新市街のランドマークとなっている高さ67mの塔。6世紀初めに灯台として利用されていたものを、14世紀に周辺に居住していたジェノヴァ人が、ビザンツ帝国への監視塔に改造したと考えられている。その後牢獄や、天文台などとして使用された。

現在残っているのは14世紀以降のもの。一度火事で焼失し、再建された。シンボルとなっているてっぺんのトンガリ帽子は近年付け加えられたものだ。エレベーターで最上階まで行き、さらにらせん階段を上ると地上53mのテラスからイスタンブールの街を360度見渡すことができる。塔そのものが丘の上に建っているので、実際の高さ以上に眺めがいい。

また、最上階にはレストランやナイトクラブがあり、夜になるとベリーダンスなどのショーが行われている。

新市街の雑踏の中から頭を出すトンガリ帽子はとてもよく目立つ

■ガラタ塔
Map P.92A3
TEL (0212) 293 8180
inet www.galatatower.net
開 9:00〜20:00　休 無休
料 8YTL
夜のショーは21:00開始（実際は21:30ぐらい）で24:00ぐらいまで。料金はひとり約60€で食事と飲み物付き。ドリンクのみなら45€。

新市街

魚市場

Balık Çarşısı バルック・チャルシュス

イスティクラール通りにあるPTTの北側を西に入った通りには、魚を中心に、野菜、荒物、肉、乾物、香辛料やお菓子などを売る店が並ぶ。カラスミやキャビアなど、珍しい舶来の食材も揃う。通り沿いには安いロカンタがあるほか、イスティクラール通り側の入口の右隣にはシーフードが豊富なレストランが並ぶアーケード、**チチェッキ・パサジュ**Çiçek Pasajıがあり、多くの人でにぎわっている。

活きのいい魚がたくさん

■魚市場
Map P.P.94B3
開 早朝〜夕方　休 無休
料 入場無料

新市街

仏蘭西小路

Fransız Sokağı フランスズ・ソカウ

横道にもテーブルが並ぶ

ガラタサライ高校の裏側にある路地。本来の名をジェザーイルCezair（アルジェリア）通りという。階段になった通りの両側にはカフェやビストロなどが軒を連ね、華やかな雰囲気を作りだしており、パリのモンマルトルのようだ。

■仏蘭西小路
Map P.94B3〜4

一画だけ違った雰囲気

新市街

UFO博物館

UFO Müzesi ウフォ・ミュゼスィ

イスティクラール通りから少し入ったビルの2階にある小さな私設博物館。実はトルコでは数多くのUFOが目撃されている。トルコに出現した!?UFOに関する新聞の切り抜きなどを展示し

■UFO博物館
Map P.94B2
✉ Büyük Parmak Kapı Sok. No:14 Kat:1-2
TEL (0212) 252 8646
inet www.siriusufo.org（トルコ語）
開 11:00〜20:00　休 無休
料 5YTL　学生3YTL

☺ツアーの自由時間にガラタ塔に行きました。ツアーコースには入っていなかったけど、行ってみて本当によかった。眺めは最高です。　（愛知県　大野鮎美　'05春）

た変わり種の博物館だ。正式名称はシリウス宇宙科学研究所。日本のテレビ番組でも紹介されたことがある。3階には資料館もある。

■ペラ博物館
Map P.94A3
✉Meşrutiyet Cad. No.141
TEL(0212) 334 9900
FAX(0212) 245 9511
inetwww.peramuzesi.org.tr
開10:00～19:00
（日12:00～18:00）
休月
料7YTL　学生3.50YTL

新市街

ペラ博物館

Pera Müzesi ペラ・ミュゼスィ

博物館の外観

イスティクラール通りの中ほどのガラタサライ高校やペラ・パラス・ホテルの近くに、2005年6月にオープンした美術館。ホテルを改装して誕生した美術館で5階建て。トルコを題材とした国内外の画家の作品のほか、アナトリアの古美術品やキュタフヤの陶器などが展示されている。目玉はトルコを代表する画家オスマン・ハミトの作品群。特に「亀使い」は有名だ。

■イスタンブール現代美術館
Map P.93C3
✉Meclis-i Mebusan Cad.
Liman İşletmeleri Sahası
Antrepo No.4
TEL(0212) 334 7300
FAX(0212) 243 4319
inetwww.istanbulmodern.org
開10:00～18:00
（木10:00～20:00）
休月
料7YTL　学生3YTL

新市街

イスタンブール現代美術館

İstanbul Modern イスタンブル・モデルン

トルコ唯一といってもいい、**モダンアート**の美術館。カラキョイ貨物船発着所の近くにある、元倉庫を改装した広大な敷地に建てられた真っ白でシンプルな外観や内装はいかにも近代的。その名のとおりトルコの今を語る近代また前衛美術作品がゆったりと展示されている。海外からの作品も多い。内部のカフェは23:00まで営業しており本格的な食事も取れる。

新市街

ガラタ・メヴラーナ博物館

Galata Mevlevihane Müzesi ガラタ・メヴレヴィーハーネ・ミュゼスィ

旋舞する人のことをトルコ語でセマーゼンと呼ぶ

イスティクラール通りの南端、路面電車のテュネル駅そばのガリープデデ通りGalipdede Cad.を入って左にある。アラビア文字の看板がある門の奥にある白い建物。

1491年に創立されイスタンブールでも由緒ある**メヴレヴィー教団の修行場**のひとつ。トルコ共和国成立後は閉鎖されていたが、1965年から博物館として公開されている。中央に旋回舞踏のためのステージがあり、周囲には当時使っていた笛（ネイ）や太鼓（クデュム）などの楽器や衣装などが展示されている。修行僧の生活を描いた絵も興味深い。

ペラ博物館はトルコの博物館にしてはミュージアムショップが充実しており、オリジナルグッズやシルバーアクセサリーが販売されている。（編集室）

月に1回程度、メヴレヴィー教団の旋舞が催される。本来セマーと呼ばれる旋舞や音楽の演奏は男性しかできないが、ここは女性にも門戸を開き、話題を呼んだ。最近は音楽大学の学生なども多数参加しているという。近くにはサズなどを扱う**楽器屋**が数軒並んでいる。

新市街

軍事博物館

Askeri Müzesi アスケリ・ミュゼスィ

世界有数の規模を誇る軍事博物館。約5万点にのぼるといわれる収蔵品のうち約9000点が22の部屋に展示されている。弓矢、剣、軍装などの部屋に分かれているが、珍しいものとしては、入口近くにある**オルハン・ガーズィーの兜**などがある。庭には大砲が展示され、2階には軍事用テントやアタテュルクに関する展示もある。

またここでは、毎日15:00から16:00の間に2回、陸軍所属の**軍楽隊**の迫力ある演奏が奥のホールで行われている。今見られる軍楽はオスマン朝の時代に発展したもので、軍楽隊により士気が上がる姿を見て、その効果に驚いた各国が軍楽隊の制度を取り入れたともいわれる。1回の演奏は15～20分。間に15分休憩があり、2回とも曲目が違う。軍楽隊のカセットテープやCDなども購入可能。

新市街

白い大理石がまぶしい壮麗な宮殿

ドルマバフチェ宮殿

Dolmabahçe Sarayı ドルマバフチェ・サラユ

オスマン朝スルタンの最後の居城として、共和国の父アタテュルクの執務場所として有名な、まばゆいばかりの宮殿。

1843年から10年以上の歳月をかけ、31代目のスルタン、**アブデュルメジド**がそれまでの木造宮殿を現在のものに建て直した。大理石を用いたヨーロッパのバロック様式とオスマン様式を折衷させた壮麗な建築物で、ボスポラス海峡を行き交う船上からも、その美しい姿がよく見える。

海に向かって張り出した埋立地に建つ宮殿は、ボスポラス海峡をも借景にしているようだ。調度品には、ヨーロッパからの献上品も多く、室内は豪奢な印象を受ける。宮殿の総面積は約1万5000㎡。部屋は285室、広間も43室もあり、それぞれ趣の異なった内装。宮殿内は、男のみ入れるセラムルクSelamlıkと男子禁制のハレムHaremのふたつの部分に分かれている。

見学は1階入口から始まり、中心となるのは重厚ならせん階段を上った2階から。ここには**スルタンの寝室や側室たちの居室、浴室**などその生活ぶりを見られる部屋の数々や、**アタテュルクの執務室**がある。きしむ音が何ともいえない雰囲気を醸し

■ガラタ・メヴラーナ博物館
Map P.92A2
Map P.94A4
TEL (0212) 245 4141
開 9:30～16:30　休 火
料 2YTL
旋舞が行われるのは不定期。公演日は要問い合わせ。別途チケットが必要で、1ヵ月前から購入可。当日は残っていないことも。旋舞のチケットは25YTL。

中庭の大砲は上ることもできる

■軍事博物館
Map P.96B1
TEL (0212) 233 2720
開 9:00～17:00
休 月・火　料 3YTL
カメラ持ち込み5YTL
軍楽隊のコンサートは15:00～16:00。

「ハイディ、ヤッラー」のかけ声とともに演奏が始まる

■ドルマバフチェ宮殿
折込Map 左C1
Map P.133A3外
桟橋のあるカバタシュから大通り沿いに歩いた所にある。カバタシュへは、タクスィム発46E、70E、70FEなど、エミノニュ発22、22E、25、61番などのバスが通る。
開 9:00～16:00（冬期～15:00）
1日1500人までという入場制限があり、閉館が早まることもある。見学はセラムルクのみとハレム付きのふたとおり。両方ともガイド付きで、ハレム付きで所要2時間。
TEL (0212) 236 9000
休 月・木
料 セラムルク15YTL
セラムルク＋ハレム20YTL

軍事博物館のコンサートでは、日本人の団体客がいるときは、「さくらさくら」や「こいのぼり」といった童謡を演奏してくれることも。野太い声がまた一興。（編集室）

海峡から見たドルマバフチェ宮殿

トラムと徒歩で行く
バスは乗り場がわかりにくく、ドルマバフチェ宮殿へ行くバス自体も、どれに乗っていいか大変わかりにくいです。トラムを終点のカバタシュ駅で降り、歩いてもそう遠くはないですし、歩いたほうがずっとわかりやすいです。
（香川県　mako　'06夏）

華麗な天井装飾の儀式の間。諸外国から特使を招いて豪華なレセプションが行われた

出す寄せ木細工の床やその上に敷かれた最上級の**ヘレケ産の絨毯**など、贅を尽くした建造物と装飾品には驚かされる。

そのなかでも圧巻なのが、見学の最後に訪れる吹き抜けの**大ホール**。その大きさもさることながら、高さ36mの天井からつるされたシャンデリアはイギリスのヴィクトリア女王からの献上品で、750のキャンドルが灯された特注の**バカラ製**、重さは4.5トンにものぼる。

宮殿はオスマン時代後期の6人のスルタンが少しずつ利用し、共和制になってからは初代大統領アタテュルクも**官邸**としていたが、1938年11月10日、執務中にここで亡くなった。故人を偲んで、執務室の時計は死亡した9:05を指している。

微動だにせず任務をこなす衛兵

■ユルドゥズ宮殿
Map P.133B1
TEL (0212) 258 3080
開 9:30～16:30
休 火　料 2YTL

■ユルドゥズ公園
折込Map 右C3
バス ベシクタシュの次のチュラーン**Çırağan**で下車。交番の奥に公園入口の門がある。

新市街

ユルドゥズ宮殿とユルドゥズ公園

Yıldız Sarayı ve Yıldız Parkı
ユルドゥズ・サラユ・ヴェ・ユルドゥズ・パルク

ドルマバフチェ宮殿の北のユルドゥズ公園の入口にあり、チュラーン宮殿とも1本の橋で結ばれている。1850年にスルタン、**アブデュルハミト2世**が建て、スルタンの時代の33年間をここで暮らした。小宮殿にハレムや図書館が増設されている。内部を見学できるのは**宮殿博物館**Saray Müzesiと隣接するイスタンブール市博物館Şehir Müzesiのふたつ。宮殿博物館では、自らもアトリエをもつほど工芸好きだったアブデュルハミド2世が、職人を集めて作らせた逸品の数々が飾られている。

ヤヴェラン・キョシュキュ

ユルドゥズ宮殿の南東にはユルドゥズ公園がある。ユルドゥズ公園は自然が多く残っていて、ジョギングを楽しむ人も見かける。オスマン朝末期のキョシュクも再建され、おしゃれなレストランになっている。

ユルドゥズ公園のマルタ・キョシュキュ

ユルドゥズ公園入口

ユルドゥズ公園は斜面に沿って広がっており、チュラーン宮殿側の入口から入るとかなりの急勾配の坂を上らなければいけない。（編集室）

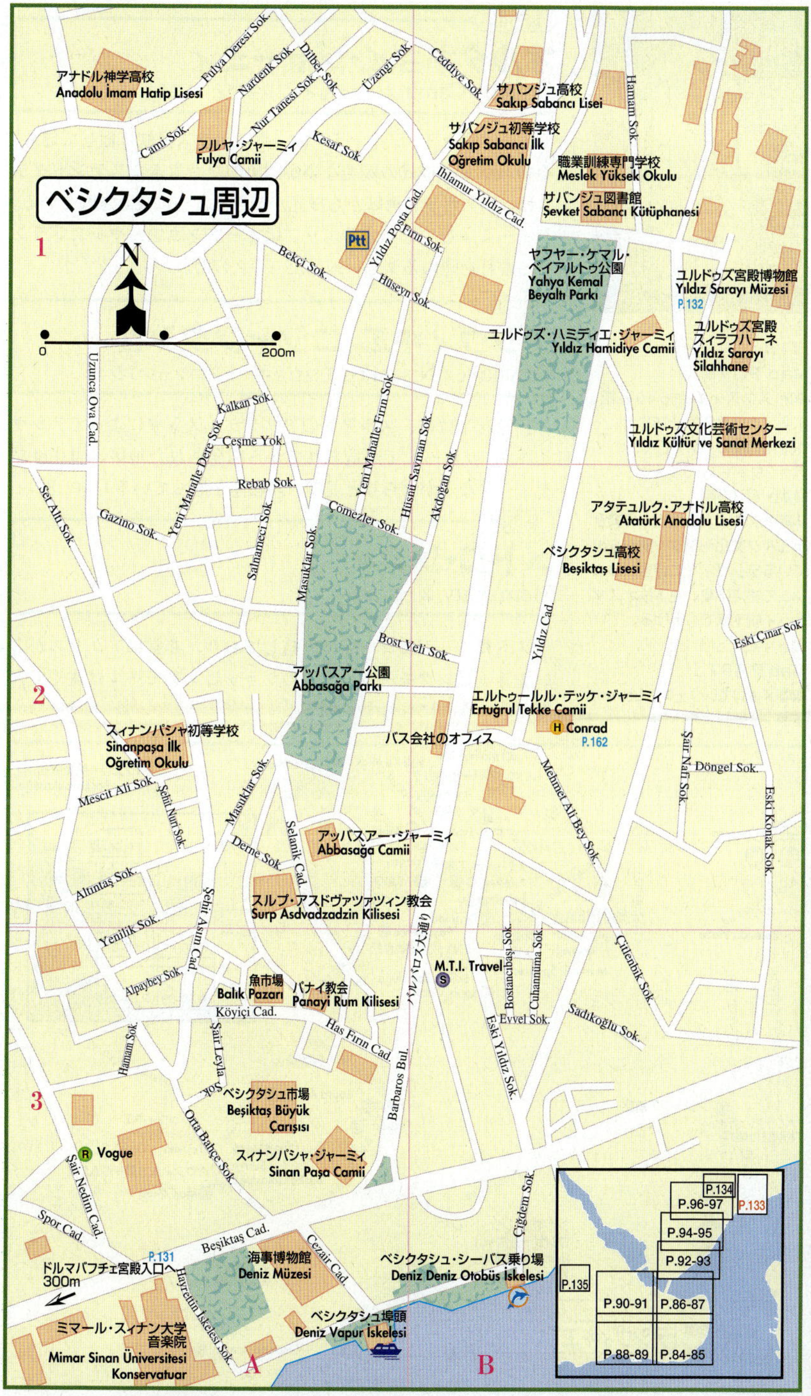

ベシクタシュ市場は生鮮食品から新鮮な魚を取り扱う市場。周囲も商店街になっており、レストランも点在しているので、散策が楽しいエリア。（編集室）

オルタキョイ・ジャーミィ

■オルタキョイ・ジャーミィ
Map P.179
🚌タクスィムから40系統、エミノニュから22、25など、ベベッキ方面のバスで行く。

■テシヴィキエ、ニシャンタシュ
Map P.134
🚌タクスィム広場近くのアタテュルク文化センター前から出ているテシヴィキエ行きドルムシュで終点下車。地下鉄オスマンベイ駅下車でも行ける。

■メトロ・シティ
Map P.487
🚌メトロでレヴェントLevent下車。

新市街

オルタキョイ・ジャーミィ

Ortaköy Camii オルタキョイ・ジャーミィ

オルタキョイ・ジャーミィは、ボスポラス海峡に面して建ち、そのバロック様式の優美な姿が印象的だ。大きなステンドグラスは、ボスポラス海峡から採光ができるように設計されている。ジャーミィを中心とするエリアはオープンカフェやレストランなどが軒を連ねる楽しい地区だ（→P.178）。

新市街

テシヴィキエ、ニシャンタシュ

Teşvikiye／Nişantaşı テシヴィキイェ／ニシャンタシュ

19世紀半ばに、スルタンのアブデュルメジドによってテシヴィキエ・ジャーミィが造られてから開発された地区。現在はブティックなどがずらりと並び、高級感が漂っている（→P.182）。

新市街

メトロ・シティ

Metro City メトロ・シティ

メトロのレヴェント駅に直結しており、非常にアクセスがよいショッピングモール。ほかのショッピングモールは遠くて大変だという人にもおすすめだ。

メトロ・レヴェント駅に直結したカンヨンKanyonというショッピングセンターにはヌードルバーのワガママWagamamaがありラーメンを出している。（編集室）

新市街

アクメルケズ

Akmerkez アクメルケズ

イスタンブールを代表的するショッピングセンターがこのアクメルケズ。1995年と翌96年には「ヨーロッパのベストショッピングセンター」に選ばれている。店内にはさまざまなブランドショップが並び、最上階にはフードコートと映画館を備えている（→P.180）。

■アクメルケズ
折込Map 右C2
🚌タクスィム広場のマクドナルド前からバス57Tに乗って20～30分。アクメルケズ前に下車。エミノニュからはバス43Rで45分。
🚇メトロならレヴェント Levent下車。徒歩10分。

テオドシウスの城壁周辺

テオドシウスの城壁

Surlar スルラル

修復が進む城壁

テオドシウスの城壁は、イスタンブール旧市街をすっぽり覆うように造られた城壁。ローマ・ビザンツ時代には鉄壁の防御を誇った。メフメット2世がこの街を陥落させたときも、結局この城壁は完全には崩しきれず、ビザンツ側の鍵の閉め忘れによって街に入ることができたという。ところどころ寸断されているが、かつてロマヌス門と呼ばれたトプカプのミニバスターミナルのあたり（トプカプ宮殿ではない）は、比較的よく修復されている。

■テオドシウスの城壁
折込Map 右B3～4
Map P.135A
トプカプのほか、カーリエ博物館近くのエディルネカプ周辺も保存状態がよい。

エディルネカプ、イェディクレと並んで、城壁の美しい部分が残っているトプカプ

嘆き悲しむ人々の様子が描写されたマリア永眠のモザイク

繊細に描かれたイエスの表情はモザイク美術の傑作のひとつ

■カーリエ博物館
Map P.135B
タクスィム発87番、エミノニュ発37E、86番、ベヤズット発86Eなどで、エディルネカプ行きに乗る。トプカプのミニバスターミナルからも37番などが頻発している。
✉Kariye Sok. No.26
TEL(0212) 631 9241
開9:00～17:30
(最終入場17:00) 休水
料10YTL

テオドシウスの城壁周辺

カーリエ博物館

Kariye Müzesi カーリエ・ミュゼスィ

旧市街の西、テオドシウスの城壁の近くにある。ここは5世紀の初めにコーラ修道院として建てられ、その後オスマン朝時代にはイスラーム寺院として使われていた。13～14世紀に描かれた見事なモザイク画は漆喰で塗りつぶされていたが、20世紀中頃のアメリカ・ビザンツ研究所による調査で発見され、補修後の現在は再びすばらしい輝きがよみがえっている。

館内には聖母マリアとキリスト像、キリストの誕生などところどころ欠けてはいるが、50点以上の美しく彩色されたモザイク画があり、キリストの生涯や聖母最後の眠りなどが天井や壁面に描かれている。また、入口右にある礼拝堂にはフレスコ画が描かれており、一番奥にはアダムとイヴを救済しようとふたりの手を取るキリストの姿がある。これはビザンツ芸術のなかでも評価の高い作品だ。

右／モザイク画がよく残る回廊
左／イエスを抱くマリア

■スルタン・セリム・ジャーミィ
折込Map 左A2
エミノニュからエユップ方面に行く99系統のバスに乗り、アイカプAykapı下車。丘側に上がっていき、ヤウズ・セリム通りYavuz Selim Cad.をさらに上がる。
開9:00～18:00
休無休 料寄付歓迎

テオドシウスの城壁周辺

スルタン・セリム・ジャーミィ

Sultan Selim Camii スルタン・セリム・ジャーミィ

1523年、スュレイマン1世が父セリム1世のために建立した寺院。ヤウズ・セリム・ジャーミィYavuz Selim Camiiともいわれる青色のイズニック・タイルの装飾がすばらしく、イスタンブール有数の美しい建築物といわれている。エユップで聖剣を授かった後に歴代スルタンが詣でた由緒あるジャーミィ。

主教座に併設された高校。かつてはここに総主教座が置かれていた

テオドシウスの城壁周辺

コンスタンティノープル世界総主教座

Rum Patrikhane ルム・パトリックハーネ

ギリシア正教会の総主教座は、オスマン朝がこの街を奪取した1453年以降、アヤソフィアに置かれていたが、その後移転を

カーリエ博物館の前にはアーシターネAsitaneという人気の高級レストランがあり、創作風オスマン朝宮廷料理を出している。(編集室)

重ね、1601年からこの地に落ち着いた。以前はすぐそばのフェネル・ギリシア人高校の建物を使っていたが、現在の総司教座は1941年に建てられた建物。アヤソフィアやカーリエの古いイコンを見てからここを訪れると、昔と今の画法の違いを比べることができておもしろい。

テオドシウスの城壁周辺

エユップ・スルタン・ジャーミィ

Eyüp Sultan Camii エユップ・スルタン・ジャーミィ

新しいスルタンが即位するときに、ここで聖剣の授与が行われたという由緒あるジャーミィ。ここには674～678年の聖戦で殉死した、預言者ムハンマドの弟子アイユーブ・アル・アンサーリー（トルコ語訛りでエユップ）が祀られている。エユップの墓は彼の死後8世紀も経って、コンスタンティノープルを陥落させたメフメット2世の時代に発見されたとされている。ジャーミィはメフメット2世により1459年に建てられた。また、このジャーミィの周辺にはオスマン朝時代の著名な宰相たちの墓が多い。この地はムスリムにとってメッカ、エルサレムに次ぐ第3の聖地となっている。門前の商店街は、数珠やクルアーンなどイスラーム関連のおみやげが豊富。

ジャーミィの中庭（上）
参詣道にはおみやげ屋さんが並ぶ（下）

テオドシウスの城壁周辺

ミニアトゥルク

Miniaturk ミニアトゥルク

ディヴリイのウル・ジャーミィのミニチュア。
ゆっくり見ているとあっという間に時間が経つ

ミニアトゥルクは2003年4月にオープンしたレジャー施設。イスタンブールのガラタ塔、カッパドキアのキノコ岩からドゥバヤズットのイサク・パシャ宮殿まで、トルコ各地の見どころや歴史的な建築物のミニチュアがあり、人気のスポットとなっている。エルサレムの岩のドームといった近隣諸国のミニチュアもある。トルコ周遊の前なら予習の意味で訪れるとよいだろう。

■コンスタンティノープル世界総主教座

折込Map 左A2

🚌エミノニュ（金角湾側の乗り場）から99系統などのバスでフェネルFener下車。バス停から通りを渡って左側に入り、きれいな石畳の道を入る。

開随時　休無休

■エユップ・スルタン・ジャーミィ

折込Map 右B3

🚌エミノニュ（金角湾側の乗り場）から99系統などのバスでエユップ下車。

開9:00～18:00　休無休

料寄付歓迎

ジャーミィ内部。入場の際は服装にもう一度気を付けよう

■ミニアトゥルク

折込Map 右B3

🚌シシリ、メジディエキョイ、エミノニュからバスの便がある。

⛴エミノニュ（金角湾側の乗り場）からハリチHaliç行きの船に乗ってスュトゥリュジェSütlüce下車。

TEL(0212) 222 2822

FAX(0212) 222 2923

inet www.miniaturk.com.tr

開夏期10:00～19:00（土・日～21:00）

冬期10:00～17:00

休無休　料10YTL

カイロのメフメット・アリ・パシャ・ジャーミィ（上）とテオドシウスの城壁のミニチュア（下）

ミニアトゥルクの入口にあるショップでは、ジャーミィやカッパドキアなど展示物のミニチュアモデルが売られており、おみやげにもいい。（編集室）

テオドシウスの城壁周辺

ピエール・ロティのチャイハーネ

Pierre Loti Kahvesi ピエール・ロティ・カフヴェスィ

■ピエール・ロティのチャイハーネ
折込Map 右B3
エユップからテレフェリッキ（カーブルカー）で行くのが便利。

チャイハーネとエユップから金角湾の眺め（上）

19世紀末に活躍したフランス人の作家ピエール・ロティ（1850～1923）は、日本を含め各地を回ったが、なかでもイスタンブールをこよなく愛した。本名をルイ・マリー・ジュリアン・ヴィオーといい、ピエール・ロティはタヒチ滞在中に付けられた名前。

彼は「ラビア・カドゥン・カフヴェスィRabia Kadın Kahvesi」と呼ばれたこのチャイハーネに通っては、すばらしい景色を見ながら小説を書いていたという。いつしかこの店は「ピエール・ロティのチャイハーネ」と呼ばれるようになった。

ちなみに彼が当時書いていた小説は処女作となった『アジヤデ』で、日本語訳も出ている（工藤庸子訳、新書館）。

テオドシウスの城壁周辺

イェディクレ

Yedikule イェディクレ

■イェディクレ
折込Map 右B4
🚃スィルケジ駅から近郊電車で5つ目。駅から城壁の方向へ徒歩5分ほど。
㋐9:30～16:30　㊡水
㊕5YTL

イェディクレとは7つの塔という意味をもつ要塞。テオドシウスの城壁の南側にある。テオドシウス帝の時代に造られた凱旋門の「黄金門」に端を発し、その後テオドシウス2世の時代に城壁の一部として要塞化された。

旧市街西側にあり、オスマン朝時代は捕虜の収容所として利用されていた。当時の捕虜の残した落書きなどが残っている。17世紀に起こったイェニチェリの反乱の際は、スルタンのオスマン2世（在位1617～22）がここで命を落としている。歴史的には物騒な場所だが、塔から眺める景色はすばらしい。コンサート会場として使用されることもある。

イェディクレの塔

内城は3重の壁で守られていた

修復も進んで美しい形で保存されているイェディクレ

イェディクレはジャッキー・チェンの映画『アクシデンタル・スパイ』の撮影が行われた場所。イェディクレの管理人も撮影風景をよく覚えているそうだ。（編集室）

アジア側

ユスキュダル

Üsküdar ユスキュダル

ユスキュダルはアジア側の中心地。桟橋には多くの船が発着し、活気がみなぎる。一歩裏の路地に入るとオスマン朝時代のトルコ式木造家屋が残っている。板塀の外壁、張り出しの2階窓が特徴で、ひなびた風情を醸し出している。このあたりは道が入り組んでおり、必ずしも治安がよくないので明るいうちに訪れること。

2階部分が張り出しているのがトルコ式民家の特徴だ

■ユスキュダル
折込Map 右C3
⛴エミノニュ、ベシクタシュやカバタシュ、カラキョイなど多くの埠頭から船便がある。

ユスキュダルの桟橋を見下ろすように建つシェムスィ・パシャ・ジャーミィ。小さいながらも均整の取れたこの建物は、巨匠ミマール・スィナンの設計だ

アジア側

カドゥキョイ

Kadıköy カドゥキョイ

カドゥキョイはイスタンブールよりも長い歴史をもっている地区。かつてはカルケドンと呼ばれたこの町では、ビザンツ時代の451年には、キリスト教の単性論を異端としたカルケドン公会議が行われた。現在でも教会が点在し、海岸周辺はショッピングエリアとなっている(→P.182)。また、埠頭前のバスターミナルはアジア側の交通の起点となっており、各所へ行く市内バスが並んでいる。レストランやショップが軒を連ねる表通りから一歩中に入ると伝統家屋が残る古い町並みも残っている。

■カドゥキョイ
折込Map 右C4
⛴エミノニュなど多くの埠頭から船便がある。

にぎわいを見せるカドゥキョイの桟橋

カドゥキョイを走るアンティークなトラム

活気あふれるカドゥキョイの中心

カドゥキョイはジーコ監督でおなじみのフェネルバフチェのホームタウン。試合のある日はユニホームを着たサポーターをあちこちで見かける。(編集室)

アジア側

トゥルクバロン（気球）

Turkbalon トゥルクバロン

ワイヤーでつながれた気球に乗って、イスタンブールを見下ろすことができるアトラクション。ボスポラス海峡や旧市街など360度のパノラマを一望の下にできる。気球は6～8人乗りだが、天候によって乗船できる人数が変わる。

■トゥルクバロン
Map P.139外
カドゥキョイ埠頭に隣接。
2006年12月現在休止中。
TEL (0216) 347 0405

海峡沿いにあるので、フェリーからもよく見えるトゥルクバロン

アジア側

バーダット通り

Bağdat Caddesi バーダット・ジャッデスィ

カドゥキョイからボスタンジュにいたるバーダット通りはアジア側のショッピングストリートとして知られている。特にジャッデボスタンCaddebostan、エレンキョイErenköyのあたりは多くの店が集まり、楽しいエリアだ（→P.183）。

バーダット通りは若者に人気のショッピングストリート

■バーダット通り
折込Map 右C4
🚌カドゥキョイからドルムシュでエレンキョイ下車。

アジア側

ベイレルベイ宮殿

Beylerbeyi Sarayı ベイレルベイ・サラユ

ボスポラス大橋のたもとにあるスルタンの夏の離宮。ドルマバフチェ宮殿同様、バロック様式とオスマン朝様式を合わせた折衷様式。見どころは1階（日本の2階）の男性用玄関にあるシャンデリアや女性の居住空間ハレム、1階のスルタン執務室や浴室など。広間にある装飾時計も、ドルマバフチェ宮殿同様、アタテュルクの亡くなった9:05を指している。

内装も豪華絢爛

■ベイレルベイ宮殿
折込Map 右C3
🚌ユスキュダルからバス15番か、ドルムシュで10分。ボスポラス大橋のたもとにある。館内の見学はガイド付きツアーのみ。所要約30分。
TEL (0216) 321 9320
開 9:30～17:00（冬期～16:00）
休 月・木
料 7YTL
カメラ、ビデオ別料金。

ドルマバフチェと並んで重厚で豪華なベイレルベイ宮殿

アジア側

チャムルジャ

Çamlıca チャムルジャ

ボスポラス大橋に近い眺望絶景の丘。ここはイスタンブールで最も標高が高いため、テレビ塔が建てられている。頂上は公園となっており、カフェレストランやティーガーデンがあって、憩いの場になっている。チャムルジャは結婚式を挙げるカップルが多いことでも知られており、公園からはヨーロッパ側やボスポラス大橋などのパノラマが広がる。

■チャムルジャ
折込Map 右C3
🚌ユスキュダルからミニバスかバス11番などで20分、下車徒歩15分。

チャムルジャからの眺めは最高！

☺カンルジャヨーグルトはその地に行かなければ食せないと聞いていたが、ボスポラスクルーズの船内で売られている。濃厚で美味。　（京都府　Ayakkabı　'06夏）

ボスポラス海峡周辺

クズ塔

Kız Kulesi クズ・クレスィ

ボスポラス海峡入口のアジア側にある小島に建つ城塞。かつては灯台として使われていたが、その後は1999年末に改装を済ませ、レストランとしてオープンした。

映画の舞台にもなったクズ塔

ボスポラス海峡周辺

ボスポラス大橋

Boğaziçi Köprüsü ボアズィチ・キョプリュスュ

イスタンブールを貫く海の流れは、黒海からボスポラス海峡を経てマルマラ海へ注ぐ。マルマラ海からダーダネルス海峡を通り、水はエーゲ海へといたるのだ。ボスポラス海峡の長さは30km、幅は最も狭い所で約700m。ボスポラス大橋とファーティフ・スルタン・メフメット大橋がかかっている。

ボスポラス海峡周辺

ボスポラスクルーズ

Boğaz Yolculuğu ボアズ・ヨルジュルウ

イスタンブールの1日を、海で過ごしてみよう。ゆっくり進むフェリーに乗って近郊の町まで航海してみるのもいい。

ボスポラス大橋をくぐって海峡を航行する船

手頃に海を楽しむには、ボスポラス海峡を北上して黒海近くの町アナドゥル・カヴァウまで行く定期観光船に乗るといい(→P.109)。

ボスポラス海峡周辺

ルメリ・ヒサル

Rumeli Hisarı ルメリ・ヒサル

ルメリ・ヒサルは、メフメット2世が建造した要塞。1453年のコンスタンティノープル戦に備えて、わずか4ヵ月で造り上げたといわれている。現在はきれいに整備され、心地よい散歩道となっている。毎年7月下旬から8月下旬まではコンサート会場として利用され、毎夜盛り上がる。

海から見たアヤソフィアとトプカプ宮殿

■クズ塔
折込Map 右C3
TEL (0216) 342 4747
inet www.kizkulesi.com.tr
開 12:00～19:00
20:00～翌1:00 休 月
昼はカフェテリアのみの営業。夜のディナーは送迎付きのセットメニューで65YTLで要予約。ドリンクは別料金でアルコール類も出す。ユスキュダル南のサラジャックSalacakから小型船で行くのが便利。

■ボスポラス大橋
折込Map 右C3
■ファーティフ・スルタン・メフメット大橋
折込Map 右C2

■ボスポラスクルーズ
出発時間等詳細は→P.109。

ウエルカム・ドリンク
クルーズ船に乗ると、お盆にオレンジジュースを持って、ボーイがウエルカム・ドリンクかのように振舞っている。後で空のコップを回収にきたとき、4YTLを請求されて、これには参った。手際のよさに完敗。
(神奈川県 山本豊彦 '05春)

■ルメリ・ヒサル
折込Map 右C2
エミノニュからサルイェル行き(海岸沿いコース)に乗り、ルメリ・ヒサル下車。
開 9:00～16:30 休 水
料 5YTL

海から見たルメリ・ヒサル

■アナドル・ヒサル
折込Map 右C2
■キルヨス
Map P.142-1
サルイェルからキルヨス行きのバスに乗り、所要1時間。タクスィムからも便がある。

キルヨスのビーチ

■プリンスィズ諸島
Map P.142-3
エミノニュから船。
詳細は→P.109。

ボスポラス海峡周辺

アナドル・ヒサル

Anadolu Hisarı アナドル・ヒサル

ヨーロッパ側のルメリ・ヒサルのアジア側の対岸にある、オスマン朝の砦。1390年頃、バイェズィト1世により建てられた。現在は塔がひとつと城壁が残っており、公園になっている。このあたりの海峡幅は最短の約700mとなっている。

ボスポラス海峡周辺（黒海）

キルヨス

Kilyos キルヨス

サルイェルからボスポラス海峡を北上することバスで約1時間。ついに黒海沿岸のビーチ、キルヨスに到着する。キルヨスはイスタンブール近郊のビーチのなかでも最も海がきれいな場所として知られている。2003年にはコンサート会場などの設備も整えたレジャー施設、ソラル・ビーチSolar Beachが新たにオープンし、イスタンブールで手軽に夏を楽しめる場所として人気を集めている。

ボスポラス海峡周辺（マルマラ）

プリンスィズ諸島

Kızıl Adalar クズル・アダラル

プリンスィズ諸島は全部で9つの島からなるが、そのうち連絡船があるのはクナル島、ブルガス島、ヘイベリ島、ビュユック島の4つ。ビザンツ時代以来、島流しの憂き目にあった王子がいた場所だったのでこの名で呼ばれている。クナル島にはアルメニア人、ブルガス島にはギリシア人、ビュユック島にはユダヤ人のコミュニティがあることでも知られ、島内にはシナゴーグや教会がある。夏には美しいビーチを求めて多くの人が休暇に訪れる。島内では車が原則的に禁止されているので、のんびりした滞在が楽しめる。

自動車が禁止なので、島内は徒歩のほか馬車で移動する

キルヨスでは毎年夏にロックンコークRock'n Cokeというロックのイベントが行われる。海外ミュージシャンも参加する数万人規模の大規模な野外フェスだ。（編集室）

日本の経済協力

日本・トルコ交流の結晶
アジアとヨーロッパのかけ橋

アジアとヨーロッパを結ぶ国際都市・イスタンブール。この街では東西交流を巡る悠久の歴史と躍動する現代トルコの息吹が見事に溶け合っている。その象徴的なシーンのひとつが、ボスポラス海峡をまたぐファティフ・メフメット大橋（第2ボスポラス橋）だ。

アジアとヨーロッパを結ぶ最初の高速道路橋

トルコには「友情の真偽は暗い日に分かる」「家を買うな。隣人を買え」といった格言がある。まさに、人と人との絆を大切にする国民性の表れといえるだろう。そのトルコの人々が世界でもっとも親近感を抱いている国が日本だ。

日本とトルコの親密な交流は、100年以上も前にさかのぼる。たとえばエルトゥール ル号難破事件、イラン・イラク戦争時のテヘラン邦人救出劇などは広く知られている。

そうした交流の結晶の一つが1988年に完成したファティフ・メフメット大橋。この全長1,510mにも及ぶ巨大なつり橋には日本の高い技術が注ぎ込まれ、多くの日本人技術者が参加し、建設資金にも円借款が使われた。大型車両を含め1日18万台以上の車が行き交う、トルコには欠かせない陸の大動脈となっている。

海底鉄道トンネル計画も推進中

ファティフ・メフメット大橋は道路橋なので人は渡れないが、ボスポラスクルーズの船上や、海峡の両側にあるアナドル・ヒサル、ルーメリ・ヒサルといった砦跡から眺める姿は、旅を彩る印象的なシーンといえる。また、ヨーロッパ側の南側タワーには、同じ年に開通した本州四国連絡橋「南北備讃瀬戸大橋」との姉妹橋を記念したプレートが設置されている。

ところで、1999年のトルコ西部大地震をきっかけに、ボスポラス大橋とファティフ・メフメット大橋の耐震補強工事が、日本企業の耐震技術を高く評価するトルコ側の要請で円借款を活用し行われることになった。さらに、ボスポラス海峡の地下をくぐる鉄道トンネルプロジェクトも、円借款を用いて進行中である。鉄道トンネル開通の暁には、真のオリエント・エクスプレスが2大陸をつないで走るはず。日本・トルコの交流の新たな結晶として、なんとも夢のあるプロジェクトではないだろうか。

エルトゥールル号難破事件：明治天皇の親書への答礼として1890年トルコ側使節団が同号で来日したが、帰路、台風にあって和歌山県串本町大島の沿岸で沈没。乗組員の多くが溺死したものの、約70人を大島の住民が救助し、手厚く看護。後に、日本船で無事帰国した。この事件はトルコの歴史教科書に掲載され、子供たちにも広く知られているという。

円借款：日本の開発途上国への経済協力の柱であるODA（Official Development Assistance）のひとつで緩やかな条件で開発資金を円で貸し付けるもの。主に経済・社会基盤の整備にあてられている。

ファティフ・メフメット大橋：正式名称「Fatih Sultan Mehmet Bridge（征服王メフメット橋）」、第2ボスポラス橋とも呼ばれる。オスマントルコの王として1453年ビザンチン帝国（東ローマ帝国）の首都・コンスタンチノープルを陥落させ、これをイスタンブールに改称、首都とした征服王メフメット（メフメット2世）にちなんで名づけられた。

ミニ特集　泊まる

イスタンブールのホテル

世界的な観光地であるイスタンブールには、外国資本の高級ホテルから1泊10ドルのドミトリーまで、さまざまなカテゴリーの宿が揃っている。予算や旅のスタイルに合わせて選ぼう。

プチホテル

デルサアデット・ホテルのペントハウス・スイート

イスタンブールにはオスマン朝時代の高官や権力者が住居としたり、別邸としていた建造物があちこちに残っている。これらを移築し、手入れしてホテルにしたのが「オゼル・ベルゲリÖzel Belgeli」(特別認可ホテル)。観光省のカテゴリーではSクラスにランクされるものだ。

そのほか、それほど歴史的な建物ではなくても、小さなトルコ風建物を改装し、アンティークなど個性的なインテリアで旅行者の人気を集めるホテルもある。

これらを総称して、日本ではプチホテルということが多く、トルコのホテル案内にも、(キュチュク・オテルレル**Küçük Oteller**)と表現されている。

何気なくある中庭が隠れ家的雰囲気のキベレ・ホテル

西欧風装飾の部屋で床に座るところに、東洋と西洋の折衷を感じる

イスタンブールでこれらプチホテルが集まっているのは、スルタンアフメット地区。部屋数が少なく家庭的なもてなしが期待できること、屋上テラスなどからスルタンアフメット・ジャーミィのライトアップやマルマラ海が見えるなど、眺めがいいことをウリにしているホテルが多い。

また、ボスポラス大橋のさらに北のほうや、アジア側、マルマラ海沿岸にもプチホテルがある。ときには中心部まで1時間以上もかかることがありアクセスはよくないが、長期滞在するヨーロッパの旅行者は、海峡を眺めながらリゾート気分で過ごす。

プチホテルの老舗、イェシル・エヴ

アララット・ホテルはアート系の人気プチホテル

F1のイスタンブールGPが開かれる8月下旬(2007年は8月26日の予定)はどこのホテルも混雑し、ホテルによっては料金が倍近く上がることもある。(編集室)

歴史ある高級ホテル

チュラーン・パレス・ホテル

ノスタルジックな装飾に開放感あふれる吹き抜けのロビー

100年ほど前、イスタンブールにはヨーロッパの上流階級の人々が、オリエントのエキゾチズムを求めてこぞってやって来た。オリエント・エキスプレスがスィルケジ駅に到着すると、大きなトランクを抱えた召使いを従え、大勢の客が桟橋へ向かった。専用の渡し船に乗った彼らの行き先は金角湾を渡ったペラ・パラス（2006年12月、現在改装のため閉鎖中）。今でもその当時のままの姿を保っている数少ないホテルである。最近は設備面がくたびれてきてはいるが、定宿にしていたアガサ・クリスティの部屋や、トルコ建国の父、アタテュルクの部屋などが公開されていた。

また、ボスポラス海峡沿いにはその宮殿をそのままホテルにしたチュラーン・パレス（→P.163）がある。1867年にスルタン、アブデュル・アズィズの命により建造された由緒ある建物だ。一度は火災に遭って黒こげの姿をさらしていたが、日本と英国の企業により、豪華ホテルに生まれ変わった。イスタンブールを訪れる各国要人も宿泊する。

ペラ・パラスにあるアタテュルクの部屋

フォーシーズンズ・ホテルは刑務所を改築した超高級ホテル

広々したスイートルーム

別棟の一般客室は新しく造られたものだが、ロビーやレストランなどの装飾はとてもきらびやかだ。ボスポラス海峡に面したプールも広々として気持ちがいい。

歴史地区であるスルタンアフメットは大型ホテルの開発が難しい地域だが、注目はフォーシーズンズ・ホテル（→P.155）。アヤソフィアも見えるロケーションも絶好だが、ここは昔の刑務所をホテルにしたという変わりダネ。ひさしの化粧レンガ、タイルの装飾は刑務所だった当時のもの。廊下の円柱には囚人が残した落書きまである。国際的チェーンホテルでありながら、監視塔から翼状に広がる建物といい、黄色い外観といい、その個性は際立っている。

最近では、パッケージツアーでもホテルが選べるものが増えている。イスタンブールの夜景を肴にグラスを傾けたり、早朝の散歩を楽しむためには滞在ホテル選びが重要なポイントとなる。イスタンブールのホテルはどれも個性派揃い。旅の思い出作りに、数日だけでもホテル選びにこだわってみるのははどうだろうか。

フォーシーズンズ・ホテル

イスタンブールの老舗ホテルのなかでも特に人気があったペラ・パラスは2006年より改装のため閉鎖中。再オープンは2008年末を目指しているとのこと。（編集室）

スルタンアフメット地区

ホテル

日本からホテルへの電話 国際電話会社の番号 + 010 + 国番号90 + 212（市外局番の最初の0は不要）+ 掲載の電話番号

この界隈は観光地区のため、多数のホテルがひしめき合う。特に多いのがアヤソフィアの南側のアクブユック通り、イェレバタン通りなどだ。しかし世界各国の観光客を集める地区だけに、夏の混雑ぶりは相当なもの。

スルタンアフメットのホテルは、バックパッカー向けのホテルと瀟洒なプチホテルが混在している。オスマン朝期の建物を利用したプチホテルも多いが、地価や物価の上昇などもあって、とても高い料金設定をするようになり、安宿地区のイメージは崩れつつある。以前は安宿だったホテルもエアコンを付けたり、家具を入れ替えたりと高級化を図る宿も多い。ただし競争が激しいので、中級ホテルであっても、最繁忙期でなければ割引の交渉は可能。

このあたりでは自分の関係するホテルに連れていこうという客引きが多い。もちろん親切で道案内してくれる人もいるが、泊まりたいホテルを決めたら自力で見つけたほうが無難だ。特にトルコ最初の1泊目となるならば注意しよう。

ドミトリーのあるホテル

コーディアル・ハウス Cordial House Hotel

経済的

Map P.84A2

Divanyolu Cad. Peykhane Sok. No.29

TEL (0212) 518 0576 FAX (0212) 516 4108

inet www.cordialhouse.com

D 10€

S 25€

S 35€

W 30€

W 45€

US$ € YTL T/C 不可

C/C A M V

●チェンベルリタシュ駅から近い。隣りがスーパーマーケットBİMになっている。ドミトリーは男女別。共同のシャワールームは各階にふたつある。個室もかわいらしい感じ。朝食3€。ユースホステルカードを見せると割引になる。1階にバーがあり、生ビールなども出している。無線LANが使用可能。ランドリーは1kgで3€。

オリエントY.H. Orient Youth Hostel

経済的

Map P.85C3

Yeni Akbıyık Cad. No.13

TEL (0212) 518 0789 FAX (0212) 518 3894

inet www.orienthostel.com

D 11～12€

S W 27€

S W 39€

US$ € YTL

T/C 不可

C/C M V

●アクブユック通り沿いにある人気ホステル。1室8ベッドの部屋と1室4ベッドの部屋では、料金が1€違う。テラスのレストランも広く、眺めもよい。月·水·金曜開催のベリーダンスショーは宿泊者無料。インターネット1日30分無料、水タバコ無料など特典も豊富。ユースホステルカード提示で割引あり。

ビッグ·アップル Big Apple Hostel

経済的

Map P.85C3

Akbıyık Cad. Bayramfırın Sok. No.12

TEL (0212) 517 7931 FAX なし

inet www.hostels.com

D 8～9€

S なし

W なし

US$ € YTL

T/C 不可

C/C 不可

●アクブユック通り沿いの漢陽レストランの隣にある。ドミトリーのみで6人部屋と8人部屋がある。明るく清潔な建物で、24時間お湯も出る。共有スペースにあるPCの使用のほか、紅茶、コーヒー、タオルは無料。チェックアウト後も荷物を預かってもらうことができる。チェックインは9:00～10:00頃から。

オリエント・ユースホステルが開催するベリーダンスショーはこのあたりのちょっとした名物で、夏は立ち見が出るほどににぎわう晩もある。（編集室）

メリフ・イキ Hotel Merih 2

経済的 Map P.85C1

✉Alemdar Cad. No.20
TEL(0212)526 9708　FAX(0212)513 4177

inet www.overseastourism.com
D 10US$
S 15US$
S 20US$
W 25US$
W 30US$
US$ € JPY YTL
T/C不可 C/C Ⓜ Ⓥ（3泊以上）

●トラム沿いにある。建物はさほど新しくないが、清潔にまとまっている。家族経営のアットホームさがウリ。冬は24時間ヒーターがガンガンについている。地下にはソファやテレビがあってくつろげるスペースがある。共同シャワーはふたつ、24時間お湯が出る。隣にある旅行会社overseasも同経営で、宿泊者割引あり。

隣のOverseasという旅行会社で頼んで泊まりました。設備はやや古いが、清潔でした。ドミトリーもあり、居心地のよさに11連泊していた人がいたほど。（埼玉県　チャビー　'05春）

東洋 Dongyang Hotel

経済的 Map P.84B1

✉Alemdar Cad. No.7
TEL(0212)511 2414　FAX(0212)528 9533

inet www.dongyanghotel.net（韓国語）
D 10€
S A/C 30€
W A/C 40€
US$ € YTL
T/C不可 C/C Ⓜ Ⓥ

●メリフ·イキの向かいにある。ハングルの看板が目印。韓国人経営なので、韓国人客がほとんど。ドミトリーのベッド数は合計37で扇風機付き。個室は全室エアコン、テレビ付き。インターネット（日本語使用可）は宿泊客無料。朝食はビュッフェ形式。

スィンバッド Sinbad Youthostel

経済的 Map P.84A3

✉Demirci Reşit Sok.　TEL & FAX(0212)638 2721

inet www.sinbadhostel.com
D 7€
S 16€
W 20€
S 20〜25€
W 28〜32€
US$ € YTL T/C不可 C/C不可

●バックパッカーに人気のホステル。ドミトリーは1室にベッドが5〜6つ。老朽化しており、清潔感もいまひとつ。朝食は2€。キッチン使用可。女性専用ドミトリーあり。国際学生証、またはユースホステルカード提示で15%オフ。すぐ隣にインターネットカフェがある。

スルタン Sultan Hostel

経済的 Map P.85C3

✉Akbıyık Cad. No.21
TEL(0212)516 9260　FAX(0212)516 9262

inet www.sultanhostel.com
D 7〜10€
S 22€
S 26€
W 25€
W 28〜30€
US$ € YTL T/C不可 C/C Ⓜ Ⓥ

●欧米のバックパッカーに人気の宿。共同シャワーは各階にひとつ、トイレはふたつある。部屋も新しめで清潔。1階にはオープンカフェ、屋上には眺めのよいテラスカフェがある。インターネットは1日30分無料。セーフティボックスあり。ユースホステルカード提示で10%オフ。フェイスタオルも支給。

イスタンブール İstanbul Hostel

経済的 Map P.85C3

✉Kutlugün Sok. No.35
TEL(0212)516 9380　FAX(0212)516 9384

inet www.hostels.com
D 10€
W 27€
US$ € JPY YTL
T/C不可
C/C不可

●クトゥルギュン通りにあるホステル。自慢はバーにあるサラウンドシステム付きの大画面テレビ。ドミトリーはベッド4つの部屋と6つの部屋があり、総ベッド数は約60。インターネットは無料。専属旅行会社では宿泊者20%割引。テラスにはバーもある。

アクブユック通りはバックパッカーでにぎわっていたエリアだが、ここ数年はおしゃれなカフェやプチホテルが立ち並び、雰囲気が変わりつつある。（編集室）

マーヴィ Mavi Guesthouse

経済的 Map P.85C2

✉İshakpaşa Cad. Kuytlgün Sok. No.3
TEL(0212) 516 5878　FAX(0212) 517 7287

inet www.maviguesthouse.com
D 8~10€
S 18~20€
W 25€
US$ € JPY YTL
T/C不可 C/C不可

●クトゥルギュン通りの端にある。全9室で、ドミトリーは4~6人部屋で男女別、混合がある。ロビーはアットホームな雰囲気。夏はテラスでも泊まれる（5~7€、朝食込み）。チェックアウト後のシャワーは1€で使える。インターネットは1時間1€。

シングル30€未満のホテル

マルマラ Marmara Guesthouse

経済的 Map P.85C3

✉Akbıyık Cad. Terbıyık Sok. No.15
TEL & FAX(0212) 638 3638

inet www.marmaraguesthouse.com
D なし
S 10~20€
W 15~25€
S A/C 15~30€
W A/C 20~40€
US$ € JPY YTL T/C不可 C/C M V

●コンヤ·ペンションを経営していた母娘が営む宿で、あたたかいもてなしは以前から定評があり、娘のエリフさんは日本語も話せる。安いわりに部屋はフローリングでかわいらしくまとまっている。朝食を取る最上階からはマルマラ海が見える。情報ノートや日本語使用可能なPC（1時間3YTL）などもある。

エリフさんは何かと相談に乗ってくれました。清潔だし女性に特にオススメです。（東京都　ジュン　'06夏）

テュルクメン Türkmen Hotel

経済的 Map P.84A3

✉Dizdariye Çeşmesi Sok. No.27 Binbirdirek Mah.
TEL(0212) 517 1355　TEL & FAX(0212) 638 5546

inet www.turkmenhotel.com.tr
D 10US$（ペンション）
S 12US$（ペンション）
W 25US$（ペンション）
S A/C 20US$（ホテル）
W A/C 35US$（ホテル）
US$ € YTL T/C不可 C/C A M V

●入口の建物がホテルで、その後ろにペンションの建物があり、裏庭でつながっている。全48室のこのクラスにしては規模が大きい。少しずつ増築していったためか、ややいびつな外観が特徴。ペンション部分は老朽化が進み、あまりきれいとはいえないが、ホテル部分はこぢんまりとまとまっている。

ジョシュクン Coşkun Pension

経済的 Map P.85C1

✉Soğukçeşme Sok. No.40
TEL(0212) 526 9854　FAX(0212) 526 1311

inet www.coskunpension.com
D なし
S 25€
W 30~35€
US$ € JPY YTL
T/C不可 C/C不可

●家庭的なもてなしが人気の全6室の小さな宿。オーナーのメティンMetinさんは日本語も話せる。手作り風のナチュラルな内装でいくつかの部屋には小さいながらもバスタブがある。空港送迎サービスは15€。夜はとても静か。最上階のサロンも居心地がよい。

アシュクン Aşkın Hotel

経済的 Map P.85C3

✉Dalbasti Sok. No.16
TEL(0212) 638 8674　FAX(0212) 638 8676

inet www.askinhotel.com
D なし
S A/C 25~40US$
W A/C 40~60US$
US$ € YTL T/C不可 C/C M V

●有名なアルメニア人建築家の遺作になる歴史的建築を改装したホテル。全室にエアコン、テレビが付いている。海が見える部屋は少しデザインも凝っていて5US$アップする。朝食はテラスで出す。4泊以上予約で空港送迎が無料。

眺めのよい屋上のテラスで食べる朝食は最高！　ホテルのスタッフもよい人でした。（神奈川県　ユキオ　'06夏）

マルマラ・ペンションのエリフさんは、小さな頃から母と一緒にペンションの手伝いをしていて、今はイスタンブール大学に通う才女で登山にも精通している。（編集室）

スィデ Side Pension & Hotel

経済的 Map P.85C3

✉Utangaç Sok. No.20
TEL(0212)517 2282 FAX(0212)517 6590

inet www.sidehotel.com
D なし
S 25€（ペンション）
S 35€（ペンション）
W 45€（ペンション）
W 60€（ペンション）
S A/C 45€（ホテル）
W A/C 60€（ホテル）
US$ € JPY YTL
T/C 不可 C/C M V

●ウタンガチ通りにある老舗ホテル。アットホームな雰囲気が自慢で、安さと清潔さがモットー。リピーターも多い。ホテル部分(写真下)とペンション(写真上)があるが、どちらも清潔でかわいらしくまとまっている。レセプションはホテルのほうにある。チャイやコーヒーはセルフサービス形式。荷物の長期預かり(数週間)もOK。インターネットは1時間2YTL。レセプションのスタッフもプロ意識が高い。

シングル30～50€のホテル

スル Hotel Sur

中級 Map P.84B4

✉Küçük Ayasofya Cad. Mustafapaşa Sok. No.25
TEL(0212)516 3223 FAX(0212)518 1105

inet www.surotel.com
D なし
S A/C 30～45€
W A/C 40～60€
US$ € YTL
T/C 不可 C/C M V

●全10室の小さなホテルだが、2室からは海が見える。室内はフローリングで、パステル調のかわいらしい内装でまとめられている。ミニ冷蔵庫やドライヤー付き。ウエブサイトから3泊予約すれば空港への迎えが無料になる。朝食は最上階にあるテラスでビュッフェ。

タシュコナック Tash Konak Hotel

中級 Map P.84B3

✉Küçük Ayasofya Cad. Tomurcuk Sok. No.5
TEL(0212)518 2882 FAX(0212)638 8491

inet www.hoteltashkonak.com
D なし
S 35～50€
W 40～90€
US$ € YTL
T/C 不可 C/C M V

●デルサアデット・ホテルから坂を下った所にある。全32室と、プチホテルのなかでは大型。室内はフローリングで木製家具が配され、落ち着いた感じ。朝食は眺めのよいテラスでビュッフェ形式。裏庭には古い教会跡もある。3泊以上予約で空港送迎が無料。無線LAN使用可。

ペトロール Petrol Hotel

中級 Map P.84B2

✉Divanyolu Cad. Dr. Emin Paşa Sok. No.4
TEL(0212)511 5333 FAX(0212)522 3150

inet www.hotelpetrol.com
D なし
S A/C 39€
W A/C 54€
US$ € JPY YTL
T/C US$ € C/C M V

●トラムのスルタンアフメット駅の目の前にある。バスタブ付きの部屋が多く、室内もプチホテル風にまとまっている。衛星放送視聴可能なテレビ付き。冬期は10%ほど安くなる。インターネット使用は無料。朝食はテラスでビュッフェ形式。3泊以上予約で空港送迎が無料。

アクデニズ Akdeniz Hotel

中級 Map P.84B2

✉Divanyolu Cad. Dr. Emin Paşa Sok. No.4
TEL(0212)511 5333 FAX(0212)522 3150

D なし
S A/C 39€
W A/C 54€
US$ € JPY YTL
T/C 不可
C/C M V

●スルタンアフメット駅の近く。同名のレストラン横の階段を上った2階にレセプションがある。2005年7月にオープンしたばかり。朝食サロンやロビーは狭いが、客室はナチュラル系の内装でかわいらしくまとまっていて、衛星放送視聴可能なテレビやミニ冷蔵庫もある。

スルタンアフメット・ジャーミィに隣接したアラスタバザールは小規模だけれど、おしゃれな感じがあり、見るだけでも楽しい。（神奈川県　サガミノバラ　'05春）

中級 メガラ Megara Hotel
Map P.85C3

✉Akbıyık Cad. No.85
TEL(0212) 458 4848　FAX(0212) 458 4869

inet www.megarahotel.com
D なし
S A/C 40~55€
S A/C 50~65€
US$ € JPY YTL
T/C US$ €
C/C A M V

●アクブユック通りにあるプチホテル。朝食を取る最上階レストランからはマルマラ海がよく見える。夕食時には生演奏が入ることもあり、ムードも満点。木目調で統一されたトイレや洗面台などシックな家具調度に充分に気が使われている。空港への送迎はひとり10€。館内では無線LAN使用可能。

中級 エンジェルズ・ホーム Angels Home
Map P.85C3

✉Amiral Tafdil sok. No.22
TEL(0212) 638 1996　FAX(0212) 638 1998

inet www.angelshomehotel.com
D なし
S A/C 49~69€
S A/C 59~79€
US$ € JPY YTL
T/C 不可
C/C M V

●1号館と2号館があるが受付は共通。2号館はオープン間もないホテルを買い取って名称変更した。1号館は部屋ごとにテーマカラーを変えてコーディネートしている。ジャクージ付きのスイートルームもある。無線LAN使用可能。

☺気さくな兄弟が経営しており、従業員も感じがいい。　（大阪府　カズ　'05春）

中級 ゼウグマ Hotel Zeugma
Map P.85C3

✉Akbıyık Cad. No.35
TEL(0212) 517 4040　FAX(0212) 516 2323

inet www.zeugmahotel.com
D 10€（夏期のみ）
S A/C 45~60€
S A/C 60~85€
US$ € YTL
T/C 不可
C/C M V

●シャワーのみのスタンダード8室とバスタブ付きのデラックスルーム2部屋の合計10部屋に加え、夏は横にあるホステルがオープンする。インターネットは無料でロビーで使用可、無線LANも使える。ホテル、ホステルともに新しく清潔。ホステルはベッド4つずつカーテンで区切られている。

中級 スター・ホリデイ Star Holiday Hotel
Map P.84B2

✉Divanyolu Cad. No.10
TEL(0212) 512 2961　FAX(0212) 512 3154

inet www.hotelstarholiday.com
D なし
S A/C 40€
W A/C 70€
US$ € YTL
T/C 不可　C/C M V

●ジャン・レストランの横にレセプションがある。エアコン付きにしては手頃な値段で、部屋も趣味よくまとまっている。古い部屋もあるが順次改装予定。便利な立地だが通りに面した部屋は騒音が少し気になる。朝食は最上階のテラスでビュッフェ形式。

☺トラムの音がうるさかったけど、便利な立地条件で精力的に観光ができました。　（静岡県　浜松餃子　'06秋）

中級 サンライズ Sunrise Hotel
Map P.84B3

✉Küçük Ayasofya Cad. No.36
TEL(0212) 517 7858　FAX(0212) 638 6222

inet www.thesunrisehotel.com
S A/C 50€
W A/C 60€
US$ € JPY YTL
T/C US$ €
C/C A M V

●キュチュク・アヤソフィア通りにある。家庭的な雰囲気の小さなホテルで、地下がレストランになっていて朝食もここで出す。室内はフローリングで落ち着いた内装。ガラス張りのテラスからの景色もよい。インターネットの使用は無料。3泊以上で空港送迎無料。

3泊以上で空港への迎えが無料という宿が多いが、宿側のミスで送迎を忘れていることもたまにある。出発直前に再度確認のメールを入れておくと安心。（編集室）

アララット Ararat Hotel

中級 Map P.85C3

✉Torun Sok. No.3
TEL(0212)516 0411　FAX(0212)518 5241

inet www.ararathotel.com
D なし
S W A/C 45～65€
料 景色のいい部屋は S W 75～115€
US$ € YTL
T/C 不可 C/C M V

●アラスタバザールの近くにある、人気のアート系デザイナーズホテル。エンプレス・ゾエ・ホテルを手がけたデザイナーがデコレートした。インターネットの使用は無料。テラスのカフェでは無線LAN使用可。4泊以上予約で空港送迎が片道無料。冬期は現金払いで5€割引。

シングル50～100€のホテル

ゴールデン・ホーン Golden Horn Sultanahmet

中級 Map P.84A2

✉Binbirdirek Meydanı Sok. No.1 Binbirdirek Mah.
TEL(0212)518 1717　FAX(0212)518 9406
inet www.goldenhornhotel.com

D なし
S A/C 50€
W A/C 65€
US$ € JPY YTL
T/C 不可 C/C M V

●公園の隣にあり、少し奥まった高台にあるので静か。全61室のうち、30室はバスタブ付き。全室ミニバー、テレビ、ドライヤー付き。屋上はテラスになっており、景色が見渡せて開放的。朝食もここで出す。広々としたロビーには絵画作品が飾られている。

アンド And Hotel

中級 Map P.84B2

✉Yerebatan Cad. Cami Çıkmazı No.36-40
TEL(0212)512 0207　FAX(0212)512 3025

inet www.andhotel.com
D なし
S A/C 50～60€
W A/C 70～80€
US$ € YTL
T/C US$ €
C/C M V

●ツーリストポリスの横の角を入った左側。自慢は、正面にアヤソフィア、その横にはマルマラ海を望む最上階のレストランからの眺め。宿泊客以外でも夕食を楽しむ人も多い。部屋は多少古びているがかわいらしい造り。小さなバスタブ付きの部屋が多い。3泊以上で空港送迎無料。現金払いで10%引き。

アラトゥルカ Hotel Alaturka

中級 Map P.85C3

✉Akbıyık Cad. No.5
TEL(0212)458 7900　FAX(0212)458 0900
inet www.hotelalaturka.com

D なし
S A/C 55€
W A/C 75€
US$ € YTL
T/C US$ €
C/C A M V

●アクブユック通りの交差点にある。部屋はフローリングでブラウン系のインテリアでまとまっている。大きな建物だが10室と部屋数が少ないので、ひと部屋が広々している。レストランは1階にあるほか、上階のテラスもモダンな感じ。5泊(冬期3泊)以上予約で空港送迎往復が無料。現金払いで10%引き。

ノマド Hotel Nomade

中級 Map P.84B2

✉Divanyolu Cad. Ticarethane sok. No.15
TEL(0212)511 1296　FAX(0212)513 2404
inet www.hotelnomade.com

D なし
S A/C 60～70€
W A/C 75～85€
料 T/C払いは手数料別途
US$ € YTL
T/C US$ € C/C A D M V

●ルメリ・カフェの向かいあたりにある、ブティックホテル。全16室。部屋ごとにテーマカラーを変えており、手狭な感はあるが、モダンな感じに仕上げている。シャワールームはタイル張り。テラスはおしゃれなカフェになっている。インターネットの使用は無料。全館で無線LAN使用可。現金払いは10%割引。

アララット・ホテルの内装を手がけたギリシア人デザイナーは、エンプレス・ゾエやルメリ・カフェのインテリアもプロデュースしている。(編集室)

中級 Map P.84B3

アルゼル Alzer Hotel

✉At Meydanı No.72
TEL(0212) 516 6262　FAX(0212) 516 0000

inet www.alzerhotel.com
D なし
S A/C 65€
W A/C 90€
US$ € YTL
T/C 不可
C/C A M V

●ヒッポドロームに面したプチホテル。建物自体も150年の歴史がある。1階と最上階はレストランになっており、朝食は最上階で出している。室内にはオスマン朝期の肖像画などが飾られており、シャワーキャビンも使いやすい造り。全館で無線LAN使用可。3泊以上予約で空港への迎えが無料。

中級 Map P.85C3

エンプレス・ゾエ Hotel Empress Zoe

✉Akbıyık Cad. Adliye Sok. No.10
TEL(0212) 518 2504　FAX(0212) 518 5699

inet www.emzoe.com
D なし
S A/C 75€
W A/C 105€
US$ € YTL
T/C US$
C/C M V

●イコンが描かれていたり、古代とオリエンタルな要素をミックスさせたデザイナーズホテル。全24室。オーナーはアメリカ人。インテリアにも非凡なセンスが光る。バーには暖炉があり、隠れ家的な中庭も開放的だ。ベッドは天蓋付きのものもある。朝食もこだわりの素材を使っている。現金払いは10%引。

中級 Map P.85C3

スピナ Hotel Spina

✉Utangaç Sok. No.19
TEL(0212) 638 1727　FAX(0212) 638 1742

inet www.hotelspina.com
D なし
S A/C 77€
W A/C 88€
US$ € JPY YTL
T/C 不可 C/C M V

●プチホテルの多いウタンガチ通り沿いにある。赤茶色の木の外観が印象的。最上階には景色がいいバーもある。10室はバスタブ付き。3泊以上予約で空港への迎えが無料。インターネットの使用は無料。全館で無線LAN使用可。冬期は10%ほど安くなる。

中級 Map P.84B3

デルサアデット Dersaadet Hotel

✉Küçük Ayasofya Cad. Kapıağası Sok. No.5
TEL(0212) 458 0760　FAX(0212) 518 4918

inet www.hoteldersaadet.com
D なし
S A/C 85€
W A/C 95€
US$ € JPY YTL
T/C 不可
C/C M V

●根強い人気の老舗ホテルで、ハネムーンで利用する客が多い。3泊以上予約で空港への迎えが無料。調度品、小さな小物にいたるまで、インテリアへのこだわりには感心するものがある。眺めのよいテラスカフェもあり、バスタブは全17室中8室にある。現金払いは10%割引になる。海側の部屋は10€プラス。

中級 Map P.85C3

アクロポール Best Western Acropol Hotel

✉Akbıyık Cad. No.25
TEL(0212) 638 9021　FAX(0212) 518 3031

inet www.acropolhotel.com
D なし
S A/C 69～79€
W A/C 79～89€
US$ € JPY YTL
T/C 不可
C/C A D M V

●19世紀の建物を改装しており、館内にはステンドグラスやバカラ風シャンデリアなどがある。客室はアンティークな装飾ではないが、落ち着いた色調でシンプルかつ機能的にまとまっている。最上階のレストランからはマルマラ海が見渡せる。6階建てだが、エレベーターもある。無線LAN使用可能。

アルゼルホテルの1階には静かで心地よいテラスがあって、ちょっと休憩するにはぴったりの場所。ドリンクや軽食も出しており、宿泊客以外の利用も多い。(編集室)

ピエール・ロティ Pierre Loti Hotel

中級 Map P.84A2

✉Pierreloti Cad. No.5
TEL(0212)518 5700 FAX(0212)516 1886

inet www.pierrelotihotel.com
D なし
S A/C 55€
W A/C 65€
US$ € JPY YTL
T/C 不可
C/C M V

●トラムの線路に面した3つ星ホテル。部屋はやや狭いが、バスルームはわりと新しい。朝食は最上階のテラスで出している。1階にはバーカウンターがあり、エレベーターも2基ある。ハマムやサウナもあり、入浴とアカすりで30YTL。冬期は10%ほど安くなる。中庭にはメキシコ料理のレストランがある。

フェフミベイ Hotel Fehmibey

中級 Map P.84B3

✉Uçler Sok. No.15
TEL(0212)638 9083 FAX(0212)518 1264

inet www.fehmibey.com
D なし
S A/C 55~70€
W A/C 70~90€
US$ € JPY YTL
T/C 不可
C/C M V

●ヒッポドロームにもほど近いプチホテル。全34室は新館と旧館に分かれている。旧館はアンティーク調、新館はナチュラルな感じの内装でまとめられている。最上階のテラスにはリゾートチェアがあるくつろぎスペースがあり、マルマラ海をワイドに見渡せる。サウナは15€で使える。

キベレ Kybele Hotel

中級 Map P.84B2

✉Yerebatan Cad. No. 35
TEL(0212)511 7766 FAX(0212)513 4393

inet www.kybelehotel.com
D なし
S A/C 60~70€
W A/C 80~100€
料 T/C払いは手数料別途
US$ € JPY YTL
T/C US$ € JPY
C/C A D J M V

●イェレバタン通りにある全16室のプチホテル。全館で約3500個のランプが天井からつり下げられているのが一番の自慢。館内や室内にもアンティークの調度品が多く、まるでアンティークショップ。部屋のセンスもよい。日本人にも人気が高く、リピーターも多い。空港への迎えは30€。インターネットの使用は無料。全館で無線LAN使用可。

ジェラール・スルタン Celal Sultan Hotel

中級 Map P.84B2

✉Yerebatan Cad. Salkımsöğüt Sok. No.16
TEL(0212)520 9323 FAX(0212)522 9724

inet www.celalsultan.com
D なし
S A/C 70€
W A/C 85€
US$ € JPY YTL
T/C US$ € C/C M V

●キベレ・ホテルの斜め向かい側の路地を入った左側。全55室のプチホテルで、新館と旧館があるが値段は同じ。新館はバスタブ付き。室内は白を基調にした上品で明るめの内装。テラスからはアヤソフィアを正面に見ることができる。ロビーなどでは無線LAN使用可能。

セント・ソフィア Best Western Saint Sophia

中級 Map P.85C2

✉Alemdar Cad. Soğukçeşme Sok. No.2
TEL(0212)528 0973 FAX(0212)511 5491

inet www.saintsophiahotel.com
D なし
S A/C 70US$
W A/C 90US$
US$ € YTL
T/C 不可 C/C A M V

●アヤソフィアのすぐ西側にある4つ星ホテルで全27室。建物は19世紀の邸宅。凝った装飾はないが、スタンダードタイプの機能的な造りになっている。1階部分は雰囲気のよいレストランになっている。インターネットの使用は無料。冬期は最大25%安くなる。

キベレ・ホテルはランプのホテルとして有名だが、その総数は年々増え続けている。2001年の段階では約2000個だったので5年で1500個は増えたことになる。(編集室)

中級 Map P.85C2

アヤソフヤ・コナックラル Ayasofya Konakları

✉Soğukçeşme Sok.
TEL(0212) 513 3660　FAX(0212) 513 3669

Inet www.ayasofyakonaklari.com
D なし
S 80€
W 110€
両替 US$ € JPY YTL
T/C 不可
C/C A M V

●ソウクチェシメ通りにあるプチホテル。別館のコヌク・エヴィKonuk Eviも同じ料金で、本館と別館合わせて64室。室内はアンティークな感じを出しつつも明るめな感じの内装。夏期の朝食はコヌク・エヴィの中庭、冬期は本館のカフェテリアで取る。城壁に面した部屋ならS70€、W90€。

中級 Map P.84C3

アヴィセンナ Hotel Avicenna

✉Amiral Tafdil Sok. No.31-33
TEL(0212) 517 0550　FAX(0212) 516 6555

Inet www.avicennahotel.com
D なし
S A/C 80〜110US$
W A/C 90〜130US$
両替 US$ € JPY YTL
T/C US$ €　C/C A M V

●アラスタバザールの前の通りを行った突きあたりを右折してすぐ。白を基調とした外観がきれい。全49室と、プチホテルにしては部屋数が多い。25室はバスタブ付き、洗面台も大きい。室内も白を基調にしており爽快感がある。テラスバーも眺めがよい。現金払いで10%オフ。

高級 Map P.84B3

イブラヒム・パシャ İbrahim Paşa Oteli

✉Terzihane Sok. No.5 Adliye Yanı
TEL(0212) 518 0394　FAX(0212) 518 4457

Inet www.ibrahimpasha.com/jp.index.htm
D なし
S W A/C 95€〜
両替 US$ € JPY YTL
T/C US$ €
C/C A M V

●19世紀のオスマン朝の建物を修復した全16室のデザイナーズ系プチホテル。欧米のガイドブック各誌にも高い評価を得ている。スイートは135€で、モダンとアンティークをうまく組み合わせたインテリアが、洗練された空間を演出している。全館無線LAN使用可。現金払いで10%オフ。冬期割引あり。

シングル100€以上の高級ホテル

高級 Map P.85C3

ブルーハウス Blue House

✉Dalbastı Sok. No.14
TEL(0212) 638 9010　FAX(0212) 638 9017

Inet www.bluehouse.com.tr
D なし
S A/C 120€
W A/C 140€
両替 US$ € JPY YTL
T/C US$ €　C/C A M V

●アラスタバザール入口前にある。トルコ語ならMavi Evマーヴィ・エヴともいう。その名のとおりブルーの外観が鮮やかだ。テラスからの眺めが自慢で、スルタンアフメット・ジャーミィがそびえ建ち、背後にはマルマラ海が迫る。現金払いで10%引き。無線LAN使用可。

高級 Map P.84B2

アルカディア Hotel Arcadia

✉Dr. İmran Öktekin Cad.No.1
TEL(0212) 516 9696　FAX(0212) 516 6118

Inet www.hotelarcadiaistanbul.com
D なし
S A/C 120€
W A/C 140€
両替 US$ € JPY YTL
T/C 不可　C/C A M V

●裁判所の前。このあたりでは高層の建物なので目立つ。マルマラ海をはじめ旧市街や金角湾、新市街を一望できる360度のパノラマが自慢。屋上のテラスレストランからの眺めが最高だ。5階から上の客室も眺めがよい。室内は落ち着いた内装でバスルームの設備も充実。

アヤソフフヤ・コナックラルは1960年代に改装された老舗のプチホテル。2000年にはスペインのソフィア王妃も滞在したことがある。（編集室）

イェシル・エヴ Yeşil Ev

高級　Map P.85C2

✉Kabasakal Cad. No.5
TEL(0212)517 6786　FAX(0212)517 6780

inet www.istanbulyesilev.com
D なし
S A/C 105～135€
W A/C 130～170€
料 T/C払いは手数料別途
US$ € JPY YTL
T/C US$ €　C/C A M V

●格式ある老舗のプチホテル。イェシル·エヴとは緑の家という意味。モスグリーンの外観と木漏れ日あふれる中庭はその名のとおり。部屋はアンティーク家具が配され、部屋ごとに趣向を変えている。中庭にあるレストランも人気で、夏のひとときを木漏れ日の中で過ごすのは最高の贅沢。冬期は10%割引。

スルタン・アフメット・サラユ Sultan Ahmet Sarayı Hotel

高級　Map P.85C3

✉Torun Sok. No.19
TEL(0212)458 0460　FAX(0212)518 6224

inet www.sultanahmetpalace.com
D なし
S A/C 143US$
W A/C 163US$
US$ € JPY YTL
T/C US$ €
C/C A M V

●アラスタバザールの近くにある。前庭も後方のテラスも広いので、喧噪を感じさせない。敷地は広いが部屋数は36。そのうち6室がデラックスルーム。部屋にはバスタブはないが、全室大理石造りのミニハマムが備え付けられており、冬はその大理石がちゃんと温まる仕組みになっている。

スタッフもとても親切で部屋からの眺めも最高です。マルマラ海かブルーモスクが見られます。　（香川県　mako　'06夏）

セブンヒルズ Seven Hills Hotel

高級　Map P.85C3

✉Tekvifhane Sok. No.8/A
TEL(0212)516 9497　FAX(0212)517 1085
inet www.hotelsevenhills.com

D なし
S A/C 150€
W A/C 180€
US$ € JPY YTL
T/C US$ €
C/C A M V

●フォーシーズンズ·ホテルの向かいにある全14室の高級プチホテル。客室はフローリングで調度品もアンティーク調で落ち着いた感じ。アメニティグッズも充実しておりバスローブ付き。2室のみバスタブなし。テラスからの眺めはこのあたりでは最高。全館で無線LAN使用可。

エレスィン・クラウン Eresin Crown Hotel

最高級　Map P.84B4

✉Küçük Ayasofya Cad.No.40
TEL(0212)638 4428　FAX(0212)638 0933

inet www.eresincrown.com.tr
D なし
S A/C 250～300€
W A/C 275～325€
US$ € YTL
T/C US$ €　C/C A M V

●白亜の外観の大型ホテルで全60室。ビザンツ時代の大宮殿の跡地に建つため、ミュージアム・ホテルの異名をもつ。レセプションの横には貯水池跡が、レストランの床にはモザイクが残っている。マルマラ海を望むテラスレストランも雰囲気がよい。

フォーシーズンズ Four Seasons Hotel

最高級　Map P.85C3

✉Tekvifhane Sok. No.1
TEL(0212)638 8200　FAX(0212)638 8210
日本の予約先：無料 0120-024-754
inet www.fourseasons.com

D なし
S A/C 310US$～
W A/C 340US$～
料 付加価値税18%別途
US$ € JPY YTL　T/C US$ € JPY
C/C A D M V

●20世紀初頭に建てられ、1970年まで刑務所として使用されてきた建物を利用したホテル。中庭を囲むように建つ監視塔がかつての刑務所時代を思い起こさせる。客室のほとんどがスイートルームという贅沢な造り。バスルームはシャワー、化粧台、トイレ、バスタブがそれぞれ独立している。部屋も広々としている。朝食は30US$。

セブンヒルズ・ホテルの系列ホテル、ブルーヒルズが2006年にヒッポドロームの南西にオープンした。時期によってはセブンヒルズの半額ほどで宿泊可能。（編集室）

スィルケジ地区

ホテル

日本からホテルへの電話 国際電話会社の番号 + 010 + 国番号90 + 212（市外局番の最初の0は不要）+ 掲載の電話番号

トラムのスィルケジ駅からギュルハーネ駅にかけては、安ホテルから高級ホテルまでたくさんのホテルがある。スルタンアフメットほどプチホテル化されていないので、その手のホテルを避けたい人は、こちらに泊まるのもよいだろう。トラムはもちろん、エミノニュ桟橋、国鉄駅にも近い便利なエリアだ。空港までのエアポート・シャトルバスも利用できる。

ただし、このあたりは夜になると昼間の喧噪が嘘のようにさびしい雰囲気となる。また、売春婦もいたりして、夜の治安はあまりよくない。夜にも出歩きたい人や、女性だけのグループにはあまりおすすめできない。

イェニ Yeni Otel

経済的 Map P.86B3

✉Nöbethane Cad. Dervişler Sok. No.22

TEL(0212)522 4759 FAXなし

Dなし

S 10US$

W 16US$

US$ € YTL

T/C不可

C/C不可

●スィルケジ駅に近くて便利。1階にはCanというこぎれいなレストランがある。建物も古びていて、室内も老朽化してきているが、清潔に保たれている。30年以上同じ経営という老舗の安宿。部屋にはよく日が入り、明るい感じなのがよい。シャワー付きの部屋を造る予定。

アクチュナル Hotel Akçınar

経済的 Map P.86B3

✉Nöbethane Cad. Serdar Sok. No.18

TEL(0212)513 3273 FAX(0212)527 9188

inet www.hotelakcinar.com

Dなし

S A/C 25€

W A/C 30€

US$ € YTL

T/C不可

C/C M V

●ファフリ2ホテルの向かいにあたる。部屋によって見える景色にはかなりの差があるので、いくつか部屋を見せてもらおう。できればスィルケジ駅とマルマラ海が見える方向がベスト。値段のわりに設備も揃っていてよい。部屋は狭いがエアコン、テレビとミニ冷蔵庫が全室に付いている。

トゥルワン Hotel Turvan

経済的 Map P.86B3

✉Hocapaşa Sok. No.36

TEL(0212)520 1996 FAX(0212)527 8311

inet www.turvan.com

Dなし

S A/C 35€

W A/C 55€

US$ € YTL

T/C不可 C/C不可

●スィルケジ駅方面から行くと、ガル・パブGar Pubの先を右折。部屋はやや狭いが、エアコン、テレビ、ミニ冷蔵庫付きでは良心的な値段設定。全40室中30室にはバスタブあり。朝食は地下のサロンでオープンビュッフェ。地下にハマムとサウナが完成した。

エリシュ Hotel Eriş

中級 Map P.87C3

✉İstasyon Arkası Sok.No.9

TEL(0212)511 3670 FAX(0212)511 5906

inet www.hoteleris.com（トルコ語）

Dなし

S 30€

W 50€

US$ € YTL

T/C不可 C/C M V

●スィルケジ駅の裏側にあるので、海側の部屋からの眺めはすばらしい。このあたりでは比較的大型で老舗のホテルだ。地下にはバースペースなどもある。テラスのレストランでは夕食も出す。全40室のうち、7室にバスタブが付いている。サロンでインターネット無料。

スィルケジ周辺には安宿が多いです。女性ひとりで泊まるのはすすめられませんが、複数で泊まるにはよいと思います。
（東京都 miki '05夏）

オリンピヤット Hotel Olimpiyat

中級 Map P.86B4

⊠Ebusuud Cad. Erdoğan Sok. No.6
TEL(0212) 511 9659　FAX(0212) 528 2160

inet www.hotelolimpiyat.com
D なし
S A/C 60US$
W A/C 80US$
US$ € JPY YTL
T/C 不可
C/C A M V

●4つ星クラスのホテルが多い地区にあるので、やや地味な外観。創業40年の老舗なので老朽化は否めないが、数年前に改装を終わらせているので、それほど気にはならない。3泊以上の予約を入れると、空港まで無料で迎えに来てくれる。ヤシュマック・スルタンと同じ系列のホテル。無線LAN使用可。

アミソス Amisos Hotel

中級 Map P.86B4

⊠Ebusuud Cad. No.2
TEL(0212) 512 7050　FAX(0212) 519 0503

inet www.amisoshotel.com
D なし
S A/C 50€
W A/C 52€
US$ € YTL
T/C 不可 C/C M V

●トラムヴァイのギュルハーネ駅のすぐ近く。地下には洞窟のようなユニークな内装のバーがあり、夕食なども出している。おしゃれそうな外観だが、内装は暖色系でシンプルにまとめられている。全室エアコン、ミニバー、テレビ付き。最上階にテラスレストランがある。

イルカイ Hotel İlkay

中級 Map P.86B3

⊠Hüdavendigar Cad. No.44-46
TEL(0212) 511 2270　FAX(0212) 527 2017

inet www.ilkayhotel.com
D なし
S A/C 34€
W A/C 44€
US$ € JPY YTL
T/C 不可 C/C A M V

●トラムヴァイの路線沿いなので、部屋により騒音が気になる場合もあるが、落ち着いた雰囲気。朝食はビュッフェ形式。エアコンや衛星放送視聴可能なテレビは全室に付いている。60室中40室にバスタブ付き。奥にSaloonというレストランがあり軽食を出している。

中級なのは値段だけ、設備は安宿並み。暖房の効きも悪く、従業員もあまり働かない。（長野県　M.H.　'06年1月）

エルボイ Hotel Erboy

中級 Map P.86B4

⊠Ebusuud Cad. No.32
TEL(0212) 513 3750　FAX(0212) 513 3759

inet www.erboyhotel.com
D なし
S A/C 40€
W A/C 52€
US$ € JPY YTL
T/C 不可
C/C D M V

●スーデ・コナックの隣にある全85室の3つ星ホテル。4階と5階は禁煙フロア。ツアー客の利用も多く、部屋は機能的。バスタブ付きの部屋も40室ある。眺めのよいテラスも自慢。地下には伝統家屋をモチーフにしたファスルFasilというレストランがあり、創作宮廷料理なども出している。無線LAN1時間3YTL。

オリエント・エクスプレス Hotel Orient Express

中級 Map P.86B3

⊠Hüdavendigar Cad. No.34
TEL(0212) 520 7161　FAX(0212) 526 8446

inet www.sirkeci-grouphotels.com
D なし
S A/C 50～85€
W A/C 65～100€
US$ € JPY YTL
T/C 不可
C/C A D M V

●同系列のホテルがいくつかあるが一番新しくてきれい。6階と7階は禁煙フロア。宿泊者が無料で使えるプールもある。小さいがバスタブは半数以上の部屋に付いている。屋上テラスは夏のみオープン。空港から片道トランスファー無料。ロビーでは無線LANが無料で使える。客室では1時間3YTL。

6階に泊まったがトラムの音がうるさかった。朝食は豪華でした。（神奈川県　Wakae,T.　'06春）

イルカイ、エルボイ、オリエント・エクスプレスはスィルケジ・グループ・ホテルズという同系列のホテル。ウエブサイトではキャンペーン料金があることも。（編集室）

中級 Map P.86B3

スーデ・コナック Sude Konak Hotel

✉Ebusuud Cad. No.24
TEL(0212) 513 2100　FAX(0212) 513 2003

inet www.sudekonak.com
D なし
S A/C 45€
W A/C 70€
US$ € JPY YTL
T/C 不可
C/C D M V

●このあたりでは比較的新しいブティックホテル。それほど凝ったインテリアではないが、モダンでカジュアルなテイストでまとめられている。屋上のテラスは眺めもよくバーカウンターもある。全館無線LAN使用可能で、大きめのバスタブがあるのもうれしい。3泊以上の予約で空港への迎えが無料。

高級 Map P.86B4

ヤシュマック・スルタン Hotel Yaşmak Sultan

✉Ebusuud Cad. No.18-20
TEL(0212) 528 1343　FAX(0212) 528 1348

inet www.hotelyasmaksultan.com
D なし
S A/C 70€
W A/C 90€
US$ € JPY YTL
T/C US$ €
C/C A D M V

●ツアー客も利用する4つ星ホテル。1965年創業の老舗だが、ロビーなどの内装は凝っていて、このあたりのホテルでは格調の高さを感じさせる。部屋は落ち着いた感じで、バスルームにはアメニティも一応揃っている。ハマムやサウナも完備している。朝食を取るテラスはガラス張りで眺めがよい。

フロントのスタッフは親切で感じがよかった。壁が薄いのか隣の音が丸聞こえだった。　（在ドイツ　かいなつ　'05春）

ベヤズット、アクサライ地区

ホテル

日本からホテルへの電話　国際電話会社の番号 + 010 + 国番号90 + 212（市外局番の最初の0は不要）+ 掲載の電話番号

ベヤズットからアクサライにかけては、安ホテルから高級ホテルまで、無数の宿が広範囲にわたって広がっている。レストランも多く、交通の便もよいので、宿探しには便利なエリアなのだが、売春宿があったり、夜間騒々しかったりと、イスタンブールでも有数の治安の悪いエリアということをお忘れなく。ホテルでの盗難事件もよく報告されているので、注意しよう。

中級 Map P.88A2

エブル Ebru Hotel

✉Mustafa Kemal Cad. No.29
TEL(0212) 530 7330　FAX(0212) 530 7331

D なし
S A/C 30€
W A/C 40€
US$ € JPY YTL
T/C 不可
C/C D J M V

●アクサライでハワシュを降りるとすぐ向かいにあるホテル。夜遅い到着のときにも便利。値段のわりに部屋はかわいらしい造りでバスルームも比較的新しい。エレベーターの装飾もユニーク。2階にはバーカウンターがあり、座ってくつろげるスペースもある。朝食のビュッフェも比較的品数が多い。

中級 Map P.90A3

レシャディエ Reşadiye Hotel

✉Büyük Karaman Cad. No.6 Fatih
TEL(0212) 635 9587　FAX(0212) 533 9292

inet www.fatihresadiyehotel.com
D なし
S A/C 30€
S A/C 40€
US$ € YTL
T/C 不可
C/C A M V

●アクサライの交差点から500mほど。全32室のホテルで、水道橋やファーティフ・ジャーミィに近い。朝食はオープンビュッフェ。全室エアコン付き。

とにかくお得感がバッチリでした。すべて朝食付きです。またアクサライ駅より徒歩10分というのも便利です。　（愛知県　保田邦博　'05春）

空港に深夜到着し、翌朝また空港に行かなければいけないときは、メトロやハワシュなどがあって空港とのアクセスがよいアクサライ地区に泊まるのも手。（編集室）

ロイヤル Royal Hotel

中級 Map P.88B2

✉Aksaray Cad. No.16
TEL(0212)518 5151　FAX(0212)518 5160

Inet www.royalhotelistanbul.com
D なし
S A/C 50US$
W A/C 70US$
US$ € YTL
T/C 不可
C/C M V

●アクサライとラーレリの中間ぐらいの所にある。オルドゥ通りOrdu Cad.からアクサライ通りAksaray Cad.を入って少し行った右側。全128室のかなり大型の4つ星ホテルで、ツアー客の利用が多い。レストランやバーもあり、室内の設備が充実しているわりに値段は安い。バスタブもゆったりとした造り。

エフェソス Hotel Ephesus

中級 Map P.88A2

✉Aksaray Cad. No.30
TEL(0212)518 5130　FAX(0212)518 5133

Inet www.hotelephesus.com
D なし
S A/C 60US$
W A/C 80US$
US$ € YTL
T/C 不可
C/C M V

●ロイヤル・ホテルの並びにある3つ星ホテル。ハワシュのアクサライ降車場からも近いので夜遅い到着でも安心。ガラス張りの近代的な外観が印象的。館内には宿泊者が使えるハマムがある（ハマム入場料5US$、サウナ7US$）。ロビーは狭いが、2階のレストラン階に広々したサロンがある。

プレジデント Best Western President Hotel

高級 Map P.89D2

✉Tiyatro Cad. No.25
TEL(0212)516 6980　FAX(0212)516 6999

Inet www.thepresidenthotel.com
D なし
S A/C 130€
W A/C 170€
US$ € JPY YTL
T/C US$ € JPY
C/C A D M V

●ベヤズット駅からティアトロ通りを下った左側。テラスのレストランや海側の部屋からはマルマラ海が一望できるので眺めは最高。オリエント・ハウスなどのレストラン、英国風パブ、プールやサウナ、フィットネスなどの設備も充実している。ロビーと一部の客室では無線LANが使える。

新市街

ホテル

日本からホテルへの電話 国際電話会社の番号 + 010 + 国番号90 + 212（市外局番の最初の0は不要）+ 掲載の電話番号

ヒルトンやインターコンチネンタルなど外国資本の大型チェーンホテルは、タクスィム広場周辺に集中している。手頃な中級ホテルは、テュネル近くやスラセルヴィレル通り沿いに数軒あるが、近年の値上がりにより1泊50€以下で探すのはなかなか難しい。

安い宿はイスティクラール通りの裏通りに点在しているが、あまりきれいではない。また、このあたりは夜の街なので、治安はよくない。

インカ Hotel İnka

中級 Map P.94A4

✉Meşrutiyet Cad. No.225
TEL(0212)243 1728　FAX(0212)249 2044

D なし
S A/C 60YTL
W A/C 80YTL
US$ € YTL
T/C 不可
C/C A M V

●ペラ・パラス・ホテルと同じ通り沿い。アメリカ領事館の前にあるホテル。公式料金はS 60US$、W 100US$だが、実際は半額以下の料金。安いだけあり、このあたりに並ぶ中級クラスのホテルのなかでは人気が高く、満室のこともある。夏期は予約してから行こう。

イスティクラール通り周辺には数は少ないが、キッチン付きのアパートメントタイプのホテルもあり、短期滞在でも泊まることができる。（編集室）

アウルパ Hotel Avrupa

中級 Map P.96B4

Topçu Cad. No.32
TEL(0212)250 9420　FAX(0212)250 7399

Mail otelavrupa@superonline.com
D なし
S 35€
S 35€
W 35€
W 45€
US$ € YTL
T/C 不可 C/C M V

●このエリアでは手頃な料金のホテルだが、センスよくまとめられた内装も清潔さも文句なし。英米のB&Bのような感じに、こぢんまりとまとまっている。各階にある共同バス（バスタブ付き）も家庭のものを思わせる清潔さで、広々としている。各階の部屋数が少ないため、占有できることも多い。朝食はビュッフェ方式。

ヴァルダル・パレス Hotel Vardar Palace

中級 Map P.95C3

Sıraselviler Cad. No.54-56
TEL(0212)252 2888　FAX(0212)252 1527

inet www.vardarhotel.com
D なし
S A/C 55€
W A/C 70€
US$ € JPY YTL
T/C US$ € C/C A M V

●スラセルヴィレル通りを下った右側にある重厚な建物。看板は小さいので見落とさないように。1901年に建てられた古い建物をホテルとして修復した。内部は近代的でビジネスホテルのようだ。このあたりでは安いほう。近くにスーパーマーケットもあって便利。

コナック Hotel Konak

中級 Map P.96B3

Cumhuriyet Cad. Nispet Sok. No.9
TEL(0212)225 8250　FAX(0212)232 4252

inet www.hotelkonak.com
D なし
S A/C 85€
W A/C 100€
US$ € YTL
T/C 不可
C/C A M V

●ジュムフリエット通りをタクスィムからオスマンベイ方面に向かった所にある。設備の整った全87室の4つ星ホテル。ドライヤーやお茶用の湯沸かし器なども完備している。室内からADSLのネットに接続可能。ジュムフリエット通りに面したキッチン付きのアパート(130€)が3室増築され、1室40m²と広々している。

タクスィム・セレクト Hotel Taksim Select

中級 Map P.96B4

Topçu Cad. No.19
TEL(0212)235 1000　FAX(0212)254 7595

inet www.taksimselect.com（トルコ語）
D なし
S A/C 90US$
W A/C 120US$
US$ € YTL
T/C 不可
C/C A M V

●団体客が多用するホテルの集中するこのあたりでは小さめのホテル。そのよさを活かすべく、ブティックホテルとして落ち着いた雰囲気にまとめられている。以前からあった3つ星ホテルを改装し、2001年にオープンした。設備もまだまだ新しい。ドイツ人やイタリア人ビジネスマンの利用が多い。

フェロンヤ Feronya Hotel

高級 Map P.96B4

Abdülhakhamit Cad. No.70-72
TEL(0212)238 0901　FAX(0212)238 0866

inet www.feronya.com
D なし
S A/C 100US$
W A/C 140US$
US$ € YTL
T/C 不可
C/C A D M V

●トプチュ通りの突きあたりを左に入った右側にある4つ星ホテル。衛星放送が見られるテレビが全室に付いている。春から夏にかけてのシーズンはテラスにレストランバーもオープンする。Eメールで予約すると割引になる。ビジネスセンターでのインターネット使用は無料。無線LANも使用可能。

コナック・ホテルに行きましたが満室でした。しかし、夜勤明けの従業員が、予算に合う別のホテル探しを一緒にしてくれました。　（奈良県　Y.A.　'05春）

タクスィム・スクエア Taksim Square Hotel

高級 Map P.95C2

✉Sıraselviler Cad. No.15
TEL(0212) 292 6440　FAX(0212) 292 6449

inet www.taksimsquarehotel.com.tr
D なし
S A/C 130US$
W A/C 180US$
US$ € JPY YTL
T/C 不可
C/C A M V

●タクスィム広場に面して建つホテル。広場を見下ろす客室も多い。広々と機能的な造りで海外ビジネスマンの利用も多い。全87室のうち12室がボスポラスビューで、55室がタクスィム広場を眺める部屋だ。1階のカフェTaksimodaは待ち合わせに便利。最上階には眺めのよいレストランもある。

泊まったわけではないですが、1階のカフェで街行く人を人間観察して楽しみました。　（東京都　売り奈良　'06秋）

マルマラ・ペラ Marmara Pera

高級 Map P.94A4

✉Meşrutiyet Cad.
TEL(0212) 251 4646　FAX(0212) 249 8033

inet www.themarmarahotels.com
D なし
S A/C 140€
W A/C 150€
US$ € YTL
T/C 不可 C/C D J M V

●旧メルキュール・ホテル。紫と白を基調としたシックながらもモダンなインテリアはデザイナーズホテルの趣。カフェやフィットネスセンターなどの設備も備える高級ホテル。客室ではADSLのネットに接続可能。ロビーでは無線LANが使用可能。

タクスィム・ヒル Taxim Hill Hotel

高級 Map P.95C2

✉Sıraselviler Cad. No.9
TEL(0212) 334 8500　FAX(0212) 334 8598

inet www.taximhill.com
D なし
S A/C 120US$
W A/C 150US$
US$ € YTL
T/C 不可 C/C A D J M V

●120年前の建物をモダンかつシックに改装した4つ星ホテル。タクスィム広場に面した絶好のロケーションで、1階のカフェは待ち合わせにも使いやすい。ジュニアスイートはエスプレッソマシンやジャクージ付き。内部に吹き抜けを造った上の階はノスタルジックな感じ。

タクスィム・メトロ・パーク Taksim Metro Park Hotel

高級 Map P.95C2

✉Osman sok. No.14 Taksim
TEL(0212) 292 6200　FAX(0212) 292 5111

inet www.taksimmetropark.com
D なし
S A/C 90€
W A/C 100€
US$ € YTL
T/C 不可
C/C M V

●2005年にオープンしたまだ新しいホテル。タクスィム広場に直接面してはいないが、大変近いので交通の便もよい。スタンダードクラスだがバスタブもあり、海が見える部屋も多い。室内はフローリングで、暖色系でシックにまとめられた室内の設備は、充分に4つ星クラス以上といえる。

グランド・オズタニク Grand Öztanik Hotel

高級 Map P.95C1

✉Topçu Cad. No.9-11 Taksim
TEL(0212) 361 6090　FAX(0212) 361 6078

inet www.grandoztanik.com（トルコ語）
D なし
S A/C 130€
S A/C 150€
US$ € JPY YTL
T/C US$ €
C/C A M V

●タクスィム近辺に系列ホテルを多くもつオズタニク・グループの最新ホテル。プールやハマム、インターネットなどの館内設備も充実しており、宿泊客は無料で利用できる。落ち着いた色調のホテルで、近隣のホテルのスタンダードルームに比べると部屋も広めでゆったりと滞在できる。

グランド・オズタニクやフェロンヤの周辺は大型ホテル街になっているが、日本からのツアーでもスタンダードクラスの場合、このエリアに泊まることが多い。（編集室）

ディワーン Divan Hotel

高級
Map P.96B4

✉Cumhuriyet Cad. No.2
TEL(0212) 315 5500 FAX(0212) 315 5515

inet www.divanoteli.com.tr
D なし
S A/C 190US$
W A/C 220US$
US$ € JPY YTL
T/C US$ € JPY C/C Ⓐ Ⓓ Ⓜ Ⓥ

●タクスィム広場からジュムフリエット通りを北に徒歩3分。コチュ・グループの5つ星ホテル。通りに面した喫茶店もおしゃれ。朝食は20US$。客室内はADSLにネット接続が可能で、ロビーやビジネスセンターでは無線LAN（1時間20€）が使用可能。

コンラッド Conrad İnternational İstanbul

高級
Map P.133B2

✉Yıldız Cad. Beşiktaş
TEL(0212) 227 3000 FAX(0212) 259 6667
日本の予約先：TEL(03) 5405-7700

inet www.conradhotels.com
D なし
S W A/C 360US$
S W A/C 375US$
料 T/C払いは手数料別途
付加価値値税18%別途
US$ € JPY YTL
T/C US$ € JPY C/C Ⓐ Ⓓ Ⓙ Ⓜ Ⓥ

●ベシクタシュの広場からバルバロス大通りを北上し、通りから入った坂の上にある。ユニークな曲線形のフォルムは、センスのよさを感じさせる。客室の数は600以上とかなり大型。また、ボスポラス海峡を見下ろす高台に位置しているので、最上階にあるレストランからの眺めも抜群。左表の上段はシティビュー、下段はシービューの料金。朝食は35YTL。

デデマン・イスタンブール Hotel Dedeman İstanbul

高級
折込Map 右C3

✉Yırdız Posta Cad. No.50 Esentepe
TEL(0212) 274 8800 FAX(0212) 274 8833

inet www.dedemanhotels.com
D なし
S A/C 106€～
W A/C 124€～
US$ € JPY YTL
T/C US$ C/C Ⓐ Ⓓ Ⓜ Ⓥ

●トルコ資本のホテルチェーン、デデマンがもつホテル。バルバロス大通りをひたすら北に行った所にあるが、遠いのでタクシーで行こう。レヴェント、メジディエキョイなどのビジネス街に近く、ビジネス客の利用が多い。ADSLのネット接続可能。夏期は値上がりする。

ソファ The Sofa Hotel

最高級
Map P.134

✉Teşvikiye Cad. No.123 Nisantaşı
TEL(0212) 368 1818 FAX(0212) 291 9117

inet www.thesofahotel.com
D なし
S W A/C 250€
料 付加価値値税18%別途
US$ € JPY YTL
T/C US$ €
C/C Ⓐ Ⓓ Ⓙ Ⓜ Ⓥ

●繁華街の中心や住宅街に溶け込むように建てられたブティックホテル。ショッピング街のニシャンタシュにあり、その利便性と行き届いたサービスでトップクラスの人気を呼んでいる。全82室が40m²以上で、ミニキッチン付きのレジデンスもあり、長期滞在のビジネスマンが多い。朝食は別途20€。

ヒルトン・イスタンブール Hilton Hotel İstanbul

最高級
Map P.96B2

✉Cumhuriyet Cad.
TEL(0212) 315 6000 FAX(0212) 240 4165
日本の予約先：TEL(03) 5405-7700

inet www.hilton.com
D なし
S A/C 360US$
W A/C 385US$
料 付加価値値税18%別途
US$ € JPY YTL
T/C US$ JPY C/C Ⓐ Ⓓ Ⓙ Ⓜ Ⓥ

●タクスィム広場から北に徒歩10分。デルタ航空などの航空会社の先を右折するとある。約5万3000m²という広大な敷地をもつ5つ星。設備面もさることながら、日本語によるモーニングコール、寝間着やスリッパの常備といった、日本人向けのサービスも充実している。ボスポラスビューはプラス50US$。無線LANは1日30US$。

スイソテルの近くにパルクサ・ヒルトンParkSA Hiltonがある。トルコのサバンジュ財閥（トヨタの合弁相手でもある）とヒルトンとの合弁で造られたホテルだ。（編集室）

ザ・マルマラ・イスタンブール The Marmara İstanbul

最高級
Map P.95C2

✉Taksim Meydanı
TEL(0212)251 4696　FAX(0212)244 0509

inet www.themarmarahotels.com
D なし
S A/C 203US$
W A/C 241US$
US$ € JPY YTL
T/C US$ JPY
C/C Ⓐ Ⓓ Ⓙ Ⓜ Ⓥ

●タクスィム広場に面して建つ5つ星ホテルで周囲のランドマーク的存在。バスターミナルや路面電車の停留所も目の前にあり、観光にも非常に便利な立地。最上階のバー＆レストランからはボスポラス海峡が見渡せる最高の眺め。日本人スタッフも常駐している。全館無線LANが無料で使用可能。

フロントのサービスもよく、日本人スタッフも親切でしたし、泊まって良かったと思いました。朝食もメニューがとても多くてフルーツもたくさんあってよかったです（6連泊だったので少々飽きましたが）。卵料理やソーセージ、ベーコンなどは毎日同じでしたが、ダイエットメニューなどもあって楽しめました。（北海道　T.H.　'06夏）

ハイアット・リージェンシー Hyatt Regency İstanbul

最高級
Map P.96B4

✉Taşkışla Cad. No.1
TEL(0212)368 1234　FAX(0212)368 1000
日本の予約先：TEL(03)3288-1234

inet istanbul.regency.hyatt.com
D なし
S A/C 220US$～
W A/C 260US$～
料 付加価値税18%別途
US$ € JPY YTL
T/C US$ € JPY
C/C Ⓐ Ⓓ Ⓜ Ⓥ

●ジェイラン・インターコンチネンタル・ホテルの向かい側。ピンク色の低階層の建物が印象的。客室の並びにプールやバーを配するなど斬新で凝った造りになっている。全360室。朝食は20US$。イタリアンレストランやバーなどもあり、ラウンジでクラシックの生演奏を楽しみながらのアフタヌーンティーも素敵。もちろんサウナやスイミングプールもある。

スイソテル・ザ・ボスフォラス Swissotel İstanbul The Bosphorus

最高級
Map P.97D3

✉Bayıldım Cad. No.2 Maçka
TEL(0212)326 1100　FAX(0212)326 1122
日本の予約先：無料 0120-660-815

inet www.swissotel.com
D なし
S A/C 250€
W A/C 285€
料 付加価値税18%別途
US$ € JPY YTL
T/C US$ € JPY
C/C Ⓐ Ⓓ Ⓙ Ⓜ Ⓥ

●ドルマバフチェ宮殿のある小高い丘に建つ5つ星ホテル。ロビーからはボスポラス海峡が一望のもと。中華料理の「故宮（コークン）」、日本食レストラン「京都（みやこ）」（月曜定休）があるのをはじめ、畳を敷いた日本間スイートも3室用意されている。海峡側でなければ料金は20€安くなる。無線LANはロビーなら1時間10€、ビジネスルームなら1日16€で使用可能。

ロビーからの眺めが最高で、ラウンジでアフタヌーンティーを楽しみました。（東京都　売り奈良　'06秋）

チュラーン・パレス Çırağan Palace Hotel Kempinski

最高級
折込Map 右C3

✉Çırağan Cad. No.84 Beşiktaş
TEL(0212)326 4646　FAX(0212)259 6686
日本の予約先：無料 0120-086-230

inet www.ciragan-palace.com
D なし
S W A/C 216US$～
S W A/C 329US$～
料 付加価値税18%別途
US$ € JPY YTL
T/C US$ € JPY
C/C Ⓐ Ⓓ Ⓙ Ⓜ Ⓥ

●ボスポラス海峡に接した唯一のホテル。1867年に建造された宮殿を、荘厳華麗な雰囲気をそのままにスイートルーム、レストラン、ショッピングアーケードに改築した。一般客室（左記料金上段は庭側、下段は海側）は隣接して併設された別棟だ。ここからの眺めももちろん抜群。スイートルームは1020US$～。朝食は44US$（税別）。全館無線LAN使用可能。夏期は値上がりする

チュラーン・パレスはイスタンブールを代表する豪華ホテルだが、シーフードのラレダンLaledanや宮廷料理のトゥーラTuğraといった名店もホテル内にある。（編集室）

ジェイラン・インターコンチネンタル Ceylan İntercontinental Hotel

最高級
Map P.96B4

✉Asker Ocağı Cad. No.1
TEL(0212)368 4444　FAX(0212)368 4449
日本の予約先：無料 0120-455655

inet www.interconti.com.tr
D なし
S W A/C 275US$
料 付加価値税18%別途
US$ € JPY YTL
T/C US$ € JPY
C/C A D J M V

●タクスィム広場の北に位置している。すばらしい眺めの屋上のバーをはじめ、レストランもムードたっぷり。ハマムも完備し、フィットネスジムも機材が充実している。ボスポラススイートでは、ボスポラス海峡を眺めながらジャクージにつかるという贅沢もできる。朝食は25€。無線LANは客室から1時間20€で使用可能。

ザ・リッツ・カールトン・イスタンブール The Ritz Carlton İstanbul

最高級
Map P.97C4

✉Asker Ocağı Cad. No.15
TEL(0212)334 4444　FAX(0212)334 4455

日本の予約先：無料 0120-853201
inet www.ritzcarlton.com
D なし
S W A/C 280US$～
料 付加価値税18%別途
US$ € JPY YTL
T/C US$ €
C/C A D M V

●海側から上がってくると、ホテルの入口は右側奥のほうにある。眼下にボスポラスを望むサロンでのハイティーは地元セレブに好評。スタンダードルームでもバスタブとシャワーキャビンが独立している。トイレも別のブースになっている。バスローブやセーフティボックスなども完備。朝食は25€。無線LANはロビーで1日35€（税別）。

空港周辺

ホテル

日本からホテルへの電話 国際電話会社の番号 + 010 + 国番号90 + 212（市外局番の最初の0は不要）+ 掲載の電話番号

市の南西に位置する空港は、地下鉄の開通で格段に便利になった。周辺の開発も進み、ビジネスユースのホテルも次々と開業している。手頃な料金のホテルはないが、高級ホテルを中心にチェーン系のホテルがいくつかある。朝早い出発や、トランジットには利用価値が高い。

エアポート Airport Hotel

高級
Map P.468

✉Atatürl Havalimanı Dış Haytlar Terninali Yeşilköy
TEL(0212)465 4030　FAX(0212)465 4730

inet www.airporthotelistanbul.com
D なし
S A/C 177US$
W A/C 201US$
US$ € JPY YTL
T/C 不可
C/C A D M V

●空港内にあるホテル。出国審査を出て左の突きあたりと、ターミナルビルを出た横の2ヵ所にある。空港内のほうがミニサイズ。室内のテレビではフライト情報が確認可能。空港内部のホテルは2時間（40US$）からの滞在が可能。4時間まで65US$、6時間まで80US$、9時間まで95US$、1泊130US$という値段設定。

ポラット・ルネサンス Polat Renaissance Hotel

高級
折込Map 右A4

✉Sahilyolu Ataköy
TEL(0212)414 1800　FAX(0212)414 1970

日本の予約先：無料 0120-142-536
inet www.polatrenaissance.com
D なし
S A/C 205€
W A/C 255€
US$ € JPY YTL
T/C 不可
C/C A M V

●展示会客などのビジネス客の利用が多い、空港からもほど近い5つ星ホテル。プールやフィットネスセンターなどの設備も充実している。海沿いにあり、タクスィムやバクルキョイ行きのバス停にも近い。空港へは送迎バスを運行しているが、タクシーでもそんなにかからない。朝食は別途20€。無線LANは客室から1日20€。

リッツ・カールトンはイノニュ・スタドゥの上にあるので、客室によってはスタジアムで行われるサッカーの試合を部屋から眺めることができる。（編集室）

スルタンアフメット地区

レストラン

トラムヴァイ沿いやスルタンアフメット駅の北側のエリアはレストランが多いが、国際的観光地だけあって、やや値段が高め。味も西洋風にアレンジされた店がかなり多い。安く庶民的なトルコの味を試したい人は、スィルケジ方面まで行けば大衆的なロカンタが軒を連ねている。

ラマザン中にはスルタンアフメット・ジャーミィの横にラマザン・シェンリックレリRamazan Şenlikleriといって、多くの屋台が軒を連ねる。菓子屋、ケバブ屋なども多く、見ているだけでも楽しい。ただしラマザン中なのでアルコール類は一切ない。

庶民的 キョフテ屋

セリム・ウスタ
Tarihi Sultanahmet Köftecisi Selim Usta

Map P.84B2

✉Divanyolu Cad.12/10
TEL(0212)513 6468
FAX(0212)513 7454
開10:30～22:30　休無休
💱US$ € YTL C/C不可

●有名なキョフテ専門店。1920年創業。外観や内装を小ぎれいに改装したが、地元の人たちに愛され続ける名店の味に変わりはない。キョフテは1人前7YTL、サラダは4YTL。ランチタイムは本当に忙しくにぎわっている。

庶民的 🍷 トルコ料理

アルトゥン・シシ
Altın Şiş Kebap Salonu

Map P.84A2

✉Peykhane Sok.
TEL(0212)516 8199
FAXなし
開7:00～22:30　休無休
💱US$ € YTL
C/C Ⓜ Ⓥ

●コーディアル・ハウスの隣にあるロカンタ。階段を下りた地下で店内も広い。ケバブから煮込み、ピデと豊富なメニューが自慢で、このあたりでは良心的な値段設定がうれしい。ケバブは各種5～10YTL、ピデは4～8YTL。キレミット（オーブン焼き）5～8YTL。

庶民的 🍷 ピデ屋

カラデニズ
Karadeniz Aile Pide ve Kebap Salonu

Map P.84B2

✉Hacı Tahsinbey Sok. No.1
TEL(0212)528 6290
FAXなし
開10:00～24:00（冬期～23:00）
休無休
💱US$ € YTL C/C Ⓜ Ⓥ

●トラムヴァイの通りから入ったハジュ・タフスィンベイ通りHacı Tahsinbey Sok.の左側にある。安くてアツアツのピデやキレミット・ケバブ（6YTL）が食べられるので地元の人にも人気。パンも焼きたて。ピデは各種5.50YTLと良心的な値段設定。ケバブも各種あり。

中級 トルコ料理

タマラ
Tamara Restaurant

Map P.84B3

✉Küçük Ayasofya Cad. No.4
TEL(0212)518 4666
FAX(0212)518 4000
開9:00～24:00　休無休
💱US$ € YTL C/C Ⓜ Ⓥ

●アラスタバザールの出口の近くにある、オリエンタルな雰囲気のレストラン。フルン・ベイティFırın Beyti（12YTL）などメインの肉料理は6～18YTL。名物のワン（ワン湖のほとりの町）朝食（ワン・カフヴァルトゥ）Van Kahvaltıは10YTL。

高級 🍷 トルコ料理

サルヌチュ
Sarnıç

Map P.85C1

✉Soğukçeşme Sok.
TEL(0212)512 4291
FAX(0212)513 3669
開19:30～22:30　休無休
💱US$ € YTL
C/C Ⓐ Ⓜ Ⓥ

●隣のアヤソフヤ・コナックラル系列。建築中に地下貯水池の遺跡が発見されたのを活かした造りとなっている。天井が高く雰囲気は抜群。スープ7.50～9YTL、メゼ15～27YTL、メイン19.50～32YTLといった値段設定。アヒルのオレンジソース（35YTL）がシェフのおすすめ。

カラデニズ・レストランは人気店だが、すぐ隣にはアクデニズAkdenizという名前の店があり、裏通りにも似たような名前の店があって非常にまぎらわしい。（編集室）

中級 🍷 トルコ料理

タシュ・ハウス
Taş Hause

Map P.84B1

⊠Alayköşkü Cad. No.6
TEL(0212)514 8554
FAXなし
inet www.tashouse.da.ru
開10:00～23:00 休無休
💱US$ € YTL C/C不可

●家族経営の40席の小さなレストラン。セットメニューは前菜、サラダ、メイン、デザート付きで魚料理が23YTL、シシケバブ19YTLとお得感がある。

☺こぢんまりとして落ち着けるトルコ料理店です。メゼがおすすめ。
(東京都　牧野明子　'05年1月)

中級 トルコ料理

メシャーレ
Cafe Meşale

Map P.85C3

⊠Arasta Bazaar No.45
TEL(0212)518 9562　FAXなし
開24時間
休無休
💱US$ € YTL
C/C Ⓜ Ⓥ

●アラスタバザールにあるカフェ＆レストラン。夏は毎晩、無料でメヴラーナのセマーのショーが行われる。冬は透明のテントで囲ったスペースも作られる。ギョズレメ(5YTL)からケバブまでメニュー豊富。水タバコは10YTL。19:00～23:00に生演奏あり。

☺夏の夕方、メヴラーナの踊りを見せています。おもしろかったです。
(石川県　Mayumi　'05春)

高級 🍷 魚料理

バルックチュ・サバハッティン
Balıkçı Sabahattin

Map P.85C3

⊠Cankurtaran Seyithasan Kuyu sok. No.1
TEL(0212)458 1824　FAXなし
開12:00～翌2:00 休無休
💱US$ € YTL C/C Ⓐ Ⓜ Ⓥ

●国鉄のジャンクルタラン駅に近い。魚の看板が目印。落ち着いた雰囲気のシーフードレストラン。魚介を使った前菜は7.50YTLほど。メインは25～30YTLで季節によってはカニやカキも出す。夏期はガーデンテラスでも食事ができる。

高級 🍷 魚料理

セブンヒルズ
Seven Hills Restaurant

Map P.85C3

⊠Tekvifhane Sok. No.8/A
TEL(0212)516 9467
FAX(0212)517 1085
inet www.hotelsevenhills.com
開11:00～23:00 休無休
💱US$ € YTL C/C Ⓐ Ⓜ Ⓥ

●セブンヒルズ・ホテルの4階と5階にあるレストラン。最上部のテラスからは360°のパノラマが広がり、眺めのよさはこの地区でも指折り。魚は常時8種類を揃えており、カラマル(イカフライ)は9YTL、エビ12YTL、タコのサラダは7.50YTL、フィッシュスープ5YTL。

高級 🍷 魚料理

コーズィ・バルック
Cozy Balık

Map P.84B2

⊠Divanyolu Cad. No.66/68
TEL(0212)520 0990
FAX(0212)520 0993
inet www.cozybalik.com
開12:00～15:00 18:00～24:00
休無休 💱US$ € YTL
C/C Ⓜ Ⓥ

●コーズィ・パブの4～6階にあるシーフードレストラン。最上階のテラス席からの眺めがすばらしい。毎日6～7種類の新鮮な魚が用意され、調理法も焼き魚、フライ、蒸し魚と選べる。マリネ(14.50YTL)やカリデスリ・ギュヴェチ(13.75YTL)が店のおすすめ。ワインも各種揃う。予算はひとり40～45YTL。

中級 🍷 韓国料理

漢陽飯店
Seoul Restaurant

Map P.85C3

⊠Akbıyık Cad. No.37
TEL(0212)458 0621
FAX(0212)458 0624
開12:00～22:00　休水
💱US$ € YTL C/C Ⓥ Ⓜ

●ホテルが密集するアクブユック通りにある韓国料理店。韓国からの団体ツアー客もよく利用している。ソウルスペシャル・フルコースは4人前で130YTL。ビビンパ17YTL、プルコギ25YTL、豚キムチは28YTL。韓国海苔やキムチはサービス。

タシュ・ハウスのオーナーの息子さんは日本語を勉強しているそうで、店には日本語メニューがある。間違いは多いが、英語メニューと比較しながら解読できる。(編集室)

中級 メキシコ料理

エル・トリート
El Torito

Map P.84A2

✉Pierreloti Cad. No.5
TEL(0212)516 9256
FAX(0212)516 9258
inet www.eltorito.com.tr（トルコ語）
開11:00～24:00　休無休
US$ € YTL C/C M V

●トルコに初めてメキシコ料理を持ち込んだといわれるチェーン店で、レヴェントなどにも支店がある。エクスプレス・フィエスタ・コンボは17.50YTL、ナチョスは9.50YTLなど。レストラン部門とファストフード部門に分かれているので予算に合わせてテーブルを選ぼう。

中級 インド料理

ダブ
Dubb Indian Restaurant & Cafe

Map P.84B2

✉İncir Çavuş Sok. 10
TEL(0212)513 7380
FAX(0212)513 8890
開10:30～22:30
休無休
US$ € JPY YTL
C/C A M V

●この地区唯一のインド料理の店。シェフはインド人でメニューも豊富。香辛料や米はインド産を使用。ヒヨコ豆のチャナマサラ(13.50YTL)、酸味が利いたムルグ・マカンマサラ(21.50YTL)、バター風味でマイルドなチキンコルマ(17.50YTL)などがおすすめ。29.50YTLと32.50YTLのセットあり。テラスからの眺めも抜群。

中級 カフェ

コーズィ
Cozy Pub

Map P.84B2

✉Divanyolu Cad. No.66/68
TEL(0212)520 0990
FAXなし
mail cozypub@superonline.com
開10:00～翌2:00　休無休
US$ € YTL C/C M V

●トラムヴァイの線路沿いにあるパブ。ベックBeckの生ビールが飲める貴重な店。もちろんエフェスの生もある。質感のあるバーカウンターがあり、トイレもユニーク。おつまみや各種食事メニューも豊富。メインは1品16～23YTL。上階はシーフードレストランになっている。

中級 カフェ

ルメリ・カフェ
Rumeli Cafe

Map P.84B2

✉Ticarethane Sok. No.8
TEL(0212)512 0008
FAX(0212)513 2404
開9:00～24:00
休無休
US$ € YTL C/C A M V

●スルタンアフメット界隈にあるおしゃれなカフェでは元祖的な存在。古代遺跡をイメージした店内はとてもロマンティック。キャンドルの明かりがよく似合う。おしゃれなメニューもいろいろ充実している。メインの料理は16～22YTL。3階にはテラス席もある。

中級 カフェ

アメドロス
Amedros Cafe Bar Restaurant

Map P.84B2

✉Hoca Rüstem Sok. No7
TEL(0212)522 8356
FAXなし
開9:00～24:00　休無休
US$ € YTL
C/C M V

●欧米のガイドブックでは高い評価を受ける人気店。店内はアンティーク調で暖炉もある。おすすめは壺を割って食べるテスティ・ケバブ(2人前48YTL)や、羊肉のホワイトソースのトプカプ・パラス(2人前44YTL)という創作料理など。トルコ各地のワインも揃う。

中級 カフェ

アルブラ
Albura Café & Restaurant

Map P.85C3

✉Akbıyık Cad. No.26
TEL(0212)517 9031
FAX(0212)517 9033
開9:00～24:00
休無休
US$ € YTL
C/C M V

●アクロポール・ホテルの向かいにある。メニューの幅も広く、店の内装も凝っている。前菜盛り合わせのメゼプレートは8.50YTL、壺焼きのテスティ・ケバブは2人前で39YTL。メインは15～19YTL、スパゲティは8.50～11YTL。デザートはブラウニー、バナナクレープなども。ワインも各種揃っている。

ダブのオーナーは日本語堪能なトルコ人だが、実は日本滞在中にインドカレーのおいしさに目覚め、イスタンブールでもインド料理店を開こうと決意したとか。(編集室)

スィルケジ駅周辺

レストラン

スィルケジ駅周辺には、ビュッフェスタイルのロカンタや軽食堂、本格的なレストランなど数も種類も揃っており、庶民的で安い店も多い。煮込み料理ならバックパッカーでにぎわう、イブニ・ケマル通りか、スィルケジ駅の周辺に点在するロカンタへ。甘いものならスィルケジからイェニ・ジャーミィの間に有名店がある。

庶民的 ケバブ屋
カルデシュレル
Kebapçı Kardeşler

Map P.86B3

✉Hocapaşa Sok. No.20
TEL(0212)527 0027
FAXなし
開6:00〜22:00　休無休
US$ € YTL
C/C M V

●ケバプチュ（ケバブ屋）を標榜しているからもちろんケバブが中心だが、煮込み料理を注文する人も多い。スープは1.50YTL。ブルグルピラウは1YTL、ファスリエは2YTL、ケバブ類は3.50〜4.50YTL、カダイフ1.50YTLなど。メニューは少ないが、かなり安い。

庶民的 煮込み屋
エティシュ
Et-İş Kahvaltı Izgara ve Yemek Salonları

Map P.86B3

✉Hocapaşa Sok. No.25　TEL(0212)513 1910　FAXなし

開7:00〜23:00　休無休
US$ € YTL
C/C M V

●煮込み料理が中心のロカンタで旅行者にも人気が高い。ピラウやスープは2YTL。煮込みは3.50〜4.50YTL、ケバブ類も4.50〜8YTLと安い。店のおすすめはサライ・ケバブという壺焼き料理。

☺イズミルキョフテは少々油っぽい。ほかの料理もまあまあでした。（北海道　T.H.　'06夏）

庶民的 煮込み屋
バルカン
Balkan Lokantası

Map P.86B3

✉Hocapaşa Sok. No.26
TEL(0212)514 3494
FAXなし
開6:30〜22:00
休無休
US$ € YTL C/C不可

●安い、うまい、清潔がモットーという煮込み料理の人気店。日替わりで25〜30種の料理が並ぶ。朝食はスープとパンで1YTL。肉入りの煮込み料理は2.30〜3.70YTL、野菜の煮込みなら1〜1.30YTLという安さが驚異的。サラダやピラウ、デザートなども各種1YTL。

☹レジをする人によってだいぶぼったくることがある。3倍ぐらいの値段を言われた。（東京都　miki　'05夏）

中級 🍸 トルコ料理
ハムディ
Hamdi Restaurant

Map P.86A3

✉Tahmis Cad. Kalçin Sok. No.15
TEL(0212)528 0390
FAX(0212)528 4991
inet www.hamdirestorant.com.tr
開11:00〜24:00 休無休
US$ € YTL C/C M V

●エジプシャンバザールのすぐ近く。海をのぞむ前面は冬はガラス張り、夏はガラスをはずしたオープンエアとなり、景色がすばらしい。料理はケバブが中心だが、地元では味に定評のあるレストラン。入口では自家製のクッキーやバクラワを販売しており、おみやげに人気。

☺とにかく眺めがすごい！　人気のお店なので、週末の夜は予約するか、早めに行ったほうが無難。（愛知県　池田真弓　'05春）

庶民的 🍸 居酒屋
ガル
Gar Pub

Map P.86B3

✉Muradiye Cad. No.11
TEL(0212)528 9786　FAXなし
開9:00〜翌2:00
休無休
US$ € YTL C/C M V

●トラムの線路沿いにあるのですぐに見つかる。店内は明るい感じ。レストランというより飲み屋に近い。生ビールが4YTLと安いので昼間からにぎわっている。つまみの料理も充実しており、ケバブは7〜10YTL。3階建てで上階の席もある。

イブニ・ケマル通りのロカンタは酒類を出さない店が多いが、故郷人酒家の東にあるハタイHatayは前菜も豊富で、ワインやビールなども出す。（編集室）

中級🍸 中華料理

故彡人酒家
Gu Xiang Ren Chinese Restaurant

Map P.86B4

⊠İbni Kemal Cad. No.15
TEL & FAX (0212) 528 9707
開 11:00〜23:00
休 無休
US$ € YTL
C/C 不可

●イブニ・ケマル通りにある中華料理店。写真入りメニューなのでわかりやすい。セットメニューは12、18、20YTLの3種あり。スープは4〜6YTL、春巻きは5YTL、水餃子5YTL、麺類は6YTL〜。魚料理は12.50〜19YTL、日本人には麻婆豆腐(8YTL)が人気。味付けはやや濃い目。

庶民的 パスターネ

コンヤル
Konyalı Pastanesi

Map P.86B3

⊠Mimar Kemalettin Cad.
TEL (0212) 513 9610
FAX なし
開 7:00〜20:00(日〜18:00)
休 無休 (レストラン部門は日曜)
YTL C/C Ⓜ Ⓥ

●地元でもうまさに定評がある菓子屋さん。スュトラッチなどのスイーツをはじめ、ケーキなどを立ったまま食べている人をよく見かける。バクラワの種類が豊富。スュトラッチやカザンディビなどは各種3.50YTL。裏道に面した入口から入ると、ファストフード部門がある。

庶民的 パスターネ

ハーフズ・ムスタファ
Hafız Mustafa

Map P.86A3

⊠Hamidiye Cad. No.84-86
TEL (0212) 526 5627
FAX (0212) 513 3611
開 7:00〜21:00
休 無休
US$ € YTL C/C Ⓜ Ⓥ

●1864年創業の老舗パスターネ。店内の飲食スペースはとても小さいので、テイク・アウトがメインとなる。スュトラッチなどは3.25YTL。バクラワは1kgあたり18YTL〜。おみやげにぴったりのロクムは1箱5YTL〜。店の2階に飲食できるスペースがある。

ベヤズット、アクサライ

レストラン

ベヤズットからアクサライにかけてはロカンタ、パスターネなどが多く、食べることに困ることはない。ベヤズットでは大通り沿いのほか、大通りの南側に入った路地にもたくさんの庶民的なロカンタや居酒屋があり、値段もそれほど高くない。

アクサライではムスタファ・ケマル通りMustafa Kemal Cad.に多くのロカンタが並び、マクドナルドやバーガーキングなどのファストフード店もある。

庶民的 パスターネ

ハジュ・ボザン
Hacı Bozan Oğulları

Map P.88B2

⊠Ordu Cad. No.279
TEL (0212) 518 6920
FAX (0212) 644 0250
開 7:00〜23:00
休 無休
US$ € YTL C/C Ⓐ Ⓜ Ⓥ

●ラーレリ駅から線路沿いにアクサライの方向へ向かった左側にある人気のパスターネ。50年以上やっている老舗。大通りに面しているので、いつもにぎわっている。バクラワなどの種類が豊富で、牛乳を使ったスイーツに定評がある。各種ケーキも豊富。

高級 宮廷料理

ダーリュッズィヤーフェ
Darüzziyafe Türk Mutfağı

Map P.91C3

⊠Şifahane Cad. No.6
TEL (0212) 511 8414
FAX (0212) 526 1891
inet www.daruzziyafe.com.tr(トルコ語)
開 12:00〜23:00 休 無休
US$ € YTL C/C Ⓐ Ⓜ Ⓥ

●オスマン朝宮廷料理を出す店。ロカンタとはひと味違う凝った盛りつけが美しい。建物はスュレイマニエ・ジャーミィの神学校を利用しており、雰囲気も味わえる。ユフカ(クレープのような薄い小麦粉生地)で包んだキョフテのユフカル・キョフテなど。アルコールはない。

☺あまり観光客がこないヴァレンス水道橋の裏は、なんと肉屋街になっています。そこに行けば、安くておいしいケバブが食べられます。 (愛知県 保田邦博 '05春)

新市街

レストラン イスティクラール通りを筆頭に、安いロカンタから高級レストラン、おしゃれなカフェまでバリエーションは多い。庶民的な安いロカンタやドネルケバブのスタンドはテュネルのあたりやスラセルヴィレル通りに多い。おしゃれなカフェやパスターネなどはイスティクラール通りに点々とある。また、イスティクラール通りを横に入った裏通りには居酒屋が多い。民謡酒場などもあり、夜はトルコ民謡のライブ演奏で盛り上がりをみせる。

中級 トルコ料理

ハジュ・アブドゥッラー
Hacı Abdullah Restaurant

Map P.94B2

✉Ağa Camii Sakızağacı Cad. No.17
TEL(0212)293 8561
FAX(0212)244 3297
inet www.haciabdullah.com
開12:00〜22:30　休無休
US$ € YTL C/C Ⓐ Ⓜ Ⓥ

●イスティクラール通りを南に行き、アー・ジャーミィを右に入った左側。1888年創業という老舗で、宮廷料理も出す。店内はゴージャスな雰囲気。メニューは豊富。

ウズガラ・キョフテがとてもおいしかった。店内も高級感があってゆったりできて雰囲気もいいお店だった。　（北海道　T.H.　'06夏）

中級 🍷 トルコ料理

ハジュ・ババ
Hacı Baba Restaurant

Map P.95C2

✉İstiklâl Cad. No.49
TEL(0212)244 1886
FAX(0212)245 3382
開12:00〜24:00　休無休
US$ € YTL C/C Ⓐ Ⓜ Ⓥ

●タクスィム広場からイスティクラール通りに入った所、左側にある超有名店。料理もデザートも種類が豊富で、ひととおりのトルコ料理が楽しめる。メイン料理は10US$ほど。ベーエンディ・ケバブやタンドゥル・ケバブなどがおすすめ。

ウエーターのサービスもよく料理もおいしくて量が多くて満足でした。　（愛媛県　エヒメ　'06春）

高級 トルコ料理

カブルガ・ソフラス
Kaburga Sofrası

Map P.94A3

✉İstiklâl Cad.
Yapı Kredi Kültür Merkez Karşısı
TEL(0212)251 9977　FAXなし
inet www.kaburgasofrasi.com.tr
開12:00〜23:00　休日
US$ € YTL C/C Ⓜ Ⓥ

●南東部にあるマルディンの郷土料理の専門店で、ムンバルといわれる腸詰めやイチリ・キョフテが定番ピラフ詰めの鶏のカブルガ・ドルマス(Kaburga Dolması)も人気メニューで2人前からオーダー可。シシリやアクサライにも支店がある。アルコール類は出していない。

中級 🍷 ワインバー

シャラビ
Şarabi

Map P.94B3

✉İstiklâl Cad. No.174
TEL(0212)244 4609
FAX(0212)292 8189
Mail sarabi@superonline.com
開11:00〜翌2:00　休無休
US$ € YTL C/C Ⓐ Ⓜ Ⓥ

●常時100種類以上のワインを取り揃えているワインバー。店のおすすめはサーモン・サシミ20YTLや赤ワインとポルチーニ茸ソースのシャラビ風ステーキ23YTLなど。オリジナルハウスワインもおすすめ。

生ハムのピザがおいしかった。窯焼きで薄い生地の本格的ピザです。　（北海道　T.H.　'06夏）

高級 🍷 無国籍

360(ユチュズ・アルトゥムシュ)イスタンブール
360 İstanbul Restaurant

Map P.94A3

✉İstiklâl Cad. Mısır Apt. No.311 K.8
TEL(0212)251 1042
FAX(0212)251 1048
inet www.360istanbul.com
開12:00〜翌2:00(金〜翌3:00)
土・日18:00〜翌2:00 休無休
US$ € YTL C/C Ⓓ Ⓙ Ⓜ Ⓥ

●イスタンブールで今一番はやりのレストランのひとつ。その名のとおり周囲がガラス張りでイスタンブールを360°見回せる。建物は歴史的なムスル・アパルトマン。料理はフュージョンで、アジアンビーフタルタルは12YTL。ヌードルなどもある。寿司バーも併設されており、有名人もよく訪れるスポットだ。

カブルガ・ソフラスのアクサライ本店はトラムヴァイがあるアクサライ交差点を西に行き、3本目の道を入った右側にある。(編集室)

中級 日本料理

カフェ文花
Japanese Café Bunka

Map P.94B2

✉Ana Çeşme Sok. No.3
TEL(0212)293 3249
FAXなし
inet www.japonkultur.com
開12:00～23:00　休日
US$ € JPY YTL　C/C J M V

●日本文化情報センターの1階にある。和風な店構えで店内も茶店風になっているので、ホっとひと息入れるのにぴったり。緑茶や抹茶などは各種5.50YTL～。唐揚げ（9YTL）やカレーライス（12.50YTL）、うどん（15YTL）、巻き寿司（12YTL）なども出している。

高級 日本料理

ギンザ
Ginza

Map P.94A4

✉İstiklâl Cad. No.445
TEL(0212)243 8765　FAXなし
inet www.sushico.com.tr
開12:00～23:00（金・土～23:30）
休日
US$ € YTL
C/C A M V

●市内で中華や寿司レストランを展開するスシコSushicoチェーンの店。寿司と中華、タイ料理が楽しめる。スズキの蒸し物24YTL、寿司セット22YTL～、麺類は8YTL～。日本酒のほか各種アルコールも揃う。ナイトクラブ風にシックな内装で、バーカウンターや生演奏もあり、金曜はDJイベントがある。

高級 日本料理

東京
Tokyo Japanese Restaurant

Map P.95C2

✉İstiklâl Cad. Meşelik Sok.
TEL(0212)293 5858
FAX(0212)293 4424
inet www.tokyo-restaurant.com（トルコ語）
開11:00～23:00 休無休
US$ € JPY YTL C/C M V

●2006年にオルタキョイから移転し、以前の居酒屋的な雰囲気からおしゃれな店に生まれ変わった。焼きそばや野菜炒め、コロッケといった居酒屋的メニューも残るが、アボガドやチーズ、サーモンなどを使った創作寿司も出す。寿司の盛り合わせは30YTL。2階は座敷席になっている。

高級 日本料理

ハイ! スシ
Hai! Sushi

Map P.96B3

✉Cumhuriyet Cad. No.2
TEL(0212)315 5681
FAX(0212)315 5515
開12:00～15:00
18:30～23:30 休無休
US$ € JPY YTL C/C A D J M V

●食事に定評があるディワーン・ホテルにある回転寿司の店。入口はホテルの正面から見ると左サイドにある。インテリアはモダンなカフェのような感じ。うどん（7.50YTL）などもある。寿司を握る日本人スタッフはふたりいる。料金はひと皿4.50～10.75YTL。

高級 日本料理

豊
YUTAKA

Map P.96B4

✉Hyatt Regency, Taşkışla Cad.
TEL(0212)231 1306
FAX(0212)231 4283
開12:00～14:30
18:00～23:00（日～22:30）休無休
US$ € JPY YTL C/C A D J M V

●ハイアット・リージェンシー・ホテルの隣にある人気の日本料理店。店の構えも日本風。味はもちろん太鼓判付き。メニューも豊富で、寿司にぎり盛り合わせが35.50YTL、雑炊12.50YTL～、冷奴10YTLとメニューの種類も豊富。オーダーストップは閉店30分前。ランチも毎日やっている。

高級 日本料理

優曇也
Udonya

Map P.96B4

✉Topçu Cad. No.8
TEL(0212)256 9318
FAX(0212)256 6914
開12:00～14:30 18:30～22:30
休日
US$ € JPY YTL C/C A M V

●ホテルが並ぶトプチュ通りにある日本食レストラン。モダンなテイストを取り入れた和風な店内。シェフは日本人。メニューはミニうどんなど。ランチとディナーの間は閉店するので注意しよう。メニューはうどん（11.50YTL～）のほかにも寿司、天ぷらなどがあり、各種23.00YTL～。

以前は数軒しかなかった日本料理店だが、ここ数年は世界的な日本食ブームに乗って新市街を中心におしゃれな日本料理店が続々とオープンしている。（編集室）

中級 🍷 イタリア料理

カフェ・イタリアーノ
Cafe Italiano

Map P.96B4

✉Cumhuriyet Cad. No.25
TEL(0212)237 9989　FAXなし
inet www.cafeitaliano.com.tr
開9:00〜24:00
休無休
💳US$ € YTL C/C A M V

●ホテルが並ぶエリアにある。イスタンブール在住のイタリア人も太鼓判を押すというピザのほか、パスタや大きなサラダ、メインまで揃ったカジュアルな雰囲気の店。地中海風ピザ11.50YTL、フェットチーネ8.90YTLなど。フルボトルのワインも手頃な料金。

庶民的 スープ専門

ラーレ・イシュケンベジ
Lale İşkenbeci

Map P.94B2

✉İstiklâl Cad. Asmalı Mescid Sok.
TEL(0212)245 5064
FAXなし
開10:00〜23:00
休無休
💳US$ € YTL C/C不可

●お酒を飲んだあとのイシュケンベ（ミノのスープ）は日本でいえば飲んだ締めのラーメンのようなもの。店主の熱意もあって、常に人気上位を占める人気店。タクスィム広場に近く、24時間営業なので、夜中のほうがにぎわう。1杯5.50YTL〜。アクメルケズ前にも支店ができた。

中級 パスターネ

クレメリア・ミラノ
Cremeria Milano

Map P.94A4

✉İstiklâl Cad. Asmalı Mescid Sok.
TEL(0212)245 5064
FAXなし
開10:00〜23:00
休無休
💳US$ € YTL C/C M V

●散策に疲れたら寄りたいかわいらしい店。1930年代のイタリアのレシピをそのままに添加物を一切使わないジェラートの製造販売をしている。各種ケーキやスイーツの種類も充実。イタリアをはじめ、イスラエル、チェコなどで幅広くチェーン展開している。

庶民的 パスターネ

マド
MADO

Map P.94B3

✉İstiklâl Cad. 186/2
TEL(0212)244 1781
FAX(0212)245 6675
開7:30〜翌2:00　休無休
💳US$ € YTL C/C M V

●ガラタサライ高校の近くにある、ドンドゥルマ専門のチェーン店。持ち帰りならダブルで2.50YTL〜。ほかにもメニューやトッピングは多数。派手なパフォーマンスはないが、落ち着いた店内で座って味わうことができる。

☺ドンドゥルマよりは普通のアイスに近い感じ。もっちりとした食感でおいしかったです。（愛媛県　エヒメ　'06春）

☺20種類くらいあり迷ってしまいます。マンゴーアイスとフルーツミックスがおすすめです。（茨城県　nao　'06夏）

庶民的 パスターネ

サライ
Saray Muhallebisi

Map P.94B2

✉İstiklâl Cad. No.173/175
TEL(0212)292 3434
FAX(0212)243 4101
開6:00〜翌2:00　休無休
💳US$ € YTL C/C M V

●イスティクラール通りにある、1949年創業の有名な菓子屋。2006年に通りの向かい側に移転し、大型店になった。おすすめは店名のサライ・ムハッレビスィ(3.50YTL)とスー・ムハッレビスィ。夏はドンドゥルマも人気。

☺軽く食事をしようと思い、デュルム・ドネルを注文したら、とてもおいしくて、大きかったが食べきれた。少し脂っぽかった。（北海道　T.H.　'06夏）

庶民的 パスターネ

ボルル・ハサン・ウスタ
Bolulu Hasan Usta

Map P.94B2

✉İstiklâl Cad. No.159
TEL(0212)245 5064　FAXなし
inet www.boluluhasanusta.com.tr
開8:00〜翌2:00　休無休
💳US$ € YTL C/C M V

●牛乳を使ったスイーツの専門店。イズミル発祥の店だが、イスタンブールにもおもな繁華街やデパートに支店がある。クリーミーなスュトラッチやタウック・ギョウスなどは3.50YTL前後。ホームメイドのアイスクリームも人気。

ラーレ・イシュケンベジのオーナーは、イシュケンベ・チョルバスの効能を医食同源の観点から語らせたら止まらないほどの情熱をイシュケンベに注いでいる。（編集室）

ナイトクラブ

レストラン

ベリーダンスなどが見られるショーレストランは、19:30頃から食事を取り、21:00頃から23:00頃までダンスショーを楽しむことが多い。食事には飲み物が含まれるのが普通だが、ワインならハーフボトル、ビールやラクやソフトドリンクは2杯までとリミット付き。リミットを越える場合は高級ナイトクラブにふさわしい料金を取られるのでご注意。以下のナイトクラブでは、予約すれば無料送迎を行っている。送迎はミニバスなので、座席数は多くなく、当日予約では難しい。無料送迎を希望する場合は1週間ほど前に予約しよう。

高級 ナイトクラブ

オリエント・ハウス Orient House

Map P.89D2

✉Tiyatro Cad. No.27
TEL(0212)517 3488
FAX(0212)517 7563
Mail turkiye2008@yahoo.co.jp
開20:00～翌1:00 休無休
US$ € JPY YTL
C/C A D M V

●ベヤズットにある有名なショーレストラン。ベリーダンスやフォークロアのディナーショーが行われている。選択できるコース料理、ドリンク2杯、ショーチャージが込みで75€。左記のEメール(日本語可)で予約し、現金払いするとホテルへの送迎込みで60€になる。食事なしドリンクのみの料金は50€。

高級 ナイトクラブ

ケルヴァンサライ Kervansaray

Map P.96B2

✉Cumhuriyet Cad. No.30 Harbiye
TEL(0212)247 1630
FAX(0212)231 5888
inet www.kervansaraygroup.com
開20:00～翌1:00 休無休
料食事＋飲み物＋ショー75€
飲み物＋ショー50€
US$ € JPY YTL C/C A M V

●ヒルトン・ホテルのすぐ横。外国人の団体観光客に人気が高いタクスィム広場からも徒歩で行ける。ベリーダンスのほか、黒海や中部アナトリア、コーカサス地方などの民俗舞踊も鑑賞できる。前菜からデザートまでメニューはいろいろと選択できる。チャージに含まれる飲み物とは別に、ウエルカムシャンパンのサービスがある。

ベリーダンスが終わったら歌手のおじさんのステージが始まって1時間ぐらいのショーがありました。いろんな国（お客さんすべて）の歌を歌って最後はみんなでダンスをして終了でした。おもしろかったです。　（北海道　T.H.　'06夏）

高級 ナイトクラブ

スルタナス Sultana's

Map P.96B3

✉Cumhuriyet Cad. No.16 Elmadağ
TEL(0212)219 3904
FAX(0212)230 6305
inet www.sultanas-nights.com
開20:00～翌1:00 休無休
料食事＋飲み物＋ショー85€
飲み物＋ショー50€
US$ € JPY YTL C/C A M V

●ヒルトン・ホテルの近くにある。入口はREGINAというキャバレーなので少々いかがわしい感じもするが、さらに階下に下りた所に150人ほどのキャパシティの内装の凝ったホールがある。比較的新しいクラブだ。ハレムでの生活を表したものなどオリジナルのショーもある。

ナイトクラブのような雰囲気の店で、ダンサーもプロではなかった。　（京都府　N.T.　'05春）

中級 ナイトクラブ

ガル Gar

Map P.88A3

✉Mustafakemalpaşa Cad.
TEL(0212)588 4045
FAX(0212)530 2041
開20:00～翌1:00　休無休
料食事＋飲み物＋ショー50€
飲み物＋ショー35€
US$ € JPY YTL C/C A M V

●イェニカプの駅の高架下にある老舗。スルタンアフメット地区からも近い。2ホールあるがいずれも広く、団体客も多いので席によってはかなりステージから遠くなる。前菜は選択肢なしだが、メインには魚も選べる。価格的には一番安いが、質もそれなり。周囲の治安はあまりよくないので、送迎かタクシーを利用しよう。

街のあちこちにİstanbul Simitなどのスィミットのチェーン店がありました。安くておいしいのでおすすめ。朝ご飯でもお世話になりました。（千葉県　bibi　'05春）

ミニ特集
買う

高品質でお買い得！ トルコのブランド大集合

トルコのファッション＆雑貨ブランドは、ヨーロッパなどにも輸出していて品質は確か。街の露店で探すときのように激安ショッピングとはいかないものの、日本に比べれば安い掘り出し物がたくさんある。

VAKKO

最高級ブランド。シルクのスカーフやネクタイが有名だが、ファッションを中心にファブリックなどの雑貨、香水などの化粧品、チョコなどの嗜好品まで幅広く自社製品を展開する。若者向けの第2ブランド、ワッコ・ラマも人気がある。

inet www.vakko.com.tr

MUDO CONCEPT

トルコ最大の生活雑貨チェーン。ショッピングセンターに入っていることも多い。家具などの大物から、キッチン・バス用品、照明器具、アートフラワーまでひととおりの物が揃う。

inet www.mudo.com.tr（トルコ語）

Paşabahçe

ガラス製品の第一ブランド。大量生産品もあるが、直営店で扱う高級品が有名。青白のストライプ（ブルブル）やオスマン朝様式、アナトリア発掘物などのデザインが人気。

LINENS

シーツやタオル、バスローブ、カーテンなどホームファブリック全般を扱う。高品質なのでウエディングリストなどに利用されることも。リネンや手刺繍のハンドタオルが美しい。

HOTİÇ

手頃な値段とデザイン性の高い靴で人気の店のひとつ。鞄も多少は置いてある。男女ともにあるが、店舗によっては女性物のみ。バーゲンは最高70%オフまで下がる。

inet www.hotic.com.tr

DERIMOD

紳士婦人を問わず、靴、鞄まで革製品なら何でも揃う。地元の人にも人気があり、年2回のバーゲンで定番商品のゲットを待つ人も。大型店舗ではデッドストックものを扱うところもあり。

Mavi JEANS

トルコはLevi'sなど欧米ジーンズの生産基地のひとつでもあるのだが、ジーンズの地元ブランドといえばここ。カジュアルな品揃えだが、センスには定評がある。

inet www.mavijeans.com（トルコ語）

COLLEZIONE

ここ数年で一気に店舗数を増やしたカジュアルウエアの店。男、女、子供服、靴、鞄、ベルトまでトータルに揃うこの店の人気の秘密はやっぱり価格。とにかく安い。

inet www.collezione.com.tr

マーヴィ・ジーンズMavi Jeansはアメリカやドイツ、オーストラリアへもショップを展開しており、その品質とデザインは高い評価を得ている。（編集室）

Erol

紳士物全般だが、特にアルトゥン・ユルドゥズALTIN YILDIZなど上質の国産生地を使ったスーツが100～200US$前後と安く、欧米のビジネスマンのなかには毎年買いに来るという人もいる。

KIĞILI

イスティクラール通りに店を構えた、初めてのトルコブランドといわれる紳士服店。最近は海外進出構想もあるようで、安定した品質を誇る。サイズは大きめが多いが直してくれる。

YARGICI

落ち着いた趣の男女両方の服で人気。最近はWATER WORKSというシンプルなボトルデザインのバスグッズを販売していて、トラベルセットなどは手頃なかわいさ。
inet www.yargici.com.tr

KOTON

幅広い客層に対応したサイズとデザイン展開の婦人服が人気。カジュアルからビジネススーツまで価格帯は低め。イスティクラール通り店にはデッドストックもある。
inet www.koton.com.tr

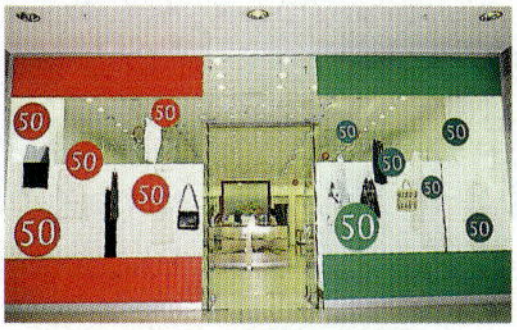

IPEK YOL

シルクロードという意味の店名の婦人服ブランド。ドレッシーで女らしいデザインを得意とする。色合いも落ち着いたものが多く、客層は20～40歳くらいという。
inet www.ipekyol.com.tr

NINE WEST

女性用の靴、鞄、ベルトなどが、本革製でも50US$からの手頃な値段で買える。デザインも凝りすぎないシンプルなものが多く、特に靴は履くほどに足になじむと評判で、ファンも多い。

ショッピングセンター

CAROUSEL / BAKIRKÖY
開10:00～22:00　TEL(0212)570 8434
inet www.carousel.com.tr（トルコ語）
バクルキョイの鉄道駅と、海沿いのバスの駅とを結ぶ通りにある。店の数は少なめだが名前の由来となったメリーゴーランドがあり、家族連れも多い。

GALLERIA/ BAKIRKÖY
開10:00～22:00
TEL(0212)559 9560
バクルキョイの海沿いの道に面し、バス停にも近い。フードコート、スーパー、銀行、スケートリンクなどもある。半分はÇARŞIというデパート。

CARREFOUR / ERENKÖY
開10:00～22:00　TEL(0216)448 0237
ÇARŞIやBAUHAUSなどと同敷地内で巨大なショッピングモールを形成している。ほとんどのトルコブランドもあり、見るだけでも1日がかり。

KANYON / LEVENT
開10:00～22:00　inet www.kanyon.com.tr（トルコ語）
メトロのレヴェント駅Leventに直結している。峡谷をイメージして造られたショッピングセンター。ハーゲンダッツやヌードルバーもある。

MAYADROM / AKATLAR
開10:00～22:00　TEL(0212)352 3136
inet www.mayadrom.com.tr（トルコ語）
店の数は少ないが、映画館がゆったりとしていたり、寿司屋やイタリア料理など食事ができる店があったりと高級感がある。大人向けデートスポット。

大型みやげ店

BAZAAR 54
開9:00～18:00（無休）
TEL(0212)511 6500
✉Nuruosmaniye Cad. No.65
音楽ショップや免税店なども展開するNETグループが経営する高級絨毯販売店。宝石やVAKKOスカーフなども置いてあるので旅行者に便利。日本語可。

HADOSAN
開9:00～19:00（無休）　TEL(0212)520 6563
✉Mollasenare Mah.Vazerhan Cad. No.48-52 Cağaoğlu
日本の商社マンなども利用する店。カッパドキアに大型の工場があるのでグループはそちらに行くことが多い。日本語可。

SENTEZ
開9:00～18:00（無休）　TEL(0212)510 9151
✉Demirhane Sok. Hacı Reşitbel Sok. No:9 Zeytinburunu
イスタンブールの大型店のなかで唯一、小さいながらも工場をイスタンブールにももっている店。空港へ向かう途中立ち寄ってもよい。

ショップのある場所

- イスティクラール通り
- アクメルケズ
- ニシャンタシュ地区
- オリヴィウム
- バーダット通り

メトロのメジディエキョイMecidiyeköy駅に直結したジェヴァーヒルCevahirはヨーロッパ最大規模を誇るショッピングセンター。遊園地や映画館などもある。（編集室）

エリア別ショッピングガイド

グランドバザール P.124

グランドバザールは、トルコ語で屋根のある市場という意味のカパル・チャルシュKapalı Çarşıと呼ばれている。とにかく広大だから、ひとたび入り込んだら、なかなか同じ出入口からは出られない。1軒1軒の店は、間口、奥行きとも狭く、それだけに無数の店がある。その数は約4400軒ともいわれているほど。とはいえ、同じ品物を売る店は、ある程度固まっているので、買いたいものが決まっている場合は、比較的買い物は楽だ。宝石屋が並ぶ大きな通り、クユムジュラル通りKuyumcular Cad.の位置を常に頭に入れておくとそんなに迷わない。

もともとは、15世紀半ばにメフメット2世により建設されたイチ・ベデステンİç Bedesten、サンダル・ベデステニSandal Bedesteniというふたつの市場が中心と

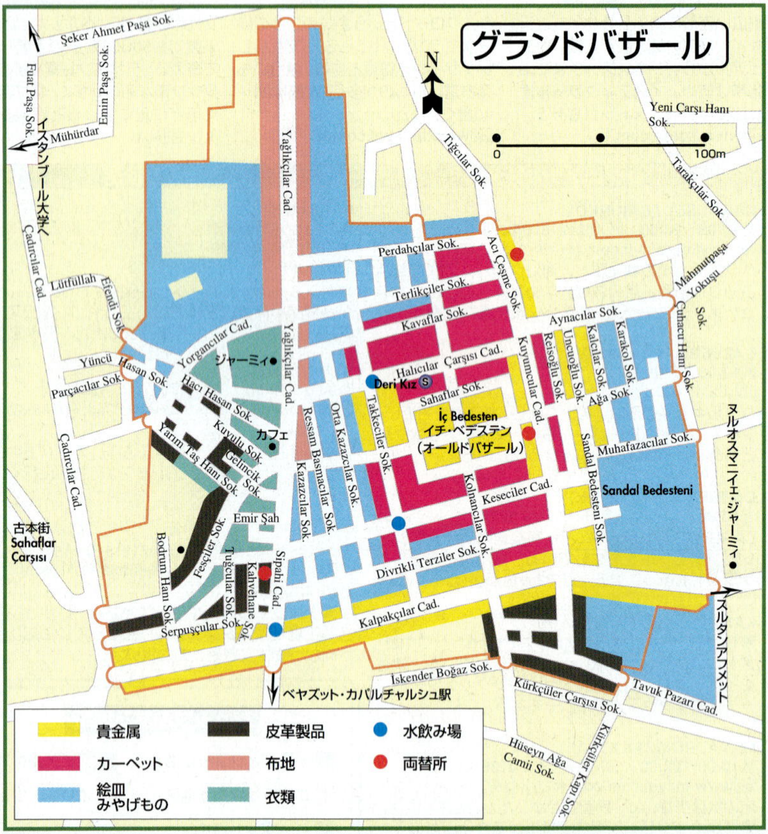

なっている。古くからイチ・ベデステンには金・銀・宝石を扱う貴金属店が集まっており、その伝統は今でも続いている。現在では時計やアクセサリーなどアンティークを売る店も多い。

またサンダル・ベデステニでは、おもに絹などの商品を扱っていた。その後バザールは増殖を続け、現在のような巨大市場へ成長していった。

バザールを歩いていると、日本語でさまざまな客引きの呼び声がかかる。時代を反映し、迅速に日本の情報を取り入れたりしているので、思わず笑みがこぼれることもあるだろう。

エジプシャンバザール P.127

一方、おじさん、おばさんが買いに来る庶民的な市場がエジプシャンバザールだ。その昔、この市場がエジプトからの貢ぎ物を集め、設営されたことにちなんで、トルコ語でムスル・チャルシュスMısır Çarşısıと呼ばれている。かつては90軒近く香辛料の店が並んでいたことから、別名、香辛料市（スパイスバザール）ともいう。現在はかなり減少したが、それでも色鮮やかな数々の香辛料が軒先に並ぶさまが楽しめる。市場の周辺にも食料品や日用品を売る店が並ぶ。

グランドバザールの絵皿屋さん

グランドバザールの入口

グランドバザールの貴金属店

象嵌細工の店

クッションカバー

何でも試食させてくれる

スパイスの香りが充満するエジプシャンバザール

中国緑茶も最近上陸してきた

スジュクと呼ばれるサラミソーセージ

スパイスがいろいろ並ぶ

オリーブ

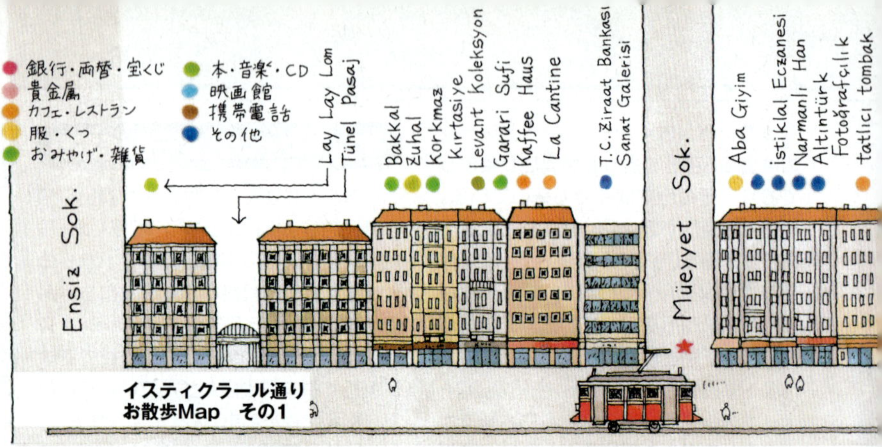

エリア別ショッピングガイド

オルタキョイ

P.134

オルタキョイは、ボスポラス大橋のたもと、瀟洒なオルタキョイ・ジャーミィのある一角である。ここは毎週日曜になると多くの露店が出て、まるで原宿のようなにぎわいとなる。海を見ながらカフェで語らう若いカップルや、クムピルという大きなベイクドポテトをほおばる観光客でにぎわう。手作りアクセサリーを見つけるなら必見の町だ。

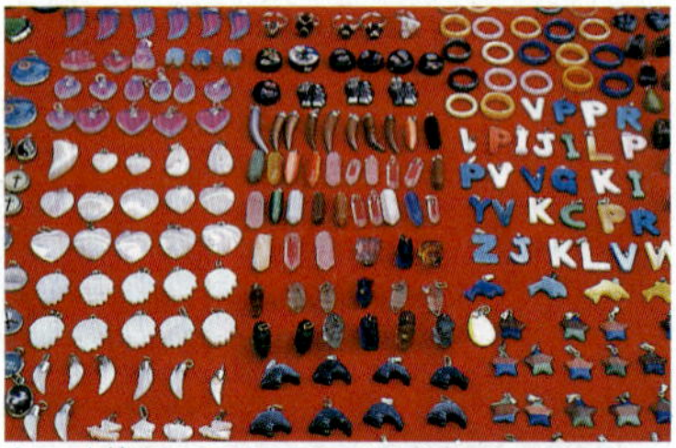
ちょっと懐かしいテイストのアクセサリー

トルコらしいアクセサリー付きウィッグ

シルバーアクセサリーの種類も豊富

手作りのマントゥを出す店。餃子と似た作り方

カラフルなブレスレット

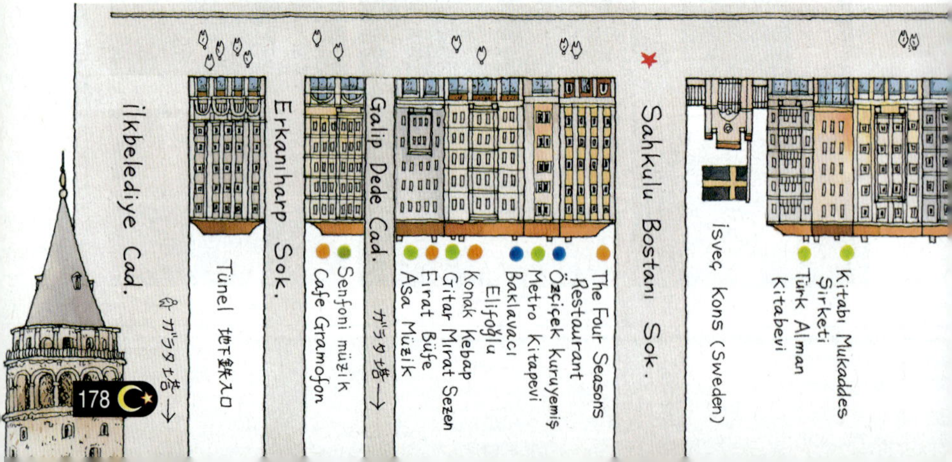

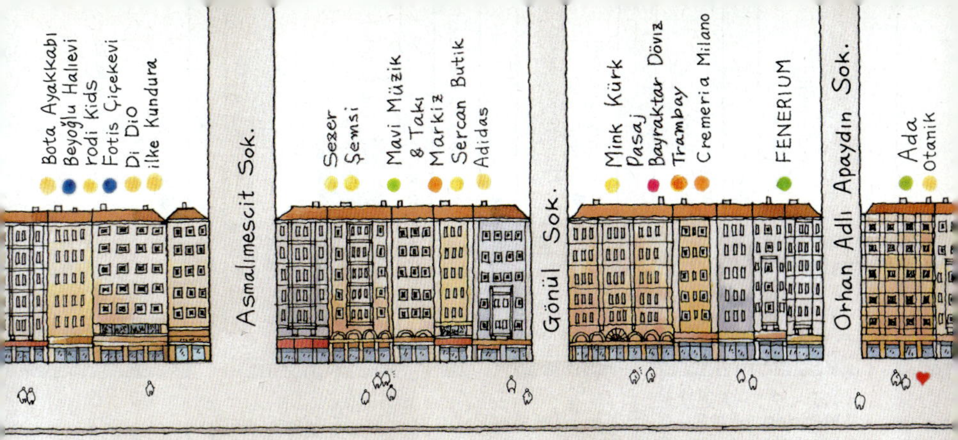

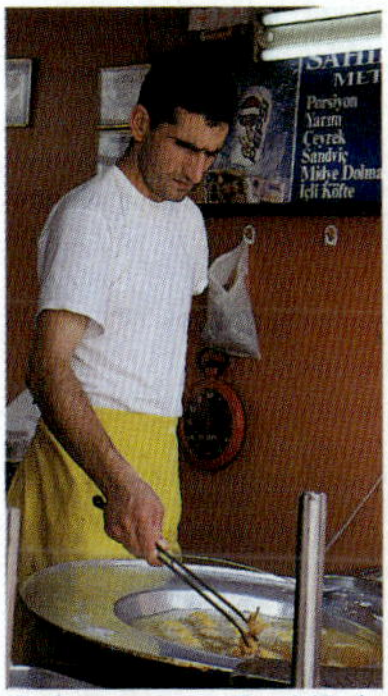

揚げたてのムール貝の串揚げ。ソースをかけていただく

手作りアクセサリーが詰まった鞄を開けてすぐ開店！

ターコイズ風のブルーのアクセサリーが目を引く

色彩豊かなガラスケースのクンピル屋

ハンドメイド風の帽子は日本にはないセンス

手軽なギョズレメは買い物がてらにほおばりたい

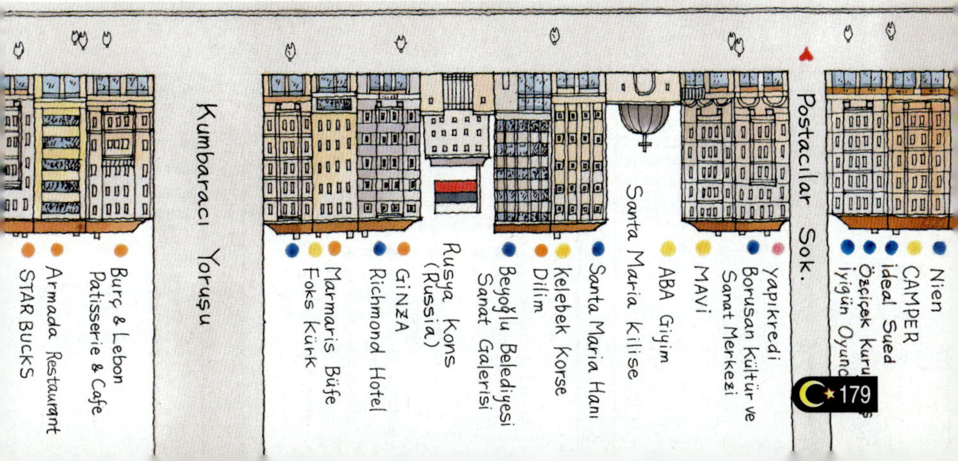

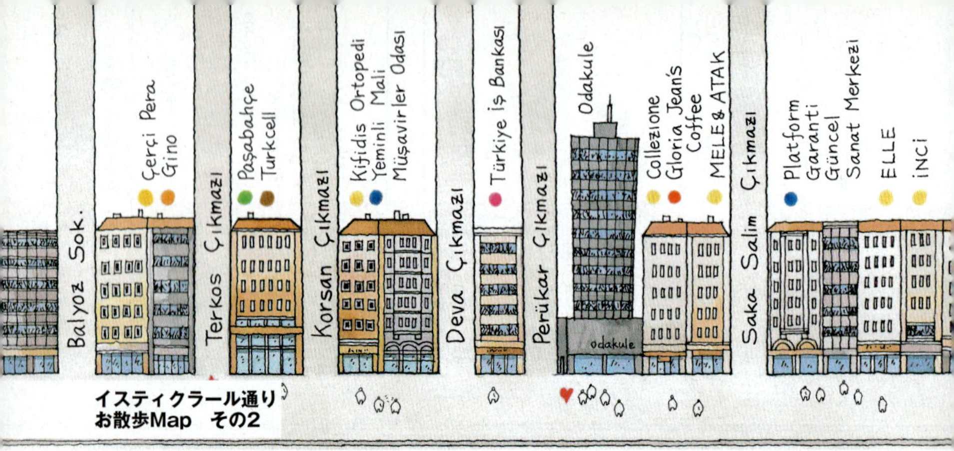

エリア別ショッピングガイド

アクメルケズ

P.135

アクメルケズは、新市街の北側、エティレルにあり、1995年と96年のベスト・ヨーロピアン・ショッピングセンターにも選ばれた。三角に並ぶ、3つの近代的なオフィスビルの地下1階から地上3階（トルコでいう2階）までとそれぞれを結ぶモールからできている。

店内は吹き抜けの明るい雰囲気。トルコの人気ブランド、ベイメンやシルク＆カシミア、ワッコなどほとんどがここで揃う。ラルフ・ローレン、マークス＆スペンサーなどの海外ブランドもある。

そのほか、インテリア雑貨やアクセサリーなども揃うので一気に買い物したい人には便利。4階にはフードコートと映画館があり、家族連れや若者の憩いの場だ。

高級住宅街の中にあるアクメルケズ

広い店内だが、吹き抜けになっているので迷わない

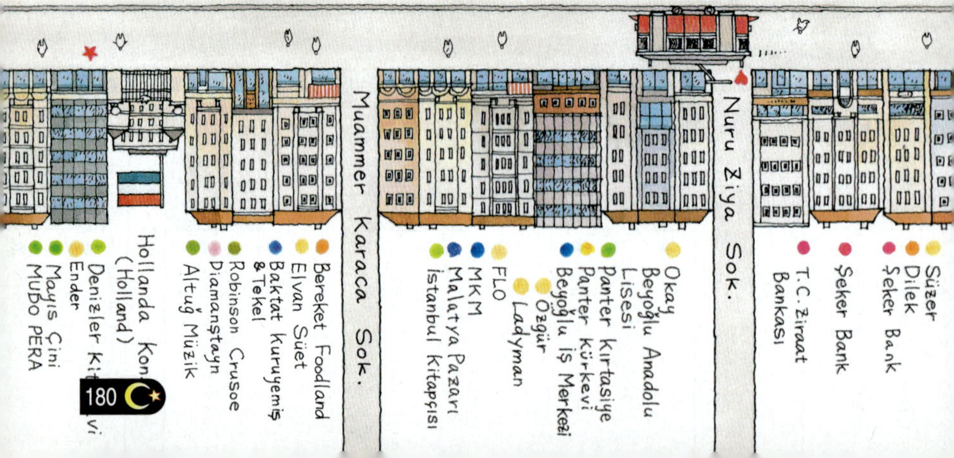

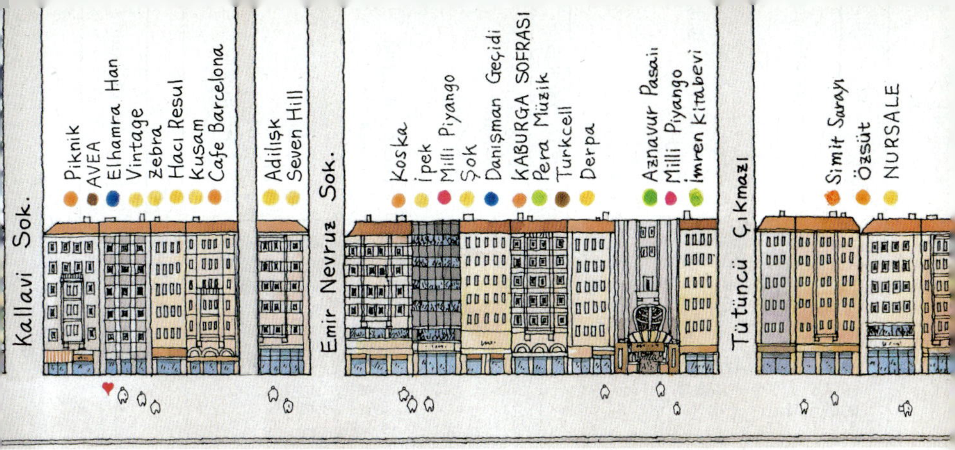

Kallavi Sok.
Piknik
AVEA
Elhamra Han
Vintage
Zebra
Hacı Resul
Kusam
Cafe Barcelona
Adilişk
Seven Hill
Emir Nevruz Sok.
Koska
İpek
Milli Piyango
Şok
Danışman Geçidi
KABURGA SOFRASI
Pera Müzik
Turkcell
Derpa
Aznavur Pasajı
Milli Piyango
İmren Kitabevi
Tütüncü Çıkmazı
Simit Sarayı
Özsüt
NURSALE

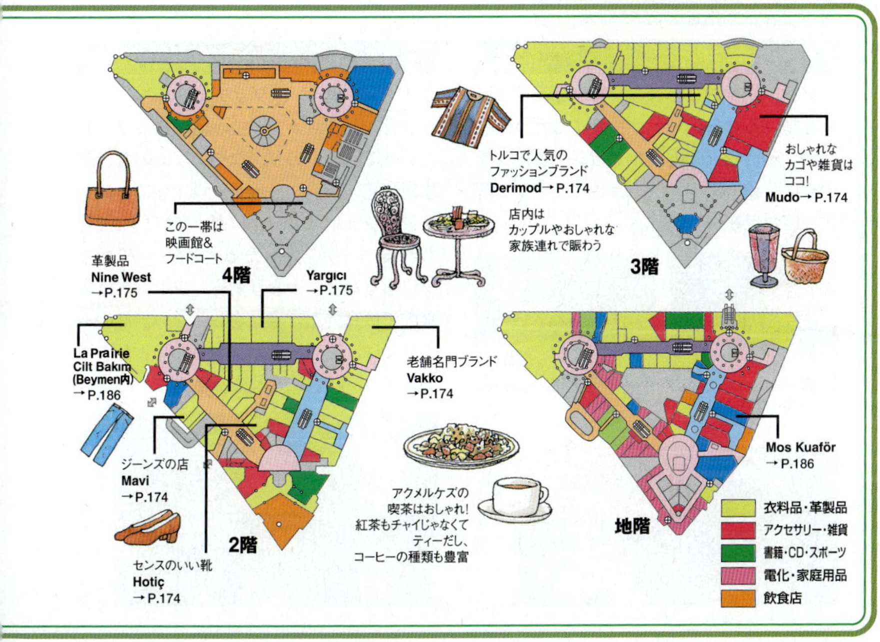

この一帯は
映画館&
フードコート
4階
トルコで人気の
ファッションブランド
Derimod→P.174
おしゃれな
カゴや雑貨は
ココ!
Mudo→P.174
店内は
カップルやおしゃれな
家族連れで賑わう
3階
革製品
Nine West
→P.175
Yargıcı
→P.175
La Prairie
Cilt Bakım
(Beymen内)
→P.186
老舗名門ブランド
Vakko
→P.174
ジーンズの店
Mavi
→P.174
Mos Kuaför
→P.186
アクメルケズの
喫茶はおしゃれ!
紅茶もチャイじゃなくて
ティーだし、
コーヒーの種類も豊富
センスのいい靴
Hotiç
→P.174
2階
地階
衣料品・革製品
アクセサリー・雑貨
書籍・CD・スポーツ
電化・家庭用品
飲食店

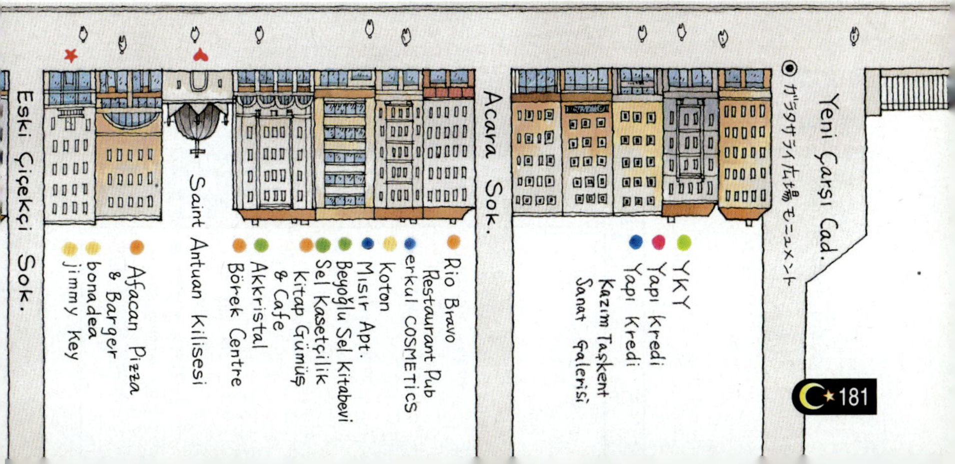

Eski Çiçekçi Sok.
Afacan Pizza
& Barger
bonadea
jimmy Key
Saint Antuan Kilisesi
Akkristal
Börek Centre
Kitap Gümüş
& Cafe
Sel Kasetçilik
Beyoğlu Sel Kitabevi
Mısır Apt.
Koton
erkul COSMETICS
Rio Bravo
Restaurant Pub
Acara Sok.
YKY
Yapı Kredi
Yapı Kredi
Kazım Taşkent
Sanat Galerisi
ガラタサライ広場 モニュメント
Yeni Çarşı Cad.

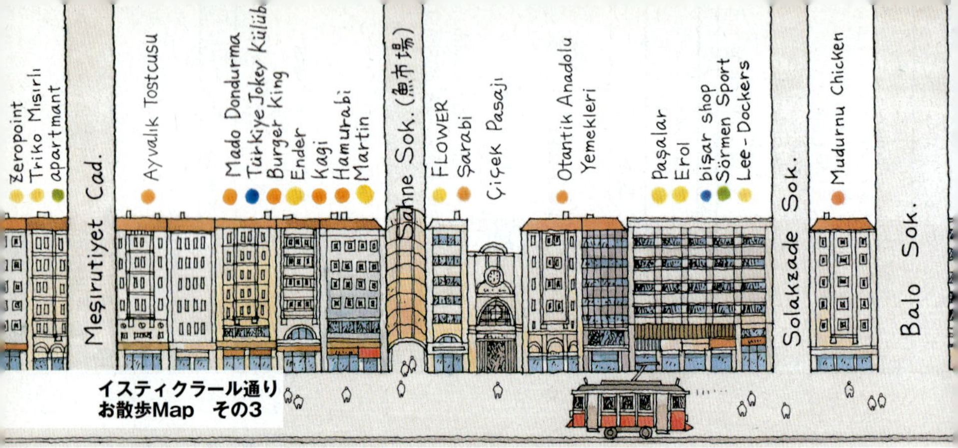

イスティクラール通り お散歩Map その3

エリア別ショッピングガイド

カドゥキョイ

P.139

アジア側でおしゃれなショッピングエリアを挙げるなら、カドゥキョイはどうだろうか。歩行者天国のショッピングゾーンを中心に、狭い路地には家具やインテリア関係の店が点在している。

裏道にも思わぬ発見が待っているかもしれない

メインストリートの交差点にあるモニュメント

さまざまな種類の店が軒を連ねる歩行者天国

テシヴィキエ、ニシャンタシュ

P.134

ルイ・ヴィトン、グッチ、アルマーニなどブランドショップが並ぶ老舗ストリートといってもいいのが、タクスィムの北、軍事博物館の近くにあるテシヴィキエ、ニシャンタシュ地区のあたりだ。年に1、2回行われるバーゲンにあたると、35～70%オフになるなど、かなりお得。ブランド好きな人には意外な穴場かもしれない。このあたりには、ナイトスポットも多く、バーやディスコ、クラブなどもある。

おなじみの高級ブランドのショップが点在している

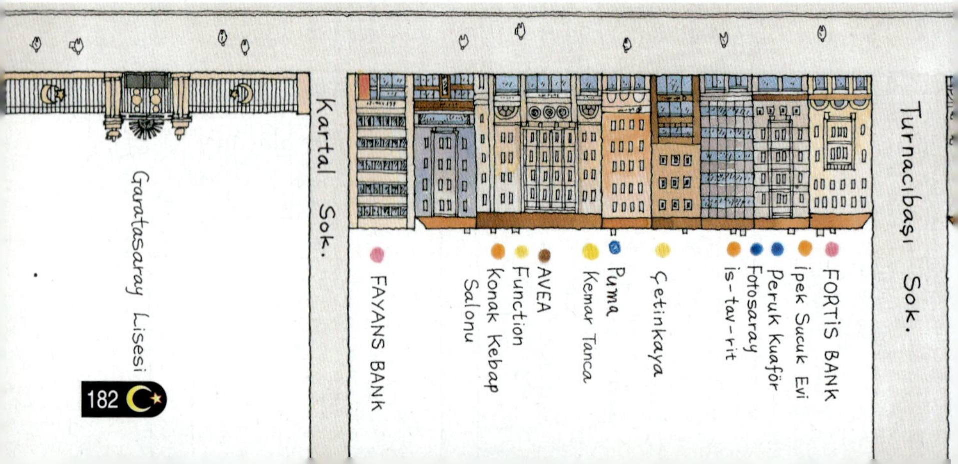

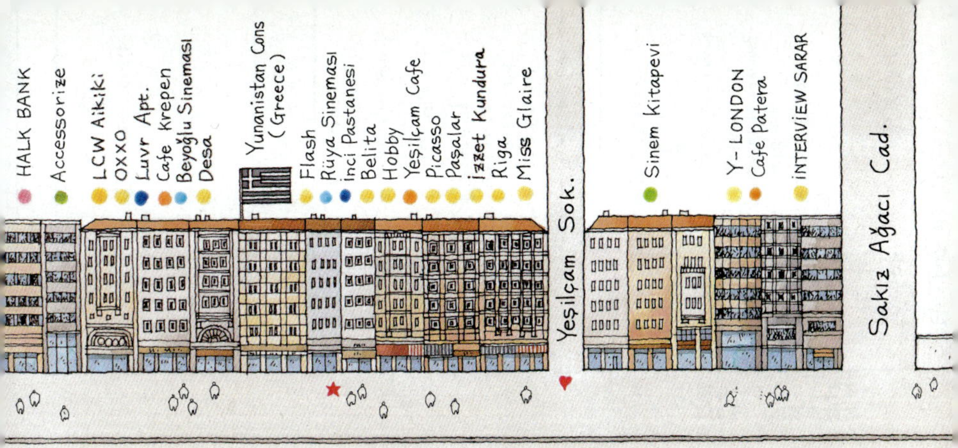

バーダット通り

P.140

ヨーロッパ側のテシヴィキエはあまり土地がなく、小さな路地に車が入り込んできて少々歩きづらいが、アジア側のバーダット通りは、青山通りのように広いスペースにブランドショップが並んでいるから快適な散歩が楽しめる。店舗も広めなので、最近はメインショップをバーダット通りにするブランドも増えている。

道幅が広いので、オープンカフェも快適

落ち着きのなかにも活気あふれる地区だ

空港免税店

P.102

重たくて壊れやすいガラス製品や陶器は、旅の最後に買いたいもの。イスタンブールのアタテュルク空港は、ターミナルビルを近年リニューアルし、ショップが大変充実した。一般的なおみやげはどうしても市中の店で買ったほうが安いが、確かな品質のものを手軽に買うなら空港ショップも見逃せない。

新しいターミナルになってショッピングの楽しさが倍増！　バッグや靴など革製品のブランド、デサDESAもテナントだ

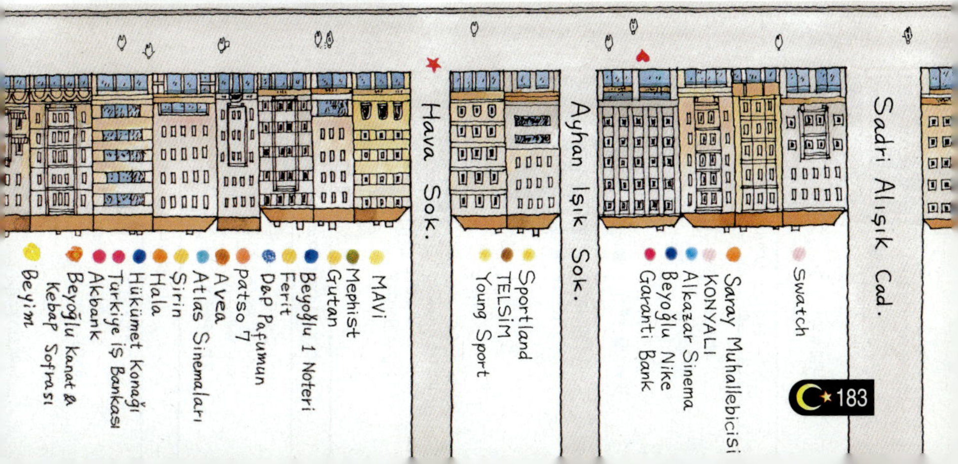

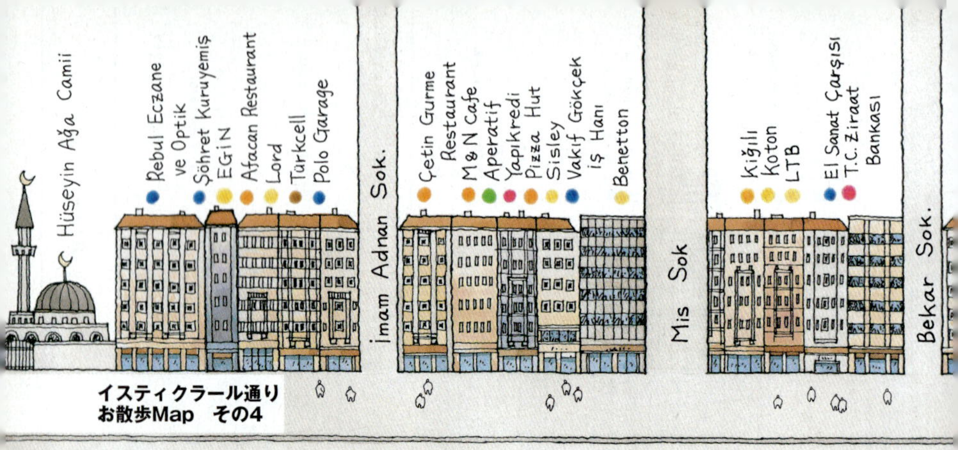

エリア別ショッピングガイド

オリヴィウム・アウトレット・センター

雑貨のMUDO。店内も広い

国鉄カズルチェシメ駅から徒歩約5分の所にある巨大なショッピングセンター。2000年4月1日にオープンしたオリヴィウムは「お好きなブランドを工場直売価格で」がモットーのアウトレットモール。アウトレットといってもハワイやバリ島のような欧米の一流ブランドばかりを集めた高級ショッピングスポットではなく、トルコの国内メーカーが中心になっている。高品質で市価の半値以下の商品も数多く売られており、子供服などは特に激安。狙い目は国内有名ブランドMaviやKOTONといったイスティクラール通りにも店舗をもっているお店のバーゲン品などだろう。100以上の店舗数があるが、地上3階地下1階で吹き抜けの構造になっているので、とてもわかりやすく迷うこともない。地下1階にはスーパーマーケット、ボウリング場、インテリアショップ。最上階にはファストフードレストランや映画館もある。

掘り出し物を見つけられる可能性大！

住宅街の中に突然現れるモダンな外観

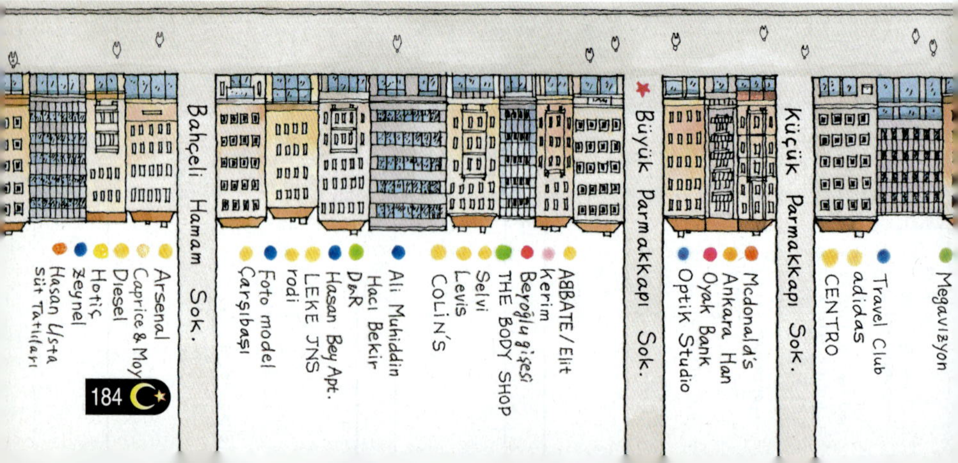

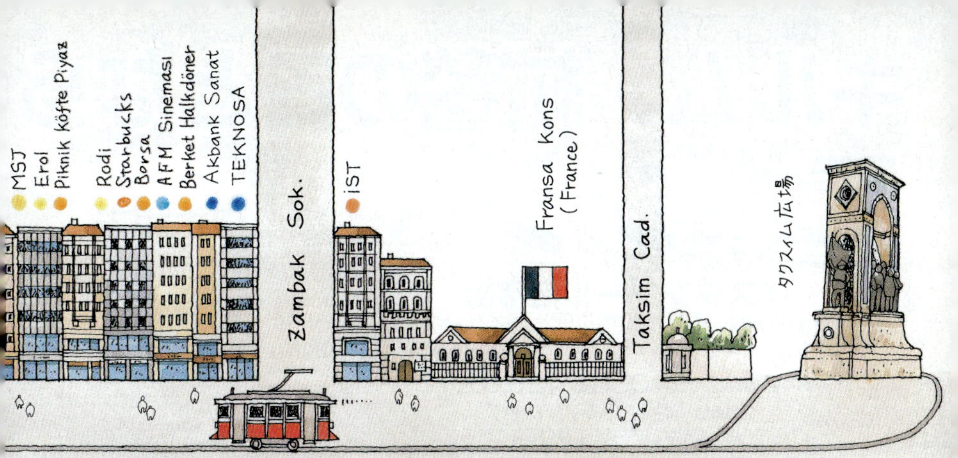

ワッコ・インディリム

鮮やかな色使いの布地もおみやげに人気

1934年に帽子屋から始まって以来、トルコのモード界をリードしてきたワッコ。イスティクラール通りにある店舗の約半値で買うことができるアウトレットショップがここ。メトロのメルテル駅のすぐ前にある、鳥居のような入口が目印。1階はメンズのショップ。人気のネクタイは25〜40YTLほど。地下が婦人服の売り場になっている。旅行者にもおみやげとして人気のスカーフは30〜50YTLほど。地下はインテリア、ファブリックのショップのワッコ・デコールVakko Dekorとつながっており、クッション（20YTLぐらいから）などの小物からカーテン、布地などのファブリックが揃っている。ワッコ・デコールはこのワッコ・インディリムの地下が本店だけあって品揃えがよく、ショールームもある。ワッコ・デコールのファブリックはトルコ国内の最高級ホテルでも使用されている。布地だけの販売も行っており、1m²あたり20〜40YTLぐらい。

鳥居のような入口（上）
ネクタイ売り場（右）

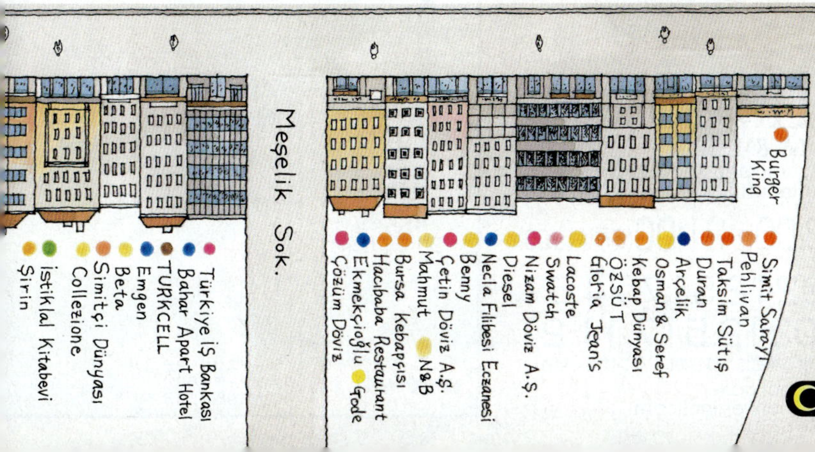

都会を離れてショートトリップ

イスタンブール近郊

İstanbul Çevreleri

旅のアドバイス
イスタンブール近郊

ハイライト

ヨーロッパ側のエディルネやアジア側のブルサはイスタンブールに遷都するまでオスマン朝の都だった町。当然イスタンブールに次いでオスマン朝時代の重要な建築物が多く残っている。

湖畔の町、イズニックではビザンツ時代の教会やローマ劇場などの遺跡が見どころ。

エスキシェヒルやキュタフヤは工芸品で有名な町だ。クラフトが好きな人はぜひ工房見学に行ってみよう。

エスキシェヒルとキュタフヤはイスタンブールから遠いので日帰りは難しいが、そのほかの町なら日帰りも充分に可能だ。

交通

イスタンブール近郊はヨーロッパ側とアジア側に分かれどちらへ行くかで、イスタンブールからの移動手段が違ってくる。エディルネへはエセンレルのオトガルから、バスの便が多発しているが、高速道路を通るか否かで所要時間と料金が違ってくる。イズニックやブルサへは、イスタンブールのイェニカプから高速フェリーでヤロワまで渡って、そこからバスに乗り換えて行くのがスムーズ。ちなみに、ブルサ行きならハレムのオトガルから多発している。

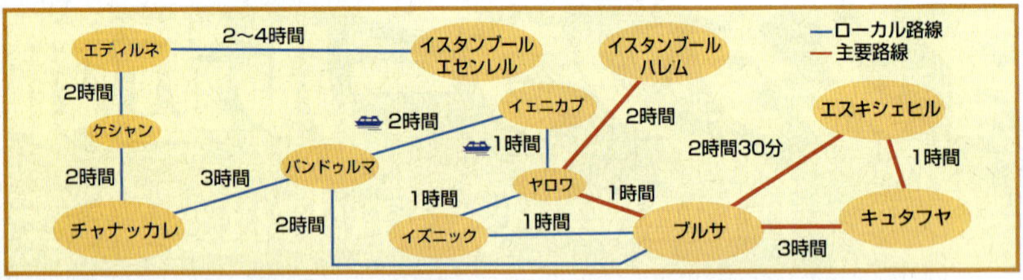

名物料理＆みやげ物

ブルサとその周辺ではイスケンデル・ケバブやイネギョル・キョフテが名物。イズニックではオリーブが名産で、町には数軒の直売店がある。工芸品ではエスキシェヒルのメアシャム・パイプ、キュタフヤの陶器が有名。本場だけあってグランドバザールのみやげ屋よりも種類が豊富。値段もピンからキリまで多種多様。イズニックにも小さな工房がある。

イズニック名産のオリーブ油

メアシャム・パイプはエスキシェヒル

キュタフヤ名物のメルジュメッキ・ボレイ

イズニック湖で獲れた魚のフライ

アカすりタオルは温泉と繊維の町、ブルサの名産品

ブルサ名物イスケンデル・ケバブ

影絵芝居、カラギョズを観る

カラギョズ／ブルサ
Karagöz/Bursa

おみやげ用のカラギョズ

影絵芝居であるカラギョズは、トルコの代表的な民衆の伝統芸能。大衆のヒーロー、機知に富むカラギョズが、インテリだがいなか者を軽く見るハジワトの鼻を明かすタイプの話が多い。この芸能を始めたといわれるシェイフ・メフメット・キュシュテリ（別名カラギョズ、?〜1339）の墓がブルサにあるので、カラギョズの故郷といわれている。

カラギョズはトルコだけではなく、海を越えたギリシアにも広まり、カラギョージと呼ばれて今やギリシアの国民的な伝統芸能となっている。

トルコでカラギョズを観るなら、やはり本場のブルサで観ておきたい。ブルサにはカラギョズ・ハウス（カラギョズ・サナート・エヴィKaragöz Sanat Evi）という常設小屋があり、カラギョズの上演を9月〜7月中旬に観ることができるほか、カラギョズのコレクションも見ることができる。

また毎年11月中旬にはカラギョズ・フェスティバルがあり、インドネシアやタイ、ギリシアなど世界の影絵文化が一堂に会する。

スクリーンに映し出される影絵

カラギョズの上演やカラギョズ・ハウスの見学の詳細情報はエスキ・アイナル・チャルシュ内にあるカラギョズ・トラベルのシナスィ・チェリッコルŞinasi Çelikkol氏まで。カラギョズ・トラベルの斜め向かいにある、シナスィ氏の骨董店でカラギョズを上演してくれることもある。

ブルサにあるカラギョズ・ハウス

カラギョズ・トラベルがあるエスキ・アイナル・チャルシュ

■カラギョズ・ハウス　Map P.200外
✉Çekirge Cad.　TEL（0224）232 1871
inet www.unimabursa.org
開9月〜7月中旬の水・土10:00〜12:30、金18:30〜21:00　上演：水・土11:00〜、金20:00〜
休7月中旬〜8月　料8YTL

シナスィ氏

■カラギョズ・トラベル
Map P.201B
✉Kapaliçarışı
Eski Aynalı Çarışı No.4
TEL & FAX（0224）212 8727
TEL（0535）351 6039（携帯）
開9:00〜19:00
休日

おみやげ用のカラギョズはエスキ・アイナル・チャルシュ内にあるシナスィさんの骨董店でも販売している。ほかにも年代物の銀や銅細工なども売られている。（編集室）

伝統の手仕事、工房を訪ねて

海泡石細工／エスキシェヒル
Lületaşı/Eskişehir

海泡石はトルコ語でリューレタシュ、英語ではメアシャムと呼ばれている。鉱物名をセピオライトといい、良質のものはトルコなど地中海周辺で産出される。軽くて軟らかく、加工しやすいため、細かな装飾が発達した。パイプ装飾は特に有名で、約300年もの歴史をもつ。パイプというと現在はほとんど木製だが、20世紀初頭までは、このメアシャム·パイプが珍重されていた。ヨーロッパの貴族がこぞって良質の海泡石を求めてやって来たという。現在でも、一部のマニアの間では実用品として人気が高い。

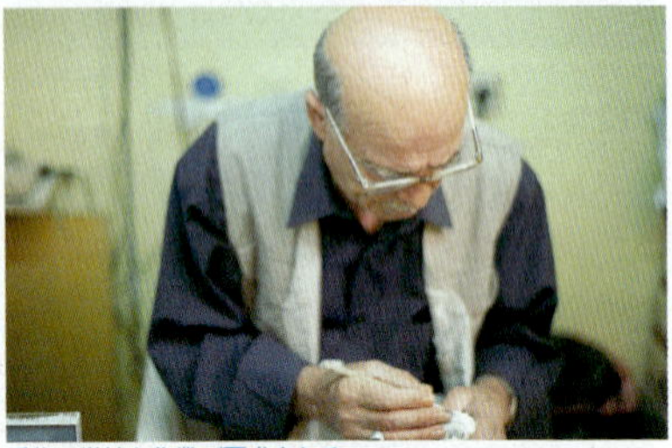
手先の微妙な作業が要求される

海泡石の加工作業は、石に含まれる水分に注意しながら行われる。乾いてくると、水を含ませて石の中の水分を補う。そうしないと石が硬くなってしまい、細かな作業ができなくなってしまうのだ。

仕上げにはロウが使われる。温めた海泡石をロウにつけ、象牙のような輝きを見せるまでさらに磨いてゆく。

海泡石の色は最もポピュラーな白に加え、やや紅がかったもの、灰色、黄系が多く、透明感のある青緑色なども好まれる。使い込むと美しいアメ色に変わってくる。

工房に並ぶメアシャム·パイプ

細かな装飾であればあるほど値段は高くなる

海泡石細工は丸く磨いて数珠やアクセサリーとして使われることも多い。小物入れにするのも人気。禁煙派も工房やおみやげ屋さんをのぞいてみよう。

エスキシェヒルには工房が多いが、特に町の中心部にあるショッピングセンター、エスナフ·サラユEsnaf Sarayıの上階にはたくさんの工房が集中しており、職人さんが実演しながら販売している。ほとんどが店と工房を兼ねているので、言葉さえうまく伝えられれば細かな注文にも応じてくれる。

■エスナフ·サラユ Map P.206
✉İstiklâl Mah. İki Eylül Cad., Eskişehir
開8:00～20:00 休無休

エスキシェヒルのオトガルでも購入できる

メアシャム・パイプはイスタンブールならグランドバザールやみやげ店で売られているが、粗悪品もあるので、品定めは慎重に。(編集室)

陶器／キュタフヤ
Çini/Kütahya

トルコの陶器といえば、イズニックの名前がまず挙がる。トルコのみならず、各地のイスラーム建築を彩った「イズニックの青」は、ほかのどこにも真似できないという深い青色を称えた言葉である。

15世紀になり、イズニックで新たなスタイルで陶器の生産が開始されると、たちまち各地の建築物を飾るようになり、イズニックは陶器の中心地として繁栄を極めた。

オスマン朝が縮小を始める17世紀後半になると、新設される建物が少なくなってくる。これとともにイズニックのタイル生産は徐々に衰退し、1716年には完全に陶器生産が終了した。職人たちもイスタンブールのテクフールサラユに移され、イズニックの時代は終わった。

絵付け作業。少しずつ慎重に色を付けていく

これに取って代わる形で陶器生産の中心地として躍り出たのがキュタフヤだ。もともとキュタフヤ陶器は、700年もの歴史をもっている。13世紀、キュタフヤはビザンツ勢力とルーム・セルジューク朝の狭間の緩衝地帯にあった。このような状況で生まれた

点描画法を陶器の世界に持ち込んだストゥク氏

ろくろを使って成形する職人

キュタフヤ陶器は、ビザンツ、セルジュークの両美術の特徴を合わせもつ。これにイズニックで確立されたオスマン朝様式の要素が加わり、さらに洗練の度を増していくこととなった。

キュタフヤでは町の中心部や陶器市場に工房が多い。オスマンル・チニOsmanlı Çiniのストゥク Sıtkı Usta氏が開発した点描画法など、新しい手法も模索されており、その動きは活発だ。

一時は陶器の火が消えたイズニックでも、窯の火が再び燃え始めている。工房の数も増え、技法の研究も盛んだ。陶器の町が復活するのも、遠い先の話ではないだろう。

■オスマンル・チニ Map P.205
✉Atatürk Bul. Tuğcular Apt. Altı 87/6, Kütahya
TEL (0274) 216 3098 FAX (0274) 216 2832
開9:00～18:00 休無休

イズニックでタイルを作る人々も増えている

ストゥク氏は日本でも展示会を開いたこともある大の親日家。キュタフヤからエスキシェヒルへ行く途中の幹線道路沿いにもアトリエがある。（編集室）

オスマン朝期の建築物がたくさん残る国境の町

エディルネ Edirne

市外局番 0284 人口11万9298人

■エディルネへの行き方

🚌エーゲ海方面からはチャナッカレとの間にあるケシャンKeşanで、アナトリア方面からはイスタンブールで乗り換えるのが本数も多く便利。

🚃イスタンブールからブルガリアに向かう列車が通る。

●イスタンブールから

🚌エセンレル・オトガルから7:00～23:00に頻発。ハレム・ガラジからの便はラダルRadar社から8:45、13:00、18:00で18YTL。

所要：2時間30分～4時間

運賃：16YTL

🚃15:50 22:00発

所要：5～6時間

運賃：昼便10.50YTL

夜便28YTL

●ケシャンから

🚌7:00～18:00に1～2時間毎

所要：2時間

運賃：10YTL

●アンカラから

🚌22:00発

所要：9～10時間

運賃：35YTL

町の中心を貫くアリ・パシャ市場

　ギリシア、ブルガリアとトルコを結ぶ国境の町エディルネ。古代ローマ皇帝ハドリアヌス帝が町造りをしたのが起源となり、過去にはハドリアノポリスと呼ばれていた。

　その後アドリアノープルと称されたこの地は、1361年にムラト1世に征服され、ブルサから遷都される。1453年にオスマン朝の都がイスタンブールに移るまでの90年間、都として栄えた町には、この間に建設された多くのジャーミィが現在でも残る。特に大建築家ミマール・スィナン設計のセリミエ・ジャーミィは目を見張るすばらしさ。この町はオイルレスリング、ヤール・ギュレシYağlı Güreşの開催地としても有名だ。

旅のモデルルート Gezme Planı

エディルネのおもな見どころは町の中心部にある。徒歩での1日観光にちょうどよい。

古都の雰囲気をたっぷり楽しむ1日

ユチュ・シェレフェリ・ジャーミィ→セリミエ・ジャーミィ→博物館→アリ・パシャ市場

　ミマール・スィナンの傑作、セリミエ・ジャーミィははずせない。ジャーミィ周辺の博物館を見学し、アリ・パシャ市場で買い物を。

歩き方 Güle Güle Gidin

オトガルは郊外の高速道路インターチェンジ近くにある。町の中心部は**カレイチ**Kaleiçiと呼ばれている。町の中心**ヒュリエット広場**Hürriyet Meydanıで、**タラトパシャ通り**Talatpaşa

レスリングのポスター

エディルネのオトガル

ケシャンからエディルネに向かう途中に通るウズンキョプリュは国境の町で、町の名前は長い橋を意味する。15世紀に造られ、今でも現役の石橋がある。（編集室）

Cad.と**サラチラル通り**Saraçlar Cad.の2本の大通りが交差する。**銀行**や**両替商**はタラトパシャ通りに、PTTやビザンツ時代の壁はサラチラル通りにある。

ターミナルから市の中心部へ

イェニ・オトガル（テルミナル） セリミエ・ジャーミィ行きの各社のセルビスが利用できる。15～30分に1本出ている。

鉄道駅　駅の前の大通りからはカレイチに行くドルムシュが頻発している。6:00～20:00に20分毎で所要10分。

旅の情報収集

観光案内所ⓘはタラトパシャ通り沿いにある。見どころのパンフレットも豊富に揃っている。

見どころ Gezilebilecek Yerleri

トルコ随一の美しさを誇る堂々たる姿
セリミエ・ジャーミィ
Selimiye Camii セリミエ・ジャーミィ

バランスのよい建築だ

1569年から1575年にかけて建設された壮大で美しいジャーミィ。設計は偉大な建築家、ミマール・スィナンだ。セリム2世の要請により、当時80歳の彼は、建築家の夢である「イスタンブールのアヤソフィアを超える巨大なドームを造る」ことに専念し、ついに直径31.5mという、アヤソフィアをわずかに超える巨大なドームを完成した。

彼はこの建物を自らの最高傑作と言い続けたという。その大ドームを8本の柱が支え、5つの半ドームと8つの小塔が囲み、周囲に高さ70mのミナーレがそびえる構造。ミナーレ内部にある3つのらせん階段は、それぞれ別のバルコニーに続く。ドームの内部は窓から差し込む光で明るく、ミンベルとミフラーブがひとかたまりの大理石でできている。

ねじれたミナーレをもつ独特の形
ユチュ・シェレフェリ・ジャーミィ
Üç Şerefeli Camii ユチュ・シェレフェリ・ジャーミィ

1447年、ムラト2世の治世に完成した、4本のミナーレをもつ寺院。うち1本は、ねじったロウソクのような形で、南西角のミナーレが3つのバルコニー（ユチュ・シェレフェÜç Şerefe）をもつため、この名が付いた。大ドームを造る最初の試みのひとつとして名高く、高さ68mのミナーレは当時一番の高さを誇っていた。

オトガル行きのセルビスはセリミエ・ジャーミィの横から発着

■エディルネのバス会社
ヴォルカンVolkan、チャーラルÇağlarなどの会社がある。

■エディルネのⓘ
Map P.193
✉Hürriyet Meydanı No.17
TEL & FAX (0284) 213 9208
inet www.edirne.gov.tr（トルコ語）
開8:30～12:00
13:00～17:30（夏期～18:30）
休11～4月の土・日

エディルネのⓘ

■セリミエ・ジャーミィ
Map P.193
開8:00～18:00　休無休

セリミエ・ジャーミィにつながる地下にはバザールがある

■ユチュ・シェレフェリ・ジャーミィ
Map P.193
開8:00～18:00　休無休

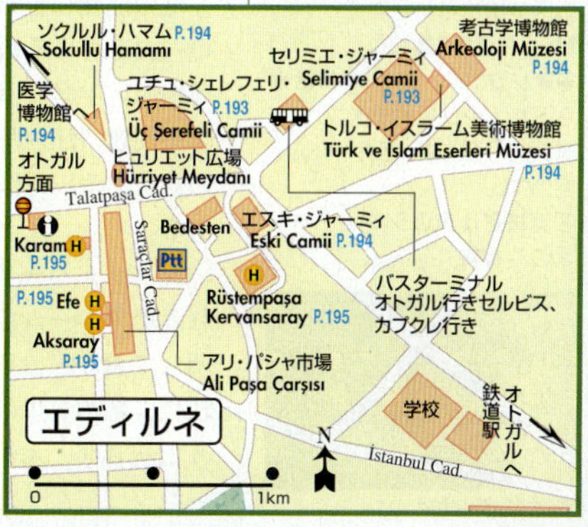

1414年に完成したエディルネで最も古いジャーミィ

エスキ・ジャーミィ

Eski Camii エスキ・ジャーミィ

1403年からバヤズット1世の王子スュレイマン・チェレビーによって建築が進められたジャーミィだが、途中政変のため建設が途絶え、メフメット1世の治世の1414年にやっと完成した。その名（エスキ＝古い）のとおり、この町で最も古いジャーミィのひとつ。このジャーミィのすぐそばにはベデステンと呼ばれるバザールがあるが、これはエスキ・ジャーミィと同時にジャーミィの一部として造られたもの。今日でも日用品を扱う市場としてにぎわいを見せている。

昔のトルコ人の生活をかいま見る

考古学博物館

Arkeoloji Müzesi アルケオロジ・ミュゼスィ

セリミエ・ジャーミィの裏側にある博物館。考古学的なものとしてはローマ時代の彫像や貨幣などが置かれているが、トルコにおける民俗学的なものの展示が多い。民具や民族衣装、刺繍のほか、昔のリビングルームを再現した展示室もある。

精緻な彫刻、美しいタイルの文様

トルコ・イスラーム美術博物館

Türk ve İslam Eserleri Müzesi
テュルク・ヴェ・イスラーム・エセルレリ・ミュゼスィ

セリミエ・ジャーミィの敷地内、考古学博物館側の一角にある。各室にはタイルや陶器、クルアーンの写本、オスマン建築物の碑文などテーマ別に展示されている。なかにはセリミエ・ジャーミィに飾られていたメッカのフレスコ画や、ベヤズット・ジャーミィの見事な彫刻が施された扉などが置かれている。またギュレシの行われる「クルクプナル」の部屋があり、試合の写真や歴代チャンピオンの写真なども飾られている。

オスマン朝時代の医学にスポットをあてた

医学博物館

Sağlık Müzesi サールック・ミュゼスィ

町の北側に位置するバヤズット2世の複合建築（1488年完成）の一画を占める医学校を改装した博物館。中庭に面した部屋では医学史関連（江戸時代の日本の妊婦の絵もある）や医療器具の展示がある。

人形を用いた展示

シファーハーネŞifahaneと呼ばれる奥のドームではオスマン朝時代の医学を、人形を使って説明しており、診察室や音楽療法の様子が興味深い。この音楽療法は、精神疾患の治療として施されており、ファスルFasılという伝統音楽と水流の音でやすらぎを与えるセラピー的なものだった。

ユチュ・シェレフェリ・ジャーミィ

■ソクルル・ハマム
Map P.193
16世紀にミマール・スィナンが設計した歴史的なハマム。
✉Hükmet Cad. No.33
TEL (0284) 225 2193
開7:00～23:00（男性）
10:00～17:00（女性）
休無休　料入浴9YTL
アカスリ5YTL
マッサージ6YTL。チップ別途。

■エスキ・ジャーミィ
Map P.193
開8:00～18:00　休無休

エスキ・ジャーミィ

■考古学博物館
Map P.193
開9:00～12:00　13:00～17:00
休月　料2YTL

■トルコ・イスラーム美術博物館
Map P.193
開9:00～12:00　13:00～17:00
休月　料2YTL

■医学博物館
Map P.193外
🚌ソクルル・ハマム北側からドルムシュで約5分
開9:00～18:00　休月
料2YTL
写真撮影は奥のシファーハーネのみ有料。

医学博物館の中庭

オリンピック種目になっている近代レスリングでもトルコはヨーロッパを代表する強豪国。アテネ五輪や世界選手権でもメダリストを輩出している。（編集室）

ホテル

日本からホテルへの電話 国際電話会社の番号 + 010 + 国番号90 + 284（市外局番の最初の0は不要）+ 掲載の電話番号

町の中心には中級ホテルやリーズナブルな宿が多い。観光案内所ℹとアリ・パシャ市場の間のマアリフ通りMaarif Cad.にも宿が集中している。便利なエリアなので利用価値が高い。

リュステムパシャ・ケルヴァンサライ Hotel Rüstempaşa Kervansaray

中級 Map P.193

✉İki Kapılı Han Cad. No.57
TEL(0284) 212 6119
FAX(0284) 214 8522
Dなし
S 50YTL
W 90YTL
US$ € YTL T/C不可 C/C M V

●もとの建物はスュレイマン大帝時代の大宰相、リュステムパシャがミマール・スィナンに造らせたものだ。建物は昔の特徴をよく残している。内装はやや古いが暖房も完備されており、テレビも付いている。バーではライブ演奏をすることもある。

カラム Karam Hotel

中級 Map P.193

✉Maarif Cad. No.6
TEL(0284) 225 1555
FAX(0284) 225 1556
Dなし
S A/C 65YTL
W A/C 85YTL
US$ € YTL T/C不可 C/C M V

●120年前に建てられたギリシア人の邸宅を改築した全8室のプチホテル 。かつてはギリシアやブルガリアの領事館としても使用されたそうだ。高い天井の玄関ホールや歴史を感じさせる階段が印象的。地下にはバーもある。

エフェ Efe Hotel

中級 Map P.193

✉Maarif Cad. No.13 TEL(0284) 213 6166

FAX(0284) 213 6080
inet www.efehotel.com
Dなし
S A/C 65YTL
W A/C 90YTL
US$ € YTL T/C不可 C/C D M V

●アンティークの小物などをさりげなく配した2つ星。客室はとてもきれい。全22室でエアコン、テレビ、ドライヤーなどが付いている。朝食はオープンビュッフェ。地下のバーでは金・土曜にジャズのライブが行われる。

アクサライ Hotel Aksaray

経済的 Map P.193

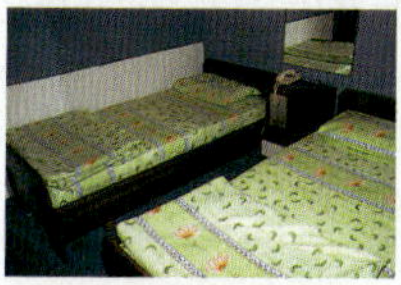

✉Alipaşa Ortakapı Cad.
TEL(0284) 212 6035
FAX(0284) 225 6806
Dなし S 22YTL
W 45YTL
US$ € YTL T/C不可 C/C不可

●アリ・パシャ市場の中央入口のそばにある。古い民家を改装しているので、部屋によって大きさや設備にかなり差がある。13室中8室がシャワー付き。シングルにはシャワー付きの部屋はない。

レストラン

ロカンタはサラチラル通りなどに多い。エディルネでよく見かけるのはキョフテジ(キョフテ屋)。ヤプラック・ジエリYaprak Ciğeriというレバーのフライはエディルネを代表する名物料理。

Information

エディルネのギュレシ

トルコの有名な伝統的スポーツに、ギュレシGüreşがある。大会は、毎年6月の最終週から7月初旬にかけて、町の北側のクルクプナルKırkpınarで行われるクルクプナル祭の最後の金～日曜の3日間。ホテル予約は2ヵ月前にはしよう。ホテル料金も値上がりする。

レスラーたちは上半身裸で、全身にオイルを塗り、草地の上でドラムと笛の音を合図に組み合う。トルコ中からレスラーが集まるこの大会でチャンピオンになった人は、1年間「バシュペフリヴァンBaşpehlivan」（英雄）として称えられる。

ジエル（レバー）を出す店はホテル・ケルヴァンサライ前の広場やアリ・パシャ市場を横切る通りの西側に多い。注文のあと、すぐに揚げてくれるのでサクサク。(編集室)

静かなイズニック湖

イズニック İznik

市外局番 **0224** 人口**49万5000**人

イズニック湖の自然美を背景に、歴史的な建造物の醸し出す重厚さが調和した小さく静かな町。町の歴史は古い。紀元前316年にアレキサンダー大王の将軍ルシマコスにより征服され、彼の妻の名ニカエアを町の名としたことが記録されている。その後、ニコメディア王国、ビティニア王国の首都ともなった。紀元前74年にはローマの属州となり、その首都となってからはヘレニズム時代に築かれた城壁が再建されたり、神殿、劇場、ハマムなどの建設が進んだ。しかし、その後ゴート人やペルシアの侵略を受けることとなる。

325年にはコンスタンティヌス帝により宗教会議が行われたり、ラテン帝国がコンスタンティノープルを占領したときには亡命政権ができたりと、ビザンツ時代には重要な都市のひとつであった。

オスマン朝時代は、タイル生産地としてその名を高めた。数々のイスラーム寺院の壁を飾った**イズニックタイル**は、現在でも各地の博物館で、その色鮮やかな模様を目にすることができる。

歴史の遺産、ローマ、ビザンツ時代の**城壁**がこれほどしっかりとした形で残っている町は、トルコでも珍しい。タイルの生産がキュタフヤに移り、現在は活気こそないが、大変落ち着いた町。西側に大きく広がる**イズニック湖**では、水泳、魚釣りなどが楽しめる。

イズニックの中心部は旧市街　ローマ時代、ビザンツ時代に造られた城壁の内側が旧市街。約1km四方の旧市街はすべて歩いて見学できる。ヤロワ方向から来ると**イスタンブール門**İstanbul Kapıがある。そこから真っすぐ南北に延びるアタテュルク通りAtatürk Cad.が東西に延びるクルチアスラン通りKılıçaslan Cad.と交差するあたりがにぎやかな界隈だ。この交差点に第7回キリスト教宗教会議が開かれたアヤソフィアがある。

見どころは城壁内に集中　アヤソフィアから東にクルチアスラン通りを真っすぐ行くと、この町で最も立派なイェシル・ジャーミィが左側に建っている。またジャーミィの道を挟んだ西側にはニリュフェル・ハトゥン・イマレッティ博物館がある。逆にクルチアスラン通りを西に行くとイズニック湖İznik Gölüに出る。オトガルも城壁の中、南東部にある。

少し足を延ばしてみよう　また城壁の外に出ると、町の東側は山になっている。公共交通機関はないが、ここの頂上から夕方に眺める湖の景色はすばらしい。時間のある人は、ぜひ行ってみよう。

■イズニックへの行き方

🚌ブルサとヤロワの間にあり、どちらからもミニバス、ドルムシュの便がある。

●イスタンブールから

⛴船の利用が便利。イェニカプYenikapıから高速フェリーでヤロワへ所要1時間、12YTL。またはカルタルKartalからで所要40分、6YTL。ヤロワへの船→P.109

イズニック行きのミニバスはヤロワ港を出て右のガソリンスタンドを越えたオトガルから7:30～20:00に1時間毎。所要1時間。

●ブルサから

🚌7:00～19:00まで30分毎。テルミナル内にあるドルムシュ乗り場から頻発。大型バスの便もある。

所要：1時間30分

運賃：6YTL

イズニックのオトガル

アヤソフィア前の広場

ヤロワのオトガルからテルマルTermal行きのミニバスに乗って終点まで（所要約30分）行けば、ヤロワ温泉に行ける。ホテルや屋外温泉プールもある。水着持参で。（編集室）

見どころ Gezilebilecek Yerleri

美しいミナーレは緑色

イェシル・ジャーミィ

Yeşil Camii イェシル・ジャーミィ

宰相チャンダルル・カラ・ハリル・ハイレッティン・パシャ(1305～87)のために1378年に建てられたジャーミィ。建物の内部と外装は大理石でできており、ミナーレは緑色のタイルで覆われ、珍しい模様を見せている。当初はイズニック産のタイルが使われていたが、後にキュタフヤ産に変えられたそうだ。

緑のミナーレが独特だ

貧しい人々に食べ物を与える施設だった

ニリュフェル・ハトゥン・イマレッティ博物館

Nilüfer Hatun İmareti Müzesi ニリュフェル・ハトゥン・イマレッティ・ミュゼスィ

1388年、オスマン朝時代に、ムラト1世が建てさせた、イマレットと呼ばれる貧しい人々に食べ物を与える施設。彼の母親のニリュフェル・ハトゥンの名が冠せられている。オスマン朝のスルタンが建てさせたイマレットとしては現存するなかで最も古い。

1960年以来、博物館として一般に公開されており、古代の発掘品、セルジューク朝やオスマン朝時代の壁画彫刻のほか、有名なイズニックタイルやこの地で作られた陶器などが展示されている。さらに前庭には、ローマ時代の彫刻などが残されている。

ビザンツ時代のモザイク画が残る

アヤソフィア

Ayasofya アヤソフヤ

もともとは4世紀に建てられたビザンツ教会。787年には第7回宗教会議が行われている。オスマン朝時代の1331年にジャーミィになった。建物の荒廃が激しく、何度も修復を重ねている。

ミマール・スィナンが修復に携わったときには、イズニックタイルで装飾されたミフラーブが加えられた。現在、内部にはモザイク画やフレスコ画が残っている。

またこの南に、15世紀前半のオスマン朝時代に造られた、最古のハマムのひとつに数えられるムラト2世ハマムがあり、現

■イズニックの ℹ
Map P.197
✉Kılıç Asran Cad. Belediye Hizmet Binası No.97
TEL & FAX (0224) 757 1933
開8:00～12:00 13:00～17:00
休土・日

■イェシル・ジャーミィ
Map P.197
開8:00～18:00 休無休

■ニリュフェル・ハトゥン・イマレッティ博物館
Map P.197
開9:00～12:00 13:00～17:00
休月
料2YTL

現在は博物館

周囲の緑が心地よいアヤソフィア

アヤソフィア内部

イズニック湖畔にあるジャムルック・モーテルCamlık Motelに併設されたレストランでは湖で獲れた魚を出している。ワインやビールも出すのがうれしい。(編集室)

■アヤソフィア
Map P.197
開9:00～12:00 13:00～19:00
休無休
料6YTL

修復が続くローマ劇場

■ローマ劇場
Map P.197
■ハジュ・オズベク・ジャーミィ
Map P.197
開8:00～18:00
休無休

在も営業している。ハマムの東側にはかつてイズニック陶器を焼いていた窯跡が残されている。

かつてのローマの都市もうたかたの夢

ローマ劇場

Roma Tiyatrosu ロマ・ティヤトロス

ローマ皇帝トラヤヌス時代に造られた劇場。かつては1万5000人ほどの収容能力をもっていたといわれている。現在は多くの部分が地下に埋もれてしまっており、4つのアーチだけが見えている。

初期のジャーミィの設計がよくわかる

ハジュ・オズベク・ジャーミィ

Hacı Özbek Camii ハジュ・オズベク・ジャーミィ

1332年にイズニックで最初に建てられたジャーミィで、チャルシュ・ジャーミィとも呼ばれている。小さい建物だが、現存するもののなかではオスマン朝最古ともいわれ、初めてのドーム付きのジャーミィでもある。すぐ横にはハジュ・オズベクが眠る墓塔がある。

ホテル

日本からホテルへの電話 国際電話会社の番号 + 010 + 国番号90 + 224（市外局番の最初の0は不要）+ 掲載の電話番号

イズニックにはホテルの数は多くはないが、手頃な値段の宿が城壁内やイズニック湖沿いにいくつかある。手頃な宿はクルチアスラン通り沿いや通りから1本入った所に点在している。高級ホテルはない。

中級 Map P.197

アイドゥン Hotel Aydın
✉Kılıçaslan Cad. No.64

TEL(0224)757 7650
FAX(0224)757 7652
inet www.iznikhotelaydin.com
D なし
S 40YTL
W 60YTL
US$ € YTL T/C不可 C/C M V

●町の中心に位置するホテル。タイルが貼られた外観が印象的。部屋はパステル調の内装でかわいらしい感じ。バスルームも清潔。全18室で6室がバルコニー付き。バスタブ付きの部屋も1室ある。1階はパスターネになっていて地元の人たちでいつもにぎわっている。

経済的 Map P.197

カイナルジャ Kaynarca Hotel ve Pensiyon
✉Kılıçaslan Cad. yeni Mah. M.Günden Sok. No.1
TEL(0224)757 1753 FAX(0224)757 1723

inet www.kaynarca.s5.com
D 20YTL
S 25YTL
W 40YTL
US$ € YTL
T/C不可
C/C不可

●アヤソフィアからクルチアスラン通りを東へ2～3分歩いた右側にある。バックパッカーに人気の宿。このクラスとしては設備はよい。朝食は4YTL。最上階にあるキッチンの使用も可能。ホテルの1階はインターネットカフェになっている。2泊以上すると、オーナーが自ら改造した3輪バイクで町を案内してくれる。

レストラン

イズニックのロカンタは、クルチアスラン通り沿いなどに点在する。庶民的なロカンタが多く、キョフテやサチカウルマを出す。湖で獲れるヤユンという魚の料理を試してみたい。湖畔には湖で獲れた魚料理を出すレストランが何軒かある。淡泊な味だがおいしい。

カイナルジャのオーナー、アリ氏が自作したバイクとは後ろにリヤカーを付けたトゥクトゥクのようなもの。ホテルのウエブサイトでも写真を見ることができる。（編集室）

歴史的遺産も豊富な古くからの温泉地

ブルサ Bursa

市外局番 0224 人口118万4144人

ウル・ジャーミィ内でクルアーンの訓読をする人たち

標高2543mのウル山Uludağの麓に広がる自然豊かな町。トルコ語で緑のブルサという意味のイェシル・ブルサとも呼ばれ、親しまれている。1326年、セルジューク朝からブルサを奪い、勢力を拡大したオスマン朝は、最初の首都としてこの町を選んだ。古くから商業面でも栄えていたブルサは、この時代に絹織物産業が盛んになり、現在でもその産地として有名だ。また、美しい緑色のジャーミィや霊廟があるほか、ローマ時代からの温泉地としても知られている。冬場はウル山のスキー場への起点となるため、若者たちでにぎわう。

旅のモデルルート Gezme Planı

多彩な魅力をもつ町、ブルサ。オスマン朝初期の建築物が数多く残る、古都の魅力を存分に堪能して、温泉につかり、名物料理に舌つづみを打つ。ジュマルクズクやイズニックをからめてルート作りをするのもよいだろう。

歩き方 Güle Güle Gidin

まずは**アタテュルク通り**Atatürk Cad.から歩き始めよう。道の北側には、**ウル・ジャーミィ**がある。バザールは広場の裏、さらにその奥には食料品市場がある。さらに東へ進むと、アタテュルク像のある交差点。このあたりが**ヘイケル**Heykelと呼ばれる町の中心になる。川を渡ってしばらく歩くと、左にイェシル・ジャーミィやイェシル・テュルベなどがある。ウル・ジャーミィから西へ5分ほど歩き、左の坂を上るとオスマン廟とオルハン廟のあるトプハーネ公園Tophane Parkıだ。

■ブルサへの行き方

🚌主要都市はもちろん、地中海、エーゲ海、黒海、東部の各方面から便がある。

●イスタンブールから

直通バスもあるが、イェニカプからヤロワ行きの高速フェリーに乗り、ヤロワでブルサ行きのバスに乗り換えたほうが早い。ただし直通バスのほうが便数は多い。

⛴🚌イェニカプとヤロワを結ぶ高速フェリーは、ほぼ2時間毎に1日7便（夏期増便）。所要約1時間で、運賃は12YTL。ブルサへは、リュクス・ヤロワ・セヤハットLüx Yalova Seyahatなどのバスがほぼ30分毎に出る。所要1時間、運賃は6YTL。

🚌ハレムから5:00〜翌1:00に頻発

所要：4時間（バスごと船に乗り海を渡るルートの場合）

運賃：17YTL

●イズミルから

🚌7:00〜19:30に頻発

所要：5時間

運賃：19YTL

●アンカラから

🚌7:00〜翌2:00に1時間毎

所要：5時間

運賃：26YTL

●エスキシェヒルから

🚌各社ほぼ1時間毎

所要：2時間30分

運賃：12YTL

●イズニックから

🚌ドルムシュ各社30分毎

所要：1時間30分

運賃：6YTL

トプハーネ公園からの眺め

ブルサ行きのバスは深夜の一部時間帯をのぞき、イスタンブールのエセンレル・オトガルからほぼ24時間出ている。（編集室）

■ブルサのバス会社

ブルサの大手バス会社はキャーミル・コチュ**Kâmil Koç**とニリュフェル**Nilüfer**。

テルミナルの市内行きバス乗り場

■テルミナル・オゼル・オトビュスュのおもな路線

乗車の際に行き先を告げて料金を払う。運賃は1.50YTL～。90番がサントラル・ガラジュへ行く。38番はサントラル・ガラジュを経由、ヘイケル、テルミナルを循環。テレフェリッキ乗り場へは94番。チェキルゲへは92番でセーセーカー病院**S.S.K. Hastanesi**へ行き、坂を10分ほど上がるか、サントラル・ガラジュでチェキルゲ行きに乗り換える。

■ブルサの❶

Map P.201B

✉**Orhangazi Altgeçidi No.1 Heykel**

TEL & FAX (0224) 220 1848

開8:00～17:00

休土・日

夏期は状況により土・日曜も開けることがある。

オトガルから市の中心部へ

ブルサの大きなオトガルは「テルミナルTerminal」と呼ばれ、町から10km離れている。セルヴィスはなく、テルミナル・オゼル・オトビュスュTerminal Özel Otobüsüと呼ばれるシャトルバスとタクシーだけが町とオトガルを結んでいる。

市内交通

拠点となるのはサントラル・ガラジュSantral Garajı。タクシーや各方面へのドルムシュがたまっており、市内バスも立ち寄る。市中心部まで行くには、ヘイケルを通るバスやドルムシュに乗ればよい。市内バスは1.50YTL。温泉のあるチェキルゲやカラギョズ・ハウスへもここから乗るか、ヘイケルでつかまえてもよい。

2002年7月に完成したブルサライBursarayと呼ばれている新交通システムは、中心部から西の工業地域までを結ぶ。6:30～24:00の間、4分おきに運行。運賃は1.50YTL。

両替・郵便・電話

銀行やPTTはウル・ジャーミィの前にあるが、バザールの中の私設両替商のほうが、手続きがスムーズでレートもよい。

旅の情報収集

❶はウル・ジャーミィ横の広場にある。見どころへの行き方やイベント、開館情報などを教えてくれる。市内地図もある。

見どころ Gezilebilecek Yerleri

木製の説教壇の細工が美しい

ウル・ジャーミィ

Ulu Camii ウル・ジャーミィ

20個もの円天井をもつセルジューク様式の建築。着工から

繊維産業の盛んなブルサはタオルの産地としても知られる。カパルチャルシュでは良質のバスタオルやバスローブなどが売られている。(編集室)

1421年の完成まで40年もの年月がかかり、その間にムラト1世、バイェズィト1世、メフメット1世と時の権力者も変わった。内部にある清めの泉亭やクルミ製の説教壇は見ておきたい。

ウル・ジャーミィの説教壇

ブルサで最も由緒ある寺院

オルハン・ガーズィー・ジャーミィ

Orhan Gazi Camii オルハン・ガーズィー・ジャーミィ

ウル・ジャーミィの向かい側にある。オスマン朝の2代目、オルハンによって1329年に建てられたが、1413年にブルサがカラマン君侯国に占領された際に焼失し、1417年に再建されたと伝えられている。

ブルサを象徴する緑のタイルの寺院

イェシル・ジャーミィ

Yeşil Camii イェシル・ジャーミィ

内部がライトグリーンのタイルで装飾された、緑のブルサの象徴ともいえる建物。青みがかったタイルのすばらしさは目を見張るほど。1424年にメフメット1世によって建てられ、初期オスマン朝の寺院建築の傑作といわれている。

ターコイズブルーの外壁が美しい

イェシル・テュルベ

Yeşil Türbe イェシル・テュルベ

ターコイズブルーに輝くタイルの外壁が周囲の木々の緑と相まって、非常に美しい廟。館内にはメフメット1世と家族の棺がある。棺はブルーのタイルに金色のカリグラフィーを施した豪華なもの。また、ここからの眺めはすばらしい。

カラギョズの影絵人形はブルサが本場

トルコ・イスラーム美術博物館

Türk İslam Eserleri Müzesi テュルク・イスラーム・エセルレリ・ミュゼスィ

イェシル・ジャーミィに付属する神学校だった建物を利用し、セルジューク時代やイズニック、キュタフヤ産の陶器、カラギ

■ウル・ジャーミィ
Map P.201B
開8:00～18:00　休無休
料寄付歓迎

■オルハン・ガーズィー・ジャーミィ
Map P.201B
開8:00～18:00　休無休
料寄付歓迎

■イェシル・ジャーミィ
Map P.200B
開8:00～18:00　休無休
料寄付歓迎

イェシル・テュルベ

■イェシル・テュルベ
Map P.200B
開8:00～12:00 13:00～17:00
休無休
料寄付歓迎

■トルコ・イスラーム美術博物館
Map P.200B
TEL(0224) 327 7679
開8:00～17:00
休土・日
料2YTL

ョズの影絵人形や民族衣装、民具などを展示している。

■エミール・スルタン・ジャーミィ
Map P.200B

町の人々に親しまれている上品な寺院

エミール・スルタン・ジャーミィ

Emir Sultan Camii エミール・スルタン・ジャーミィ

とてもモダンな感じのジャーミィ。白壁にすっきりした模様が映え、丸天井のデザインが美しい。中庭の噴水も愛らしい。

■オスマン廟とオルハン廟
Map P.200B
開8:00～12:00 13:00～17:00
休無休 料寄付歓迎
ブルサ城跡を登った小高い丘の上にある。

オルハン廟

トプハーネ公園内には眺めのよいカフェテリアがある

初代と2代目のスルタンが眠る

オスマン廟とオルハン廟

Osman Gazi ve Orhan Gazi Türbeleri
オスマン・ガーズィー・ヴェ・オルハン・ガーズィー・テュルベレリ

オスマン朝初代と2代目スルタンの墓。これらの霊廟は当初、キリスト教会をもととしたビザンツ様式の建築物だった。しかし、1854年の地震などにより再建が繰り返され、オリジナルはオルハン廟の床にモザイクを留めるのみとなっている。建物の奥の眺めのいい高台はトプハーネ公園Tophane Parkıで、のどかな雰囲気が漂っている。

■ムラディエ・ジャーミィ
Map P.200A

オスマン朝の息吹を伝える建造物

ムラディエ・ジャーミィ

Muradiye Camii ムラディエ・ジャーミィ

ムラト2世により1426年に造られたジャーミィ。タイルの装飾が美しく、見ごたえがある。セルジューク朝様式からオスマン朝独自の様式へと変わりゆく当時の建築の様子がわかる。

ムラト2世は1451年に死亡し、敷地内の庭園にある13の廟のひとつ、ムラト2世廟2. Murat Türbesiに眠っている。道路を隔てた西側にはムラト2世のハマム2. Murat Hamamıがあり、現在も営業している。上流階級の家を改造したオスマン朝家屋博物館Osmanlı Evi Müzesiも近くにあり、18世紀の伝統的な様式の建物や家具などを見学できる。

休日は多くの人々が訪れる憩いの場所

キュルテュル公園

Kültür Parkı キュルテュル・パルク

中心部からチェキルゲに向かう途中にある、大規模な公園。考古学博物館Arkeoloji Müzesiは敷地内にあり、周辺の遺跡の発掘物などが展示されている。この公園は遊園地に

ブルサ、チェキルゲのハマム、温泉

●イェニ・カプルジャ　Yeni Kaplıca
Map P.200A 開7:00～23:00 休無休 浴槽あり
TEL (0224) 236 6955 入浴8YTL アカすり6YTL マッサージ12YTL
キュルテュル公園の横にある。浴槽がとても大きい。すぐ下のカラ・ムスタファ・パシャも同系列。

●チャクル・アア　Çakır Ağa Hamamı
Map P.201A 開6:00～24:00 休無休 浴槽なし
TEL (0224) 221 2580 入浴10YTL アカすり5YTL マッサージ5YTL
町の中心部にあり、750年の歴史をもつ。男性用と女性用（19:00まで）に分かれている。

●イネベイ　İnebey Hamamı
Map P.201A 開6:00～23:00 休無休 浴槽なし
TEL (0224) 224 2772 入浴10YTL アカすり5YTL マッサージ5YTL
520年の歴史をもつという古いハマムだが、内部は清潔にしてある。基本的に男性用のみで女性用はない。

●ケルヴァンサライ・テルマル Kervansaray Termal
Map P.202 開7:00～22:30 休無休 浴槽あり
TEL (0224) 233 9300
inet www.kervansarayhotels.com
入浴20YTL アカすり15YTL マッサージ15YTL
チェキルゲにある5つ星ホテルの豪華な温泉。女性の入浴料は16YTL。宿泊はS130€、W160€。

フィダン・ハンはかつて苗木の取引が行われていた隊商宿。その一角にはフィダンFidanというレストランがあり、地元の人には知られた人気店だ。（編集室）

もなっている。また、アタテュルク・スタドゥAtatürk Stadıはサッカー、トルコリーグのブルサスポルBursasporがホームスタジアムとして使用しており、たびたび国際試合も行われる。

市場でタオル地の製品を買おう
バザール
Çarşı チャルシュ

ウル・ジャーミィの裏道あたりから、バザールが広がる。中心は**ベデステン**Bedestenと呼ばれる小さなドームが連続するアーケードで覆われたあたり。ブルサの名産品、タオル地のバスローブなどが安い。また、噴水広場すぐ北の**コザ・ハン**Koza Hanは1490年にベヤズット2世によって建てられた隊商宿で、かつて繭の取引が盛んだった。現在でもシルク製品を扱っている。さらにベデステンとウル・ジャーミィの間にも**エミル・ハン**Emir Hanという隊商宿がある。

活気あるバザール

ブルサのことなら何でもわかる
ブルサ市博物館
Bursa Kent Müzesi ブルサ・ケント・ミュゼスィ

アタテュルク像の裏に2004年2月にオープンした博物館。建物は以前、裁判所として使用されていた。1階はブルサの地理、歴史や文化、アタテュルクとブルサに関する展示が中心。カラギョズのビデオ上映もある。2階はオスマン朝時代の民芸品、工芸品を展示しており、懐中時計のコレクションが興味深い。

オスマン朝時代から残る古い町並み
ジュマルクズク
Cumalıkızık ジュマルクズク

ジュマルクズクはブルサの東、10kmの所にあり、昔ながらの生活を今も続ける町。古式ゆかしい家並みがトルコ文化・観光省により世界遺産暫定リストにも掲載されている。

■キュルテュル公園
Map P.200A
開8:00～23:30
休無休

■バザール
Map P.201B
開9:00～17:00 休無休

■ブルサ市博物館
Map P.201C
✉Eski Adliye Binası
TEL (0224) 220 2626
FAX (0224) 220 2486
開9:30～17:30 休月
料1.50YTL
オーディオガイド（英語あり）で説明を聞きながら回ることができる。

ブルサ市博物館

■ジュマルクズク
Map P.12B2
サントラル・ガラジュからジュマルクズク行きのドルムシュが出ている。所要約45分。

伝統的な町並み

ホテル

日本からホテルへの電話 国際電話会社の番号 + 010 + 国番号90 + 224（市外局番の最初の0は不要） + 掲載の電話番号

ブルサのホテルは、町の中心部にある経済的～中級クラス、チェキルゲにある温泉ホテル、スキーを楽しむ人のためのリゾートホテルなどに分けられる。ジュマルクズクにもペンションがある。

ギョンリュフェラフ Termal Hotel Gönlüferah
高級
Map P.202

✉1. Murat Cad. No.22 Çekirge

TEL (0224) 233 9210
FAX (0224) 233 9218
D なし
S A/C 80€
W A/C 110€
US$ € YTL T/C不可
C/C M V

●チェキルゲにある3つ星の老舗温泉ホテルだが客室はデザイナーズホテルのよう。センスのよい家具が配されており、液晶テレビやティーポットなども完備している。バスルームも広々と機能的。浴槽付きのハマムは4つあり、予約制で貸し切りにもできる。

ブルサ市民の足はタクシー型ドルムシュだが、1台につき定員が4人なので、すぐ満員になってしまう。朝晩のラッシュ時はなかなか途中乗車ができないことも。（編集室）

中級 Map P.201B

ケント Hotel Kent

✉Atatürk Cad. No.69

TEL(0224) 223 5420
FAX(0224) 224 4015
inet www.kentotel.com
D なし
S A/C 75US$
W A/C 100US$
US$ € YTL T/C不可
C/C M V

●ウル・ジャーミィなどのある広場に面していて、観光にはとても便利な立地の中型ホテル。すぐ横にマクドナルドがある。全55室で全室テレビ、ミニバー、ヘアドライヤー付き。エアコンは中央制御方式。レストランやバーなども付属している。最上階のレストランからの眺めもよい。

中級 Map P.201A

アルトゥッチュ Hotel Artıç

✉Atatürk Cad. Ulu Camii Karşısı No.95
TEL(0224) 224 5505
FAX(0224) 224 5509
inet www.artichotel.com
D なし
S 65YTL
W 110YTL
US$ € YTL T/C不可 C/C A D M V

●町の中心部、PTTのすぐ横にある3つ星ホテル。外観は老朽化しているが、ガラス張りで吹き抜けのロビーにはモダンなソファが置かれている。中心部では老舗のホテルだが、客室は改装済みで、全室エアコン付き。シングルの部屋はやや手狭な感がある。朝食はオープンビュッフェ。

中級 Map P.202

ムトゥル Hotel Mutlu

✉Hamam Cad. No.19 Çekirge

TEL(0224) 233 2829 FAXなし
D なし
S 50YTL
W 78YTL
US$ € YTL
T/C不可 C/C M V

●チェキルゲ広場から延びる西向きの上り坂2本のうち、右の道を上ると左にある。全23室、家族経営の小さなホテルだ。浴室にバスタブがない部屋もあるが、共同ハマムには浴槽もある（貸切制で前日までに要予約）。

経済的 Map P.201A

ギュネシ Hotel Güneş

✉İnebey Cad. No.71 Ulu Camii Karşısı

TEL(0224) 222 1404 FAXなし
D なし
S 22YTL
W 40YTL
US$ € YTL T/C不可 C/C不可

●イネベイ・ハマムの向かいにある。町の中心にあるので便利。家族経営のこぢんまりとした安宿だが、部屋は日当たりがよくとても明るい。息子さんは英語が少し話せる。共同バスはふたつある。

レストラン

ヨーグルトと溶かしバターがかかったイスケンデル・ケバブはブルサが本場。ピデリ・キョフテ**Pideli Köfte**はイスケンデル・ケバブのキョフテ版の料理でこちらも人気。栗菓子のケスターネ・シェケリ**Kestane Şekeri**はおみやげにもぴったり。テルミナルにも大きな店がある。

ピデリ・キョフテ

中級 ケバブ屋 Map P.201B

イスケンデル
Kebapçı İskender

✉Atatürk Cad. Orhan Sok. No.2
TEL(0224) 225 5610 FAXなし
開11:00〜20:00(冬期〜18:30)
休ラマザン月の20日間
US$ € YTL C/C M V

●元祖イスケンデル・ケバブの店。ここではドネル・ケバブと呼んでいる。現在は3代目と4代目が店を切り盛り。狭い店内だがいつも満員。羊肉が嫌いな人でもここならおいしく食べられる。メニューは並15YTL、大盛20YTLの2種類。

ジュマルクズク村には伝統家屋を改築したカフェやペンションもあり、足を延ばすには最適。ただし冬期は閑散としているので、5〜9月ぐらいがおすすめ。（編集室）

キュタフヤ Kütahya

市外局番 **0274** 人口**16万8045**人

青ずくめのチニリ・ジャーミィ

青と白の美しい陶器で知られる町。18世紀以降、陶器生産の中心はイズニックからキュタフヤの町に移った。

オトガルから**アタテュルク大通り**Atatürk Bul.を山に向かって歩いて行くと10分ほどで町の中心地に出る。この通りにはたくさんの**絵皿工房**が並んでいる。陶器の壺が噴水になっている、**ベレディィエ広場**Belediye Meydanıが町の中心地。西側に県庁があり、その先の南西に延びるジュムフリエット通りCumhuriyet Cad.を真っすぐ行くと**ウル・ジャーミィ**。その脇に**博物館**があり、ジャーミィを越えてさらに奥に歩いていくと、ハプスブルク家のハンガリー支配に対して独立運動を起こしたコシュトゥが1849年から51年まで住んでいた家を博物館にした**コシュトゥ・エヴィ**Koşşuth Eviがある。周辺は旧市街で、町並みの保存が進み落ち着いた風情がある。

特産の陶器からできているブルーのタイルに覆われた、美しい**チニリ・ジャーミィ**Çinili Camiiは必見。チニリ・ジャーミィの近くでドルムシュを降りて坂を上ると、町を一望する丘の上にジャーミィが見える。ミナーレまで陶器でできていて外観はもちろん内部も美しい。町を見下ろす丘の上にはビザンツ時代の城跡がある。

また、町の周辺には**温泉**も多い。南西57kmにあるチャヴダルヒサルÇavdarhisarには、フリュギア～ローマ時代の大型遺跡、**アイザノイ**Aizanoiもあり、あっさり通り過ぎるのはもったいない。ゆっくり滞在したい町だ。

■キュタフヤへの行き方

●イスタンブールから

🚌19:20、23:50発など
所要：4時間
運賃：12.50YTL
🚆9:30～翌1:45に1～2時間毎
所要：5時間30分
運賃：25YTL

■キュタフヤのℹ

Map P.205

✉Valiliği Karşısı
開5月中旬～11月中旬9:00～13:00 14:00～18:00
休日・月、11月中旬～5月中旬

ホテル

町の中心部、ベレディエ広場やアタテュルク大通り周辺、ジュムフリエット通りのあたりに集中している。

レストラン

ロカンタもベレディエ広場のある町の中心部に多い。

コシュトゥ・エヴィ

ベレディエ広場にあるロータリーの中心には大きな陶器の壺がある。地元の人はこの広場のことをヴァゾVazo(花瓶)ともいう。(編集室)

クルシュンル・ジャーミィ

エスキシェヒル Eskişehir

市外局番 0222 人口48万2793人

トルコ語でエスキは古い、シェヒルは町を意味する。「古い町」の名前の由来は、フリュギア人によってドリラエルの遺跡であった所に町が造られたことからきている。

オトガルは町の東の外れにあるので、ドルムシュで町の中心（シェヒル·メルケズィ）まで移動しよう。オトガルからのドルムシュはホテルが並ぶ**ユーヌス·エムレ通り**Yunus Emre Cad.で停まる。町自体は小さいので歩いてどこへでも行ける。にぎやかな通りは小さな水路沿いだ。

ⓘのある市庁舎や警察は**イキ·エイリュル通り**İki Eylül Cad.にある。町の見どころはユーヌス·エムレ通りや、ⓘの南方向にあるクルシュンル·ジャーミィKurşunlu Camii周辺に多い。ジャーミィの南裏にはオスマン時代以来の民家を公開した**オスマン家屋博物館**Osmanlı Evi Müzesiがあり、ジャーミィの東には キリムも展示する**民俗学博物館**Etnoğrafya Müzesiがある。

エスキシェヒルは海泡石の産地でもある。海泡石の製品はイスタンブールでも見かけるが、エスキシェヒルが本場。凝った彫刻は実にレベルが高い。工房で加工作業も見学できる。ⓘで訊ねてみよう。

メアシャム·パイプ

エスキシェヒルの周辺にも見どころは多い。町の南40kmほどにある**セイトガーズィー**Seyitgaziは、7世紀初期のアラブ征服時代の英雄、バッタル·ガーズィーが殉教した地とされ、ジャーミィと彼の墓などを合わせた複合施設が建てられている。彼は映画化されるほどの大衆のヒーローで、豪勇で知られたいわば弁慶のような男。身の丈7mもある巨人だったという。また、さらに南に30kmほど下った**ヤズルカヤ**Yazlıkayaには、フリュギア時代の遺跡、ミダスモニュメントMidas Anıtıがある。

■エスキシェヒルへの行き方

🚌多くの急行が通るが、夜遅く着く便も多いので注意。

🚌ブズルBuzlu、イスマイル·アヤズİsmail Ayaz、ユクセル·トゥリズムYüksel Turizmなどの会社がある。

●イスタンブールから

🚌8:30〜23:30 1日8便

所要：4時間〜5時間30分

運賃：7.50YTL〜14.50YTL

🚃7:00〜翌2:00に1時間毎

所要：6時間

運賃：20YTL

●アンカラから

🚌8:00〜23:30 1日10本

所要：2時間30分〜4時間

運賃：6.50YTL〜15YTL

🚃7:00〜24:00に1時間毎

所要：3時間

運賃：14YTL

■エスキシェヒルのⓘ

Map P.206

✉Vilayet Binası Zemin Kat

TEL(0222) 230 1752

FAX(0222) 230 6301

開8:30〜17:30

休土·日

ホテル

ホテルは町の中心部、イキ·エイリュル通りに集中している。

レストラン

手頃なロカンタが町の中心部に多い。

ユーヌス·エムレは13世紀に活躍した詩人、生没年代もよくわからずトルコにはいくつか彼の墓がある。この町のものは13世紀の建造で20世紀に再建された。（編集室）

遺跡と海と太陽がいっぱい

エーゲ海、地中海沿岸

Ege Denizi ve Akdeniz

旅のアドバイス
エーゲ海、地中海沿岸

ハイライト

エーゲ海、地中海地方はギリシアやローマ時代の古代遺跡や、青い海、白い砂浜に魅せられて、世界中から観光客がやって来る。ペルガモン王国の遺跡や、大規模なエフェスの都市遺跡も見逃せない。クシャダスやボドルム、アンタルヤは、多くの人が訪れるリゾート地。

プランニング

リゾート滞在と遺跡観光をバランスよく組み合わせることがプランニングのコツ。また、遺跡に重点を置くか、リゾート滞在かで、宿を取る起点となる町が変わってくることがある。

沿岸の遺跡への交通の便がよく、リゾート滞在も楽しめる町としては、クシャダス、ボドルム、フェティエ、カシュ、アンタルヤなどが挙げられる。

交通

トルコでは目的地を本拠地とするバス会社に乗るのが安心だが、この地方では大手バス会社が大都市と沿岸諸都市を結んでいる。逆に地元のバス会社だと、近郊の町にしか行かないということも珍しくない。

沿岸部の小さな町はそれぞれミニバスやドルムシュで結ばれている。なお、町外れの遺跡を巡るツアーやドルムシュ便は夏期以外は少ない。

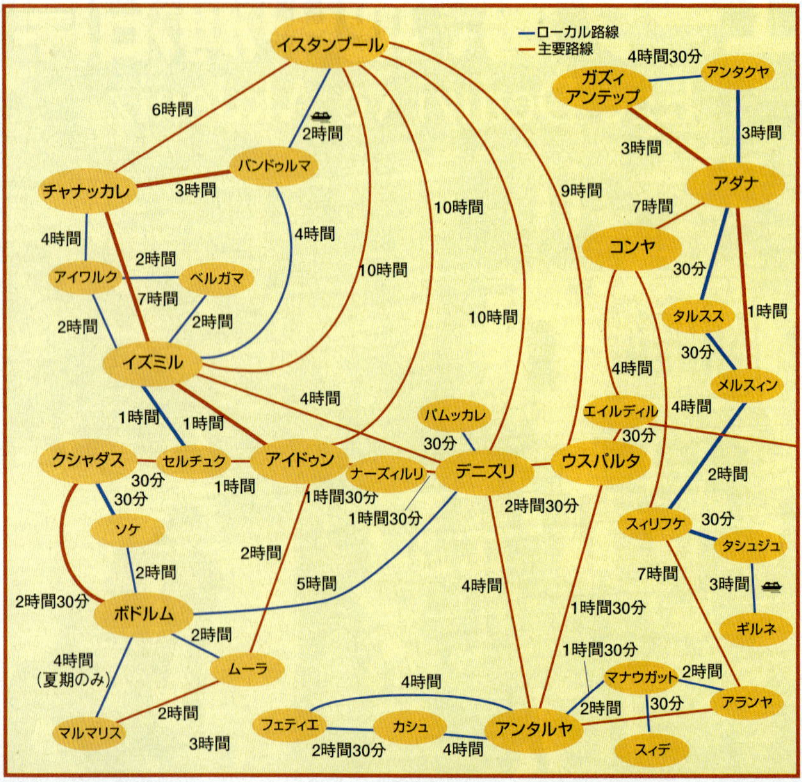

クルーズ船で海に出よう！

アスペンドスのローマ劇場

ギルネの聖ヒラリオン城から

名物料理

海岸通りに並ぶシーフードレストランや、おしゃれなカフェに目が行きがちだが、名物料理も多い。チャナッカレではサンドイッチのアイワルック・トストゥや、名産のチーズを使ったお菓子、ペイニル・ヘルワス、ベルガマではキレミット・キョフテ、イズミル（マニサ）のマニサ・ケバブ、セルチュクのチョプ・シシ、シリンジェのギョズレメ、カシュのフルン・ピデスィ、北キプロスのシェフターリ・ケバブなど。メルスィン付近ではタントゥニと呼ばれる肉と野菜の炒め物をよく見かける。アンタルヤにはピヤズのほか、アンタルヤ・ウスリュ・ボレイと呼ばれるボレッキもある。アンタクヤでは小さなピザ、カイタスやホウレンソウのスープ、ウスパナック・チョルバス、カボチャのお菓子、カワック・タトゥルスが有名。

チョプ・シシ

キレミット・キョフテ

マニサ・ケバブ

カイタスとイチリ・キョフテ

ウスリュ・ボレイ（肉入り）

メルスィンのタントゥニ

シェフターリ・ケバブ

チャナッカレ名物ボンバ

みやげ物

アンタルヤやボドルム、マルマリス、クシャダスのバザールはおみやげの種類も豊富で何でも揃う。エフェスやベルガマといった観光地では遺跡のレプリカなどが売られている。イズミルのアルサンジャック地区にはブランドショップやブティックが多い。シリンジェやボズジャ島、ギョクチェ島はワインが名物。アンタクヤでは月桂樹油の石けん（デフネ・サブヌ、日本ではアレッポ石けんと呼ばれ1個500～800円）が1個100円と狙い目だ。また、地域を問わず少しいなかに行けば、女性が編んだ手作りのレースやオリーブ石けんなどが売られている。

ギョクチェ島のワイン

ボドルムのバザール

手作りレース

手作りのオリーブ石けん

海で遊ぼう!

クルージング&ダイビング Cruising & Diving

クルージングは、海に面するほとんどすべての町で1時間程度のものから可能。1日クルーズなら2～3ヵ所のポイントで30分～1時間ほど泳ぐ時間がある。

エーゲ海と地中海の分け目にあたる**フェティエ**からは、長いものになると1週間以上のクルーズツアーもある。

マルマリスからのクルーズはイルカやウミガメをウオッチングしながらクルーズし、小型ボートに乗り換えてダルヤン川を上りマッドバスにつかるというクルーズが人気。

アランヤからはアランヤ半島を1周するショートトリップが人気。半島の周囲には造船所跡やいくつもの洞窟があり、泳いで行くことができる。

カシュからはケコワ島への半日～1日クルーズが人気だ。グラスボトムボートを使ったツアーもある。

お客さんに舵を握らせてくれることもある

ボドルムからの1日クルーズは、岬や島を巡りながらカラアダの洞窟温泉に行くクルーズが一般的。

ダイビング施設もほとんどのリゾート地で揃っており、ライセンスの取得も可能。なかでもカシュの周辺には30以上ものダイビングスポットがあり、ギリシア領のメイス島との間にある小さい島々の周辺でも潜ることができる。

ボートクルーズに出発！

グラスボトムボートツアーにて

アンタルヤ発ケコワ島への1日クルーズ

出発

8:00 アンタルヤ発

ケコワへの船着場までバスの旅。青い海を見ながらバスは海岸沿いを走る。

11:30 クルーズ出発

いよいよクルーズ出発。魚が釣れれば、すかさず下ごしらえを始める。

12:00 ケコワ島到着

ケコワ島の海岸を見ながら船は進み、造船所跡のある小さな入江で停泊する。

12:30 昼食

ひと泳ぎしたところで昼食。ピラウとサラダとキョフテが今日のメニュー。

13:00 ケコワ島を散策

食事が終われば、泳ぎ出してもよいが、島に上陸して遺跡を散策するのもよい。

13:30 アイスクリーム購入

おみやげやアイスクリームをボートで売りに来る人もいる。ちょっと高いけどうれしい。

15:00 ケコワ島出発

ケコワ島の滞在を終え、ユチュアウズの村の前を通り過ぎスィメナの船着場へ。

15:30 スィメナ到着

城壁は入場料が必要。眺めはすばらしい。周辺にはリキアの墓が残っている。

17:00 クルーズ終了、ミュラへ

船のカプタンに別れを告げ、ミュラへ。泳ぎすぎて日が暮れそう、急がねば。

17:30 ミュラ到着

見事な岩窟墓群が残るミュラ。サンタクロースのモデル、聖ニコラスの教会もある。

18:00 アンタルヤへ

アンタルヤへ戻る。このペースならアンタルヤ帰還は22:00前後か。お疲れさま。

到着

ラゼル・ペンション（→P.300）のツアー例。旅行会社によって、また季節や状況によって内容は変わります。

スパ＆マッドバス
Spa & Mud Bath

温泉国トルコで最も有名なスパは、パムッカレ近くの**カラハユット**。リゾートホテルが建ち並んでいるが、手頃な値段の宿もある。パムッカレでは、石灰棚では湯量不足のため自由に浸かれないことがあるが、遺跡内に温泉プールがあり、温度は比較的低いが入浴が可能だ。

チェシメ周辺の**ウルジャ**にも温泉が湧いており、海水と交わったあたりで入る温泉はまた格別だ。

ボドルム南の**カラアダ**は古代名をアルコンネッソスといい、洞窟内に湧く温泉が美容効果が高いと古くから信じられてきた。

マッドバスが体験できる所で最も有名なのが、クレオパトラ伝説もあるダルヤン。ダルヤンはマルマリスとフェティエの間にある小さな町だが、ダルヤンからさらにダルヤン川を少しさかのぼった所にある**スルタニエ温泉**でマッドバスを体験できる。美肌効果も非常に大きく、セラピー施設も完備している。

パムッカレの遺跡温泉プール

カラハユットの温泉

スルタニエ温泉

ラフティング
Rafting

ラフティングができる場所では、アンタルヤ近郊の**キョプリュリュ川**、マルマリス～フェティエ間に流れる**ダラマン川**などが有名。いずれの川でも上流は難易度が高め。下流で遊ぶ分には難易度はそれほど高くはないが、流されれば危険なスポーツなので、ガイドやインストラクターの注意にきちんと耳を傾け、安全には充分注意を払おう。

エシェン川の川下りは、クサントスの遺跡の近くのクヌクから出発し、エシェン川河口のパタラ・ビーチへと向かうコース。カヌーを漕ぐのは3時間ほどで、途中バードウオッチングを楽しみつつ、マッドバスやランチ休憩、目的地のパタラのビーチでは1時間ほどの海水浴と内容も盛りだくさんの人気ツアーだ。

シーズンは5月～10月中旬。ラフティングツアーはパタラが起点だが、カシュやフェティエからも送迎付きの1日ツアーが出ている。

力を合わせて急流にこぎ出そう！

急流を滑り下りるカヌー

トレッキング
Trekking

カヌーイングが楽しめる**サクルケント**はトレッキングのスポットとしてもよく知られている。このあたりは夏でも比較的涼しく、フェティエと20度以上の温度差があることもあるという。あちこちで水に浸かることを考慮に入れれば、軽装で行くことを心がけよう。さらに激しく川をさかのぼるキャニオニングやシャワークライミングも可能だが、くれぐれも安全には気を付けるようにしよう。

フェティエの**カヤキョユからオリュデニズへのトレッキングコース**も非常に人気がある。かつてギリシア人が住み、その後住民交換によって廃墟となったカヤキョユから、林をかき分けるように抜けると、オリュデニズの美しい海が広がる。8kmと距離も短く、3時間ほどで行けるので気軽に出かけることができる。

トレッキングコースとして人気のサクルケント渓谷

エイルディル周辺も豊かな自然に恵まれているため、景色の変化に富んだトレッキングコースが多い。5〜10km程度のショートトレッキングルート中心で、コワダ湖周辺に広がる国立公園を歩いたり、今も昔ながらの生活を送る遊牧民がいるアクプナルへのトレッキングが人気だ。

パラグライディング
Paragliding

パラグライディングの魅力は、何といっても上空からしか見ることのできないすばらしい景色を堪能できることだろう。タンデム飛行なので初めてでも安心。

標高2000m近くの山腹から一気に舞い下りる

気軽にパラグライディングが楽しめる人気スポットは**カシュ**とフェティエ近くの**オリュデニズ**。ホテルや旅行代理店などで簡単に申し込める。相場は100€ほど。

カシュは町から車で約45分の標高1000mの地点から出発し、約30分の飛行を楽しみながらゆっくりと港に着地する。飛行中の自分の姿を撮影しDVDに焼いてくれるサービスもある。

オリュデニズの場合は標高2000mの地点から出発し、約45分の飛行が楽しめる。シーズン中は1日5回のツアーが出るほどの人気ぶりだ。

カシュの港に降り立つ

要衝ダーダネルス海峡のほとりの小さな町

チャナッカレ Çanakkale

市外局番 **0286** 人口**7万5810**人

■チャナッカレへの行き方

●イスタンブールから

🚌ハレム発7:00～24:00に1時間毎
所要：6時間
運賃：30YTL

●アンカラから

🚌10:00 12:00 20:00 22:30発
所要：12時間　運賃：35YTL

●イズミルから

🚌9:00～翌1:00に1～2時間毎
所要：6時間30分～7時間
運賃：27YTL

●エディルネから

🚌ダイレクトでチャナッカレに入るバスもあるが、途中のケシャンKeşanで乗り換えたほうが便が多い。
所要：4時間
運賃：25YTL

エジェアバト行きの埠頭

キリットバヒルへの船

映画『トロイ』で使用された木馬はチャナッカレ市に寄贈された

チャナッカレはヨーロッパとアジアを隔てるダーダネルス海峡の中心的都市である。この海峡は軍事的な要衝であり、沿岸の各都市に築かれたかつての要塞跡を見ることができる。町自体は、博物館以外さして見どころはないが、トロイ観光の起点として多くの観光客が訪れるためホテルやレストランは多い。小さな町だから、夕食がてらぶらぶら歩けば町の概要がつかめるだろう。

オトガルは中心地から1kmほど離れているが、長距離バスは港からも出ており、バス会社もあるので経由するだけの人はオトガルへ行く必要はない。

旅のモデルルート Gezme Planı

チャナッカレ自体は小さな町だが、周りにはトロイ遺跡をはじめ、ギョクチェ島やボズジャ島、アソスやゲリボル半島国立歴史公園など、見どころが多い。ツアー客はほとんどトロイ遺跡だけを見て素通りしてしまうが、素朴なリゾートの風情も捨てがたいものだ。それぞれは離れているので、全部回るつもりなら、数日滞在することを考えてもよいだろう。

チャナッカレを中心にトロイ、ギョクチェ島への旅

1日目：チャナッカレ→トロイ→チャナッカレ
2日目：チャナッカレ→ギョクチェ島

1日目はチャナッカレ市内とトロイをゆっくり観光。2日目の朝にエジェアバト、カバテペ経由でギョクチェ島へのフェリーに乗る。ギョクチェ島に着いたらドルムシュでカレキョイKaleköyに行こう。カレキョイにはホテルも多く、小さなビーチもある。砦に登ったり、新鮮な魚介類を楽しんだら、次の日にチャナッカレへ戻る。

映画『トロイ』で使用された木馬が湾岸通り沿いの広場に展示されている。これは2004年にチャナッカレ市に寄贈されたもの。(編集室)

歩き方

Güle Güle Gidin

町の中心は港の周辺。ℹもここにあり、その南側にはランドマーク的な**時計塔**がある。港の北にはちょっとしたみやげ物屋も並んでいる。フェリー桟橋から大通りを50mほど真っすぐ歩くと、左側に1915年と刻印の打ってある大砲が2本備え付けられてあり、第1次世界大戦の面影を残している。

空港&オトガルから市の中心部へ

チャナッカレのオトガル

オトガルは中心部よりやや南に徒歩15分ぐらいの所にある。ただ、多くのバスはオトガルの横を通り過ぎ、そのまま港に入る。港周辺にもバス会社のオフィスがあり、乗車もOK。ラダルRadarやチャナッカレ・トゥルワÇanakkale Truvaのほか、キャーミル・コチュKâmil Koçやメトロ Metroなどの大手会社のオフィスがある。

チャナッカレ周辺の航路

ゲリボル半島側の**エジェアバト**Eceabat、**キリットバヒル** Kilitbahirへの船が出ている。トロイの南の**ユクイェリ**Yükyeri桟橋からは**ボズジャ島**Bozcaada、ゲリボル半島の**カバテペ** Kabatepeから**ギョクチェ島**Gökçeadaの路線などがある。

市内と周辺の交通

市内・近郊を走るドルムシュは市内では考古学博物館へ行くのに便利。リゾートホテルのある**ギュゼルヤル**Güzelyalıと**トロイ**へは、**サル川**Sarı Çayの**河川敷にあるドルムシュ・ガラジュ**から乗る。トロイまで3.50YTL。**エジェアバト**のドルムシュ乗り場は港の前の広場にある。**カバテペ**まで3YTL。**ユクイェリ**へは、オトガルからゲイクリ・セヤハットGeyikli Seyahatの中型バスで行く。10:00〜21:30（冬期〜17:00)、毎日5便（冬期3便)。所要約1時間。

両替・郵便・電話&旅の情報収集

両替・郵便・電話　町の中心部に私設両替商、銀行ともにいくつかあるので、両替には苦労しない。埠頭の入口近くには銀行ATMも数台ある。中央郵便局は病院の前にあり、周りには電話ボックスも多い。

観光案内所　チャナッカレのℹは港の広場にある。相談には親切に乗ってくれる。夏期は英語を話すスタッフがいることもある。日本語の観光パンフレットも置いている。

橋のたもとのドルムシュ・ガラジュ

港近くのバスオフィス

■航路の時刻と料金

●チャナッカレ〜ギョクチェ島
チャナッカレ 17:00発（冬期は月・金のみ）
ギョクチェ島 月・金8:00発（冬期は月・金のみ）
所要：約3時間
運賃：5YTL

●チャナッカレ〜エジェアバト
2時間毎
所要：30分
運賃：1.50YTL

●チャナッカレ〜キリットバヒル
30分毎
所要：20分
運賃：1YTL

●ユクイェリ〜ボズジャ島
ユクイェリ10:00 14:00 18:00（土・日19:00）発
ボズジャ島7:30 12:00 17:00
所要：30分
運賃：3YTL

●カバテペ〜ギョクチェ島
カバテペ11:00 18:00発
ギョクチェ島7:00 16:00発
所要：約1時間45分
運賃：3YTL

■チャナッカレのℹ
Map P.216A
✉İskele Meydanı No.27
TEL & FAX (0286) 217 1187
開8:30〜12:00 13:00〜19:00（冬期8:30〜17:00）
休11〜4月の土・日

チャナッカレのℹ

見どころ Gezilebilecek Yerleri

彩色をとどめる大理石の石棺などもある
考古学博物館
Arkeoloji Müzesi アルケオロジ・ミュゼスィ

周辺の町などからの出土品を集めた博物館。チャナッカレ東のチャンÇanから出土した大理石の石棺は、ほのかに古代の彩色を残しており、大変評価が高い。

考古学博物館

大砲が並ぶ公園は、今や平和な市民の憩いの場
軍事博物館とチメンリッキ城塞公園
Askeri Müzesi ve Çimenlik Kalesi
アスケリ・ミュゼスィ・ヴェ・チメンリッキ・カレスィ

ゲリボルの戦いに関する武器などが展示されている。晩年のアタテュルクの写真が飾られたアタテュルクの部屋もある。この博物館があるチメンリッキ城塞公園には、第1次世界大戦で使われた大砲などが置いてあり、ここから見る日没風景も美しい。

■考古学博物館
Map P.216B外
オトガルの前の通りや港近くからドルムシュが頻発。所要5分程度。徒歩なら約30分。
TEL (0286) 217 6740
FAX (0286) 217 1105
写真撮影は禁止。
開 8:00～17:00　休 無休
料 2YTL

■軍事博物館
Map P.216A
TEL (0286) 213 1730
開 8:00～12:00　13:30～17:00
公園：開 9:00～18:00
休 月・木（公園は無休）
料 2YTL
カメラとビデオは別料金。
公園：料 無料

チメンリッキ城塞公園

チャナッカレにあるオンセキズ・マルト大学18 Mart Üniversitesiの教育学部には日本語学科があり、2006年現在145人の学生が熱心に日本語を学んでいる。（編集室）

第1次世界大戦の激戦地

ゲリボル半島国立歴史公園

Gelibolu Yarımadası Tarihî Millî Parkı
ゲリボル・ヤルムアダス・ターリヒー・ミッリー・パルク

ダーダネルス海峡の向こう側にある細長い半島。第1次世界大戦のさなか、アタテュルクの指揮の下、英仏連合軍と激戦が展開された所だ。毎年3月後半になると多くの人々が慰霊に訪れる。ここには31もの戦没者共同墓地や多くの戦争記念碑が建つ。半島西のアンザック湾Anzac Koyuがあるアルブルヌ Arıburnuで最も重要な決戦が行われたため、このあたりに共同墓地は集中している。また半島先端部のセッデュルバヒルSeddülbahirにも記念碑などがある。また、キリットバヒルには1462年にメフメット2世が建てた城塞がある。

ギリシアに最も近いトルコ最大の島

ギョクチェ島

Gökçeada ギョクチェアダ

面積約280km²、8500人あまりが住むトルコ最大の島。さまざまな時代の古い建築物がひっそりと残っている。また、スキューバダイビングや海水浴も楽しむことができる。場所によってはイルカと遭遇することもあるという。

現在はトルコ領だが、ギリシア名でイムロズ（インブロス）と呼ばれることも多く、ギリシア人も住んでおり、教会などもある。また、この島では8月の第2週には映画祭が催される。

地元で穫れたブドウ酒を味わおう

ボズジャ島

Bozcaada ボズジャアダ

人口2000人の小さな島。ワインの名産地としても知られる。どこまでも広がるブドウ畑や、立派な城壁の下にひっそりとたたずむ漁村を訪ねたりして、時間を気にせず過ごしたい。もちろん島では海水浴も満喫できるし、夜は地元産ワインと一緒に新鮮な魚介類を満喫するのも楽しい。

キリットバヒルの城塞

■ゲリボル半島への行き方
Map P.12A1
船 エジェアバトやキリットバヒルまでチャナッカレから船がある（→P.215）。ゲリボル半島内の交通の便は悪いので、キリットバヒル以外の見どころは、ホテルが催行しているツアーに参加するか（半日ツアーでひとり48YTL）、タクシーをチャーターするしかない。

■キリットバヒルの城塞
地図外
開8:00～17:00　休無休
料2YTL

■ギョクチェ島
Map P.12A1
船 カバテペから1日2便往復している（→P.215）。

■ボズジャ島
Map P.12A2
船 ユクイェリから1日3便往復している（→P.215）。

■ボズジャ島の城壁
地図外
開8:00～17:00　休無休
料2YTL

ホテル

日本からホテルへの電話　国際電話会社の番号 + 010 + 国番号90 + 286（市外局番の最初の0は不要）+ 掲載の電話番号

チャナッカレのホテルは町の中心部にたくさんあるが、港周辺にも中級以下の宿が点在している。バスは港も経由するので、移動の途中に立ち寄る場合は港のほうが便利だ。

リゾートホテルは、チャナッカレとトロイの間にあるギュゼルヤルに数軒ある。

トゥサン Tusan Hotel

高級　Map P.216B外

✉Güzelyalı　TEL(0286) 232 8747　FAX(0286) 232 8226

inet www.tusanhotel.com
D なし
S A/C 50€
W A/C 80€
US$ € YTL
T/C US$ € C/C M V

●ギュゼルヤルのリゾートホテル。ドルムシュの終点から坂を上った所にある。テラスは雰囲気のよいレストランになっている。衛星放送が視聴可能なテレビはNHKも映るほか、日本語の利用案内も室内に置いてある。

第1次世界大戦中、アタテュルクは胸に散弾が当たったが、ポケットにあった時計のおかげで奇跡的に助かった。その記念碑がゲリボル半島国立公園にある。（編集室）

イリス İris Otel

高級 Map P.216B外

✉Mola Cad. No.48 Güzelyalı
TEL(0286) 232 8628　FAX(0286) 232 8028

inet www.irisotel.com
D なし
S A/C 75YTL
W A/C 150YTL
US$ € YTL
T/C US$ € C/C A D M V

●ギュゼルヤルにあるリゾートホテル。ビーチもすぐ目の前にある。中庭に大きなプールがある。2004年に全面改装が終了し、4つ星にグレードアップした。モノトーン調の家具が配されたロビーもモダンな感じ。衛星放送視聴可能なテレビ付き。料金は夕食付き。

アナファルタラル Hotel Anafartalar

中級 Map P.216A

✉İskele Meydanı　TEL(0286) 217 4454

FAX(0286) 217 4457
D なし
S A/C 50～60YTL
W A/C 80～90YTL
US$ € YTL T/C不可 C/C M V

●港のすぐ横にある大型のホテル。海側の部屋からは港を一望できる。部屋も広々としており、全室ミニバー、ドライヤーも完備。朝食はオープンビュッフェ。ロビーからの眺めもよい。

ベルリン Otel Berlin

経済的 Map P.216A

✉Kayserili Ahmet Paşa Cad. No.18

TEL(0544) 866 0204(携帯)
FAX なし　D なし
S 25～30YTL
W 40YTL
US$ € YTL T/C不可 C/C不可

●外国人旅行者に人気が高い宿。部屋は全11室でやや古いが清潔にされている。お湯もちゃんと出る。全室暖房付き。1階のレストランは改装中。ドイツ語は少し通じるが、英語はあまり通じない。

アンザックハウス Anzac House

経済的 Map P.216A

✉Cumhuriyet Meydanı No.61
TEL(0286) 213 5969　FAX(0286) 217 2906

inet www.anzachouse.com
D 13YTL
S 23YTL
W 36YTL
US$ € YTL T/C不可 C/C M V

●バックパッカーが集まるホステル。部屋もきれい。併設の旅行会社ハッスル・フリーHassle Freeが催行するトロイやゲリボル半島へのツアーも人気。インターネットなども使える。レストランで食事も取れる。

レストラン

チャナッカレの名物はボンバBomba(写真→P.209)。チーズやサラミ、卵などの具とパンを鉄板で焼いて食べるが、パニーニのような味。スタンドやビュッフェで気軽に食べられる。

トロイやゲリボル半島は、レストランがほとんどないので、軽食と水を持参しよう。

ボアズ・インジ Boğaz İnci Pide ve Kebap Salonu

庶民的 トルコ料理　Map P.216A

✉Saat Kulesi Meydanı No.9
TEL(0286) 213 8849
FAX なし
開7:00～翌3:00　休無休
US$ € YTL C/C M V

●地元の学生にもとても人気がある。入口は狭いが内部はけっこう奥行きがあり、店内も清潔。煮込み料理が充実しており、人気メニューはシャクシュカ。メインの料理は6.50～8.50YTLほど。1皿に数種の料理が載ったミックスメニューは10YTL。

ヤル Tarihi Yalı Hamamı

ハマム 庶民的　Map P.216A

✉Çarşı Cad. No.46
TEL(0286) 217 2367　FAX なし
開6:00～24:00　休無休
US$ € YTL　C/C不可

●男性用と女性用は別。女性用の入口は裏側にあってわかりにくい。女性用は17:00までと営業時間も短いので注意しよう。入浴は10YTL、アカすり5YTL、マッサージは7YTL。

チャナッカレのカフェや屋台ではアイワルック・トストゥAyvalık Tostuと呼ばれるサンドイッチを出している。ソーセージ入りのパニーニにような感じ。(編集室)

対岸にはレスヴォス島が浮かぶ
アイワルク、アソス

Ayvalık アイワルク／Assos アソス

列柱が往時を偲ばせるアソス遺跡

にぎやかな港町
アイワルク
Ayvalık

アイワルクの港

アイワルクはベルガマからは約40km北にあるエーゲ海沿いの小さな町。長期休暇シーズンになるとトルコ人がどっと押し寄せるリゾート地でもある。シーズン中は港からクルーズ船も出ている。

また、ここからミニバスで15分ほどの所にあるサルムサクルSarımsaklıは、何kmにもわたって白い砂浜が続く美しい海岸だ。リゾートホテルも多い。

ほかにも近郊にあるジュンダ島Cunda Adası（アリベイ島Alibey Adası）は古い教会跡などが残されており、ちょっと足を延ばしてみる価値のある所。ジュンダ島へはアイワルクの港からボートが出るほか、バスで行くこともできる。

アリストテレスも滞在していた
アソス
Assos

チャナッカレとアイワルクの間にある町、アイワジュクAyvacıkから南西に19kmほどの所に、ベフラムカレBehramkaleという村がある。その村の近郊には、かつてアソスと呼ばれた学術都市の遺跡がある。紀元前4世紀頃のアソスは学問が盛んで、アリストテレスも3年ほど滞在していたという。アテナ神殿跡が、エーゲ海を見下ろす丘にあり、斜面にはアゴラや劇場跡なども残っている。

アソスの円形劇場

アイワルク

🚌イズミル、ベルガマからはアイワルクのオトガルにダイレクトで入る便があるが、チャナッカレ～イズミル間を走るバスは幹線道路の休憩所でセルビスかドルムシュに乗り換える。ベルガマからは7:30～19:30（冬期～17:00）の45分毎。所要2時間で6.50YTL。

アイワルクの魚市場

ジュンダ島の高台にある古い教会跡

アソス

■アソスへの行き方

🚌まずチャナッカレからアイワジュクへ向かう。アイワジュクからドルムシュが夏期は1時間に1本ほどある。冬期減便。

■アソス遺跡 Map P.12A2

開8:00～17:00　休土・日

料3YTL

アソスの海岸は夏になると多くの人でにぎわう

アイワルクの港からは夏のシーズン中は遊覧船が出ている。また、ジュンダ島の港付近にはレストランが軒を連ね、広場には屋台も出ている。（編集室）

チャナッカレから
歴史の旅

トロイへの行き方

🚌交通の便はあまりよくない。幹線道路から5km西。

●チャナッカレから

🚌夏は9:30～19:00にドルムシュが1時間毎。トゥルワ村経由終点下車。冬は18:00まで。帰りの最終は17:00（冬期は18:00）。

所要：30分　運賃：3.50YTL

🚗旅行会社の半日ツアーなども便利だが、オフシーズンは厳しい。タクシーを利用すると、約2時間の待ち時間を入れて往復80～120YTL。

チャナッカレのトロイ行きミニバス乗り場

トロイ遺跡

Map P.12A2

開8:00～19:00
（冬期～17:00）

休無休

料10YTL

異なる時代の遺跡が、何層も重なり合っている

幾層にも重なった歴史が現代によみがえる

トロイ遺跡

Truva Arkeolojik Kenti　トゥルワ·アルケオロジッキ·ケンティ

伝説にちなんで復元された木馬

トロヤ（トロイ、トルコ語はトゥルワ）の地に集落ができ始めたのは紀元前3000年頃。初期青銅器文明のこの時代からトロイの歴史は始まり、紀元前2500～2000年頃にはエーゲ海岸の交易の中心地として繁栄の時を迎えた。その後、栄えては滅びるという歴史を繰り返し、トロイは全部で9層にわたる都市遺跡を形成している。第6市の紀元前1800～1300年頃に一時期繁栄を取り戻したが、やがて起こるトロイ戦争（紀元前1200年頃）の10年間に及ぶ攻防で、町は滅亡への道をたどる。その後イオニア人が植民し、マケドニア時代にはアレキサンダー大王が、ローマ時代にはコンスタンティヌス帝がこの地を訪れている。

「トロイの木馬」の伝説を信じたドイツのシュリーマンが1871～73年にヒサルルクの丘Hisarlıktepeを発掘。これをきっかけに遺跡が調査された。現在もテュービンゲン大学による発掘、調査が続いている。

●遺跡の回り方　遺跡入口にはトロイ戦争の「トロイの木馬」にちなみ、近年観光用に建設された巨大な木馬が建っている。遺跡の中に入ると、高さ1.5mぐらいの大きな壺がいくつかある。50mほど歩くと紀元前3000年ぐらいから紀元前350年ぐらいの幾重にも積み重なった遺跡が広がる。

遺跡の周囲を囲む壁は、第6市（紀元前1800～1300年頃）の城壁。第8市（紀元前700年頃）の長方形の礎のあるアテネ神殿までは、第6市の塔や城門、メガロン（部屋）が続く。アテ

遺跡の入口には小さな博物館があり、発掘の様子などのパネル展示のほか、発掘物も展示されている。見学の前にぜひ寄っていこう。（編集室）

ネ神殿の後ろには第1市（紀元前3000〜2500年）、第2市（紀元前2500〜2200年）のメガロン、城壁、城門があり、シュリーマンもこの第2市の遺跡から「プリアモス（トロイ最後の王）の財宝」を発掘したといわれている。その後第6市の城壁外へ抜けると、第9市（ローマ時代）の聖域や劇場跡などが見られる。

トロイに行った記念に、こんなおみやげを買うのもいい

ホテル&レストラン

トロイに宿はない。チャナッカレで宿を取ろう。また、小さな売店しかないので食料は持参しよう。

『イーリアス（Ilias）』

紀元前800年頃成立した、ホメロス作とされるギリシア最古最大の英雄叙事詩、全24巻。この中に記されているトロイ戦争は、トロイの王子パリスが女神アフロディーテの助けを借り、スパルタ王メネラオスの妃である絶世の美女ヘレネを奪ったことに始まっている。怒りが収まらないヘレネの夫メネラオスは、兄アガメムノンを大将にギリシア軍を組み、トロイへの攻撃を始めた。10年もの長い戦争のさなか、足首以外は不死身のアキレウス（トロイ戦争で死ぬことが運命づけられていた）、冷静沈着な英雄オデュッセウスらが活躍する。

トロイ軍はパリスの兄ヘクトルの奮闘により優位に立ち、アキレウスの友人パトロクロスを殺してしまう。怒ったアキレウスはヘクトルを討つが、パリスの射た矢がアキレウスの唯一の弱点であるかかと（アキレス腱という名はこれに由来する）にあたり、ついにはアキレウスも倒れてしまう。大きな戦力を失ったギリシア軍であったが、アキレウスの息子を迎え、士気も新たに盛り返し、パリスは毒矢に射られ命を落とす。

どうにも陥落できないトロイを破るため、何か策略が必要だとギリシア軍のオデュッセウスは考える。そしてギリシア軍は戦いをあきらめたように見せかけ、ただひとりの生贄と巨大な木馬を神に捧げるような形で残し、船で全員が引き上げる。戦いが終わったとこの木馬を城内に引き入れ大饗宴を始めたトロイ軍。実は空洞と思われたこの木馬には、ギリシア兵が隠れていたのである。そしてついに潜んでいたギリシア兵は城に火を放ち、タイミングを見計らって引き返した仲間とともに再び攻撃を開始、難攻不落を誇ったトロイは、あっけなく陥落してしまったのである。そして、ヘレネは再びメネラオスのもとに戻ることになり、10年に及んだトロイ戦争は終わりを告げた。

シュリーマン

1822年ドイツで牧師の子として生まれ、貧しい少年時代を経て商人として成功を収めたが、子供の頃に聞いたホメロスの叙事詩『イーリアス』が忘れられず、伝説といわれていたトロイ戦争の話を史実として信じ続けた人。41歳で実業家を引退した後、自費でトロイの遺跡の発掘を始めた。伝説を信じぬ人々の嘲笑を受けながらも、彼は信念をもって発掘を続け、ついに長年の夢であったヒサルルクの丘を発見する。そして、発掘現場のなかから第2市をトロイと断定。ここから「プリアモスの財宝」をも発見する。さらにその後、ドイツの考古学者も加わり発掘作業が進められ、第7市が見つかった。シュリーマンの死後、この考古学者ヴィルヘルム・デルプフェルトがこの第7市から要塞を発見、ここが新たに本当のトロイと断定された。

「声を出して読むこと。訳さないこと。毎日勉強すること。毎日作文を書くこと。それを先生に見てもらい誤りを正しくしたら次のレッスンを暗唱すること」。これは18ヵ国語を自在に操ったシュリーマンの6週間語学独習法。毎日コツコツと取り組む姿勢は、何事に対しても一貫して取り組む、シュリーマンの生きる姿勢そのものである。そんなシュリーマンの生涯に興味をもったならば、彼の自叙伝『古代への情熱』もおすすめ。

シュリーマンは幕末時代の日本や清朝時代の中国も訪れている。1865年に3ヵ月間にわたり江戸を中心に滞在し、激動の時代を迎えた日本をつぶさに観察した。（編集室）

ペルガモン王国の都の跡、急斜面の劇場はすばらしい

ベルガマ Bergama

市外局番 0232 人口5万2713人

■ベルガマへの行き方
🚌ベルガマのオトガルへ入るバスはメトロ・ベルガマMetro Bergama社など少ない。イズミル〜チャナッカレ間のバスで行く場合、最寄りの幹線道路沿いで途中下車し、残り7kmはヒッチハイクかタクシーで行く。幹線道路沿いに建設中の新しいオトガルが完成すれば便数はかなり増える見込み。

●チャナッカレから
🚌ベルガマのオトガルに入る直行便はソマ・セヤハットSoma Seyahatの10:30 12:00発のみ。
所要：4時間30分
運賃：20YTL

●イズミルから
🚌チャナッカレ行きのバスで行く場合はイゾタシュの長距離乗り場から。ベルガマを本拠地にするメトロ・ベルガマMetro Bergama社のバスはイゾタシュの近郊バス乗り場から出発。6:30〜18:30に1時間毎。
所要：2時間
運賃：8YTL

●アイワルクから
🚌7:30〜19:30（冬期8:30〜17:00）に1時間毎
所要：1時間30分
運賃：6YTL

建設中の新オトガル

アクロポリスの丘に建つトラヤヌス神殿

ペルガモンと呼ばれたこの都市の歴史は、アレキサンダー大王の死後から始まった。大王亡きあと、広大な領土は分割され、大王の遺産を手にしたリシマコスによって、新王朝が開かれたが、彼はシリアとの戦いで戦死。その部下であったフィレタイロスがその財宝を継ぎ、ペルガモン王国を築いた。

王国は甥のエウメネス1世の時代に入り（アッタロス王朝）、繁栄の時を迎える。この王朝はローマとともにシリアと戦い、小アジアにおける交易の権益を得た。その富をバックにギリシア文化を取り入れたアクロポリスの建設が次々と行われていく。アッタロス3世の時代にローマの属州となった後も、典型的なヘレニズム都市としての繁栄は続いた。トラヤヌス神殿はこの頃の建造物。しかしその後アラブの攻撃を受け、19世紀には神殿をドイツに持ち去られ、ヘレニズム都市の面影は奪われていったのである。

旅のモデルルート Gezme Planı

ベルガマは遺跡が広範囲に散らばっているが、タクシー以外に交通機関がない。徒歩ならゆっくり歩いてアクロポ

アクロポリスとアスクレピオンを回る1日半コース

ベルガマ市街→アクロポリス→ベルガマ市街→アスクレピオン

10:00頃までにベルガマ入りし、市内でキョフテサンドと水を調達。タクシーでアクロポリス上市まで坂道を一気に上る。2〜3時間見学したら眺めのよい所で昼食。午後は中市、下市と遺跡を訪ねながら坂道をのんびり下り市内へ。翌日は早朝アスクレピオンへ行き、昼前にはほかの都市へ移動。もしタクシーをチャーターするなら、昼頃上市を見学後すぐアスクレピオンに行けば、遺跡の夕景も楽しめるうえ、1日でイズミルへ移動することも可能だ。

ベルガマの新オトガルの建設は1990年代に始まり、10年近く経った今もオープンしていない。一応は2007年中の稼働を目標としている。（編集室）

リス上市とアスクレピオンで1日がかり。周辺のアリアノイ遺跡も楽しむなら2日は必要だ。

歩き方 Güle Güle Gidin

ベルガマの町は小さい。**オトガル**の目の前を通る**イズミル通り**İzmir Cad.と**バンカラル通り**Bankalar Cad.を中心に、商店やレストランが並ぶ。**博物館**もこの通り沿いにある。博物館では、ベルガマの発掘物のほか、1998年から発掘中の**アリアノイ**Allianoiで見つかった水の妖精像なども収蔵している。

背後の山には**ペルガモン上市**が控えている。下市から上市までは道が続いているが、上市までは急な坂道なので、行きは上市までタクシーを利用し、帰りは徒歩という方法もある。

町から下市に行く途中にある**クズル・アウル**Kızıl Avlu（バシリカとも呼ばれる）は、かつて古代エジプトのセラピス神（オシリス神とアピス＝プルトーン神の合体）を祀り、後にキリスト教の聖堂に改修された建物の跡だ。

また町の西側にある**アスクレピオン**へも徒歩で行けるが、標識がない。徒歩で上る場合は訊ねながら上ろう。

オトガル

オトガルは町の中心にあるが、オトガルに入るバス会社は**メトロ・ベルガマ**Metro Bergamaなど少ない。新しいオトガルは町の南西7km、幹線道路との分岐点に建設中。2007年中にオープン予定で、完成後は町の中心までセルヴィスやミニバスが運行を予定している。

両替・郵便・電話＆旅の情報収集

PTTも銀行も、オトガルのあるイズミル通りをクズル・アウルの方向へ行く途中にある。ⓘは博物館の先にある。

見どころ Gezilebilecek Yerleri

芸術や学問の中心、ヘレニズム文化の集大成
アクロポリス
Akropolis アクロポリス

トラヤヌス神殿　王宮跡に造営された神殿。ローマ皇帝ハドリアヌスが、先帝トラヤヌスに捧げた。すべて大理石のこの神殿は、正面6柱、側面9柱のコリント様式。

アテナ神殿　紀元前4世紀のものといわれる。現在は礎が残るのみだが、ヘレニズム芸術の最高傑作といわれる**瀕死のガリア人**など、見事な彫刻群が飾られていた。

図書館　エジプトのアレキサンドリア図書館に対抗し、20万巻もの蔵書を誇った図書館。伝説によれば、この図書館に脅威を覚えたエジプトがパピルスの輸出を禁止し、困ったエウメネス2世がそれに替わる羊皮紙を発明したという。羊皮紙の独語名ペ

■博物館
Map P.224A
TEL(0232) 631 2884
開8:30〜19:00（冬期〜17:30）
休月
料5YTL

■クズル・アウル
Map P.224B
開8:30〜19:00（冬期〜17:30）
休無休
料5YTL

博物館の入口

■ベルガマのⓘ
Map P.224A
✉Yeni Hükümet Konağı Zemin Kat. İzmir Cad. No.54
TEL & FAX(0232) 631 2851
開8:30〜19:00（冬期〜17:30）
休土・日（夏期無休）

■タクシー料金の相場
オトガルから出発し、アクロポリスとアスクレピオンを3時間で回って（待ち時間含む）75〜80YTL。

オトガルのタクシードライバー

■アクロポリス
Map P.224B
開8:30〜19:00（冬期〜17:30）
休無休
料10YTL
🚗上市は山の上にあり、自動車が通れるメインロードが山肌を回る。交通手段はタクシーだけ。往復だと1時間の見学時間を含め25YTLぐらい。自動車道路を歩くと2時間近くかかるが、地元の人に詳しく聞いて近道を行けば、40分〜1時間ぐらい。

ベルガマ近郊にあるアリアノイは保存状態もよい遺跡で、現在も発掘が続いているが、ダム建設計画により水没の危険性が危惧されている。（編集室）

ルガモントはここペルガモンが語源だ。

アレキサンドリアの図書館を灰にしたアントニウスは、この図書館をクレオパトラへの贈り物としたという話も残る。

劇場　傾斜のある劇場で、音響も非常によい。眺望をさえぎらないために、舞台は催し物のときにだけ組まれる木製のものだったという。劇場は扇形だが、アクロポリス全体も劇場を中心とした扇形に広がるプランになっている。また、劇場下段のテラス端には、**ディオニソス神殿跡**がある。

ゼウス大祭壇　19世紀にドイツの発掘隊によって発見された。方形の基壇の上に、イオニア式の円柱の並ぶ凹型の柱廊、中央に大階段を備えていた。**神と巨人たちとの戦い**を描いた浮彫芸術はヘレニズム芸術の代表ともいわれている。残念ながらドイツによって運び去られ、現在はベルリンにある。

扇形に広がる急斜面の劇場

古代の総合ヘルスセンター

アスクレピオン

Asklepion アスクレピオン

紀元前4世紀から紀元後4世紀まで使われた古代の総合医療センター。病人や代理人が生贄を捧げて参拝し、入浴して体を清め宿泊した。そして、見た夢を神官が判断し、治療法を示唆した。聖なる道を抜けた広場には**ヘビの彫刻**を施した円柱が残っている。脱皮するヘビを、生まれ変わる生き物＝再生のシンボルとしてとらえていた。

かつては数多くの病人たちが治療のためにここを訪れた

■アスクレピオン

Map P.224A

🚗隣が軍事基地なので写真撮影などに注意。タクシーで行くと町から往復15YTL。

開8:30～19:00（冬期～17:30）

休無休

料10YTL

ヘビは再生のシンボルだった

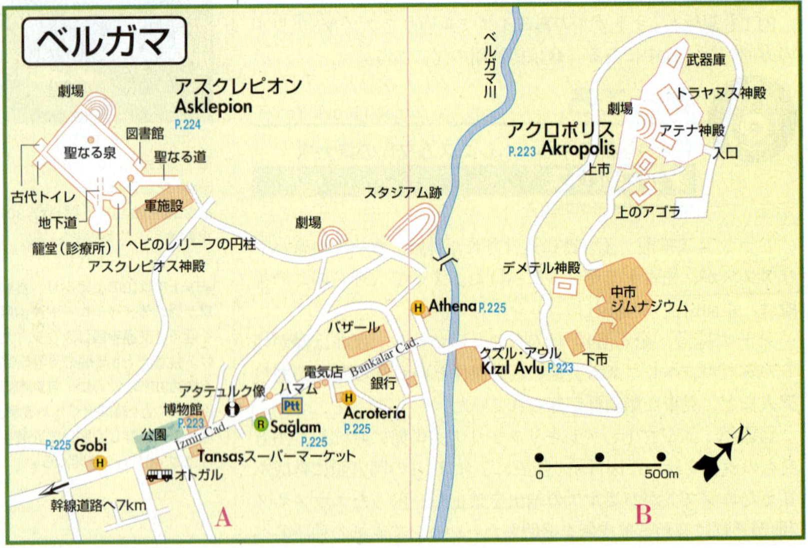

イズミルとベルガマの間にあるフォチャ沿岸には地中海モンクアザラシが生息している。乱獲のため数が激減し、絶滅危惧種に指定されている。（編集室）

隣は医学書なども集められた**図書館**。その先、広場の中央に体を清めた**聖なる泉**があり、横には**劇場**がある。音楽療法なども試みられていたようだ。治療施設に**トンネル**を通って入るのは、健康の維持・回復の治療と信仰が同時に行われたことを意味する。トンネルは「俗の場」と「神聖な場」の境界だった。

アスクレピオンの診察所

ホテル

日本からホテルへの電話 国際電話会社の番号＋010＋国番号90＋232（市外局番の最初の0は不要）＋掲載の電話番号

ベルガマは小さな町だが、宿の数は多い。メインストリートには小さな安宿やペンションが点在している。ツアー客が利用するような大型ホテルは、幹線道路と町の間に並んでいる。イズミルやアイワルクからの日帰り観光も充分に可能。

アクロテリア Acroteria Pension

経済的 Map P.224A

✉Bankalar Cad. Eski Hamamı Yanı No.10

TEL(0232)633 2469 FAXなし
Dなし
S 20～25YTL
W 40～50YTL
US$ € YTL
T/C不可 C/C不可

●町の中心部にあるこぢんまりとした家族経営のペンション。隣はハマムになっており、宿泊者は割引。町のメインストリートから近いわりには静かな環境にある。1階に5室、2階に8室あり、2階の部屋はシャワー、トイレ共同。

アテナ Pension Athena

経済的 Map P.224B

✉Barbaros Mah. İmam Çıkmaz No.9
TEL(0232)633 3420 FAX(0232)631 3620

D 10～15YTL
S W 15～30YTL
S W A/C 40～60YTL
US$ € YTL
T/C不可
C/C不可

●部屋は全部で8部屋。オスマン朝時代の古い建物を改装してペンションにしており、部屋の広さやタイプはいろいろ。キッチン、インターネット（無線LAN利用可）も使用できる。冬は電気毛布を貸してくれる。夏期はテラスで朝食（冬期は朝食なし）を出す。

ゴビ Gobi Pension

経済的 Map P.224A

✉Zafer Mah. Atatürk Bul. No.18

TEL(0232)633 2518 FAXなし
Dなし
S 20YTL
S 30YTL
W 40YTL
W 50YTL
US$ € YTL T/C不可 C/C不可

●イズミル通り沿いにある家族経営のペンション。部屋のインテリアはいろいろあるが全室暖房付き。全12部屋のなかで7部屋はトイレ・シャワーが付いている。キッチン使用可。くつろげる裏庭もある。インターネットは日本語も使用可能で宿泊者は無料で利用できる。

レストラン

ベルガマは小さな町なので、繁華街はオトガルの前からクズル・アウルのほうへ抜けるメインストリート1本しかない。レストランや商店は、オトガルからアタテュルク像のある広場までの間に集中している。遺跡周辺に食べるところはないので、軽食を持参しよう。

サーラム Sağlam

中級 ケバブ屋 Map P.224A

✉Cumhuriyet Meydanı No.29
TEL(0232)632 8897
FAX(0232)633 5707
開8:00～24:00 休日
US$ € YTL C/C Ⓐ Ⓜ Ⓥ

●日本からの団体客も利用するレストラン。ここではぜひベルガマ名物のキレミット・キョフテ（9YTL）を頼んでみたい。小さなステージではサズのライブ演奏が行われることも。ケバブは1皿7～10YTLぐらい。2階席ではナルギレも楽しめる。

サーラム・レストランの奥にある団体席には壁一面に壁画が描かれている。ベルガマの遺跡のほか、オーナーの故郷のシャンルウルファの風景も描かれている。（編集室）

5000年の歴史をもつ「エーゲ海の真珠」

イズミル İzmir

市外局番 0232 人口225万149人

■イズミルへの行き方

✈ 国内からのほか、ヨーロッパ方面からの便も発着。

🚌各都市から便がある。

🚌アンカラ方面、デニズリ方面などから急行がある。

●イスタンブールから

✈ 7:00～23:45　1日13便（サビハ・ギョクチェン空港からは7:15発の1便）

所要：1時間

運賃：159YTL

🚌各社1時間に1便程度

所要：9時間（ブルサ経由）～12時間（チャナッカレ経由）

運賃：30YTL

⛴ 🚌イェニカプからバンドゥルマに行き、バスに乗り換えると早い。ワランVaran社が通し切符を発売している。

●アンカラから

✈8:10 17:40 22:00

所要：1時間20分

運賃：129YTL

🚌各社1日10便程度

所要：8時間

運賃：25YTL

🚃18:10 19:10 20:00発

所要：13～15時間

運賃：18～22YTL

●ブルサから

🚌7:00～19:00に1時間毎

所要：5時間

運賃：18YTL

●ベルガマから

🚌6:00～18:30　1日13便

所要：1時間45分

運賃：10YTL

歩行者天国になっている愛の小径

エーゲ海地方最大の工業貿易都市イズミルは、トルコ第3の都市だ。エーゲ海観光の拠点ともなっており、海岸通りを歩くと、どこかヨーロッパの街のようにしゃれている。

古くはスミルナSmyrnaという名をもち、イオニア人の植民地であったが､ローマ時代に入りキリスト教が広まると､エーゲ海の中心都市として繁栄した。しかし､それらの遺跡もたび重なる地震や外敵の侵入により、現在はあまり残されていない。さらに、街の持続的な発展は、遺跡の上に新たな建物を建てることを余儀なくし、遺跡保存を難しくさせる要因のひとつとなった。最も大きかったダメージは第1次世界大戦後のギリシアとの戦争で激戦地となったこと。しかし、そこから完全に復興したイズミルは、最も活気ある都市のひとつとして、現代のトルコを知るにはもってこいの街といえるだろう。

旅のモデルルート Gezme Planı

イズミルのお楽しみは、手頃な値段でショッピング&グルメを楽しむこと。見どころ見学やリゾート満喫ライフもよいが、背伸びをしない普通の過ごし方が、イズミルには似合う。

海水浴とショッピングを楽しむ1日

イズミル→チェシメ→市場→ショッピング

朝からチェシメに行って、海水浴や温泉でのんびりしよう。夕方に戻ったら買い物三昧だ。コナック広場から庶民的な市場をひやかしながら歩き、今度はアルサンジャック近辺のブティックをのぞけば、イズミルの懐の深さをかいま見た気がすることだろう。

イズミルを歩いているとオシャレな美人が多いのに気付く。それもそのはずで、トルコのトップモデルはイズミル出身者が多いというのはよく知られた話。（編集室）

イズミルをベースに遺跡三昧の1泊2日コース

1日目：イズミル→ベルガマ→古代アゴラ→カディフェカレ
2日目：イズミル→エフェス

ベルガマ、エフェスともバスで2時間程度の距離なので、早朝出発すれば日帰りは充分可能。1日目はベルガマへ。遺跡の見学は効率よくタクシーを使って、夕方までにイズミルへ戻ってこよう。この日は、カディフェカレからの夕景を堪能する。

2日目はエフェスへ。セルチュクでは壮大な古代遺跡や聖母マリアの家を訪れよう。

町の中心、ジュムフリエット広場

■各交通機関の連絡先

- **空港の**ⓘ TEL(0232) 274 2626
- **イゾタシュ** TEL(0232) 472 1010
- **ユチュクユラル・ガラジュ** TEL(0232) 259 8862
- **バスマーネ駅** TEL(0232) 484 8638
- **アルサンジャック駅** TEL(0232) 464 7795
- **トルコ海運** TEL(0232) 464 8864

イズミルのアタチュルク通りは以前拡張工事が行われた。工事に使われた石材は、メトロ開通のために地下を掘削したときに余った岩石なんだとか。（編集室）

愛の小径では本屋の露店が軒を連ねる

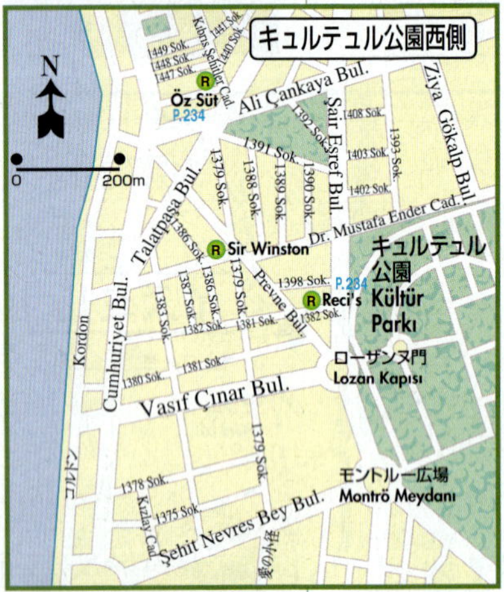

クブルス・シェヒットレル通り

歩き方

Güle Güle Gidin

新旧市街の境界線　イズミルの街は、新しい顔と古い顔をもつ。その境界線となるのは、バスマーネ駅近くの**ドクズ・エイリュル広場**Dokuz Eylül Meydanıから港へと走る**ガーズィ大通り**Gazi Bul.。この通りより北側はビジネス街で、高級ホテルなどがある。ガーズィ大通りから海に面した**ジュムフリエット広場**Cumhuriyet Meydanıへ抜ける**ガーズィ・オスマン・パシャ大通り**Gazi Osman Paşa Bul.からは空港行きバスが発着している。

若者の街　ガーズィ・オスマン・パシャ大通りの中ほどにある道を左折すると、そこはヤシの木が立ち並ぶ**愛の小径**Sevgi Yolu。若者の多い**クブルス・シェヒットレル通り**Kıbrıs Şehiytler Cad.は、愛の小径から続く道をさらにアルサンジャックの方面にずっと行くとある。このあたりにはブティックやオープンカフェなどが点在している。バスマーネ駅北にある**キュルテュル公園**Kültür Parkıには遊園地、池、動植物園があり、夜遅くまで市民でにぎわう。**コルドン**Kordonとも呼ばれる海沿いの**アタテュルク通り**Atatürk Cad.も歩いていて楽しい通りだ。

庶民的な南側の街並み　観光や生活の中心は、ガーズィ大通りよりさらに南、海沿いにある**コナック広場**Konak Meydanı。付近にはデパート、市内バスのターミナル、博物館などがある。広場の西側にあるバザールは地元の買い物客や観光客でいつもにぎわっている。

バスマーネ駅近くからコナック広場へと延びる**アナファルタラル通り**Anafartalar Cad.には下町的雰囲気が漂っている。

空港から市の中心部へ

シャトルバスの**ハワシュ**Havaşがガーズィ・オスマン・パシャ大通りまで行く。タクシーも空港に待機している。

オトガルから市の中心部へ

イズミルのバスターミナルは市街の東にあり、**イゾタシュ**(İZOTAŞ)、もしくはイェニ・ガラジと呼ばれている。下階の長距離路線と近郊路線のふたつのターミナルがあり、上階の近郊路線はイルチェ・テルミナリİlçe Termineliと呼ばれている。

街の中心へは各バス会社のセルヴィスを利用するのが楽。ほとんどのバス会社がバスマーネ駅前やビュユック・エフェス・ホテル（休業中）前までセルヴィスを走らせている。セルビス乗り場はターミナルの建物に隣接している。

■空港から市内へ
市内と空港を結ぶハワシュは飛行機の発着に合わせて便がある。運賃は9.50YTL。

■トルコ航空
Map P.229A
✉Halit Ziya Bul. No.99
Mahmut Rıza İş Merkezi
TEL(0232) 425 0010
FAX(0232) 483 6281
開9:00～18:00　休日
ビルの2～3階がトルコ航空のオフィス。

■イゾタシュからのバス
191番のバスがバスマーネ、コナックへと行くので便利。運賃は1.25YTL。同じルートをタクシードルムシュも走る。

ベイクドポテトにチーズなどの具材をのせて食べるクンピルは若者に人気のファストフード。愛の小径やクブルス・シェヒットレル通りに屋台が多い。（編集室）

ほかにも191番の市内バスとタクシードルムシュがイゾタシュからバスマーネ、コナックへと行く。タクシーで市内へ行く場合、バスマーネまでは15～17YTL。

市南西の**ユチュクユラル・ガラジュ**Üçkuyular Garajıからは**チェシメ**行きのバスが出る。チェシメへはイゾタシュからも便があるが、こちらのほうが多い。ユチュクユラルへは、アルサンジャック駅前やジュムフリエット広場南から、温泉地として有名な**バルチョヴァ**Balçova行きのバスで行くとよい。

鉄道駅から市の中心部へ

鉄道の起点となるのは、バスマーネ駅とアルサンジャック駅のふたつ。バスマーネ駅はセルチュク、デニズリ方面など多くの急行が発着。アルサンジャック駅は近郊列車が中心だ。両駅とも街の中心部にある。

市内交通

市内バス　ESHOTと書かれたバスとİZLAŞと書かれた2種類のバスが走っている。チケットはないので、ケントカルトKentkartと呼ばれるプリペイドカードを利用しない場合は、車内でドライバーに現金で支払う。運賃は1.50YTL。

メトロ　ボルノヴァBornovaからユチョルÜçyolまでの路線がある。観光客はバスマーネ～コナック間しか使う機会がなさそうだ。6:00～24:00の運行で、料金は1.25YTL。

ドクズ・エイリュル広場にはバス会社のオフィスが並ぶ

バスマーネ駅

イズミルの足は市内バス

メトロのバスマーネ駅

アルサンジャックやコナックの埠頭からは対岸のカルシュヤカへの連絡船が出ていおり、ちょっとしたクルーズ気分が味わえる。(編集室)

■イズミルのi
Map P.229A
✉Akdeniz Mah. 1344 Sok. No.2 Pasaport
TEL(0232) 445 7390
FAX(0232) 489 9278
Inet www.izmirturizm.gov.tr
開8:00～12:00 13:00～17:00
休土・日

イズミルのi

イズミルでは毎年8～9月に国際見本市が開かれる

■古代アゴラ
Map P.227B3
ガーズィ・オスマン・パシャ大通りを南に行くと、左側に曲がる地点で標識がある。
開8:30～17:30　休月
料3YTL

■考古学博物館・民俗学博物館
Map P.227B3
TEL(0232) 489 0796
開8:30～17:30　休月
料5YTL
民俗学博物館
料2YTL

■時計塔
Map P.227A3

大きな時計塔が目印のコナック広場は、イズミルっ子の憩いの場

両替・郵便・電話＆旅の情報収集

両替　大きな銀行が集まっているのは**ガーズィ大通り**沿い。ガーズィ・オスマン・パシャ大通りとの交差点付近には私設両替商もある。**クブルス・シェヒットレレル通り**沿いにも私設両替商や銀行がある。

ジュムフリエット広場のPTT

郵便・電話　PTTはジュムフリエット広場に面している。ここでは小包の発送以外のすべての業務を扱っており、24時間営業。公衆電話もこの周りにたくさんある。フェヴズィ・パシャ大通りFevzipaşa Bul.にもPTTがある。

観光案内所　iは**ジュムフリエット大通り**Cumhuriyet Bul.とガーズィ大通りの交差点にある。大きなオフィスで資料も豊富に取り揃えている。

見どころ　Gezilebilecek Yerleri

突然現れるローマ遺跡
古代アゴラ
Agora アゴラ

いきなりの古代空間

コリント様式の支柱が数本並び、石片が転がる3階建て市場の跡。地震で被害を受けた後、紀元178年にローマ帝国の五賢帝のひとりで、哲人皇帝としても有名なマルクス・アウレリウス・アントニヌスにより再建された。グランドフロアには28の店舗があったという。発掘された彫刻群は考古学博物館に展示されている。

ギリシアの神々がたくさん集められた
考古学博物館
Arkeoloji Müzesi アルケオロジ・ミュゼスィ

古代アゴラから出土した穀物の神デーメーテール、海の神ポセイドン、豊穣狩猟の神アルテミスなどの**神像**が収められている。そのほか、地下の石棺コレクションも見ごたえがある。隣には**民俗学博物館**があり、伝統民族衣装や民具がある。

イズミルのシンボル
時計塔
Saat Kulesi サアト・クレスィ

コナック広場の中心に建っている時計塔は、1901年にスルタン、アブデュルハミト2世の在位25周年を記念して造られた。時計の部分はドイツ皇帝ヴィルヘルム2世からの贈り物。ギリシア占領下の1919年、トルコ人によるギリシアに対する最初の発砲があったのは、この時計塔のすぐそばだったという。激動の歴史を目撃した時計塔は、現在、街のシンボルとしてイズミル市民に親しまれている。

クブルス・シェヒットレレル通りはにぎやかなショッピングストリートになっている。狭いエリアだけれどもイスタンブールより掘り出し物が見つけやすいかも。（編集室）

衣料品と雑貨の店が並ぶ巨大な市場

アナファルタラル通り

Anafartalar Caddesi アナファルタラル・ジャッデスィ

コナック広場から西側の**アナファルタラル通り**Anafartalar Cad.周辺には**市場**が広がっている。上野のアメ横を思い起こすようなにぎわいだが、食料品は少なく衣料品と雑貨が中心。カバン、靴類なども安く、奥のほうには金細工の小さなお店を中心とする**貴金属市場**がある。100軒はゆうに超す規模だ。

買い物客でにぎわう

■アナファルタラル通り
Map P.227A3

眼下に青い海とイズミルの街並みが広がる

カディフェカレ城塞跡

Kadifekale カディフェカレ

アレクサンダー大王の命令により、ペルシアの侵攻を防ぐために造られた城塞だが、現在残っている遺跡はビザンツ時代のものがもとになっている。城塞内は公園で特に何もないが、ここから眺めるイズミルの街は絶景だ。

カディフェカレから市街を眺める

■カディフェカレ城塞跡
Map P.227B2

🚌コナック広場、考古学博物館などからバス33番に乗り、終点のひとつ前のY字路の所で下車し、左に行く。

Information

ギリシア遺跡を巡るなら柱頭を見上げよう

地中海世界を旅する人々にとって、地中海世界全域に分布する巨大な神殿建築物を巡ることは大きな喜びのひとつであろう。それら数多くの建築物は、各々さまざまな特徴を備えている。代表的な特徴部分は柱頭（柱のてっぺんにある飾り）である。その部分に注目することにより、柱の様式を大きく3つ（ドーリア式、イオニア式、コリント式）に分類することができる。

一般的にドーリア式の外見的特徴は、重厚・荘重な印象で、柱に装飾がほとんどないというものである。ペロポネソス半島、イタリア、シチリアに多く分布しており、紀元前7世紀頃から使われ始めた。イオニア式は、ドーリア式よりもやや細めで、優雅であり、柱頭に羊の角のような装飾がなされている。アッティカとエーゲ海の一部の諸島に多く、紀元前6世紀頃から使用され始めた。またコリント式は、イオニア式よりもさらに細めでアカンサスの葉を組み合わせた複雑・繊細な装飾がなされていると定義されている。紀元前4世紀以降に広範囲にローマ世界全体へと拡大した。

以上のように3つに分類されるギリシア建築の柱頭および柱自身であるが、実はドーリア式で造られたからといってドーリア人が造ったものであるとはいえないのである。このことはイオニア式にもコリント式にも同様にあてはまるものである。例えばドーリア式の柱は、その外見的特徴ががっしりとした体躯をもつ男性的なドーリア人風であったことから名付けられたものであった。

（大城道則）

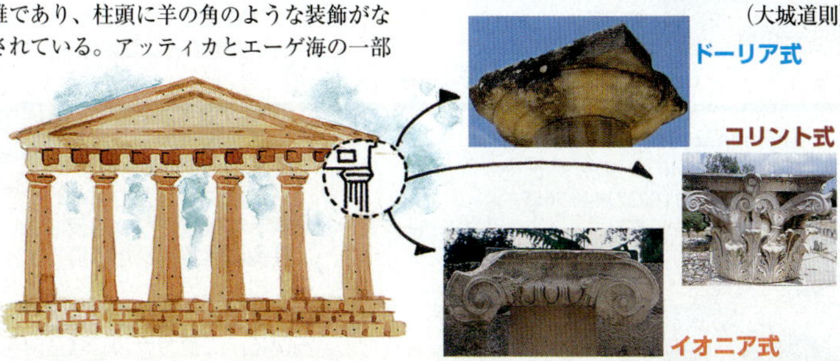

街の中心にあるキュルテュル公園は家族連れなどでにぎわう市民の憩いの場だ。中には小さな遊園地や野外劇場、池などもあって散策や休憩にぴったり。（編集室）

ホテル

日本からホテルへの電話 国際電話会社の番号 + 010 + 国番号90 + 232（市外局番の最初の0は不要）+ 掲載の電話番号

トルコ第3の都市イズミルでは国際会議やビジネス需要が多く、ホテル料金はやや高めだ。高級ホテルはジュムフリエット広場周辺から海沿いに、中級ホテルは海からバスマーネ駅に向かう通り沿いなどに多い。安い宿はバスマーネ駅周辺の1368番通り、1296番通り近辺に多いが、雰囲気はよくない。大通り沿いは交通量が多く、騒音で眠れないこともある。

ヒルトン・イズミル Hilton İzmir

最高級　Map P.229A

✉Gazi Osman Paşa Bul. No.7 Pasaport
TEL(0232) 497 6060　FAX(0232) 497 6000

日本の予約先：TEL(03) 5405-7700
Inet www.hilton.com
D なし
S A/C 290US$
W A/C 320US$
料 付加価値税18%別途
US$ € JPY YTL
T/C US$ € JPY
C/C A D M V

●イズミルのランドマーク的な存在の5つ星ホテル。イズミルで最も高い32階建ての建物だけあり、眺めはすばらしい。1階にはイタリア料理のレストランやブルガリやカルティエのブティックが、31階にはその眺めを最大限に活かしたレストランも併設されており、評判が高い。屋内スイミングプール、フィットネスクラブなどの設備も整っている。オプションの朝食は27US$。

カヤ・プレスティジ Otel Kaya Prestige

高級　Map P.229B

✉Şair Eşref Bul. 1371 Sok. No.7
TEL(0232) 483 0323　FAX(0232) 489 2299

Inet www.kayaprestige.com.tr
D なし
S A/C 75€
W A/C 95€
US$ € JPY YTL
T/C 不可
C/C A M V

●イズミルの中心部にある4つ星ホテル。屋上にある「OK」のマークが目印。フィットネスルーム、サウナなどの設備もある。室内にはドライヤー、ミニバー、ケーブルテレビなど、必要なものはすべて整っている。2階のレストランのランチバイキングは野菜の種類が豊富で夜は寿司を出すこともある。

イスミラ Hotel İsmira

高級　Map P.229A

✉Gazi Osmanpaşa Bul. No.28 Çankaya
TEL(0232) 445 6060　FAX(0232) 445 6071

Inet www.hotelismira.com（トルコ語）
D なし
S A/C 50€
W A/C 70€
US$ € YTL
T/C 不可
C/C A D M V

●ヒルトンの向かいにある全78室の4つ星ホテル。ピンク色の外観が目印。室内はやや古いが、暖色系でまとめられており、テレビ、ドライヤー、ミニバーやアメニティも揃っている。レストランも併設しており、平日昼のビュッフェ（ひとり15YTL）は人気が高い。左記は調査時の実勢価格。夏期は値上がりする。

アネモン Anemon İzmir

高級　Map P.227B2

✉Mürsel Paşa Bul. No.40
TEL(0232) 446 3656　FAX(0232) 446 3655

Inet www.anemonhotels.com
D なし
S A/C 80€
W A/C 100€
US$ € YTL
T/C 不可　C/C A M V

●ドクズ・エイリュル広場から徒歩7〜8分ほど。ガラス張りの派手な外観だが、内装はグリーンを基調に落ち着いた色調でまとめられており、ティーケトルやアメニティなども揃っている。大通りに面しているが二重ガラスで騒音対策もばっちり。空港からの送迎バスあり。

ヒルトン・ホテルの並びにあるスタヴァンゲルStavangerというおしゃれなバーがある。昼から開店しており、生ビールも出している。（編集室）

中級 Map P.229A

カラジャ Otel Karaca

✉1379 Sok. No.55 Sevgi Yolu Alsancak
TEL(0232)489 1940　FAX(0232)483 1498

inet www.otelkaraca.com.tr(トルコ語)
D なし
S A/C 125€
W A/C 160€
US$ € YTL
T/C 不可
C/C A M V

●愛の小径に面した3つ星ホテル。アンティーク調とモダンな家具が配された館内には高級感が感じられる。カヤ・プレスティジ・ホテルとは同経営。全73室で全室エアコン、テレビ、ドライヤー、ミニバー付き。1階はイタリア料理のレストランになっているが、すぐ隣に中華料理店もある。

中級 Map P.227B2

メガポル Hotel Megapol

✉Bozkurt Cad. No.30 Kahramanlar

TEL(0232)446 2066
FAX(0232)489 9591
inet www.izmirmegapolhotel.com (トルコ語)
D なし
S A/C 60YTL
W A/C 80YTL
US$ € YTL
T/C 不可 C/C A M V

●ドクズ・エイリュル広場から徒歩約5分というわりと便利な立地で料金も手頃。全35室で、全室エアコン、テレビ、ドライヤー、ミニバー付きと設備は整っている。部屋は広々としているが、やや老朽化が見られ、騒音が気になるのが難。レストラン、バーなども併設されている。

中級 Map P.229B

ヒサル Etap Altınel Hisar

✉Fevzipaşa Bul. No.153 Basmane

TEL(0232)484 5400
FAX(0232)425 8830
inet www.altinelhotels.com
D なし
S A/C 50YTL
W A/C 80YTL
US$ € YTL
T/C 不可 C/C M V

●フェウズィパシャ大通りに面したホテル。入口は横の通りにある。部屋は老朽化していて、通りに面した部屋は騒音が気になるが、広々としており、テレビやミニバーも付いていて、バスルームはバスタブ付き。朝食はオープンビュッフェで種類もなかなか豊富。フロントのスタッフも好印象。

中級 Map P.229B

キョセオウル Köseoğlu

✉Fevzipaşa Bul. 1367 Sok. No.1 Basmane
TEL(0232)446 5744　FAX(0232)425 6734

D なし
S A/C 45YTL
W A/C 90YTL
US$ € YTL
T/C 不可
C/C A M V

●PTTの向かいにある9階建てのホテル。すぐ向かいにバス停があるので便利。部屋はきれいにまとまっているが、シャワールームは狭くて簡素。朝食はロビーでオープンビュッフェ。通りに面した部屋は騒音が少し気になるかも。英語はあまり通じない。

経済的 Map P.229B

ガル Otel Gar

✉9 Eylül Meydanı Anafartalar Cad. No.787 Basmane
TEL(0232)425 4645　FAX(0232)484 2880

D なし
S 20YTL
W 30YTL
S A/C 25YTL
W A/C 40YTL
US$ € YTL T/C 不可 C/C 不可

●バスマーネ駅前にあり、バスオフィスにも近くて便利。外国人旅行者の利用も多く、フロントも英語を解する。1960年代からの老舗なので、老朽化した安宿の感は否めない。33室中15室はエアコン付き。朝食は出ないので近くのロカンタで取る。

オズ・スュト(→P.234)はオーナーがイタリアで修業し、ジェラート風のドンドゥルマを完成させた。イスタンブールなど大都市にも支店網を広げつつある。(編集室)

経済的 Map P.229B

アクプナル Hotel Akpınar

✉1294 Sok. No.13 Basmane
TEL(0232)489 3589
FAX(0232)445 1099
Dなし
S 12YTL
S 20YTL
W 25YTL
US$ € YTL T/C不可 C/C不可

●バスマーネ駅向かいの安いロカンタの並ぶ通りを南に進み、最初の角を右折した所にある。全室テレビ付き。部屋は清潔だが、広さや設備など部屋ごとに違うので、見てから決めるようにしよう。朝食はないが、周りには朝から開いているロカンタが多い。

レストラン

アタテュルク通りにはオープンカフェやシーフードを出すレストランが多いが、値段はやや高い。海岸から離れたクブルス・シェヒットレル通りやタラットパシャ大通りTalatpaşa Bul.周辺は若者に人気のエリア。クブルス・シェヒットレル通りではマニサ・ケバブという地方料理が食べられる店がある。マニサはイズミル北東の古い町だが、今や発祥地のマニサでもほとんどお目にかかれない料理だ。また、バスマーネ駅前やアナファルタラル通り周辺には、煮込み料理がメインの安いロカンタが多い。

庶民的 ケバブ屋 Map P.227A1

マニサル Manisalı Kebap

✉Kıbrıs Şehitleri Cad. No.93/A
TEL(0232)421 6734
FAX(0232)421 6732
開11:00～22:00
休無休
US$ € YTL C/C A M V

●マニサから移転した人々がやっている。ヨーグルトをかけたタイプが人気だが、スタッフによるとそれは「邪道」。本来は純粋に仔牛と仔羊の肉の味を楽しむ料理なのだとか。マニサ・ケバブ6.50YTL。薪で焼き上げたピデやラフマジュンもこの店自慢の逸品だ。

庶民的 カフェ Map P.228

レジス Café Reci's

✉1382 Sok. No.31/A Alsancak

TEL(0232)463 8470
FAX(0232)464 6353
開9:00～22:00、土9:00～22:00
休日
US$ € YTL
C/C M V

●競争が激しいアルサンジャック界隈のカフェのなかでは老舗の部類に入るが、学生やOLを中心に地元の支持は高く、ランチタイムは常にテーブルが埋まっている。料理はピザやパスタ、サラダなどが中心で、トルコ色の強いものは少ない。アルコール類をまったく置いていないのは残念だ。

中級 中華料理 Map P.229A

イズミル・チャイニーズ İzmir Chinese Restaurant

✉1379 Sok. NO.57/A Efes İşhanı
TEL(0232)483 0079
FAX(0232)441 6469
開9:00～24:00
休無休
US$ € YTL C/C A M V

●愛の小径にある中華料理店。入口はビルの奥にある。20年以上の歴史があり、シェフは中国人。客はイズミル在住の外国人が多い。3品のコース料理は22～30YTL。2人前で6品のコース料理は55YTL～。スープと春巻き、炒飯を頼んで15～18YTLほど。単品メニューも豊富。

庶民的 パスターネ Map P.228

オズ・スュト Öz Süt

✉Kıbrıs Şehitleri Cad. No.18
TEL(0232)464 2212
FAX(0232)463 6695
開8:30～翌1:00
休無休 YTL C/C M V

●クブルス・シェヒットレル通りにあるパスターネ。名物のアイスはドンドゥルマよりジェラートに近い。しかし、スュトラッチの上にアイスをのせたドンドゥルマル・スュトラッチ(6.50YTL)は絶品。カザンディビ(3.50YTL)も人気の品。

イズミル・チャイニーズでは月～金曜の12:00～15:00にランチ・ビュッフェを行っている。スープ、肉料理、炒飯、点心など9種が食べ放題でひとり11.50YTL。(編集室)

チェシメ Çeşme

市外局番 **0232** 人口**2万5257**人

アルトゥンクム海岸

イズミルはエーゲ海に面しているが、大型船が停泊する港であるため、海水浴には適していない。イズミル近郊で最も美しい海といわれているのはチェシメ。ヨーロッパなどからの観光客でにぎわうリゾートタウンだ。

チェシメの歩き方　観光地とあって、メインストリートにはみやげ物屋などが並び、英語もよく通じる。メインストリートを下り、海にぶつかると左側がすぐ桟橋で、ⓘや税関、船会社が並ぶ。イタリアの**ブリンディシ**Brindisi、ギリシアの**シオス**（ヒオス）Chios島への船が発着する小さな入江に囲まれた美しい港だ。港のすぐ背後には博物館を併設した大きな**城塞**があり、城塞に上るとエーゲ海が見渡せる。

近郊のビーチ＆温泉　近郊には、**アルトゥンクム**Altınkum、**ダルヤン**Dalyanなどすばらしいビーチがいくつもある。やはり美しいビーチで知られる**ウルジャ**Ilıcaは、北東にある**シフネ**Şifneとともに**温泉**が出ることでも知られ、宿泊やスパ、泥風呂などの設備がある。リューマチ、皮膚病、婦人病、神経痛などの症状に効くという。ビーチ、温泉とも港近くや町入口からドルムシュが出ている。

チェシメのリゾートホテル

ギリシア領シオス島へ　シオス島はトルコ名サクズ・アダスSakız Adası、英語名のヒオスもよく通じる。2006年のスケジュールによれば6月～10月中旬に毎日18:00発、火・木・土曜のみ9:30の便も追加される。10月中旬～11月中旬までは運休、11月中旬～3月までは週4～6便ほど。4月と5月は毎日運行。所要は1時間、片道35€、日帰り往復は40€、通常往復なら50€。最新のスケジュールなどの詳細は、チェシメのエルテュルク・トゥリズムErtürk Turizm TEL (0232) 712 6768、inet www.erturk.com.trまで。シオス島からアテネ近郊のピレウスへは毎日便がある。イタリアのブリンディシへの便も夏期は定期便がある。

■チェシメへの行き方
バスはイズミル発。夏はイスタンブールなどからも臨時便が出ることもある。
●イズミルから
ユチュクユラル・ガラジュ発、7:15～19:30に30分毎
所要：1時間30分
運賃：7.50YTL
イゾタシュ発、6:30～19:00に45分毎
所要：1時間30分
運賃：9YTL

■チェシメのⓘ
Map P.235左
İskele Meydanı No.8
TEL & FAX (0232) 712 6653
開 8:00～12:00 13:00～17:00（夏期8:00～18:00）
休 土・日（夏期無休）

ホテル

町の中心部に宿が多い。ウルジャからシフネにかけてのエリアも、スパリゾートをはじめ、各種ホテルが揃う。

レストラン

チェシメは夏の町。シーズン中の港の周辺では数多くのロカンタやディスコが店を出す。

アルトゥンクム海岸はウインドサーフィンが楽しめる人気のスポット。用具もレンタルできるので、挑戦したい人はチェシメからドルムシュで出かけてみよう。（編集室）

古代都市エフェスへの起点

セルチュク Selçuk

市外局番 0232 人口2万5414人

アルテミス神殿跡からイーサーベイ・ジャーミィを望む

地中海岸有数の規模を誇る古代都市遺跡、エフェスへの起点として、多くの観光客が訪れるこの町は、7世紀に5度目に築かれたエフェスが元となっている。ビザンツ、セルジューク朝時代と発展を続け、14世紀半ばにはアイドゥン君侯国の首都となった。その後オスマン朝に組み込まれている。

近郊にあるパムジャックPamucakは、セルチュク近郊のビーチリゾートとして発展中。長いスライダーがたくさんあるヨーロッパ最大の遊園プールもある。

■セルチュクへの行き方

イズミル～ボドルム間のバスはセルチュクを通るが、ほかからはイズミルまたはアイドゥンAydınで乗り換えるほうが便が多い。

イズミルから便がある。

●イスタンブールから

ハレム・ガラジュ発、パムッカレ・トゥリズムPamukkale Turizm社より15:30 19:15 23:00発

所要：10時間　運賃：38YTL

●イズミルから

7:30～22:30（冬期～19:30）に1時間毎。近郊ターミナルからセルチュク・エフェスSelçuk Efes社が運行。

所要：1時間　運賃：6YTL

7:20 8:45 15:00 18:10 18:45 21:15発

所要：2時間

運賃：2.75YTL

●アイドゥンから

7:00～18:45に1時間に1～2便

所要：1時間　運賃：5YTL

●デニズリから

7:00 21:00（パムッカレ・トゥリズムPamukkale Turizm）18:00（ウスパルタ・ペトロルIsparta Petrol）

上記の便以外はイズミル行きに乗り、アイドゥン（運賃7YTL）で乗り換え。

所要：3時間　運賃：15YTL

5:00 8:40 15:15発

所要：約4時間

運賃：6.50YTL

●クシャダスから

7:00～23:00（冬期～17:30）15分毎

所要：30分

運賃：3YTL

●ネヴシェヒルから

20:30発

所要：12時間

運賃：40YTL

旅のモデルルート Gezme Planı

最大の見どころは、やはりエフェス遺跡。とりあえず予定を半日空けておこう。あとは自分の興味に従って歩こう。

タクシーを使わずに回れる見どころを回る1日

セルチュク→エフェス遺跡→考古学博物館→聖ヨハネ教会（→シリンジェ村）

朝からドルムシュでエフェスに行こう。見学に昼前までかかるだろう。農道を3kmのんびり歩いてセルチュクに戻り、途中、聖ヨハネ教会、城壁やイーサーベイ・ジャーミィを見学する。発掘物に興味がわいたら考古学博物館へ。可能ならシリンジェも見たい。

歩き方 Güle Güle Gidin

セルチュクは小さな町なので、町歩きはそれほど難しくない。

セルチュクからエフェスへの道筋にはいろいろな見どころがある。町から一番近いのは**聖ヨハネ教会**とその背後にある**ビザ**

セルチュクのオトガルにはエマーネット（荷物預かり所）がない。荷物を預けて観光したい人は自分が利用するバス会社のオフィスに荷物を預かってもらおう。（編集室）

ンツ時代の城塞だ。この城塞は丘の上に建っているが、残念ながら入ることはできない。また、この城塞のある丘のすぐ下には**イーサーベイ・ジャーミィ**がある。町なかに戻るとⓘの裏には**エフェス考古学博物館**もある。ここからエフェスに向かう広い道を400mほど進むと右側に**アルテミス神殿**の跡も見える。古代世界の七不思議にも選ばれた神殿だ。

オトガル＆鉄道駅から市の中心部へ

オトガル　オトガルは、イズミルとボドルムを結ぶ**アタテュルク通り**Atatürk Cad.と、エフェス遺跡やクシャダス方面に行く道との交差点にある。町の中心は**アルテミス像**を背にして**鉄道駅**に向かった一角で、2本の大通りに沿ってホテル、レストラン、銀行、雑貨屋が並んでいる。オトガルからはシリンジェへのドルムシュ、クシャダス行きのミニバス、各見どころへのタクシーなども出ている。

鉄道　鉄道駅は町の中心にある。セルチュクはイズミルからデニズリへの路線上にあり、鉄道でのアクセスが楽な所だ。

城塞のある丘から見下ろしたイーサーベイ・ジャーミィ

考古学博物館

駅前広場の水道橋

セルチュク駅

■セルチュクのオトガル

アイドゥン・トゥリズム**Aydın Turizm**、パムッカレ・トゥリズム**Pamukkale Turizm**、キャーミル・コチュ**Kâmil Koç**などを除き、オトガルにオフィスをもつ会社は多くはない。そのほかのバスは、オトガルには入らず、オトガル前のアタテュルク通りで乗客を降ろし、次の目的地へと向かう。

パムジャックPamucakに行くドルムシュはエフェス遺跡の入口まで行く

■エフェス・セルチュクの祭り

エフェスでは毎年1月の第2週の週末に競技場でラクダのレスリング祭りが開かれる。5月初旬のエフェス・フェスティバルでは野外劇場で歌や民族舞踊の公演が行われる。8月にもエフェスの野外劇場でコンサートなどの公演が行われることが多い。

セルチュクやシリンジェ名産のワインを売る店はアタテュルク通りに数軒ある。ほかにアイドゥン名産のオリーブも売られている。（編集室）

両替・郵便・電話＆旅の情報収集

両替　ズィラアト銀行Ziraat Bankasıがアルテミス像近くにあるほか、PTTでも両替が可能。

郵便・電話　PTTは、鉄道駅とアルテミス像の間にある。基本的に休日はない。周りには電話ボックスもある。

観光案内所　オトガルからアタテュルク通りを挟んで向かい側にレストランがあり、その隣がℹ。各種資料を揃えており、タクシーの相場などの情報も親切に教えてくれる。

■セルチュクのℹ
Map P.237-2
✉Atatürk Mah. Agora Çarşısı No.35
TEL(0232) 892 6328
FAX(0232) 892 6945
開8:00〜12:00 13:00〜17:00
休11〜4月の土・日

セルチュクのℹ

見どころ　Gezilebilecek Yerleri

ていねいな復元図があってわかりやすい

エフェス考古学博物館

Efes Arkeoloji Müzesi エフェス・アルケオロジ・ミュゼスィ

エフェス遺跡からの出土品約1000点（所蔵品数は2万5000点以上）が住宅、泉、墓地など発掘場所別に展示されている。ていねいな復元図が添えてあるのでわかりやすい。アルテミス像はふたつあり、頭の細いほうが紀元前1世紀のもので、もうひとつが2世紀のもの。エフェスのシンボルである蜜蜂や鹿の彫り物は共通で、ともに豊穣を表している。また、胸の回りに付けられた独特の卵型のものは、女神の乳房とも、女神に生贄として捧げられた牛の睾丸ともいわれている。

■エフェス考古学博物館
Map P.237-2
TEL(0232) 892 6010
開5〜9月8:00〜12:00 13:00〜19:00
10〜4月8:00〜12:00 13:00〜17:00
休無休　料5YTL

欧米の観光客はまずここを訪れる

聖ヨハネ教会

St. John (Aziz Yahya) Kilisesi
セント・ジョン（アーズィズ・ヤフヤー）・キリセスィ

エルサレムを追われたキリスト12使徒のひとりヨハネは聖母マリアとともにこの地を訪れ、晩年を過ごした。6世紀に皇帝ユスティニアヌスが教会に変えたが、14世紀初期にはジャーミィとして使われていたという記録が残っている。

正面入口の追撃門のほか東西にも門があり、中庭を通じて6つのドームをもつ本館が建っていたらしい。現在見ることができるのは壁、円柱、床のモザイク画だけ。白い大理石の一角はヨハネの墓所になっている。

■聖ヨハネ教会
Map P.237-1／P.245B
開5〜9月8:00〜12:00 13:00〜19:00
10〜4月8:00〜12:00 13:00〜17:00　休無休
料5YTL

使徒ヨハネが晩年を過ごした場所

たった1本残った柱が神殿の悲哀を物語る

アルテミス神殿跡

Artemis Tapnağı アルテミス・タプナウ

豊穣の女神キベレとアルテミス女神信仰が同一視され、紀元前7世紀頃から豊穣の女神アルテミスの神殿が建立され始めた。建築期間約120年、高さ19m、直径1.2mの円柱を127本もつこの神殿の壮大さは、世界の七不思議のひとつだった。ストラボンによれば7回破壊され7回再建されたという。125年にゴート族に破壊されたままだったが、6世紀に石材が運び出された。現在では1本の円柱が建つのみなのがさびしい。

■アルテミス神殿跡
Map P.245B

石柱がぽつんと残る

聖ヨハネ教会のヨハネはキリストの12使徒のヨハネ。ちなみにヨルダン河でイエスを洗礼したのは洗礼者ヨハネ。別人なので混同しないように。（編集室）

アルテミス神殿跡と聖ヨハネ教会の間に建つジャーミィ

イーサーベイ・ジャーミィ

İsabey Camii イーサーベイ・ジャーミィ

1375年にダマスカス出身の建築家ディミシュクリ・アリDimişkli Aliによって建設された。天井が高く、窓や扉には美しいレリーフが残り、ミフラーブも大理石製。セルジューク朝からオスマン朝への過渡期の建築物として評価が高い。

聖母マリアのついの住みかとして知られる

聖母マリアの家

Meryam Ana Evi メルヤム・アナ・エヴィ

聖母マリアの家は遺跡から7km離れたブルブル山にある。マリアの最期の場所は謎とされていたが、18世紀末にアンナ・カテリーナという尼僧が、訪れたことのないエフェスの石造りの家の様子を語り出した。その後マリアの家探しが始まり、アンナの語ったとおりこの家を探し当てたという。

1967年にパウロ6世が、1979年にはヨハネ・パウロ2世もここを訪れた。家の外から階段を下った所には、病が治ると伝えられている聖水が湧いている。隣には郵便局があり、そこから手紙を出すと聖母マリアのスタンプを押してくれる。旅の思い出として巡礼者にも観光客にも好評だ。

第2のサフランボルともいわれる古い町並みが美しく残る

シリンジェ村

Şirince Köyü シリンジェ・キョユ

昔はギリシア人の住む村だったが、ギリシアとの戦争の結果住民交換が行われ、代わりにテッサロニキに住んでいたトルコ人が住んでいる。かつてはよそ者が通ると女性は布で顔を隠したというが、今はみんなフレンドリーな観光地。レース編みや手作りの人形、ワインやオリーブ石けんやギョズレメなどを売っている。

ヨーロッパ最大の規模を誇るアミューズメントプール

アダランド・アクアパーク

Adaland Aquapark アダランド・アクアパーク

長いスライダーがたくさんある

メインのプール

クシャダス近郊、パムジャックPamucakにある巨大遊園プール。タマネギ頭のロシア風の塔が目印。ニューヨークポスト紙で世界のウオーターパーク・ベスト10にも選ばれた。敷地面積は12万m^2（東京ドーム2.5個分）。波の出るプール（波は1日2回）やジャクージ、オーシャンプールなどプールは10ヵ所以上。150m級のループコースターなど各種スライダーも8本ある。ラフティングが体験できるリバープールもあり、丸1日楽しむことができる。中央のステージではエアロビクスなどのイベントが催されている。レストランも完備している。

■イーサーベイ・ジャーミィ

Map P.245B

聖母マリアの家にはマリア像が置かれ、祈りを捧げる人が絶えない

■聖母マリアの家

Map P.245B外

開5〜9月8:00〜12:00　13:00〜19:00
10〜4月8:00〜12:00　13:00〜17:00　休無休　料13YTL
タクシーで行く。相場は往復50YTL、エフェス遺跡と一緒に回ると60YTL。

■シリンジェ村

Map P.12A2

オトガル発のドルムシュが運行。終点で下車。
7:00〜22:00に30分毎（冬期7:00〜17:15に1時間に1〜2便）
運賃：2YTL
所要：約40分

白い民家が斜面に沿って並ぶ

■アダランド・アクアパーク

Map P.14A1

クシャダス〜セルチュク間のミニバスが前を通る。
✉Çamlimanı Mevkii
TEL(0256) 618 1252
FAX(0232) 618 1350
inet www.adaland.com
開5月下旬〜9月10:00〜19:00
休シーズン中無休　料20€

アクアパーク入口

シリンジェは、ギリシア人が住んでいた頃はチルキンジェ（汚い）という名前だったが後に知事の命令で「かわいい」という意味のシリンジェ村へ改称された。（編集室）

ホテル

日本からホテルへの電話　国際電話会社の番号＋010＋国番号90＋232（市外局番の最初の0は不要）＋掲載の電話番号

オトガルと鉄道駅の間を中心に、聖ヨハネ教会近くや鉄道駅の東側にペンションが多い。シリンジェ村にも宿はある。設備の整った大型リゾートホテルはパムジャックPamucak周辺に多い。

セルチュクは世界的観光地のエフェス遺跡への起点の町だけに、オトガルや鉄道駅で、激しい客の奪い合いが行われている。客引きに連れて行ってもらうのもひとつの方法だが、トラブルも多い。町の中心は徒歩で回れるので自分で探すようにしよう。

ジミーズ・プレイス Jimmy's Place Hotel & Pension

経済的　Map P.237-2

✉Atatürk Mah. 1016 Sok. No.19 Pazaryeri
TEL & FAX (0232) 892 1982
inet www.jimmysplaceephesus.com

D なし
S 20YTL
W 30YTL
W A/C 40YTL
US$ € JPY YTL
T/C US$ €
C/C 不可

●移転して名前が変わった。設備や規模は中級ホテル並みとなった。エレベーター付きなので便利。最上階にはレストランもあり、近くに専用スイミングプールもある。エアコン付きの部屋は3YTLプラス。インターネットは1時間2.50YTL。1階に旅行会社があり、ツアーの手配や両替もできる。スイートルームは50US$。

ワラビーズ Wallabies Hotel

経済的　Map P.237-1

✉Cengiz Topel Cad. No.2
TEL (0232) 892 3204　FAX (0232) 892 9406
Mail wallabiesvictoria@hotmail.com

D なし
S 15YTL
W 30YTL
US$ € JPY YTL

●セルチュク駅の正面にある6階建てのホテル。家庭的な雰囲気でリラックスできる。エアコン付きの部屋はS 20YTL、W 40YTL。部屋はシンプルで少し狭いが、清潔で快適。インターネットは、1時間3YTL。1階にはバーがあり、屋上には街を一望できるプールもある。

ヴァルダル Vardar Family Hotel Pension

経済的　Map P.237-2

✉Atatürk Mah. Şahabettin Dede Cad. No.9
TEL (0232) 892 4967　FAX (0232) 892 0099
inet www.vardar-pension.com

D 5US$
S 6US$
W 12US$
US$ € YTL
T/C 不可　C/C 不可

●日本語が少し話せる通称アヤちゃんの宿として有名。家族経営で居心地もよく日本人旅行客が多い。アヤちゃんの兄弟や従兄弟と称する客引きが出没しているので注意してほしいそうだ。エアコン付きの部屋は5US$プラス。朝食は2US$、夕食は5US$。

私が宿泊した時はアヤちゃんがいなかったので、英語があまり通じませんでした。ある夜、ほかの旅行者と宿泊費の話をしていたら、その人が払った額と私が払った額とが違うのにびっくりしました。アヤちゃんがいなかったからとはいえ、料金の明細が少し不鮮明。情報も集まるし、スタッフもいい感じな宿だけに残念です。（東京都　エリザベスIII世　'05秋）

ドリームズ Dreams Guest House

経済的　Map P.237-2

✉Atatürk Mah. Şahabettin Dede Cad. No.5
TEL (0232) 892 2278　FAX (0232) 892 6694
inet www.dreamsguesthouse.com

D 10YTL
S 16〜20YTL
W 20〜25YTL
US$ € YTL
T/C 不可　C/C 不可

●オトガルからも近いゲストハウス。オーナーのレジェップさんは、日本語を話すこともできる。ビリヤード台やホームシアターもある。インターネットは1日1時間無料。キッチンも利用可能。セルチュクの日本語地図もある。エアコン付きの部屋は10YTLプラス。朝食は4YTL。

ヴァルダル・ペンションのアヤちゃんは夏期しかいないことが多い。それ以外のシーズンはおじいちゃんとおばあちゃんが宿を切り盛りしている。（編集室）

ヌル Nur Pansiyon

経済的 Map P.237-1外

✉Zafer Mah. 3004 Sok. No.16

TEL(0232) 892 6595
TEL(0538) 674 7335（携帯）
D なし
S 10US$
W 20US$
US$ € YTL
T/C不可 C/C不可

●鉄道駅の東側の住宅街にある家族経営のペンション。電話すればオトガルへ迎えに来てくれる。オーナーは男性のアリさんだが、そのほかのスタッフは全員女性で掃除もていねい。夕食はひとり8～12US$。エフェス遺跡への無料送迎もやっている。

ホメロス Homeros Pension

経済的 Map P.237-2

✉Atatürk Mah. 1048 Sok. No.3

TEL(0232) 892 3995
FAX(0232) 892 8393
inet www.homerospension.com
D なし
S A/C 15～25YTL
W A/C 30～50YTL
US$ € YTL T/C不可 C/C不可

●聖ヨハネ教会の近く。最上階の居間は宿泊者の憩いの場。夕食はグラスワイン付きでひとり12YTL。インターネット1日30分無料。ランドリー1回20YTL。自転車の貸し出しも無料。室内はかわいらしい感じで、隣の別館はアンティークの家具でまとめられたプチホテル風。

ナザール Hotel Pension Nazar

経済的 Map P.237-1

✉İsabey Mah. 2019 Sok. No.34
TEL(0232) 892 2222 FAXなし
inet www.nazarhotel.com
S 25～35YTL
S A/C 30～40YTL
W 40～50YTL
W A/C 50～60YTL
US$ € YTL T/C US$ € C/C不可

●オーナーが変わり、2005年冬に全面改装が終わった。小さなスイミングプールもある。屋上はレストランになっており、夕食はひとり12YTL。給湯設備は電気＆ソーラー、ガスの3つを併用しているので安心。インターネットやランドリーも利用可能。

レストラン

セルチュクの宿では別料金で夕食を出すところが多い。ロカンタは、アルテミス像の交差点からセルチュク駅前の噴水広場にかけて並んでいる。セルチュクはチョプ・シシÇöp Şişという小さな肉片を串に刺した料理が有名だ。食事にはシリンジェ名産のワインを一緒にどうぞ。

シリンジェでは女性がギョズレメを目の前で焼いてくれる店も多い。

庶民的 ケバブ屋 トルガ Tolga Çöp Şiş

Map P.237-2

✉Belediye Garajı Çöpşişler Çarşısı No.6

TEL(0232) 892 0924
FAXなし
開8:00～24:00
休無休
US$ € YTL C/C不可

●オトガルの敷地内にあるのでバスの待ち時間にも便利。チョプ・シシ（4.50YTL）は薄焼きのラヴァーシュで包むタイプのものではなく、食べやすい小さな串焼き。ほかにもキョフテやアダナ・ケバブ、シシタウクなども各種4.50YTL。

庶民的 チャイハネ カラメシェ Karameşe

Map P.245B

✉Tarihî İsabey Camii Önü
TEL(0232) 892 0466 FAXなし
mail karamese@ttnet.net.tr
開9:00～翌1:00（冬期～24:00）
休無休
US$ € YTL C/C不可

●イーサーベイ・ジャーミィの目の前にある。庭も広く、床に座ってくつろぐ伝統的なスタイルの店。週に5日は音楽のライブ演奏が行われる。名物メニューは大きなギョズレメ（英語メニューにはPancakeとある）は、具の種類も豊富で2.50～3YTL。ナルギレもある。

シリンジェ村にはワインショップがいくつかあり、手頃な値段で買えました。テイスティングもさせてくれました。（千葉県　くろぴー　'06秋）

数々の芸術が生まれ、人々は人生を謳歌した
エフェス遺跡
Efes Örenyeri エフェス・オレンイェリ

ヘラクレスの門の前でガイドの説明を聞く

エフェスへの行き方

Map P.14A1、P.245A

🚌セルチュクのオトガルからクシャダス方面に行くドルムシュに乗り、途中下車して南に10分歩く。運賃は1.50YTL。パムジャック行きのドルムシュなら遺跡入口まで行く。セルチュクのⓘからすべて徒歩で行くと約40分で北入口に着く。宿泊するペンションやホテルによっては無料あるいは有料の送迎バスを出しているが、途中絨毯屋やおみやげ屋に寄ったりしてトラブルのもととなることもある。

エフェス遺跡

開8:00～17:00（夏期～19:00）
休無休
料15YTL

ホテル&レストラン

セルチュクに宿を取るのが最も便利。リゾートホテルならクシャダスかパムジャックがおすすめ。イズミルに宿を取って日帰り見学も可能。

エフェス遺跡の入口は北側と南側に2ヵ所ある。北入口から入った場合の順路を追って、おもな遺跡を紹介しよう。

●体育場、競技場、聖母マリア教会　セルチュクから北入口にいたるまでに、左側に体育場と競技場、右側奥に聖母マリア教会がある。体育場はローマ時代に資産家により建造され、皇帝アントニウスと女神アルテミスに捧げられたもの。ここに置かれていた彫像は現在セルチュクのエフェス考古学博物館に収められている。体育館の南にあるのが競技場。30m×230mのU字型であるが、観客席の石は聖ヨハネ教会などの建造に用いられてしまった。

聖母マリア教会は、バシリカ建築を教会に転用したもの。431年と449年に宗教会議が行われ、キリストの神性やマリアの聖性について激論が交わされた。ユスティニアヌス帝により増築され、ダブル・チャーチとも呼ばれるようになった。

●アルカディアン通り　北入口から入ると最初にこの通り【写真A】に出る。港から大劇場を結んだ大理石の道路で、幅11m、長さ500mの道路沿いには商店が並び、街灯も灯されていた。道路を改修した皇帝アルカディウスにちなんで名付けられた。

【A】アルカディアン通りに建ち並ぶ列柱

●大劇場　アルカディアン通りの先にあるのが、ピオン山に沿って造られた大劇場【写真B】。演劇の上演や全市民参加の民会の会場にもなり、市民にとって大切な場所であった。ヘレニズ

エフェスの街は多くの著名人が訪れたことでも有名。哲学者プラトン、アレクサンドロス大王、クレオパトラ、聖母マリアと12使徒のヨハネなどが訪れている。（編集室）

【B】コンサートなどにも使われる大劇場

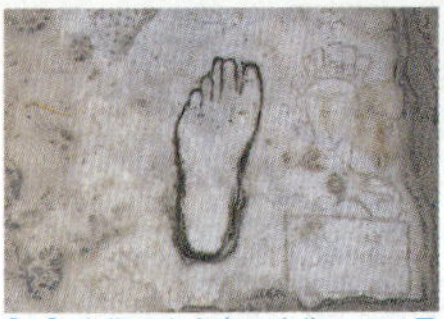

【C】古代の売春宿の広告。この足より小さい足の人は売春宿は利用できないという、うがった説もある

■古代広告の意味

マーブル通りを歩いて行くと、敷石に刻まれた娼館の広告を見ることができる。右側の女性像が「女の子が待っている」、その下のお金が「お金を持っておいで」、左上のハートが「心を込めてサービス」、その下の足が「左側にある」という意味ともいわれているが、いろいろな説が飛び交っている。これが何を意味するのか、あなたも推理に参加してみてはどうだろう？

ム時代に創設されたものだが、ローマ時代になって各部分が拡張された。2万4000人を収容できたという大観客席は直径154m、高さ38mの半円形。4世紀頃には剣士対猛獣の闘いが行われ、客席とオーケストラ席を仕切る手すりが、危険防止のため壁に変えられたという。向かいの劇場体育館は、演劇の稽古などに使われていた。

●マーブル通り　大劇場から図書館まで続く大理石の道。アルテミス神殿へ続く聖なる道の一部でもあった。たびたび改修が繰り返されたが、劇場前のあたりにはローマ時代のわだちを見ることができる。また通りの下は水路になっていた。娼館の広告【写真C】が路面に彫られているのはこの通り。

●ケルスス図書館　大劇場からマーブル通り【写真D】を歩き、右側に見える見事な2階建てのファサード【写真E】が目印。ローマ帝国のアジア州執政官だったケルススの死後、彼の息子が父の墓室の上に記念に築き上げたものだ。その後木造部分を焼失したり地震による被害も受け、今世紀初頭に発見されたときには相当破壊されていたが、1970年代に修復された。

正面には知恵、運命、学問、美徳の4つの意味をそれぞれ象徴する女性像がある。オリジナルはウィーンの博物館にあり、ここにあるのはコピーなのだが、周囲に彫られたレリーフと相まって往時を偲ばせる。この壁を支えているのが、下部はコンポジット式（コリント式とイオニア式の混合形式）の柱頭、上部はコリント式の柱頭になった大理石の円柱。内部は平屋だが、ここには1万2000巻の書物が所蔵されていたといわれている。

また図書館に向かって右側に、商業地アゴラへ続くマゼウスとミトリダテスの門がある。これは皇帝アウグストゥスの奴隷だったマゼウスとミトリダテスが、解放に際し、皇帝一家への感謝を込めて建てたものだ。

●クレテス通り　図書館からヘラクレスの門に向かって延びている道。左側にはさまざまな建物が並び、右脇には見事なモザイクも残る。またここでは毎年、エフェスの聖火を守っている

【D】マーブル通り

【E】壮麗なケルスス図書館

現在は陸地だが、港湾都市として繁栄したエフェス。今はその面影はないがアルカディアン通りが港と街を結んでおり、この通りにある浴場から港が見渡せた。（編集室）

神官たちの行列も行われていた。

●丘の上の住宅　図書館からクレテス通りに入り、右側にある上流階級の民家跡。ハウスAと劇場の間には鮮やかなフレスコ画が残されており、ハウスBにはフレスコとともにすばらしいモザイク【写真F】がある。

●娼館　クレテス通り左側にあり、マーブル通りにも面しているという絶好のロケーション。2階建ての中庭式の建物がトラヤヌス帝の時代に建てられていたというが、現在2階部分などは残っていない。床などにモザイク画が残っている。

●公衆トイレ　クレテス通り左側の娼館の先の建物の奥に入ると、公衆トイレが壁際に並ぶ。仕切りはないが、今でも立派に使えそうなもの。中央には池があったという。

●ハドリアヌス神殿　公衆トイレからクレテス通りに戻り、少し先の左側。2世紀のローマ皇帝ハドリアヌスに捧げられた建物【写真G】で、内側は簡素だが、正面玄関の装飾は美しく、手前のアーチの中央には女神ティケ、奥の門には両手を広げたメドゥーサが彫られている。その左右の小壁にはエフェソスの起源伝説が描かれ、神々やアマゾン、動物、皇帝テオドシウスなどが浮彫彫刻となっているが、これはコピーで、オリジナルはセルチュクの考古学博物館に展示されている。

●スコラスティカの浴場　ハドリアヌス神殿の先、左側にある。1世紀に建設された公衆浴場で、4世紀の大地震で破壊されたが、スコラスティカという女性が再建に尽力、3階建てのビザンツ浴場になった。手前の脱衣場になっていたホールに、頭部を失ったスコラスティカの座像がある。

●トラヤヌスの泉　スコラスティカの浴場の先にある三角のファサードが目印。102～104年に建立され、皇帝トラヤヌスに捧げられた泉【写真H】。台座にはオリジナル部分が残るが、ほとんど原形を留めておらず、修復された正面部分から、壮大だったであろう過去の姿を想像するしかない。当時は正面にため池があり、そこに据えられたトラヤヌス皇帝像の足元から水が流れていたという。セルチュクの考古学博物館のディオニソス、サチュロス、アフロディーテの像は、ここで発見された。

●ヘラクレスの門　クレテス通りに建っている、ヘラクレスの彫刻を施した左右対の門【写真I】。メミウスの碑の先に置かれた勝利の女神ニケのレリーフ【写真J】は、本来はこの門のアーチとして飾られていたものだ。

●メミウスの碑　ヘラクレスの門を通り過ぎた左側にある。メミウスはポントゥスからエフェソスを奪還したローマの独裁官スッラの孫。ここに建つ碑には祖父スッラを称賛する言葉が記されている。

●ドミティアヌス神殿　メミウスの碑のさらに先の広場のようになっている一角にある。2階建ての石柱が、ドミティアヌス神殿。ここには皇帝ドミティアヌスを祀る50m×100mの神殿

【F】クレテス通りのモザイク

【G】美しい装飾が残るハドリアヌス神殿

【H】三角ファサードが特徴的なトラヤヌスの泉

【I】ヘラクレスの門

【J】ニケのレリーフ

【K】ポリオの泉

2階建ての娼館は、2階が若い女性が中心だったとか。料金も1階より2階のほうが高かったそうだ。（編集室）

が建てられていた。ところが、家臣たちの手によって皇帝が殺された後に神殿は取り壊され、現在は土台部分を残すのみとなっている。また、7mもの高さを誇るドミティアヌスの像があったが、その一部はセルチュクのエフェス考古学博物館で、頭部はイズミルの考古学博物館で観ることができる。

ドミティアヌス神殿の左側には、アーチをもつポリオの泉【写真K】がある。97年にセクティリウス・ポリオという人物によって建てられた。

●市公会堂　一度広場の前に戻り、左折した所にある。現在は数本の列柱が残る【写真L】のみだが、かつてはここに聖火が灯され、火は消えることがなかったという。聖火を守る要職に就くのは、選ばれた市民であった。

●オデオン　市公会堂からバシリカを歩いた左側にある音楽堂【写真M】。収容人数は1400人で、劇場のような建物に屋根が取り付けられていた。全市民が参加する議会を大劇場で行ったのに対し、こちらでは300人の代表者会議やコンサートの際に利用されていた。

●上のアゴラ　オデオンの向かいにあった広場で73m×160mの広さ。集会や宗教行事、商取引などに利用されていた。

●ヴァリウスの浴場　オデオンからバシリカを進んだ先にある連続するアーチのある建物【写真N】。2世紀に造られたもので、床下暖房という典型的なローマ風呂の形を残している。

【L】聖火が灯されていた、市公会堂

【M】オデオンにローマ風の衣装を着た人々が集結

【N】ヴァリウスのローマ様式の浴場跡

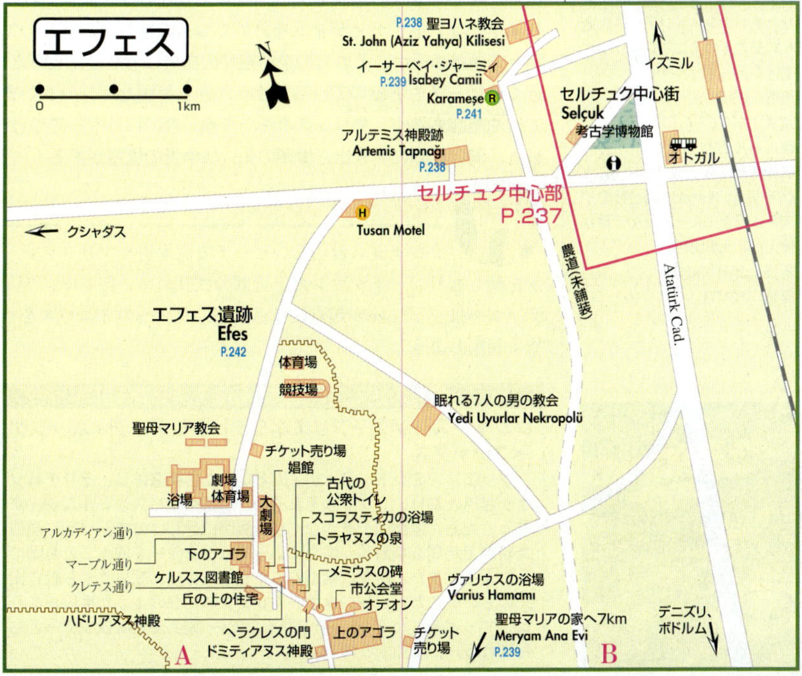

穏やかなエーゲ海に広がる白砂のビーチ

クシャダス Kuşadası

市外局番 0256 人口4万9667人

■クシャダスへの行き方

●イスタンブールから

15:30 19:15 23:00発など
所要：10時間
運賃：40YTL

●アンカラから

21:00～23:30に各社数便
所要：9時間
運賃：35YTL

●イズミルから

7:00～20:00に1時間毎
所要：1時間30分
運賃：8.50YTL

●セルチュクから

7:00～23:00
（冬期～19:00）20分毎
所要：30分
運賃：3YTL

●ソケから

7:00～19:00に20分毎
クシャダスのオトガルを経由し、ジャンダン・タルハン大通りとアドナン・メンデレス大通りの交差点のミニバス乗り場まで行く。
所要：30分
運賃：3YTL

●ボドルムから

直通は夜行便が多い。カラデヴェジKaradeveci社のイズミル行きに乗ってソケで乗り換えたほうが便利。
所要：2時間30分
運賃：13YTL

クシャダスの港を見下ろす

ヨーロッパの人々も多く訪れる、トルコのエーゲ海岸有数のリゾート地。ヨットハーバーにはボートやエーゲ海クルーズの観光船、水中翼船などが並び、ここからギリシアのサモス島へ渡ることもできる。町に観光名所はあまりないが、周辺にはプリエネ、ミレト、ディディムなどいくつもの遺跡が点在し、エフェス遺跡も近い。これらの遺跡巡りの拠点にもなりえる町だ。近くにビーチもあるので、高級ホテルから手頃なペンションまで宿泊施設も多く、マリンスポーツを楽しむのにはうってつけ。また、湾の片隅に突き出た埠頭の先には中世の城塞がある。

旅のモデルルート Gezme Planı

クシャダスは美しいビーチで海水浴やマリンスポーツを楽しむリゾートタウンだ。近郊のプリエネ、ミレト、ディディムへはソケSökeが起点になるので、ソケへのミニバスをうまく利用しよう。

自分の足で古代遺跡を回る充実した1日

クシャダス→ソケ→プリエネ&ミレト&ディディム→ソケ→クシャダス

プリエネ、ミレト、ディディムといった古代遺跡は、それぞれソケが起点となり、ソケからそれぞれの遺跡へはバスやドルムシュがある。ただ、遺跡同士をつなぐ交通機関に乏しいので、ソケに戻った時点で時間を判断し、場合によってはタクシーを使うことも頭に入れよう。また、時間に余裕をもたせるために、朝早くから動き出すのもいいことだ。レンタカーやレンタバイクのような手段があれば、ずっと楽になる。3ヵ所を回るツアー（略してP.M.D.ツアーとも呼ばれる）に参加するのも手。

カドゥンラル・デニズィ

クシャダスはおみやげ屋が多い。特にケルヴァンサライ・ホテルの西側にあるグランド・バザールとオリエント・バザールはおみやげ屋通りとして有名だ。（編集室）

歩き方 Güle Güle Gidin

町の中心は、ケルヴァンサライ・ホテル脇から延びる**バルバロス大通り**Barbaros Bul.周辺で、みやげ物屋やレストラン、旅行会社などが並ぶ。

サモス島行き桟橋から見える**ギュウェルジン島**Güvercin Adaには14世紀の城塞が残っている。また、ギュウェルジン島を越えた西側のビーチや、アタテュルク像北東のパブリックビーチはきれい。**カドゥンラル・デニズィ**（レディス・ビーチ）Kadınlar Deniziは、町の南西約2.5kmにあって設備も整っており、高級ホテルも多い。ここへは町からドルムシュが頻発している。

オトガル＆港から市の中心部へ

オトガルは町の南側。オトガルの前からは、町を循環運転するドルムシュが運行している。ⓘ周辺に行きたい場合は、**イスメット・イノニュ大通り**İsmet İnönü Bul.でバルバロス大通りを通るドルムシュに乗り換える。ただし、中心地はさほど大きく

バルバロス大通り

スカラ・ヌオーヴァ・ショッピングセンター

■サモス島への船

ギリシアのサモス島へのフェリーは4月1日～10月31日の毎日8:30発（不定期だが17:00の便もある）、それ以外の時期は運休。片道30US$、往復55US$、同日往復35US$、所要1時間30分。チケットは港近くの旅行会社で取り扱っている。

フェリーターミナルの隣の建物はスカラ・ヌオーヴァ・ショッピングセンター Scala Nuova Shopping Center。有名ブランドのブティックやカフェが並ぶ。（編集室）

カドゥンラル・デニズィ行きのドルムシュ

■クシャダスのℹ
Map P.247A
✉Liman Cad. No.13
TEL(0256) 614 1103
FAX(0256) 614 6295
開8:00～12:00
13:00～17:30（冬期～17:00）
休土・日（6～8月無休）

クシャダスのℹ

■ギュウェルジン島
Map P.247A
開8:00～24:00（冬期～22:00）

町からギュウェルジン島を眺める

ないので、初めに降りた所からも歩ける。オトガルからでも徒歩20分ほどで着く。サモスからの船はバルバロス大通りからすぐ近くにある桟橋に着く。

市内と近郊への交通

市内を巡るドルムシュには4つのルートがあり、それぞれ色によって行き先が違う。例えば町の中心地を巡回するものは緑色、カドゥンラル・デニズィへ行くものは青。運賃はクシャダス中心部なら1YTL、カドゥンラル・デニズィまで1.50YTL。

近郊の町へは、オトガルの近郊乗り場が起点となる。セルチュクとソケへ行く場合は、ジャンダン・タルハン大通りとアドナン・メンデレス大通りの交差点からもミニバスが出ている。

両替・郵便・電話＆旅の情報収集

銀行、両替所は町の中心部にいくつもあり、両替には困らない。PTTも町の中心部、バルバロス大通り沿いにある。

ℹはサモス島行きの桟橋のそば、ケルヴァンサライ・ホテルの横にある。地図や資料も多く、利用価値大。

見どころ　Gezilebilecek Yerleri

14世紀の城塞が残る
ギュウェルジン島
Güvercin Ada ギュウェルジン・アダ

サモス島行きの桟橋の近くにあるギュウェルジン島は、トルコ語で「鳩の島」を意味する。島ではあるが、町とは陸路でつながっていて、徒歩で渡ることができる。島には14世紀に建てられた要塞があるほか、レストランやカフェテリアなどもある。

ギュウェルジン島の入口

ホテル

日本からホテルへの電話 国際電話会社の番号＋010＋国番号90＋256（市外局番の最初の0は不要）＋掲載の電話番号

クシャダスにはさまざまなクラスのホテルがあり、リゾートといえども中級ホテルならば、ほかのエーゲ海沿いのリゾートに比べれば値段は高くない。高級ホテルは町の中心から離れたビーチ沿いに多く、さらにリーズナブルな値段の宿は、アスランラル通りAslanlar Cad.周辺に点在している。

ケルヴァンサライ Club Caravanserail　中級 Map P.247B
✉Atatürk Bul. No.2 Öküz Mehmet Paşa Kervansaray
TEL(0256) 614 4115　FAX(0256) 614 2423
inet www.kusadasihotels.com/caravanserail

Dなし
S A/C 60US$
W A/C 90US$
US$ € JPY YTL
T/C不可
C/C A D J M V

●17世紀に建てられたオスマン朝期のケルヴァンサライを改装した4つ星ホテル。ℹや、港などにも近く、便利な立地。現代的な設備を備えながらも、建設当時の雰囲気をよく保っている。中庭では週3回（木～土曜）ディナーショーがある。11～3月は休業。部屋数が26と少ないのでシーズン中は予約したい。

ギュウェルジン島へと続く橋の横からは、湾内をクルーズする遊覧船が出ている。近くでは貝殻などのみやげ品も売られている。（編集室）

アトゥンチュ Atınç Otel

中級 Map P.247B

⊠Atatürk Bul. No.42
TEL(0256)614 7608　FAX(0256)614 4907

Inet www.hotelatinc.com
D なし
S 50～65YTL
W 80～110YTL
US$ € YTL
T/C 不可
C/C M V

●アタテュルク大通り沿いの4つ星ホテル。屋上にプールがあり、眺めもよい。卓球台もある。全75室のうち、海を正面に見る部屋は25室。バスルームはやや狭いがアメニティもひととおり揃っている。レストランでは日替わりのセットメニューがある。ウエブサイトから予約すると割引になることも。

ジェンネット Cennet Pension

経済的 Map P.247B

⊠Camiatik Mah. Yıldırım Sok. No.69/A
TEL(0256)614 4893　FAX(0256)612 1347

Inet www.cennetpension.com
D なし
S 10€
W 20€
US$ € YTL
T/C 不可 C/C 不可

●町の中心部から坂をずっと上っていった左側にある。家庭的な雰囲気が自慢のペンション。掃除も行き届いており清潔。別料金で夕食も出している。高台にあるので、テラスからの眺めも抜群。2室はシャワー、トイレ共同。夏期は料金が少し上がる。

セズギン Sezgin's Guest House & Hotel Sezgin

経済的 Map P.247A

⊠Aslanlar Cad. No.68
TEL(0256)614 4225　FAX(0256)612 2046

D なし
S 10€
W 16€
US$ € YTL
T/C US$ €
C/C M V

●バックパッカーに人気の宿。エアコン付きは、S 15€、W 25€。キッチン付きの4人部屋は40€。日本語が使えるインターネットは無料。ランドリーは1kgにつき1.5€。フェリーのチケットが10%引きで購入可能。事前に連絡すればオトガルや港に迎えに来てくれる。

ステラ Stella Travelers Inn

経済的 Map P.247A

⊠Hacı Feyzullah Mah. Bezirgan Sok. No.44
TEL(0256)614 1632　FAX(0256)612 9012

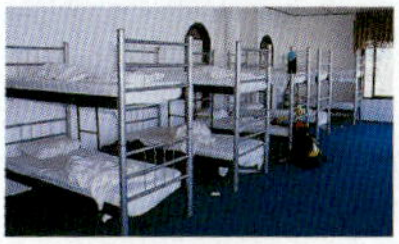

Inet www.stellahostel.com
D 9€
S 20€
W 30€
US$ € YTL　T/C 不可　C/C 不可

●ギュウェルジン島近くにあるホステル。高台にあるので眺めは抜群。ドミトリーは最上階の広い部屋で快適。全室シャワー、トイレ付き。バスやフェリーのチケットも手配可能。朝食は5YTL。11～4月は休業。

レストラン

埠頭近くにはレストランが並ぶが、眺めのよい所ほど値段は高めだ。庶民的なロカンタは、バルバロス大通り周辺の町の中心部にたくさんある。

また、クシャダスはリゾートなので夏は夜もにぎわう。バー通りBarlar Sok.にはディスコやバーが軒を連ねている。

アウル Avlu Restaurant

庶民的 ケバブ屋　Map P.247B

⊠Camikebir Mah. Cephane Sok. No.15
TEL(0256)614 7995　FAX なし
開 8:00～24:00
休 無休
US$ € YTL　C/C M V

●バルバロス大通りから裏路地を入った左側にある。地元の人たちに支持される人気店。ケバブは4～7YTL。チーズが入ったキョフテのカシャルル･キョフテKaşarlı Köfteなどのオリジナルメニューもある。人気メニューは鶏肉のソテー、ピリチ･カウルマPiliç Kavurma (3.50YTL)。

スカラ・ヌオーヴァ・ショッピングセンターの奥にClub 256というバーがある。19:00からの営業で23:00まではジャズが流れ、それ以降はディスコになる。(編集室)

クシャダスから
歴史の旅

幾層にも重なった長い歴史が現代によみがえる
プリエネ、ミレト、ディディム

Priene プリエネ／Milet ミレト／Didim ディディム

整然と並ぶプリエネの列柱

プリエネ、ミレト、ディディムへの行き方

🚌3つの遺跡ともに、クシャダスの南にある町ソケが起点。3つを1日で回るには、早朝から夕方までかかるだろう。ソケへは、クシャダスからが最も便利。町の中心部にある乗り場から、ドルムシュが10分毎にあり、所要約30分、3YTL。イズミルからセルチュク経由でソケ・セヤハットSöke Seyahatが1時間毎、10YTL、所要約2時間。クシャダスからはツアー（5～10月の水曜発、昼食、入場料込みで35US$ほど）もある。パムッカレPamukkale、メトロMetroなど大手バス会社が不定期ながら、各社ともセルチュクのオトガルを9:30に出発、18:00～19:00に帰着のバスを出している。それぞれ1時間30分～2時間停車。40YTL。4～9月はほぼ毎日運行される。

整然とした町並みの遺跡

プリエネ

Priene

イオニア人が築いた古代都市として、歴史的に重要な役割を果たした。都市計画の最古の例と見られる碁盤の目のような整然とした町並みで有名で、東西に6本、南北に15本の道路が交差している。衰退してから背後にそびえる岩山の土砂が崩れ、その土が遺跡を覆ったため、19世紀末に発見されたときには東西南北にきれいに並んだ道路のほかにも、アテナ神殿や野外劇

もうひとつのプリエネ

古代のイオニア諸都市は港湾都市として貿易が盛んだったが、その人口を支えていたのは肥沃な大地だった。特にマイアンドロス川（現在のビュユックメンデレス川）が運んでくる水は、豊かな土地を造り、支流を含めてこの川の恩恵を受けた都市は多い。

だが、川はときに予想外に蛇行し、氾濫によって町が埋まったり、海岸線の後退によって衰退した都市も多いのだ。

そのひとつ、プリエネは川の氾濫に悩まされ、ついには移転を決意する。紀元前370年頃、カリア王国の支配下にあったプリエネは、小高い丘の上に新しい都市を築いた。アゴラを中心に整然と体育場や劇場が配置され、道路はすべて直線で、碁盤の目のように町を貫いていた。しかし、川は相変わらず土砂を運び、わずか50年後には7200mも海岸線が後退してしまったという。紀元前1世紀の半ばになると、50km近くも海は遠ざかってしまった。貿易都市としての役割を果たせなくなったプリエネが衰退していったのはこういうわけだ。

現在のプリエネは新しい町のほうで、かつてのプリエネは、まだその位置すらわかっていないのである。

川の氾濫によってできた沖積平野は大地の恵み。今や大規模な農場となっている

場、民家跡などが、当時のままの姿を現した。
　バスを降りてから坂道をしばらく上ると遺跡入口に着く。ここからさらに坂を上っていくと、上のアゴラにかけられた地図が目に入る。そのまま真っすぐ進むとアテナ神殿へ。また、神殿へ行く途中を左に曲がるとゼウス神殿があり、上のアゴラの看板の所を右に曲がると劇場への道だ。アテナ神殿は小アジアにおいてイオニア建築を代表するものであったが、現在は5本の列柱を残すのみ。ただし、この柱にはイオニア式の特徴がよく表れている。また、劇場はかなり保存状態がよく、身分の高い人が使ったというひじかけイスなどもそのままの形で残っている。周囲2.5kmほどの小さな遺跡だから、1時間もあれば、ひととおりゆっくり見渡せる。

多くの自然哲学者を輩出した

ミレト

Milet/Miletos

ミレトの円形劇場

　ギリシア文明圏で最初に哲学や自然科学が生まれたのが、ここミレト。古くはミレトスと呼ばれ、ヘレニズム時代からローマ時代の初めまではこの地方で最も栄えた町であった。歴史の父ヘロドトスは、イオニアの雄として、このミレトスを高く評価した。ここはいわば、イオニア文化の中心地。「万物の根源は水である」と言ったターレスのような自然哲学者も多く生まれた。かつては海港都市だったが、土砂で埋まり、現在の海岸線は遺跡の15km西にまで移動してしまった。
　ミレトの遺跡入口からは、最大の見どころでもある壮大な円形劇場が正面に広がる。2万5000人収容という野外劇場は、紀元前4世紀に最初の劇場が造られ、2世紀にトラヤヌス帝が手を加えた後、このような大規模な劇場になったという。かつてミレトスの港へ船で来た人々は、眼前に広がる大劇場の偉容に感嘆したといわれ、劇場の真下にあった港にちなみ、劇場の港とも呼ばれていた。
　劇場以外の遺跡はここから1.5km離れているが歩くしかない。かつて港の入口だった劇場の北東には1対の大きな石のライオンがあったが、ひとつはイギリスの大英博物館に運ばれてしま

ホテル&レストラン

ディディムにはリゾートホテルも多いが、ほかは宿に乏しい。クシャダスかセルチュクで宿泊すればよいだろう。ソケに泊まればじっくり回れる。

プリエネ

■プリエネへの行き方
🚌ソケのオトガルの近郊行きバス乗り場から、ギュルリュバフチェ市Güllübahçe Belediyesiと書いてあるバスに乗ってプリエネ下車。3YTL。7:30～18:00、30分に1本程度(土・日減便)。

■プリエネ遺跡
Map P.14A1
開8:00～17:30
休無休
料2YTL

プリエネの劇場に残る貴賓席

ミレト

■ミレトへの行き方
🚌ソケからバラト・ビルリッキBalat Birlikのドルムシュで行く。8:00～18:00の運行ということになっているが、昼を過ぎるとドルムシュの本数が極端に減る。朝早く出て早めに戻ろう。日曜運休。4YTL。

■ミレト遺跡
Map P.14A1
開8:00～17:30
休無休
料2YTL

クシャダス発のプリエネ、ミレト、ディディムを1日で回るツアーはP.M.D.ツアーと呼ばれる。夏は人数により週3日ほど催行される。(編集室)

った。現在このあたりは草木の茂る沼地である。列柱を残すアゴラやマルクス・アウレリウスの妻ファウスティーナによるファウスティーナの浴場、円屋根のイリヤスベイ・ジャーミィなどが点在する。

メドゥーサの首で有名

ディディム

Didim/Didyma

イズミルの南、ミレトとボドルムBodrumの間にあるエーゲ海沿岸の古代遺跡都市。ギリシア人の入植前からあった地神の託宣所を、紀元前6世紀にミレトスのイオニア人のアポロン神に捧げて以来、デルフォイと並ぶ神託のメッカとして栄えた。ペルシアのダレイオス1世やマケドニアのアレキサンダー大王、歴代のローマ皇帝などがこの至聖所を継承している。北方20kmのミレトとを結ぶ街道には、かつて両側に神官の座像が延々と並べられていたという。

メドゥーサの首をかたどった迫力のあるレリーフ

●**アポロン神殿**　現在残っている神殿は、ローマのハドリアヌス皇帝時代に改修されたもの。全容は長さ108.5m、幅50mのヘレニズム様式で、当時は120本以上の石柱が建っていたという。今では高さ20m、直径2mの石柱3本が当時の偉容を伝えている。神殿の周囲には神託を求める信者のための宿泊施設や浴場の跡が残っている。神殿は前庭、控えの小部屋、主室で構成されている。前庭にある楕円形のテラスは信者が数々の供物を捧げた所で、壁には金箔が施されていたという。

前庭からの階段を下りると小部屋に出る。ここは巫子が神託を信者に告げた場所。そしてさらに下った所が、かつて壁柱に囲まれていた王室で、聖泉の跡が見られる。かつては正面奥の壁にはアポロンの像が彫られていた。有名なメドゥーサの首は入口の基壇に置かれている。

均整のとれた美しいアポロン神殿

黄金の名が付いた美しい砂浜が自慢！

アルトゥンクム海岸

Altınkum Plajı アルトゥンクム・プラジュ

エーゲ海を楽しむなら、ディディムの近くにあるアルトゥンクム海岸Altınkum Plajı（黄金海岸／ゴールデン・ビーチ）へ行こう。ヨーロッパでは有名なビーチリゾートだ。ホテルも多い。

ミレトのアゴラ

ディディム

■**ディディムへの行き方**

🚌ソケのオトガルからディディム行きやアルトゥンクム行きのバスがある。20分に1本程度で、6:35〜19:15の運行。運賃は4.50YTL。

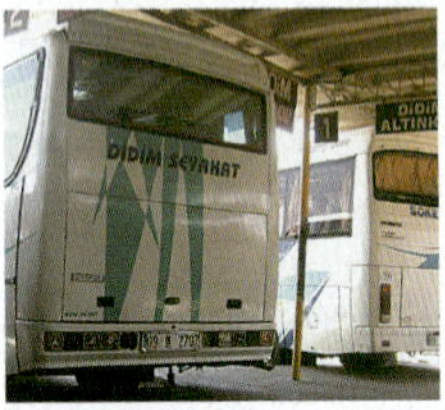

ソケ発ディディム行きのバス

■**ディディム遺跡**

Map P.14A2

開8:00〜17:30

休無休　料2YTL

レリーフの細かな装飾も必見

アポロン神殿を見上げる

クラゲは英語でメドゥーサ・フィッシュMedusa Fishの別称がある。クラゲの触手がメドゥーサの頭髪を連想させるからこの名前が付けられたそうだ。（編集室）

技術の高い数々の彫刻が発見された
アフロディスィアス
Afrodisias Örenyeri アフロディスィアス・オレンイェリ

アフロディスィアスの競技場。ちょっと整備したらすぐに使えそうだ

エフェスとパムッカレの中間に位置し、最も近い村はゲイレ村Geyre。古くから人がアクロポリスの丘に住んでいたことが明らかにされている。訪れる人は少ないが、保存状態のよい遺跡なので見る価値は充分だ。特に競技場は必見。

●**競技場**　1世紀か2世紀に造られたローマ式のスタジアム。長さ262m、幅59mで、3万人の観客を収容可能。階段状の客席がしっかり残っており、古代世界のスタジアムとしては世界中で最も保存のよいもののひとつ。その規模は見るものを驚嘆させる。おもに競走やレスリング、ボクシングなど、競技用として使われたが、種々のコンテストの会場にも利用され、後には動物を闘わせる闘技場としても用いられた。

スタジアムを南側から上って見下ろすと、右側に円形の石が残っている。これは昔の囲いの跡。当時、この中で動物などを闘わせ、左側の広い部屋で競走をしていたという。

●**アフロディーテ神殿**　ローマ皇帝アウグストゥスの時代に完成し、ハドリアヌス帝の時代（117～138年）には、神殿の境内が付け加えられた。イオニア式で、13m×8mの円柱が二重列柱堂に見えるような構造になっている。この神殿は5世紀に教会として使われ、その後陣の部分が神殿の東の端に残っている。1962年に高さ3mもの巨大なアフロディーテ像が神殿跡から発掘されたが、これは内陣に安置されていたもので、アフロディーテが当時信仰の対象となっていたことを示している。アフロディーテ神殿の東にはテトラピロン（境内入口）がある。らせん状の溝の円柱が並んだ門で、儀式用に使われたといわれている。

アフロディスィアスへの行き方
🚌自分のペースで見たい人は、近郊のナーズィルリNazilliを起点にするとよい。ナーズィルリでカラジャスKaracasuに向かうドルムシュを見つける。カラジャスからはミニバスがあるが、時間がないならタクシーで遺跡を目指そう。片道40YTLぐらい。

●イズミルから

🚌アクス・アイドゥンAksu Aydınとヴェイセル・オズディンVeysel Özdinがセルチュク経由でカラジャスへ1日3便10:00、14:00、17:30発。全便アフロディスィアスまで行く。冬期は減便される可能性があるので事前に確認を。

所要：3時間30分

運賃：14YTL

ナーズィルリへの行き方
●イズミルから

🚌7:20 8:45 15:00 18:10 21:15発

所要：4時間

運賃：5.75YTL

●セルチュクから

🚌9:30 10:40 17:04 20:12 23:00発

所要：2時間

運賃：4YTL

●デニズリから

🚌9:00～19:00に頻発

所要：1時間30分

運賃：6YTL

🚃5:00 8:40 15:15

所要：1時間30分

運賃：3.25YTL

アフロディスィアス遺跡
Map P.14B2

開8:30～19:00（冬期9:00～17:00）　休無休

料7YTL

ナーズィルリへはどの町からも比較的簡単にバスで行けるのだが、そこからが不便。夏期ならパムッカレの旅行会社で1日ツアーがあるかどうか聞いてみよう。（編集室）

テトラピロン

アフロディスィアス博物館

Map P.254
開8:00～19:00　休月
料7YTL　2006年12月現在改装のため閉館中。2007年4月から再開予定。

アフロディスィアス博物館

ホテル&レストラン

アフロディスィアスあたりで宿を取るなら、ナーズィルリがよい。クシャダス、パムッカレ、セルチュクから日帰りも可能。アフロディスィアスの遺跡に近い宿は以下の2軒。いずれもレストランを併設しており、宿泊客でなくても食事が取れる。

●アフロディスィアス・ホテル
Afrodisias Hotel
✉Afrodisias, Karacasu
TEL (0256) 448 8132
FAX (0256) 448 8422
S 25€
W 30€
US$ € YTL
T/C不可　C/C不可

●シェ・メスタン
Chez Mestan
✉Afrodisias, Karacasu
TEL (0256) 448 8046
FAX (0256) 448 8422
S 20YTL
W 30YTL
US$ € YTL
T/C不可　C/C不可

シェ・メスタンの自慢料理はピデ！

●オデオン　1世紀から2世紀に建造され、もともとは屋根付きであったが、4世紀に地震のため屋根の大部分が壊れてしまった。しかしながら、保存状態はかなりよい。柱廊玄関は、廊下を経てステージへと行けるようになっていた。

オデオンの西側には、青い大理石の円柱をもつ、主教の館がある。これはローマ時代末期に造られ、ビザンツ時代に主教館となったものだ。

●劇場　アクロポリスの丘の東斜面にあるこの劇場は、紀元前1世紀に造られ、1万人もの観客を収容したという。2世紀には闘技場としても使われ始めた。保存状態がとてもよく、27列の観客席も、ステージの後ろの高さ5mの壁も、まだしっかりと残っている。上からの眺めもすばらしい。

アフロディスィアスから出土した遺物を多数展示

アフロディスィアス博物館

Afrodisias Müzesi アフロディスィアス・ミュゼスィ

●インペリアル・ホール　皇帝、皇后、貴族の胸像がある。

●メルポメーネ・オデオン・ホール
ローマ後期、ビザンツ時代の像がある。哲学者や詩人の像はオデオンで発掘された。女神メルポメーネの彫刻に囲まれたアポロ像はぜひ観よう。

博物館には発掘品が展示されている

●ホール・オブ・アーティファクツ
有史以前からビザンツ時代までの装飾品やガラスなど細かな発掘品が収められている。

●ペンセシリア・ホール　ホールの中心には、アマゾネスの女王ペンセシリアの死体を引きずるアキレウス像が見られ、周りにはさまざまな群像が配置されている。

●アフロディーテ・ホール　中心に祭儀に使われたアフロディーテ像がある。そのほかの部屋では、彫刻師の2房から発見された逸品や、立派な墓などを見ることができ、かなり見ごたえのある博物館だ。

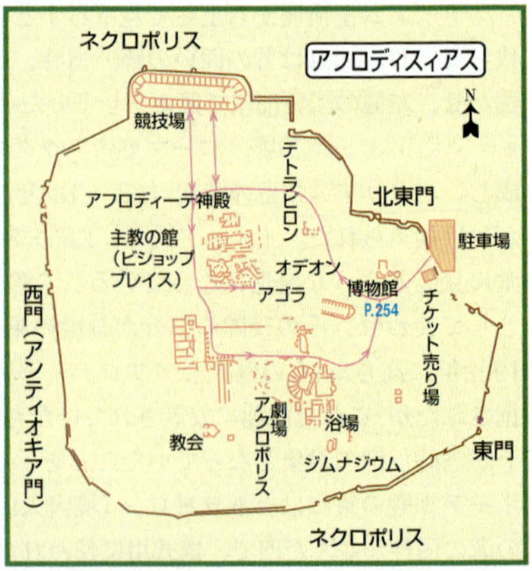

アフロディスィアス博物館はトルコ屈指の彫像の量を誇り、見ごたえ充分。石棺の装飾もとても美しいので見逃さないようにしたい。（編集室）

情が深く、人間くさいギリシアの12神

古代ギリシアにはたくさんの神々がいた。これを系統立てたのは、紀元前7世紀に記されたヘシオドスの『神統記』が最初だとされている。ギリシアの神々はゼウスを家長とするオリンポスの神々と呼ばれているが、ゼウスも絶対神ではない。神様はそれぞれ得意分野をもっており、ゼウスはほかの神には干渉しない。この点が一神教であるイスラーム教のアッラーやユダヤ教のヤハウェと違う点だ。しかもこの時代は文化が発展し、多くの詩人や劇作家によって神話が創作された。あるいは地方伝承なども取り入れて、悪さをしたり、浮気、いたずらなど、実に情が深く、人間くさい神々ができあがってきた。

●ゼウス　ラテン語でジュピター。天空の支配者、雷や雨を起こす自然神。かなり浮気っぽく、多くの女性や少年を愛した。そのひとつ、英雄ヘラクレスの出生の話はこんなふうだ。 アルクメネには夫がいたが、ゼウスは彼女に横恋慕し、その夫に姿を変えて思いを遂げた。アルクメネは懐妊し、喜んだゼウスは「アルゴスの王となる子（ヘラクレス）が生まれるだろう」と予言してしまう。怒ったのはゼウスの妻のヘラ。嫉妬深い彼女はお産の神に命じて出産を遅らせ、生まれた子をアルゴスの王とさせなかった。さらにヘラクレスのゆりかごに2匹の蛇を入れて殺そうとしたが失敗した。ヘラクレスが成長すると、ヘラは「狂気」を送り込み、ヘラクレスに自分の子供を殺させてしまうのだ。

●ヘラ　ゼウスの姉で正妻。大変嫉妬深く、夫の愛人は容赦しない。しかしその貞節さのためか、結婚の神様とされている。

●アテナ　ゼウスの頭から生まれた女神。知恵と正義を司る。ギリシアの首都アテネ誕生にまつわる話は次のとおり。

この地方はケクロプスという王が統治しており、その姿は下半身が蛇であった。この町の守護神を決めるときに、海神ポセイドンとアテナが争ったのである。ふたりは住民に賄賂を贈ったりしていたが、ついにポセイドンは剣で岩を刺し海を造った。対するアテナは槍で大地を突き、ここからたわわに実ったオリーブの木が生えてきたという。ケクロプス王はアテナに軍配を上げ、現在の名前の由来となっている。

●アポロン　ゼウスとレトの子。光明、医術、芸術、予言の能力をもつ太陽神。アポロンが恋した女性にまつわるエピソードも多いが、ひとつ紹介しよう。

トロイア王プライアムの娘カッサンドラは大変美しく、アポロンに恋されて予言能力を授かった。しかし後に彼女は愛を拒み、アポロンは怒って「予言は真実だが誰も信じない」という罰を与えた。彼女はトロイア戦争の始まりと「ギリシア人の木馬による戦いの結末」などの予言をするのだが誰も信じず、結局トロイアは滅びてしまう。ついには自らの死も予言しながら殺されてしまったのだ。

●アルテミス　ラテン名ディアナ。アポロンとは双生児。狩猟を司る月の女神。ある日、水浴姿を見られたアルテミスは、見た者を雄鹿の姿に変え、狩猟犬に捕らえさせたというおそろしい一面ももつ。古代には処女神で潔癖の象徴だったが、後にオリエント系の信仰と結びついて多産、豊穣の女神となる。エフェスにある無数の乳房（ただの模様という説もあるが）をもつ神像が有名。

●アフロディーテ　ラテン名のヴィーナス。天神ウラノスの男根を海に投げたら泡（アプロス）が立ち、その中から生まれたといわれている。愛と美の女神で、エロス（キューピッド）は彼女の息子。

●ヘパイストス　鍛冶の神。ゼウスとヘラの子。アフロディーテの夫。ホメロスには密会していたアフロディーテとアレスをこらしめる話がある。

●アレス　ラテン名マルス。軍神。ギリシア時代よりもローマ時代になってから、しばしば登場するようになる。アフロディーテの浮気の相手としても有名。

●ヘルメス　商業の神様。

●ポセイドン　海と地震と馬の神。ミュケメイ時代にはゼウスよりも崇拝されていた。

●ディオニュソス　ゼウスとセメレの子でブドウ酒の豊饒を表す神。別名バッカスの名でも知られている。ゼウスによる雷光に打たれてセメレが死んだときに誕生したといわれている。

●デーメーテール　大地の豊穣を司る女神。草木や花を見守る。

メドゥーサの首を取ったペルセウスもゼウスの息子。確かにゼウスは浮気っぽいが、人々を救うヒーローを生み出している。（編集室）

湖で出合った若者

エイルディル Eğirdir

市外局番 0246 人口1万8639人

澄みきった水をたたえるエイルディル湖のほとりにある。小さな町だが、紀元前500年には集落があったといわれ歴史は古い。

エイルディルの魅力は、何といってもほかの町では得がたいその落ち着いた雰囲気。また、周りにある**チャンドゥル渓谷**Çandır Kanyon、**コワダ国立公園**Kovada Milli Parkı、そして、その美しさが絶品な**エイルディル湖**Eğirdir Gölüなどの自然は、気持ちを落ち着けるのにぴったり。冬には**ダヴラス山**Davras Dağのスキー場もオープンする。**アクプナル**Akpınarには昔ながらの遊牧民の伝統をもつ人々が暮らしている。また、8月～9月中旬には**プナル・パザル**Pınar Pazarıという野外市場が開かれ、人気のウオーキングルートになっている。湖の北東には古くはピスィディア・アンティオキアと呼ばれた**ヤルワッチ**Yalvaçという町があり、キリストの使徒、パウロゆかりの教会などの遺跡がある。エイルディルにはゆっくり滞在しても飽きさせない楽しさがある。

小さな町の中心部　エイルディルの中心部は小さい。オトガルの建物を出て右の方向へ2～3分も歩けば、左側に城壁が見えるはずだ。城壁に上ってみれば、町の全容が手に取るようにわかる。ペンションが集まるのは城壁周辺と**イェシル島**Yeşilada。島といっても現在は埋め立てられ、中心部から徒歩20分ほど。

オトガル　オトガルには、ウスパルタ～エイルディル路線が専門のエイルディル・ベレディエスィEğirdir Belediyesiと、ウスパルタを本拠地に主要都市への便を運行するウスパルタ・ペトロルIsparta Petrol、アンタルヤ、イズミル、ブルサへの便を1日数便運行する大手のキャーミル・コチュKâmil Koçの3社。

市内交通　市バスやドルムシュはオトガル前が起点。オトガルから鉄道駅を抜けて**アルトゥンクム海岸**Altınkum Plajıまで行く市バスは、運賃が1YTLで30分おきに出発する。

両替・郵便・電話　フズルベイ・ジャーミィの横を抜けて、大通りに出るとイシュ銀行Türkiye İş BankasıとPTTがある。

■エイルディルへの行き方

🚌コンヤとアンタルヤ、コンヤとイズミルやデニズリを結ぶ便のうちのいくつかはエイルディルのオトガルを通る。それ以外の町からエイルディルに入るには、まずウスパルタに行ってオトガルからキョイ・ガラジュ**Köy Garajı**と呼ばれるミニバス乗り場にバスで移動、そこからエイルディルを目指すほうが面倒だが本数は多い。

●アンタルヤから
🚌9:00 11:30 13:00 15:30 22:00発
所要：3時間　運賃：10YTL

●アンカラから
🚌13:30 24:30発
所要：6時間30分
運賃：22YTL

●コンヤから
🚌8:30～18:30に数便
所要：4時間
運賃：18YTL

●ウスパルタから
🚌7:00～19:30にキョイ・ガラジュから15分毎
所要：30分　運賃：2.50YTL

●デニズリから
🚌**Kontaş**社10:30 12:00 24:00 翌0:30発
Denizli Seyahat社 12:30 14:30 17:30発
所要：4時間
運賃：15YTL

エイルディルでは毎年多くのリンゴが収穫される。リンゴを食べ慣れている日本人でも、名産品スターキング・ゴールデン・アップルはおすすめだ。（編集室）

観光案内所　エイルディル❶は、PTTからさらに約500m大通りを進んだ左側にある。歩いて約10分。

エイルディルで最も古いイスラーム建築

デュンダルベイ神学校

Dündarbey Medresesi デュンダルベイ・メドレセスィ

フズルベイ・ジャーミィと向かい合うようにして建つこの建物は、タシュメドレセ（石の神学校）という別名ももつ。もともとはルーム・セルジューク朝のカイクバード1世によって商業施設として建てられたものを、エイルディルを中心に支配したハミド君侯国の2代目、デュンダルベイがメドレセに改装した。共和国創設後は崩れかかっていたが、改装されて現在は再び商業施設となっている。

アーチの上にそびえるミナーレが独特

フズルベイ・ジャーミィ

Hızırbey Camii フズルベイ・ジャーミィ

イランのモンゴル系王朝、イル・ハーン朝との戦いに敗れ、1324年頃に死んだといわれているハミド君侯国のデュンダルベイを悼み、教会として使われていた建物を息子のフズルベイが改装したジャーミィ。1815年に火災があり、1819年、1885年と改築を重ねている。ケメルリ・ミナーレ（アーチ付きミナーレ）というユニークなミナーレがそびえている。

かつてギリシア人たちが多く住んでいた

イェシル島

Yeşilada イェシルアダ

1986年1月に開通した道路で町と結ばれているが、昔はジャン島とともに、エイルディル湖に浮かぶ島だった。旧名をニスという。長い間ギリシア人が住んでいたが、共和国創立後ギリシア人は激減し、現在はペンションが建ち並ぶ。道路開通により使われなくなった港は、**イスケレ公園**İskele Parkıとなり、美しい花を咲かせている。隣には教会跡もある。

バラ製品が町にあふれる

ウスパルタ

Isparta ウスパルタ

ウスパルタは**バラの名産地**。町にはピンク色のバラ製品があふれている。また、ここは絨毯の産地としても知られている。町の中心には1488年の創建とされる**ウル・ジャーミィ**Ulu Camiiがある。南には川が流れており、近くにはアヤ・バニヤ教会Aya Baniya Kilisesiとアヤ・ヨルギ教会Aya Yorgi Kilisesiというふたつの教会跡が残る。ダヴラス山スキー場Davras Dağı Kayak Merkeziは、エイルディルとこの町のほぼ中間にある。

バラのピンク色が目立つオトガルのおみやげ屋

■エイルディルの❶
Map P.256
✉İkinci Sahil Yolu No.13
TEL(0246) 311 4388
FAX(0246) 311 2098
開8:30～12:00 13:00～17:00
休土・日

デュンダルベイ神学校

■デュンダルベイ神学校
Map P.256
開10:00～18:00　休日

■フズルベイ・ジャーミィ
Map P.256

ケメルリ・ミナーレ

■イェシル島
Map P.256
オトガルの前からドルムシュで約5分。徒歩なら20～30分。

イェシル島の湖岸

■ウスパルタ
Map P.15C1
🚌ウスパルタ・ギュルマンIsparta Gürman、ウスパルタ・ペトロルなどの便が各地からある。
🚃イズミルなどから急行がある。イズミルからセルチュク経由ウスパルタ行きのギョルレル・エクスプレスィはバスマーネ駅21:30発、13YTL。ウスパルタ着は翌6:24。

ダヴラス山スキー場のシーズンは12～3月頃。このスキー場ではダウンヒルスキーのほかにノルディックスキーも楽しめる。用具のレンタルもできる。（編集室）

ホテル

日本からホテルへの電話 国際電話会社の番号 + 010 + 国番号90 + 246（市外局番の最初の0は不要）+ 掲載の電話番号

家族経営のこぢんまりしたペンションは、城壁周辺からイェシル島にかけて点在している。道路沿いに看板が出ているから簡単に探せるはずだが、予約があるのなら電話すればオトガルまで迎えに来てくれる。中級以上のホテルは少ないが、オトガルの周辺に数軒ある。

エイルディル Hotel Eğirdir

中級 Map P.256

✉Poyraz Sahil Yolu
TEL(0246) 311 3961

FAX(0246) 311 3971
D なし
S 45YTL
W 70YTL
US$ € YTL
T/C 不可
C/C A M V

●町で最も大きなホテルで唯一の3つ星。バーやレストランも併設し、ロビーも広々としている。全63室のうち33室がレイクビュー。部屋は広々としており、ミニ冷蔵庫、ドライヤー、テレビ付き。朝食はオープンビュッフェで種類もなかなか豊富。ホテルのすぐ横に銀行のATMがあるので便利。

アリズ Ali's Pension

経済的 Map P.256

✉Yeşilada Mah.

TEL & FAX(0246) 312 2547
Inet www.alispension.com
D なし
S 25YTL
W 45YTL
US$ € YTL
T/C 不可 C/C 不可

●イェシル島の先端にある家族経営のペンション。全8室で室内はやや古いがシンプルなインテリアで清潔。インターネットは無料。テラスからの眺めもよい。ペンションの前がちょっとしたビーチになっており、ボート乗り場もある。夕食には湖で獲れた魚を出す。

ラーレ Lale Hostel & Pension

経済的 Map P.256

✉Kale Mah. 5. Sok. No.2

TEL(0246) 311 2406
FAX(0246) 311 4984
Inet www.lalehostel.com
D 10YTL
S 30YTL
W 50YTL
US$ € YTL
T/C 不可
C/C 不可

●城壁のすぐそばにある全9室のペンション。高い所にあるので最上階のテラスからの眺めは抜群。別料金の朝食は5YTL。キッチン利用可。昼夕食は各12.50YTL。夏のシーズン中はボートツアー、コワダ国立公園、チャンドゥル渓谷、スィヴリ山などへの各種ツアー手配可。日本語情報ファイルあり。インターネットは1時間3YTL。

レストラン

エイルディルでは、多くのペンションがレストランを兼業しており、宿泊客でなくても食事は取れる。ケバブや煮込みを出す庶民的なレストランはフズルベイ・ジャーミィの周辺に数軒ある。

名物は、もちろん湖で獲れるコイ（サザンSazan）、バス（レヴレッキLevrek）、小ぶりのロブスター（ウスタコズIstakoz）などの魚介類。

中級 🍷 トルコ料理 メロディ Melodi Restaurant

Map P.256

✉Yeşilada Mah.
TEL(0246) 311 4816
FAX なし
開 12:00～24:00 休 無休
€ YTL
C/C A M V

●新鮮な魚介類を好みに応じて料理してくれる家族経営の店。湖岸の屋外席もある。店のおすすめは1皿に20個ほど盛られた小ぶりなヤプラック・ドルマス（ピラフをぶどうの葉で巻いた料理）は3YTL。炉端焼き（オジャックバシュ）も各種あり、ケバブは1品5～6YTL。魚料理は7～9YTL。

少し入口はわかりにくいが、PTTの裏側には小さなハマムがある。入口は男女別になっている。入浴料は10YTL。営業時間は7:30～23:00。（編集室）

真っ白な「綿の城」と「聖なる都市」の遺跡は世界遺産

パムッカレ Pamukkale

市外局番 0258 人口2850人

大自然の芸術、石灰棚

パムッカレはイズミルから南東へ250km、トルコ語で「綿の城」という意味をもつトルコ有数の温泉保養地だ。珍しい石灰棚は世界遺産に登録されている。この奇観をひとめ見ようと、夏のシーズン中は多くの旅行者でにぎわう。

石灰棚のところどころに温泉水がたまった池があり、水着姿で泳いだり、湯に浸かったりするのが、観光客の楽しみのひとつでもあった。ところが、あまりの開発ラッシュのためか、現在温泉はかれつつある。そのため棚に湯を流すのは夏期の日中のみになっている。

また、景観保護の観点から石灰棚への自由な進入も禁止されてしまった。現在は遊歩道を歩いたり、一部の石灰棚に入って、白とブルーのコントラストが美しい石灰棚を堪能できる。また、観光スポットはこれだけではなく、石灰棚を望む丘の上にはペルガモン王国やローマ時代の遺跡が広がっている。

■パムッカレへの行き方
デニズリから入る。

■デニズリへの行き方

●イスタンブールから
✈7:00 18:10発
所要：1時間10分
運賃：159YTL
🚌ハレム発10:00 10:30 16:00 20:45 22:00 24:00
所要：10時間
運賃：40YTL
🚌17:35発
所要：14時間45分
運賃：21YTL

●アンカラから
🚌9:00〜24:00に1〜2時間毎
所要：8時間
運賃：28YTL

●ネヴシェヒルから
🚌20:00発
所要：10時間
運賃：33YTL

●イズミルから
🚌6:30〜24:00に1〜2時間毎
所要：4時間
運賃：14YTL
🚌8:45 15:00 18:10発
所要：6時間
運賃：9YTL

●セルチュクから
🚌9:30〜17:30に1日数便
所要：3時間
運賃：13YTL
🚌9:30 10:40 17:04 20:12 23:00発
所要：4時間30分
運賃：6.50YTL

旅のモデルルート Gezme Planı

交通の拠点になるのはデニズリ。デニズリのオトガルには近郊に行くバスも集結している。ここからたいていの所に行くことができるので、バスだけで回ることが充分に可能だ。

パムッカレベーシック半日コース

デニズリ→パムッカレの町→石灰棚→ヒエラポリス→温泉→デニズリ

宿泊しない場合はパムッカレ行きに乗る前にデニズリのオトガルで次の都市への便を予約しておこう。大きな荷物はエマーネット（荷物預かり）や、頼めばバス会社のカウンターでも預かってくれる。さて、チケットを取ったらバスに乗って、パムッカレへ行き、石灰棚の遊歩道を歩こう。ヒエラポリスに行くのもよい。温泉プールやカラハユットの温泉でくつろぐのも思い出になる。

デニズリのシンボルは雄鶏（ホロズHoroz）。大きなトサカと長い鳴き声が特徴。サッカーチームのデニズリスポルのエンブレムにもなっている。（編集室）

■デニズリのバス会社
デニズリ・セヤハットDenizli Seyahatのほか、大手のパムッカレ・トゥリズムPamukkale Turizm、キャーミル・コチュKâmil Koçなどがある。パムッカレへのセルヴィスをもっている会社もあるが、特定の宿泊施設や旅行会社とつながる業者も多い。

デニズリのオトガル

デニズリ駅

■パムッカレの市バス
7:00～23:00（冬期21:00）に15～20分毎の運行。
運賃：デニズリ～パムッカレ村1.50YTL
デニズリ～カラハユット2YTL
デニズリ～ヒエラポリス2YTL

歩き方

Güle Güle Gidin

ほかの町から世界遺産の石灰棚とヒエラポリスに行くには、**デニズリ**Denizliの町が中継地となる。それに加えて、石灰棚に最も近く、ペンションが多い**パムッカレ**Pamukkaleの村、リゾートホテルが多い温泉地**カラハユット**Karahayıtの3つが、旅行者にとっての起点となる。

ターミナルから市の中心部へ

チャルダック空港　チャルダック空港からデニズリ市内までは、飛行機の発着に合わせてセルヴィスが出る。

パムッカレ、カラハユット行きのミニバス

オトガルと駅　デニズリのオトガルと鉄道駅はともに町の中心にある。デニズリを通るバスには、オトガルには入らないバスもあるが、その場合は駅の前で降ろしてくれる。

パムッカレ、カラハユット行きのミニバスは、長距離バス乗り場の横にある乗り場から発着している。

オトガルからパムッカレ、カラハユットへ

デニズリでバスを降りると客引きが待ちかまえており、関係のホテルへ連れて行こうと、必死で勧誘してくる。特にカッパドキア（ネヴシェヒル発）のバスが到着する早朝は、客引きの稼ぎ時となる。客引きに負けないで確実にパムッカレに行く方法は、カラハユット・パムッカレKarahayıt Pamukkaleと書かれた**ミニバス**を使うこと。ミニバスはデニズリ→パムッカレ村（パムッカレ・カサバPamukkale Kasaba）→カラハユット→パムッカレ村→デニズリと循環している。乗客の要望が多ければカラハユットのあとに、ヒエラポリス博物館まで行く便もある。

両替・郵便・電話

両替　銀行、両替所はデニズリに多い。2006年10月現在、パムッカレ村に銀行はないが、両替はPTTでもできる。また、温泉プールの横にはATMもある。

郵便・電話　デニズリの郵便局は、県庁から通りを南側に行った所にある。パムッカレではヒエラポリス博物館の向かいにある。

デニズリのオトガルは四角い広場のようになっている。空港行きのミニバスは近郊バス乗り場から5:00～翌1:00の間に便がある。（編集室）

旅の情報収集

観光案内所　パムッカレの❶はヒエラポリス博物館の前にある。デニズリの❶はD. S. I.（水道局）裏側の地域観光局İl Turizm Müdürlüğü内にある。

■パムッカレの❶
Map P.262B
✉Pamukkale Örenyeri
TEL (0258) 272 2077
FAX (0258) 272 2882
Inet www.pamukkale.gov.tr
開8:00～19:00（冬期～17:00）
休土・日（夏期無休）

■デニズリの❶
Map P.260
✉Kız Meslek Lisesi Arkası
TEL (0258) 264 3971
FAX (0258) 264 7621
Inet www.pamukkale.gov.tr
開8:30～12:30 13:30～17:30
休土・日

見どころ　Gezilebilecek Yerleri

丘全体が白く覆われた不思議な景観
石灰棚
Traverten トラヴェルテン

足場が悪いのでゆっくり歩こう

石灰棚は、台地上部から流れ出る石灰成分を含む湯が、長い時を経て結晶し台地全体を覆ったもの。麓から見上げると、真っ白い雪山のようでもある。ぽってりと幾重にも重なり合った石灰棚が段々畑のように広がり、ブルーの湯をたたえている姿は幻想的だ。夕暮れどきの夕日を映した景観もすばらしいので、お見逃しなく。

■石灰棚
Map P.262B
開8:00～19:00（冬期～17:00）
休無休
料5YTL
チケットはヒエラポリスと共通で、入場から24時間有効。

古代遺跡が沈む温泉
パムッカレ温泉
Pamukkale Thermal パムッカレ・テルマル

古代遺跡の石柱に腰かけて温泉に浸かるという贅沢が堪能できる

温泉プールの底に本物のローマ時代の遺跡がゴロゴロしている珍しい温泉。水温は35°前後と高くない。水が澄んでいて、源泉の所からは泡とともに湯が湧き出しているのがよく見えるが、このあたりの水深は4～5mある。更衣室はあるがタオルは持参しよう。

■パムッカレ温泉
Map P.262B
TEL (0258) 272 2024
FAX (0258) 272 2025
Inet www.pamukkalethermal.com
開8:00～20:00（冬期～16:00）
休無休　料入場料18YTL
ロッカー使用料2YTL

パムッカレ温泉の建物

from Readers

石灰棚に入ったよ！

まわりは木々や村があるのに、そこだけ真白な銀世界。一部の石灰棚に入り、歩くことも出来ました。石灰棚にたまっている水が水色に見えて神秘的でした。（神奈川県　なおこ　'06夏）

パムッカレの石灰棚には水着を着用して行くのがおすすめです。遊歩道を裸足で歩いていくとプールのように水に浸かれる所があります。（神奈川県　sakura　'06夏）

パムッカレの石灰棚でオタマジャクシを見つけました。2～3cmの大きさで、けっこうたくさんいました。白い石灰棚に黒いオタマジャクシ、おもしろい組み合わせでしたよ。（愛知県　大野鮎美　'05春）

夏期のシーズン中などはヒエラポリス博物館の前からカラハユット経由デニズリ行きの臨時ミニバスが出る。（編集室）

■ヒエラポリス
Map P.262A
㊐8:00～19:00（冬期～17:00）
㊡無休（ヒエラポリス博物館は月曜休館）
㊑5YTL

ヒエラポリス北門入口

スケールの大きな円形劇場

ペルガモン王国以来の聖なる都市

ヒエラポリス

Hierapolis ヒエラポリス

紀元前190年に始まった都市の遺跡で、この時代のものとしては最も内陸部にあることで有名だ。ペルガモン王エウメネス2世によって建造された。昔は、パムッカレ温泉の裏にあるプルトニウムという穴の中には有毒ガスが出ており、吸い込むと死にいたるといわれ、ここに入った司祭がガスを少量吸い、トランス状態のまま神からのお告げである神託を与えていたともいわれる。そんなこともあってか、ヒエラポリスには聖なる都市という意味がある。

ローマ、ビザンツ時代までの長きにわたり繁栄は続いたが、結局セルジューク朝により町は滅ぼされた。一番の見どころはパムッカレ温泉裏の**円形劇場**。ほかにもヘレニズムやビザンツの様式を表す数々の遺跡が、広い範囲に点在している。また、出土品を収めた**ヒエラポリス博物館**もある。

円形劇場　ハドリアヌス帝により紀元前2世紀に造られたローマ劇場。非常に保存状態もよく、1万5000人を収容したという観客席上部からの眺めは見事。ファサードの部分にはギリシア神話の神々の彫刻も見られる。また大劇場の前にはアポロ神殿跡もある。

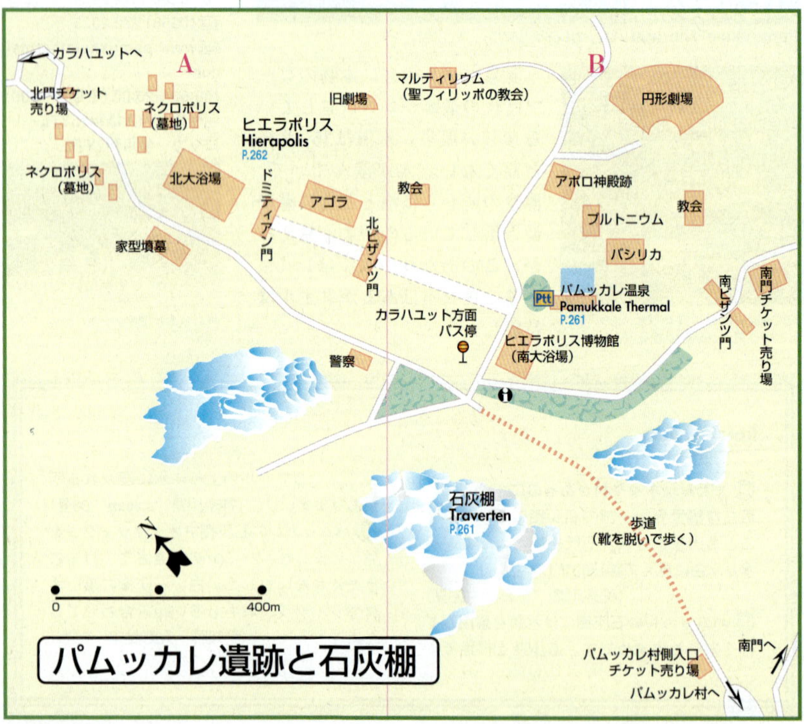

パムッカレ村の北側の石灰棚の下あたりに、公園が建設されている。水場などもある緑の公園だが、世界遺産の保護という観点からは疑問が残る開発だ。（編集室）

ネクロポリス　北入口から近い。1000を超す墓が並び、古代共同墓地の規模としてはこの国最大ともいえる。長い間利用されていたらしく、墓の様式もヘレニズムからビザンツのものまでさまざまだ。

北大浴場　北入口から入り、ネクロポリスの先にある。大きな連続アーチをもつ石積みの典型的なローマ建築で、壁の表面は大理石で覆われていたという。教会として利用されたこともあったようだ。紀元2世紀頃の建築だといわれている。

古代の温泉、北大浴場

ドミティアン門　北浴場の隣にある3つの連続アーチと円筒形の石積みは、町の南北を貫いていた大通りの北端の門で、84～85年にドミティアヌス帝を称えて造られた。ローマ様式をよく表しているため、ローマン・ゲートとも呼ばれる。

マルティリウム　円形劇場脇の道路をさらに進むとある八角堂は、80年にこの地で殉教した使徒フィリッポとその息子の墓である。聖人を祀るため、5世紀初めに建てられた。

ヒエラポリス博物館　2世紀に建造された南大浴場を利用し、ヒエラポリス出土の彫像や石棺などを展示している。

壮麗なドミティアン門

レッド・スプリングといわれる鉄分の多い温泉が湧き出る
カラハユット
Karahayıt カラハユット

スパ・リゾートの噴水はすべて温泉

石灰棚の上の道を5kmほど西へ行くとこの温泉がある。鉄分を多く含み赤い色をしているのでレッド・スプリングRed Springと呼ばれている。大型スパ・リゾートホテルからトルコ人向けのペンションまで、多くの宿が建ち並び、観光や療養に来る人がたくさん訪れる。村の中心部にはおみやげ屋が軒を連ね、ひなびた温泉街の雰囲気だ。宿泊客ではなくてもリゾートホテルの温泉には入れるところも多いので（もちろん有料だが）利用してみてはいかが？　有料の温泉プールも1～2ヵ所ある。

■カラハユット
Map P.264右
デニズリのオトガルからミニバスに乗り、約40分。2YTL。

カラハユットの町並み

第2のパムッカレと呼ばれる鍾乳洞
カクルック洞窟
Kaklık Mağarası カクルック・マアラス

デニズリから30kmほど東のカクルックKaklıkで2000年に発見された洞窟。1999年にトルコを襲った2度の大地震のあと、姿を表したともいわれている。洞窟の中には鉱泉が湧き出ており、石灰棚があることから、「第2のパムッカレ」とも呼ばれている。見学できるのは洞窟の一部だが、鉱泉を使ったプールも併設されている。

■カクルック洞窟
Map P.14B2
TEL (0258) 816 2662
開8:00～18:00　休無休
料2YTL

カクルックの石灰棚

ヒエラポリスの遺跡は広大な敷地に広がっている。夏は日差しも強いので、水分補給とサングラスや帽子などの暑さ対策を忘れずに。（編集室）

ホテル

日本からホテルへの電話 国際電話会社の番号 + 010 + 国番号90 + 258（市外局番の最初の0は不要）+ 掲載の電話番号

パムッカレでよく問題になるのは宿の客引きのこと。デニズリのオトガル、駅、パムッカレ村のバス停には相当数の客引きが待っている。宿を決めているなら、オトガルや駅から電話を入れると迎えに来てくれるペンションも多いので予約時に聞いてみよう。強引な客引きは地元でも問題になっており、過去には宿同士の傷害事件も起こっている。そこで、ここではパムッカレ村のペンションは冬も営業する家族経営の宿を中心に紹介した。なお、カラハユットのハマム付きのホテルには基本的に女性のアカすり師はいない。水着持参でどうぞ。

カラハユット

ルーカスリバー Hotel Lycus River

高級 Map P.264右

✉Karahayıt
TEL(0258)271 4341 FAX(0258)271 4351

Inet www.lycusriver.com
D なし
S A/C 100US$
W A/C 130US$
US$ € JPY YTL T/C不可
C/C A M V

●カラハユットにあるスパリゾートホテル。広大な敷地内には温泉はもちろん、ハマム、サウナ、フィットネスルーム、ディスコ、ビリヤードなど設備は充実。全275室には、衛星放送が視聴可能なテレビや、ドライヤー、ミニバーなども完備。左の料金は朝・夕食付き。

コロッセア Spa Hotel Colossae Thermal

高級 Map P.264右

✉Karahayıt
TEL(0258)271 4156 FAX(0258)271 4250

Inet www.colossaehotel.com
D なし
S A/C 128€
W A/C 160€
US$ € JPY YTL
T/C不可 C/C A J M V

●広大な敷地に、温泉プール、フィットネスルーム、エステサロン、レストラン、ディスコ、テニスコート、ハマムなどの設備が充実のリゾートホテル。日本からのツアー客も多く利用している。エステサロンには各種マッサージ、泥パックやダイエットプログラムもある。

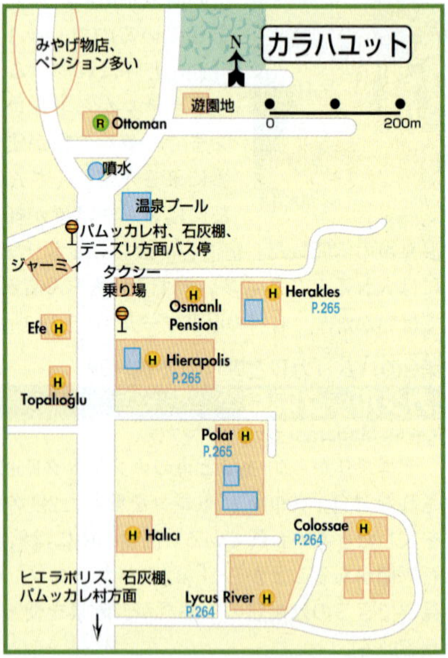

強引な客引き等のトラブルはパムッカレ村のツーリスト・ポリスに相談してみるといい。オフィスは24時間オープン。TEL(0258) 272 2972（編集室）

ポラット Polat Thermal Hotel

高級 Map P.264右

✉Karahayıt
TEL(0258)271 4110　FAX(0258)271 4092

D なし
S A/C 150US$
W A/C 200US$
US$ € YTL
T/C 不可
C/C A J M V

●ルーカスリバーの北側にある。ハマム、サウナ、ジャクージ、フィットネスセンター、テニスコートなど設備は充実している。ホテルの敷地内にはアクアポラットAquapolatというスライダー付きの大型プールがあり、宿泊者は割引料金で入場できる。

ヒエラポリス Hierapolis Thermal Resort

高級 Map P.264右

✉Karahayıt
TEL(0258)271 4100　FAX(0258)271 4143

inet www.hierapolishotel.com
D なし
S A/C 50YTL～
W A/C 70YTL～
US$ € YTL
T/C 不可
C/C M V

●カラハユットでは老舗のスパリゾート。設備のわりに良心的な値段設定。温泉は屋内と露天風呂の2種類ある。客室は新館と旧館があるが、旧館のほうも改装済みなので老朽化は気にならない。新館はバスタブ付き。ジャクージやサウナなど設備も申し分ない。シーズン中は中庭でライブ演奏もある。

ヘラクレス Spa Herakles Thermal Center

中級 Map P.264右

✉106 Sok. No.10 Karahayıt
TEL(0258)271 4425　FAX(0258)271 4254
inet www.heraklesthermal.com

D なし
S A/C 50YTL～
W A/C 80YTL～
US$ € YTL
T/C 不可
C/C A M V

●政府健康省管轄下にある宿。温泉やサウナ療法に力を入れており、医者も常駐している。医者が診断するといっても、誰でも利用できる美容プログラムなどもある。各部屋にまで温泉の湯を引いているユニークなホテルだ。バスタブなしの部屋もある。宿泊客でなくとも温泉は利用できる。

デニズリ

グランドケスキン Otel Grandkeskin

中級 Map P.260

✉İstasyon Cad. No.11
TEL(0258)263 6361　FAX(0258)252 0967

e-mail grandkeskin@ttnet.net.tr
D なし
S A/C 35YTL
S A/C 45YTL
W A/C 60YTL
W A/C 80YTL
US$ € YTL　T/C 不可　C/C A M V

●イスタスヨン通りにある中級ホテル。オトガルからも近くて便利。小さなプールや、サウナ、フィットネス、ハマム、バーなどの設備も整っている。全99室のうち、約半数が改装済み(バスタブ付き)で、値段も少し高い。ビュッフェ式の夕食はひとり15US$。スイートルームはS60YTL、W100YTL。

ラオディキヤ Otel Laodikya

中級 Map P.260

✉Otogar Arkası 630 Sok. No.9
TEL(0258)265 1506　FAX(0258)241 2005

inet www.laodikya.com
D なし
S A/C 50US$
W A/C 80US$
US$ € JPY YTL　T/C 不可　C/C M V

●オトガルのすぐ裏にある3つ星ホテル。フランス人団体客がよく泊まっている。全室エアコン、テレビを備えており、4部屋だけバスタブ付きの部屋もある。バー、レストランがあり、地下にはディスコもある。朝食は最上階でオープンビュッフェ。

ワインブームの影響かパムッカレ産のワインの種類はかなり豊富。もちろんホテルでも楽しめるが、カラハユットのみやげ物店でもよく見かける。(編集室)

ユルドゥルム Yıldırım Otel

経済的 Map P.260

✉Sanral Garaj Üzeri. 631 Sok. No.13

TEL&FAX(0258)263 3590

D なし

S A/C 40YTL

W A/C 60YTL

US$ € YTL T/C不可 C/C A M V

●オトガルの裏にある高い建物。各部屋は改装済みでエアコン、衛星放送視聴可能なテレビが備え付けられており、値段のわりに快適な部屋。クレジットカード使用の場合は手数料が別途必要。

イェトキン Yetkin Otel

経済的 Map P.260

✉Halk Cad. 452 Sok. No.13

TEL(0258)265 1266 FAX(0258)241 6013

D なし

S A/C 30YTL

W A/C 50YTL

US$ € YTL

T/C不可 C/C不可

●オトガルを出てスーパーの角を左折、少し行った左側にある。このあたりでは手頃な料金のホテルで、清潔にまとまっている。バスルームは古い。部屋はテレビ付き。窓付けの旧タイプだが、エアコンも多くの部屋にある。

パムッカレ

ハル・トゥル Hotel Hal-Tur

中級 Map P.264左

✉Mehmet Akif Ersoy Bul. No.45

TEL(0258)272 2723 FAX(0258)272 2251

D なし

S A/C 40€

W A/C 60€

US$ € YTL

不可

C/C D M V

●幹線道路沿いに西に坂を下った所にある。11室の小さなホテルだが、プールやジム、サウナ付き。室内はさわやかなブルー系でまとめられており、ミニバーやティーポット付き。テラスからの眺めもよくベランダから石灰棚を望む部屋も7室ある。

ムスタファ Motel Mustafa Pension Restaurant Bar

経済的 Map P.264左

✉Pamukkale Kasabası

TEL(0258)272 2240 FAX(0258)272 2830

Mail motelmustafa@hotmail.com

D 7YTL

S 15YTL

W 20YTL

S A/C 20YTL

W A/C 30YTL

US$ € JPY YTL

T/C不可 C/C不可

●バス停そばの便利な宿。ここのオヤジさん、ムスタファさんはギャグを連発する。朝食は2€、夕食は4€。彼によれば、「私より体重が重い人(約120kg)は30%割引」。併設のレストランはメニューも豊富。なかでも石窯で焼いたピザが自慢。スイミングプールやインターネットも利用できる。客室も改装してきれいになった。

カレ Kale Hotel

経済的 Map P.264左

✉Atatürk Cad. No.16 Pamukkale Kasabası

TEL(0258)272 2607 FAX(0258)272 2095

inet www.geocities.jp/kalehotel

D 7YTL

S 15YTL～

W 30YTL～

US$ € JPY YTL

T/C不可

C/C不可

●バス会社のオフィスの近くにある。屋内に小さな温泉プールがあるユニークなホテルで、バスタブ付きなど部屋のタイプはいろいろ。からあげ定食や親子丼やおにぎりといった日本食も出している。インターネットは日本語使用が可能。最上階にレストランを建設中。

日本人のノリコさんと愉快な旦那さんが経営しています。日本食も出していて、私が行ったときはカレーもありました。スパイスの調合から作る手作りカレーでなかなかおいしかったですよ。牧場体験ができるツアーも企画しているそうです。時間に余裕があれば参加してみたいなと思いました。（東京都　デースケ　'06秋）

ムスタファ・ペンションのムスタファ氏は近年は息子に経営を任せ隠居気味。それでもギャグのレパートリーは豊富で各国の旅行者を爆笑させている。(編集室)

ケルヴァンサライ Kervansaray Hotel Pension Restaurant

経済的
Map P.264左

✉Pamukkale Kasabası
TEL(0258) 272 2209　FAX(0258) 272 2143
inet www.geocities.com/kervansaray2tr

D なし
S 10〜12€
W 18〜20€
US$ € JPY YTL
T/C不可 C/C不可

●前日までに電話をしておけば、オトガルまで迎えに来てくれる。事前予約または本誌持参で10%割引。奥さんは料理が得意で夕食は7€。屋上はレストランになっており、プールも完備されている。エアコン付きの部屋はS 12〜13€、W20〜22€。

アルカダシュ Arkadaş Pansiyon

経済的
Map P.264左

✉Kale Mah. Atatürk Cad. No.20 Pamukkale Kasabası
TEL(0258) 272 2183　FAX(0258) 272 2589

D なし
S 5US$
W 10US$
S A/C 15US$
W A/C 20US$
US$ € YTL T/C不可 C/C不可

●バス会社のオフィス横に看板があり、少し奥に入った所にある。ペンションの中に水路をしつらえており水が流れている。朝食は2US$。冬は電気ストーブを貸してくれる。深夜に着いた場合はデニズリのオトガルまで迎えに来てくれる。希望者には夕食も出す。

ベヤズ・カレ Beyaz Kale Pension Restaurant

経済的
Map P.264左

✉Oğuz Kağan Cad. Pamukkale Kasabası
TEL(0258) 272 2064　FAX(0258) 272 2568

inet www.geocities.com/weisseburg
D なし
S A/C 12.50€
W A/C 20€
US$ € YTL
T/C不可 C/C不可

●橋のすぐたもとにある。奥さんのヘジャルさんが作る食事がおいしいと評判のペンション。オプションの夕食は8€。冬は電気ストーブを貸してくれる。夏はプールが使用可能。1階の部屋はひとり10€。インターネットは無料。中庭にはプールもある。

トゥルク Hotel Turku

経済的
Map P.264左

✉Pamukkale Kasabası

TEL(0258) 272 2181　FAX なし
D なし
S 5€
W 10€
US$ € YTL
T/C不可 C/C不可

●山小屋風の外観が特徴。木を使った部屋と白を基調とした部屋がある。中庭には座ってくつろげるスペースがある。エアコン付きの部屋もあり、S 10€、W 15€。朝食は3€。冬は電気ストーブを貸し出す。インターネットは無料。

レストラン

パムッカレのレストランは、ジュムフリエット広場周辺に数軒あるが、冬はほとんどが休業する。冬期は通年営業のペンションで食事をしよう。デニズリではオトガル周辺やイスタスヨン通りに点在しており、オトガルの敷地内には24時間営業のレストランもある。カラハユットのレストランは村の中心に数軒あるが、冬期は休業するところがほとんど。

庶民的 トルコ料理　メフメッツ・ヘブン Mehmet's Heaven

Map P.264左

✉Pamukkale Kasabası
TEL(0258) 272 2643　FAX なし
開 9:00〜24:00
休 無休
US$ € YTL C/C不可

●石灰棚を望むテラスと床に座ってくつろげる席がある家族経営の店。メインは8〜10YTL。セットメニューは10〜15YTL。水タバコもある。冷たいエルマチャイのサービスあり。荷物の預かり無料。本書持参で15%割引。

パムッカレ温泉は別名「妖精の泉」と呼ばれている。澄み切った温泉の中にローマ時代の円柱が沈む、おとぎ話のような情景だからだろうか。(編集室)

ギリシア・ローマ遺跡解説

ローマ遺跡を歩く

青空に映えるベルガマのトラヤヌス神殿

旅人は誰でも地中海世界を歩けば、必ず古代ローマの都市遺跡と出合う。そう、巨大な情報網を形成し、その情報網に乗って自らの文化を拡大した古代ローマ帝国の遺産は、現代においても地中海世界全体に及んでいるのである。それではなぜ彼ら古代ローマ人は、そのような都市を各地に造り上げげたのであろうか。

古代ローマ帝国の影響のもと、人々は農産物供給地として、あるいは交易拠点として小ローマともいえる都市を各地に建設した。そこにおいて人々は都であり、文化の中心地であったローマと同じ生活を望んだのである。そのため都市内には、ローマと同じように巨大な建築物が造られ、娯楽が満ちあふれていた。

ファセリスのローマ浴場跡。蒸し風呂はハマムの原形ともいえる

イスタンブールに残るビザンツ時代の水道橋

また木の文化をもつ日本とは異なり、ローマを中心とする地中海世界は、石を基調とした文化であったため、格段に保存状況がよいこともその特徴である。そこから我々は当時の建築水準の高さを知

エフェスの大劇場。現在もコンサートなどに利用されている

エフェスの公衆トイレ。当時の生活ぶりがよくわかる

ることができる。例えばアテナイにおいてローマ皇帝ハドリアヌスが建築を指示した水道橋は、1920年になるまで人々に使用されていたほどである。またほとんどの都市は下水道設備をもっていた。現代建築技術の基礎は、ローマ時代にすべて出尽くしたといわれるゆえんである。

巨大な円形劇場では演劇や詩の朗読会が催され、ファンクラブをもつような人気俳優が女性観客を魅了していた。円形闘技場では、剣闘士(グラディエーター)たちによる命がけのショーや2頭立て馬車·4頭立て馬車による戦車競走が政治家の選挙宣伝活動のために行われた。庶民の暮らしに密接したものの代表としては、公共浴場の存在が挙げられる。ローマの公共浴場には、マッサージやアカすりや脱毛係の人が働いていた。入浴者は公共浴場に隣接する運動場でまず、レスリングやボクシングなどの格闘技、あるいは槍投げ、競走、円盤投げなどの陸上種目や水泳などを行い汗をかき、そのあと熱浴室と呼ばれるサウナのような部屋に行き、さらに汗をかいたあとに、温水と冷水を張った浴槽とに交互に入浴して体を清めたと考えられている。

演劇にせよ、公共浴場にせよ我々現代人は、偉大な古代ローマの影響を色濃く受けているのである。　(大城道則)

エーゲ海と地中海を見渡せる城塞に登ろう

ボドルム Bodrum

市外局番 0252 人口3万2227人

■ボドルムへの行き方

✈ ボドルム近郊のミラスMilasに空港がある。トルコ航空以外の格安系会社の便もシーズン中は増発される。夏期はヨーロッパからチャーター便が運航される。

●イスタンブールから

✈7:05 木～月19:30発、夏期は増便。
所要：1時間10分
運賃：159YTL
🚌ハレム発19:15～23:30に各社数便
所要：13時間
運賃：50YTL

●マルマリスから

🚌夏期は8:30～20:30に1～2時間毎（冬期～18:30）
所要：4～5時間
運賃：12YTL

●イズミルから

🚌カラデヴェジKaradeveci社7:30～23:30に1時間毎
所要：4時間
運賃：18YTL

●アンカラから

🚌23:00～24:00に各社数便
所要：12時間
運賃：38YTL

●セルチュクから

🚌7:00 7:30 9:00 13:00 13:30 17:00発
所要：3時間
運賃：17YTL

ハーバーからボドルム城を眺める

エーゲ海の最南端、地中海の入口ともいうべき港ボドルム。イスタンブールからはほぼ真っすぐ600kmあまり南下した位置にあり、冬でも比較的温暖で晴れる日も多い。トルコを代表する高級リゾートであり、毎年世界的著名人がバカンスに訪れる。港には数多くのクルーザーが係留され、真っ白い家並みが丘の斜面にまぶしく光る。

歴史的側面からはエフェスやディディムなどがギリシア・ローマ時代の遺跡を中心としているのに対し、ここボドルムに来て時代は一挙に十字軍の活躍した15世紀にまで下る。そのシンボルは港に突き出た岬の上に建つ重厚な十字軍の要塞、ボドルム城だ。港の突端にそびえる雄姿は、まるで海に浮かんでいるようにも見え、紺碧のエーゲ海の深い色合いに見事にマッチしている。

旅のモデルルート Gezme Planı

昼は海で泳ぎ、夜はクラブやディスコで踊りまくるといった楽しみ方もあるが、クニドスやギリシアのコス島といった方面へ足を延ばし、自分のペースで見て回るといった楽しみ方もできる。ボドルム城も押さえておきたい見どころだ。

海の美しさを船を使って満喫する1日

ボドルム城→コス島→ボドルム

ボドルム城を開場と同時に見て約30分、やや駆け足の見学となるが、いくつかある塔に上って海や町の眺めを楽しもう。ギリシアのコス島行きの船は9:30の出航だ。コス島ではコス・タウンと呼ばれる旧市街に見どころやカフェなどが集中している。出国するのは面倒という人はダッチャやクニドスでもエーゲ海や遺跡が満喫できる。

ボドルム近郊にあるハリカルナスは巨大な屋外クラブ。町からは遠いが、夏のシーズン中はボドルムから送迎付きのツアーが組まれるほどの人気。（編集室）

歩き方 Güle Güle Gidin

夜のバザール

ハーバー

オトガルから港へ延びる**ジェヴァト・シャーキル通り**Cevat Şakir Cad.を南へ行くと、豪華なクルーザーの並ぶ**ヨットハーバー**に出る。これをさらに行くと❶がある。ボドルム城の入口は港沿いにある。**ボドルム城**横の細い**ジュムフリエット通り**Cumhuriyet Cad.の周辺はこの町で最もにぎやかな雰囲気のバザール。レストラン、カフェ、みやげ物屋などが並び、ヨーロッパからの観光客などでにぎわう。

大型クルーザーが停泊するマリーナや、海岸と並行して走る通りにもカフェやシーフードレストランがある。

オトガルの2階にある屋内駐車場では、毎週火曜に衣類や靴などの日用品、木・金曜は野菜やフルーツなどの食料品の市が立つ。また、海岸から山のほうへ30分ほど上り詰め、広い舗装道路に出たあと、西に進むと、通り沿いにぽつんと残されたような**ローマ劇場**が見えてくる。

周辺のビーチへ ビーチでのんびりしたい人は、**ギュンベット**Gümbet、**オルタケント**Ortakent、**トルバ**Torba、**トゥルグットレイス**Turgutreisなどへ行こう。最も近いのはギュンベット。オトガルからギュンベット行きのドルムシュで7～8分で、夜遅くまで運行している。運転手に「ビーチ(あるいはプラジュ)」と言っておこう。ギュンベットではパラセイリングなどのマリンスポーツが楽しめる。

空港から市の中心部へ

ボドルム近郊のミラス空港からオトガルまで、**ハワシュ**Havaşのバスが飛行機の発着に合わせて運行している。所要約45分。運賃は15YTL。タクシーなら75～85YTL。

■ボドルムのバス会社
ボドルムのオトガルにはワラン、ウルソイ、パムッカレ・トゥリズム、キャーミル・コチュ、メトロ、ハスなどのほか、周辺の路線に強いアイドゥン・トゥリズムAydın Turizmが入っている。

ボドルムのオトガル

オトガル2階のバザール

ボドルムとギュンベットを結ぶミニバスは緑色

ハワシュの送迎バス

ボドルム近郊の航路

●コス島(冬期はフェリー減便、ハイドロフォイル運休)					
F	毎日	9:30(16:30)	所要50分	片道25€	往復25€
H	毎日	9:30(16:30)	所要20分	片道35€	往復35€
●ロドス島(冬期運休)					
H	土	8:00(17:30)	所要2時間15分	片道50€	往復60€
●マルマリス(冬期運休)					
H	木・日	8:00(18:00)	所要1時間45分	片道30€	往復50€
●ダッチャ(冬期運休)					
F	毎日	9:00(17:00)	所要2時間	片道20YTL	往復30YTL

※Fはフェリー、Hはハイドロフォイル。出航時刻の( )内は帰りの出発時間。時刻、料金ともによく変更されるので、事前にボドルム・エクスプレス(TEL(0252)316 4067 inet www.bodrumexpresslines.com)、ボドルム・フェリーボート(TEL(0252)316 0882 inet www.bodrumferryboat.com)などで確認のこと。

😊エーゲ海に沈む夕日はとてもきれいです。ぜひ見てください。夏は日没が遅いので夕食後に見に行ってもいいかも。(茨城県 nao '06夏)

フェリーチケットのオフィス

■ボドルムの❶
Map P.272B
✉Barış Meydanı
TEL(0252) 316 1091
FAX(0252) 316 7694
開8:00～19:00
(冬期8:00～17:00)
休土・日 (6～9月無休)

ボドルム城の手前にある❶

オトガル＆港から市の中心部へ

オトガルは町の中心部にあり、緩やかな坂道を10分ほど下ると**アタテュルク像**のある広場に出る。さらに真っすぐ行けばハーバーだ。

ダッチャやギリシアのコス島へのフェリー桟橋のそばにはボドルム城があり、その先には❶がある。チケットはこのあたりのフェリー会社やジェヴァト・シャーキル通り沿いにある旅行会社などで扱っている。

両替・郵便・電話

ボドルムのPTT

ジェヴァト・シャーキル通り沿いに両替商や銀行がある。ボドルムのPTTはトルコ航空のオフィスがあるベデステンBedestenに隣接している。

旅の情報収集

ボドルムの❶はハーバー近くの広場にある。観光や町歩きに役立つフリーペーパーも2～3種類置いている。オトガルの入口にも市営の❶(夏期のみ9:00～17:00) があり、パンフレットなどを配布している。

町の北側にあるローマ劇場Antik Tiyatroでは毎年夏になると、大物アーティストによるコンサートが毎晩行われる。(編集室)

見どころ Gezilebilecek Yerleri

十字軍が建設し、刑務所としても使われた
ボドルム城
Bodrum Kalesi ボドルム・カレスィ

ボドルム城入口

15世紀初めにロドス島を拠点としていた騎士団が築いた城。別名**セント・ピーター城**ともいわれている。この城の建築に際しマウソルス廟の石材がふんだんに利用された。さらに何度か増築され、地中海で最も堅固な城となった。その後1523年に**スュレイマン大帝**の手に渡り、オスマン朝時代になると国土が拡大し国境が遠くなったため、この城の重要性が忘れ去られていく。1895年からは刑務所に変わり、700人の囚人を収容していた。

現在は世界有数の**沈没船博物館**として再生した。城内にはイギリス、ドイツなど各国ごとの名前の付いた高さの違う塔がいくつかあり、最も高い**フランス塔**Fransız Kulesiからは、ボドルムの町の全貌が見渡せる。

■ボドルム城
Map P.272B
TEL (0252) 316 2516
開 9:00〜19:00（冬期〜17:00）
休 月
料 ボドルム城10YTL
沈没船博物館4YTL

ボドルム城の外にはヘロドトスの像が立つ

古代世界の七不思議と伝えられる
マウソルス廟
Mausoleion Müzesi マウソレイオン・ミュゼスィ

当時を再現したミニチュア

亡くなったカリア王マウソルス（在位紀元前351〜337）のために、妹でもあり、妻でもあったアルテミシアが建てた墓所。ギリシアの旅行家フィロンによる**古代世界七不思議**のひとつにも数えられている。世界でも有数の美しさを誇った廟であったが、ロドス島騎士団が石材を持ち去り、ボドルム城の建設などに使ったため跡形もなくなってしまった。

現在は**博物館**になっているが、過去の面影を伝えるものは何も残っていない。発掘時に発見されたマウソルスと妻アルテミシアの像は大英博物館にある。

■マウソルス廟
Map P.272A
開 9:00〜17:00
休 月　料 4YTL

石柱が散らばるマウソルス廟

青い海を楽しむボートツアー
エーゲ海・地中海クルーズ
Mavi Yolculuk マーヴィ・ヨルジュルック

クルーズは、旅行会社で手配してもらうか港に停泊しているクルーザーのカプタン（船長）と直接交渉する。1日クルーズはどの船でもだいたい同じコース。レッド・ベイRed Bey、ラビット・ベイRabit Beyなどの岬や湾を巡りつつ、2〜3ヵ所のポイントで約30分ほど海水浴を楽しむ。昼食後にカラアダKaraada（ブラック・アイランドBlack Island）にあるクレオパトラの洞窟でマッドバスを楽しむというもの。

■エーゲ海・地中海クルーズ
出発時間は10:00〜10:30、ボドルム帰着は18:30頃。
料 昼食込みで約20€（飲み物代は別途）
5人乗りの小型クルーズ船を貸し切る場合、1時間150YTLが相場。

多くのクルーズ船が並ぶ

港で客待ちしている小型ボートを貸し切れば1〜2時間のちょっとしたミニクルーズにも行ってくれる。人数が集まれば交渉してみよう。（編集室）

ホテル

日本からホテルへの電話 国際電話会社の番号 + 010 + 国番号90 + 252（市外局番の最初の0は不要）+ 掲載の電話番号

ボドルムはトルコの人々にとっても憧れのリゾート地。町の中心部には手頃なペンションが点在し、郊外には大型リゾートホテルが多い。バイラムなどの長期休暇が夏になるときは非常に混雑するので、バスやフェリーのチケットとともに、ホテルの予約も必須だ。

マリーナ・ヴィスタ Hotel Marina Vista

高級 Map P.272A

✉Neyzen Tevfik Cad. No.226 Marina Karşısı
TEL(0252) 313 035　FAX(0252) 316 2347

D なし
S A/C 70〜150YTL
W A/C 110〜200YTL
US$ € YTL
T/C不可 C/C M V

●マリーナの前にある全85室の4つ星ホテル。大きめのプールもあり、大理石のロビー、明るめの客室などしゃれた雰囲気。サウナ、フィットネスなどの設備もある。また、レストランからマリーナを望む構図はとても絵になる。

セヴィン Sevin Pansiyon

経済的 Map P.272B

✉Türkkuyusu Cad. No.5
TEL(0252) 316 7682　FAX(0252) 313 4919

inet www.sevinpansiyon.8m.com
D なし
S A/C 30〜40YTL
W A/C 40〜80YTL
US$ € YTL T/C不可 C/C M V

●町の中心にあるペンション。レストランスペースの奥に客室棟がある。シングルは若干狭いが、シャワーも新型が多く、プチホテル風のかわいらしい造り。インターネットは1日1時間無料。フェリーチケットの手配なども可能。

バフチェリ・アアル Bahçeli Ağar Aile Pansiyonu

経済的 Map P.272A

✉Neyzen Tevfik Cad. Yat Limanı 1402 Sok. No.4

TEL(0252) 316 1648　FAX なし
D なし
S A/C 25YTL
W A/C 45YTL
US$ € YTL T/C不可 C/C不可

●家族経営のペンション。港から少し入った所にある。バルコニーからの景色はよい。宿代が高いボドルムではかなり良心的な料金だといえる。共同トイレ・バスは各階にふたつある。シャワー付きの部屋は2室あり、S 30YTL、W 50YTL。

レストラン

ボドルムの料理はシーフード、ピザなど、イタリアやギリシアに近い味。リゾート地だけあってどこも値段は高め。ハーバーからマリーナにかけてはしゃれたレストランやカフェが軒を連ねており、ジュムフリエット通りのバザール内にもレストランやバーが多い。

スュンゲル・ピッツァ Sünger Pizza

中級 ピザ Map P.272A

✉Neyzen Tevfik Cad. No.218
TEL(0252) 316 0854
FAX なし
開 8:00〜23:00 休 無休
US$ € JPY YTL C/C M V

●マリーナにある人気のピザ屋でいつもにぎわっている。パリッと香ばしく焼きあがるピザ生地が美味。サイズは小、中、大、ジャンボ(4人前)の4サイズあり、シーフードピザなら9〜28YTL。スパゲッティも各種あり。デリバリーも可能。

香港 Marina China Hong Kong Resturant

中級 中華料理 Map P.272A

✉Neyzen Tevfik Cad. No.204
TEL(0252) 316 8537
FAX なし
inet www.bodrumchinese.com
開 8:00〜23:00 休 無休
US$ € YTL
C/C A M V

●イズミル・チャイニーズと同系列の中華料理店。値段は高めだが、中国人シェフの作る本格中華料理は定評がある。店内にはバーもあり、中華料理屋にしてはしゃれた雰囲気。チャーハンは5.90YTL〜、スープは5.90YTL。肉料理は14.90YTL〜、シーフードは17.9YTL〜。お得なセットメニューは11€〜。

アルテミス通りの突きあたりを左に行き、次の交差点を右に行ったT字路に東京庭園という日本料理店がある。6〜11月の18:30〜23:00の営業。(編集室)

長期滞在の海水浴客でにぎわうリゾート

ダッチャ、クニドス

Datça ダッチャ／Knidos クニドス

紺碧の海が美しいダッチャのハーバー

長期滞在の海水浴客でにぎわう

ダッチャ

Datça

ダッチャは、ギリシア領のコス島を挟んでボドルムの対岸にある細長い半島の一角にある町。シーズン中は長期滞在の海水浴客でにぎわうリゾートだ。夏はボドルムからフェリーやハイドロフォイルが出ており日帰りも可能。

町は本当に小さく、海に並行して延びるイスケレ通りの中心部を端から端まで歩いても10分ほどだ。ヨットハーバーからは、クニドスへ行く観光用のボートが夏の間出ている。ビーチはハーバーの右側と、メインストリートの左側にある。遠浅できれい。

クルーズと遺跡巡りを楽しむ！

クニドス

Knidos

紀元前7世紀から芸術と学問の中心地として栄えたカリア海岸の都市遺跡。紀元前4世紀には、世界七不思議のひとつであるファロス灯台や「クニドスのアフロディーテ」、デーメーテールの塑像などの傑作がこの地で生まれた。

エーゲ海に突き出した半島と本土に分かれているが、本土部のコス湾岸にはディオニソス寺院がある。町の中にはコリント様式やローマ時代の寺院、柱廊、ミューズ神殿やデーメーテールの聖域、ジムナジウムなど見どころがめじろ押し。町の東北端にはアクロポリス遺跡があり、ここと大劇場跡を古代の街道が結んでいる。半島部にはローマ時代の墓地が保存されており、ここから出土した女神のデルメルの塑像は、大英博物館にある。

ダッチャへ

Map P.14A2

🚌マルマリスから頻発。夏期はイスタンブール、イズミルからも便はある。

⛴夏のみだが、ボドルムからハイドロフォイルやフェリーが運航している（→P.271）。

■ダッチャの❶　地図外

✉Hükümet Binası İskele Mah.

TEL(0252) 712 3163

FAX(0252) 712 3546

休8:00～12:00 13:00～17:30

休土・日（夏期無休）

ホテル&レストラン

イスケレ通り沿いにペンションやロカンタが多い。宿や食堂探しに苦労することはない。

ダッチャからクニドスへのツアー

クニドスへ

Map P.14A2

⛴7・8月はダッチャからクニドスへは連絡ボートがあるが、運航は不定期。タクシーでも行けるが、ツアーの利用が便利。

エーゲ海でスイミング！

クニドスへの連絡ボートは7・8月のみ9:00～10:00頃に運行ということだが、天候などの都合により運休の日もある。事前にダッチャの❶などで確認しよう。（編集室）

ロドス島への起点ともなる、リアス式海岸が美しい港町

マルマリス Marmaris

市外局番 0252 人口2万8660人

■マルマリスへの行き方

●イスタンブールから

✈マルマリス近くのダラマン空港への便がある。7:05発と木～日18:50発。夏期は増便。
所要：1時間20分
運賃：149YTL
🚌ハレム発18:15～23:30に各社数便
所要：13時間
運賃：50YTL

●アンカラから

🚌9:00 21:30 23:00発
所要：13時間
運賃：38YTL

●イズミルから

🚌8:00～21:00に1～2時間毎
所要：4時間30分
運賃：20YTL

●デニズリから

🚌7:30～17:00に1時間毎
所要：5時間　運賃：14YTL

●フェティエから

🚌6:30～18:30 30分毎
所要：4時間　運賃：10YTL

●ボドルムから

🚌夏期は6:00～20:30に1時間毎。冬期は9:00～18:00に1～2時間毎。ムーラMuğraで乗り換えの便もある。
所要：4時間　運賃：12YTL

ビーチは町からすぐ

城塞から港を眺める

マルマリスはボドルムの南東80kmの港町。背後を松林が繁る山に囲まれ、入り組んだ湾内の穏やかな海面が独特な静けさを醸し出す風光明媚な保養地だ。最近はボートセイリングなどマリンスポーツが盛んになり、リゾート地としての人気が高まっている。ギリシアのロドス島Rhodosへのフェリー発着港でもある。

入江の最奥部が町の中心。マリーナの北には城跡があり、東にはギュンリュジェク公園Günlücek Parkıが広がっている。入江の東岸をたどって進むとキャンピングモーテルがあり、さらに行けば入江の中央を占めるニマラNimara半島に入る。遺跡や洞穴が点在しており、探索にはもってこいだ。西の対岸はホテルやキャンプ村の点在する娯楽ゾーンで、湾の出口側の外れに鉱泉が、さらに南方には遺跡や独特の造りの墓地が見られる。

旅のモデルルート Gezme Planı

マルマリスでは周辺の美しいビーチで過ごしたり、ボートツアーで洞穴巡りが楽しめる。沖には多くの島が浮かび、いろいろな断層が顔を出していて興味深い。ギリシアのロドス島にも足を延ばしてみよう。

ロドス島に行ってみよう！　の1日

マルマリス→ロドス→マルマリス

夏（5～10月）は毎日ギリシアのロドス島までフェリーが出ている。夕方までに帰ってこられるのでチャンスがあればぜひ行ってみよう。ロドスには旧市街だけでも、騎士団長（グランドマスター）の宮殿、スュレイマニエ・ジャーミィなど見どころは多い。ギリシアの雰囲気を楽しもう。

マルマリスのバザールはかなり規模が大きい。みやげ物店など似たような店構えが多く、これといった目印もないので、すぐ道に迷ってしまう。（編集室）

歩き方

Güle Güle Gidin

町の中心部には、**タンサシュ**Tansaşという大きなスーパーマーケットがある。港からマリーナ沿いに15分ほど歩けば、レストラン街までたどり着く。周辺のビーチに行くにはドルムシュや、夏なら海上ドルムシュなどを使う。

空港＆オトガルから市の中心部へ

空港から　トルコ航空の便の到着に合わせてダラマン空港からマルマリスへのバスが出ている（22YTL）。空港からマルマリスまでタクシーを使えば150YTL。

オトガルから　1kmほど中心部から離れている。オトガルからドルムシュも走っているが、距離のわりに運賃は1YTLと安くはないので、セルヴィスを利用しよう。オトガルへ行く場合は、バス会社のオフィスがタンサシュ近くにあるので、ここでチケットを買い、セルヴィスに乗る。

マルマリス近郊の航路

ギリシアのロドス島への船便は、夏は毎日9:00、16:30発のハイドロフォイル（所要1時間）と、木曜9:00発のフェリー（所要2時間）がある。冬は木曜と金曜、週2便のフェリーのみ。運賃は片道で42€、往復73€。料金や運航状況はよく変更される。出国手続きがあるので30分前には港に着くようにしよう。

大型スーパーのタンサシュ

ℹは海岸通りの端にある

タンサシュ北側のバスオフィス

■イェシル・マルマリス
Map P.277A
TEL(0252) 412 2290
開7:00～19:00　休無休
ロドス島へのフェリーとハイドロフォイルを運営している旅行会社。チケットの取り扱いも行っている。

大型スーパーのタンサシュは食材が豊富に揃っていて、特に肉やチーズのコーナーは圧巻。パンや飲料水のコーナーも種類が多いので旅行者も利用価値あり。（編集室）

旅の情報収集

両替　タンサシュの前から**コルドン通り**Kordon Cad.にかけて、銀行や両替商が多い。

郵便・電話　バザールの中にPTTがある。

観光案内所　マルマリスの❶はコルドン通りを城塞のほうに行った所にある。町の地図やパンフレットを配布している。

見どころ　Gezilebilecek Yerleri

クルーズ船で出かけよう

ダルヤンとカウノス

Dalyan ve Kaunos ダルヤン・ヴェ・カウノス

ダルヤンには白い砂浜が美しい静かなビーチがあり、5月頃から海水浴も可能だ。マルマリスから1日クルーズで訪れることができる。

カウノスへはボートに乗り換えてダルヤン川Daryan Nehriを上っていく。カウノスはヘレニズム、ローマ時代に栄えた港を中心とした交易都市だった所。ここにある**岩掘りの墓**は紀元前4世紀の王の墓と考えられている。山の中腹の崖の岩肌に寺院を模した墓が並ぶ姿は圧巻だ。カウノスにはほかに、コリント式の神殿やローマ劇場などの遺跡が点在している。

美肌効果もある泥風呂

スルタニエ温泉

Sultaniye Kapılcası スルタニエ・カプルジャス

ダルヤン川をさらに上ったキョイジェイズ湖畔にある温泉。泥風呂が有名だが海水温泉もある。リウマチや婦人病、胃腸や腎臓の疾患に効能があり、美容効果も高い。マッサージ施設も完備している。

泥に浸かったあとは温泉やプールに入ってリフレッシュできる

■マルマリスの❶
Map P.277A
✉İskele Meydanı No.2
TEL(0252) 412 1035
FAX(0252) 412 7277
Inet www.mugla-turizm.gov.tr
開8:00～17:00
休冬期の土・日

■ダルヤンとカウノス
Map P.278
🚌ダルヤンへは、オトガルからオルタジャOrtacaへ行き、ダルヤン行きのドルムシュに乗り換える。オルタジャまでは所要2時間。
⛴5～9月はマルマリスからボートクルーズが出ている。9:00頃港を出港し、ドルフィンアイランドに向かい、タートルビーチで昼食休憩。昼食後は小型ボートに乗り換え、ダルヤン川を上り、岩堀りの墓をボートから見学。ダルヤンのマッドバスや温泉に入り、19:30頃にマルマリスへ帰着。昼食込みでひとり20€ほど。

■スルタニエ温泉
Map P.278
🚌オルタジャやフェティエ方面のバスでキョイジェイズ下車、あとはタクシーで約45分。シーズン中ならキョイジェイズの港からボートツアー（10:00頃に出発）も出ている。

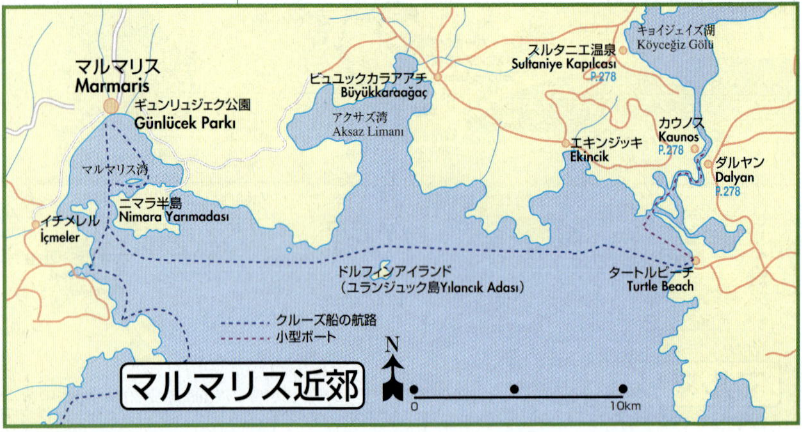

クルーズ船が並ぶマリーナには小型ボートの水上タクシーもあり、対岸のイチメレルİçmelerへ行くこともできる。（編集室）

ホテル

日本からホテルへの電話 国際電話会社の番号 + 010 + 国番号90 + 252（市外局番の最初の0は不要） + 掲載の電話番号

中・高級ホテルは西側の海岸沿いに多く、町の中心部にあるペンションは少し安い。各ビーチ沿いにもそれぞれホテルがある。ロドス島への船便があるので、若いバックパッカーにも人気の町。安いホテルから高級ホテルまで宿は多いが、シーズン中は予約したほうがいい。

ロイヤル・マリス Royal Maris Hotel

中級 Map P.277A

✉Atatürk Cad. No.34
TEL(0252)412 8383　FAX(0252)412 4112

Inet www.royalmarishotel.com
D なし
S A/C 60〜70YTL
W A/C 140〜150YTL
US$ € YTL　T/C不可　C/C M V

●アタチュルク像から海沿いに歩いて10分ぐらい。ビーチの目の前に立つ4つ星ホテル。屋上に眺めのよいプールやレストランがあり、ほかにもハマムやフィットネスルーム等設備は充実。冬期は3割程度安くなる。

インターユース Interyouth Hostel Marmaris

経済的 Map P.277B

✉Tepe Mah. 42. Sok No.45
TEL(0252)412 3687　FAX(0252)412 7823

Mail interyouth@turk.net
D 15YTL
W 30YTL
US$ € YTL
T/C不可　C/C不可

●バザールの中にあるのでやや見つけづらい。階段を上がった2階にレセプションがある。ユースホステルの会員証を見せるとドミトリーは若干安くなる。ランドリーは1袋10YTL。朝食は4YTL。冬期は朝食は出していない。

ナーディル Nadir Otel Pansiyon

経済的 Map P.277A

✉Tansaş Arkası 56. Sok. No.18

TEL & FAX(0252)412 1167
D なし
S A/C 25〜40YTL
W A/C 40〜60YTL
US$ € YTL
T/C不可　C/C M V

●タンサシュのすぐ裏側にある便利な立地。ホテルとペンション部分がある。ホテルのほうは全室テレビ、エアコン付き。ペンションのほうは朝食なしで S 30YTL、W 45YTL。1階にはバーがある。冬期は少し安くなる。

チェウィキ Çevik Pansiyon

経済的 Map P.277A

✉Tansaş Arkası Nadir Otel Yanı 56. Sok. No.20

TEL(0252)411 1346　FAX なし
D なし
S 20US$
W 25US$
US$ € YTL
T/C不可　C/C不可

●ナーディル・ホテルのすぐ隣にある。朝食は2US$。共同トイレは3室にひとつの割合。1階には同経営のロカンタがあり、自慢のムーラ・キョフテ(小粒なキョフテ)は味がよい。ダルヤンにもLa Çevikというホテルが新たに完成した。

レストラン

イギリス人観光客が多いので、朝の時間帯にはイングリッシュ・ブレックファストを出すカフェが多い。海岸沿いにはシーフードを出すレストランがたくさんあり、雰囲気はよいが値段も高めだ。レストラン街の裏にはバーやディスコが並ぶ通りがある。

デデ Dede Restaurant

中級　魚料理 Map P.277A

✉Barbaros Cad.
TEL(0252)413 4875　FAX なし
開 9:00〜23:00
休 無休
US$ € YTL　C/C M V

●海岸沿い、ⓘの近くにあるレストラン。このあたりでは老舗の部類に入る高級店。魚を塩で包んだ塩釜焼きTuzla Balığı(時価65〜75YTL)はあまり見かけない料理。シーフードは19〜29.50YTL、ケバブ類は17〜21YTL。

Barlar Sok.はディスコやクラブがひしめき合うエリア。入口にDamsız Girilmez(ダムスズ・ギリルメズ)とある場合はカップルでないと入場ができない。(編集室)

リキヤ以来の歴史をもつリゾート都市

フェティエ Fethiye

市外局番 0252 人口5万689人

■フェティエへの行き方

●イスタンブールから

✈マルマリス近くのダラマン空港への便がある。7:05発と木～月18:50発。夏期は増便。
所要：1時間20分
運賃：149YTL
🚌20:15～23:30に数便
所要：13時間
運賃：50YTL

●アンカラから

🚌21:30 22:00 22:30発
所要：9時間　運賃：35YTL

●イズミルから

🚌7:00 10:30 12:30 13:30 15:30 16:30 18:30 22:00 24:00発
所要：6時間　運賃：22YTL

●アンタルヤから

🚌Batı AntalyaやFethiye Seyahatなどの便がある。コルクテリKorkuteli経由の山側ルート（ヤイラダンYayla'dan）とカシュ経由の海岸ルート（サーヒルデンSahilden）があり、山側ルートのほうが早い。
所要：4時間（山側ルート）
7時間（海岸ルート）
運賃：14YTL（山側ルート）
16YTL（海岸ルート）

●マルマリスから

🚌Fethiye Koop.とMarmaris Koop.の中型バス
運行：7:00～20:00（冬期～18:00）に30分毎
所要：3時間　運賃：12YTL

ハーバーには多くのヨットが集まる

ムーラMuğlaの南東150kmに位置する近代的なリゾート地。歴史的にはキュロス王の時代から占い師の地として栄えた、リキヤの古代都市テルメッソスTelmessosがあった地で、多くの遺跡があったが、1957年の大地震による被害のために、今はその断片を残すばかりとなってしまった。

入江には、ヨハネ騎士団が修道生活をしたとされるキャヴァリエールCavaliere（騎士の島）をはじめ、たくさんの小島が点在する。また、クサントス、レトゥーンという、世界遺産の遺跡を見に行くにも起点となりえる町だ。

旅のモデルルート Gezme Planı

山と海と遺跡が楽しめるフェティエは、小規模ながらトルコ屈指のリゾート地。ここを起点にせめて2泊はして、周辺まで足を延ばしてみよう。

フェティエのバザール

海も山もリキヤ遺跡も！　フェティエならではの1日

フェティエ→カヤキョユ→オリュデニズ→岩窟墓

体力があり、歩くのが好きな人に。まずミネラルウオーターを買って朝はできるだけ早く出よう。フェティエからカヤキョユまではドルムシュで。ここでギリシア人の生活や教会の跡をじっくりと見たら、オリュデニズへのトレッキングコースへ。標準は8kmを約2時間半で歩くコースだが、無理して急ぐ必要はない。せっかくトレッキングに来たのだから存分に楽しもう。お昼過ぎぐらいにオリュデニズに着いたら、とりあえずビーチへ。砂浜でぼーっとしながらくつろぐもよし、ボートツアーなどに参加するもよし。ここで終わってもいいけれど、せっかくだからリキヤのお墓を見ておこう。フェティエに戻ってアミンタスの墓へ。

ターリヒー・フェティエ・ハマムTarihî Fethiye Hamamıはバザールの中にある歴史的なハマム。営業は7:00～24:00。入浴料は25YTL（アカすり込み）。（編集室）

歩き方

Güle Güle Gidin

町の中心部は東側の**考古学博物館**から西のヨットハーバーにかけて。その東西を**アタテュルク通り**Atatürk Cad.が貫く。考古学博物館の500m南の山腹には、**リキヤ式岩窟墓**のなかでも極めてすばらしいといわれる岩窟墓がある。また、ヨットハーバー近くにはローマ時代の**劇場**がひっそりと残り、町の南側の高台には十字軍の要塞である城跡がある。シーズン中は、港から周辺の12の島を巡る1日クルーズが出ている。

オトガルから市の中心部へ

町の中心から約3km東にあるオトガルには、大手バス会社のほか、デニズリ方面のギョルヒサル・チャヴドゥルキョイGölhisar Çavdırköy、アンタルヤ・トゥルAntalya Tur、フェティエ・コープFethiye Koop.など近郊行き中型バスも発着。町の中心へはオトガルを出て通りを渡った反対車線からタシュヤカ・カラギョズレルTaşyaka-Karagözlerと書かれたドルムシュに乗る。所要10分、1YTL。

フェティエ近郊の航路

夏期のみでしかも運航しない年もあるのだが、ロドス島へのフェリーとハイドロフォイルがある。料金は片道55€、同日往復65€。港湾税は別途支払う。料金や運航状況については、よく変更されるので、事前に必ず確認すること。

夏のみボドルムなど周辺の町やビーチリゾートへの船もある。人気上昇中なのは、3泊から1週間ぐらいかけた長いクルーズ。3泊4日でオリンポスに行くものは200US$ぐらい。

ドルムシュ＆ミニバス

フェティエ近郊への足となるドルムシュとミニバス。オリュデニズÖlüdenizやヒサルオニュHisarönü、カヤキョユKayaköyü行きのミニバスは、町の中心から約1km東にあるドルムシュ・ガラジュから出る。サクルケントSaklıkent、レトゥーンLetoonのあるクムルオヴァKumluova、クサントスXanthos、クヌクKınık、パタラPataraといった比較的長い路線も、ドルムシュ・ガラジュが起点となる。

フェティエのオトガル

■フェティエからのクルーズ

どのツアーも同じようなプログラムで、ホテル送迎などのサービス合戦を展開。シーズン中の人気ツアーは込むので、前日の朝までに予約を。

●12島巡りクルーズ

5～9月10:30頃出発、メルディヴェンリ岬、ショワリエ島、ギョジェック島、クズル島などに寄り遺跡見学、海水浴、シュノーケリングなどを楽しむ。19:00頃帰着。ビュッフェ形式のランチ付きで25YTL。

●オリュデニズとケレベッキ峡谷

5～9月10:30頃出発、ケレベッキ渓谷（バタフライバレー）に寄り、オリュデニズの砂浜沖に停泊する。海水浴のあと、18:00頃帰着。ランチ付き25YTL。

■フェティエの🛈

Map P.281A

✉İskele Meydanı No.1

TEL (0252) 614 1527

FAX (0252) 612 1975

e-mail fethiyeturizm@hotmail.com

開 8:30～12:00　13:00～17:00

休 冬期の土・日

フェティエの🛈

フェテイエ～オリンポス周遊クルーズはブルー・ボヤージと呼ばれる。値段も手頃でオリンポスに行けるのでバックパッカーに人気が高い。（編集室）

■岩窟墓
Map P.281B外
ドルムシュ・ガラジュの裏側に岩窟墓群がある。
■カヤキョユ
Map P.282
🚌ドルムシュ・ガラジュから3YTL、所要約30分。ヒサルオニュ経由でほぼ20分毎。冬期は1時間毎。

丘にへばりついた村

教会に残るフレスコ画

■オリュデニズ
Map P.282
🚌ドルムシュ・ガラジュから3YTL、所要約30分、15分に1本の運行。冬期は減便。オトガルからも直接行ける。

両替・郵便・電話＆旅の情報収集

両替・郵便・電話　町のメインストリートであるアタテュルク通りを中心に、銀行や私設両替商は多い。バザールの入口付近にATMが多い。PTTもある。

観光案内所　港近くのデデオウル・ホテルの隣にⓘがある。周囲には旅行代理店も多い。

見どころ　Gezilebilecek Yerleri

2000年以上も前に造られた彫刻が美しい
岩窟墓
Kaya Mezarları カヤ・メザルラル

紀元前4世紀に造られたギリシア神殿風の造りに、イオニア式の柱頭を用いるアミンタスの墓が秀逸。保存状態はよい。

ギリシア人の村がそっくり残された
カヤキョユ（カルミラッソス）
Kayaköyü カヤキョユ

カヤキョユは、ギリシア正教会のキリスト教徒が住んでいた村だが、独立戦争後の住民交換により、ひとつの村がそっくりそのまま残された。イエスの生涯を描いたフレスコ画が残る教会やワインの貯蔵庫、礼拝堂などがある。ここからオリュデニズまで8km、約2時間30分〜3時間のトレッキングコースもあり、林の中を抜けると突然目の前に美しいオリュデニズの海が広がる。小さな教会の上方からも、ソーク・スSoğuk Su海岸へのトレッキングルートがある。

地中海屈指の美しい砂浜リゾート
オリュデニズ
Ölüdeniz オリュデニズ

ガソリンスタンド裏のドルムシュ・ガラジュから約30分。「静かな海」という名の穏やかな湾に、地中海屈指の美しい砂浜が広がる。近年多くのホテルやペンションが建ち、リゾートとして発展してきた。ビーチはドルムシュ・ガラジュ前の広々としたビーチと、その奥のホテル・メリHotel Meriやキャンプ場の近くの小さなラグーンのビーチ。透明度は前者のほうが高いが、後者には、カヤキョユまでのトレッキングコースがある。

オリュデニズのビーチ

標高2000mの高さから舞い下りるパラグライディングは、オリュデニズの最も人気の高いアクティビティ。空から見下ろす海岸線はまさに絶景。（編集室）

「隠された谷」で川底を歩こう！

サクルケント渓谷

Saklıkent Vadisi サクルケント・ヴァディスィ

峡谷の木道

エシェン川Eşen Çayıの東に位置する、18kmにもわたる渓谷。サクルケントは「隠された町」を意味し、英語で「ヒドゥン・バレーHidden Valley」とも呼ばれている。

足の下には冷たい水がごうごうと流れる。歩道が尽きたら奥の渓谷まで川を横断。ひざ上まで水位があるので、水着で歩こう。川幅は狭くなり、腰まで届くほど水位が上がる。

■サクルケント渓谷
Map P.14B2
ドルムシュ・ガラジュから5YTL、所要約1時間。30分毎。冬期は運休。
夏期はツアーもある。パタラ発のエシェン川の川下り、クサントス、レトゥーンへのツアーなどでも行ける。
開8:00~17:00（冬期休業）
休無休

ホテル

日本からホテルへの電話 国際電話会社の番号 + 010 + 国番号90 + 252（市外局番の最初の0は不要）+ 掲載の電話番号

中級ホテルは町の中心のショッピングエリアや❶近くにあり、安い宿は❶を越えた西側に集中している。オリュデニズにもホテルは多い。エーゲ海リゾートの中心地だけあって、郊外の沿岸にも小さなリゾートが点在している。車があれば、気に入ったところを探すのも一興だ。

プレンセス Hotel Prenses

中級 Map P.281A

Fevzi Çakmak Cad. No.7
TEL (0252) 614 1305 FAX (0252) 612 4878

Mail hotelprenses@hotmail.com
D なし
S A/C 25~50YTL
W A/C 45~75YTL
US$ € YTL
T/C 不可 C/C M V

●建物はやや古いが町の中心にあって便利な立地。全60室のうち40室からは海が見える。客室は老朽化しているが、広々しており、全室エアコン、テレビ付き。最上階には眺めのよいテラスバーもあり、シーズン中はビュッフェ形式の夕食も出している。

イェニ・ヤット Yeni Yacht Hotel

中級 Map P.281A

1. Karagözler Mah.
TEL (0252) 612 5067 FAX (0252) 613 5068

inet www.yachtplazahotel.com
D なし
S A/C 50~60YTL
W A/C 80~100YTL
US$ € YTL
T/C US$ € C/C 不可

●ホテルが並ぶ通りの東端にある。スイミングプール付きの中級ホテルで、全31室のうち24室から海が見える。屋外に取り付けられたエレベーターがユニーク。部屋は広々としており、全室テレビ、ティーケトル、ドライヤー付き。イギリスからの団体客が多い。

フェラフ Ferah Pension Hostel Monica's Place

経済的 Map P.281A外

2. Karagözler Orta Yolu No.21

TEL (0252) 614 2816
FAX (0252) 612 7398
D A/C 16~20YTL
S A/C 35~40YTL
W A/C 40~50YTL
US$ € YTL
T/C US$ €
C/C 不可

●ジャンダルマ（憲兵）の建物の手前の坂を上った住宅街の中にある。モニカさんという元気な女性とその家族がやっている居心地のよい宿。ボリュームたっぷりで味も自慢の夕食は8€。ツアーやアクティビティ情報も豊富に揃っている。ランドリー1回15YTL、インターネットは1時間3YTL。

レストラン

みやげ物屋が多いバザール内にレストランが点在しているほか、マリーナ近くにもレストランがある。庶民的な店は東の市街地に多い。フェティエのシーズンはまさに夏。観光客向けのバーやディスコは夏期限定の店も多い。しかし、レストランは通年営業しているところも多い。

フェラフのモニカおばさんはトルコ人で、モニカはニックネーム。フェラフは交通事故で亡くなった弟さんの名前なんだとか。（編集室）

クサントス Xanthos

市外局番 0242 人口3550人

クサントス遺跡の円形劇場

古代リキヤの首都。世界で初めての共和制をとった都市として名高い。リキヤ時代には「アリナ」と呼ばれていた。リキヤ遺跡のなかでは比較的保存状態がよく、現在も発掘が続いているが、いつ頃からある町なのかははっきりしない。現在残っている記述で最も古いものは、ヘロドトスの手によるもの。その後アレキサンダー大王の支配下に入り、繁栄を続けた。

1938年の大規模な発掘で見つかったものの多くは、大英博物館にある。その後も発掘は続けられ、イスタンブールの考古学博物館にも多くの出土品が収蔵されている。近くにある同じリキヤ遺跡、レトゥーンとともに1988年にユネスコ世界遺産に登録された。また、近くにあるパタラ遺跡もリキヤ遺跡のひとつ。遺跡を抜けた所にある、18kmにも及ぶ白砂のビーチはヨーロッパ各地からの観光客でにぎわう。

■クサントスへの行き方

🚌カシュ、フェティエからアンタルヤへ行く道の途中にあるので、バスやドルムシュは遺跡の脇を通る。最寄りの集落はクヌク**Kınık**だが、宿泊施設がない。ホテルがある最も近い集落はパタラ**Patara**だ。また、日が暮れるとバスもドルムシュもほとんどなくなるので、日中に動くようにしよう。

●アンタルヤから

🚌7:40〜16:10の1〜2時間に1便程度

オトガルの近郊路線ターミナルからバトゥ・アンタルヤ**Batı Antalya**の中型バスがある。

所要：5時間

運賃：14YTL

●カシュから

🚌9:00〜18:30に30分毎

所要：1時間

運賃：4YTL

●フェティエから

🚌ドルムシュ 日中30分毎

所要：1時間

運賃：5YTL

レトゥーン遺跡の入口

小さな町や村を歩く　起点となる大きな町はフェティエかカシュ。**パタラ**Patara、**クヌク**Kınık、**クムルオヴァ**Kumluova、**カラキョイ**Karaköyといった小さな町や村を、ドルムシュをうまく使って転々としながら歩くことになる。

パタラの町

ドルムシュ　冬でもドルムシュが走る幹線道路は、**フェティエ**から**クサントスの遺跡横**を通って**クヌク**、**パタラ入口**、**カシュ**、さらには**アンタルヤ**へと続くD400といわれる道路。ドルムシュやバトゥ・アンタルヤBatı Antalyaのミニバスのほか、大型バスも稀に通る。カシュからパタラ入口を通ってクヌクまで行く、パタラ・コープPatara Koop.などが運営するドルムシュも多い。このドルムシュは、クヌクの中心にある広場で降りることになるので、クサントスへは広場に向かって右側の坂道を上っていく。

パタラ行きのドルムシュ

フェティエから**カラキョイ**を通って**クムルオヴァ**Kumluovaへ行くドルムシュ（所要約1時間15分）と、**パタラ入口**から、ペンションが密集する**町の中心**を通って**パタラ遺跡前**まで行くドルムシュ（所要約10分）が運行されている。

レトゥーンLetoonへは、フェティエとクムルオヴァを結ぶドルムシュしかなく、レトゥーン〜クサントス間を結ぶドルムシュはない。フェティエまで戻ればどちらもドルムシュが出てい

パタラ行きのドルムシュが発着するD400号線沿いのパタラ入口のT字路には、チャイハーネがあるので、ドルムシュの待ち時間に利用できる。（編集室）

るが、戻る途中、エシェン川Eşen Çayıのほとりの**カラキョイのガソリンスタンド前**で降ろしてもらい、クサントス遺跡まで坂を上っても行ける。クサントス遺跡がある丘を挟んで反対側がクヌクとなる。

パタラ入口Patara Yoluからホテルのある町の中心までは2kmほどあるので、ドルムシュをつかまえたい。パタラ遺跡前までは、さらに2kmほどある。夏ならパタラのビーチまでドルムシュが行く。

なお、冬期はレトゥーンへのドルムシュはないので、車をパタラでチャーターする。クサントス、レトゥーンと3時間で回って80〜100YTL前後。

両替・郵便・電話　各遺跡付近、近隣の小さな町では両替所や銀行はないので、カシュやフェティエで両替を済ませたい。もしどうしようもなくなったら、ホテルやペンションで両替することになる。PTTはパタラの町の中心にひとつあるが、冬期は閉まっていることが多い。なお、パタラ、クサントス、レトゥーンに❶はない。

直進するとビーチ、右の坂を下りるとパタラの町

パタラのビーチはヨーロッパ屈指の美しいビーチ

現在も発掘が続けられている
クサントス遺跡
Xanthos Örenyeri クサントス・オレンイエリ

■クサントス遺跡
Map P.14B2
✉Kınık Kasabası
開8:30〜17:30
休無休
料4YTL

クサントス川(現エシェン川)のほとりにある。世界遺産に登録されている大規模なリキヤの都市遺跡。

町の成り立ちはまだよくわかっていないが、アケメネス朝軍の攻撃を受け、80家族だけが助かったという紀元前6世紀半ば頃の記録が残っている。その後、紀元前475〜450年の間に大規模な火災があり、ほとんどが消失した。ローマ帝国のブルータスによる攻撃の際も、捕虜にできたのは150人の男子と数少ない女子だけだったというほど、多大な戦死者を出した。このように何度も苦難の局面を迎えながら、町は繁栄を続け、ビザンツ時代にいたっても宗教の中心地としての存在を示していた。

入口を入ると円形劇場が姿を現す。足元が不安定な所もあるので、気を付けて歩こう。円形劇場の上に典型的なリキヤの小さな墓がある。円形劇場前にはアゴラがあり、奥にはリキヤ時代からビザンツ時代までのさまざまな遺跡が残る。かなり広いのでじっくり見て回ろう。

家型墳墓

レトゥーンの円形劇場

レトなど3柱の神殿が並ぶ
レトゥーン遺跡
Letoon Örenyeri レトゥーン・オレンイエリ

■レトゥーン遺跡
Map P.14B2
✉Kumluova Köyü
開8:30〜17:30
休無休
料4YTL

クサントスとともに世界遺産に登録されている遺跡。アルテミスとアポロを産んだゼウスの妻レトの名前からこの名が付けられた。レトなど3柱の神々の神殿もさることながら、隣に残る円形劇場の保存状態はかなりよい。周りは農村で、遺跡の中を歩いているとひょっこり山羊と出くわしたりして、なかなか楽しい。

普通、墓は地下に掘るものだが、クサントス遺跡には墳墓の上部に石棺が置かれている。これはリキア人が空中に死者を祀る習慣があったからだとされる。(編集室)

遺跡の向こうは真っ白な砂浜
パタラ遺跡
Patara Örenyeri パタラ・オレンイェリ

発掘が続けられているパタラ遺跡

■パタラ遺跡
Map P.14B2
✉Patara Kasabası
開8:30～19:30
（11～4月～17:30）
休無休　料2YTL
遺跡へはパタラの入口から町を通り抜けて1本道を2kmほど進んだ所。チケット売り場を抜けると、左右にリキヤの遺跡群が見えてくる。夏期はパタラの入口からパタラ・ビーチ行きのドルムシュで行くことができる。

クサントスやレトゥーンと比べると断片的だが、浴場跡や劇場、メインストリートなどが残る。リキヤ特有の岩窟墓も目に付く。この遺跡は現在もトルコ文化・観光省とアクデニズ大学が共同で発掘中。かなり長い遺跡エリアを抜けると、その先は砂浜だ。このあたりはウミガメの産卵地で、砂の流出を防ぐために砂防林や遊歩道が設けられるなど、自然を保護するための努力が続けられている。砂丘から見る日没も絶景だ。

ホテル

日本からホテルへの電話　国際電話会社の番号 + 010 + 国番号90 + 242（市外局番の最初の0は不要）+ 掲載の電話番号

パタラには、道路沿いや階段を上った丘の上の集落にペンションや小さなホテルが点在している。中級以上のホテルはほとんどない。また、冬期はほとんどのところが休業する。

パタラは蚊が多く出るので、ペンションでも蚊帳が付いているところが多い。蚊取り線香や虫除けスプレーなども持参したほうがいいかもしれない。

カレッタ・カレッタ Caretta Caretta

中級　地図外

✉Patara　TEL(0242)843 5183　TEL(0536)607 0107（携帯）
FAX(0242)843 5185

inet www.carettapension.com
D なし
S A/C 🚿 🚽 ▶ 📺 20YTL
W A/C 🚿 🚽 ▶ 📺 35YTL
💱US$ €YTL　T/C US$ €　C/C 不可

●パタラの町の雑貨屋近くから階段を上った奥にある。連絡すればパタラ入口まで迎えに来てくれる。部屋は清潔で網戸付き。パタラのビーチへの無料送迎もあり。冬は前もって連絡すれば開けてくれる。家庭料理の夕食も出している。

レストラン

パタラの町にはレストランが数軒あるほか、ペンションでも夕食を出している。クサントス遺跡にはちょっとした休憩所があり、レトゥーンにも遺跡の入口近くにレストランがある。パタラのビーチには海の家がある。いずれも冬期は休業するので、食料は持参しよう。

Information

今後の発掘調査が期待されるリキヤ文化遺産

アナトリア中部にフィギリア人が進出し、ヒッタイトが滅亡した頃、その一派が逃げ込んだといわれる地がリキヤ地方だ。トルコの南海岸、フェティエからアンタルヤにかけた一帯を指し、紀元前5世紀以降の遺跡がある。

おもな都市は首都クサントス(現クヌク)、ミュラ（現カレキョイ）、アンティフェロス（現カシュ）など。リキヤの地は紀元前5世紀のヘロドトス『歴史』の中に登場し、ホメロスの『イーリアス』にも記述があるが、それ以前の詳細な歴史はわかっていない。

紀元前545年、ペルシア軍に占領されたリキヤは､後にアレキサンダー大王に解放され､ギリシア･ローマ色が濃くなった。聖パウロがエフェスの帰りに立ち寄ったこともある。

歴史の波にもまれながらもリキヤは独特の文化をもち続け、今も岩窟墓室や石棺などに優れた技術が認められる。その多くは木造家屋をかたどり、三角屋根や柱の形状レリーフに独特の手法を用いたもの。出土品は大英博物館やイスタンブールの考古学博物館で公開されている。まだ発掘途上でほとんど草原という遺跡も多いが、それだけに未知の部分も多く、今後の調査に期待がもたれている。

パタラのビーチへはドルムシュが出ているが、ペンションなどではビーチへの送迎サービスをやっているところも多い。（編集室）

カシュの町を見下ろす

カシュ Kaş

市外局番 0242 人口8000人

古代アンティフェロスAntiphellosの面影を今に伝える**リキヤ**Likya（英語ではLycia）の遺跡が残る。小高い丘に登れば、南西にギリシア領の**メイス**Meis（ギリシア名メギステ）の島々が見える。小さい町だがダイビング、パラグライダーなどが楽しめる人気のリゾート。ボートツアーに参加したり、周辺の遺跡にも足を延ばそう。メイスへの船は5〜10月は週5便、11〜4月は週2便。6人以上乗客がいれば10:00に出発する。メイス発は16:00もしくは17:00。基本的に日帰り往復のみで運賃は25€。所要約45分。

■カシュへの行き方

●アンタルヤから

🚌5:45〜19:00に30分毎
所要：4時間　運賃：12YTL

●フェティエから

🚌7:30〜16:30に1〜2時間毎
所要：2時間30分
運賃：8YTL

■カシュのⓘ Map P.287

TEL (0242) 836 1238
開 8:30〜12:00 13:00〜17:00
休 冬期の土・日

■リキヤの墓 Map P.287

見どころ Gezilebilecek Yerleri

4つのライオンが彫られた独特の家型墓碑

リキヤの墓

Likya Mezarları リキヤ・メザルラル

カシュの顔ともいえるリキヤ時代の墓。町の中心にある**記念墓碑**には、4つのライオンの頭が彫られている。郊外の山の中腹にある**岩窟墓**Kaya Mezarlarには、リキヤ文字も見られる。町の北西にある家の形の墓も興味深い。24人の踊る娘を描いたレリーフも見事。夏には岩窟墓がライトアップされて、幻想的な雰囲気を醸し出す。

ジャーミィの北側の通りはおみやげ屋通りになっている。夏でも昼間は閑散としているが涼しい夕方になると活気が出てくる。（編集室）

■古代劇場　Map P.287

町外れにある古代劇場

最上段に立って地中海を眼下におさめよう

古代劇場

Antik Tiyatro アンティキ・ティヤトロ

26段の高さをもつヘレニズム時代の劇場で、ほぼ全容が残っている。観客席の最上段からはエーゲ海とメイスの島々が見渡せる。

ホテル

日本からホテルへの電話　国際電話会社の番号＋010＋国番号90＋242（市外局番の最初の0は不要）＋掲載の電話番号

リゾートなのでホテルやペンションは多い。特に宿が集中するのが、警察からビーチに向かう通りとその1本裏の道。オトガルから港へと延びるアタテュルク大通りAtatürk Bul.にも小規模なホテルが数軒ある。低料金の宿はアタテュルク大通りの1本西の通りに多い。

ビルギン Bilgin Hotel

中級　Map P.287

✉Bilgin Sok. No.11
TEL(0242)836 4510　FAX(0242)836 3407

inet www.bilginotel.com
D なし
S A/C 70~90YTL 35~45YTL
W A/C 70~90YTL
US$ € YTL　T/C不可　C/C M V

●オトガルからも近く、町の中心にある中級ホテルで、小さいながらもプールもある。3つ星だが、4つ星並みの快適さがある。室内は機能的にまとまっており、カーテンは遮光性。夏期はビュッフェ形式の夕食も出す。通年営業。

エキジ Hotel Ekici

中級　Map P.287

✉Hükümet Konağı Yanı
TEL(0242)836 1417　FAX(0242)836 1823

D なし
S A/C 60YTL
W A/C 80YTL
US$ € YTL
T/C不可　C/C M V

●町の東側にある警察の前の坂を上った東側にある。プールなどの設備の整った3つ星ホテル。ヨーロッパのツアー客が多く利用している。4月は少し安くなる。11～3月は原則として休業。Habesosという系列のホテルが近くにある。

アイ Ay Pansiyon

経済的　Map P.287

✉Kilise Camii Cad.

TEL(0242)836 1562　FAX なし
D なし
S W 30YTL
S W A/C 50YTL
US$ € YTL　T/C不可　C/C不可

●家族経営で頼もしいおかあさんがいる小さいペンション。ヨーロッパのガイドブックにも載っているので人気がある。キッチンもあり自炊可能。朝食が別料金の場合は5YTL。冬期は朝食は出さない。

レストラン

町の規模に比べてレストランはわりに多い。シーフードを出すレストランは港沿いに多く、港から1本入った道沿いにはバーやディスコが多い。庶民的なロカンタはオトガル周辺やアタテュルク大通り、市場周辺に点在しており、通年営業の店が多い。

マーヴィ Mavi Bar

中級　バー　Map P.287

✉Cumhuriyet Meydanı
TEL(0252)836 1834　FAX なし
開 17:00～翌3:00
休 11～4月
US$ € YTL
C/C M V

●港のある広場に面している人気のバー。看板はないが、カラフルな小さなイスが店の前を彩っているのですぐわかる。年季の入ったバーカウンターもいい感じ。軽いつまみ以外の食事は出さないが、酒類は豊富に揃う。カクテル類も豊富だが値段は高め。

夏期はジャーミィ横の広場では夜になると、大型スクリーンでパラグライディングの風景を上映して、翌日の参加者を募ったり説明会を開いている。（編集室）

小さなリゾートでのんびり過ごそう
カルカン

Kalkan カルカン

夕暮れ時には、地中海も普段とはちょっと違った表情を見せる

カシュの西26kmにある小さなリゾート。オスマン朝時代にはカラマキと呼ばれ、ギリシア人が多く住んでいた町だ。リゾートでありながら、かつての漁村としてのたたずまいを残しているところが魅力的。バスは町の入口の高台で停まり、そこから海までは徒歩5分ほど。その間が町の中心で、店やレストラン、ホテルなどが並んでいる。真っ白な建物が青い空に映える風景は、ギリシアの島で見るような色のコントラストだ。

白い建物が連なる町角。時間にとらわれず、ぶらぶら散策しよう

カルカンへの行き方

Map P.14B2

🚌大手バス会社のほか、アンタルヤからカシュ、フェティエを結ぶバトゥ・アンタルヤ・コープ**Batı Antalya Koop.**など、アンタルヤとカシュ、フェティエを結ぶ中型バスやドルムシュが1時間に1便ほど通る。町の入口にあるバスオフィスの前に到着する。アンタルヤから14YTL。所要時間は4時間30分。冬期は減便される。カシュとカルカンを結ぶドルムシュも頻発している。

この町を起点にしてケコワ島やスィメナ、パタラなどへのボートトリップも楽しめる

路地を歩いていると、突然にぎやかな音楽が聞こえてきたりする。人々もフレンドリーなので、ちょっと立ち寄ってみるのも楽しい

小さな通りにカフェやショップがひしめき合う

この地方は絨毯の産地として有名で羊の放牧も盛んに行われている。カルカンの近辺は夏の間だけ羊飼いが下りてくる村がいくつかある。（編集室）

「消えない火」が灯る神秘の山

オリンポス

Olympos　オリンポス

オリンポス名物、ツリーハウスで宿泊するのも楽しい

オリンポスはリキヤ都市のひとつ。紀元前1世紀に船の避難基地として、ゼニケトスという海賊が造った町だといわれている。その後リキヤ連合の一員となったが、海賊に町を焼かれてしまったという。劇場などの調査の結果、火事の跡が確認されている。その後、ローマ帝国下に入ったが、たびたび海賊が占領して利用していたようだ。近年墓が発見され、アンタルヤ考古学博物館の調査で、エウドモスという海賊の船長のものであることがわかった。この墓には「最後の港に入り、錨を下ろした。もうどこへも行かないように……太陽を運んでくる朝から永遠に離れ、船長エウドモスはここに眠る……」と記されている。高台にはアクロポリスがあり、眺めがすばらしい。

この町の近くの山には、絶えず岩の間から吹き出す炎があり、ヤナルタシュ（燃える石）と呼ばれている。特に夜は神秘的な光景となるのでぜひ行ってみよう。ヤナルタシュへは夏期は毎晩ペンションなどでバスツアーが催行されている。

ヤナルタシュへのツアー

オリンポスへの行き方

（バス）アンタルヤとカシュを結ぶバスが30分おきに出る。オリンポスの町への分岐点で降ろされるので、チュラルÇıralıあるいはチャウシュキョイÇavusköy行きのドルムシュ（夏は毎時、冬は2〜3時間に1便ある）に乗り換える。夏は他都市から直行便も出る。アンタルヤから1時間30分、6YTL。冬は分岐点から残り11kmを徒歩で行くか、20kmほど離れたクムルジャKumlucaでタクシーをチャーターする。

オリンポス

Map P.15C2
開8:00〜17:00
（夏期〜19:30）休無休
料10YTL

ホテル&レストラン

町にはホテルやペンションもあるが、木の上にある小屋に泊まるというホステル、カーディルズKadir's Tree Houses（inet www.olympostreehouses.com）が人気。なお、冬期はここも含めて休業する宿が多い。

フェティエからオリンポスへの3泊4日のクルーズに参加しました。船内で飲んだドリンクはあとで精算なので、数を控えておくといい。　（神奈川県　さと　'06夏）

リキヤの足跡をたどってみよう
ケコワ島、ミュラ、アリカンダ

Kekova ケコワ／**Myra** ミュラ／**Arykanda** アリカンダ

ケコワ島の造船所跡は人気のスイミングスポット。昼には多くの船が集まる

真っ青な海の中に遺跡が眠る ケコワ島 Kekova Adası

ケコワ島には地震で沈んだ水中遺跡がある。ボートは洞窟や遺跡などに寄りつつケコワ島に向かう。城がある本土側がスィメナ。昔はケコワ島と陸続きだったが、地震で水中に沈んだ。

一面に残る岩窟墓 ミュラ Myra

ミュラ遺跡には、岩を削って家をかたどった墓群があり、精巧なレリーフも残されている。かたわらには円形劇場が発掘されているが、大部分の遺跡はまだ未発掘だ。

サンタクロースの故地 聖ニコラス教会 Aya Nikola Kilisesi

ミュラ近郊にはサンタクロースとして有名な聖ニコラスの聖堂、聖ニコラス教会がある。ディオクレティアヌス帝による迫害により、聖ニコラスは殉教したここに埋葬され、その後ビザンツ風の教会が建築された。今でもモザイク画の床や壁画、祭壇が残る。聖ニコラスの歯型や骨といわれるものは、アンタルヤの考古学博物館に収蔵されている。

リキヤ遺跡では保存状態はピカイチ アリカンダ Arykanda

カシュとケメルの間にある町、フィニケFinikeから、北に入った所にあるリキヤ遺跡。遺跡の保存状態のよさは抜群。敷地は広く、坂が多いため回るのは大変だ。入った所にローマ神殿があり、体育館から音楽堂、アゴラや墓、美しい劇場など、さんざん歩き回っても、まったく飽きさせない遺跡だ。

ケコワ島への行き方

Map P.15C2
⛴夏はカシュをはじめ、カルカン、カレキョイKaleköy、ユチュアウズÜçağızなどからのボートツアーがある。カシュから3時間のツアーは30US$～、アンタルヤからの1日ツアー（昼食付き）は40US$～。カシュからは、グラスボトムボートのツアーもある。

ミュラへの行き方

⛴カレキョイのオトガルから3kmほど。カレキョイへは、アンタルヤからカシュ、フェティエへの便が通る。

ミュラ遺跡

Map P.15C2
開8:00～17:00（夏期～19:00）
休無休
料5YTL

聖ニコラス教会

開8:00～17:00（夏期～19:00）
休無休
料5YTL

アリカンダへの行き方

フィニケFinikeからエルマルElmalıかコルクテリKorkuteli方面へのドルムシュで約45分。

アリカンダ遺跡

Map P.15C2
開8:00～17:00（夏期～19:00）
休無休　料5YTL

ホテル&レストラン

スィメナSimena（カレキョイ）やユチュアウズにはレストランがある。宿泊ならデムレDemreでペンションやホテルを探そう。アリカンダ周辺ではフィニケにある。設備や規模にこだわるなら、カシュやアンタルヤがおすすめ。

カシュからグラスボトムボートのツアーに参加しました。船のモーターが海底の泥をまき散らすので海底遺跡はきれいに見えなかった。（静岡県　押忍万朝　'06秋）

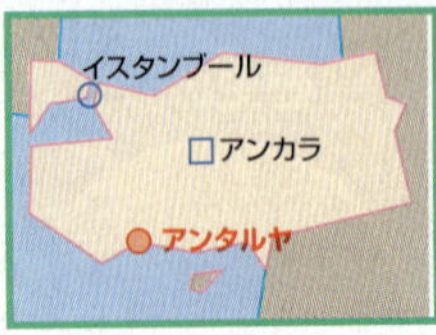

トルコにおける地中海随一のリゾート地

アンタルヤ　Antalya

市外局番 0242 人口60万6447人

■アンタルヤへの行き方

✈トルコ航空のほか、数社の便がある。ヨーロッパ主要都市からからダイレクトに入る便も多い。

🚌各都市から便がある

●イスタンブールから

✈8:25～23:55の2～3時間に1便、サビハ・ギョクチェン空港からも1日1～2便
所要：1時間15分
運賃：159YTL

🚌18:00～24:00に1時間毎
所要：12時間
運賃：45YTL

●アンカラから

✈21:00発
所要：1時間5分
運賃：129YTL

🚌7:00～翌1:00に1時間毎
所要：8時間
運賃：30YTL

●イズミルから

🚌6:00～24:00に1～2時間毎
所要：8時間
運賃：28YTL

●デニズリから

🚌8:00～21:00に1～2時間毎
所要：4時間
運賃：18YTL

●エイルディルから

🚌8:15～17:00に2～3時間毎
所要：3時間
運賃：10YTL

●アダナから

🚌7:00～23:00に1～3時間毎
所要：10時間
運賃：35YTL

●スィリフケから

🚌2時間に1便程度
所要：8時間
運賃：25YTL

●ネヴシェヒルから

🚌10:00 21:00 21:30 22:30 23:30発
所要：10時間
運賃：35YTL

カレイチの下にはビーチが広がっている

アンタルヤは地中海沿岸で最も発展しているリゾート地。ペルガモン王国のアッタロス2世によって開かれたことから、アッタレイアと呼ばれていた。近郊にテルメッソスやペルゲ、アスペンドス、スィデという数々のギリシア、ローマ時代の遺跡があり、その観光基地ともなる町だ。市内にもイヴリ・ミナーレやハドリアヌス門など見どころが多く、なかでもアンタルヤ港を丘の上から見下ろす眺めはすばらしい。また高級ホテルから民宿、ペンション、ロカンタまで観光施設の数、内容ともほかの町とは比べようのないほど充実している。

近郊へ散らばる遺跡をくまなく巡るには、交通の便の悪い所が多いので、夏ならツアーに参加し、冬なら数人でタクシーをチャーターするといい。レンタカーも利用できる。だが、時間さえ許せばここでもドルムシュを乗り換えながら、のんびりと歩いてみたい。また、周辺の海水浴場は美しい地中海でも1、2を争う充実した所。砂浜や景色の美しさはもとより、数々のマリンスポーツを楽しめる。地中海をメインに旅するなら、ぜひ数日滞在したい。

旅のモデルルート　Gezme Planı

ツアーに参加すれば、周辺のおもな遺跡巡りは1日で済む。さらに市内観光に半日、ビーチで過ごすのに半日～1日は欲しいところだ。

アンタルヤでは毎年9月下旬～10月上旬にかけて「ゴールデン・オレンジ映画祭Altın Portakal Film Festival」が行われる。Inet www.altinportakal.org.tr（編集室）

すばらしい保存状態のローマ遺跡を満喫する1日

アンタルヤ→ペルゲ→アスペンドス→スィデ→アンタルヤ

アンタルヤの考古学博物館には、周辺の遺跡から集められたいろいろな発掘物が展示されているが、発見された実際の遺跡を回ってみよう。アンタルヤからマナウガットに向かう幹線道路からそれぞれ数kmずつ離れているため、早い時間から出かけたい。できれば昼食を持って行って、眺めのよい場所でランチにしたいが、ペルゲの遺跡を見たあと、幹線道路まで戻り、アクスで次のドルムシュを待ちながら昼食を取ることもできる。アスペンドスは時間がなくても、とりあえず劇場だけは見るべきだ。スィデの町に入って遺跡を見れば、もう夕方だろう。ちょっと高いが奮発してシーフードにするか、安くあげるために空腹をこらえてアンタルヤに戻り、安いロカンタでごはんを食べるかはお好み次第。

カレイチで遊び、考古学博物館で勉強の半日

イヴリ・ミナーレ→カラアリオウル公園→ハドリアヌス門→考古学博物館

イヴリ・ミナーレ、カラアリオウル公園、ハドリアヌス門は急ぎ足なら1時間で見学できるだろう。周りの遺跡を見たあとならば実際にイメージしながら、行く前ならば予習の意味で、考古学博物館を見学するとおもしろいかもしれない。

歩き方

Güle Güle Gidin

町の中心にある時計塔

町の中心は**キャーズム・オザルプ通り**Kâzım Özalp Cad.と**ジュムフリエット通り**Cumhuriyet Cad.との交差点だ。**噴水**と**時計塔**Saat Kulesiがあるのですぐにわかる。両通りとも商店やホテル、銀行や両替商が並びとてもにぎやかな地区だ。さらにそこからは、美しい尖塔の**イヴリ・ミナーレ**Yivli Minareを見ることができるだろう。このジュムフリエット通りの南側、**アタテュルク通り**Atatürk Cad.と**カラアリオウル公園**Karaalioğlu Parkıに囲まれたあたりが**カレイチ**Kaleiçi（城内）と呼ばれる旧市街。ペンションやツアー会社もあり、見どころが集まっている。

みやげ店が多いカレイチ

ジュムフリエット通りを東へ行くと、ロカンタや商店、雑貨屋などが多く並んでいる。そのまま真っすぐ行くと、衣料品などを扱う庶民的なバザールやドルムシュのターミナル、**ドウ・ガラジュ**Doğu Garajıがある。ジュムフリエット通りを西へ行くと、アタテュルク像のあるジュム

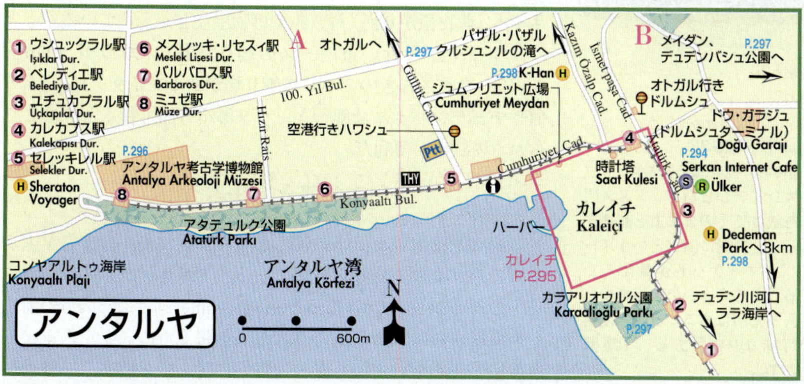

アンタルヤ市は2006年11月からカレイチに入るすべての四輪車から入場料を徴収することを決定した。実施されると今後はタクシーも入場料が必要になる。（編集室）

フリエット広場がある。**アタテュルク公園**や**考古学博物館**へは、海岸通りを真っすぐ行けばよい。

また、高級ホテルが並び海水浴客がよく訪れるのは、考古学博物館西の**コンヤアルトゥ海岸**Konyaaltı Plajıと南東の**ララ海岸**Lara Plajı。コンヤアルトゥ海岸にはジュムフリエット通りから、ララ海岸にはアタテュルク通りからドルムシュが運行している。

ターミナルから市の中心部へ

空港　**アンタルヤ空港**は、アンタルヤ市内から隣町アクスAksu方面へ5kmほどの大通り沿いにある。街の中心までは**ハワシュ**Havaşのシャトルバスが便利。飛行機の発着に合わせて1日5往復で夏期は増便、PTT前まで運行。所要30分。タクシーなら23～25YTLほど。

オトガル　オトガルは街の中心から6kmの場所にある。ここからカレイチまで行くには、オトガル正面から出ているシャトルバス、**テルミナル・オトビュスュ**Terminal Otobüsüの1番を使うか、オトガルの前の大通りを通る**ドルムシュ**をつかまえる。**カレ・カプス**K.Kapısıと書いてあるものに乗ろう。いずれも料金は1YTL。所要約15分。タクシーならカレイチまで15YTLほど。

また、キャーミル・コチュ、メトロ、パムッカレ、アクデニズなどの大手会社は、いずれも時計塔近くのオフィスまでセルヴィスを出している。積極的に活用しよう。

ドルムシュを使う場合もセルヴィスを使う場合も、カレイチの入口周辺で降りたい場合は、**カレカプス**Kalekapısıと言えばOK。一番近い停車場所で降ろしてくれる。乗降できる場所はよく変更されるので注意しよう。

オトガルは鳥が翼を広げたような形だ。シャトルバスの乗り場から見ると、右（北東）の翼にあたる部分が長距離ターミナル＝シェヒルレルアラス・テルミナルŞehirlerarası Terminaliで、左（南西）の翼が近郊ターミナル＝イルチェレル・テルミナルİlçeler Terminalとなっている。胴体にあたる中央部分にはエマネット（荷物預かり所）や、みやげ物屋などが入っている。

カレイチから近い市内バスの起点は**ドウ・ガラジュ**Doğu Garajı。アクス行きのミニバス乗り場があるメイダンMeydan方面やデュデンバシュ公園行き、ララ海岸方面へ行くときはこちらからのほうが便利だ。

市内バスとドルムシュ

市内交通はドルムシュのほうがバスより便利。行き先を大きく書いたプレートが掲げてある。ドウ・ガラジュのほか、カレイチの前の**ジュムフリエット広場**Cumhuriyet Meydanıの前にも乗降場がある。このあたりは渋滞を防ぐためにドルムシュの乗降場が決められているが、運転手に話しておけば、一番近い

カラアリオウル公園

コンヤアルトゥ海岸

市内行きのテルミナル・オトビュスュ

アンタルヤのオトガルの近郊路線側

ドウ・ガラジュのドルムシュ

ジュムフリエット広場

■セルカン・インターネットカフェ
Serkan Internet Cafe
Map P.293B
圏8:30～24:00　困無休
カレイチからハドリアヌス門を抜けてそのまま道を直進すると、左側にŞOKというスーパーマーケットが見えてくる。その向かいの路地を少し入った所にある。日本語使用可能なPCもある。1時間2YTL。

夜のカレイチは街灯が少なく、とても暗い。旧市街なのでもともと迷路のように入り組んだ道が多いうえに、夜は人通りも少なくなる。（編集室）

場所で降ろしてくれる。オトガル方面へ行くドルムシュはさらに北に1本入った所から発車する。ドウ・ガラジュのさらに東、カレイチから徒歩25分ほどの場所にあるメイダンMeydanからもドルムシュが発着する。料金は1YTL。なお、アンタルヤの場合は、市内バスのチケットはバスの中で買う。

市内バス。アンタルヤの市内バスは中でチケット料金を払う

トラムヴァイ

計画としてはさらに延長する予定だが、現在のところ、考古学博物館前のミュゼ駅Müzeからゼルダリリッキ駅Zerdalilik間が開通している。カレイチから考古学博物館に行くときなどには便利な足だ。運賃は1YTL。本数が少ないのが残念だ。7:30～22:00、30分おきの運行。

町を走るトラムヴァイ

両替・郵便・電話

両替　時計塔やカレカプス周辺に銀行、両替商が多い。また、ほとんどのホテルやレストランでは外貨支払いが可能。

ケバブ屋台が並ぶドネルジレル・チャルシュスDönerciler Çarşısıではココレッチ Kokoreçというヒツジの腸を使った料理を出している。独特の臭みがある。(編集室)

■アンタルヤの中央郵便局
Map P.293B
開8:30～17:00　休土・日

ハーバー近くの郵便ポスト

郵便・電話　アンタルヤの中央郵便局はギュルリュック通りGüllük Cad.を北にしばらく行った左側にある。カレイチ北の市場入口には郵便ポストがある。

旅の情報収集

■アンタルヤの🛈
Map P.293B
TEL (0242) 241 1747
開8:30～17:30（冬期～17:00）
料無休

観光案内所　カレイチからトラム沿いをコンヤアルトゥ海岸方面に歩いて数分の所に🛈がある。ここではアンタルヤの地図のほか、地中海地方を紹介するパンフレットなどをくれる。

見どころ　Gezilebilecek Yerleri

■イヴリ・ミナーレ
Map P.295A

美しい尖塔、イヴリ・ミナーレ

独特の形状をした美しいミナーレ
イヴリ・ミナーレ
Yivli Minare イヴリ・ミナーレ

ケスィッキ・ミナーレ

カレイチのランドマーク的な存在。高さ38mのミナーレは、ルーム・セルジューク朝のスルタン、カイクバード1世によって建てられた。隣にあるイヴリ・ジャーミィは、ウル・ジャーミィの別名をもち、ビザンツ時代に教会だった建物を、1373年にイスラーム寺院に改修したもの。カレイチには、**ケスィッキ・ミナーレ**Kesik Minareなど、ほかにも古い建物跡が残り、何かとわかりづらいカレイチの道案内役を果たしている。

■アンタルヤ考古学博物館
Map P.293A
🚃トラムヴァイに乗りミュゼMüzeで下車。駅の北西側に博物館がある。
✉Konyaaltı Cad. No.1
TEL (0242) 238 5688
開9:00～18:00
（夏期9:00～19:00）
入場は閉館30分前まで
休月　料15YTL

アンタルヤ考古学博物館

彫像や石棺など近郊からの出土品が並ぶ
アンタルヤ考古学博物館
Antalya Arkeoloji Müzesi アンタルヤ・アルケオロジ・ミュゼスィ

見事なレリーフの石棺

旧市街から海岸沿いに西へ2kmほど進んだ所にある。ペルゲ遺跡から発掘された**アフロディーテの頭像**など、近郊の遺跡からの出土品が数多く展示されている。

特にこの博物館のハイライト、アフロディーテやゼウスなど**ペルゲの12神像**が並ぶ部屋は圧倒されるすばらしさ。ペルゲに行けない人もここだけは必見の場所だ。また、すぐ脇にある**石棺**の部屋でも細部にわたる見事なレリーフを見ることができる。また、イコンの部屋にはサンタクロースとして有名な**聖ニコラスの歯や骨**が展示されており、**モザイク**の部屋ではクサントス出土の鮮明な作品が床に並んでいる。

■ハドリアヌス門
Map P.295B
🚃トラムならユチュカプラルÜçkapılarで下車。

ローマ時代の香り漂う門
ハドリアヌス門
Hadrianus Kapısı ハドリアヌス・カプス

旧市街入口にあり、美しい彫刻が施された3つのアーチをもつことから、「ユチュ・カプラル（3つの門）」とも呼ばれている。

アンタルヤの🛈は以前は道を挟んだビルの1階にあったのだが、建物に倒壊の危険性があるとしてここ数年は向かいの小屋のような建物に移転中。（編集室）

旧市街に建つハドリアヌス門

130年にローマのハドリアヌス帝がこの町を統治した記念に建造された。アタテュルク通りから向かって右側の塔には上がることができ、旧市街の家並みが見渡せる。

休日などには家族連れでにぎわう総合公園

カラアリオウル公園

Karaalioğlu Parkı カラアリオウル・パルク

■カラアリオウル公園
Map P.293B
カレイチの南側にある。

アタテュルク通りをハドリアヌス門から道なりに南下した所にある。地中海とその向こう側にそびえる山脈を眺める絶好のスポット。旧市街側にある公園入口近くには、紀元前2世紀に建てられたという、**フドゥルルック塔**Hıdırlık Kulesiがある。高さ5.5m、大砲も備えた立派な城塞だ。公園にはスタジアムなどスポーツ施設がある。

アンタルヤで最も新しい博物館

カレイチ博物館

Kaleiçi Müzesi カレイチ・ミュゼスィ

■カレイチ博物館
Map P.295B
✉Barbaros Mah. Kocatepe Sok. No.25 Kaleiçi
TEL (0242) 243 4274
FAX (0242) 243 8013
inet www.kaleicimuzesi.org
開9:00～12:00 13:00～17:00
休水 料1.50YTL

博物館の建物

古い民家とかつての教会を利用した博物館。教会は元の名をアヤ・ヨルギ(聖ゲオルギオス)という。ギリシア文字で書かれたトルコ語の碑文などが残り、建物自体も興味深いが、キュタフヤやチャナッカレの陶器の展示は充実。特にチャナッカレ陶器は現在では完全に技術が絶えており、非常に貴重なコレクションとなっている。

民家のほうは19世紀のオスマン様式にのっとって修復された。オスマン朝時代の人々の生活が再現された部屋では、当時のアンタルヤで流れていた街角の音が聞こえてきて、興味深い展示となっている。

カレイチ博物館

落差はないが水量豊富な滝巡り

クルシュンルの滝とデュデンバシュ公園

Kurşunlu Şelalesi/Düdenbaşı Piknik Alanı
クルシュンル・シェラーレスィ／デュデンバシュ・ピクニック・アラヌ

■クルシュンルの滝
Map P.293B外
🚌ドウ・ガラジュから
✉Kurşunlu Şelalesi
TEL (0242) 433 2218
開8:00～17:30 休無休
料2YTL

■デュデンバシュ公園
Map P.293B外
🚌ドウ・ガラジュから所要約30分、料金は1YTL。
✉Düden Şelalesi Varsak Kasabası
TEL (0242) 361 0171
開7:30～21:00
休無休 料2YTL

豊かな水のデュデンの滝

アンタルヤ近郊には有名な滝が多い。日本のように落差が大きいものではないが、水量は豊富で迫力がある。滝の周辺はピクニックエリアで、夏には家族連れのトルコ人でにぎわう庶民的なスポットとなっている。特にクルシュンルの滝やデュデン川Düden Çayıの滝が有名だ。

クルシュンルの滝はいくつもの滝を順路に沿って進む自然たっぷりの滝の公園だ。好きな所で川に入ることもできる。

カレイチ博物館は私設の博物館だが、そのスポンサーをしているのがトルコを代表する大財閥のコチ・グループ。金融、食品、家電など多くの業種を扱っている。(編集室)

滝の裏側は迫力満点

デュデンのほうは上流と河口に大きな滝があり、上流がデュデンバシュ公園となっている。こちらはエメラルドグリーンの滝の裏側を通り抜けられる。公園内のレストランで、獲れたばかりのマスの料理を楽しもう。

河口の滝は海側から見るのが一般的だ。アンタルヤからクルーズ船が出ている。大小の瀑布が落ち込んでいて壮観だ。波打ち際には鍾乳洞がある。6時間の半日クルーズでひとり15US$〜。

ホテル

日本からホテルへの電話 国際電話会社の番号 + 010 + 国番号90 + 242（市外局番の最初の0は不要）+ 掲載の電話番号

アンタルヤの大型リゾートホテルは、町の中心からやや離れたビーチ沿いにある。高級プチホテルや手頃なペンションならカレイチへ。カレイチはとても静かな地区。ホテルやペンションの数が多いので、何軒か回って決めよう。

カレイチ以外では、キャーズム・オザルプ通り沿いやその周辺にもホテルは多い。

アンタルヤはリゾート地のため、冬期は休業しているところも多く、夏と冬との料金差もある。冬期は日照時間が極端に短くなるため、給湯がソーラーシステムを使用しているホテルでは、ソーラーから電気に切り替えるため、お湯が出るまで1時間以上要する場合もある。小規模な宿は基本的に暖房設備は不充分。暖房料金を別に取るところもある。

デデマン・パーク Dedeman Park Antalya

高級 Map P.293B外

✉Lara Yolu
TEL(0242) 316 0104　FAX(0242) 316 0103

Inet www.dedemanhotels.com
D なし
S A/C 95〜105US$
W A/C 110〜130US$
US$ € YTL
T/C 不可
C/C A M V

●ドウ・ガラジュからデデマンと書かれたドルムシュに乗って行く。タクシーなら6YTLぐらい。サウナ、フィットネスクラブ、大型プール、ボウリング場なども併設した、トルコ資本の大型ホテル。いくつかの施設は道路を渡った向かい側にある。全483室。有料の施設もあるが、宿泊客は基本的に割引がある。

カーハン Best Western K-Han Hotel

高級 Map P.293B

✉Kâzım Özalp Cad. No.55 Elmalı Mah.
TEL(0242) 248 3870　FAX(0242) 248 4297

Inet www.khanhotel.com
D なし
S A/C 70US$
W A/C 100US$
US$ € YTL
T/C US$ €
C/C A M V

●旧名のクシュラハン・ホテルKışlahan Hotelもよく通じる。広場に面しているが、入口は広場の反対側にある。ハマム、サウナ、ジムなどの設備が整った4つ星の大型ホテルで、ツアー客の利用も多い。大きめのプールや眺めのよいテラスバーなどもある。室内は落ち着いた内装で、アメニティも揃っている。

テケリ・コナックラル Tekeli Konakları

高級 Map P.295A

✉Dizdar Hasan Sok. Kaleiçi
TEL(0242) 244 5465　FAX(0242) 242 6714

Inet www.tekeli.com.tr
D なし
S A/C 75〜96US$
W A/C 96〜120US$
US$ € JPY YTL
T/C 不可
C/C A D M V

●中庭を囲む数軒の伝統家屋からなるプチホテル。小さなプールもある。室内はフローリングで、インテリアもオリエンタルテイストなアンティーク調でまとめられている。電話も昔風の黒電話という凝りよう。バスルームにもトルコタイルが使われていてユニーク。中庭はレストランになっている。

デデマン・パークの遊園プールは大きなスライダーや流れるプールもあって、かなり大規模。入場料を払えば宿泊者以外でも利用可能。（編集室）

ヴィラ・ペルラ Villa Perla

中級 Map P.295B

✉Barbaros Mah. Hesapçi Sok. No.26 Kaleiçi
TEL(0242) 248 9793　FAX(0242) 241 2917

inet www.villaperla.com
D なし
S A/C 50€
W A/C 60€
US$ € YTL
T/C 不可
C/C M V

●ハドリアヌス門からカレイチに入って直進し、右側にある。イタリア領事館を改装したアンティークなホテル。10部屋しかないのであらかじめ予約が必要だ。ジャクージ付きの部屋もある。冬期割引あり。併設のレストランも評判がよく、各種トルコ料理のほか、ウサギを使った料理を出している。

ドアン Hotel Doğan

中級 Map P.295B

✉Mermerli Banyo Sok. No.5 Kaleiçi
TEL(0242) 247 4654　FAX(0242) 247 4006

inet www.doganhotel.com
D なし
S A/C 50€
W A/C 75€
US$ € YTL
T/C 不可 C/C M V

●4つの建物から成り立っており、レセプション棟を出た中庭にプールとレストランがあり、その奥に客室がある。古い民家を改装しているが、室内はパステル調のモダンな感じで、エアコンも日本製。衛星放送視聴可能なテレビ付き。シャワールームはやや狭い。

テュルク・エヴィ Türk Evi Otelleri

中級 Map P.295A

✉Mermerli Sok. No.2 Kaleiçi
TEL(0242) 248 6478　FAX(0242) 241 9419

inet www.turkeviotelleri.com
D なし
S A/C 25~35€
W A/C 45~55€
US$ € YTL
T/C 不可
C/C A M V

●時計塔からウズンチャルシュ通りを突きあたるまで直進する。港を見下ろす高台にある絶好のロケーション。比較的規模が大きなプチホテルで、リゾート気分も味わえる。統一感のあるアンティークの家具のセンスがよい。サウナも併設されている。ホテル内には眺めのよいカフェKale Barもある。

ロートリンゲン・ホーフ Hotel Reutlingen Hof

中級 Map P.295A

✉Mermerli Banyo Sok. No.23 Kaleiçi
TEL(0242) 247 6372　FAX(0242) 248 4075

inet www.reutlingenhof.com
D なし
S A/C 25~35€
W A/C 33~45€
US$ € YTL
T/C 不可
C/C A M V

●オーナーがドイツのロートリンゲンで長い間働いていたためこの名前を付けたとか。室内は特にドイツ風というわけではないが、木目調の家具でアンティークな雰囲気でまとめられている。約半数がバスタブ付きで、ベッドはキングサイズ。バーやレストランもある。プールも建設予定。

ウルジュ Hotel Urcu

中級 Map P.295B

✉Barbaros Mah. Hamit Efendi Sok. No.6 Kaleiçi
TEL(0242) 243 6700　FAX(0242) 247 0931

inet www.hotelurcu.com
D なし
S A/C 19€
W A/C 30€
US$ € YTL
T/C 不可
C/C 不可

●民家を改築してプチホテルにしているため、部屋の広さにはかなり差があるが、広い部屋が多い。全12室のうち、ひと部屋だけバスタブ付きの部屋もある。家庭的な雰囲気で、オーナーがあまり商売っ気がないからか、プチホテルとしては魅力的な料金だ。中庭には小さなプールがある。

エキジEkici Restaurantはハーバーの目の前にある、雰囲気のよい高級レストラン。メインとサラダとスープを頼んで20~30YTLほど。営業時間は8:00~24:00。(編集室)

経済的

セネム Senem Family Pansion

Map P.295A

✉Hıdırlık Kulesi Yanı Zeytingeçidi Sok. No.9 Kaleiçi
TEL(0242) 247 1752　FAX(0242) 247 0615

D なし
S A/C 35YTL
W A/C 40～50YTL
US$ € YTL
T/C 不可
C/C 不可

●面倒見のよいおかみさんが経営する家族経営の宿。テラスからの眺めがきれい。朝食メニューは日替わりで手作りマーマレードやケーキが出ることも。海が見える部屋は若干高い。エアコンなしの部屋は　S 25YTL、W 35YTL。冬期の12～2月は基本的に休業。

経済的

ラゼル Lazer Pansiyon

Map P.295B

✉Kılıçarslan Mah. Hesapçı Sok. No.61 Kaleiçi
TEL(0242) 242 7194　FAX(0242) 243 9353

inet www.lazerpension.com
D 5€
S A/C 10€～
W A/C 15€～
US$ € JPY YTL
T/C 不可 C/C 不可

●日本人バックパッカーが集まる居心地のいい宿。息子のエルさんは日本語OK。ケコワ島へのオリジナルツアー（ひとり40€）も催行している。10～2月にはトルコ産のマツタケ(別料金)を出すことも。キッチン使用可。サロンには日本語使用可のPCもある。朝食は2.50€。

2階のサロンにはPCがあって日本語も使えます。マツタケは年によって値段が違うので出さないときもあるそうです。
（東京都　デースケ　'06秋）

経済的

スィベル Sibel Pansiyon

Map P.295B

✉Fırın Sok. No.30 Kesik Minare Civarı Kaleiçi
TEL(0242) 241 1316　FAX(0242) 241 3656

D なし
S A/C 15～20€
W A/C 25€
US$ € YTL
T/C 不可
C/C 不可

●ケスィッキ・ミナーレの1本南の路地を入った左側にあるペンション。フランス人女性の経営する宿で、木漏れ日が心地よい中庭があり、リラックスして滞在できる。自家製ジャムやボレキ、フレッシュジュースなどが出る種類豊富な朝食も自慢。

経済的

ベゴンヴィル Begonvil

Map P.295B

✉Barbaros Mah. Mescit Sok. No.23 Kaleiçi

TEL&FAX(0242) 242 9486
D なし
S A/C 30YTL
W A/C 50YTL
US$ € JPY YTL
T/C 不可 C/C 不可

●レストランのハサンアアのすぐそばにあるドイツ人女性の経営するホテル。部屋は清潔で、すべての部屋にはエアコンが付いている。冬期は少し安くなる。レストランも併設。朝食なしならひとりにつき5YTLほど割引。

レストラン

港周辺やアタテュルク通りからカレイチに少し入ったあたりのレストランは、かなり高い値段設定をしている。シーフードを出すところも多いが、基本的に肉料理よりやや高めなので奮発するつもりで食べよう。ドウ・ガラジュやその周辺には安い店も多い。

中級 トルコ料理

ハサンアア Hasanağa Restaurant

Map P.295B

✉Tuzcular Mah. Mescit Sok. No.15
TEL(0242) 242 8105　FAX なし
開 12:00～翌2:00(冬期～24:00)
休 無休
US$ € YTL C/C M V

●ワインの種類が豊富なレストラン。木・金曜の夜には民謡、土曜の夜には古典音楽の演奏がある。人気のメニューはハサンアア・スペシャル(13YTL)やオスマンル・タバウ(15YTL)。メゼ(前菜)はビュッフェ形式で30種類以上。

カレイチの居酒屋では夜、音楽の生演奏をやっている店が多い。民謡や伝統音楽が中心だが、なかには聞くに堪えない演奏の店もあるので店選びは慎重に。（編集室）

高級🍷 トルコ料理

ギズリ・バフチェ Gizli Bahçe

Map P.295A

⊠Kaleiçi
TEL(0242) 244 8010
FAX(0242) 247 2110
inet www.gizlibahce.org
開10:00～24:00 休無休
💴US$ € YTL
C/C Ⓐ Ⓓ Ⓜ Ⓥ

●「秘密の庭」という意味の隠れ家的な店。洗練された高級リゾートのような雰囲気があり、テラス席からの眺めも抜群。美しく盛られた創作トルコ料理を中心に新鮮な魚介類も豊富。前菜と肉料理、デザートを頼んで40YTL前後。人気メニューはオットマン・スペシャル（25YTL）や、ギズリ・バフチェ・ケバブ（22YTL）。

中級🍷 トルコ料理

メルメルリ Mermerli

Map P.295A

⊠Serçuk Mah. Banyo Sok. No.25
TEL(0242) 248 5484 FAXなし
開8:00～24:00
休無休
💴US$ € YTL C/C Ⓜ Ⓥ

●港から階段で高台に上った所にある、ガラス張りのテラスレストラン。小さな海水浴場のすぐ上にあるため、見晴らしがよい。サラダ、メイン、ビールを頼んで18～24YTL。メインの肉料理は11～18YTL。シーフードも出す。

中級🍷 中華料理

中国長青飯店 Chang-Qing

Map P.295B

⊠İmaret Sok. No.28 Dönerciler Çarşısı Arkası Kaleiçi
TEL&FAX(0242) 247 6587
開12:00～23:00
（冬期～22:00） 休無休
💴US$ € YTL C/C Ⓜ Ⓥ

●カレイチで唯一の中華料理店。家族経営でシェフも中国人。スープ5.50YTL～、炒飯4.90～10.90YTL、麺類は5.50YTL～。メインは肉料理10.90YTL～、魚料理が14.90YTL～。日本語メニューもある。酒類は諸事情により出さないときもある。持ち帰りも可能。

中級🍷 トルコ料理

ヘムシン Hemşin Karadeniz Restaurant

Map P.295B

⊠İmaret Sok. No.27 Üçkapılar
TEL(0242) 248 1500
FAX(0242) 247 1942
開12:00～24:00
休無休
💴US$ € YTL C/C Ⓜ Ⓥ

●中国長青飯店の近くにある黒海料理の店。1品6～10YTL。イワシのフライ（ハムスィ・タワHamsi Tava）やピラフのイワシ載せ（ハムスィ・ピラウHamsili Pilav）や赤キャベツのスープ（カラ・ラハナ・チョルバスKara Lahana Çorbasi）や黒海風ピデなど、黒海地方の郷土料理を出す。

キリムショップ

ミフリ Galeri Mihri

Map P.295B

⊠Tuzcular Mah. Paşa Camii Sok. Uzunçarşı İşhanı Kaleiçi

TEL(0242) 241 2224
FAX(0242) 242 7014
inet www.mihri.org 🇯🇵
開10:30～20:00（冬期～18:00）
休日
💴US$ € JPY YTL C/C不可

●アンティークキリムを中心に、さまざまなキリムを販売している。オーナーの野中さんをはじめ、スタッフにも日本人が多いので、言葉の心配がないのがうれしい。キリムや絨毯の織り方を学びたい人の相談にも乗ってくれる。また、ここでは日本語で描かれた便利なカレイチの絵地図を配布している。

ハマム 観光客向け

バルクパザル Balıkpazarı Hamamı

Map P.295B

⊠Tuzcular Mah. Balık Pazarı Sok. Kaleiçi
TEL&FAX(0242) 243 6175
開8:00～23:00
休無休
💴US$ € YTL C/C Ⓐ Ⓜ Ⓥ

●カレイチにある700年以上前のハマム跡を修復したハマム。モットーは清潔とよいサービス。入浴料は10YTL。通常のハマムのメニューではアカすり5YTLとマッサージ7YTLがあるほか、オイルマッサージ11YTLもある。なお、女性部門の営業は8:00～20:00。

ギズリ・バフチェの近くにあるアリーAllyというクラブはカレイチでも人気ナンバーワンのクラブ。あまりにラフな格好で行くと入店を断られる場合もある。（編集室）

年月を超え、かつての姿を今に伝える

ファセリス、ペルゲ、テルメッソス、アスペンドス

Phaselis ファセリス／Perge ペルゲ／Termessos テルメッソス／Aspendos アスペンドス

ファセリス遺跡を高台から望む

ファセリスへの行き方

アンタルヤやケメルKemerからバスかドルムシュに乗り、途中下車して残り2kmは徒歩。アンタルヤからツアーもある。

ファセリス遺跡

Map P.15C2
開8:00～17:00　休無休
料10YTL

ペルゲへの行き方

アンタルヤの東隣にある町アクスAksu行きのバスに乗る。アクス行きのバスはメイダンMeydan発。アンタルヤのジュムフリエット広場などからメイダン方面のドルムシュが多く出ている。また、オトガルの近郊ターミナルからもアクス方面へのバスがある。運賃は2YTL。アクスからは徒歩2kmほど。アンタルヤからアスペンドスとからめた1日ツアー（40€～）が週に1～2回。
タクシーならば片道で約30€。

ペルゲ遺跡

Map P.15C2
開8:00～17:00
（夏期～19:00）
休無休
料10YTL

海岸沿いのリキヤ遺跡

ファセリス

Phaselis

カシュとアンタルヤを結ぶ湾岸道路沿いにある遺跡。地理的にはカシュよりアンタルヤのほうが近いが、カシュ地方に点在する遺跡と同じく古代リキヤの都市遺跡のグループだ。

遺跡の入口から林の中を約10分歩くと左に北の入江、右にミリ軍港跡が見えてくる。売店の横に配水管があり、その先の古代メインストリート沿いに浴場やアゴラが並ぶ。左に円形劇場が現れ、さらに進むとハドリアヌス門、南の入江に着く。この遺跡は松が生い茂る海岸沿いにあり、古代の港に今も波が寄せている。同様の遺跡に、ガザイ、コリダルラ、リミュラなどがある。

町がまるごと遺跡となってその姿を今に伝える

ペルゲ

Perge

アンタルヤ近郊を流れるアクス川Aksu Çayiの河畔にある丘に、ローマ帝国時代に栄えた植民地パンフィリアPamphyliaの大きな都市、ペルゲ

ニンフアエウムと呼ばれる泉

アンタルヤ近郊のケメルKemerはヨーロッパからのツアー客で人気のリゾートだが、ベレッキBelekやクンドゥKunduなどの地域もリゾート開発が進んでいる。（編集室）

の遺跡が広がっている。

町の起源は、トロイ戦争後に移住してきたギリシア人により建設されたともいわれ、現在のところはっきりとはわからない。紀元前4世紀にアレキサンダー大王のマケドニアの領土として歴史に登場して以来、ローマ時代を通じて栄えた。同時に小アジアにおける原始キリスト教の重要拠点となったことで知られ、パウロらがこの地で説教したと聖書に記されている。

●アクロポリスとすそ野の街区跡　海抜50mほどのアクロポリスの丘の遺跡には、城壁のほか、アルテミス神殿と伝えられる建造物の跡がある。またその隣にはローマ時代のキリスト教会跡も見られる。

アクロポリスの丘の麓には、三方を丘陵で囲まれた街区の遺跡が広がっている。町を取り巻く城壁の東、西、南に門が設けられ、南門の目の前にふたつの円塔がそびえている。これはアゴラ付属のヘレニズム様式門の跡。さらに奥へ進むと、石柱の立ち並ぶ幅20mほどの街路に出る。街区には、浴場やビザンツ教会、ガイウス・ユリウス・コルナトゥスの居城跡などがある。

●闘技場と劇場跡　南門を出て西へ進むと、紀元前2世紀の闘技場に着く。234m×34m、収容人員1万2000人という規模は圧巻だ。戦士の控え室や商店跡も保存されている。

闘技場への道をさらに先へ進むと、紀元3世紀に丘の斜面を利用して造られた大劇場が見える。客席は下から上まで40列、収容1万3000人。1920年代に現地の人がこの遺跡の石を建材として盛んに持ち出したため、舞台部分を囲む壁は見る影もなくなり、石床と客席が残るだけとなった。

●共同墓地　街区の3つの門の外側に共同墓地が1ヵ所ずつある。西の墓地は、碑銘によると紀元後3世紀のものらしい。

標高1650mの山に囲まれた城塞遺跡

テルメッソス

Termessos

アンタルヤから北西に約34km、山々に囲まれた高台にあるギリシア・ローマ時代の城塞遺跡。自然の立地を活かした強固な守りで知られ、アレキサンダー大王でさえ、その攻撃をためらったといわれるほどだ。現在は山中に遺跡が散在し、劇場以外はあまり当時の面影を残していない。標高1000mの高さにある劇場は、かつては4000人を収容したというヘレニズム期のもの。27段の客席などが非常にきれいな形で残っている。ここからの眺望もすばらしい。

石棺も地震で崩れたままになっている

テルメッソスへの行き方

ツアーを使うかタクシーで行くかしたほうがよい。

🚗タクシーならば往復で約120YTL。

🚌オトガルの近郊ターミナルからコルクテリKorkuteli行きのミニバスに乗り、所要約30分、運賃は4YTL。途中下車して12kmほど登る。タクシーも待機している。

テルメッソス遺跡

Map P.15C2

開8:00〜17:00
(夏期〜19:00)
休無休
料4YTL

劇場の前に高い山がそびえる

テルメッソスのさらに北にはカライン洞窟Karain Mağarasıという鍾乳洞がある。石器時代の壁画などが残っており、人骨も発掘されている。(編集室)

アスペンドスへの行き方

カレイチからオトガル方面に行くドルムシュに乗り、ワタン・カウシャウVatan Kavşağıで降り、セリキSerik行きのドルムシュに乗り換える。オトガルでもセリキ行きの便はある。セリキからはアスペンドス行きのドルムシュが出ている。
🚗ペルゲ、アスペンドスと回るタクシーを使うと80YTLかかる。

アスペンドス遺跡

Map P.15C2
開8:00～17:00（夏期～19:00）
休無休
料10YTL

8月にはアナドル・アテシというダンスパフォーマンスの公演が行われる

ローマ劇場の保存状態では文句なしに世界のトップクラス

アスペンドス

Aspendos

劇場の装飾にも注目しよう

アンタルヤから東へ39kmにある遺跡。古代にはパンフィリアで最も重要な都市だったとされ、ほぼ完璧に保存されている古代劇場で名高い。

小アジアの古代都市の例にもれず、アスペンドスにもアクロポリスの丘があり、そのすそ野には後のヘレニズム時代に建てられた街区があった。アクロポリスの丘の高さは40mで、遺跡の広さは800m×500mほど。

アスペンドスにギリシア人が移り住んだのは紀元前1000年頃のこととされている。土壌は肥沃で農耕に適し、さらに郊外を流れるエルリメドン川を利用し、交易港ももつ豊かな植民地として栄えた。その後一度はアレキサンダー大王により征服されたものの、ローマ時代の2～3世紀には再び繁栄期を迎えている。

●小アジア最大の劇場跡　小アジア最大級の古代劇場が完璧に近い状態で保存されている。これはローマのマルクス・アウレリウス帝のために紀元2世紀に建造され、1万5000人から2万人が収容可能だった。セルジューク時代には宮殿として利用された時期もある。近年は、コンサート、メヴラーナの旋舞などの会場として使われ、特に毎年6月にはアスペンドス国際オペラ・バレエフェスティバルが行われる。

ほぼ完璧な状態で残されているアスペンドスの円形劇場

観客席は中央通路を隔てて上と下に分かれ、最上段には柱廊がしつらえられている。舞台の壁はイオニア様式とコリント様式双方を取り入れた柱で飾られ、かつてはロープでつった屋根が舞台を覆っていたという。地中海岸に劇場は数多く存在するが、ここは楽屋や舞台などもきれいに残り、世界で最も保存状態がよいと称えられている。

●アクロポリス　防衛上の必要から、アクロポリスの丘の急斜面の要所要所は石壁で補強されている。建造物の大半は失われているが、四方にあった門のうちメインゲートの南門だけは残っている。小さな寺院とアゴラの跡地の奥に、ニンフアエウム（泉の寺）の壁が見える。議事堂跡と考えられている別の建物の基部もある。丘の北側には古代水道と貯水塔2基の跡がある。

夏期に行われるアナドル・アテシの公演はアンタルヤからツアーが出ているが、公演を見終わって戻ると深夜0:00を回っている。前もって夕食を食べておこう。（編集室）

スィデ　Side

市外局番 0242 人口1万3700人

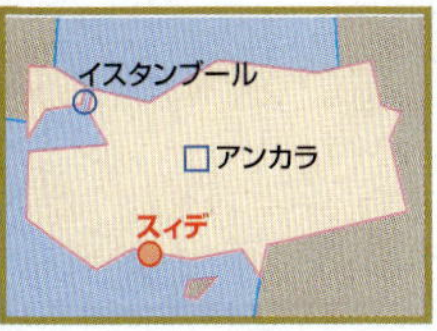

紀元前7世紀頃にギリシア人によって造られたイオニアの植民都市。長く栄えた都市国家で、途中アレキサンダー大王に破壊されたが、1～2世紀には最大の繁栄期を迎え、数々の建造物が築き上げられた。

アポロン神殿の夕日

歩き方　劇場脇から列柱のあるリマン通りLiman Cad.が海岸に向かって延びており、両側にはおみやげ屋、旅行会社、銀行や両替商などが並ぶ。突きあたりの海岸沿いにボート乗り場がある。左に行くと**アポロン＆アテナ神殿**の遺跡や**浴場跡**。海岸沿いを歩くと、白い砂浜が緩やかなスロープを描く。周辺にはホテルやペンションも多い。

現在も修復中の巨大な劇場

スィデ円形劇場

Side Tiyatrosu スィデ・ティヤトロス

2世紀に造られたスィデの円形劇場は、2万5000人を収容したという。ビザンツ時代には教会として使われていたようだ。劇場のすぐ横には、古代アゴラが残っているが発掘作業中。

クレオパトラ伝説が残る古い浴場跡

スィデ博物館

Side Müzesi スィデ・ミュゼスィ

ローマ浴場跡を博物館にして発掘物を公開している。クレオパトラがミルク風呂にして入ったといわれる大きな浴槽もあるが、本当は紀元2世紀頃、ローマ時代後期の建物とされ、クレオパトラ説は否定されている。ここからマナヴガットのほうへ30kmも続いていたという**ローマ水道**が延びている。

太陽が沈む頃に訪れてみよう

アポロン＆アテナ神殿

Apollon ve Athena Tapnakları

アポロン・ヴェ・アテナ・タプナックラル

スィデ半島の岬にあり、海と白い柱のコントラストが見事。この建物もビザンツ時代は教会として使われたが、現在は何本かの柱が残るのみ。転がっている石の残骸がさびしい。だが夕景が映し出す美しさは格別だ。

■スィデへの行き方

🚌マナウガットManavgatが起点。

●マナウガットから

🚌スィデ行きのドルムシュは20分に1本程度。

所要：30分

運賃：2YTL

●アンタルヤから

🚌オトガルの近郊ターミナルからマナウガット・セヤハットManavgat Seyahatのバスに乗る。マナヴガットでスィデ行きのセルヴィスに乗り換え。セルヴィスがない場合はドルムシュで行く。

所要：1時間30分＋20分

運賃：7YTL

■スィデ円形劇場

Map P.305

開10:00～19:00（冬期8:00～18:00）休月　料10YTL

■スィデ博物館

Map P.305

開9:00～12:00 13:30～18:30 休月　料5YTL

■アポロン＆アテナ神殿

Map P.305

ホテル

ホテルは列柱道路を中心に数多くある。夏と冬の値段の差が大きい。

レストラン

レストランも列柱道路周辺にたくさんある。観光客が多く値段は高め。

マナウガットの北には馬蹄型の滝がある。さらに滝の北へ行くと、オスマン朝時代の橋があり、その近くにはローマ時代の水道橋やギリシア時代の遺跡もある。（編集室）

アランヤのボートクルーズ

アランヤ Alanya

市外局番 0246 人口13万4396人

アンタルヤから海岸沿いを東南へ125km行った港町。背後の山をセルジューク朝時代の**城壁**が取り囲み、港には巨大な塔**クズル・クレ**Kızıl Kule（レッド・タワー）がそびえる。地中海屈指のリゾート地としても知られている。

オトガルのほか、マナヴガットなど近郊からのミニバスが発着する**ドルムシュ・ガラジュ**が**テヴフィキエ通り**Tevfikiye Cad.沿いにある。目の前は市場Çarşıだ。オトガルから市街地へは市内バスやセルヴィスを利用して中心まで出よう。

眺めは抜群、眼下は地中海の大海原

城跡

Alanya Kalesi アランヤ・カレスィ

ルーム・セルジューク時代の1226年、スルタンのカイクバード1世によって建造された冬の居城。城塞を囲む城壁は約8kmあり、城塞の入口まで3kmの坂が続く。徒歩なら大変だがバスもあるので行ってみよう。最高の眺望が楽しめる。

見晴らしのよい360度の大パノラマ

クズル・クレ

Kızıl Kule クズル・クレ

クズル・クレは、山上の城跡と同じ時期に建造されたもの。内部は民族学博物館で、八角柱の塔の港側から中へ入る。見張り台としての機能を果たしていたため、高さ35mの屋上は眺めがよい。隣には**テルサーネ**Tersaneというセルジューク時代の造船所がある。5つのアーチが残り、造った船をそのまま港へ出せるようになっていた仕組みがよくわかる。

ひんやりと涼しい夏のオアシス

ダムラタシュ洞窟

Damlataş Mağarası ダムラタシュ・マアラス

美しいビーチとして名高いクレオパトラ海岸の端にある鍾乳洞。規模は小さいが、赤い岩質のため茶色い縞模様ができており、内部には洞窟独特のひんやりとした冷気が漂う。

アランヤにはほかにも多くの洞窟があるが、崖下にあるので、ボートで見学するとよい。

■アランヤへの行き方

🚌地中海岸以外からなら、アンタルヤ乗り換えが早い。夏期はイスタンブールやアンカラなど大都市から直行便が出る。

●アンタルヤから

🚌7:30〜19:30に頻発

所要：2時間

運賃：10YTL

●スィリフケから

🚌10:00 11:00 14:00 20:00 21:00 22:30発

所要：7時間

運賃：25YTL

■城跡

Map P.306

開9:00〜19:00（冬期〜18:00）

休月

料5YTL

■クズル・クレ

Map P.306

開8:00〜19:00

（冬期7:30〜17:00）

休月　料2YTL

■ダムラタシュ洞窟

Map P.306

開10:00〜17:30

休無休

料4YTL

ホテル

アランヤの城壁周辺には手頃な値段の宿が多い。

レストラン

アランヤではシーフードを出す店が多いため、やや値段は高め。

トルコ最南端にあるアナムールはアランヤとスィデの間にある。ビザンツ時代の遺跡が残るビーチやローマ時代の要塞マムレ城などが残っている。（編集室）

町を流れるギョクス川

スィリフケ Silifke

市外局番 0324 人口6万4800人

町ができたのは紀元前3世紀頃のセレウコス朝シリアの時代。その後ローマに引き継がれ、繁栄を極めた。12世紀の第3回十字軍では、神聖ローマ皇帝のフリードリッヒ・バルバロッサ（赤髭王）がスィリフケの上流で溺死したことでも知られる。

町の中心は石橋(タシュ橋)　町の中心はオトガルから**イノニュ通り**İnönü Cad.を西へ1.5kmほど真っすぐ歩いた所にある**タシュ橋**Taşköprü。メルスィンからのバスは**アタテュルク通り**Atatürk Cad.から**アタテュルク橋**Atatürk Köprüsüを経由する。スィリフケのⓘはアタテュルク通りから少し入った所にある。情報量も豊富で対応も親切だ。

タシュジュ　北キプロスへのフェリーの発着地は、スィリフケの8km西にある**タシュジュ**Taşucu。港沿いにはフェリー会社のオフィスがある。オトガルはスィリフケ方面に幹線道路を北にしばらく行った所にあり、港からセルヴィスで行ける。

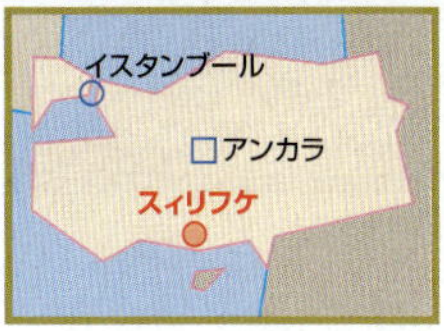

■スィリフケへの行き方

●コンヤから

🚌5:30～20:00に2～3時間毎、24:00発

所要：4時間　運賃：15YTL

●メルスィンから

🚌5:30～19:00に15分毎

所要：2時間　運賃：6YTL

●アンタルヤから

🚌アダナ行きで途中下車。

所要：8時間　運賃：25YTL

■スィリフケのⓘ

Map P.307A

TEL(0324) 714 1151

FAX(0324) 714 5328

開8:00～12:00 13:00～17:00

休土・日

■アヤテクラ

Map P.307A外

タシュジュ行きのバスで途中下車し、徒歩10分。タクシーで行くなら往復20YTL。

開8:00～17:00

休無休　料2YTL

見どころ Gezilebilecek Yerleri

数々の奇蹟が起きた聖地
アヤテクラ

Ayatekla アヤテクラ

洞窟にある祭壇

スィリフケから南へ30分ほど歩くと、初期キリスト教徒の聖地である岩地に出る。この聖なる洞穴は使徒パウロによって帰依したテクラが隠れ住んだと伝えられる所。彼女はここで数々の奇跡を行ったといわれ、現在も巡礼者が訪れている。共同墓地や会堂の一部も残されている。管理人にガイドを頼むこともできる。冬期は閉まっていることもあるのでⓘで確認しよう。

スィリフケで有名な民俗舞踊はアーシュク・マーシュクAşık Maşıkと呼ばれる踊りで、腹に顔を描いて踊るコミカルなもの。祭りなどで披露される。（編集室）

悲しい伝説が残るロマンティックな城

クズカレスィ（乙女の城）

Kızkalesi クズカレスィ

スィリフケの東30kmにある城。海に浮かんで見えるその姿は、真っ青な海と絶妙のコントラストをなしている。ビーチから城まではボートかレンタルボートで行こう。

この城には、蛇によって娘が殺されるという予言をされた王様が、娘を守るため海上にこの城を築いたという伝説がある。しかし、その娘はブドウの入った籠にひそんでいた毒蛇によって死んでしまったそうだ。城の対岸のビーチ沿いや幹線道路沿いにはリゾートホテルや安いペンションがたくさんある。

■クズカレスィ
Map P.16A2
メルスィン～スィリフケ間のバスで途中下車。スィリフケからは4YTL、メルスィンからは5YTL。ビーチから城まではボートでひとり往復約5YTL。

古城を望むビーチ

石柱がにょきにょきと伸びる保存状態のよい遺跡

ウズンジャブルチュ

Uzuncaburç ウズンジャブルチュ

スィリフケの北30kmにある。ヘレニズム時代にはオルバOlba、ローマ時代にはディオカエサレアDiocaesareaと呼ばれた。高さ22mで5階建ての塔や、ゼウス神殿、道路網などが残る。ドイツのフライブルク大学による発掘が続いている。

■ウズンジャブルチュ
Map P.16A2
🚌夏はⓘの斜め向かいから便がある。平日7便、土5便（往復するのは3便のみ）、冬期は半減する。時間はⓘで確認できる。
所要：45分　運賃：3.50YTL
🚕ウズンジャブルチュや周辺のオルバ遺跡を回って約3時間、70YTL前後。
開8:00～17:00（夏期～20:00）
休無休　料2YTL

下は断崖絶壁！　ここが天国とはいかに？

天国と地獄

Cennet Cehennem ジェンネット・ジェヘンネム

クズカレスィから内陸に7kmぐらい入った所にあるジェンネットは、険しく崖のような洞穴で“天国”とは名ばかりの地獄めいた場所だ。

神話によると、ゼウスがここに半人半獣のタイフォンを閉じ込めたとされる。冥界の入口といわれるジェヘンネムはものすごい峡谷で、こちらは下りられない。ここから300m道沿いに行くとアストゥム・マアラスAstım Mağrasıと呼ばれる全長200mの鍾乳洞もあり、入場料は2YTL。天国と地獄のあるナルル・クユNarlı kıyıはとてもきれいな入江。海岸沿いにレストランが軒を連ねる。

■天国と地獄
Map P.16A2
🚌スィリフケからメルスィン行きバスでナルル・クユNarlı Kıyı下車。チャイハネの横の坂を約2km上っていく。
開8:00～20:00（冬期～17:00）
休無休　料2YTL

ホテル

日本からホテルへの電話　国際電話会社の番号 + 010 + 国番号90 + 324（市外局番の最初の0は不要）+ 掲載の電話番号

スィリフケのホテルは、ほかの海岸沿いのリゾートに比べてあまり多くない。イノニュ通りとアタテュルク通りに数軒。タシュジュには港の1本内陸寄りのメインストリートに数軒ある。リゾート気分で滞在するなら、海に浮かぶ城があるクズカレスィまで足を延ばすのがおすすめ。ビーチ沿いをはじめ、幹線道路沿いにホテルやペンションが密集している。

タシュジュ・ベスト・リゾート Taşucu Best Resort Hotel

高級　地図外

✉Atatürk Cad. No.97 Taşucu
TEL(0324)741 6301　FAX(0324)741 3005

D なし
S A/C 65€
W A/C 83€
US$ € YTL
T/C不可　C/C A M V

●タシュジュにあるリゾートホテル。港へのミニバスがUターンするあたりにある。砂浜のプライベートビーチはないが、海に面したスライダー付きのプールがある。設備の整った5つ星のわりに料金が安く、左記の料金で朝食、夕食付き。

ギョクス川のデルタ地帯は野鳥が多く繁殖し、自然保護区に指定されている。特にセイケイ（英名Purple Swamphen）の繁殖地として知られる。（編集室）

アヤテクラ Hotel Ayatekla

中級 Map P.307B

✉Otogar Civarı
TEL(0324)715 1081 FAX(0324)715 1085

D なし
S A/C 30YTL
W A/C 45YTL
US$ € YTL
T/C 不可
C/C 不可

●スィリフケで最も豪華な2つ星ホテル。オトガルのすぐ近くにあるので便利。部屋はちょっと小さめだが、全室にエアコン、テレビが付いている。バスルームも清潔にされている。1階は朝食専用のレストランになっている。フロントの応対はよいが英語はあまり通じない。

アルサン Arısan Otel

経済的 Map P.307B

✉İnönü Cad. No.91

TEL & FAX(0324)714 3331
D なし
S 15YTL
S 20YTL
W 35YTL
W 40YTL
US$ € YTL T/C 不可 C/C 不可

●オトガルからイノニュ通りを西に少し行った右側にある。ホテルのモットーは、安くてきれい。部屋の種類も豊富。エアコン付きの部屋(S30YTL、W50YTL)も5室ある。全26室のうち、8室がシャワー、トイレ付き。バスタオルも貸してくれる。朝食は3YTL。

アクデニズ Hotel Akdeniz

経済的 Map P.307A

✉Menderez Cad. No.76

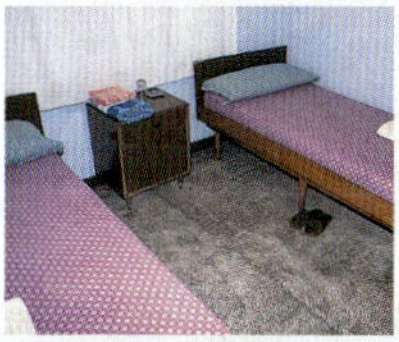

TEL(0324)714 1285 FAX なし
D なし
S 10YTL
S 15YTL
W 18YTL
W 25YTL
US$ € YTL T/C 不可 C/C 不可

●イノニュ通りの西端にある。町の中心なので便利。小さそうな外観のわりに部屋数は25と多め。レセプションは階段を上がった2階。部屋は新しくはないが、非常に掃除が行き届いている。ただし、お湯は太陽熱式なので、曇りの日や夜はお湯が出ないかもしれない。

レストラン

スィリフケのレストランはタシュ橋からイノニュ通りにかけて数軒あり、魚料理を出す店も多い。タシュジュは港通り沿いに数軒並ぶ。クズカレスィでは幹線道路沿いや海側に多いので、散策がてらに店を探すのも楽しい。リゾートホテルでも食事をすることができる。

スィリフケの魚屋

ババオウル Babaoğlu Restaurant

中級 トルコ料理 Map P.307B

✉Otogar Civarı Dört Yol
TEL(0324)714 2041 FAX なし
開 8:00～22:30
休 日
US$ € YTL
C/C M V

●オトガル近くのちょっと高級なレストラン。2階席も広々としており、家族連れでにぎわう。各種ケバブがあるが、サチタワによく似たサチ・カウルマSaç Kavurmaや柔らかな鶏肉のフルン・ピリチFırın Piriçが店のおすすめ料理。自家製ヨーグルトもおいしいと評判。

ギョズデ Gözde Restaurant

庶民的 トルコ料理 Map P.307A

✉Saray Mah. Balıkçılar Sok.
Özlem İşhanı No.7
TEL(0324)714 2764 FAX なし
開 6:00～23:00 休 無休
US$ € YTL C/C M V

●PTT近くの少し奥まった所にある店。木陰のテラスが気持ちよく、いつも地元の人でにぎわっている。スープが2YTL、ケバブ類は5YTL～、煮込みは3YTL。近海で獲れた新鮮な魚のフライ(10YTL)などシーフードも並ぶ。

ウチャル・パブUçar Pubはオトガル近くにある酒場。夜はいつも地元のおじさんたちがビール片手ににぎわっている。営業時間は7:00～24:00。(編集室)

ギルネのハーバーにあるレストラン

北キプロス Kuzey Kıbrıs

地域局番 0392 人口20万9000人

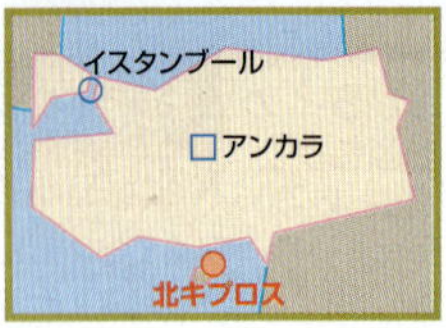

トルコの南、地中海に浮かぶ**キプロス島**は、1960年にキプロス共和国としてイギリスから独立した。その後、ギリシア系住民とトルコ系住民との間で紛争が起こった。1974年にギリシア系のクーデターをきっかけにトルコ軍が介入、1983年に北部地区（島の37％）が**北キプロス・トルコ共和国**Kuzey Kıbrıs Türk Cumhuriyetiとして独立宣言したが、トルコ以外の国は認めていない。今も島は南北に分断され、中央の町レフコーシャ（ギリシア語レフコスィア、英語はニコシア）には**南北の壁**があり、国連平和維持軍が駐留している。北キプロスへはトルコ側から入るのが一般的。

■北キプロスへの行き方
✈ キプロス・トルコ航空（KTHY）のほか、トルコ航空の便もある。
⛴ タシュジュ～ギルネの便が年間を通じて最も多いが、メルスィン～ガズィマウサ、夏期はアランヤ～ギルネ便も就航する。

歩き方 Güle Güle Gidin

北キプロスの入口は、レフコーシャ、ギルネ、ガズィマウサの3つの都市となる。

入国の注意　出入国審査はパスポートチェックのみ。出港手続きは2時間前ぐらいから始まる。出入国には港湾税や出国税がかかるが、料金に含まれていない場合がある。チケット購入時に必ず確認しておこう。料金は港により異なるが、およそ片道10～20YTLほどで区間によっては学生半額。

北キプロスの基本情報

●正式国名	北キプロス・トルコ共和国 Kuzey Kıbrıs Türk Cumhuriyeti
●面積	3242km²（鳥取県より少し小さい）　●人口　20万8886人（2001年）
●首都	レフコーシャLefkoşa　●元首　メフメト・アリ・タラト大統領Mehmet Ali Talat
●使用言語	トルコ語（英語もトルコ国内よりはよく通じる）
●通貨	トルコリラがそのまま使える。次によく使えるのがキプロスポンドとイギリスポンド。USドル、ユーロもトルコ同様OK。
●レンタカー	トルコとは逆で、日本と同じ左側通行。山間部には軍の駐留地があるので注意。
●電圧	240V（トルコは220V）で、イギリスなどと同じコンセント（BFタイプ）。
●電話	トルコのテレホンカードは使えない。クレジットカード用の公衆電話は非常に少ない。雑貨屋のなかには電話屋を兼ねているところがある。トルコの携帯電話は使用可能。
●酒・タバコ	税金に差があり、トルコより安い。そのほかの物価は基本的にトルコより高い。
●郵便	日本から手紙を出す場合は、都市名のあとに「Mersin 10 Turkey」と追加すること。日本への郵便料金はトルコ国内と同じ。

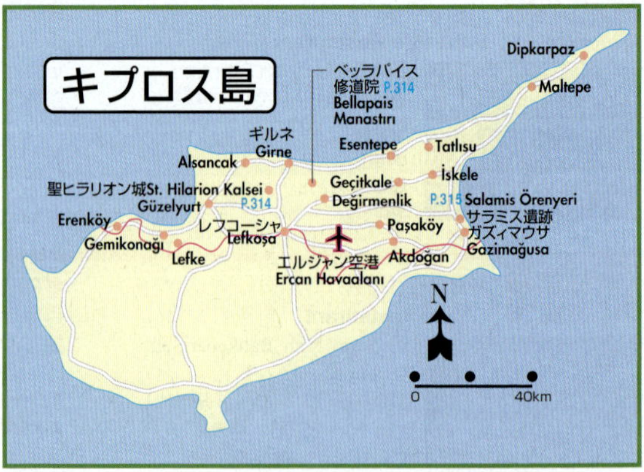

北キプロスでは、まだ100万トルコリラの旧札（現1YTL）が出回っている。トルコ本土では使えないので、北キプロス滞在中に使ってしまおう。（編集室）

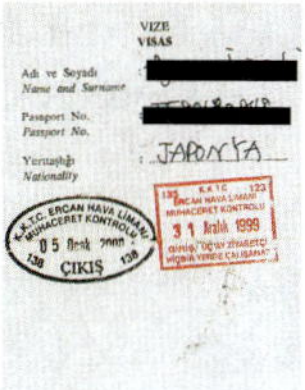

出入国スタンプは別紙に押す

北側からの上陸実績があると南側へは行けず、ギリシアの入国も拒否される。出入国とも、用意された別紙にスタンプを押してもらおう。

最初の上陸地が南側の場合、国境検問所での簡単なパスポートチェックだけで南北を自由に行き来できる。国境検問所は24時間オープンしている。**北側から入国した場合、南側へは越境できない**。ただし北キプロス住民と、EUパスポート保持者に限り、南北を自由に行き来できる。

エルジャン空港　レフコーシャの東にある。シャトルバスはなく、タクシーを利用する。タクシー料金は交渉となるが、ふっかけられることもあるので、必ず空港などで相場を聞いておこう。ギルネまで55YTL、レフコーシャへ40YTLぐらい。

ギルネ港　ギルネの中心部から2kmほど東にある。タクシーを使うと、中心部まで6YTLぐらい。フェリーの到着に合わせて、レフコーシャやガズィマウサ、ギュゼルユルト行きのドルムシュが待っている。ギルネの中心部まで2YTL、レフコーシャまで5YTL。港から町の中心まで歩いても30分ぐらい。

ガズィマウサ港　港はガズィマウサの旧市街（カレイチ）にあるので簡単に町の中心まで出られる。

島内の交通

レフコーシャ、ギルネ、ガズィマウサの3都市と、ギュゼルユルトGüzelyurt、ギルネ近郊のいくつかの町にはドルムシュが走

ギルネ港のフェリーターミナル。夏期は長蛇の列ができるので、早めに並んでおきたい

ギルネ港のドルムシュ

●レフコーシャ～ギルネ
コンボスKombos社やヴァーゴVirgo社が7:00～18:30に10分毎
所要：30分　運賃：4YTL

●レフコーシャ～ガズィマウサ
イティマトİtimat社が運行7:00～19:00に30分毎
所要：1時間　運賃：4YTL

●ギルネ～ガズィマウサ
コンボスKombos社やヴァーゴVirgo社が7:00～18:00に1時間毎
所要：1時間　運賃：6YTL

トルコと北キプロスを結ぶ航路

●タシュジュ～ギルネ路線（フェリーボート）

タシュジュ発	日～木	24:00（Akfer）
ギルネ発	月～金	11:30（Akfer）

片道運賃：48.50YTL　学生43.50YTL　往復割引なし（税別、税は往復で30.50YTL）　所要約6時間

●タシュジュ～ギルネ路線（シーバス）

タシュジュ発	毎日	12:00（Akfer）
ギルネ発	毎日	9:30（Akfer）

片道運賃：53.50YTL　学生47.50YTL　所要約2時間30分

●アランヤ～ギルネ路線（シーバス、夏期のみ運航）

アランヤ発	月・木	12:00（Akfer）
ギルネ発	水・日	11:00（Akfer）

片道運賃：57.50YTL　学生48YTL　往復割引なし（税別、税は往復で30.50YTL）　所要約3時間30分

●メルスィン～ガズィマウサ路線（フェリーボート）

メルスィン発	月・水・金	20:00（Türk Denizcilik Yolları）
ガズィマウサ発	火・木・日	20:00（Türk Denizcilik Yolları）

片道運賃：60YTL　学生50YTL（税込み）　所要約12時間

●フェリー会社の連絡先

●アクギュンレルAkgünler　ギルネTEL(0392)815 3510　FAX(0392)815 3870
●フェルギュンFergün　Inet www.fergun.net　ギルネTEL(0392)815 1615　FAX(0392)815 1989
●テュルク・デニズ・ヨルラルTürk Denizcilik Yolları　メルスィンTEL(0324)233 9858
※アクギュンレルAkgünler社とフェルギュンFergün社はアクフェルAkferの名前で共同運行している。オフィスや連絡先は別。

（2006年11月現在）

天候にもよるがシーバスはかなり揺れるので乗り物酔いする人は特に注意。スタッフがエチケット袋を配っているので、もらっておこう。（編集室）

■レフコーシャのⓘ
Map P.312A
✉İnönü Meydanı Girne Kapısı
TEL (0392) 227 2994
開9:00〜16:00
(土・日10:00〜13:00) 休無休

ⓘのスタッフ

■メヴレヴィー修道場
Map P.312A
TEL (0392) 227 1283
開7:00〜13:00 14:00〜17:00
休土・日 料4.50YTL

■ファズル・キュチュックの家
Map P.312A
開7:00〜13:00 14:00〜17:00
休土・日 料無料

■デルヴィシュ・パシャ・コナウ
Map P.312A
開7:00〜13:00 14:00〜17:00
休土・日 料4YTL

メヴレヴィー修道場

っているが、それ以外はタクシーのみ。流しもいるが、会社ごとに乗り場がある。乗り場まで行くのが確実。メーターはない。

見どころ Gezilebilecek Yerleri

キプロスの見どころは、レフコーシャ、ギルネ、ガズィマウサ周辺にある。ほかにも見どころはあるが、交通の便が悪いため、タクシーをチャーターするか、ツアーやレンタカーを利用しない限り、回るのはかなり難しい。

レフコーシャ Lefkoşa

北キプロスの「首都」で、円形の城壁に囲まれている。南側とは国連の緩衝地帯（グリーンライン）を挟んで分断されている。紹介した見どころのほか、1954年まで活動していた**メヴレヴィー修道場** Mevlevi Tekkesi、ジャーナリストからキプロス共和国の初代副総理になった**ファズル・キュチュックの家** Fazıl Küçük Müzesi、古い民家を公開している**デルヴィシュ・パシャ・コナウ** Derviş Paşa Konağı、元の聖カテリーナ聖堂、**ハイダルパシャ・ジャーミィ** Haydarpaşa Camii、南側を見下ろせる**イイットレル塔公園** Yiğitler Kulesi Parkıなどがある。

観光客用の案内地図も市内の各所にある

ファズル・キュチュックの家

レフコーシャの町を囲む城壁はオスマン朝軍による包囲に備えヴェネツィアによって造られた。城壁の周囲は約5kmで、11の塔と3つの門をもつ堅固なものだ。（編集室）

ゴシック様式の教会とミナーレ

過去の名前は聖ソフィア聖堂、ゴシック様式の面影を残す

セリミエ・ジャーミィ St. Sophia Cathedral

Selimiye Camii セリミエ・ジャーミィ

1209年に建造が始まり1325年に完成。内部の柱、回廊、小階段など**フレンチゴシック**の面影があるが、1570年のオスマン朝占領以来ジャーミィとなり、現在はミナーレがそびえる。

■セリミエ・ジャーミィ
Map P.312B

現在は修復中のかつての宿

ビュユック・ハン The Great Inn

Büyük Han ビュユック・ハン

1572年にキプロス総督ムザッフェル・パシャによって建てられ、ケルヴァンサライとして長い間使われた。近くには17世紀の隊商宿、**クマルジュラル・ハヌ**Kumarcları Hanıがある。

■ビュユック・ハン
Map P.312A
開8:00〜18:00（土〜13:00）
休日　料無料

ビュユック・ハンの回廊

ギルネ Girne

港とキレニア城

フェニキア時代にはすでに商業港として栄えていたというギルネ。現在のギルネやキレニアといった名前のもととなったのは、ローマ時代の港の名コリネウムだ。その後、ビザンツ、キプロス王国、ヴェネツィア、オスマン朝時代を経て、イギリス統治下へ。それぞれの時代の名残が町に少しずつだが見られる。現在では北キプロスで最もトルコ人たちの人気を集めるリゾート地でもある。真っ白な鐘楼が青空に光る18世紀の教会、**イコン博物館**Girne Archangelos Mihail İkon Müzesiなどもある。

■ギルネのⓘ
Map P.313
✉Yat Limanı
TEL (0392) 815 6079
inet www.tourism.trnc.net
開9:00〜17:00　休無休

ギルネのⓘ

■イコン博物館
Map P.313
開9:00〜13:00
（夏期9:00〜14:00）
14:00〜16:30
休土・日　料3YTL

広い城内には難破船の博物館もある

キレニア城 Kyrenia Castle

Girne Kalesi ギルネ・カレスィ

ビザンツ期の9世紀に造られた城がオリジナル。塔や内側は15世紀に改修された。内部には2300年前の地中海交易を物語る**難破船博物館**Batık Gemi Müzesiもある。ビザンツ後期の12世紀に建設された聖ジョージ教会もある。

■キレニア城
Map P.313
TEL (0392) 815 2142
開9:00〜16:30（夏期〜19:00）
休無休　料9YTL

キレニア城内

難破船博物館の展示

北キプロスのカジノは、ギルネならドーム・ホテル内にひとつあり、その他は海岸沿いに多い。どこのカジノも営業時間はだいたい正午から翌日の朝方まで。（編集室）

■ベッラパイス修道院
Map P.310
開9:30～18:00　休無休
料6YTL
タクシーは往復で15～20YTL。

ベッラパイス修道院の回廊

■聖ヒラリオン城
Map P.310
開9:00～16:30（夏期～19:00）
休無休　料6YTL
タクシーで往復30～40YTL、ベッラパイスと合わせて50～60YTL。

聖ヒラリオン城内に残るビザンツ教会跡

■ガズィマウサのⓘ
Map P.314
✉Kemal Zeytinoğlu Sok.
TEL (0392) 366 2864
開8:30～16:30
（土・日9:00～18:00）休無休

ガズィマウサのⓘ

旧市街入口の城門

戦勝記念碑

見晴らしがよい13世紀の修道院跡

ベッラパイス修道院 Bellapais Abbey

Bellapais Manastırı ベッラパイス・マナストゥル

12世紀に、エルサレムから逃れてきたアウグスティヌス派の修道士によって、最初の修道院が造られたのが始まり。現在残る建物の多くは13世紀のもの。14世紀に造られた回廊のアーチの装飾が美しい。僧侶が白い服を着ていたことから「白の修道院Abbe Blanche」とも呼ばれていた。オスマン朝時代にはギリシア正教会として使用された。展望台からはギルネの町や地中海を見下ろすことができる。

ベッラパイス修道院

キプロス島の北海岸をここから眺めよう

聖ヒラリオン城 St. Hilarion Castle

St. Hilarion Kalesi セント・ヒラリオン・カレスィ

聖ヒラリオン城

レフコーシャ方面へのハイウエイが峠にさしかかる右側、切り立った山にひっそり建っている。4世紀にこの山の洞窟で修行した聖人ヒラリオンにちなんで、10世紀に修道院として建てられた。12世紀には島を守るための高所の見張り台として城に改修されたが、ヴェネツィア領となってからは使用されることはなくなった。キプロス島の北海岸がほぼ眼下におさめられる。

ガズィマウサ Gazimağusa

マゴサMagosaと綴られることもある。英語名はファマグスタFamagusta。オスマン朝時代、英国の植民地時代を経ても、その前のヴェネツィア領時代の面影を色濃く残している。一時

ヴェネツィア宮殿

キプロス島の砂浜はウミガメの産卵地としても知られている。この島で産卵するウミガメはアカウミガメとアオウミガメの2種類。（編集室）

は旧市街の内側に365もの教会があったという。1489年にできた、旧市街を取り囲む城塞は、一瞬どこに入口があるのかわからないほど強固だ。

王位の戴冠式が行われたというガズィマウサの顔

ララ・ムスタファパシャ・ジャーミィ St. Nicolas' Cathedral

Lala Mustafapaşa Camii ララ・ムスタファパシャ・ジャーミィ

壮麗なゴシック建築

ゴシック建築の特徴をよく残すこの建物は、ガズィマウサの顔ともいえる。14世紀に建てられ、キプロス王位の戴冠式はここで行われたという。1571年にオスマン朝の手に落ちた後は、キプロス攻略の最大の功労者、ララ・ムスタファ・パシャの名を取ったジャーミィとなった。

傑作『オセロ』の舞台となった

オセロ塔 Othello Tower

Othello Kalesi オテロ・カレスィ

城壁の上から見渡す

翼のある獅子

旧市街の城壁にある、キプロス王国時代の14世紀に建てられた塔と城塞。ヴェネツィア時代にはさらに堅固な城壁が外側に付け加えられた。城門に残るサン・マルコのライオンのレリーフが有名だ。シェイクスピアの戯曲『オセロ』の舞台になった場所としても知られている。

キプロスのローマ遺跡では保存状態は抜群

サラミス遺跡 Salamis Ruins

Salamis Örenyeri サラミス・オレンイェリ

典型的なローマ遺跡として知られるサラミス遺跡だが、その歴史は古そうだ。トロイ戦争から戻ってきた兵士によって造られた町だという伝説もある。

パウロがキリスト教伝道の旅の途中で訪れたことでも知られるこの町は、何度も地震に悩まされた。なかでも大きかったのは4世紀に起こった大地震だが、このときは再建され、新しく当時の皇帝の名を取ってコンスタンティアと名付けられた。しかし、648年にアラブ軍の攻撃を受けて町が破壊された後は人が住むことはなかった。もっとも、そのおかげで町がまるごと遺跡として残ったともいえる。ローマ劇場をはじめ、体育館、ローマ浴場、アゴラなども残っている。現在は多くの観光客が訪れ、近くの海岸で海水浴を楽しんでいる。

修復された円形劇場

■ララ・ムスタファパシャ・ジャーミィ
Map P.314

連なるアーチが美しい

■オセロ塔
Map P.314
開8:00～13:00 14:00～16:00（夏期～17:00）
休無休　料6YTL

城内の回廊

■サラミス遺跡
Map P.310
開9:00～17:00（夏期～19:00）
休無休　料6YTL
旧市街からタクシーで往復20YTL。

列柱もきれいに残されている

キプロス島は日本と同じ左側通行。交通量もそれほど多くないのでレンタカーでドライブに出てみるのもいい。右回りのロータリー式交差点には注意しよう。（編集室）

ホテル

日本からホテルへの電話 国際電話会社の番号 + 010 + 国番号90 + 392（市外局番の最初の0は不要）+ 掲載の電話番号

北キプロスでは宿泊に最も適した町は、手頃な中級ホテルが多いギルネ。安いペンションも比較的多い。中心地のヨットハーバー近くから海岸に沿うように郊外型のリゾートホテルが並ぶ。

レフコーシャ旧市街の中には比較的安い宿がある。中級クラスのホテルは少ない。

ガズィマウサは旧市街の南側の大通り周辺にいくつかの宿があるほかは、すべて郊外型リゾートホテル。また、トルコでは禁止されたカジノも、キプロスではまだ合法。ギャンブル好きはどうぞ。

ギルネのカジノ

ギルネ

ドーム Dome Hotel

高級 Map P.313

✉Kordonyolu
TEL (0392) 815 2453　FAX (0392) 815 2772

D なし
S A/C 90US$〜
W A/C 111US$〜
US$ £ € YTL
T/C 不可
C/C A M V

●ギルネのヨットハーバーを望む抜群の立地。ギルネの人なら知らない人はいないランドマーク的存在。白い建物に緑のラインが印象的。大きなプールやナイトクラブのほか、ヘルスセンターなど設備も充実している。ホテルのすぐ向かい側にカジノがある。

ソクラテス Socrates Hotel

中級 Map P.313

✉Ziyarızkı Cad. No.201

TEL (0392) 815 1291
FAX (0392) 815 1293
D なし
S A/C 70YTL
W A/C 90YTL
US$ £ € YTL
T/C 不可
C/C A M V

●ギルネの広場から5分ほど西に行った交差点に面している。全18室の中級クラスのホテル。やや高めだが設備はこのあたりでもトップクラス。全室エアコン、テレビ付き。広い中庭が開放的な感じだ。また、このクラスにしてはけっこう大きなスイミングプールが中庭にあるのも自慢。

アナドル Anadol Hotel

中級 Map P.313

✉Ziyarızkı Cad. No.128
TEL (0392) 815 2319　FAX (0392) 815 5262

D なし
S A/C 70YTL
W A/C 90YTL
US$ £ € YTL
T/C 不可
C/C A M V

●ソクラテス・ホテルの隣にある。建物はやや古いが、部屋は改装されており、広くて快適。ボリュームたっぷりの朝食も自慢。夏はビーチへの送迎（片道2YTL）のほかいろいろなツアーも手配できる。ゆったりとくつろげる庭があり、プールも完成した。

スィデルヤ Sidelya Hotel

経済的 Map P.313

✉Nasıl Güneş Sok.
TEL (0392) 815 6051　FAX (0392) 815 6052

D なし
S 40YTL
W 50YTL
US$ £ € YTL
T/C 不可
C/C 不可

●市役所前の道を海の方に少し下った所にある白い建物。古い宿だが、ベッドなどの家具は新しく、とても清潔。全12室のうち3室からは海も見える。屋上に夏のみオープンのバーがあり、地中海とキレニア城を一望できる。全室テレビ、冷蔵庫、扇風機付き。

ギルネ〜レフコーシャ間のタクシー型ドルムシュはアメリカ製の古い大型車を使用しており、ちょっとしたクラシックカーのような感じ。（編集室）

エリゼル Motel Elizel

経済的 Map P.313

✉Bafra Sok.
TEL(0392)815 4774　FAX(0392)815 8281

Dなし
S 30YTL
W 40YTL
US$ £ € YTL
T/C不可 C/C不可

●ズィヤールズク通りのHSBC銀行向かいに延びるAtilla Sok.を下り、脇道を右に入った所。こぢんまりとした家族経営の清潔な宿だ。全11室すべてにシャワー、ミニバー、扇風機が付いている。向かいにも同種の手頃な宿がある。

レフコーシャ

サライ Saray Hotel

中級 Map P.312A

✉Atatürk Meydanı
TEL(0392)228 3115　FAX(0392)228 4808

e-mail saray@northcyprus.net
Dなし
S A/C 90YTL
W A/C 150YTL
US$ £ € YTL
T/C不可 C/C A M V

●レフコーシャ旧市街のまさに中心にあるランドマーク的な存在。やや設備は老朽化しているが、南と北のレフコーシャを見ることができるのは、このホテルだけ。最上階で、街を見下ろし、教会の鐘とエザーンが張り合うように流れるのを聞きながら取る食事はなかなか。

アルトゥン Altın Pansiyon

経済的 Map P.312A

✉Girne Cad. Halkın Sesi Gazetesi Karşısı

TEL(0392)228 5049　FAXなし
Dなし
S 40YTL
W 50YTL
US$ £ € YTL T/C不可 C/C不可

●サライ・ホテルとギルネ門の間にある。レセプションの横のサロンでは、オヤジさんたちがゲームに興じている。老朽化は否めないが、室内は清潔に保たれている。トイレ、シャワー付きの部屋もある。

レストラン

北キプロスの名物料理といえば、シェフターリ・ケバブや海の幸を使った料理。特にレフコーシャではシェフターリ・ケバブを出す店が多い。また、トルコではあまり見ることができないヒヨコ豆のペースト、フムスもキプロスの地方料理。伝統料理店で出している。ギルネのヨットハーバーには、シーフードも出すおしゃれなカフェスタイルのレストランがたくさん並んでいる。ピザやファストフードの店も多い。

ニアズィ Niazi's Restaurant & Bar

高級 トルコ料理 Map P.313

✉Kordonboyu, Girne
TEL(0392)815 2160　FAXなし
開11:00〜23:00
休無休
US$ € YTL
C/C A M V

●ドーム・ホテル向かいに店を構える、1949年創業のギルネを代表する有名レストラン。ここの名物は、6種のケバブがセットになったフル・ケバブFull Kebab（22YTL）。トルコ産のワインも豊富で、41種類を常備している。シーフードのグリルは21YTL〜。

セット Set Fish Restaurant

高級 トルコ料理 Map P.313

✉Yat Limanı, Girne
TEL(0392)815 2336
FAXなし
開9:00〜24:00
休冬期の火曜
US$ € YTL C/C A M V

●ギルネのヨットハーバーに面したシーフードの店。鮮度抜群のマグロを醤油ベースのソースに漬け込んだカルパッチョ風のSoya Soslu Limonda Tava（12YTL）など、メニューの多くはオーナーが自ら考案した創作料理。料理に合うワインも選んでくれる。予算はひとり35YTL〜。

ギルネのハーバーにはおしゃれなバーが多いが、なかでもイングリッシュ・パブが多数を占める。どこの店でもフイッシュ＆チップスが食べられる。（編集室）

慰霊碑があるアタテュルク公園

メルスィン Mersin

市外局番 0324 人口54万4318人

メルスィンは、羊毛、綿などトルコの産物の積み出し港として重要な役割を果たしている、地中海側第1の港町。トルコ南部を代表する工業地帯でもあるため、中心地は大変なにぎわいだ。

町の目抜き通りは**イスティクラール通り**İstiklâl Cad.。ⓘは**アタテュルク公園**Atatürk Parkıの東端にある。公園西端の北側には**イチェル博物館**İçel Müzesiや博物館になっているアタテュルクの家がある。鉄道駅は町の中心にある。オトガルは町の東側にあり、町の中心へはÇarşı、またはPTTの表示を掲げたミニバスで行こう。キプロス島行きのフェリー埠頭はⓘの裏にある。

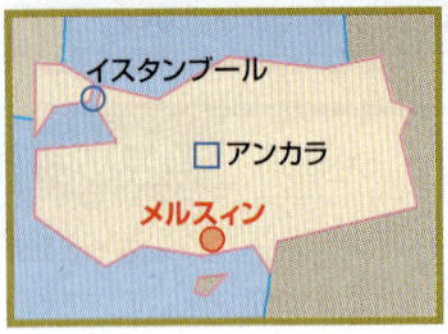

■メルスィンへの行き方

●イスタンブールから

🚌ハレム発17:30 18:30 19:00 19:30 21:30 23:00 23:30

所要：14時間　運賃：45YTL

●アダナから

🚌5:30～21:30に15分毎

所要：1時間

運賃：4.50YTL

🚃5:50～22:30に30分～1時間毎

所要：1時間

運賃：3YTL

●スィリフケから

🚌5:30～19:30に15分毎

所要：2時間　運賃：7YTL

和歌山県の串本にも同じものがある

オスマン帝国海軍遭難慰霊碑

Osmanlı Deniz Kuvveti Şehitler Anıtı

オスマンル・デニズ・クウェーティ・シェヒットレル・アヌトゥ

アタテュルク公園には、オスマン帝国海軍の遭難慰霊碑がある。明治時代に、オスマン朝の軍艦**エルトゥールル号**は、横浜からイスタンブールを目指して出航したが、暴風雨のため和歌山県沖で遭難し、近くの住民が必死の救助をしたという。犠牲者は581名にものぼったが、その話は両国の友好関係のきっかけとして今も語り継がれている。和歌山県串本にも同様の碑がある。1996年末には両国の友好を記念して**串本通り**Kushimoto Sok.という名を付けた通りができた。

タルススにある聖パウロの井戸の水は自分で汲み上げて飲むことができる。水質はやや硬水なので、おなかの弱い人は飲むのを控えたほうがいい。（編集室）

聖パウロの故郷
タルスス
Tarsus タルスス

タルススはアダナとメルスィンの中間にある都市で、聖パウロの故郷としても知られる。聖パウロはタルススで生まれ、キリスト教徒の迫害に加わるなかで回心し、自身もキリスト教徒となった人。タルススの旧市街の一角にはパウロゆかりとされる井戸が残っており、井戸の水は聖なる水といわれた。町の中心にはクレオパトラ門と呼ばれる大きな門が残っており、T.O.K.社のバスもここを起点に発着している。

聖パウロの井戸

クレオパトラ門

■タルススへの行き方
T.O.Kトック社のバスが便利。他社の便だと幹線道路沿いで下車し、町の中心までは徒歩。

■聖パウロの井戸
地図外
クレオパトラ門を背にイスメット・イノニュ大通りİsmst İnönü Bul.を北東へ。ジェンギス・トペル通りCengiz Topel Cad.を入り、PTTを左に見ながら北へ進んだ右側。
開8:00～21:00（冬期～19:00）
休無休　料2YTL

ホテル

日本からホテルへの電話 国際電話会社の番号 + 010 + 国番号90 + 324（市外局番の最初の0は不要）+ 掲載の電話番号

メルスィンはホテルの多い町だから宿探しは簡単だ。中・高級ホテルは魚市場近く、ギョクハン・ホテルの周辺に集中している。イスティクラール通り沿い、海沿いにもホテルがいくつかある。オトガル周辺の便利なエリアにも安いホテルや中級ホテルが密集している。

タクスィム・インターナショナル Taksim International
最高級　Map P.318A

✉Kuvay-1 Milliye Cad. No.107

TEL (0324) 336 1010
FAX (0324) 336 0722
inet www.taksimotelcilik.com.tr
D なし
S A/C 90US$
W A/C 120US$
US$ € YTL T/C不可 C/C A D M V

●町のどこからでもよく目立つ高さ187mの建物。このビルはトルコで一番高い52階建てで、247室の大型5つ星ホテルだ。プールやサウナ、フィットネスクラブなどの設備も充実している。46階にあるTaksimbarでは夜景を楽しみながら優雅な夜を過ごせる。

ギョクハン Hotel Gökhan
中級　Map P.318A

✉Soğuksu Cad. No.20

TEL (0324) 232 4665
FAX (0324) 237 4462
D なし
S A/C 35YTL
W A/C 60YTL
US$ € YTL T/C不可 C/C M V

●魚市場の近くにある全28室のホテル。アタテュルク公園にも近い便利な立地。このあたりには中級クラスの手頃なホテルが並んでいるが、そのなかでも老舗の2つ星。部屋の設備は古いがエアコン、テレビ、ミニバー付き。

エメッキ Otel Emek
経済的　Map P.318A

✉Çankaya Mah. 4726 Sok. No.7

TEL (0324) 233 2070　FAX なし
D なし
S 15YTL
W 20YTL
YTL T/C不可 C/C不可

●オズカル・ホテルの前の道を東に入ってすぐの所にある。周辺はロカンタも多く何かと便利。共同シャワー、トイレは3つ。このあたりのホテルのなかでは安いので満室のことも多い。

レストラン

メルスィンの名物はメルスィン・タントゥニと呼ばれる肉料理。レストランは市中心部に何軒もあるが、店頭で細切りの肉を炒めているからすぐわかる。パンに挟んでもらって軽食として食べてもいいし、野菜と一緒におかずにしてもとてもおいしい。

市の中心部はフレッシュジュースを出すお店が多い。ホテル・ギョクハン近辺には数軒ジュース屋があり、値段は1YTLと良心的。（編集室）

メルケズ・ジャーミィ

アダナ Adana

市外局番 0322 人口113万3028人

トロス山脈の南に広がるチュクロワ平野にあるアダナは、綿工業を中心にした地中海岸最大の近代工業都市であり、トルコ第4の大都市だ。ビルが林立し交通量も多いが、裏道を歩けば素朴な風景に出くわす。町の歴史はヒッタイト時代（紀元前1500年頃）にまでさかのぼる。土壌が豊かなことから、数々の民族の支配を受けてきた。アダナ周辺には満々と水をたたえたセイハン湖や地中海に注ぐセイハン川、トロスの山々など自然が残り、近郊にはさまざまな時代の遺跡が点々とする。

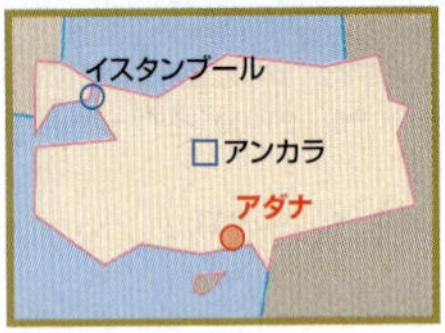

■アダナへの行き方

●イスタンブールから

✈毎日5便
所要：1時間35分
運賃：149YTL
🚌ハレム発14:15～翌0:30に1～2時間毎
所要：15時間　運賃：40YTL
🚃İçanadolu Mavi23:50発、Toros Eks.日・火・木8:55発
所要：19時間
運賃：28.75～32YTL

●アンカラから

🚌各社頻発
所要：10時間　運賃：25YTL
🚃Çukurova Eks.20:15発
所要：12時間　運賃：16YTL

●アンタクヤから

🚌5:45～21:00に30分～1時間毎
所要：3時間　運賃：10YTL
ユレイル・オトガル行き（イスケンデルン乗り換えもある）もある。所要5時間。

●ガズィアンテップから

🚌6:45～22:30に30分～1時間毎
所要：3時間
運賃：10～12YTL

●メルスィンから

🚌6:00～23:00に15分毎
所要：1時間
運賃：4.50YTL
🚃6:00～22:30に30分～1時間毎
所要：1時間
運賃：3YTL

歩き方 Güle Güle Gidin

町の中心は立体交差のある**アッティラ・アルトゥカットゥ・キョプリュスユ**Attila Altıkat Köprüsü周辺から大型デパートの**チェティンカヤ**Çetinkaya付近。この立体交差を**ズィヤー・パシャ通り**Ziya Paşa Cad.沿いに北に行けばアダナ駅。**トゥラン・ジェマル・ベリケル大通り**Turan Cemal Beriker Bul.を東に行けばセイハン川に出る。この川にかかる**タシュ橋**Taşköprüは紀元前2世紀に建てられた石造りの橋で、当時のままのアーチが残る。北側にはギルネ橋Girne Köprüsüやトルコの大企業サバンジュ財閥が建築した**メルケズ・ジャーミィ**が鎮座する。

空港から市の中心部へ

アダナの空港は町の西約3kmの所にある。ターミナルは国内線と国際線に分かれている。トルコ航空のセルヴィスはなく、ドルムシュが市内まで運行している。タクシーなら5～6YTL。逆に市内から空港へのミニバスは民俗学博物館Etnografya Müzesiの向かいあたり。料金は1YTL、24:00ぐらいまで運行。

オトガルから町の中心へ

アダナのオトガルはふたつ。ひとつは西の外れにある**メルケズ・オトガル**Merkez Otogarと呼ばれる大きなオトガル。ここからトルコ各地への便が発着する。もうひとつはセイハン川を渡って少し行った所にある**ユレイル・オトガル**Yüreğir Otogar。イスケンデルンやアンタクヤ、ジェイハン、メルスィン、カーディルリKadirliなどアダナ近郊へのバスやドルムシュの発着点だ。

メルケズ・オトガル　町の中心の立体交差までは、セルヴィスを利用できる。ドルムシュなら、オトガルを出て歩道橋を渡り、反対側の停留所から、バルカルBarkalと書かれた車に乗ろう。運賃は1YTL。逆にオトガルへは立体交差周辺のバス会社のオフィスでチケットを買えば、セルヴィスに乗れる。

アダナでは地下鉄の建設が進行中。全長13.5kmで13駅。当初は2002年に完成予定だった。2006年現在完成時期は未定。（編集室）

見どころ Gezilebilecek Yerleri

アダナを代表するジャーミィ

ウル・ジャーミィ

Ulu Camii ウル・ジャーミィ

美しいタイル装飾

1507年にラマザン君侯のハリール・ベイによって建造が始まり、息子のピーリー・メフメット・パシャPiri Mehmet Paşaの時代に完成した。1510年に没したハリール・ベイの墓もジャーミィの中にある。ミフラーブの青、緑色のタイルはイズニック産を使っていて見事だ。

高い城壁の上からの見晴らしは抜群だが、蛇にはご用心？

ユラン・カレ（蛇の城）

Yılan Kale ユラン・カレ

アダナから30km東にある、ビザンツ帝国の城塞で、かつては8つの塔と東向きの門が存在していたという。駐車場から城までの道はないので、門を過ぎたあたりからは岩を登っていくことになる（スカートでは無理）。なぜ、蛇の城というかについては諸説あって、城周辺には蛇が多いとか、その昔シェイフ・メランŞeyh Meranという人物が城に住んでいて、蛇を飼って調教していたなどといわれている。

見晴らしのよいユラン・カレ

■ミニバスの車体表示

アダナのミニバスは行き先によって車体に書いてある表示が違う。
空港行き（Meydan Minibüs）
メルケズ・オトガル行き（Barkal）
鉄道駅行き（İtimat）
ユレイル・オトガル行き（Kiremithane）

■ユレイル・オトガル

ユレイル・オトガルから市の中心へは、オトガルを出て幹線道路沿いからドルムシュを利用。運賃は1YTL。逆に市内からオトガルへは**Yüreğir Otogar**と書かれたドルムシュで。

■アダナのℹ

Map P.321
✉Atatürk Cad.No.13
TEL（0322）363 1448
FAX（0322）363 1346
開8:00～12:00 13:00～17:00（土9:00～12:00）休日
立体交差を東へ。右に見えるアク銀行Ak Bankの横にある。

■ウル・ジャーミィ

Map P.321
開6:00～18:00
休無休

■ユラン・カレ

Map P.16B2
ユレイル・オトガルからジェイハン行きのバスで途中下車。幹線道路から城までは徒歩約30分。6:30～19:00に多発している。ジェイハンからの最終バスは18:00頃。
開随時
休無休　料無料

■考古学博物館

Map P.321
TEL（0322）454 3855
開8:00～12:00 13:00～16:30
休月　料2YTL

考古学博物館

アナヴァルザへは、アイシェ・ホジャのトウモロコシ畑を抜けていく。野犬に出合うこともあるので、村の人に頼んで車で送ってもらったほうが無難。（編集室）

■アナヴァルザ
Map P.16B2
ユレイル・オトガルからカーディルリKadirli行きのバスに乗り、途中アイシェ・ホジャAyşehocaで下車する。そこから約5kmは徒歩か、村人に頼んで車で送ってもらう。
カーディルリ行きのバスは6:30～20:00の30分毎。カーディルリからの最終は20:00。
開7:00～18:00
休無休　料2YTL

破壊と再建が繰り返されたキリキアの廃墟

アナヴァルザ

Anavarza アナヴァルザ

アダナ県北部の町コザンKozanから南へ28kmの所にある古代遺跡。崖の上に続く城壁やローマ劇場跡、ローマ水道などが残る。都市の歴史はアッシリア時代にさかのぼり、最盛期は2～3世紀。しかし、525年、561年の地震で大きな被害を受けた後、アラブとビザンツの国境最前線になった。その後アッバース朝カリフ、ハールーン・アッラシードやハマダーン朝のサイフ・アッダウラが再建に尽力したが、1375年にマムルーク朝によって破壊された後、誰にも使用されていない。

ホテル

日本からホテルへの電話 国際電話会社の番号 + 010 + 国番号90 + 322（市外局番の最初の0は不要）+ 掲載の電話番号

ホテルが多いのはチェティンカヤから1月5日広場へ行く道沿いと周辺。多くは2つ星クラスでテレビ、シャワー、トイレ付きの中級ホテル。高級ホテルはトゥラン・ジェマル・ベリケル大通り沿いのセイハンホテルSeyhan Hotelや、タシュ橋のたもとに建つヒルトン・サHilton SAなどだ。

アクデニズ Akdeniz Hotel

中級 Map P.321

✉İnönü Cad. No.22

TEL(0322)363 1510
FAXなし
S A/C 45YTL
W A/C 70YTL
US$ € YTL T/C不可
C/C M V

●外観は古いが、内部はきれいに改装されている中級ホテル。ドルムシュの停留所の前にあるので観光に便利。浴室もピカピカ。暖色系の内装でまとめられており、家具もかわいいものを使っている。全室テレビとエアコン付き。

ドルック Doruk Hotel

経済的 Map P.321

✉İnönü Cad. No.89
TEL(0322)363 3512　FAX(0322)363 3516

FAXなし
S A/C 35YTL
W A/C 60YTL
US$ € YTL
T/C不可
C/C M V

●アクデニズ・ホテルのほぼ向かいにある3つ星ホテル。全82室のすべてがエアコン付き。改装間もないので、バスルームや家具などは新しく使いやすい。部屋も広いので、割安感がある。トリプルルームは70YTL。夕食も出すレストランや、バーもある。

レストラン

アダナ名物といえば、ケバブの定番アダナ・ケバブ。唐辛子を効かせたスパイシーな味が暑い町によく合う。赤カブのジュース、シャルガムスユも名物。食欲を増進させる効果があるので肉料理と合う。レストランはチェティンカヤの周辺などに点在している。

アナドル・ソフラス Anadolu Sofrası

庶民的 トルコ料理　Map P.321

✉İnönü Cad. Doruk Dersanesi Altı 99/A
TEL(0322)363 3998
FAXなし
開8:00～22:00　休無休
US$ € YTL C/C M V

●イノニュ通り沿い、アクデニズ・ホテルの斜め向かいにある。ピラウが2YTL、煮込みは4.50YTL、ケバブ類は4.50～6YTLと良心的でいつも地元の人でにぎわっている。タンドゥル・ケバブ(8.50YTL)などもある。おすすめはベイティ(2人前、9YTL)。シャルガムスユは1YTL。

栄養価満点の名物シャルガムスユは、色からしてブルーベリージュースを連想しがちだけど味は塩辛くて酸っぱい。甘い飲み物と思って飲まないほうがいい。（編集室）

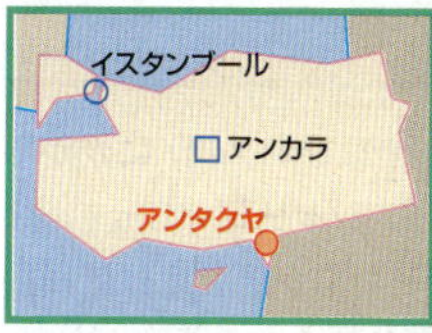

キリスト教5本山のひとつアンティオキア

アンタクヤ Antakya

市外局番 0326 人口14万4150人

多くのモザイクが修復、展示されているモザイク博物館

■アンタクヤへの行き方

●イスタンブールから
🚌ハレム発14:30～23:00に各社より1～2時間毎
所要：16時間　運賃：45YTL

●アンカラから
🚌10:00 12:00 18:00 20:00 22:00 22:30 24:00 翌2:30発
所要：10時間　運賃：30YTL

●アダナから
🚌6:00～20:00にユレイル・オトガルからミニバスが30分～1時間毎。テルミナルからは大型バスも1～2時間毎。
所要：3～5時間
運賃：10YTL

■シリアへの入国
ビザはアンカラかイスタンブールで取得しておこう。

●アレッポへ
🚌7:00～12:00に1時間毎
所要：3時間30分
運賃：7YTL

●ダマスカスへ
🚌11:00～12:30に30分毎
所要：8時間　運賃：12YTL

セレウコス朝のニカトールが創建した古都アンティオキア（現在のアンタクヤ）は、シルクロードの終点。中国から運ばれた物資が、ここから地中海沿岸の各国へ船で運ばれていった。聖書をはじめとして、ローマ時代には帝国第3の都市になるなど、世界史上に何度も登場したが、現在めぼしい遺跡はほとんど残っていない。

アンタクヤはほかのトルコの町と雰囲気が異なり、ヨーロッパ風の重厚な独特の味わいのある建物が並んでいる。これは第1次世界大戦後から1939年までフランス領シリアに編入されていたため。今なおシリアの血を引いた人々が多く、シリア方言のアラビア語もよく通じる。当時の呼び名ハタイHatayは今でもよく通じ、バスなどの行き先表示にもハタイと併記されている。

旅のモデルルート Gezme Planı

アンタクヤからシリア国境まではバスで1時間もかからない。シリアへ抜ける人はちょっと立ち止まってトルコでの旅の思い出を整理しよう。モザイク博物館など市内にはほかの都市にはない雰囲気の見どころがある。

アンタクヤ名物のキュネフェ

いにしえのアンティオキアを訪ねる1日ツアー

モザイク博物館→聖ペテロの洞窟教会→（サマンダー）

一刻でも早くシリアに抜けなければならない理由がないなら、アンタクヤでちょっとのんびりしていこう。この町の見どころはキリスト教にゆかりのあるものが多い。市内にも教会がいくつかあって、日曜のミサを見学することもできる。サマンダーはアンタクヤの近くの海水浴場。サマンダーにはロカンタやペンションもあるので宿泊も可能だ。

アンタクヤ名物のスイーツ、キュネフェにドンドゥルマを載せて食べよう。アツアツのチーズとドンドゥルマの組み合わせは、甘党にとってはたまらない。（編集室）

町を流れるアスィ川

町の中心のロータリー

2006年に完成したオトガル

町の中心にあるPTT

■アンタクヤのⓘ
Map P.325A外
⊠Atatürk Cad. Valigüren Alanı
TEL(0326) 216 6098
開8:30～12:00 13:30～17:00
休土・日

アンタクヤのⓘ

■モザイク博物館
Map P.325B
⊠Gündüz Cad. No.1
TEL(0326) 214 6168
開8:30～12:00 13:30～17:00
休月　料5YTL

モザイク博物館

歩き方 Güle Güle Gidin

町の中心は**アスィ川**(古代名オロンテス川)にかかる橋周辺のロータリー。橋の東側には**ウル・ジャーミィ**Ulu Camiiがある。アスィ川の東岸は**旧市街**で、どちらかといえば庶民的な雰囲気。奥へ入ると革製品や衣類、雑貨屋などの商店が並ぶ。12世紀に十字軍のフランク教会として造られ、後にジャーミィに改修されたというハビービ・ナッジャル・ジャーミィHabibi Naccar Camiiもある。

アスィ川の西岸は**新市街**。モザイク博物館やPTT、銀行などが並ぶ。PTT脇の**アタテュルク通り**Atatürk Cad.には高級ホテルやしゃれたブティックもある。

オトガルから町の中心へ

アンタクヤのオトガルは町の西にある。近代的できれいなオトガルだ。アンタクヤのバス会社のなかでも便数やサービスともに群を抜いているのはトルコ屈指のバス会社のハスHAS。次いでジェットJetやヌルNurといった会社も有名だ。

オトガルから町の中心へは13、14、16、19、20番のミニバスで10～15分くらい。町の中心からオトガルへは5番のミニバスに乗る。運賃は0.75YTL。

両替・郵便・電話＆旅の情報収集

両替・郵便　銀行やATMはロータリー周辺にある。両替屋はイスティクラール通りに数軒ある。ここではシリアポンドへの両替も可能だ。2006年10月現在1US$＝51～52シリアポンド、1€＝64～65シリアポンド。PTTはロータリー沿いにある。

観光案内所　ⓘはPTTのあるロータリーからアタテュルク通りを北に進んだ公園の脇にある。

見どころ Gezilebilecek Yerleri

世界的に評価の高いコレクション

モザイク博物館

Arkeoloji(Mozaik) Müzesi アルケオロジ(モザイク)・ミュゼスィ

細かい表情の描写が見事なモザイク画

アンタクヤ近郊やハルビエの遺跡から出土したモザイクの数々が展示されている。ローマ時代のモザイクのコレクションとしては世界でも有数の質と量を誇る。ギリシア神話や聖書に出てくる場面がいくつも描かれており、そのリアルさは見る者の心を打つ。ほかにも陶器や金銀貨、彫像などの出土品が展示されている。

ⓘの前には噴水がある。噴水の側面にはモザイク博物館にある代表的なモザイク作品が模写されている。(編集室)

切り立った崖を背に建つ由緒ある教会

聖ペテロの洞窟教会

Aziz Petros Kilisesi アーズィズ・ペトロス・キリセスィ

ミニバスを降りたらこの標識に従って行く

町の中心から徒歩約30分。崖のそばにひっそりと建つ洞窟教会。迫害を受けた初期キリスト教徒が、聖ペテロの導きで難を逃れるためにこの洞窟にやって来たといわれている。洞窟奥には抜け道もあるが、現在は入ることはできない。

アンタクヤ近郊の見どころ

サマンダーとハルビエ

Samandağ ve Harbiye サマンダーゥ・ヴェ・ハルビエ

アンタクヤの南9kmのハルビエ村は、滝や泉の美しさで知られる所。古代名はダフネDaphneといい、アポロンの神託所もあった。月桂樹などの緑が多く、神話によると木の妖精ダフネがアポロンの求愛から逃れるために月桂樹に変身したという。またアンタクヤの南25kmのサマンダーは、白い砂浜が美しいビーチ。夏は海水浴客でにぎわう。ロカンタやホテルもいくつかある。ただ残念なことに近年の大雨で滝は崩れてしまった。

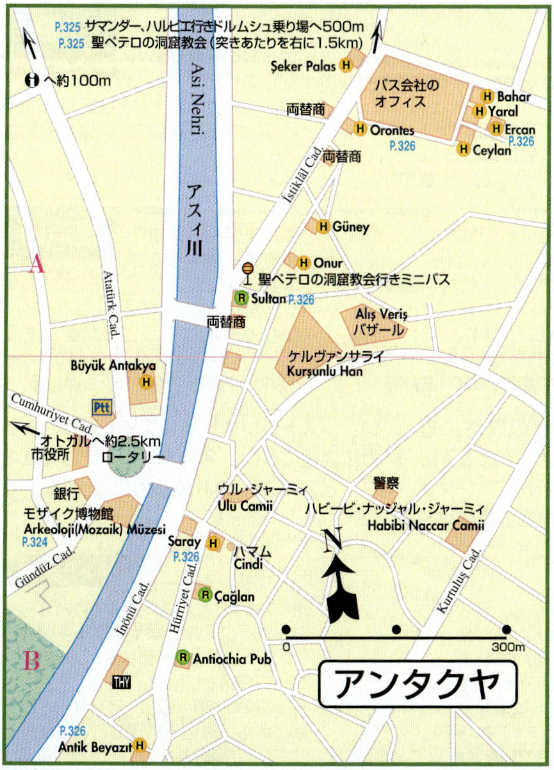

■聖ペテロの洞窟教会

Map P.325A外

スルタン・レストラン横のバス停から青いミニバス15、19番などが近くに行く。下車後徒歩5分。

開8:30～12:00 13:30～17:00

休月 料5YTL

聖ペテロの洞窟教会の入口

■サマンダーとハルビエ

Map P.16B2

オトガルの北にあるドルムシュ乗り場から多発。サマンダーへは2YTL、40分、ハルビエへは1YTL、30分。夏期は6:30～22:00。冬期の最終は18:00。サマンダーから海岸まではDeniz（海）と書かれたドルムシュに乗る。

ハルビエ行きのドルムシュ乗り場

小さな滝で記念撮影

水辺のカフェテリア

聖ペテロの洞窟教会を地元の人は「サンピエール・キリセスィ」とも呼んでいる。場所を尋ねるときは「サンピエール・キリセスィ・ネレデ？」でバッチリ！（編集室）

ホテル

日本からホテルへの電話 国際電話会社の番号 + 010 + 国番号90 + 326（市外局番の最初の0は不要）+ 掲載の電話番号

小さい町ながらホテルの数は多いので、宿に困ることはない。オトガルを出て右に曲がったあたりには安宿が多く、イスティクラール通りには中級ホテルがいくつかある。場所柄シリアから商用でやって来たアラブ系の人々も多い。またヒュリエット通りにも数軒ホテルが並んでいる。

アンティク・ベヤズット Antik Beyazıt

高級 Map P.325B

✉Hükümet Cad. No.4
TEL(0326) 216 2900 FAX(0326) 214 3089

D なし
S A/C 85US$
W A/C 105US$
US$ € YTL
T/C不可 C/C M V

●100年前の建物を改装したプチホテル。シャンデリアが飾られた吹き抜けのロビーが印象的。部屋のインテリアは部屋ごとに趣向が異なり広さも違う。メゾネットタイプの部屋もある。無線LANを無料で利用することができる。

オロンテス Hotel Orontes

中級 Map P.325A

✉İstiklâl Cad. No.58
TEL(0326) 214 5931 FAX(0326) 214 5933

Inet www.oronteshotel.com（トルコ語）
D なし
S A/C 36US$
W A/C 54US$
US$ € YTL T/C不可 C/C V

●イスティクラール通りにある3つ星の中級ホテル。部屋は広々として清潔だが、バスルームなどは設備の老朽化が目立ち、やや割高感がある。冷蔵庫はない。朝食はオープンビュッフェで種類もなかなか豊富。

サライ Hotel Saray

中級 Map P.325B

✉Hürriyet Cad. 3
TEL(0326) 214 9001 FAX(0326) 214 9002

D なし
S A/C 30YTL
W A/C 45YTL
US$ € YTL T/C不可 C/C不可

●ロータリーからヒュリエット通りに入ってすぐ左側。レセプションとロビーは2階にある。エアコン付きにしては安いほう。エレベーターがないので上階はきつい。バスルームは狭いが改装済み。

エルジャン Ercan Oteli

経済的 Map P.325A

✉Otogar Cad. No.3 Sok No.17

TEL(0326) 215 6273 FAX なし
D なし
S 8YTL
W 15YTL
US$ € YTL T/C不可 C/C不可

●バス会社のオフィスの東側にある安宿の並ぶ通りを少し入った左側にある。月桂樹油の石けん作りで有名なおじさんが経営する宿。チャイとシャワー（10:00〜24:00）は無料。英語も少し通じる。

レストラン

シリアとの国境に近く、フランスの統治下にもあったため、アンタクヤにはアラブ的要素の入った郷土料理が多い。レストランはヒュリエット通り、オトガル周辺に多い。名物のスイーツはキュネフェとカボチャのお菓子カワック・タトゥルスKavak Tatlısıだ。

スルタン Sultan Sofrası

庶民的 トルコ料理 Map P.325A

✉İstiklâl Cad. No.20

TEL(0326) 213 8759
FAX(0326) 213 8469
Inet www.sultansofrasi.com
開 7:00〜22:00
休 日（ラマザン中は無休）
US$ € YTL C/C A M V

●イスティクラール通り沿いの人気店。予算は12YTLぐらい。カイタスなど郷土料理も多い。さらにウスパナック・チョルバス（ホウレンソウのスープ）やイチリ・キョフテもここの名物料理だ。マンタル・ソテなど定番の煮込み料理もおいしく、あっさりした味付け。

月桂樹油の石けんは、ホテル・サライの向かいで販売されている。ホテルのおじさんに頼めば半額ほどで売ってくれる。（編集室）

高原地帯に歴史と自然を訪ねて

中部アナトリア

İç Anadolu

中部アナトリア

ハイライト

中部アナトリア観光のハイライトは、何といってもカッパドキアだろう。そして古いトルコ式民家が残るサフランボル。歴史的建築物ではセルジューク朝の秀逸な建築が多く残る古都コンヤを筆頭に、カイセリ、スィワス、ディヴリイなどへ足を延ばそう。古代のロマンを追うならボアズカレのハットゥシャシュ遺跡とアンカラのアナトリア文明博物館ははずせない。

カッパドキア、デヴレントのラクダ岩

気球に点火してツアーに出発

ハットゥシャシュ遺跡のライオン門

観光ルート

この地方が初めてならカッパドキアを中心に考えてみよう。途中、サフランボルとアンカラ、もしくはブルサやイズニックに寄ってみてもよいだろう。カッパドキアを観光したあとは、目的地によって、向かう方向が変わってくる。ネムルトダーゥ、ボアズカレ方面に向かうのであればカイセリにも寄りたい。パムッカレ、エイルディルなどエーゲ海、地中海方面に向かうのならコンヤに立ち寄るのがおすすめ。

観光客を待つラクダ

交通

アンカラのオトガルはトルコ各地からのバスが発着する巨大ターミナル。コンヤやカイセリのオトガルもこの地方の交通の起点となっている。

イスタンブール、イズミル、ブルサなど西部の大都市へ行く便は多いのだが、カイセリ、スィワスから東へ向かう便は少なく、夜遅い時間に出発する便が多い。幹線道路の増幅工事をやっていることが多いので1時間前後、所要時間に遅れが出ることもある。

カッパドキアのローカルバス

レンタル自転車とバイク

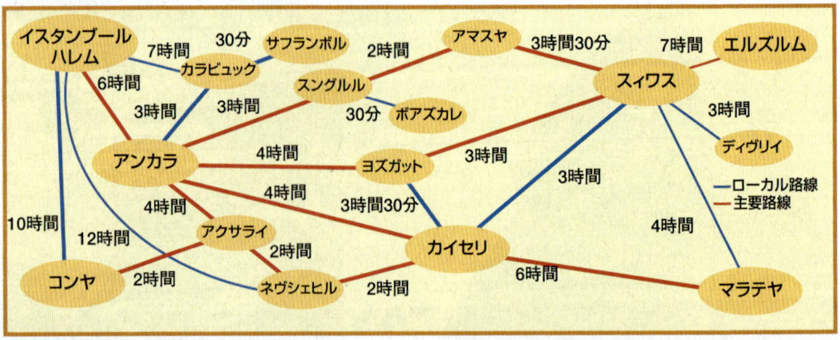

名物料理

コンヤは郷土料理の宝庫として有名。タンドゥル・ケバブTandır Kebabıやメヴラーナ・ピデMevlana Pide、エトリ・エキメッキEtli Ekmekなどのピデ類、オクラのスープ、バムヤ・チョルバスBamya Çorbasıが有名。

カッパドキアでは壺焼きケバブのテスティ・ケバブTesti Kebabı、羊肉と野菜の鉄板焼きのサチタワSaçtava、スープのパイ包み焼きのタンドゥル・チョルバスTandır Çorbasıが有名。カイセリのマントゥMantıはラビオリに似た料理。

サフランボルでは、ビュクメBükmeと呼ばれるピデや、井戸のような穴で肉を焼き上げるクユ・ケバブKuyu Kebabıを試したい。

タンドゥル・ケバブ

タンドゥル・チョルバス

カイセリ名物のマントゥはミントとヨーグルトでいただく

壺を割って中身を食べるテスティ・ケバブ

アヴァノスにある地下都市の洞窟風のレストラン

みやげ物

個性のある観光地が多い中部アナトリアでは、それぞれの観光地のミニチュア模型や人形がある。サフランボルでは伝統家屋のミニチュア、カッパドキアではキノコ岩のミニチュア、ボアズカレでも遺跡のミニチュアが売られており、コンヤではメヴラーナのセマーゼンの人形など。全部並べたらミニ・トルコワールドの完成だ。ほかにも、カッパドキアではアヴァノスの壺が特産。アンカラ～イスタンブール間のバスが立ち寄るボルのドライブインでは木工芸品が販売されている。

食料品ではカッパドキア名産のワインやカイセリのパストゥルマ（サラミソーセージ）、サフランボルのロクムが有名。

コンヤなど中部アナトリアは絨毯の産地でもある

サフランボルの伝統家屋のミニチュア

民族衣装を着た小さな人形を並べて客を待つ

カッパドキアでよく見るキノコ岩のミニチュア

コンヤなどで売られているセマーゼンの置物

カッパドキアの大地を踏みしめるハイキング

奇岩が連なる壮大なカッパドキアのパノラマ。その絶景を目の前にして、ただ眺めているだけではもったいない。その風景の中に分け入って、自分の足で歩いてみよう。大地を踏みしめて「歩く」というシンプルな行為こそ、この地に育まれた人々の営みや大自然をストレートに体感できる一番の方法なのだから。

カッパドキアでのハイキングは、ギョレメやアヴァノスなど周辺の町から旅行会社が主催するツアーに参加するのが一般的。道は比較的歩きやすく、初心者でも楽しめるルートがほとんどだが、道標や地図が不充分なため、土地勘のない旅行者が個人で歩くのは難しい。またハイキングは1年を通して楽しめるうえ、積雪時にはスノーシューを履いて雪原を歩くことも可能だ。

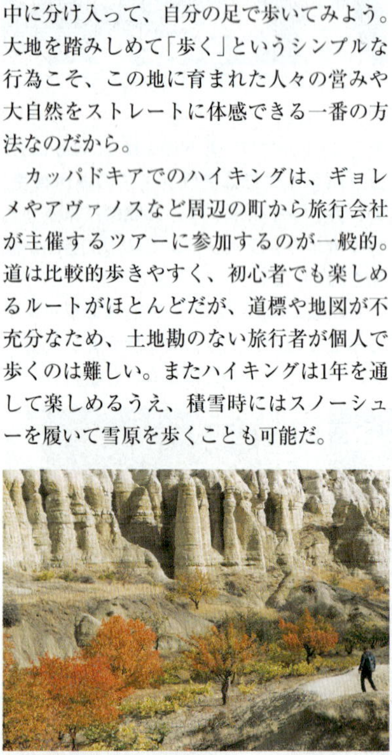

紅葉のホワイトバレー

旅行会社では、半日～2週間までさまざまなツアーを用意しているので、各々の体力や興味、日程に合わせて選べばよい。なお、運動靴と動きやすい服装は必須。真夏はかなり暑いため水を多めに用意すること。ベストシーズンは4～6月と9～10月頃。以下に人気のあるコースを紹介しよう。

おすすめコース

ウチヒサル→パシャバー（1日）

ブドウ畑が点在するなか、巨大なキノコ岩が立つホワイトバレーからピンク色のローズバレーへ。フレスコ画が残るふたつの岩窟教会を経て、夕日に輝くパシャバーのキノコ岩へと向かう。カッパドキアを象徴する風景が満載のコース。

メスケンディル→パシャバー（半日）

絶景のローズバレー周辺からキノコ岩まで短時間でカッパドキアを歩く。時間のない人にもおすすめ。

ブドウ畑を抜けていく

カッパドキア 1日ハイキングコース

出発

9:00 ウチヒサルへ

宿泊している各ホテルから出発地点のウチヒサルへ向かう。

9:30 ホワイトバレー

ブドウ畑の中を行くとすぐホワイトバレーに。ここにカッパドキア最大級のキノコ岩がそそり立つ。

12:30 ブドウ教会到着＆昼食

チャウシン村を経てローズバレーへ。ブドウのフレスコ画が残るブドウ教会Üzümlü Kiliseを見学後、昼食を取る。

14:20 コロンル教会散策

ブドウ教会から30分で、白い柱とアーチが見事なコロンル教会Kolonlu Kiliseだ。岩肌にピジョンハウスも多い。

15:20 ハチル教会散策

カッパドキアの聖人が描かれたフレスコ画が残るハチル教会Haçlı Kiliseを見学。絶景を眺めつつチャイを一杯。

16:30 旧チャウシン到着

1950年代まで人が住んでいた旧チャウシン村の洞窟住居跡を通り抜けてゆく。

17:30 パシャバー散策

サンセットに合わせて、3本のキノコ岩で有名なパシャバーに無事到着。

18:00 各ホテルへ

露店のおみやげ屋さんをのぞきながら、車で各ホテルへと向かう。

到着

キルキット・ヴォヤージ（→P.339）のツアー例。旅行会社によって、また季節や状況により内容は変わります。

アナトリアの大地が造り上げた大自然の神秘

カッパドキア Kapadokya

市外局番 0384 人口 13万8537人

夕陽を浴びて赤く染まるローズ・バレー

カッパドキアはアナトリア高原の中央部に広がる大奇岩地帯。キノコ状の岩に代表される奇岩の不思議な景観、奇岩の中に残された膨大なキリスト教壁画、地下何十mにも掘り下げられた地下都市とさまざまな顔をもつ。トルコ観光の最大の見どころだ。

バスの窓から目に入る景色は、これまで訪れたどの地域の景色とも異なるだろう。なだらかな岩肌のグラデーションが広がるかと思えば、ごつごつとした奇岩群がある。ニョッキリと突き上げるキノコのような岩のユニークさには思わず笑い出してしまうかもしれない。これがすべて自然の力でできたのだから、やはりすごい。

こうした地層は数億年前に起きたエルジエス山の噴火によって造られたもの。火山灰と溶岩が数百mずつ積み重なった末、凝灰岩や溶岩層になった。その後も岩部は風雨に打たれて浸食が進み、今では固い部分だけが残されて不思議な形の岩となった。

カッパドキア地方はヒッタイト時代から交易ルートの要の地として栄え、4世紀前後からはキリスト教の修道士が凝灰岩に洞窟を掘って住み始めた。彼らは外敵から身を守りつつ、信仰を守り続け、洞窟内の天井や壁に見事なフレスコ画を残したのである。標高1000mを超す高原のさらに奥深い岩山での、ひたむきな信仰生活をかいま見ることができる貴重な地域といえる。

ハチル教会の天井に描かれたフレスコ画

■カッパドキアへの行き方

✈カイセリ空港がカッパドキア地方から最も近い空港。
🚌ネヴシェヒルが起点となる。地元系のネヴシェヒル・セヤハット社のバスに乗るのが確実。

●イスタンブール
✈カイセリ空港へ
8:35 18:35 22:10発
所要：1時間25分
運賃：139YTL
🚌エセンレル発
ネヴシェヒル・セヤハット社
20:30 21:00発
所要：12時間
運賃：40YTL
🚌ハレム発
メトロ社9:00発

●アンカラから
🚌9:00〜18:30に1〜2時間毎、翌1:30に夜行1便
所要：5時間
運賃：23YTL

●イズミルから
🚌19:30発
所要：12時間
運賃：35YTL

●カイセリから
🚌7:00〜20:00に1時間毎
所要：1時間30分〜2時間
運賃：7YTL

●アンタルヤから
🚌19:00 21:00発
所要：10時間
運賃：30YTL

●デニズリから
🚌22:00発
所要：10時間
運賃：30YTL

●セルチュクから
🚌18:15発
所要：10時間
運賃：40YTL

●コンヤから
🚌7:30 13:00 16:00発
所要：3時間
運賃：18YTL

アンカラからカッパドキアへ向かうバスは途中トゥズ湖Tüz Gölüという巨大な塩湖を通る。湖岸には塩の結晶が見え、近くには塩の精製工場もある。(編集室)

旅のモデルルート Gezme Planı

カッパドキアの見どころは広範囲に点在している。1～2日で効率よく観光するにはツアーに参加するのが一般的だが、もちろんバスなどを使って自分の足で回ることもできる。自分の興味に従ってじっくり楽しみたいという人はチャレンジしてみよう。夏期、冬期ともに日没後はバスの便がなくなるので注意が必要だ。以下に挙げたルートも参考にし、自分の行きたいポイント、滞在日数などを考慮してプランを作ろう。

ウチヒサル行きのミニバス

自分の足とツアーでカッパドキアを回るコース

1日目：ウチヒサル→ギョレメ・パノラマ→ギョレメ屋外博物館
2日目：カイマクル、デリンクユ→ウフララ渓谷

ウチヒサルやギョレメといった見どころは自分の足でゆっくりと回り、交通の便が悪いウフララ渓谷へはツアーで行くというプラン。

1日目の起点はネヴシェヒルのオトガルかギョレメ村。最初にウチヒサルに行き、その後ギョレメ方面行きのバスやドルムシュで、ギョレメ・パノラマへ。ギョレメ村で昼食を取ったあとは、屋外博物館を見学。一つひとつの教会のフレスコ画を丹念に見て回ろう。

2日目はツアーに参加してカイマクルやデリンクユの地下都市を見学したあと、ウフララ渓谷をハイキング。

アヴァノス周辺をのんびりと回る1日コース

ギョレメ、ネヴシェヒル→アヴァノス

アヴァノスは風光明媚な町。交通の便もよいので、ぶらっと出かけるにはちょうどよい。アヴァノスの古い町並みを散策したり、クズル川にかかる吊り橋を渡ってみよう。工房に寄って陶芸を体験するのもよい。シーズン中ならクズル川下りのラフティングのツアーに参加するのもいい。

ゼルヴェ周辺を歩いて回る1日コース

ギョレメ、ネヴシェヒル→チャウシン→パシャバー→ゼルヴェ

出発はギョレメかネヴシェヒル。アヴァノス行きのバスでチャウシン下車。3つのキノコ岩で有名なパシャバーやゼルヴェまで歩いていく。昼食を用意してピクニックをするのもいい。ゼルヴェの野外博物館を見学後はローズバレーまで行き、美しい夕日を眺めるのもよい。ただし、最終バスの時間には気を付けよう。

歩き方 Güle Güle Gidin

カッパドキアは、ネヴシェヒルとユルギュップを結ぶ道路を境に**北**と**南**に分けられる。北側には**キノコ岩**の奇岩をはじめ、**屋外博物館**、**フレスコ画**、**ウチヒサル**、**ピジョン・バレー**、陶芸のアヴァノスなどの見どころが集中している。南側のエリアの目玉は何といっても**地下都市**と**ウフララ渓谷**だ。南東部にはフレスコ画の残る教会跡なども点在し、キノコ岩群とは違うのんびりしたいなかの風景が楽しめる。カッパドキアの見どころは離れており観光に丸1日は必要なので、最低でも前日泊か当日泊となる。それでも1日だけでは北側プラス地下都市しか回れない。ぜひ2日は欲しいところだ。

ウフララ渓谷

ものすごく乾燥しているため、特に女性は絶対保湿ケアできるコスメを持っていくべき。冬はもちろん、夏でも肌がボロボロになります。　（東京都　miki　'05夏）

アヴァノスを流れるクズル川

城塞から見たネヴシェヒルの町

ユルギュップの町

奇岩に囲まれたギョレメ村

アヴァノス発の乗馬ツアーはフランス人に大人気！

■トルコ航空の代理店
●アルゲウス・トゥリズム
Argeus Turizm
Map P.354A
✉İstiklâl Cad. No.7 Ürgüp
TEL (0384) 341 4688
FAX (0384) 341 4888
Inet www.cappadocia.jp
開 8:00～19:00(冬期～18:00)
休 無休
※カイセリ空港に深夜1:05着の場合は車1台100US$で手配可能。

起点となる町を決めよう

さて、ではどの町に宿を取るか。これはカッパドキア観光の成功を左右する大事なポイントである。全体の旅程によるが、交通の便がよくホテルも多いとなると、起点となる町は**ネヴシェヒル**Nevşehir、**ユルギュップ**Ürgüp、**ギョレメ**Göreme、**アヴァノス**Avanosの4つ。静かな穴場を狙うなら**ウチヒサル**Uçhisarや**ムスタファパシャ**Mustafapaşaも検討してみよう。

ネヴシェヒル　ネヴシェヒルはこの地方の中心都市。各地へのバスも多発しているので交通の便はよいが、町そのものに見どころはない。通年営業しているホテルも多い。地下都市へのミニバスをはじめ、アヴァノスやギョレメ、ユルギュップ行きのバスの発着点なので、自力で回りたい人にはいい。ただし、バスの到着と同時に現れる客引きには注意しよう。

ユルギュップ　ユルギュップは奇岩に囲まれており、カッパドキアの雰囲気が楽しめるのが魅力。町自体はこぢんまりしていて手頃なペンションやレストランが並ぶ。ツアーで利用する4つ星ホテルも多く、ホテルの設備などにこだわりのある人にはおすすめ。

ギョレメ　ギョレメには、奇岩を利用したカッパドキアらしいペンションがたくさんあり、手頃な値段で泊まることができるので旅行者には人気だ。観光客が増えるにつれ、素朴な村の雰囲気は失われつつあるが、ツアーを利用しないで観光したい人には、ギョレメ屋外博物館などに歩いて行けるので魅力だ。

アヴァノス　陶器の町として知られているが、ホテルやレストランも多く、滞在には困らない。町にはクズル川が流れ、景色もよく開放的な感じ。陶芸好きやアウトドア派の人にはおすすめ。ギョレメやネヴシェヒル、カイセリとのアクセスもよい。乗馬ツアーや川下りなどアクティビティも充実。

そのほか　カッパドキアらしい荒涼とした景観に浸りたい人には、**ウチヒサル**がおすすめだ。集落としては大きくないが、ペンションはたくさんあり宿泊に困ることはないだろう。ゼルヴェやムスタファパシャ、オルタヒサルなどにもホテルはある。

空港からカッパドキアの町々へ

カッパドキアの空の玄関口はカイセリ空港。ネヴシェヒルにも空港はあるが2006年11月現在、トルコ航空の便は運休中。

カイセリ空港から　カイセリ空港へはイスタンブールから1日3便の運航。ここからカッパドキアへの送迎バスはアルゲウス・トゥリズムが運行。目的地によりひとり10～12US$。事前に(フライトの1日前までに)連絡しておこう。空港からカイセリのオトガルまでタクシーで行き(約15YTL)、そこからバスでネヴシェヒル(7YTL、20:00まで1時間おき、アヴァノス、ギョレメ経由)に行ってもいい。

カッパドキアは夕日の美しさはもちろんですが、星空も格別。冬は空気が澄んでいるので、奇岩の上に広がる満天の星空はまるで別世界。(東京都　デースケ　'06秋)

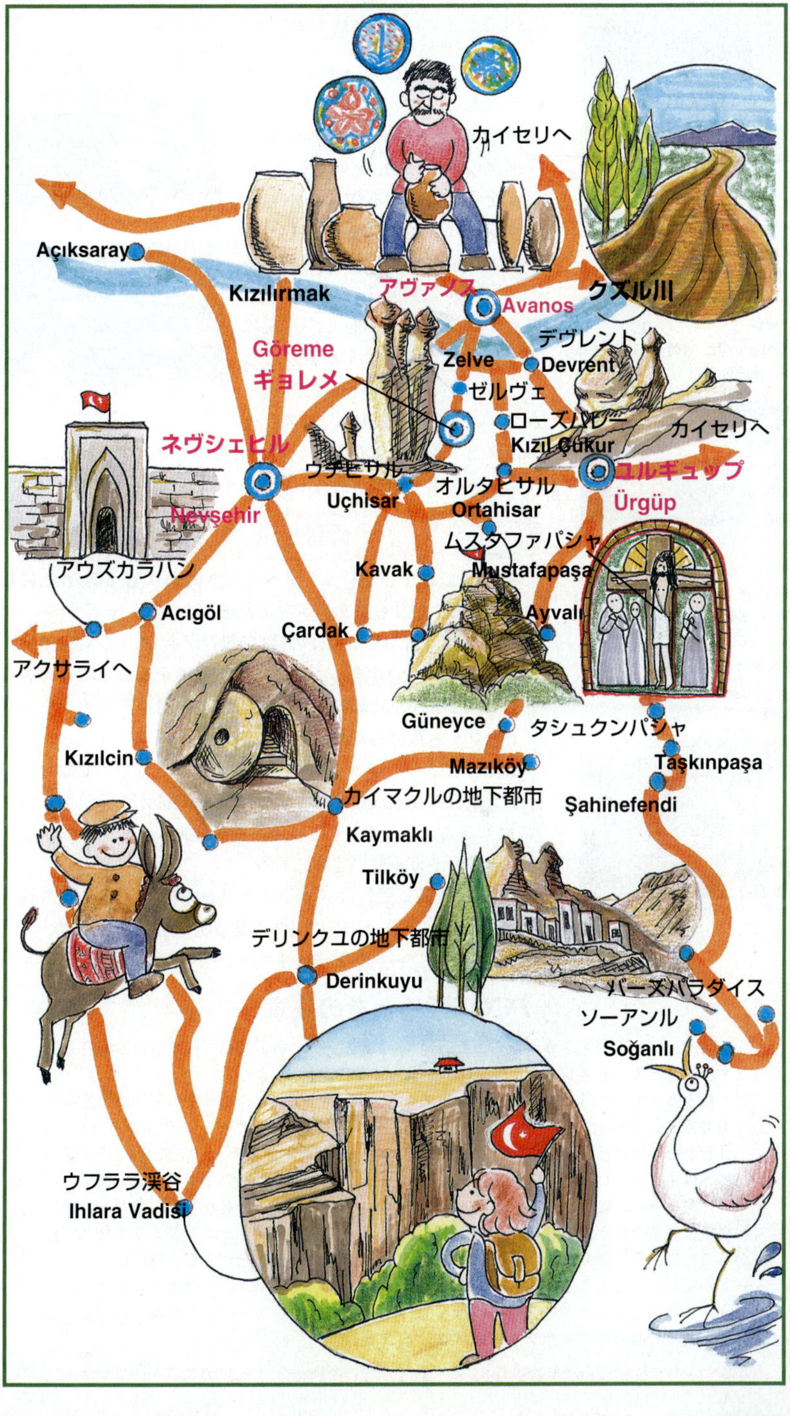

2月にギョレメの洞窟ホテルに泊まりました。電気ストーブ付きの部屋でしたが部屋が暖まらず、底冷えがしてとても寒かったです。　（千葉県　原木軍団　'06春）

ギョレメのバスオフィス

■ギョレメのインターネットカフェ

●Beste internet cafe

Map P.348A

TEL(0384) 271 2919

開9:30〜24:00（冬期〜22:00）

休無休

料30分1YTL　1時間2YTL

※日本語使用可

ギョレメのBeste internet cafe

■ギョレメのDHL

Map P.348B

TEL(0384) 271 2784

FAX(0384) 271 2928

開8:30〜18:00

（日・祝9:00〜13:00）

休無休

ギョレメのホテル紹介所。正式な❶ではないが、情報量は多い

カッパドキアのバス会社

ネヴシェヒル・セヤハットのバス

ネヴシェヒル・セヤハットのセルヴィス

ネヴシェヒルのオトガルに入るバス会社は、地元系の**ネヴシェヒル・セヤハット**Nevşehir Seyahatと、全国区の**メトロ**Metroの2社。カイセリを本拠地とする**ケント**Kentもネヴシェヒル発着路線を運行している。多くのバスはネヴシェヒルのオトガルに到着後、ギョレメ〜アヴァノス方面まで行くが、便によってはネヴシェヒルが終点となる。カッパドキアの各町村へはセルヴィスで行けるので、バス会社のスタッフの指示に従おう。バス会社のスタッフを装ってバスに乗り込んでくる旅行会社の客引きもいるので注意。

両替・郵便・電話

ネヴシェヒル　銀行はアタテュルク大通りAtatürk Bul.に集中している。PTTもアタテュルク大通りにある。

ギョレメ　役場Belediyeの1階に銀行があり、ATMもオトガルの周辺にいくつかある。ツアー会社やホテルなどでも両替は可能。PTTは村の北部にある。オトガルの周辺にはインターネットカフェも数軒ある。

ユルギュップ　ユルギュップの銀行はオトガルの北側などにイシュ銀行İş Bankasıやワクフ銀行Vakıf Bankがある。もちろんATMもある。PTTは❶の1本西の通りにある。インターネットカフェはオトガル前の建物にある。

アヴァノス　銀行はメインストリートのアタテュルク通りAtatürk Cad.にある。PTTはバスの発着所のすぐ横の建物。

バスに乗るときの注意

イスタンブールやアンカラからの直行便はネヴシェヒル〜ギョレメ〜アヴァノスへ行く便が多く（ネヴシェヒルでセルヴィスに乗り換える場合もある）、ユルギュップへは行かない便が多い。この場合ユルギュップへはネヴシェヒルのオトガルでセルヴィスに乗り換えることになる。もちろん追加料金はいらないが、乗り継ぎに時間がかかることもある。降りる客の多少によりルートが変わってくることがあるので確認しよう。また、カッパドキアを本拠地としないバス会社の場合はアクサライやネヴシェヒル郊外の幹線道路で降ろされる場合もあるので注意しよう。

ネヴシェヒルからほかの町へ長距離バスで行く場合は、ギョレメやユルギュップ、アヴァノスでもチケットの購入が可能だが、ネヴシェヒルのオトガルまではセルヴィスで移動する場合が多い。ただし、便によってはギョレメやユルギュップなどで直接乗車できる場合がある。特に夏のシーズン中は、ギョレメから直接デニズリやイスタンブール、アンタルヤ方面へ行けることが多い。

ギョレメのホテル紹介所にはホテルのパンフレットが壁一面に貼られている。まず、ここで情報を仕入れてからホテル探しをするのもよい。（編集室）

旅の情報収集

ネヴシェヒル　ネヴシェヒルのⓘはオトガルにはない。オトガルにあるのは旅行会社だけ。オトガルから南に行き、アタテュルク大通りを左に曲がったバス停の横にある。

ギョレメ　ギョレメには公営のⓘはない。オトガル近くではINFORMATIONという看板を目にするが、これは旅行会社であり、公営のⓘではない。ⓘではないが、オトガルの前には宿の紹介所があり、観光やバスの情報も提供している。

ユルギュップ　ユルギュップのⓘはオトガルの北側にある。門から庭に入った左側の建物だ。情報量も多い。各ホテルの料金表やタクシー料金の相場なども教えてくれる。

アヴァノス　オトガルからクズル川Kızıl Irmakにかかる橋を渡って最初の道を右折し、少し行った右側にある。

何を使って見どころを回るか

カッパドキアを自分の足で回れば、時間はかかるが安くあがるし、何よりマイペースで行けるのがいい。自力で行くのが比較的簡単なのは、キノコ岩がある北側エリアと地下都市。ウフララ渓谷に行くのはちょっと難しい。また、冬は雪が積もり、バスの便も減るので少し不便になる。

■カッパドキアのⓘ

●ネヴシェヒル
Map P.344
✉Atatürk Bul. No.14
TEL(0384) 213 4260
FAX(0384) 213 7045
開8:00～12:00　13:00～17:00
休11～3月の土・日

●ユルギュップ
Map P.354A
✉Park İçi
TEL & FAX(0384) 341 4059
開8:30～12:00　13:00～17:30
休11～3月の土・日

●アヴァノス
Map P.356
✉Atatürk Cad. No.55
TEL & FAX(0384) 511 4360
開8:00～12:00　13:00～17:00
(夏期～17:30)
休11～3月の土・日

カッパドキアのバス・ドルムシュ交通

区間	料金	始発・終発	経由地、通過する見どころ
ネヴシェヒル⟷ギョレメ	1.50YTL	7:00～17:00(冬期～16:00)	ウチヒサル
ネヴシェヒル⟷ユルギュップ	1.75YTL	7:30～18:00(冬期～17:00)	ギョレメは通らない
アヴァノス⟷ユルギュップ	2YTL	8:00～18:00(冬期～17:00)	ギョレメ、ゼルヴェなど
ユルギュップ⟷ムスタファパシャ	1YTL	7:15～18:15（土曜減便、日曜運休）	
ネヴシェヒル⟷アヴァノス	2YTL	7:00～21:00(冬期～20:00)	ウチヒサル、ギョレメ、チャウシン、ゼルヴェ
ネヴシェヒル⟷ニーデ	6YTL	7:00～20:00 1時間毎	デリンクユ、カイマクルなどの地下都市
アヴァノス⟷オズコナック	2YTL	8:30～18:30（冬期～17:30）	オズコナックの地下都市
ネヴシェヒル⟷カイセリ	7YTL	7:00～20:00 カイセリ発最終は20:00	ギョレメ、ウチヒサル、ゼルヴェ、アヴァノスなど
ネヴシェヒル→アクサライ	6YTL	8:45～15:45（1日5便）	
ネヴシェヒル→イスタンブール	40YTL	9:00 20:00 21:00	
ネヴシェヒル→アンカラ	23YTL	7:30～20:00(1日約7便)	トゥズ湖
ネヴシェヒル→アンタルヤ	33YTL	21:00～23:30に5便	コンヤ
ネヴシェヒル→デニズリ	35YTL	20:00	ボドルム、イズミル行き
ネヴシェヒル→クシャダス	45YTL	20:30	セルチュク

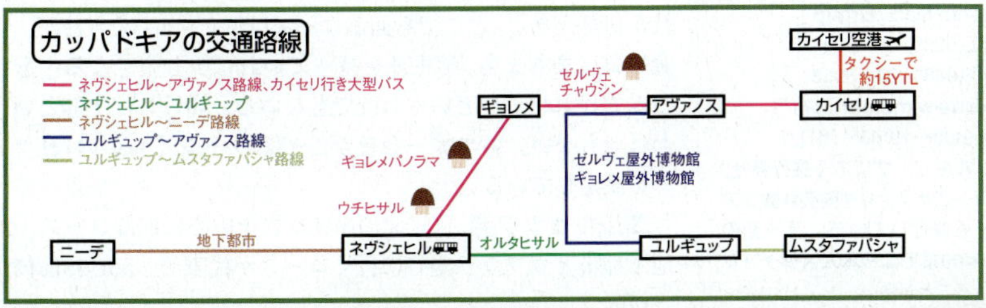

早朝のカイセリ行きの便は満席になりやすい。夏期はアンタルヤやデニズリ方面の夜行バスは人気が高いので、前日までに予約しておくのが無難。(編集室)

■レンタバイク

専門の店でレンタルし、修理や救援が必要なときにどうするか、保険の有無など、最低限のことは必ず確認すること。お店の人のアドバイスや注意事項にもきちんと耳を傾けよう。海外旅行傷害保険は交通事故には適用されない。スクーターとはいえ、けっこうスピードが出る。交通量は多くないが周りの車も飛ばしている。運転経験の少ない人は自分の責任において、覚悟して乗ろう。右側通行に慣れず、対向車が来たときにパニックになり、対応を誤って路肩に転落するという事故が多い。

新登場の四輪バギーも人気

マウンテンバイク

■AVIS

Map P.354A

✉İstiklâl Cad. No.19
Belediye Pasajı
TEL(0384) 341 2177
FAX(0384) 341 8750
開8:30〜19:30（冬期〜18:00）
休無休

■MTI Travel

Map P.354A

✉Güllüce Sok. No.4/5
İmran Mah., Ürgüp
TEL(0384) 341 8993
FAX(0384) 341 8953
inet www.mtitour.com
開9:00〜19:00　休日

ユルギュップにある旅行会社。ジープサファリや陶芸体験ツアーも催行している。月〜金の14:00までは日本人スタッフがいることが多い。

バス、ドルムシュ　カッパドキアはネヴシェヒルを起点に多くのバスが走っている。幹線道路はネヴシェヒル→ウチヒサル→ギョレメ→チャウシンÇavşin→ゼルヴェ→アヴァノスを結んでいる。これらの町の間はバスやドルムシュが月〜金曜はほぼ30分おきに出ている。土・日曜は1時間おき。ユルギュップ〜ギョレメの便は1日数便しかないので、時間が合わなければネヴシェヒルで乗り換える。

ネヴシェヒルではオトガル発のバスが多いが、ギョレメ行きは❶の横のバス停からも乗車できる。アクサライAksaray行きのみアタテュルク大通りの西端より出る。アヴァノスではほとんどがPTT横の道にあるバス停から発着。ギョレメはオトガル発が多いが、ユルギュップ行きは広場には行かず、町の北側にあるPTT前や屋外博物館へ行く道を通るので注意しよう。

自分で足を確保する　天候がよければ自転車やスクーターを借りて走るという手もある。ギョレメやユルギュップにはレンタサイクル屋があり、マウンテンバイク、スクーター、250ccバイクなどバリエーションが豊富に揃っている。スクーター（2人乗り可）は、12時間レンタルして30〜50YTLが相場。ガソリン代は別途で1ℓ約3YTL。ツアー会社でも自転車を用意しているところがあるので利用したい。自転車は1日で15〜30YTL。タクシーなら1日チャーターして、100YTLほど。4人ぐらい集まればツアーより得だ。レンタカーを借りるなら1日だいたい50US$〜。エアコン付きの車なら1日75US$ぐらい。国際大手のレンタカー会社はユルギュップにAVISなどが数軒ある。オートマ車は95US$ぐらい（夏期は2週間前、冬期は1週間前に要予約）。

ツアーを上手に利用する

旅行会社のツアーは、時間がない人、見どころを解説してほしい人には重宝。イスタンブールから夜行バスで到着したすぐあとでも、旅行会社に行けばその場でツアーに参加することもできる。よいツアーに参加すれば見どころを落とすことがなく、有能なガイドが付けばより多くの情報が得られ、それだけ理解も深まる。ほかの国の友達もでき、みんなでワイワイと回るのは楽しい。ツアーは好みでないという人も、ひとりでは行きにくい場所へはツアーを利用してみるといい。

ユルギュップ、ギョレメ、ネヴシェヒルにはそれぞれツアー会社が何軒かある。どこでも回るコースは似たりよったりだが、料金や質はまちまち。学生証を持っていれば少し安くなる。もちろん安ければいいというわけでもないし、高ければ上等というわけでもない。各ツアー会社が2〜3パターンぐらいの1日ツアーを設定している。

ユルギュップ発　1）北のキノコ岩を中心に回るコース、2）地下都市とウフララ渓谷に行くコースが代表的。55US$前後が一般的。

僕がバイクをレンタルする数日前、あるフランス人がバイクをほぼ全壊してしまい、数千ドル請求されたそうです。　（石川県　さるとる　'05春）

ギョレメ発　1）キノコ岩群＋カイマクル＋ケルヴァンサライ＋ソーアンル＋ムスタファパシャ＋ユルギュップ、2）ギョレメ・パノラマ＋ピジョン・バレー＋デリンクユ＋ウフララ渓谷＋ケルヴァンサラユ、3）ユルギュップ＋ゼルヴェ＋パシャバー＋アヴァノスを回る3種類のツアーを組んでいる。各コースともガイド、交通費、昼食、入場料込みで、50YTLぐらい。

ネヴシェヒル発　ツアーの内容はユルギュップとほぼ同じ。1日ツアーは50～55YTL（ガイド、交通費、昼食、入場料込み）。ネヴシェヒルのオトガル内にある旅行会社で受け付けている。

アヴァノス発　アヴァノスにはツアーを催行する旅行会社は少ない。一般的なツアーは40€だが、アヴァノスでは乗馬ツアー（2時間20€、半日30€）やトレッキングツアー（半日50€、1日80€）やサイクリングツアーなど自然系のツアーが用意されている。5～10月はクズル川をカヌーで下るツアー（半日50€、1日80€）も人気。詳細はアヴァノスの旅行代理店、キルキット・ヴォヤージKirkit Voyageへ。

ツアー＆ツアー会社選びは慎重に

カッパドキアは観光が主産業であるだけに、ツアー会社のほうも客を呼ぶのに必死だ。ヨーロッパ人が訪れない冬（特に卒業旅行シーズン）に来てくれて、あまり文句を言わない？日本人旅行者は格好のターゲットになっている。強引な客引きにつられてすぐに決めてしまうのではなく、必ず自分の足で何軒か回ってみることが必要だ。

事前の説明をよく聞こう　エージェントのオフィスの雰囲気を事前に見ておくことはとても大事。面倒がらずにきちんと説明してくれる誠意のある態度かどうかがポイント。できればガイドの人を確かめておくと安心。

ツアーガイドはどんな人？　最近は日本語で説明できるガイドも増えてきたが、ほとんどのガイドはわかりやすい英語、ドイツ語を話す。ガイドの人とウマが合えば、ツアーも楽しくなることウケあいだ。しかし、非常に残念なことだが、なかには勉強不足だったり、女性の旅行者に必要以上になれなれしい態度をとる、ガイドとしての意識に欠ける人もいるのが現状だ。またライセンスをもっていないモグリのガイドは屋外博物館などで説明ができない。確認しておこう。

内容の確認は確実に　足代（トランスポーテーション）、ガイド、昼食、入場料のうち何が料金に含まれているのかを明確にしておこう。また、見どころを飛ばされることもあるので、どこを回るのかもしっかりチェック。お金のトラブルを防ぐために、領収書（チケット）は必ず受け取っておくこと。バスのチケットを頼んだ場合も同様だ。実際の内容が違った場合は、毅然とした態度で抗議をするべき。うやむやにされてあきらめてはいけない。

■キルキット・ヴォヤージ
Kirkit Voyage
Map P.356
✉Atatürk Cad. No.50
TEL(0384) 511 3259
FAX(0384) 511 2135
inet www.kirkit.com
開7:30～21:00
（冬期8:00～18:00）
休無休

キルキット・ヴォヤージ

オトガルの客引き
イスタンブールからネヴシェヒル経由ギョレメ行きの夜行バスに乗りました。翌日の朝、バスのスタッフらしきトルコ人にたたき起こされ、「ここがギョレメだから降りろ」と言われたので降りてみました。そしてその男にむりやり旅行会社に連れて行かれ、ツアーに参加させられそうになった。無視してバスに戻ろうとしたら、そこにはバスがない！　しかも、そこはネヴシェヒルのオトガルでした。絶対にバスの乗務員以外の人間は信用してはいけません！　被害者が続出しています。
（東京都　ブリッツ　05年秋）

ネヴシェヒルのオトガル

ソーアンルやバーズパラダイスなどカッパドキア南部を回るツアープログラムもあるが、人数がなかなか集まらないので催行されないことが多い。（編集室）

ギョレメ屋外博物館の入口

■ギョレメ屋外博物館
Map P.348B外
ギョレメ村から徒歩。
開8:00〜日没　休無休
料12YTL
カランルク・キリセは別途5YTLが必要。
■トカル・キリセ
料ギョレメ屋外博物館と共通。事前にチケットを買っておこう。

見どころ　Gezilebilecek Yerleri

フレスコ画の鮮やかな色が今に残る

ギョレメ屋外博物館

Göreme Açık Hava Müzesi ギョレメ・アチュック・ハワ・ミュゼスィ

ギョレメ谷には30以上の岩窟教会があり、地上の教会と同じ十字平面の教会や丸天井のものが多い。それぞれの教会には壁画や洞窟の特徴を語るようなトルコ語の呼び名が付けられ、保存状態のよいいくつかの教会でフレスコ画を見ることができる。内部の絵は十字架をアレンジした素朴なものから、聖書のエピソードが細かに表されたものまで多彩だ。

チャルクル・キリセÇarklı Kiliseは、壁画の人物がサンダルを履いていることからサンダル教会という名が付いた。しかし、現在は修復のため非公開となっている。また、**ユランル・キリセ**Yılanlı Kilise（ヘビの教会）には聖ジョージらによるヘビ退治の壁画がある。キリストの生涯を描いた壁画のある**エルマル・キリセ**Elmalı Kiliseは、以前入口にエルマ＝リンゴの木があ

Information

気球に乗ってカッパドキアを見下ろす

雄大なカッパドキアの景色を、はるか上空から堪能するツアーが大人気。夏のシーズン中、朝または夕方発でフライトタイムは約1時間。朝焼け、夕焼けに染まる岩峰の波を眼下に収めよう。フライト後にはシャンパン（またはワイン、コカコーラの場合もある）のサービスがある。以下の2社が気球ツアーを催行している。空の上はとても寒いので防寒具を用意していこう。気球ツアーの予約は各ホテルでも可能。最近気球ツアーを行う会社が増えてきているが、気球の数が少なかったりパイロットの腕がよくなかったりといった問題が起こりやすいのも事実だ。

■カッパドキア・バルーンズ　Map P.348A
Kapadokya Balloons
✉Göreme Kasabası
TEL(0384) 271 2442　FAX(0384) 271 2586
inet www.kapadokyaballoons.com　C/C J M V
安全のため飛行は早朝のみ。パイロットは経験豊富なイギリス人とスウェーデン人。ホテルまでの送迎付き。予約は前日までに。夏期（特に9月）は込み合うので早めの予約を。
●1時間45分コース（平均飛行時間）
料ひとり230€（現金払いで210€）10人乗り
●1時間コース
料ひとり150€（飛行後はコーラが出る）
早朝2フライト催行

空からのパノラマを楽しもう

■ギョレメ・バルーンズ　Map P.354A
Göreme Balloons
✉Kayseri Cad. No.13 Ürgüp
TEL(0384) 341 5662　FAX(0384) 341 7245
inet www.goremeballoons.com　C/C M V
早朝の1日1フライトを催行。12歳以下は半額。パイロットはトルコ人とアメリカ人。気球はトルコ航空のものを使用している。年間フライト人数は8000人以上。
●1時間15分〜1時間30分コース
料ひとり230€（現金払いで210€）
●45分コース　料ひとり150€

出発は天候次第!?
同じツアーの人が気球ツアーに申し込みましたが、上空の状態がよくないとかで朝4:30にホテルを出て現地まで行ったものの気球に乗れずそのまま戻ってきたそうです。催行されるかどうかは当日にならないとわからないと思ったほうがいいかも。　（埼玉県　pom　'06夏）

気球ツアーの終了後にはフライトの記念として賞状のような飛行証明書が配られることがある。旅の思い出に取っておこう。（編集室）

ったということからこの名で呼ばれる。

有名な教会の壁画は、12～13世紀にかけて作られたもので、荒れた岩肌の外観からは想像もつかないほど、内部の装飾は見事だ。なかでも光が入らなかったため、特に保存状態がよいのが**カランルク・キリセ**Karanlık Kilise（暗闇の教会）。キリスト像や受胎告知、ベツレヘムへの旅、洗礼、最後の晩餐などの鮮やかな色合いのフレスコ画が残る。

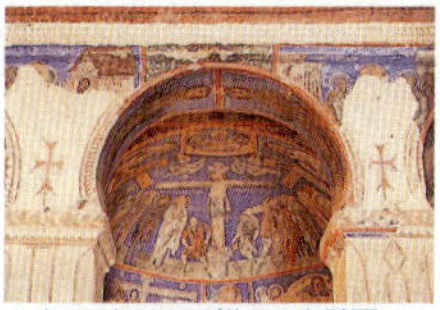
トカル・キリセの鮮やかな壁画

ユランル・キリセの壁画。聖人たちによるヘビ退治

壁画の青が美しい2階建ての大きな教会

トカル・キリセ

Tokalı Kilise トカル・キリセ

ギョレメ屋外博物館入口の手前左側にある。カッパドキア随一の広さをもち、天井や壁のフレスコ画の数も多い。入ってすぐの部屋の壁画は10世紀後半に描かれたもので、ビザンツ美術の逸品。深みのある青の色が美しい。

岩が連なるギョレメ・パノラマ

岩がぴょんぴょん林立する雄大な奇観が楽しめる

ギョレメ・パノラマ

Göreme Panorama ギョレメ・パノラマ

ウチヒサルからギョレメに向かう途中の右側にある。白いなめらかな岩肌の波が谷一面に広がっており、絶景だ。また、道を渡った反対側から畑越しに見える地層の模様も美しい。

■ギョレメ・パノラマ
Map P.348A外

■ウチヒサル
Map P.335

🚌ネヴシェヒルとギョレメの中間にあり、どちらからもドルムシュで10分。
開8:00～日没　休無休
料2.50YTL

鳩の家がいっぱいある高い岩峰

ウチヒサル

Uçhisar ウチヒサル

「尖った砦」という意味の巨大な一枚岩の城塞が中心になっている。城塞の内部は上ることができ、ここから眺めるギョレメ・パノラマはまさに絶景。この岩の表面には数多くの穴が開いている。これは鳩の家といわれる鳩の巣で、住民は昔から鳩の糞を集め、ブドウ畑の肥料として役立てていた。火山性で土地がやせているカッパドキアならではの知恵だ。鳩が赤い色を好むため、巣の入口に赤い色でペイントしてある。この巨岩の周囲には小さな村が形成され、ペンションなど宿泊施設も多い。

ウチヒサルの小さな村

奇岩の要塞、ここの眺めもすばらしい

オルタヒサル

Ortahisar オルタヒサル

ウチヒサル同様、岩峰がそびえ立つ村。オルタとは中央という意味で、奇岩地帯におけるこの巨岩の位置を表す。内部には階段もあり過去には要塞だった。ここからの眺めもすばらしく、遠くウチヒサルも見える。数百m離れた地点に岩峰があり、ふたつは地下でつながっているといわれる。

■オルタヒサル
Map P.335

🚌ユルギュップ～ネヴシェヒル間にある。ドルムシュでユルギュップから10分、ネヴシェヒルから20分。
開8:30～日没　休無休
料2YTL

☺ウチヒサル、オルタヒサルで見る夕日はすばらしいですが、日没の時間までいると確実に帰りのバスがなくなります。行くならバイクで。　（東京都　miki　'05夏）

ギリシア人が多く住んでいた村

ムスタファパシャ

Mustafapaşa ムスタファパシャ

以前はスィナソスSinasosという名前で、1924年に行われたギリシアとの住民交換までギリシア系住民が住んでいた。19世紀に建てられた聖ジョージ教会、聖バシリオス教会、聖ステファノス教会などに美しいフレスコ画が残る。

ユルギュップから南に15kmのタシュクンパシャTaşkınpaşaには14世紀、カラマン君侯国の時代に建てられたジャーミィなどが残っている。タシュクンパシャのさらに南にあるソーアンル村Soğanlıにはピジョン・バレーや小さい教会が点在する。

■ムスタファパシャ
Map P.335
ユルギュップからミニバスが平日は2時間毎。土曜は減便、日曜は運休。タシュクンパシャやソーアンルはユルギュップなどからタクシー。

波打つ奇岩がすべてバラ色に染まる夕方は絶景

ローズバレー

Kızıl Çukur クズル・チュクル

ゼルヴェから約4km。ピンク色の岩の峡谷に教会があり、7世紀の彫刻や11世紀頃のフレスコ画が天井に残っている。また、ここの夕景はカッパドキアでも有数の絶景スポット。夕日を受けて桃色から紫色に変化する峡谷の景色が美しい。

■ローズバレー
Map P.335
開8:00～日没　休無休
料2YTL

ローズバレー

探検気分で洞窟内の住居や教会を見て回ろう

ゼルヴェ屋外博物館

Zelve Açık Hava Müzesi ゼルヴェ・アチュック・ハワ・ミュゼスィ

ゼルヴェ峡谷には聖堂や住居が無数にあり、多くの人がここで生活していたといわれる。実際に30年ほど前まで村人が住んでいたが、岩が崩壊の危険にさらされたため今は近くに移住している。いくつもの峡谷の壁面には洞窟や、山と山を結ぶトンネルが細かく巡らされ、中の様子を見学できる。内部はところどころにはしごがかかり、人ひとり通るのがやっとの細い通路なので、運動靴や動きやすい服装がベター(スカートでは難しい)。中は暗いので懐中電灯が必要。ギョレメの壁画のような派手さはないが、初期の壁画が残る。

■ゼルヴェ屋外博物館
地図外
バスユルギュップ、アヴァノスから夏のみ運行。
開8:00～19:00(冬期～17:00)
休無休　料5YTL
※パシャバー地区への入場料も含む。

奇岩が連なるゼルヴェ屋外博物館

3本のキノコ岩が生えている

パシャバー地区

Paşabağ パシャバー

3本のキノコが生えているような形をした大きな岩で有名。ユルギュップからゼルヴェ屋外博物館に到着する手前1kmの地点にある。ここは昔、修道士が住んでいたという。

しめじみたいなパシャバーのキノコ岩

古代から受け継がれる窯業の町

アヴァノス

Avanos アヴァノス

カッパドキア地方のみやげといえば、ここアヴァノスの焼物が有名。ヒッタイト時代から続く伝統産業だ。アヴァノスのすぐそばを流れるトルコ最長の川、クズル川Kızıl Irmak(トルコ語で赤い川)の粘土質の土を使って素焼きの花瓶や食器などを焼く。電動式ではなく、足で重いろくろを回しながら作る独特

アヴァノスの町の中心にシェ・ガーリップChez Galipという工房がある。ガーリップ氏は変わり者で、工房には女性の髪の毛を集めた髪の毛博物館がある。(編集室)

の手法は、ほとんどの工房で見学可能。頼めばろくろを回させてくれる。

何のためにこんな巨大な地下都市を造ったのか
デリンクユとカイマクルの地下都市
Derinkuyu ve Kaymaklı Yeraltı Şehri
デリンクユ・ヴェ・カイマクル・イェルアルトゥ・シェフリ

岩窟住居、といってもここは蟻の巣のように地下へと延びる地下都市。洞穴のような路地を下りると、迷路に次ぐ迷路が張り巡らされ、光の入らぬ地下では方向感覚も失う。

地下都市自体は紀元前400年頃の記録にも町の状態が記されているほど古い。その発祥や歴史には謎が多く、一時はアラブ人から逃れたキリスト教徒が住んだこともあるといわれる。内部の通気孔は各階に通じ、礼拝堂、教壇のある学校の教室、寝室、厨房、食料庫に井戸などがあり、大規模な共同生活が営まれていたことがわかる。ところどころに敵の侵入に備えた丸い石が、道をふさぐように置いてある。電球もつくが、かがんで通らなければならない場所も多い。デリンクユは4万人、カイマクルは2万人が暮らしていたという。それぞれ地下8階、地下5階まで見学可能だ。カイマクルのほうが浅いが横の広がりが大きい。

半日かけてのどかな渓谷を歩こう
ウフララ渓谷
Ihlara Vadisi ウフララ・ヴァーディスィ

深い谷に川が流れ、緑深い景色が広がる。全長12km、南側に切り立つ崖の高さは約100mという渓谷に、5000もの住居と105の教会などの礼拝場が残されている。一般道からウフララ渓谷へ階段を下りたあたりに教会が集中し、キリスト昇天の場面が描かれたアーチアルトゥ教会Ağaçaltı Kilisesi、24人の教父と40人の殉教者が描かれたユランル教会Yılanlı Kiliseなどがある。川の北東側と南西側に遊歩道があり、北東側は一部大きな岩の上を乗り越える難コース。午前中は北東側が、午後は南西側が日陰になるので、真夏には考慮に入れてコースを決めよう。

かつての隊商宿の面影を残す重厚な建物
ケルヴァンサライ
Kervansaray ケルヴァンサライ

中央アナトリアが貿易路として栄えた時代、カッパドキアにも隊商の宿泊所としてケルヴァンサライが建てられた。アクサライの西にある**スルタンハン・ケルヴァンサライ**は、そんな隊商宿の雰囲気を伝える建物だ。入口を入ると中庭になっており、中央に男性が2階で礼拝を行うための礼拝堂がある。周囲を取り囲む回廊式の建物には、食堂やハマム、宿泊場所、ラクダをつなぐ場所などが設けられている。また、アクサライの北東20kmには13世紀に建てられた**アウズカラハン**Ağızkarahanがある。アヴァノスの西にある**サルハン**Sarıhanでは夜にメヴラーナの旋舞の公演を見ることができる（→P.352）。

■デリンクユ　Map P.335
🚌ネヴシェヒルのオトガルからニーデNiğde行きのミニバスなどで途中下車。
所要：30分
開夏期8:00～19:00
（冬期～17:00）　休無休
料10YTL

■カイマクル　Map P.335
🚌ネヴシェヒルのオトガルからニーデNiğde行きのミニバスなどで途中下車。
所要：20分
開夏期8:00～19:00
（冬期～ 17:00）　休無休
料10YTL

■その他の地下都市
●オズコナック
地下19階まであるが、見学は3～4階まで。アヴァノスからオズコナック行きのバスに乗って行く。
TEL（0384）513 5168
開8:00～19:00（冬期～17:00）
休無休　料5YTL

地下都市の通路の丸い石

■ウフララ渓谷
Map P.335
🚌ネヴシェヒルからアクサライに行き、そこでウフララ行きのバスに乗り換える。アクサライからの便は少ない。ツアーに参加するのが一般的。
開8:00～19:00（冬期～17:00）
休無休　料7YTL

ウフララ渓谷

■スルタンハン・ケルヴァンサライ
Map P.16A1
■アウズカラハン・ケルヴァンサライ
Map P.335

ウフララ渓谷のツアーでは川沿いをしばらく歩くことになる。足場が悪い所もあるので、履き慣れた歩きやすい靴で行こう。（編集室）

ネヴシェヒル

ホテル

日本からホテルへの電話 国際電話会社の番号 + 010 + 国番号90 + 384（市外局番の最初の0は不要）+ 掲載の電話番号

ネヴシェヒルのホテルはオトガルから南に徒歩約15分のカイセリ通りやアタテュルク大通りに点在する。カッパドキアの経済や交通の中心地であるため中級ホテルも多く、ツアーでもよく利用される。これらのホテルは冬期の暖房をはじめ、ひととおりの設備は整っている。

高級

Map P.344外

ペリ・タワー Peri Tower Hotel

✉Nar Nevşehir TEL(0384)212 8816 FAX(0384)213 9028

Inet www.peritower.com
D なし
S A/C 80US$
W A/C 120US$
US$ € JPY YTL
T/C 不可 C/C J M V

●ネヴシェヒルのオトガルから丘の上に見える宇宙的な外観の4つ星ホテル。近そうに見えるが、オトガルから歩くとけっこう遠い。全126室で、日本からのツアーの利用も多く、ハマムやプールなど設備も充実している。

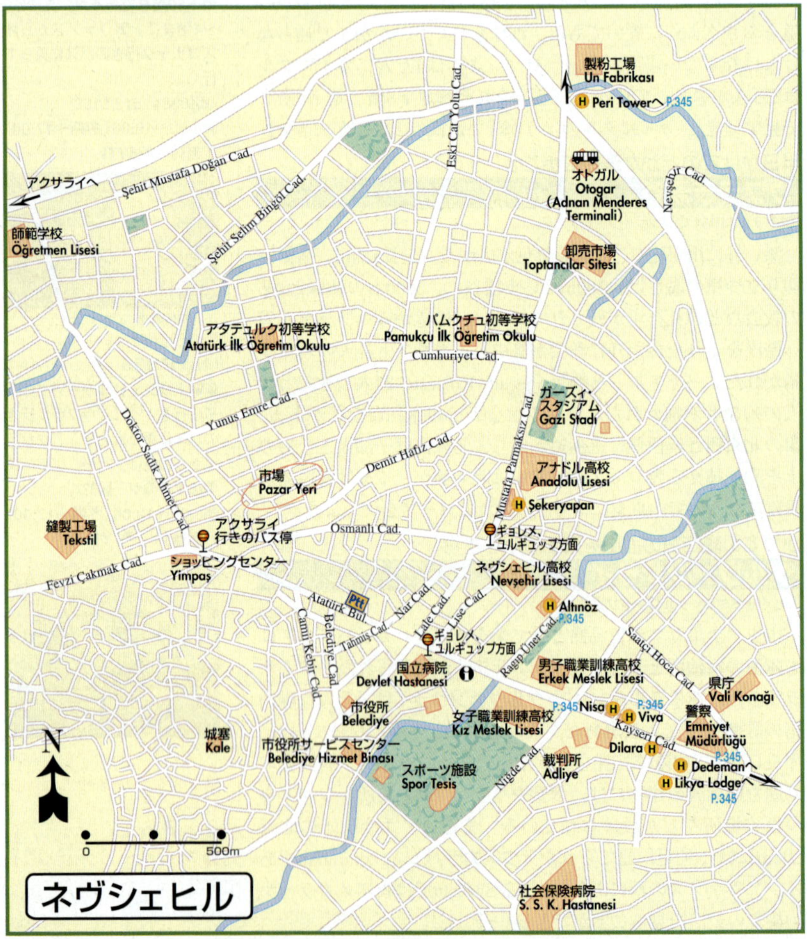

アクサライとウフララ渓谷を結ぶ道路沿いにはズィガ温泉Ziga Kaplıcalariがある。リュウマチ、神経痛のほかメタボリック症候群にも効果があるとされる。（編集室）

デデマン・カッパドキア Resort Dedeman Cappadocia

高級 Map P.344外

✉Ürgüp yolu 2km. Nevşehir
TEL(0384) 213 9900　FAX(0384) 213 2158

inet www.dedemanhotels.com
D なし
S A/C 150€
W A/C 220€
US$ € JPY YTL
T/C US$ € JPY C/C A M V

●ネヴシェヒルからギョレメ方面に行く途中、右側に見える。トルコ資本のホテルチェーンであるデデマンDedemanが経営する全349室の豪華ホテル。ツアー客の利用が多い。奇岩の雰囲気は味わえないが、部屋の設備は申し分なく、ハマムやプール、眺めのよいバーなども完備している。

リキア・ロッジ Likya Lodge Kapadokya

高級 Map P.344外

✉Uçhisar Kavşağı Nevşehir
TEL(0384) 213 9945　FAX(0384) 213 5092

inet www.lykialodge.com
D なし
S A/C 105€
W A/C 140€
US$ € JPY YTL
T/C US$ € JPY
C/C A D J M V

●デデマン・ホテルからさらにギョレメ方向に行くと左側に見えてくる大型ホテル。奇岩をイメージしたユニークな建物が印象的。全146室にはエアコン、衛星放送が視聴可能なテレビ付き。広い敷地の中には大きなプールやテニスコートなどのスポーツ施設なども備える。ロビーでは無線LAN使用可能。

アルトゥノズ Otel Altınöz

高級 Map P.344

✉Ragip Üner Cad. No.23　TEL(0384) 213 9961
FAX(0384) 213 2817

inet altinozhotel.com
D なし
S A/C 60～70US$
W A/C 80～90US$
US$ € JPY YTL
T/C 不可 C/C M V

●アタテュルク大通りから北に入った所にある。ツアー客の利用が多く、モダンな外観の大型ホテル。120室。ハマムやサウナ、ディスコ、レストランなどの設備も整っている。ハマムは入浴とマッサージで30US$。室内はやや古いが広々している。

ニサ Otel Nisa

経済的 Map P.344

✉Kayseri Cad. No.35

TEL & FAX(0384) 213 5843
D なし
S 23～27YTL
W 35～40YTL
US$ € YTL T/C 不可 C/C M V

●大通り沿いにある。全36室。建物は古いが、室内は清潔にされている。2006年11月から客室のバスルームや床などを全面的に改装する予定。改装中でも何部屋かは利用できる。

ヴィヴァ Otel Viva

経済的 Map P.344

✉Kayseri Cad. No.55
TEL(0384) 213 1326　FAX(0384) 214 1600

D なし
S 30YTL
W 50YTL
US$ € JPY YTL
T/C 不可 C/C 不可

●ニサ・ホテルの並びにあるホテル。レストランも併設されている。新しいホテルではないが、清潔にされている。全54室、108ベッドで、全室シャワー、トイレ、テレビ付き。バスタオル、石けんも置かれている。冬期は少し安くなる。

レストラン

庶民的レストランはアタテュルク大通り沿いや、ナル通りNar Cad.の交差点に点在している。町ではシーズンオフでもレストランが閉まるようなことは少ないので、食堂は見つけやすいだろう。中級ホテルならレストランを併設していることが多い。

ネヴシェヒルの町にある城塞は12世紀のセルジューク朝時代に造られ、18世紀に修復されたもの。頂上への坂道はきついが、市内を一望できる。（編集室）

ホテル

日本からホテルへの電話 国際電話会社の番号 + 010 + 国番号90 + 384（市外局番の最初の0は不要）+ 掲載の電話番号

ギョレメは洞窟部屋やキノコ岩をくり抜いた部屋に泊まれることから、旅行者に人気が高い地区。それゆえに、夏のシーズン中の客の奪い合いは熾烈なもの。客引きの言葉を鵜呑みにせず、部屋は自分の目で見て確かめることを忘れずに。洞窟部屋は夏はひんやりとして快適だが、冬は厳しい。冬はもちろん春先は暖房設備の確認が必須。洞窟部屋は構造上、暖房の設置が難しく、セントラルヒーティングのないところも多い。ストーブを貸し出してくれるが、ガスストーブは就寝中は危険だし、電気ストーブだとあまり暖かくならない。安い宿の多いギョレメだが、ここ数年は高級ホテルも目立って増えてきており、以前は質素だったペンションもスイミングプールを造ったり洞窟部屋を拡張するところも多い。

ドミトリーのあるホテル

シュー・ストリング Shoe String Cave Pension

経済的 Map P.348A

✉Göreme Kasabası
TEL & FAX (0384) 271 2450

inet www.shoestringcave.com
D 4US$
S 6US$
S 8US$
W 12US$
W 16US$
US$ € JPY YTL T/C不可 C/C不可

●ジャーミィ近くの橋を渡って細い道を進んだ所にある。雰囲気のよい庭があり、部屋はフローリング。共同シャワーはふたつ。ドミトリーはベッド数13の大部屋。朝食は別料金だが、フレンチトーストやミューズリーなど種類が豊富。夕食も出している。客室上部にプールが新たに完成した。

ギュウェン Güven Cave Pension

経済的 Map P.348A

✉Göreme Kasabası
TEL (0384) 271 2374 FAX (0384) 271 2677

inet www.guvencavehotel.com
D 10US$
S 15US$
S 20US$
W 25US$
W 30US$
US$ € JPY YTL T/C不可 C/C不可

●オットマン・ハウスの裏側の坂にある。全面改装済みなのでベッドも比較的新しく、バスルームもきれい。セントラルヒーティングも完備しており、通年営業。常にいるわけではないが、オーナーは日本語が堪能。朝食は屋上のテラスで出す。インターネット（日本語使用可）は無料。ランドリーは1回5US$。

オーナーは最近バーを始めたそうで夕方から深夜の間はいません。電話すればアヴァノス、ユルギュップやネヴシェヒルのオトガルまで迎えに来てくれるそうなのでけっこう便利だと思います。スタッフもフレンドリーです。（東京都　デースケ　'06秋）

ウフク Ufuk Motel Pension

経済的 Map P.348B

✉Müze Yolu
TEL (0384) 271 2157 FAX (0384) 271 2578

inet www.ufukpension.com.tr
D 10YTL
S 10YTL
S 20〜25YTL
W 35〜50YTL
料T/C払いは手数料別途
US$ € JPY YTL
T/C US$ € JPY C/C M V

●博物館へ行く道沿いにある。全15室のうち12室がシャワー付き。洞窟部屋は6室。建物は新しく部屋も清潔。1階と2階の部屋ではベッドの質などに若干の差はあるが値段相応の部屋だ。シャワールームには換気扇が付いている。洗濯サービスは1回10YTL。インターネットは無料。宿泊者は気球ツアー（1時間30分コース）が約40％割引。

ギュウェンのオーナーがやっているバーはハザン・テュルキュ・エヴィHazan Türkü Eviという店で、伝統音楽や民謡の演奏が聴けます。（東京都　デースケ　'06秋）

キョセ Köse Pension

経済的 Map P.348B

⊠Göreme Kasabası
TEL(0384) 271 2294 FAX(0384) 271 2577

inet www.kosepension.com
D 10YTL
S W 15～25YTL
S W 50YTL
US$ € JPY YTL
T/C 不可 C/C 不可

●欧米のバックパッカーに人気のホテル。プールも無料で使える(宿泊者以外7.50YTL)。朝食は種類豊富でコーンフレークなどもある。ヒーター完備(ドミトリーはなし)なので冬でも安心。ドミトリーは男女混合の大部屋。ドリンクは飲んだ分を記入するセルフ式。

アナトリア Anatolia Pension

経済的 Map P.348B

⊠Göreme Kasabası TEL(0384) 271 2221 FAX(0384) 271 2710

inet www.anatoliacave.com
D 6YTL
S 15YTL
S 20YTL
W 25YTL
W 35YTL
US$ € JPY YTL T/C 不可 C/C 不可

●オーナーやスタッフはトレッキングルートなどにも詳しい。10室中3室がキノコ岩の部屋。冬期は電気ストーブの貸し出しあり。盛りだくさんの朝食も自慢。夕食もボリュームたっぷり(日替わりで10US$)。開放的な庭には緑が多い。インターネットは無料。

アーリフ Arif Pansion

経済的 Map P.348B

⊠Göreme Kasabası TEL(0384) 271 2361 FAX(0384) 271 2657

inet www.arifcavepension.com
D 5€
S 12€
S 18€
W 15€
W 22€
US$ € YTL T/C 不可 C/C 不可

●岩山の頂上にある。ギョレメで一番の高台にあるので歩いていくのは疲れるが、そのぶん眺めはすばらしく、夕暮れも部屋やテラスから堪能できる。全18室のうち、13室が洞窟部屋。部屋のタイプはそれぞれ異なる。50€の広い部屋もある。朝食は3€。洗濯は1回7€。

ロック・バレー Rock Valley Pansiyon

経済的 Map P.348A

⊠Göreme Kasabası
TEL(0384) 271 2153 FAX(0384) 271 2821

D 10YTL
S 20YTL
S 25YTL
W 25YTL
W 30YTL
US$ € YTL T/C 不可
C/C M V

●オトガルから運河沿いに直進し、ジャーミィを通り越し、さらに行った突きあたりにある。2005年に全面改装し、全15室で部屋のタイプはいろいろ。天井に絵が描かれていてユニークな感じ。敷地内にはスイミングプールもある。1部屋だけバスタブ付きの部屋もあるが同じ値段。洗濯は1回10YTL。

トラベラーズ Travellers Cave Pension

経済的 Map P.348B

⊠Göreme Kasabası
TEL(0384) 271 2707 FAX(0384) 2624

inet www.travellerscave.com
D 6YTL
S 20YTL
W 30YTL
US$ € YTL
T/C US$ €
C/C M V

●日本や韓国のバックパッカーに人気の宿。全室洞窟部屋でドミトリーは男女別。部屋のタイプは色々ある。清潔にされているが、設備は値段相応といったところ。シャワー・トイレ共同の部屋はもっと安い。朝食のメニューは豊富で8種類から選べる。オトガルから送迎サービスあり。

☺オーナーや従業員は旅人のことを親身に考えてくれ、生の情報を教えてくれた。 (石川県　さるとる　'05春)

ギョレメのペンションはオーナーの移り変わりが激しい。持ち家として宿を所有し、長年やっているファミリーペンションはむしろ少数派だ。(編集室)

ケレシュ Keleş Cave Pansion

経済的 Map P.348B

✉Göreme Kasabası

TEL(0384)271 2135 FAXなし

D 5US$
S 9~10US$
S 15US$
W 18US$
W 25US$

US$ € YTL T/C不可 C/C不可

●ちょっと奥まった場所にある。15年以上やっているギョレメではかなりの老舗ペンション。飾り気のないシンプルな部屋だが家庭的な雰囲気が自慢で、テラスからの眺めもよい。朝食は5YTL、夕食は12YTL。冬期は電気ストーブを貸し出す。新館も建設中。

バックパッカーズ Backpacker's Cave

経済的 Map P.348B

✉Göreme Kasabası

TEL(0384)271 2705 FAX(0384)271 2736

D 5~15YTL
S 25~60YTL
S 30~60YTL
W 35~60YTL
W 30~60YTL

US$ € JPY YTL T/C不可 C/C M V

●橋の横に看板が出ているので右に入り、坂を上ってしばらく行った左側にある。欧米のバックパッカーに人気のホステルで、部屋のタイプはいろいろ。全11室でシャワー付きは2室。洞窟部屋は6室。冬は電気ストーブを貸し出している。朝食は4YTL。夕食は8~12YTL。

ケマル Kemal's Guest House

経済的 Map P.348A

✉Göreme Kasabası TEL(0384)271 2234 FAX(0384)271 2264

inet www.kemalsguesthouse.com

D 10YTL
S 20YTL
S 25YTL
W 40YTL
W 50YTL

US$ € JPY YTL T/C不可 C/C M V

●元調理師のケマルさんとオランダ人のバーバラさんが営むペンション。緑が多い庭があり、部屋も清潔にまとまっている。ボリュームたっぷりの夕食は日替わりで17YTL。ミネラルウオーターの小ボトルを毎日1本サービス。ウオーキングツアーもやっている。

運河沿いや通り沿いは街灯があるが、細い道を入ると街灯すらなく、舗装もされていない。夜道を歩くときは懐中電灯があると安心。野犬にも注意しよう。(編集室)

マロン Maron Cave Pension

経済的 Map P.348A

Map P.348A

✉Göreme Kasabası
TEL(0384)271 2535　FAX(0384)271 2161

Mail maron301@hotmail.com
D 7YTL
S 15YTL
S 25YTL
W 20YTL
W 35YTL
US$ € YTL　T/C不可　C/C不可

●2005年にオーナーが変わった。ドミトリーは洞窟部屋。カラフルなベッドを中心としたかわいらしい部屋が自慢。朝食は自家製キムチ付きの韓国風（5YTL）とトルコ風（4YTL）が選べる。日本語使用可能のPCは1時間1YTL。韓国料理レストランも併設しており、おかずを頼めば、ライスとキムチは無料。

イシュタル İshtar Pansiyon

経済的 Map P.348A

✉Göreme Kasabası
TEL & FAX(0384)271 2162

Mail goremeliekrem@hotmail.com
D 6～7YTL
S 10～20YTL
S 20～30YTL
W 15～35YTL
W 40～50YTL
US$ € JPY YTL　T/C不可　C/C不可

●オトガルからオットマン・ハウスを過ぎ、ひとつ目の角を左折するとすぐ。全8室で、洞窟部屋は4室。ドミトリーはベッド数6。2005年にオーナーが変わり、部屋を順次改装している。洗濯は1回10YTL。朝食は5YTL。インターネットの使用は無料。冬期は電気ストーブを貸し出している。

シングル30US$以下の宿

タン Tan Pension

経済的 Map P.348B

✉Göreme Kasabası
TEL(0384)271 2445　FAX(0384)271 2510

inet www.tanpension.com
D なし
S 10YTL
S 15YTL
W 20YTL
W 30YTL
US$ € YTL　T/C不可　C/C不可

●キョセ・ペンションの1本北側の通り、周囲は静かな環境。家庭的な雰囲気が漂うほのぼのとしたペンション。全14室のうち10室はシャワー、トイレ付きで暖房完備。インターネット使用は無料。ランドリーサービス1回7YTL。評判の夕食は要予約でひとり10YTLほど。冬期はひとり2.50YTL安くなる。

ウォルナット・ハウス Walnut House

経済的 Map P.348A

✉Göreme Kasabası
TEL(0384)271 2235　FAX(0384)271 2718

inet www.walnuthouse.info
D なし
S 25YTL
W 35YTL
US$ € JPY YTL
T/C不可　C/C不可

●緑の多い中庭とくつろげるロビーがある、全6室の小さなホテル。冬期は暖房完備。ロビーのテレビは衛星放送視聴可能。部屋はシンプルで清潔。インターネットは1時間2YTLで日本語の使用が可能。ロビーでは無線LANも使える。ランドリーサービスは1回10YTL。

シャトー Şato Cave Hotel

経済的 Map P.348A

✉Göreme Kasabası
TEL(0384)271 2622　FAX(0384)271 2412

inet www.satocavehotel.com
S 20～25US$
W 30～35US$
US$ € YTL
T/C US$ €
C/C M V

●オトガルから南へ進み、最初の橋を渡って少し先の左側の坂を上って行く。ギリシア風のアンティーク部屋などさまざまなタイプの部屋があるプチホテル。2005年にオープンしたばかりなので、シャワールームもきれい。セントラルヒーティングも完備。

マロン・ペンションでは冷麺（6～8YTL）やビビンバ（10YTL）のほかに、プルコギ（10YTL）やトッポギ（8YTL）まで食べられる。営業時間は8:30～21:00。（編集室）

サルハン Sarıhan Pansion

✉Göreme Kasabası
TEL(0384)271 2216　FAX(0384)271 2714

inet www.sarihancavehotel.com
D なし
S 40YTL
W 50YTL
US$ € JPY YTL
T/C 不可 C/C 不可

経済的
Map P.348B

●メレク・ホテルの手前の道を少し右に行くとある。全26室のうち、16室が洞窟部屋。シンプルな内装で、セントラルヒーティングも完備している。2階にある眺めのよいテラスは広々していて気持ちいい。ジャクージ付きの部屋は120～150YTL。洗濯は1回20YTL。

エリフ・スター Elif Star

✉Göreme Kasabası
TEL(0384)271 2479　FAX なし

inet www.elifstar.com
D なし
S 40YTL
W 50～60YTL
US$ € YTL
T/C 不可 C/C 不可

経済的
Map P.348A

●運河沿いの奥にある。7室すべて洞窟部屋でパステル調のかわいらしい内装。料理が自慢のおかみさん、ジャッキーさんはイギリス人でシェフ。朝食はメニューから選ぶことができる。家庭料理の夕食は15～16YTL。冬期は電気毛布を貸し出してくれる。

サクサアン Cave Hotel Saksağan

✉Göreme Kasabası
TEL(0384)271 2165　FAX(0384)271 2383

inet www.cavehotelsaksagan.com
D なし
S 25～35US$
W 40～50US$
US$ YTL
T/C US$
C/C M V

中級
Map P.348A

●オトガルから坂を上って行くとある、広い庭のきれいなホテル。ドラマのロケでも使用された。全室シャワー、トイレ付きで、部屋に暖炉があったり、家具もアンティーク調で凝っている。1階の部屋が一番安く、2階、キノコ岩部屋と高くなる料金設定。もちろん上の部屋からの眺めはよい。

オットマン・ハウス Ottoman House

✉Göreme Kasabası
TEL(0384)271 2616　FAX(0384)271 2619

inet www.ottomanhouse.com.tr
D なし
S 27US$
W 40US$
US$ € JPY YTL
T/C US$ € C/C J M V

中級
Map P.348A

●運河沿いにあるホテル。2006年に内装、外装とも改装が終わり、温水プールなど設備がグレードアップした。屋上のレストランの雰囲気がとてもよく、シェフの腕はギョレメ屈指と評判。朝食はビュッフェ形式。ロビーでは無線LANが使用可能。

値段のわりに設備が充実しているのでおすすめです。　（東京都　ブリッツ　'05秋）

中級・高級ホテル

キャニオン・ビュー Canyon View Hotel

✉Göreme Kasabası
TEL(0384)271 2333　FAX(0384)271 2551

inet www.canyonviewhotel.com
D なし
S 30～40US$
W 40～60US$
US$ € JPY YTL
T/C 不可 C/C J M V

中級
Map P.348A

●ケレベッキ・ホテルのすぐ下にある。9室と部屋数は少ないが、もともとの洞窟部屋の雰囲気を残しつつ、アンティーク調にまとめられている。ジャクージ付きの部屋もある。テラスからはギョレメを一望できる。朝食は季節の果物や乾物など地元の食材を使っている。

ギョレメ屋外博物館に行く途中にUFO博物館が近年オープンした。世界で5番目のUFO博物館でUFOに関する記事や写真などを展示している。（編集室）

ローカル Local Cave House Hotel

中級 Map P.348B

✉Caferli Mah. Cevizler Sok. No.11
TEL(0384)271 2171 FAX(0384)271 2498

inet www.localcavehouse.com
Dなし
S 25~30€
W 30~40€
US$ € YTL
T/C不可 C/C不可

●全8室は洞窟部屋かキノコ岩部屋。室内はフローリングで、アンティークな調度品が飾られている。中庭にはプールもあり、夏期はプールサイドで朝食を出す。テラスにはリゾートチェアやシャワーもあってちょっとしたリゾートホテルのような感じ。

ケレベッキ Kelebek Cave Hotel & Pension

中級 Map P.348A

✉Göreme Kasabası
TEL(0384)271 2531 FAX(0384)271 2763

inet www.kelebekhotel.com
Dなし
S W 25~40€
料T/C払いは手数料別途
US$ € JPY YTL
T/C US$ € C/C D J M V

●ギュウェン・ペンションからさらに坂を上りきった地点にある。眺めのよさと部屋のセンスでギョレメでも高い人気を誇る宿。夏期は満室のことも多い。セントラルヒーティングも完備している。朝食はビュッフェ形式で、夕食(要予約)は10€ほど。

ケレベッキ・ブティック Kelebek Boutique

高級 Map P.348A

✉Göreme Kasabası
TEL(0384)271 2531 FAX(0384)271 2763

inet www.kelebekhotel.com
Dなし
W 85~95€
US$ € JPY YTL
T/C US$ C/C D J M V

●ケレベッキ・ホテルのすぐ下にある新館。10室すべてが異なる造りで、ほとんどの部屋にジャクージが付いている。バスルームも広々。室内にもアンティーク家具が配された雰囲気はギョレメでも最高クラス。シングル使用は約2割引。

ケイヴ・スイート Cappadocia Cave Suites

最高級 Map P.348B

✉Unlu Sok. NO.19 Gaferli Mah., Göreme Kasabası
TEL(0384)271 2800 FAX(0384)271 2799

inet www.cappadociacavesuites.com
Dなし
W 180~300US$
US$ € JPY YTL
T/C不可
C/C M V

●サルハン・ペンションの向かい。看板がないのは隠れ家的な雰囲気を守るため。各国の旅行雑誌でも紹介され、2004年にはトルコのベスト・ブティックホテルに輝いた。洞窟の雰囲気を壊さずにアンティークな調度品で彩られている。手入れが行き届いた庭も美しい。

レストラン

ギョレメのレストランはオトガル周辺に多い。しゃれたバーなども数軒できている(冬期は休業してしまうところが多い)。ほとんどのレストランが観光客向けで、トルコ料理やカッパドキア地方の郷土料理のほか、ピザやスパゲティなども出している。値段はほかの町に比べかなり上昇気味だ。ペンションやホテルでも夕食を出している。

アラトゥルカ Alaturca Restaurant

中級 トルコ料理 Map P.348B

✉Göreme Kasabası

TEL(0384)271 2882
FAX(0384)271 2176
inet www.alaturcagoreme.com
開8:30~24:00
休無休
US$ € YTL C/C A M V

●ギョレメで最も洗練された雰囲気のレストラン。メニューの豊富さや美しい盛り付けもかなりのレベル。ランチメニューは各10US$、ディナーはメインの料理が1品15YTL前後。サラダはボリュームたっぷりの山盛り。コーヒーの種類も豊富。夏はくつろげるガーデン席が人気。

名物のテスティ・ケバブTesti KebabıはもともとはヨズガットYozgatの郷土料理だが、1990年代初頭にカッパドキアで流行し始め、名物として定着した。(編集室)

中級 🍷 トルコ料理

オリエント
Orient Cafe & Restaurant

✉Göreme Kasabası
TEL(0384) 271 2346　FAXなし
開7:00～24:00
休無休
💱US$ € YTL C/C M V

Map P.348A

●オトガルの北の道沿いにある、おしゃれな雰囲気のレストラン。郷土料理のほか、地中海料理や欧風料理も出す。4品のセットメニューは14YTL。サラダは5～7.50YTL。ケバブは10～14YTL。ワインのフルボトルは15YTL～。朝食は7.50YTL。

中級 🍷 トルコ料理

ローカル
Local Restaurant

✉Müze Yolu No.38
TEL(0384) 271 2629
FAX(0384) 271 2498
開10:00～24:00
休無休
💱US$ € YTL C/C M V

Map P.348B

●交差点の近くにある。メニューも豊富でシーフードも出す。オスマンル・スペシャル(14YTL)という鶏肉料理が店のおすすめ。自家製ワインは1本25YTL。自慢の自家製ケーキは5YTL。新鮮さをウリにしており、注文を受けてから作り始めるので若干時間がかかる。

中級 🍷 トルコ料理

スルタン Sultan Restaurant

✉Göreme Kasabası

TEL(0384) 271 2226
FAX(0384) 341 2566
開8:00～24:00
休無休
💱US$ € YTL
C/C A D J M V

Map P.348B

●オトガルのすぐ向かいにあるレストラン。店内は広く、グループ客も目立つ。メゼ、サラダ各種5YTL、スープは3YTL。ピデ各種5～6YTL、テスティ・ケバブ12YTL、サチタワ10YTL。ワインも各種揃っている。朝食は5～7.50YTL。本誌提示で15%割引(学生なら20%割引)。

中級 🍷 トルコ料理

メルジャン
Mercan Resturant

✉Bilal Erol Cad.
TEL & FAX(0384) 271 2356
開夏期7:00～24:00
　冬期9:00～22:00　休無休
💱US$ € YTL C/C D J M V

Map P.348B

●スルタン・レストランの並びにある。店のおすすめはベイティ・ケバブ(9YTL)。

☺カッパドキア地方の料理から、一般的なケバブサンドまで、ほかのレストランと比べても安い値段で提供しています。何度もおじゃましてチャイをごちそうになりました。
(東京都　タカコ　'06夏)

中級 🍷 トルコ料理

エス・オー・エス(ソス)
SOS Restaurant

✉Göreme Kasabası
TEL(0384) 271 2013　FAXなし
開夏期8:00～24:00
　冬期9:00～21:00　休無休
💱US$ € YTL
C/C A M V

Map P.348B

●PTTの少し手前にある。バックパッカーにも人気の店。ケバブ類は7.50～12YTLだが、なかでも壺焼きケバブのテスティ・ケバブTesti Kebabı(12YTL)がお店のイチオシの品。名物タンドゥル・チョルバスは3YTL。マントゥ(7.50YTL)などの郷土料理も多い。

Information

カッパドキアでセマー(旋舞)を見る

アヴァノスから6kmほど東にある13世紀の隊商宿、サルハン・ケルヴァンサラユでは、観光客向けにメヴラーナのセマー(旋舞)が公演されている。夜の公演なのでバスなど公共交通機関で行くことはできない。ギョレメから約35YTL、アヴァノスから約15YTL。

■サルハン・ケルヴァンサラユ
Sarıhan Kervansarayı Kültür ve Toplantı Merkezi
✉Kayseri Yolu 6km Avanos
TEL(0384) 511 3795　FAX(0384) 511 3199
Inetsarihan1249.com
開演：21:00(4～10月は18:30も)
料ひとり25€
公演時間は約1時間。公演中は写真撮影は不可。

カッピ・レストランにはハングルで書かれた貼り紙が多い。実はこの貼り紙は以前に韓国のテレビ局MBCがカッピに取材した時に貼られたものだとか。(編集室)

中級 トルコ料理

ギョレメ
Göreme Restaurant

Map P.348B

✉Terminal Yanı
TEL (0384) 271 2183
FAX なし
開 夏期8:00～24:00
冬期9:00～21:00 休 無休
US$ € YTL C/C M V

●オトガルのすぐ横にあるレストラン。老舗のレストランで、テスティ・ケバブの元祖的存在。床に座る席もあるのでくつろげる。ケバブ類は9.50～13YTL。テスティ・ケバブは12YTL。サチタワ11YTL、キレミット・タワ9.50YTL。夏期は伝統音楽が演奏されることもある。

中級 トルコ料理

カッピ
Cappi Restaurant

Map P.348B

✉Göreme Kasabası
TEL (0384) 271 2905
FAX なし
開 夏期7:30～23:00
冬期9:00～22:00
US$ € YTL C/C A M V

●エス・オー・エス・レストランのすぐ隣にある。ピデやピザが専門で、ピデは20種類以上、ピザも6種類ある。ピデは2.50～5YTL。テスティ・ケバブのセットメニューは9.50YTL、ほかのセットメニューも4.50～9.50YTLと安価なのでいつも旅行者でにぎわっている。

庶民的 パスターネ

パティスリー（ギョレメ・パスターネスィ）
Patisserie (Göreme Pastanesi)

Map P.348A

✉Eski Belediyr Girişi No1/A
TEL (0384) 271 2219
FAX なし
開 夏期8:30～24:00
冬期8:30～22:00 休 無休
US$ € YTL C/C 不可

●オトガル近くにあるギョレメ村唯一のパスターネ。コーヒーを飲みながらくつろげるので、団体、バックパッカー問わず人気がある。店の人気商品はロクム（1個0.50YTL～）。フルン・スュトラッチ（2.5YTL）やカザンディビ（3.5YTL）も好評。朝は焼きたてのパンも販売している。

ユルギュップ

ホテル

日本からホテルへの電話 国際電話会社の番号 + 010 + 国番号90 + 384（市外局番の最初の0は不要） + 掲載の電話番号

ユルギュップには、1泊10US$以下の安宿はギョレメのように多くはない。洞窟風ホテルやインテリアに凝った快適な中級クラスのプチホテルが数軒あり、雰囲気や質を重視する旅行者にはおすすめの町。ツアー客用の大型ホテルは川を越えた東側に点在している。

アジア・マイナー Asia Minor Hotel

中級 Map P.354A

✉İstiklâl Cad. No.38
TEL (0384) 341 4645 FAX (0384) 341 2721

inet www.cappadociahouse.com
D なし
S 30€
W 40€
US$ € YTL
T/C 不可 C/C M V

●200年前に建てられたギリシア人家屋を改装したホテル。8室と部屋数は少ないがアンティーク家具が配された室内は広々しており、バスルームも広くて使いやすい。2階の部屋は木の天井で雰囲気がある。セントラルヒーティングを完備しているが冬期の営業は要確認。

アクズン Hotel Akuzun

中級 Map P.354A

✉Yeni Cami Mah. İstiklâl Cad. No.9
TEL (0384) 341 3866 FAX (0384) 341 3785

inet www.hotelakuzun.com
D なし
S 45YTL
W 75YTL
US$ € JPY YTL
T/C 不可 C/C M V

●オトガルの西側の通り沿いを15分ほど上っていくとある石造りホテル。客室はかわいらしい感じでバスルームも新しい。約半数の部屋はバスタブ付き。自慢は手入れの行き届いた広い中庭。噴水もあって開放的な雰囲気。夏期は朝食も中庭で出している。

パティスリー（ギョレメ・パスターネスィ）ではイタリアのイリーilly社製のコーヒーマシンがあり、ネスカフェではないフィルターコーヒーが飲める。（編集室）

中級 Map P.354A

エルケップ・エヴィ Elkep Evi

✉Eski Turban Oteli Arkası No.26
TEL(0384) 341 6000 FAX(0384) 341 8089 inet www.elkepevi.com

D なし
S 70US$
W 90US$
US$ € JPY YTL
T/C 不可 C/C A J M V

●レストラン前の広い庭からの眺めは絶景。夏期はバーベキューもできる。部屋はどれも趣向を凝らした内装で、ティーセットもある。電話すればオトガルから送迎あり。ジャクージ付きのスイートルームはS110US$、W140US$。通年営業。

中級 Map P.354A

エスベッリ・エヴィ Esbelli Evi

✉Esbelli Sok. No.8
TEL(0384) 341 3395 FAX(0384) 341 8848

inet www.esbelli.com
D なし
S 90US$
W 110US$
US$ € JPY YTL
T/C US$ € JPY C/C M V

●洗練された雰囲気のプチホテルで、サービスの質も高い。館内にはアンティークな調度品が配されている。ソフトドリンクやコーヒーは飲み放題、インターネット、洗濯機使用も無料。11月中旬～3月中旬は休業。眺めのよいテラスもある。

高級 Map P.354A

ユナク・エヴレリ Yunak Evleri

✉Yunak Mah.
TEL(0384) 341 6920 FAX(0384) 341 6924 inet www.yunak.com

D なし
S A/C 110US$
W A/C 140US$
US$ € JPY YTL
T/C US$ € JPY C/C A M V

●ユナク地区にある設備の整ったプチホテル。全室洞窟部屋で、配された調度品もすばらしい。バスルームもピカピカ。朝食を取るテラスからは、眼下にユナク地区の古い教会からユルギュップの町までが一望できる。

最初はこんな山の上の住宅地にホテルなんかあるのだろうかと思いましたが、ホテルの中に入ってみると驚き！ DVD視聴ルームやセンスのよいレストランなどホテル内の設備は充実していて最高でした！ （東京都　デースケ　'06秋）

高級 Map P.354A外

ガミラス Gamirasu Cave Hotel

✉Ayvalı Köyü ✉İstiklâl Cad. No.9（ユルギュップ事務所）
TEL(0384) 341 5825 FAX(0384) 341 7487
TEL(0384) 341 7485（ユルギュップ事務所）

inet www.gamirasu.com
D なし
S 60～75US$
W 75～95US$
US$ € JPY YTL T/C 不可 C/C M V

●ユルギュップの南約13kmのアイワル村にある洞窟ホテル。ホテルの下を小川が流れる抜群の自然環境で、のんびりと過ごすことができる。ビザンツ時代の教会跡も残る。部屋のタイプはいろいろ。電話すればユルギュップのオトガルまで迎えに来てくれる。

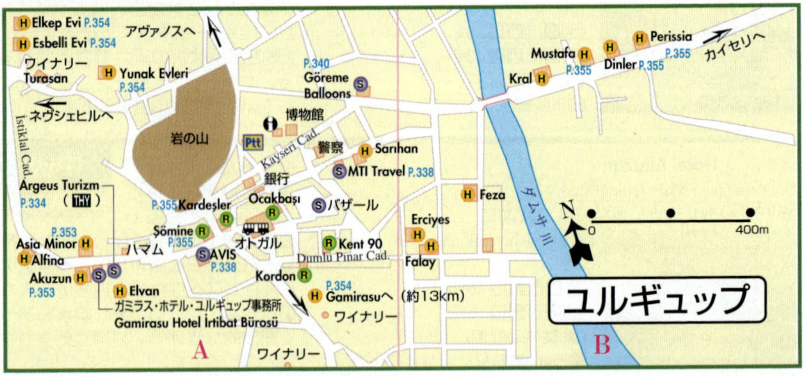

ガミラスは、ユルギュップに事務所があり、送迎を頼むことができる。場所はアクズン・ホテルから50m東の建物。中庭の階段から2階に上がって北西側の扉。（編集室）

中級 Map P.354B

ペリスィア Perissia Hotel

⊠Mehmet Dinler Bul. TEL(0384)341 2930
FAX(0384)341 4524 inet www.perissia.com.tr

D なし
S A/C 75US$
W A/C 100US$
US$ € JPY YTL
T/C 不可 C/C M V

●ムスタファ・ホテルの先にある。日本人や韓国人の団体客もよく利用する。ランクとしては4つ星だが全体的に老朽化しており、同じ通りに3軒並んだ大型ホテルのなかでは、客室の広さや設備などでワンランク落ちる。

高級 Map P.354B

ディンレル Dinler Hotel

⊠Mehmet Dinler Bul. No.7 TEL(0384)341 3030
FAX(0384)341 4896 inet www.dinler.com

D なし
S A/C 80€
W A/C 120€
US$ € JPY YTL
T/C US$ € JPY C/C A J M V

●橋を渡って2軒目にある大型ホテル。建物自体は新しくないが、部屋はきれい。バスルームはタイル張りで、アメニティグッズも揃っている。ハマムは17:00～24:00で30US$。夏期はプールサイドのレストランで朝食を出す。

高級 Map P.354B

ムスタファ Otel Mustafa

⊠Kayseri Cad. Kara Yazı Mevkii
TEL(0384)341 3970 FAX(0384)341 2288

inet www.otelmustafa.com.tr
D なし
S A/C 75US$
W A/C 100US$
US$ € JPY YTL T/C US$ € JPY
C/C M V

●日本人ツアー客がよく利用するホテルで日本語を話すベルボーイがいる。ロビーで無線LAN使用可能。全231室とかなり大型。室内はとてもきれい。ハマムは14:00～24:00、36US$。朝食のビュッフェは25～30種類ほどある。プールも併設されている。

レストラン

ユルギュップのレストランはオトガル周辺に多い。町の西入口にある洞窟風のレストランは雰囲気が楽しめる。また、ユルギュップはワインの産地としても有名なところ。いくつかあるワイナリーでは試飲販売もしている。

中級ホテル以上ならレストランも併設されており、民族舞踊などのショーを催すこともある。

中級 トルコ料理 Map P.354A

ショミネ Şömine Cafe & Restaurant

⊠Cumhuriyet Meydanı
TEL(0384)341 8442
FAX(0384)341 8443
開 10:00～23:00
休 無休
US$ € YTL
C/C J M V

●オトガルの西にある。ショミネ(暖炉)の店名どおり、中央に大きな暖炉がある。カッパドキア産ワインも各種あり、ボトルで22～70YTL。予算は20～25YTL。壺焼きのテスティ・ケバブは2人前で26YTL。店のイチオシはマッシュルームをステーキ皿で焼き上げた、キレミット・マンタル(7.50YTL)。

庶民的 ピデ屋 Map P.354A

カルデッシレル Kardeşler Pizza Restaurant

⊠Suat Hayri Cad. No.5
TEL(0384)341 2376
FAX(0384)341 5883
開 10:00～24:00
休 無休
US$ € JPY YTL
C/C A M V

●ショミネ・レストランの向かいにある、安くておいしいピデ専門店。ピデは各種3.50～5YTL。写真入りメニューでわかりやすい。店を切り盛りするお母さんは、肉など素材選びにも厳しい。名物のタンドゥル・チョルバス(3YTL)というスープや鉄板焼きのサチ・ケバブ(5YTL)や自家製マントゥ(6YTL)もおすすめ。

ペリスィア・ホテル内のハマムはトルコ式ではなく、フィンランド式のサウナだ。トルコ式のハマムを体験したいのならユルギュップ市内のハマムへ行こう。(編集室)

アヴァノス

ホテル

日本からホテルへの電話 国際電話会社の番号 + 010 + 国番号90 + 384（市外局番の最初の0は不要）+ 掲載の電話番号

アヴァノスはギョレメやユルギュップより大きな町だが、観光客慣れしていない、のんびりした町だ。ホテルはそれほど多くないが、雰囲気のよいペンションが広場周辺にいくつかある。ツアーで使われるような豪華ホテルや大型レストランは川沿いや橋の手前に多い。

ヴェネッサ Venessa Pansion

経済的 Map P.356

✉Camii Kebir Mah. Hafizağa. No.21 Avanos
TEL(0384)511 3840 FAXなし inet www.katpatuka.org/venessa

Dなし
S 30YTL
W 50YTL
US$ € JPY YTL
T/C不可 C/C不可

●広場から西に向かい細い道を少し入った所。看板が出ている。アート好きで郷土史に造詣が深いオーナー手作りのユニークな宿。アンティーク雑貨や写真のコレクションも興味深い。アトリエで陶芸体験もできる。

キルキット Kirkit Pension

経済的 Map P.356

✉Atatürk Cad. No.50 Avanos
TEL(0384)511 3259 FAX(0384)511 2135

inet www.kirkit.com
Dなし
S 37YTL
W 50YTL
US$ € YTL T/C不可 C/C M V

●旅行会社キルキット·ヴォヤージのすぐ裏にある同経営のペンション。中庭が開放的で、部屋からはクズル川が見渡せる。アンティーク調の内装で、アーチ形の天井もいい感じ。地下都市洞窟風のレストランもあり、夕食は10YTLほど。

レストラン

団体ツアー客にとって、アヴァノスは陶芸を見学して昼食を取る場所。レストランの数は多いのだが、バスで来るため郊外にあるのが難点。町の中心なら広場周辺やアタテュルク通り沿いに庶民的なロカンタやピデ屋がいくつかある。広場の西側には団体客用レストランが並ぶ。

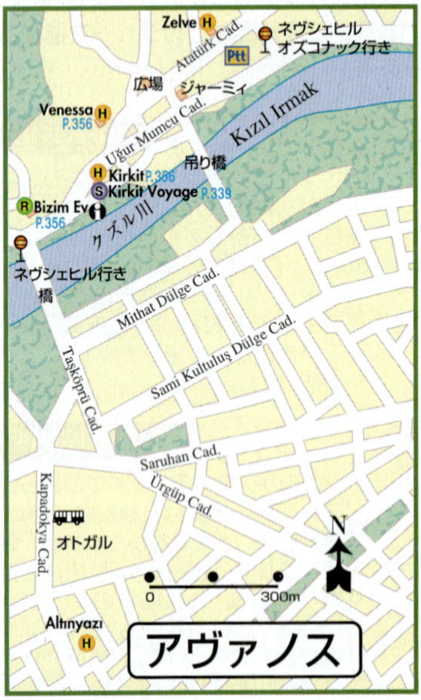

ビズィム·エヴ Bizim Ev

中級 郷土料理 Map P.356

✉Orta Mah. Baklacı Sok. No.1
TEL(0384)511 5525 FAX(0384)511 3336
inet www.bizim-ev.com 開10:00～22:00
休無休 US$ €YTL C/C A D J M V

●アヴァノスに来たらぜひ寄りたい、郷土料理が自慢の有名店。橋を渡ったロータリー北側に看板がある。入口を入った2階の店内は洞窟風で内装も凝っている。店のおすすめはボスタン·ケバブ（8.50YTL）やアヴァノス·マントゥス（7YTL）。カッパドキアの各種ワインあり。予算は16～21YTL。

ヴェネッサ・ペンションのオーナーは古い鍵やハサミなど色々な古道具をコレクションしており、その一部が壁に飾られている。（編集室）

雄峰エルジエスを望む古都

カイセリ Kayseri

市外局番 0352 人口52万4818人

大通りが交差する城壁の前の交差点

富士山にも似た、万年雪を頂くエルジエス山のすそ野に広がった美しい町。古くから交通の要所であり、今なお中部アナトリアの商業都市として知られている。また、絨毯の産地としても有名だ。

古代はマザキヤMazakyaと呼ばれ、現在のカイセリという名は、ローマ時代にティベリウス皇帝が、この町の美しさに歓喜し、Caeserea（カエセレア、皇帝カエサルの町）と言ったことに由来している。ビザンツ帝国時代にはキリスト教の影響を強く受け、町はさらに美しくなったという。町が最も栄えたのは11～13世紀のセルジューク朝時代。12世紀中頃にはダニシュメンド朝の都となり、カラマン君侯国やマムルーク朝の支配を受け、1515年にオスマン朝領となった。時代に翻弄されたカイセリには、町の中心に立ちはだかる城塞など、当時を思い起こさせる多くの史跡が散在している。

旅のモデルルート Gezme Planı

見どころは町の中心にある城壁や、ジャーミィなどの建築物。カイセリ名物のマントゥやパストゥルマに舌つづみを打つもよし。冬ならエルジエス山でスキーも楽しめる。

■カイセリへの行き方

●イスタンブールから
トルコ航空のほか、オヌル航空の便も1日1便ある。
✈8:35 18:35 22:10発
所要：1時間25分
運賃：139YTL
🚌ハレム発18:30～24:00に頻発
所要：11時間
運賃：35YTL
🚃Doğu Eks. 8:35発
Vangölü Eks. 週2便20:05発
所要：18時間30分
運賃：18YTL

●アンカラから
🚌7:00～19:00に頻発
所要：4時間
運賃：15YTL

●カッパドキアから
🚌7:00～20:00に1時間毎
所要：1時間30分～2時間
運賃：7YTL

●スィワスから
🚌7:00～18:00に1時間毎
所要：2時間
運賃：17YTL

●コンヤから
🚌7:00 13:30 16:30 19:30 23:00発
所要：4時間
運賃：20YTL

●アダナから
🚌7:00～17:30に1～2時間毎
所要：5時間
運賃：25YTL

カイセリ市内散策半日コース

城壁→バザール→フナトゥ・ハトゥン・キュルリイェスィ→ドネル・キュンベット

城壁内を散策したら、周辺にあるパストゥルマ屋をのぞいてみよう。携帯食やおみやげにちょうどいい。エルジエス山を見ながらセイイド・ブルハネッティン大通りを散歩してドネル・キュンベットへと歩いて行こう。時間があれば、帰り道にメイダン公園の北側にある、サハビエ神学校や医学史博物館などへも行ってみよう。

エルジエス山の標高3200ｍ付近にはトルコ有数のスキー場がある。4基のリフトがあり、ナイター設備も新たに完成した。（編集室）

町の中心に建つ時計塔

観光客の利用も多いカイセリ空港

■カッパドキアへの車の手配
ユルギュップのアルゲウス・トゥリズムに事前（フライトの1日前まで）に連絡すれば、カイセリ空港に迎えに来てくれる。ひとり10～12US$。カイセリ空港に深夜着の場合は車1台100US$で手配可能。
TEL(0384) 341 4688
FAX(0384) 341 4888
inet www.cappadocia.jp

歩き方　Güle Güle Gidin

カイセリの町の中心は時計塔Saat Kulesiや城壁のあるあたり。城塞を含め、南側が旧市街で、安宿や中級ホテルが集まっている。城壁から南に延びる大通り**セイイド・ブルハネッティン大通り**Seyyid Burhanettin Bul.にはPTTや❶がある。時計塔から東西に走るのが**スィワス通り**Sivas Cad.。スィワス通りの西端からオトガルに向かって延びる通りが**オスマン・カウンジュ通り**Osman Kavuncu Cad.だ。逆に南に下った**イノニュ通り**İnönü Cad.には中級のビジネスホテルが並んでいる。

ターミナルから市の中心部へ

空港　カイセリ空港は町の中心からムスタファ・ケマル・パシャ大通りMustafa Kemal Paşa Bul.を北に5kmほど行った地点にある。空港と町の中心を結ぶのは市内バス（1YTL）。

空港からオトガル、カッパドキアへ　空港からオトガルへは、タクシーで行っても15YTLほど。市内バスで市の中心に出てから、オトガル行きのドルムシュに乗ってもよいが、時間がかかる。カイセリのオトガルからカッパドキアのアヴァノス、ギョレメ、ネヴシェヒル行きのバスは20:00まで運行。カッパドキアへの送迎（→欄外）も便利な手段だ。

オトガル　カイセリを本拠地にするバス会社はインジİnci、イペッキİpek、ケントKentの3社。

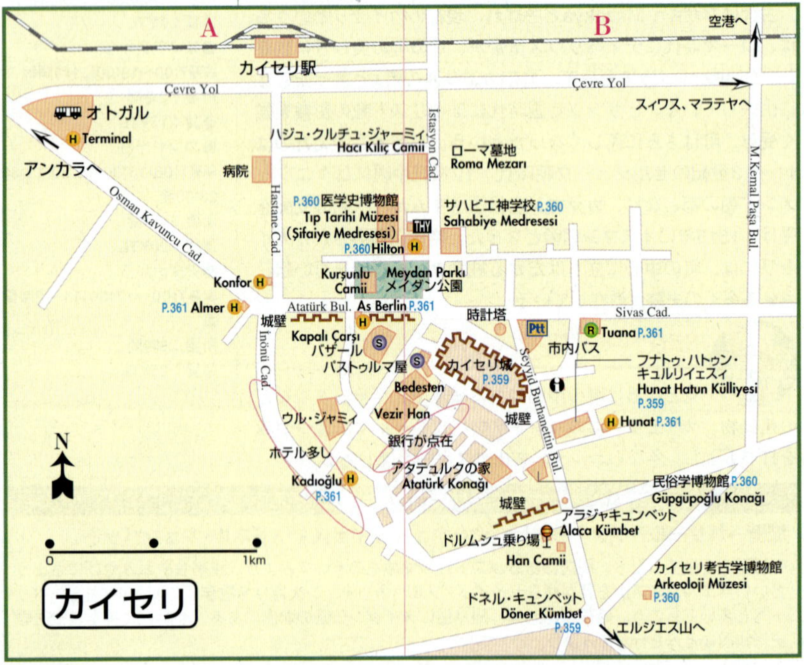

カイセリ城の西にあるカパル・チャルシュKapalı Çarşıは貴金属製品で有名。近くのベデステンBedestenでは絨毯とキリムが売られている。（編集室）

オトガルから市の中心へは、オトガル前のオスマン・カウンジュ通りの反対車線からドルムシュで。運賃1YTL。すべての車が時計塔に行くわけではないので「サアト・クレスィSaat Kulesi（時計塔）」と聞いてみよう。Hotel Almerの前のスィワス通りで降りてもよい。また、オトガルではなく、幹線道路沿いの自社ターミナルが終点となることもあるが、市の中心までセルヴィスが出ている。市内からオトガルへはPTT横のドルムシュや市バスで。タクシーなら5〜7YTLほど。

鉄道駅　カイセリ駅は幹線道路沿いにあるピンク色のかわいい駅舎だ。駅前の幹線道路から市内へ行く車もあるが、郊外に行く場合が多いので、市内へはハスターネ通りHastane Cad.沿いから乗る。逆に市内から駅に行くときは、ハスターネ・トラフィッキHastane Trafikのドルムシュに乗ればOK。

見どころ　Gezilebilecek Yerleri

町の中心にどっしり構え、生活に密着した

カイセリ城

Kayseri Kalesi カイセリ・カレスィ

町の中心部に建つ火山岩の城壁。一説では3世紀の建造といわれ、その後何度も補強、増改築がなされた。城内は食料品や日用品の市場で、ちょっとしたロカンタもある。以前は城壁に上ることができたが、現在は禁止されている。

美しいモチーフで装飾された廟は必見

フナトゥ・ハトゥン・キュルリイェスィ

Hunat Hatun Külliyesi フナトゥ・ハトゥン・キュルリイェスィ

ジャーミィ、テュルベ（廟）や神学校が集まった複合建築（コンプレックス）をキュルリエと呼ぶ。ジャーミィは1237〜46年にカイクバート1世の妻フナトゥ・ハトゥンにより建立された。廟の正面は大理石で覆われ、上部と側面にすばらしいモチーフの装飾がある。3つの棺のうち、白い大理石で覆われたのがフナトゥ・ハトゥンのもの。

霊廟の町、カイセリのシンボル

ドネル・キュンベット

Döner Kümbet ドネル・キュンベット

ルーム・セルジューク朝の霊廟のうち、最も有名なのがドネル・キュンベット。1218年にカイクバート1世が娘のシャー・ジハン・ハトゥンŞah Cihan Hatunのために造らせた。基部がねじれていることからドネル（＝ねじれた）と呼ばれている。壁面は美しく精巧な浮き彫りで装飾されている。

大通りの真ん中に鎮座しているドネル・キュンベット

■トルコ航空 Map P.358B
✉Gevher Nesibe Mah. Tekin Sok. Hukuk Plaza altı No.6-C
TEL(0352) 235 3858
FAX(0352) 222 4748
開8:30〜17:30（土〜13:30）
休日

■カイセリのℹ
Map P.358B
TEL(0352) 222 3903
開8:00〜17:00　休土・日

カイセリのℹ

■PTT　Map P.358B
開8:00〜17:30　休土・日

■カイセリ城
Map P.358B
開随時
休日曜は城内の店は休み

■フナトゥ・ハトゥン・キュルリイェスィ
Map P.358B
✉Seyyid Burhanettin Bulvarı
TEL(0352) 231 5805
ハマムも営業中。入口は隣。
開男性6:00〜22:00
女性8:00〜17:00
休無休
料入浴8YTL
アカすり5YTL
マッサージ5YTL

フナトゥ・ジャーミィ

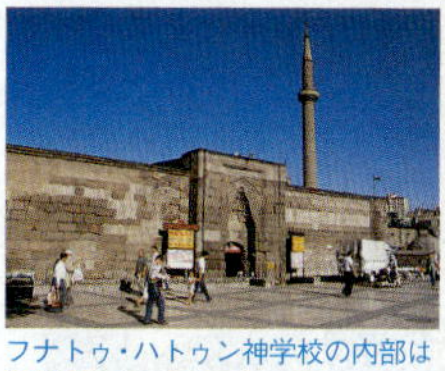
フナトゥ・ハトゥン神学校の内部は雑貨屋になっている

■ドネル・キュンベット
Map P.358B

スィワス通りの時計塔からPTTにかけては魚屋が多い。多くの魚屋にはレストランも併設しているので新鮮な焼き魚を食べることができる。（編集室）

訪れる客も少ない小さな博物館
カイセリ考古学博物館
Arkeoloji Müzesi アルケオロジ・ミュゼスィ

ドネル・キュンベットを東に入ってしばらく行った先にある小さな博物館。カイセリで発見されたという子供のミイラ2体や、バスタブや鉄砲玉のような珍しい形をした棺などが展示されている。

■カイセリ考古学博物館
Map P.358B
開8:00〜17:00
休月
料2YTL

開放的な中庭が気持ちよい民俗学博物館

オスマン朝時代の邸宅を使った博物館
民俗学博物館
Güpgüpoğlu Konağı ギュプギュプオウル・コナウ

城壁の南東にある博物館。18世紀に造られた伝統的なオスマン朝様式の石造りの家がまるごと展示物だ。部屋や家具は当時のまま保存され、雰囲気をよく再現している。

■民俗学博物館
Map P.358B
開8:00〜17:00
休月
料2YTL

発達していた高い医学レベルがわかる
医学史博物館
Tıp Tarihi Müzesi(Şifaiye Medresesi)
トゥプ・ターリヒ・ミュゼスィ(シファーイェ・メドレセスィ)

1205年にカイホスロウ1世がメドレセ兼医学部として建てた。現在は医学史博物館としてセルジューク朝期に使用された道具などの展示がある。

医学史博物館になっているシファーイェ・メドレセスィ

■医学史博物館
Map P.358A
開8:00〜17:00
休月
料2YTL
2006年11月現在改装中。

幾何学文様はセルジューク朝の建築美の集大成
サハビエ神学校
Sahabiye Medresesi サハビエ・メドレセスィ

ルーム・セルジューク朝時代の宰相、サーヒップ・アタSahip Ataによって1267年に築かれた。サーヒップ・アタはコンヤのインジェ・ミナーレ神学校やスィワスのギョク神学校も建設した。門を囲む細かい幾何学文様はセルジュークタイルのすばらしいお手本。今は本屋さんになっている。

■サハビエ神学校
Map P.358B
開随時　休日

サハビエ神学校

ホテル

日本からホテルへの電話　国際電話会社の番号 + 010 + 国番号90 + 352 (市外局番の最初の0は不要) + 掲載の電話番号

カイセリは中部アナトリアを代表する商業都市なのでビジネスマンが多く、ホテルの数も多い。特にイノニュ通りからカイセリ城にかけては2つ星や3つ星ホテルが密集しているので宿探しは簡単。安いホテルはあまりない。オトガルの横にもホテルがある。

ヒルトン Hilton Kayseri
最高級　Map P.358B

✉Cumhuriyet Meydanı
TEL(0352) 207 5000　FAX(0352) 207 5050

inet www.hilton.com
日本の予約先：TEL(03) 5405-7700
D なし
S A/C 210US$
W A/C 230US$
US$ € JPY YTL　T/C不可
C/C A D J M V

2002年にオープンした国際大手のチェーンホテル。全212室。ビジネス専用階を設けるなどビジネスユースに対応する一方で、サウナ、フィットネスや室内プール、ディスコなどレジャー施設も充実。エルジエス山のスキーパッケージプランなどもある。最上階に眺めのよいテラスレストランがある。

カイセリではカイセライKaysérayと呼ばれる路面電車を通す計画を進めている。西部の工業地区と市内を結ぶ路線で、時計塔近くに地下駅を造っている。(編集室)

アルメル Hotel Almer

中級 Map P.358A

⊠Osman Kavuncu Cad. No.1
TEL(0352) 320 7970　FAX(0352) 320 7974

inet www.almer.com.tr
D なし
S A/C 110YTL
W A/C 170YTL
US$ € YTL T/C不可 C/C M V

●スィワス通り西端の交差点に面した大型ホテル。便利な立地で3つ星ホテルだが値段と設備は4つ星並み。状況により割引の交渉は可能。部屋は新しくはないが広々としており、バスルームも広くて使いやすい造り。

カドゥオウル Hotel Kadıoğlu

中級 Map P.358A

⊠Kiçipak Serdar Cad. No.45
TEL(0352) 231 6320　FAX(0352) 222 8296

inet www.hotelkadioglu.com
D なし
S 35YTL
W 60YTL
US$ € YTL T/C不可 C/C M V

●イノニュ通り沿いにある全32室の中級ホテル。値段のわりに品よくまとまっている。最上階のレストランは眺めもよく、エルジエス山が正面に見える。朝食は最上階のレストランでオープンビュッフェ。夕食も手頃な料金で出している。

アス・ベルリン Hotel As Berlin

中級 Map P.358A

⊠Cami Kebir Mah. Park Cad. No.21
TEL(0352) 231 3151　FAX(0352) 231 4080

inet www.asberlinhotel.com（トルコ語）
D なし
S 60YTL
W 100YTL
US$ € YTL T/C不可 C/C M V

●カイセリ城のすぐ近くにある中級ホテル。室内は老朽化しているものの、清潔に保たれており、タオルは毎日熱湯で消毒している。全64室でテレビ、ミニ冷蔵庫、ドライヤー付き。2005年にオーナーが変わった。左記の料金は公式料金で、実際はもう少し安く泊まれる。

フナトゥ Hotel Hunat

経済的 Map P.358B

⊠Zengin Sok. No.5

TEL(0352) 232 4319　FAX なし
D なし
S 12YTL
W 20YTL
YTL T/C不可 C/C不可

●フナトゥ・ハトゥン・ジャーミィの裏。部屋はシンプル。オーナーのおじさんは英語はあまり通じないが親切だ。トルコ式ストーブは各階にある。共同シャワーはふたつある。シャワーの使用は別料金で3YTL。シャワー付きの部屋は20YTL。

レストラン

レストランは城壁とイノニュ通りの間のブロックに点在している。カイセリの郷土料理は何といってもマントゥ。カイセリでは36種類ものマントゥ料理が調理されるらしいが、最もポピュラーなのが肉入りマントゥだ。ヨーグルトとニンニク、粉末ミントが絶妙の味を醸し出す。もうひとつの名物はスパイスの効いたサラミ、パストゥルマ。このパストゥルマが入ったピデもおいしい。

名物のマントゥ

トゥアナ Tuana Restaurant

中級 トルコ料理 Map P.358B

⊠Sivas Cad. M.Alemdar İş Merkezi

TEL(0352) 222 0565
FAX(0352) 222 5329
開 11:00～翌1:00（冬期～21:00）
休 無休　US$ € YTL C/C A M V

●スィワス通り沿いのビルの3階にある。入口はビルの裏側。披露宴会場にもよく使われている。定番のカイセリ・マントゥスは7.50YTLで自分の好みに味付けできる。パストゥルマ入りボレキは7YTL。英語メニューは写真付き。

ベデステンにある絨毯屋には小学生ぐらいの子供を客引きに使っている店もあり、英語を少し話す子供に連れられて行った先が絨毯屋だったという話も聞く。（編集室）

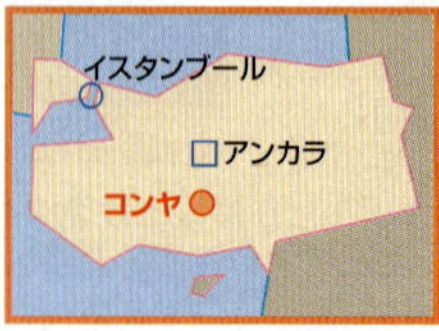

ルーム・セルジューク朝以来の建築物が古都を彩る

コンヤ Konya

市外局番 0332 人口76万1145人

■コンヤへの行き方

✈イスタンブールから便がある。トルコ航空のほかアトラスジェットの便もある。
🚌各都市から便がある。
🚃ガズィアンテップからも便がある。

●イスタンブールから

✈1日2便
所要：1時間10分
運賃：79YTL
🚌10:45〜22:45に約3時間毎
所要：9〜10時間
運賃：35YTL
🚃8:55 19:20 23:50
所要：13〜14時間
運賃：20YTL

●アンカラから

🚌7:00〜24:00に約1時間毎
所要：3時間30分
運賃：17YTL

●アダナから

🚌5:00〜20:00に1〜2時間毎、深夜便もある
所要：7時間
運賃：25YTL

●ネヴシェヒルから

🚌9:00 10:00 12:00 19:30 20:00 21:30 22:30 23:30発
所要：3時間30分
運賃：15YTL

●カイセリから

🚌8:00〜19:00に約3時間毎
所要：4時間
運賃：17YTL

●スィリフケから

🚌7:30〜19:30に2〜3時間毎、深夜便もある
所要：4時間
運賃：20YTL

●マラテヤから

🚌9:30〜24:00に30分〜2時間毎
所要：9時間
運賃：40YTL

メヴラーナ博物館の前は公園になっている

アンカラから約250km南に位置するコンヤは、アナトリアの芸術、政治、学問など文化面を語るときに欠かすことのできない重要な都市だ。イスラーム神秘主義の一派メヴレヴィー教団の発祥地としても広く知られ、見学に訪れるトルコ国内のムスリムも多い。

近郊にはチャタル・ホユックの遺跡もあり、町自体は先史時代にまでさかのぼるほど古い歴史をもつ。しかし、コンヤが最も繁栄したのは13世紀頃のこと。1077年にルーム・セルジューク朝が首都をイズニックからコンヤに移した後、カイクバード1世時代に著しく発展した。この頃芸術家や建築家、イスラーム関係の科学者などを東方から集めて学校が開かれ、コンヤ文化が花開いた。現在も市内に残っている神学校や遺跡のほとんどはその頃のもの。当時の文化をこれらからかいま見ることができる。もちろん、メヴレヴィー教団の創始者ルーミーもそうした学者のひとりであった。

旅のモデルルート Gezme Planı

コンヤの観光の中心はメヴラーナ博物館。ほかの見どころもやはりイスラーム建築のジャーミィやメドレセが多い。ローマ時代の遺跡ばかりを回ってきた人も、この町ではじっくりとイスラーム建築を訪ねてみよう。イスタンブールやほかの国とはひと味違う建築様式が見られるはずだ。もし12月の中旬に訪れるのならメヴレヴィー教団の旋舞は見逃せない。

コンヤのトラムヴァイ

コンヤはトルコを代表する聖地であり、イスラーム諸国から巡礼客が訪れる。メヴラーナ通りの東側には巡礼客向けのみやげ品が数多く売られている。（編集室）

イスラームな雰囲気にどっぷり浸かる1日

メヴラーナ博物館→セリミエ・ジャーミィ→シェムスィ・テブリズィ・ジャーミィ→カラタイ博物館→アラアッディン・ジャーミィ→インジェ・ミナーレ博物館

上記の見どころは歩いて充分回ることができる。まず、メヴラーナ博物館をじっくり見学し、セリミエ・ジャーミィのあたりを散策。ランチにはコンヤ名物のピデを頬張るのもいい。その後、シェムスィ・テブリズィ・ジャーミィを見学したら、アラアッディンの丘周辺の中世イスラーム建築の美を堪能しよう。これらをゆっくり回ればもう夕方。夕食ならメヴラーナ博物館横のギュルバフチェスィ・レストランは少々高いが、思い出作りにぴったり。

歩き方 Güle Güle Gidin

コンヤの見どころの中心は、アラアッディンの丘からメヴラーナ博物館にいたる**メヴラーナ通り**Mevlana Cad.周辺。ホテルやレストランも多く、観光の中心となるエリアだ。見どころはメヴラーナ通り周辺に集中しているので、歩いて回れる。まずはホテルやレストラン、みやげ物店が集まる街の中心、**ヒュキュメット広場**Hükümet Meydanıへ行こう。最大の見どころは広場から500mほど東にある**メヴラーナ博物館**。隣には**セリミエ・ジャーミィ**がある。メヴラーナ博物館を背にしてメヴラーナ通りを西に進むと左側に衣類を中心とした**バザール**があり、さらに真っすぐ進むと**アラアッディン・ジャーミィ**や広い公園のある小高い丘の麓に着く。**インジェ・ミナーレ博物館**や**カラタイ博物館**はこの円形の丘沿いにある。

空港から市の中心部へ

空港からの交通手段はタクシーのみ。メヴラーナ通りまで30YTLほど。アトラスジェットAtlas Jetの便を利用する場合はセルヴィスが利用できる。

オトガルから市の中心部へ

コンヤのオトガルは、市の北側に位置している。オトガルの正面入口近くからメヴラーナ通りへはドルムシュが走っており、所要45分～1時間、1YTL。トラムなら幹線道路沿いの駅からアラアッディンの丘まで30～40分で行くことができる。タクシーなら市内まで約20YTL。コンヤに拠点をおくバス会社は、コントゥルKontur、オズカイマックÖzkaymak、コンタシュKontaşの3社。メトロMetro社のほか、ニーデNiğdeやエレウリEreğliから乗り入れするバスも多い。ただ、コンヤではオトガルまでのセルヴィスがないので、ドルムシュかトラムでオトガルまで行く。

チャタル・ホユック方面（チュムラÇumra）など近郊へのバスは、市街地南部の**エスキガラジ**Eski Garajから発着している。

アラアッディンの丘から見たメヴラーナ通り

アラアッディンの丘は公園になっている

オトガルのバス会社のブースは円形に並んでいる

■トルコ航空
Map P.366A
✉Mevlana Cad. No.9 Kat1/106
TEL (0332) 351 2032
開 8:30～17:00（土～13:30）
休 日

オトガルの敷地内にもトラムの停留所があるがこちらはめったに電車が来ない。オトガルを出た東側を走る幹線道路沿いの停留所から乗車しよう。（編集室）

鉄道駅から市の中心部へ

鉄道駅からメヴラーナ通りまでは歩くと30分以上かかる。ドルムシュなら所要10分、1YTL。

両替・郵便・電話

両替　両替所や銀行は、メヴラーナ通り沿いにある。

郵便・電話　PTTはヒュキュメット広場にある。中央郵便局ではないが、手紙を出したりテレホンカードを買ったりするにはここで充分事足りる。

旅の情報収集

コンヤのⓘはメヴラーナ通りの東端にある。毎年12月のメヴラーナ週間のチケット情報はここで。それ以外の期間のセマーや、周辺のツアー予約はセレネ・トラベル・エージェンシーSelene Travel Agencyへ。

見どころ　Gezilebilecek Yerleri

コンヤに来たらとりあえずここへ来よう
メヴラーナ博物館
Mevlana Müzesi メヴラーナ・ミュゼスィ

旋舞教団として知られる**イスラーム神秘主義**の一派、メヴレヴィー教団の創始者**メヴラーナ・ジェラールッディン・ルーミーの霊廟**。6500m^2の敷地内には、ジャーミィ、僧院、修行場もある。緑色のタイルで覆われた円錐形の屋根をもつ霊廟は、13世紀末に造られたもので、外の部分はオスマン朝時代にスュレイマン大帝らの寄進により建設された。メヴラーナの死後、1925年にアタテュルクの命令によって修行場は閉鎖、教団も解散させられたが、1927年3月3日以降、霊廟が**博物館**として一般公開されている。

入口正面の部屋には棺がずらりと並び、金刺繍の施されたカバーがかけられている。最も大きく重厚で豪奢なのが、最奥に安置された**メヴラーナの棺**。霊廟の入口周辺にはメヴラーナの語った韻文を能書家が書いた碑文とプレートが掲げられている。そこには「あなたが外から見えるのと同じようになるか、または内面と同じように見えるようになるか、どちらかになりなさい」「私のもとへ来なさい。あなたがどのような人でも来るのです。あなたが無神論者でも偶像崇拝者でも、拝火教信者でも構わないから来るのです」と書かれている。

隣の部屋には彼の愛用品や衣服、セルジューク朝時代、オスマン朝時代の工芸作品などが展示されている。なかでも手書きの詩の本や、クルアーンの写本、ルーミー直筆の本は非常に美しい。中央のガラスケースには**ムハンマドのあごひげ**を入れた箱も置かれている。また、この霊廟へは**銀の扉**、**銀のステッ**

ⓘのスタッフ

■コンヤのⓘ
Map P.366B
✉Mevlana Cad. No.65
TEL (0332) 353 4021
FAX (0332) 353 4023
inet www.konya.gov.tr
(トルコ語)
開8:00～12:00
13:00～17:00
(土9:00～16:00)
(夏期8:00～12:00 13:30～17:00) 休日

■Selene Travel Agency
Map P.366B
5～9月の月・水・金21:00より1時間の公演を行う。要予約。
✉Ayanbey Sok. No.22/B
TEL (0332) 353 6745
FAX (0332) 353 7644
inet www.selene.com.tr
料15€ (セマーの公演)
開9:00～20:00 休日
※チャタル・ホユックやキリストラ (パウロ伝道の地ルストラ) など、周辺の遺跡への1日ツアー (70US$) も行っている。

■メヴラーナ博物館
Map P.366B
TEL (0332) 351 1215
開9:00～18:00
(月10:00～17:00)
休無休 料5YTL

メヴラーナの棺

ムハンマドのあごひげが入った箱

中心部の西側にあるアフラ・ショッピングセンターAfra Alışveriş Merkeziはちょっとした遊園地も備えた大型ショッピングセンターだ。(編集室)

プから入るようになっている。銀の扉はくるみ材を用いた重厚なもので、1599年にハサン・パシャから献上された。別棟には修行僧の生活を表した人形が展示されている。

セルジューク様式の特徴である彫刻が美しい

アラアッディン・ジャーミィ

Alaaddin Camii アラアッディン・ジャーミィ

アラアッディンの丘にあるため、この名が付いた。1221年、ルーム・セルジューク朝の最盛期を作り上げたカイクバート1世の時代に完成。アナトリア地方におけるセルジューク期ジャーミィで最大級のものだ。内部は質素だが、石柱にはローマ時代やビザンツ時代の柱頭が付いており、古代の建物をこの建築に利用していることがわかる。ミンベル（説教壇）は黒檀のように堅い木からできており、その彫刻はすばらしく、陶器のタイルで飾られた堂内も美しい。ダマスカスの建築家が設計した、白、青、黄の大理石を用いたシリア的な寺院だ。また、この丘から町全体を見渡せる。

ルーミーの恩師、シェムセッディン・テブリズィが眠る

シェムスィ・テブリズィ・ジャーミィ

Şems-i Tebrizi Camii シェムスィ・テブリズィ・ジャーミィ

メヴレヴィー教団の創始者ルーミーに精神的教えを説いた師、シェムセッディン・テブリズィ（シャムス・アッディーン・タブリーズィー）の棺が安置された小さなジャーミィ。外観も内部も質素だが、今も熱心な信者がお祈りに訪れている。

昔は神学校、今は墓碑博物館

スルチャル博物館

Sırçalı Medrese Müzesi スルチャル・メドレセ・ミュゼスィ

スルチャル博物館では、セルジューク朝時代からカラマン君侯国、オスマン朝時代にいたるさまざまな墓を展示している。この建物は1242年に建造されて以来、オスマン朝時代まで重要な神学校であった。アタテュルクの時代、1924年に閉鎖されたが、その後修復されて博物館となった。

建物は、池を中央に配置した中庭を取り囲むような形で建てられている。また、建物内部にはタイルが使われており、タイル装飾の初期の特徴をよく示している。

なお、1988年から90年にかけて行われた調査で、敷地の下にビザンツ時代のカタコンベが眠っていることがわかり、現在は博物館とともに公開されている。

コンヤを代表する建築美

インジェ・ミナーレ博物館

İnce Minare Müzesi インジェ・ミナーレ・ミュゼスィ

1265～67年に建造されたメドレセ。細い（＝インジェ）ミナーレにちなみ、この名が付いた。ミナーレは現在の3倍の高さがあったが、1901年の落雷で上部が崩壊してしまった。現在はイスラーム関係の彫刻（木彫・石彫）の博物館となっている。正面

人形を用いた展示

■アラアッディン・ジャーミィ
Map P.366A
開9:00～17:00　休無休
女性は入口においてあるスカーフを着用しよう。

アラアッディン・ジャーミィの中にあるミンベル

■シェムスィ・テブリズィ・ジャーミィ
Map P.366A
開9:00～18:00
休無休　料寄付歓迎

シェムセッディン・テブリズィの棺

■スルチャル博物館
Map P.366A
TEL (0332) 353 4031
開9:00～12:00　13:00～17:00
休月　料無料

スルチャル博物館

■インジェ・ミナーレ博物館
Map P.366A
✉Alaaddin Cad.
TEL (0332) 351 3204
開9:00～12:00　13:00～17:00
休月　料2YTL

アラアッディンの丘の上には眺めのよいカフェテリアがあり、天気のよい日は家族連れやカップルでにぎわっている。（編集室）

を埋め尽くすように施された**アラビア文字、幾何学文様の浮き彫り**が大変美しく見事。また門の脇に建つ**ミナーレの壁面装飾**も美しく、これらはセルジューク様式の建築物の代表作。トルコで最も優れた芸術作品のひとつだ。

インジェ・ミナーレ博物館

カラタイ博物館の鍾乳石飾り

ドームの装飾が美しい

ターキッシュ・トライアングルを見てみよう

カラタイ博物館

Karatay Müzesi カラタイ・ミュゼスィ

1251年にセルジューク朝のジェラレッディン・カラタイ宰相によって造られた神学校。特徴的な正面の門は、セルジューク様式の美しい浮き彫り**スタラクタイト**(鍾乳石飾り)で飾られ芸術的価値も高い。現在は陶器博物館として、町の城塞からの出土品などを展示。内部はセルジューク期の美しい黒と青の陶器モザイクで飾られ、一つひとつの模様に生命のはかなさなどの意味が込められている。ここのドームは四隅から5個ずつ出ている細い三角形と、その間を含めた正24角形の天井により支えられた、**ターキッシュ・トライアングル**と呼ばれるトルコ独特の建築様式で造られている。ドームの下の泉には、かつて水があふれ、天国を表していた。

■カラタイ博物館
Map P.366A
TEL (0332) 351 1914
開 8:00～12:30 13:30～17:00
休 無休　料 2YTL

ターキッシュ・トライアングル

ローマ時代の遺物がここにもある!

考古学博物館

Arkeoloji Müzesi アルケオロジ・ミュゼスィ

周辺の遺跡などからの出土品をおもに展示。古いものではチャタル・ホユックやカラホユックなどから発掘された、先史時代やヒッタイト時代の遺品がある。中心となっているのは、ローマ時代やビザンツ時代のもの。なかでもローマ時代の海神ポセイドンと勝利の女神ニケの大理石像、ティベリアポリスで発見されたヘラクレスの12姿態を施した石棺は有名だ。

■考古学博物館
Map P.363
✉ Eski Larende Cad. No.213
TEL (0332) 351 3207
開 9:00～12:30 13:30～17:30
休 無休
料 2YTL

イスタンブール通りİstanbul Cad.とテヴフィキイェTevfikiye Cad.通りの間にはバザールが広がっており、日用品や食料品などが売られ、活気がある一帯だ。(編集室)

アナトリア最古の集落跡

チャタル・ホユック

Çatal Höyük チャタル・ホユック

何層にも積み重なっている

チャタル・ホユックは新石器時代の集落跡。紀元前7000年にまでさかのぼることができる人類学上でも最重要級の遺跡。農耕、牧畜など高度な文化を有していたようだ。人口は3000〜8000人と推定されており、支配階層など身分を示すものがまだ見つかっていないことから、独自の共同体を作っていたと考えられている。家屋は隣合うように密集して造られ、古い家の上に新しい家が造られていったので、16もの層から成り立つ部分もある。

発掘風景

この遺跡は1958年に発見された。発掘作業は現在でもイギリスやアメリカの大学チームが主導で行っており、全容の解明までにはまだまだ相当な年月が必要とされている。入口の横に小さな博物館があり、出土品のレプリカや壁画を展示している。

■チャタル・ホユック
Map P.15D2
エスキガラジからバスでチュムラに行き（7:15〜19:30に1時間毎、所要50分、3YTL）、チュムラのオトガルからタクシーをチャーターして往復20〜25YTL。タクシー乗り場はオトガルの外側にある。
TEL (0332) 452 5621
inet www.catalhoyuk.com
開 10:00〜17:00
休 月　料 無料

併設された博物館

ホテル

日本からホテルへの電話 国際電話会社の番号 + 010 + 国番号90 + 332（市外局番の最初の0は不要）+ 掲載の電話番号

コンヤのホテルは、メヴラーナ通り沿いを中心に、アラアッディン・ジャーミィとメヴラーナ博物館の間にある。メヴラーナ週間の12月10〜17日頃は非常に込むので、できれば予約を入れておきたい。安い宿は裏通りに点在している。いくつかのホテルでは、メヴラーナ週間以外でもセマーゼン（旋舞をする人）を招いて宿泊客に見せている。

リキソス Rixos Hotel Konya

最高級　Map P.363外

✉İstanbul Yolu Selçuklu

TEL (0332) 221 5000
FAX (0332) 221 5050
inet www.rixos.com
D なし
S A/C 150US$
W A/C 170US$
US$ € YTL
T/C US$ €
C/C A M V

●市の北部にあるロシア資本のホテルでもともとはヒルトンホテルだった。トラムならボスナヘルセク下車。空港からはタクシーで27YTL。館内は北欧風インテリアが配されている。スポーツジムはトルコ最大級。屋内と屋外のプールなどの施設も充実。ティーセット、アイロン、セーフティボックスなど室内装備も機能的だ。

バルックチュラル Hotel Balıkçılar

高級　Map P.366B

✉Mevlana Karışısı No.1
TEL (0332) 350 9470
FAX (0332) 351 3259
inet www.balikcilar.com
D なし
S A/C 89US$
W A/C 120US$
US$ € YTL T/C 不可 C/C D M V

●メヴラーナ博物館のすぐ近くにある。やや老朽化しているがこのあたりではトップクラスの設備を誇り、フィットネスジム、ハマム、サウナもある。ただ、アカすりやマッサージ担当は男性のみ。ハマム、サウナはマッサージなど込みで約20US$（チップ別途）。

リキソス・ホテルの隣にはトロワ・ショッピング・モールTrova Shopping Mallがある。ブティックやレストラン、映画館など多くのテナントが入っている。（編集室）

ベラ Hotel Bera

中級 Map P.366B

⊠Mevlana Cad. No.6
TEL(0332)350 4242 FAX(0332)353 5959

inet www.bera.com.tr
Dなし
S A/C 60YTL～
W A/C 100YTL～
US$ € YTL T/C不可 C/C M V

●町の中心部では最も豪華なホテル。吹き抜けになった屋内はコンヤの伝統家屋をイメージしたというユニークな造り。朝食サロンのテラスも開放的で気持ちがいい。室内の設備も機能的にまとまっており、バスルームも広々していて使いやすい。

デルギャーフ Hotel Dergâh

中級 Map P.366B

⊠Mevlana Cad. No.19

TEL(0332)351 1197
FAX(0332)351 0116
Dなし
S A/C 35YTL
W A/C 60YTL
US$ € YTL T/C不可 C/C A M V

●iの隣にある立地のよいホテル。室内は少々老朽化しているが清潔にまとまっている。窓からメヴラーナ博物館が眺められる部屋もあり、ここからの夜景は最高だ。朝食はオープンビュッフェ。広いラウンジもある。

ベイ Otel Bey

経済的 Map P.366B

⊠Aziziye Cad. Ayanbey Sok. Özer İdare Arkası No.25

TEL(0332)352 0173
FAX(0332)350 2418
Dなし
S A/C 40YTL
W A/C 60YTL
US$ € YTL T/C不可 C/C M V

●メヴラーナ通りから1本北側にある。全30室で全室テレビ付き。改装されたばかりの部屋もあり、機能的で使いやすい。朝食はオープンビュッフェ。ホテルのすぐ前からオトガル行きのドルムシュが出ているので便利。

Information

メヴラーナの旋舞「セマー」

毎年、メヴラーナの亡くなった12月の10～23日頃にセマーと呼ばれるメヴラーナの旋舞が開催される。会場はメヴラーナ文化センターMevlana Kültür Merkezi。

前半はオスマン古典音楽のコンサート、後半がセマーだ。セマーの踊り手（セマーゼン）が身に着ける円錐形の帽子は墓石、ジャケットは墓そのもの、スカートは葬式用の覆いを象徴している。旋舞の一つひとつの動作もさまざまなものを象徴しており、ジャケットを脱ぎ捨てる行為は地上の束縛からの解放を意味し、墓からの脱出を示す。右腕を上（天）に、左腕を下（地）に向けるのは、アッラーからの恵みを人々に振りまくことを意味する。

セマーは7つの部分に分かれ、1）預言者ムハンマドへの賛美、2）クデュム（打楽器）の演奏、3）ネイ（尺八のような笛）の演奏、4）セマーゼンの3度の礼、5）セマーゼンが黒い上着を脱ぐ、6）クルアーンの「バラカ」の章を詠む、7）祈りを捧げてセマー終了、という流れ。クデュムやネイの演奏、3度の礼からの旋舞、クルアーン詠唱までがクライマックスだ。公演時間は約1時間。

■セマーのチケット入手先

チケットの予約はiで9月から開始。FAXでも申し込める。大変な人気なので当日券の入手は困難。

■メヴラーナ文化センター Map P.366B外

⊠Ereğlı Cad. TEL(0332)353 4022
開演：12/10～23の19:30（土・日は13:00も）
料10～30YTL

メヴラーナ文化センター

コンヤの西にあるアクシェヒルAkşehirは、とんち話で有名なナスレッディン・ホジャNasreddin Hocaゆかりの町。公園には大きな像も建つ。（編集室）

経済的

Map P.366B

メヴラーナ Otel Mevlana

⊠Mevlana Cad. Finans Bank Arkası Cengaver Sok. No.2

TEL & FAX (0332) 353 9327
D なし
S 15YTL
W 30YTL
S A/C 35YTL（新館）
W A/C 55YTL（新館）
US$ € YTL
T/C 不可
C/C M V（新館のみ）

●表通りから少し入った所にあり、新館と旧館が向かい合っている。オーナーは英語も少しOK。日本人客も多い。新館(写真下)はロビーも広々としており、全室エアコン、テレビ付きでバスルームもピカピカ。朝食は1階のラウンジで出す。旧館はかなり古く、典型的な安宿だが、お湯は太陽熱式とボイラー式システムを併用。全室テレビ付き。

☺メヴラーナ通り沿いに看板が出ているのでそこの小道を入っていくとあります。（東京都　デースケ　'06秋）

レストラン

メヴラーナ通り沿いやアラアッディンの丘の線路沿いなどにロカンタが点在している。メヴラーナ通り沿いの店はどこも少し高め。コンヤは郷土料理が多く、食の楽しみも増す。特にコンヤ名物エトリ・エキメッキやメヴラーナ・ピデはぜひ試してみたい。仔羊の油に漬け込んだ仔羊の肉に、少しずつ熱を加えたタンドゥル・ケバブもおいしい。巡礼地という場所柄、市内中心部にはアルコール類を出す店はほとんどなく酒屋も少ない。

中級　トルコ料理

Map P.366B

ギュルバフチェスィ Gülbahçesi Konya Mutfağı

⊠Civar Mah. Gülbahçe Sok. No.3
TEL (0332) 353 0768
FAX (0332) 352 5194
開 9:00～23:00
ラマザン中は日没後のみ
休 無休　US$ € YTL　C/C M V

●メヴラーナ博物館の敷地の裏にある郷土料理のレストラン。古い邸宅を改装して使用しており、2階のテラスからライトアップされたジャーミィが見える。フルン・ケバブ8YTL、自家製ヨーグルト3YTLなどが定番。21:00から地下のサロンで旋舞が見られる(→P.364)。

中級　トルコ料理

Map P.363

アクチャ・コナック Akça Konak

⊠Fakıhdede Mah. Mengüc Cad. No.18
TEL (0332) 350 8108　FAX なし
開 8:00～23:00
休 無休　US$ € YTL
C/C A M V

●400年前の建物を改装した店。1階は地元の人でにぎわう、チャイやナルギレの専用フロア(23:00まで営業)。食事は2階のテーブル席か3階の座席へ。雰囲気のわりに料金も手頃で、ケバブ5YTL～、煮込み3.50YTL～。予算はひとり8YTL～。タンドゥル・ケバブは5YTL。

中級　トルコ料理

Map P.366B

シファー Şifa Restaurant

⊠Mevlana Cad. No.29
TEL (0332) 352 0519
FAX なし
開 6:00～23:30（ラマザン中～21:00）
休 無休　US$ € YTL
C/C A M V

●立地がいいこともあり、地元の人々にも人気のある有名なレストラン。名物のタンドゥル・ケバブはフルン・ケバブと呼んでおり、100g(10.50YTL)単位で注文することができる。ブチャック・アラス(クシュバシュル・ピデ)が4.50YTL、メヴラーナ・ピデが4YTLなど。

庶民的　パスターネ

Map P.366A

アンカラ Ankara Pastanesi

⊠Orduevi Karşısı No.41
TEL (0332) 351 6568
FAX (0332) 351 6840
開 7:00～翌0:30　休 無休
US$ € YTL C/C M V

●創業は1957年という老舗。アラアッディンの丘に面しており、店内もカフェテリア風。コンヤで自家製のカザンディビを出しているのはここくらいしかないとか。スュトラッチ2.50YTL、バクラワ1皿3.50YTL。夏期はドンドゥルマも出す。

☹ギュルバフチェスィで行われるメヴラーナの旋舞は月・水・金曜だけとのこと。期待して行ったのに日が合わなかった。（京都府　Ayakkabı　'06夏）

新石器時代以来の小さな町が現代的なトルコの首都に

アンカラ Ankara

市外局番 0312 人口320万3362人

■アンカラへの行き方
✈ 国内各地からのほか、国外からも便がある。
🚌各都市から便がある。
🚃鉄道があるほとんどの町から便がある。

●イスタンブールから
✈ 6:15～23:45に1～2時間毎。サビハ・ギョクチェン空港からは8:00発のみ。
所要：1時間
運賃：159YTL
🚌各社頻発
所要：6時間
運賃：30YTL
🚃8:35～23:30 急行1日6便
所要：6時間30分～9時間45分
運賃：22～65YTL

●イズミルから
✈ 7:45 10:30 19:50発
所要：1時間15分
運賃：149YTL
🚌各社頻発
所要：8時間
運賃：35YTL
🚃バスマーネ発
9 Eylül Eks. 19:30発
İzmir Mavi 17:45発
Karesi Eks. 18:25発
所要：14～16時間
運賃：18～22YTL

●ネヴシェヒルから
🚌7:30～15:00に1～2時間毎
所要：4時間
運賃：23YTL

●エスキシェヒルから
🚌7:00～20:30に各社頻発
所要：2時間30分
運賃：14YTL

●サフランボルから
🚌4:15～17:30に1～2時間毎 23:00発
所要：3時間30分
運賃：15YTL

祝祭日にはトルコ国旗がウルスの交差点を彩る

アナトリア高原の西寄りにある、人口約320万人のトルコ共和国の首都。初代大統領ケマル・アタテュルクは1923年の共和国誕生と同時に、人口わずか6万人のこの地方都市を首都に定めた。以来アンカラは都市計画のもとに急速に開発が進められ、トルコ近代都市のモデルとして造り上げられてきた。道幅の広さや整備された公園の様子などを眺めてみると、トルコのほかの街とは違うモダンな雰囲気を感じる。

とはいうものの、アンカラの歴史は古い。新石器時代から人が住んでいたし、ローマ時代にはアンキラと呼ばれて繁栄していた。当時の建造物を市内のあちこちで見ることができる。もともとアンキラという名はアンキュラ（谷底）という言葉に由来しており、昔から地下水が豊富だったことがよくわかる。オスマン朝の時代にはアンゴラと呼ばれ、1402年にはこの近くでティムール軍とオスマン軍が戦っている。

旅のモデルルート Gezme Planı

アタテュルク廟などを除けば、見どころの多くはウルス地区にある。これにアタテュルク廟やコジャテペ・ジャーミィなど、現代の見どころを組み合わせてルートを決めよう。

アンカラベーシック半日コース

アタテュルク廟→クズライ→アナトリア文明博物館

一つひとつの場所をじっくり見学すると、あっという間に1日が過ぎる。アタテュルク廟では、併設されている博物館にも立ち寄ろう。クズライではショッピング。アナトリア文明博物館はメトロのウルス駅から歩くとかなり距離がある。

コジャテペ・ジャーミィの1階部分はベエンディッキというショッピングセンターになっている。場所柄、酒類は販売されていない。（編集室）

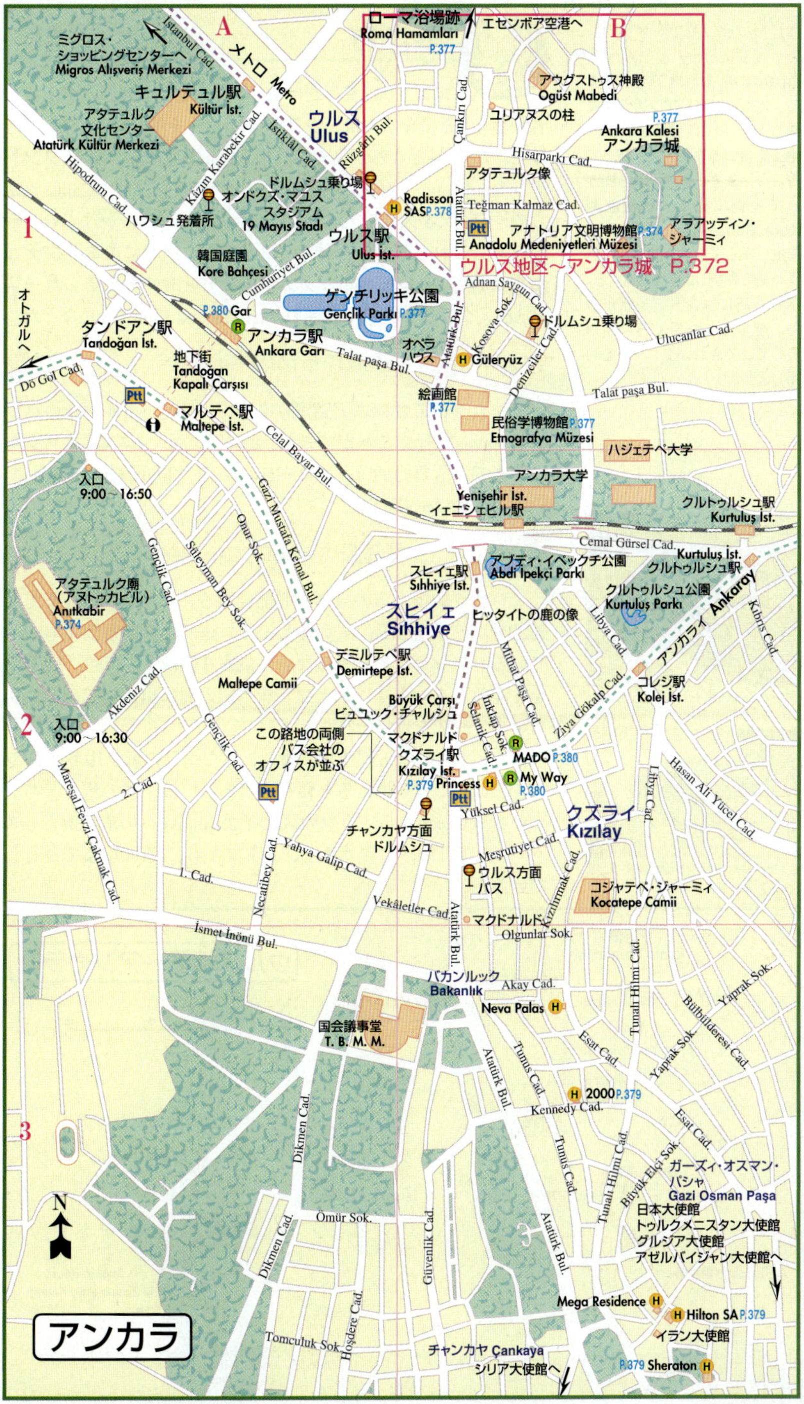

アンカラ駅の近くにあるオンドクズ・マユス・スタジアムは、アンカラのサッカーチーム（アンカラギュジュ、ゲンチレルビルリィ）の本拠地。（編集室）

歩き方 Güle Güle Gidin

アンカラは首都だけあって町の規模も大きいが、旅行者が歩くことになるのは、**クズライ**Kızılayを中心にした4つの地域だ。まず、見どころが集まる**ウルス**Ulusが北に、西には**タンドアン**Tandoğan、南には大使館が集中する**チャンカヤ**Çankayaから**ガーズィ・オスマン・パシャ**Gazi Osman Paşaにかけての一帯がある。これらの地区を結んでいるのが、南北に走る**アタテュルク大通り**Atatürk Bul.、クズライとタンドアンを結ぶ**ガーズィ・ムスタファ・ケマル大通り**Gazi Mustafa Kemal Bul.などだ。

空港から市の中心部へ

アンカラの**エセンボア空港**から市内へはシャトルバスの**ハワシュ**Havaşで行くことができる。オンドクズ・マユス・スタジアム前まで、所要約30分。4:00〜21:30の間、30分おきに運行している。料金は9.50YTL。

鉄道駅から市の中心部へ

アンカラ駅は、市のほぼ中心部にある。ウルスへは徒歩でも約20分。バスも頻発しているし、ミニ地下鉄**アンカライ**も走っている。アンカライに乗るなら、最寄り駅はマルテペ。**地下街**をくぐるとタンドアン駅とマルテペ駅の間に出るので、そこからマルテペ駅を目指そう。

また、TCDDの近郊電車に乗り、ふたつ目の駅**クルトゥルシュ**Kurtuluşで乗り換えると便利だ。あるいは、隣の駅イェニシェヒルYenişehirからメトロの**スヒイエ**Sıhhiyeへの乗り換えもスムーズ。TCDD、アンカライ、メトロとも、24:00頃まで運行している。

■深夜にアンカラ駅からアンカライに乗ろうとする人へ

22:00になると地下街が閉まる。22:00以降にアンカライに乗る人は、少し時間はかかるが、地上を歩いてタンドアン駅まで行こう。まず、駅正面から向かって左側に出て、韓国庭園**Kore Bahçesi**を右に見ながら直進。そして立体交差が左に見えた所で左折し、陸橋を越える。下りた所にタンドアン駅がある。徒歩だと25分ぐらいかかるので、できればタクシーを利用しよう。

アンカラ駅のホーム

アンカライのマルテペ駅入口

アタテュルク廟での衛兵の交代式は非常におもしろく、写真も自由に撮れました。
（神奈川県　Kazuya　'05夏）

オトガルから市の中心部へ

アンカラのオトガルの略称は、**アシュティ**A.Ş.T.İ.という。ウルソイ、キャーミル・コチュなど大手バス会社はクズライなどにあるオフィスまでセルヴィスを走らせている。アシュティからクズライへは、アンカライの利用が最も便利だ。アシュティにあるアンカライの駅は、オトガルと直結しており、街の中心、クズライ駅までは10分ほど。ウルスへはここからメトロに乗り換えてふたつ目の駅。

アシュティからは全国各地への便が出発する

アンカライとメトロ

アンカライの車内

アンカライは1996年夏に、メトロは1998年春に開業したアンカラの交通システム。アンカライはアシュティからタンドアン、クズライ、クルトゥルシュを通って**ディキメヴィ**Dikimeviまで行く。メトロはクズライからウルスを通って北西に延び、**バトゥケント**Batıkentまでを結んでいる。

■アンカライとメトロの乗車券
㊞1.30YTL
5回券6YTL
10回券12YTL
20回券20YTL

市内バス

民営バス

市内バスは高級ホテルや大使館のあるエリアを訪れるときなど、おもにクズライから南に行くときに重宝する。

アンカラの場合、**アンカラ市が運営するEGOのロゴが入ったバス**と、**民営バス**Özel Halk Otobüsüがある。両方1.25YTLと同じ料金だが、EGOのバスの場合はチケットを事前に買っておき、民営バスの場合はバスの中でチケットを買う。イスタンブールの場合と同じように、互換性はないので注意しよう。

■おもな市内バス路線
走っている時間帯は、普通は6:30〜20:00ぐらい、遅くまで走る路線なら23:00までの間、縦横無尽にバスは走る。旅行者にもよく使えそうな路線は、クズライとガーズィ・オスマン・パシャの間を循環する112番(6:30〜20:20,5〜10分間隔)や、アンカラ鉄道駅〜クズライ〜マルテペ**Maltepe**〜タンドアン〜アンカラ鉄道駅と循環する204番(6:30〜23:00、10〜20分間隔)など。ウルスからクズライへは、105、121、187番などのバスに乗ればよい。

両替・郵便・電話&旅の情報収集

両替　ウルスやクズライの交差点付近に銀行が多い。両替所もクズライやウルスにいくつかある。

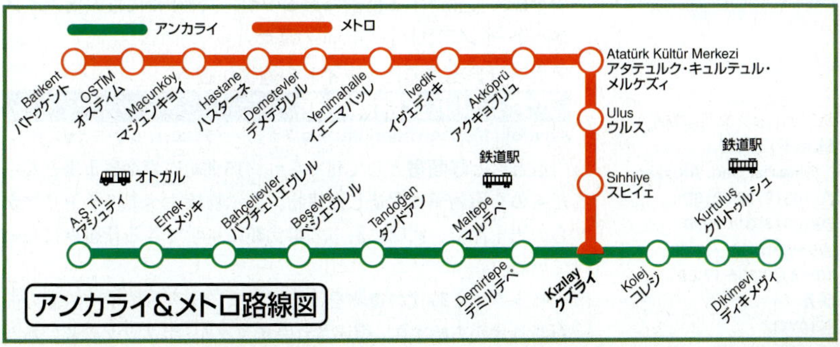

アンカライAnkarayはアンカラAnkaraとライRay（レールの意）を合わせた造語。ブルサのブルサライも同じ。（編集室）

郵便・電話　クズライの交差点にはPTTがある。アンカラの中央郵便局はウルスにある。

クズライのPTT

観光案内所　アンカラのⓘはアンカライのマルテペ駅を降りてすぐの所にある。情報も豊富で地図やパンフレットも充実している。

見どころ　Gezilebilecek Yerleri

今でも人々に愛されるトルコ建国の父が眠る

アタテュルク廟

Anıtkabir アヌトゥカビル

衛兵の交代式

トルコ共和国の父、ムスタファ・ケマル・アタテュルクを葬るために、1944～53年に造られた霊廟。この丘は全アンカラを見渡せる位置にあり、国営放送TRTがかつて1日のテレビ開始と終止時に、国歌とともに映していたほど眺めがいい。

入口は2ヵ所。クズライから近いのはアクデニズ通りAkdeniz Cad.の入口だが、一般的なのはタンドアン交差点の方面から延びる入口。参道の入口には内部の構造の説明やアタテュルクの葬送の様子を示した**独立の塔**İstiklâl Kuleleriと**自由の塔**Hürriyet Kuleleriがあり、それぞれの前に3人ずつの男女の像がある。男性のほうはトルコを担う学業、農業、軍事に携わる青年像、女性像のひとりはアタテュルクの死を悼んで泣いている。

その先にはライオン像が並ぶ**ライオン・ロード**という参道が続く。参道を進むと広い霊廟の前に出る。左側の大きな柱に支えられた建物に**アタテュルクの墓**が納められている。

この建物を取り囲むようにある回廊は**博物館**になっていて、アタテュルクの蝋人形や肖像画、各国要人からの贈り物、愛用した品々などが展示されている。また、アタテュルクの棺と広場を隔てて相対する位置にあるのが、共和国2代目大統領**イスメット・イノニュ**İsmet İnönüの墓だ。

アナトリア出土のヒッタイトの遺物が眠る

アナトリア文明博物館

Anadolu Medeniyetleri Müzesi アナドル・メデニエットレリ・ミュゼスィ

もともと**隊商宿**として建てられ、15世紀に貴金属市場となったものを博物館に改造した建物。展示物はすべてアナトリアからの出土品で、回廊に沿って年代順に見学できる仕組みになっている。

ヒッタイト時代の遺物を中心に、入口を入ってすぐ右側の旧石器時代から始まり、復元されたチャタル・ホユックの家、新石

■PTTクズライ支局
Map P.371B2
開8:00～20:00（日8:30～12:30　13:30～17:30）
休無休

■PTTウルス本局
Map P.371B1
開手紙の受付は8:30～21:00
休無休

■アンカラのⓘ
Map P.371A1
✉Gazi Mustafa Kemal Bul. No.121 Tandoğan
TEL & FAX（0312）231 5572
開9:00～17:00（土10:00～17:00）休日

■アタテュルク廟
Map P.371A2
アンカライのタンドアン駅から徒歩約5分。夏の夕方には音と光のショーが行われる。
開9:00～17:00（博物館9:30～12:30　13:30～17:00）
休無休（博物館は月曜閉館）
料無料
※入場時にはセキュリティチェックがある。

タンドアン側の入口。荷物はここで預ける

アタテュルク廟の回廊

■アナトリア文明博物館
Map P.372B
✉Hisarlar Cad. Atpazarı
TEL（0312）324 3160
FAX（0312）311 2839
開5～9月8:30～17:30
10～4月8:30～17:00
休月
料10YTL

アタテュルク廟がある丘はアヌトゥテペと呼ばれているが、廟ができる前はラサットテペと呼ばれ、天文台のような施設があった。（編集室）

器時代のもの、青銅器時代のものと続く。角を曲がると、アッシリア植民地時代のもの、ヒッタイト時代のものが並び、フリュギア、ウラルトゥの遺物が続いている。最後はギリシア·ローマ時代となっており、貴重な出土品ばかりを集めた、世界に誇る博物館だ。

チャタル·ホユック　**人類最古の集落**といわれ、紀元前7000年頃の遺跡が確認されている。入口を入って右側に展示されているのは紀元前6500～5600年頃の家屋の一部。復元された家屋には**牛の角**がところどころに配置され、狩猟、農耕に大切な役目を果たしていたことがわかる。またチャタル·ホユック出土の有名な地母神の座像も展示されている。

土器の発明　紀元前5300年頃になると土器が作られ始めた。**ハジュラル**Hacılarから出土したものは、表面はクリーム色の化粧粘土が使われて幾何学模様が描かれ、美術的にも高く評価されている。

青銅器時代のスタンダード　紀元前3000～2000年になると、高度な**冶金技術**が生まれた。そのため銅、金、銀、錫などを材料に、高い芸術性も合わせもった作品が展示されている。**スタンダード**と呼ばれる造形物はまだ何に使われていたかなどはわかっていない。しかし動物をかたどった精巧な作品には、力強さと神聖さが宿っている。**アラジャホユック**Alacahöyük出土のものも多く、スヒイェの交差点に飾られている、宗教的シンボルの3頭の鹿をかたどった像のオリジナルも見られる。また、金製の**双子像**も有名だ。

アッシリア時代の土器　この時代の土器は繊細で優美。しかも実用的にも優れているという見事なものだ。粘土板に**くさび形の象形文字**が見られるのがこの時代の特徴。ここには**キュルテペ**Kültepe出土のものが多い。

ヒッタイト時代　鉄器を発明したヒッタイト人。紀元前1700年頃までに最初の統一国家である**ヒッタイト古王国**を樹

アナトリア文明博物館の入口

地母神の座像

アラジャホユック出土のスフィンクス門の本物

Information

ヒッタイト王国

ヒッタイト王国は、紀元前2000年頃にアナトリアに移住したインド·ヨーロッパ語系の民族が築いた帝国。首都はボアズカレ村にあるハットゥシャシュで、紀元前17世紀頃にはシリアにまで進出するが、ミタンニ王国の侵攻や内紛のため衰退。しかし紀元前15世紀には再興し、さらにラムセス2世率いるエジプト軍と交戦するなど勢力を伸ばした。かの少年王ツタンカーメンの死後、夫を亡くした若い后が、ヒッタイト王に王子のひとりを婿入りしてくれるように要請した手紙も残っている。ヒッタイト人がファラオになったという記録はないが、エジプトとは常に深い関係にあったのだ。

ヒッタイトは優れた騎馬技術と鉄器の使用で大帝国を築くが、紀元前12世紀頃に侵入した海洋民族に滅ぼされてしまう。

一部のヒッタイトはその後も小国を築いたが（新ヒッタイト）、紀元前717年、新アッシリアのサルゴン2世にカルカムシュを奪われ、滅亡した。

アナトリア文明博物館を見るのは2時間もあれば充分。展示されている金属製品は本当にすばらしかったです。　（神奈川県　Kazuya　'05夏）

ハットゥシャシュの王の門にあった戦士の像の本物

青銅製のスタンダード

ヒッタイト時代の浮き彫り

立した。ヒッタイト古王国が異民族の侵攻を受け崩壊した後、散り散りになったヒッタイト人の**新ヒッタイト**は、アッシリアに滅ぼされるまでユーフラテス川上流で細々と暮らしていた。ホール中央のコーナーでは**カルカムシュ**Karkamışなどから出土した石碑や浮き彫りも見ることができる。ここには**アラジャホユック**の**スフィンクス門**のオリジナルもある。

フリュギア王国時代　ヒッタイトを滅ぼした海洋民族の一派。ライオンや羊の頭をかたどったバケツなどの**金属細工術**はすばらしい。精巧な形、細かな彩色技術で仕上げられた陶製品も見事だ。

ウラルトゥの遺物　紀元前9世紀頃から勢力をもっていた、ヒッタイト古王国の構成民族**フルリ人**の子孫。展示されている**アルトゥンテペ**出土の**青銅製大鍋**は力強い作品である。

Information

伝説のミダス王とゴルディオン

アンカラの南西約100kmの地点にある遺跡。現在の村の名はヤッスホユックYassıhöyük。フリュギア人は、ヒッタイト古王国の崩壊後、紀元前750年頃にゴルディオンを首都として王国を築いた。

ゴルディオンの遺跡は1901年に発掘が始まり、1949年のペンシルバニア大学隊による発掘で大きな成果を見た。近辺の丘にはたくさんの古墳があり、トルコ第2位の大きさを誇る古墳はフリュギアのミダス王のものだといわれている。

古墳の向かいには博物館があり、モザイクや出土品などが展示されており、なかなか見ごたえがある。

ミダス王は、ギリシア神話の中に出てくる黄金欲の強い王で、アポロン神に頼んで、手に触れた物すべてを黄金に変えるという力を身につけた。しかし、食べ物まで黄金になってしまい、反省した王はパクトロス川で水浴し、元どおりになったという。

また、ミダス王の前王であるゴルディオンが特殊な方法で牛車をつなぎ、普通ではほどけない結び目を解いた人がアジアを統治するという神託が下された。そして、紀元前333年の冬にこの町にやってきたアレキサンダー大王が、いとも簡単にそれを剣で断ち切ってしまったという逸話が残る。

ゴルディオンへはアンカラからエスキシェヒル、イズミル方面行きのバスに乗り、ポラットルPolatlıで下車。バイサル社Baysalのバスなどが7:00～21:00に頻発。所要1時間30分。運賃は4YTL。ポラットルでヤッスホユック行きのドルムシュに乗り換える。またはポラットルでタクシーをチャーターして往復。博物館でチケット（5YTL）を購入すると、古墳内部にも入れてくれる。

ゴルディオンの遺跡

ミダス王の墓内部

博物館の展示

ミダス王の墓とゴルディオンの遺跡は離れているので、ポラットルからタクシーをチャーターして回ると楽。ゴルディオンの遺跡は中には入れない。（編集室）

忘れられた歴史を示すようにひっそりとたたずむ

ローマ浴場跡

Roma Hamamları ロマ・ハマムラル

チャンクル通りÇankırı Cad.に面した浴場跡。この浴場は3世紀に**カラカラ帝**が造ったローマ式大浴場で、1939年に偶然発見された。広大な敷地には、更衣室、蒸気浴室、温水、冷水室などの部屋が広がっている。

古い大金持ちの邸宅を改造した

民俗学博物館

Etnografya Müzesi エトゥノグラフヤ・ミュゼスィ

展示品には民芸品、郷土衣装、絨毯、陶器、鉄器、昔の武器、楽器、アラビア文字の装飾文字、ジャミィの壁用タイルや木製のミンベル（説教壇）などがある。

民俗学博物館のそばにある**絵画館**には、トルコ人画家の作品が展示されている。

アンカラ市街が眼下に広がる

アンカラ城

Ankara Kalesi アンカラ・カレスィ

大きな城門

城壁は内外2重になっている。基礎になったのはローマ時代のもの。内側の城壁は7世紀にアラブの侵攻に備えてビザンツ帝国が築いた。外側のものは9世紀のビザンツ皇帝ミハイル2世が増強したものだ。北側の丘の頂上には独立した城があり、ここから北を眺めると、向かい側の丘の斜面にゲジェコンドゥ（＝一夜建築）といわれる家がすき間なく並ぶ。

また、城壁内にある12世紀建造のアラアッディン・ジャミィの向かいの道を上っていくと、東側の城壁（頂上）にたどり着く。この上から見る町の風景は絶景だ。城壁の中では、普段どおりの生活をかいま見ることができる。

さまざまな用途に使われた

アウグストゥス神殿

Ogüst Mabedi オギュスト・マベディ

紀元前2世紀に、アナトリアの地母神キベレや、フリュギアの日の神、メンの神殿として造られたが、後にローマ皇帝アウグストゥスを祀る神殿に改装された。ビザンツ時代には、またまたキリスト教の院とされ、さらに後の時代には、イスラーム神学校として使われた。

大きな池のあるアンカラの人々の憩いの場

ゲンチリッキ公園

Gençlik Parkı ゲンチリッキ・パルク

街の中心部にある緑と水の豊かな公園。園内にはピクニックを楽しめる場所や、喫茶店、野外劇場、結婚式場、遊園地、大きな池がある。家族連れやカップルでにぎわう所だ。

■ローマ浴場跡
Map P.372A
開9:00〜12:00 13:00〜17:00
休月
料2YTL

ローマ浴場跡

■民俗学博物館
Map P.371B1
✉Talatpaşa Bul.
TEL (0312) 311 3007
開9:00〜12:00 13:00〜17:00
休月 料2YTL

■絵画館
Map P.371B1
✉Talatpaşa Bul.
TEL (0312) 310 2094
開9:00〜12:00 13:00〜17:00
休月 料無料

■アンカラ城
Map P.372B
内城のみ有料。
開9:00〜12:00 13:00〜17:00
休無休
料2YTL

ピクニックに来ていた若者

■アウグストゥス神殿
Map P.372A
開9:00〜12:00 13:00〜17:00
休月 料2YTL

■ゲンチリッキ公園
Map P.371A1〜B1

ゲンチリッキ公園入口

ゲジェコンドゥは土地を不法占拠して建てた家のことで、1950年代から増え始めた。水道や電気、ガスなどの整備も遅れており、深刻な都市問題となっている。（編集室）

ホテル

日本からホテルへの電話 国際電話会社の番号 + 010 + 国番号90 + 312（市外局番の最初の0は不要） + 掲載の電話番号

アンカラでは安い宿から超高級ホテルまで数が揃っている。安い宿は見どころの多いウルスに集中し、高級ホテルは南のガーズィ・オスマン・パシャに多い。ウルスではアタテュルク像からローマ浴場跡へと続くチャンクル通りÇankır Cad.沿いに中級ホテルが並び、裏通りに安い宿が点在する。

また、絵画館の北側のデニズジレル通りDenizciler Cad.やコソヴァ通りKosova Sok.にも宿は多い。ただ、ウルスの安宿のなかには、盗難が横行していたり、売春宿のようなところがあったりすることも。近辺の夜の雰囲気はあまりよくない。

ウルス

ラディソン Radisson SAS

最高級 Map P.372A

✉İstiklâr Cad. No.20 Ulus

TEL(0312)310 4848
FAX(0312)309 3690
日本の予約先：無料00531-65-3648
inet www.radisson.com
D なし
S A/C 105～128US$
W A/C 116～140US$
US$ € JPY YTL
T/C US$ € C/C A D M V

●ウルスの地下鉄駅近くにある大型高層ホテル。全202室で、暖色系のモダンな室内にはミニバー、セーフティボックス、液晶テレビ、ズボンプレスが備え付けられている。エグゼクティブルームにはティーポットなども完備。無線LANは無料で利用できる。議会シーズンで国会議員が多く泊まる冬期や国際会議の期間は値上がりする。

セルギャーフ Sergâh Hotel

中級 Map P.372A

✉Çankırı Cad. No.48 Ulus
TEL(0312)310 8500 FAX(0312)311 3100

inet www.sergah.com
D なし
S A/C 100US$
W A/C 140US$
US$ € YTL T/C 不可
C/C M V

●チャンクル通りのホテルのなかでも北のほうにあたる。全112室で、ツアーの利用が多い。サウナ（ふたりで50YTL）、バーなどの設備をもつ。屋上のテラスバー・レストランからアンカラの街を見下ろせる。部屋はやや老朽化が目立ってきている。

アンゴラ・ハウス Angora House Hotel

中級 Map P.372B

✉Kale Kapısı Sok. No.16 Hisar, Ulus
TEL(0312)309 8380 FAX(0312)309 8381

Mail angora@smallhotels.com.tr
D なし
S 60US$
W 85US$
US$ € JPY YTL
T/C 不可 C/C M V

●アンカラ城の城門をくぐって少し行った右側。伝統家屋をていねいに改築した隠れ家的なプチホテル。リピーター客も多く、アンティークな家具が随所に配されて落ち着いた雰囲気だ。朝食はチーズ、オリーブ、自家製ジャムなど素材にこだわった品を出す。

トゥリスト Turist Hotel

中級 Map P.372A

✉Çankırı Cad. No.37 Ulus
TEL(0312)310 3980 FAX(0312)311 8345

D なし
S 60YTL
W 85YTL
US$ € YTL T/C 不可
C/C M V

●チャンクル通り北側にある3つ星ホテル。部屋には冷蔵庫、ドライヤー、テレビなどもあり、ホテル内にサウナ（別料金でひとり約15YTL）もある。朝食なしならひとりあたり8YTL安くなる。ビュッフェ形式の夕食は12YTL。

クズライの交差点から少し北に行った左側にあるビュユック・チャルシュでは貴金属などアクセサリー類が販売されており、種類も豊富。手頃な品も多い。（編集室）

経済的 Map P.372A

イェニ・バハル Yeni Bahar Oteli
✉Çankır Cad. No.25 Ulus
TEL(0312)310 4895　FAX(0312)310 4899

D なし
S 25YTL
W 45YTL
US$ € YTL
T/C 不可 C/C M V

●チャンクル通りに面した大型の安宿。全63室あり、全室シャワー、トイレ、テレビ付き。朝食はひとり3YTL。客室は老朽化しているが順次改装中で、改装を終えた部屋には新しいベッドが入り、シンプルできれいになった。

クズライ～ガーズィ・オスマン・パシャ

高級 Map P.371B2

プリンセス Princess Hotel
✉Ziya Gökalp Cad. No.8 Kızılay
TEL(0312)430 0006　FAX(0312)435 8181

inet www.ankaraprincess.com
D なし
S A/C 90YTL
W A/C 140YTL
US$ € YTL
T/C 不可　C/C A M V

●クズライの交差点近くの歩道橋の下にある全49室の4つ星ホテル。ガラス張りの近代的な外観で、1階にはワクフ銀行が入っている。メトロやアンカライのクズライ駅にも近く、便利な立地条件。ハマムやサウナ、フィットネスセンターなども完備している。

高級 Map P.371B3

2000(イキビン)　Hotel 2000
✉Bestekar Sok. No.29 Kavaklıdere
TEL(0312)419 9001　FAX(0312)419 9016

inet www.otel2000.com
D なし
S A/C 60€
W A/C 100€
US$ € YTL T/C 不可
C/C A M V

●ケネディ通りにあるBest Westernグループの4つ星ホテル。全61室で、各部屋には冷蔵庫、ドライヤー、テレビが備わっている。宿泊者は無料でサウナなどを利用できる。併設のレストランで提供される朝食はビュッフェ形式。全館で無線LANを無料で使用できる。

最高級 Map P.371B3

ヒルトン・サ Ankara Hilton SA
✉Tahran Cad. No.12 Kavaklıdere
TEL(0312)455 0000　FAX(0312)455 0055
日本の予約先：TEL(03)5405-7700

inet www.hilton.com
D なし
S A/C 325US$
W A/C 345US$
料 付加価値税18%別途
US$ € JPY YTL
T/C US$ € C/C A D J M V

●ヒルトンと地元の大財閥、サバンジュグループが合弁で展開している全315室の5つ星ホテル。室内温水プールや最新機器が揃ったフィットネスルーム、サウナ、ハマムといった設備も完備しており、ショップの数も多い。ロビーでは無線LANが使用可能。客室内にはADSLのポートも完備している。朝食は別途26US$。

最高級 Map P.371B3

シェラトン Sheraton Ankara Hotel & Towers
✉Noktalı Sok. Kavaklıdere
TEL(0312)468 5454　FAX(0312)467 1136
日本の予約先：無料 0120-003-535

inet www.sheraton.com
D なし
S A/C 300～360US$
W A/C 325～385US$
料 付加価値税18%別途
US$ € JPY YTL T/C US$ €
C/C A D J M V

●シェラトングループの高級ホテル。大使館や高級住宅が並ぶカワクルデレKavaklıdereにある。スイート37室を含む全414室。ロビーでは無線LANが使用可能で、客室内にはADSLのポートも完備している。本館の隣には新たに新館も完成した。本館には温水プール、ジャクージ、ビューティサロンなども完備している。朝食は別途23US$。

ウルス地区にあるホテル街の裏路地には、場末の雰囲気が漂う民謡酒場が点在している。質はピンキリ。ただし女性がひとりで入れる雰囲気ではない。(編集室)

レストラン

ウルス地区には通りを1本入ると庶民的なレストランやビラハーネが多い。クズライなら交差点のやや東のセラニキ通りSelanik Cad.に、カフェやレストラン、居酒屋風のレストランが軒を連ねており、店選びも楽しいエリアだ。ガーズィ・オスマン・パシャ地区には日本食のレストランこそないが、大使館が集まるだけあって中華、イタリアンなど各国料理の店がある。

中級 トルコ料理

ゼンゲル・パシャ・コナウ
Zenger Paşa Konağı

Map P.372B

⊠Ankara Kalesi Üstü Doyran Sok. No.13 Ulus

TEL(0312) 311 7070
FAX(0312) 311 4060
Inet www.zengerpasa.com
開10:00～24:00　休無休
US$ € YTL　C/C Ⓜ Ⓥ

●アンカラ城の城門近くにあるレストラン。古民家を改装しており、内部には古道具や民族衣装が展示されて、ちょっとした博物館のようだ。伝統的料理がメインで、4品（2ドリンク付き）のコース料理なら34YTL。テラスから眺める夕暮れと夜景がすばらしい。

庶民的 トルコ料理

ガル
TCDD Gar Restaurant

Map P.371A1

⊠Ankara Gar
TEL(0312) 311 6241　FAXなし
開12:00～22:00
休無休
US$ € YTL
C/C Ⓜ Ⓥ

●アンカラ駅構内、プラットホームの横にあるレストラン。ノスタルジックな雰囲気で値段も良心的。列車を待つ間に使うのにちょうどよい。メニューはそれほど多くはないが、メゼ3～4YTL、サラダ3YTL、ケバブ6～9YTL、ギュウェチ6.50～9YTLなど。

庶民的 トルコ料理

ウーラク
Uğrak Lokantası

Map P.372A

⊠Çankır Cad. No.13 Ulus
TEL(0312) 311 7473　FAXなし
開9:00～24:00
休無休
YTL
C/C Ⓜ Ⓥ

●チャンクル通りにあるレストランのなかでも比較的小ぎれいでファストフード店のような感じ。創業は1926年という、このあたりでも老舗。店頭で回っている鶏の丸焼きは半分で5.30YTL（ブルグルピラウ付き）と手頃。各種ケバブも3.20～11YTLと安い。

中級 バー

マイウェイ My Way

Map P.371B2

⊠Selanik Cad. No.15

TEL(0312) 435 5778
FAXなし
開12:00～翌6:00
休無休
US$ € YTL
C/C Ⓐ Ⓜ Ⓥ

●セラニキ通りにある大型のバー。向かって左半分がバーで、右側のMEKTUPが民謡酒場になっている。20:00～24:00にかけてが盛り上がり、毎晩本格的なライブ演奏が楽しめる。カクテル1杯10～20YTL、ビールは3.50～6YTL。料理はないが、おつまみは各種揃っている。

中級 パスターネ

マド
MADO

Map P.371B2

⊠Ziya Gökalp Cad. No.13
TEL(0312) 430 0070
FAX(0312) 430 2747
Inet www.mado.com.tr（トルコ語）
開7:30～23:30
休無休
YTL
C/C Ⓜ Ⓥ

●トルコ全国に支店があるドンドゥルマのチェーン店。クズライの交差点から徒歩約3分。ちょっとした中庭もあり、都会のオアシス的な場所。トッピングの種類も豊富で1皿6.25YTLほど。例えばマド・クラシックはチョコレート、ナッツ、生クリーム、チェリーソースがのっている。クムピル（ベイクドポテト、3.50～5.50YTL）も各種トッピングあり。

ゼンゲル・パシャ・コナウの建物は1721年に建てられ、18世紀中頃から20世紀初頭まで県庁として使われていた。（編集室）

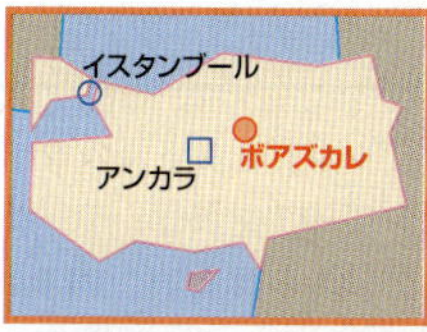

ヒッタイト王国の都ハットゥシャシュ

ボアズカレ Boğazkale

市外局番 **0364** 人口**1970**人

ヤズルカヤに残る「12神の行進」のレリーフ

　今から4000年以上前の紀元前25世紀頃、この土地にはハッティ人といわれた人々が暮らしていた。その後インド・ヨーロッパ語族の一派が移動し、ハッティ人を支配して、このあたりに住みついた。彼らこそが史上初めて鉄器を使用し、大帝国を築き上げたヒッタイト人である。

　紀元前18世紀頃、ヒッタイトの王はここの地形に目を付け、王城を築いた。まず神殿と住居を造り、現在ビュユックカレと呼ばれている城塞を築き、都市の防衛の要とした。現在も広大なエリアにヒッタイト王国の栄華を語る遺跡の数々が広がっている。残っているのは、石組みの城門の一部、スフィンクス門とライオン門、地下門とそこに浮き彫りにされた神像など。また村には小さな博物館もあるが、おもな出土品はアンカラのアナトリア文明博物館などに収められている。

旅のモデルルート Gezme Planı

ボアズカレの見どころはハットゥシャシュとヤズルカヤ、アラジャホユックの3つ。ヨズガットやスングルルを起点にこれらを1日で回るなら、タクシーをチャーターしなければならない。

■ボアズカレへの行き方

ボアズカレへは主要都市から直通のバスはないので、スングルルやヨズガットを経由して入る。アンカラからはスングルル経由、カイセリ方面からはヨズガット経由が便利。

●スングルルから

ドルムシュがスングルル中心部の**PTT**前からボアズカレ村の広場を結んでいる。月～金曜は7:30～17:30に1～2時間に1便。
運賃：2.50YTL
片道30YTL

●ヨズガットから

片道35YTL

■スングルルへの行き方

サムスン、アマスヤ方面行きバスで途中下車が一般的。

●アンカラから

5:00～20:30に頻発
所要：3時間
運賃：10YTL

■ヨズガットへの行き方

●イスタンブールから

セスSes社などハレム発 9:30 18:45 21:00 21:45 23:30 23:45
所要：12時間
運賃：35YTL

●アンカラから

6:15～19:00に頻発
所要：4時間
運賃：18YTL

●カイセリから

6:00～19:30に1時間毎
所要：3時間30分
運賃：12YTL

スングルルやヨズガットからタクシーで日帰り

スングルル、ヨズガット→ボアズカレ→ハットゥシャシュ→ヤズルカヤ→アラジャホユック

　タクシーはヨズガットのオトガルやスングルルのバス停で見つける。見どころを見学したあとは、スングルルの幹線道路や、ヨズガットのオトガルまで行ってもらえば、アンカラや、サムスン、スィワス行きのバスをつまかえるのに便利だ。

スングルルとボアズカレを結ぶドルムシュは、なかなか満員にならず、出発しないこともあるので気長に待とう。時間がない人はタクシーで移動しよう。（編集室）

■タクシー料金の目安
ほかの地域に比べ、最初の言い値はかなり高いのでねばり強い交渉が必要。下記の料金は言い値だが、交渉次第で値引きは可能だ。

●ハットゥシャシュとヤズルカヤの2ヵ所を回る
スングルルから→65YTL
ヨズガットから→80YTL
ボアズカレ村から→30YTL

●上記2つ+アラジャホユックの3ヵ所を回る
スングルルから→110YTL
ヨズガットから→150YTL
ボアズカレ村から→70YTL

王の門のレリーフはコピー

今なお発掘調査が行われている

歩き方 Güle Güle Gidin

ボアズカレ村の中心はスングルル行きのドルムシュの発着点でもある広場。この広場に面してPTTや銀行、チャイハネ、村役場などがある。ボアズカレ村には❶はない。PTTから東に道を入ってしばらく行くと、ハットゥシャシュ遺跡の入口に出る。

見どころとなるヒッタイトの遺跡は、ボアズカレ村の近郊にある、世界遺産に登録されたヒッタイト古王国の首都**ハットゥシャシュ**、ヤズルカヤ、さらにボアズカレ村の北約30kmのアラジャ村Alacaにあるアラジャホユックの3つ。

見どころ Gezilebilecek Yerleri

ヒッタイト古王国の首都
ハットゥシャシュ
Hattuşaş ハットゥシャシュ

大神殿 Büyük Tapnağı（ビュユック タプナウ）　ボアズカレ村から入口を入ると、まず右側に大神殿が現れる。いまだに発掘中なので土台しか見られないが、建材には日干しレンガが使われ、長辺165m、短辺130mもの大きさがあったという。紀元前13世紀に造られたもので、ここには太陽と嵐の神が祀られていた。順路はその後丘を取り囲み円を描くようになっている。大神殿から右側の道を進んでいこう。

ライオン門 Aslan Kapı（アスランカプ）　丘の上に建っている1対の門。玄武岩で造られたライオンの門は、町への入口となる6ヵ所の門のひとつ。ライオンの彫刻は魔除けの意味も込められているといわれている。

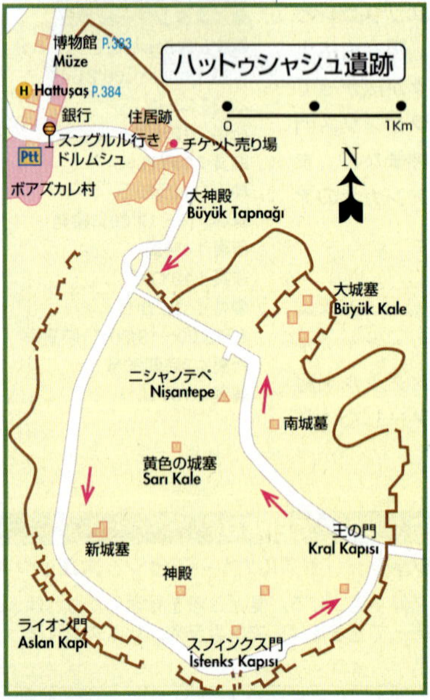

スフィンクス門 İsfenks Kapısı（イスフェンクス カプス）　城壁の中央には地下道と、その通路を守るような形でスフィンクス門がある。ハットゥシャシュは南西の傾斜が緩く、敵の侵入を防ぐために地下道が考案され、より強固な門がここに築かれた。地下道の長さは約71m。ここから城外に出てみると、何十段にも組み上げられた城壁のすごさを目のあたりにする。スフィンクスの威容は、ライオン門同様、魔除けの意味も含められている。

王の門 Kral Kapısı（クラル カプス）　もうひとつ先にあるのが王の門。この門にはトンガリ帽子をかぶった人物が彫刻されており、当初はこの人物がヒッタイト王とみなされたことからこのような名前が付いた。しかし、後にこれは王ではなく、戦士であることが判明した。見事なレリーフだが、ここに置かれているのは模造品だ。本物は、アンカラのアナトリア文明博物館に展示されている。

緑の祭殿石では上に座ってお尻だけで足を上手に振って360度回ると願いがかなうという話があるそうです。ちょっと恥ずかしいです。（神奈川県　Kazuya　'05夏）

ニシャンテペ Nişantepe　ゴロゴロと置かれた岩の表面に古代文字が描かれており、ここにはハットゥシリシュ1世の孫とも考えられている、シュピルリウマシュ王の偉業が記されている。

大城塞 Büyük Kale　順路の右側に城壁に囲まれた丘がある。これが**大城塞**だ。20世紀初頭、この遺跡を発掘していたドイツの考古学者、H.ヴィンクラーは1万枚にも及ぶ**粘土板**を発掘した。この解読を進めるにつれ、この中に2000kmも離れたエジプトのラムセス2世とヒッタイト王ハットゥシリシュ3世の間で交された**平和条約の書簡**を発見する。なんとヴィンクラーはそれ以前にエジプトのカルナック神殿において、これと同じ内容を意味する条約文を読んでいたのだ。この偶然により世界最初の平和条約が日の目を見たのである。

■ハットゥシャシュ遺跡
Map P.382
開8:00～19:00（冬期～17:00）
休無休　料3.50YTL

■ヤズルカヤ遺跡
Map P.17B2
入場券はハットゥシャシュ遺跡と共通。
開8:00～19:00（冬期～17:00）

■博物館
Map P.382
TEL(0364) 452 2006
開8:30～18:30（冬期～17:00）
休月　料2YTL

ライオン門の2頭のライオンのうち向かって右側のほうが保存状態がいい

ヤズルカヤに残るスフィンクスのレリーフ

素朴で力強いレリーフが数多く発見された

ヤズルカヤ

Yazlıkaya ヤズルカヤ

12神の行進のレリーフは必見

ハットゥシャシュから北東に2kmほど離れた地点に、ヤズルカヤ（碑文のある岩場）遺跡がある。

ここはハットゥシャシュの聖地であり、紀元前13世紀に岩場をそのままに利用して造られた**露天神殿**で、岩に刻まれたレリーフに祭儀の様子が描かれている。

入口を入り、岩の左側に進むとそこは**大ギャラリー**と呼ばれる場所。刻まれた神々のレリーフを見れば、スカートの長さなどによって、男女の神の区別がわかる。また、ここにはヒッタイトの大神殿にも祀られていた主神、太陽神ヘパトゥと嵐神テシュブも表されている。

さらに岩の内部に入り、小ギャラリーを眺めると、同じようなトンガリ帽子をかぶった**12神の行進**や神に抱かれた王の彫刻を見ることができる。これらのレリーフは非常に保存状態もよく、大きなものだ。

ハットゥシャシュ遺跡
スフィンクス門の地下道、出口の明かりは見えるけど、足元がデコボコしてるから、ライトが必要かも。大神殿にはヒスイ色の特別な石が置いてあり、印象的。チケット売り場近くには、昔の姿で再現された古代の城壁がありました。
（神奈川県　Kazuya　'05夏）

アンカラの交差点の鹿の像で有名な

アラジャホユック

Alacahöyük アラジャホユック

ボアズカレの村から30km北にアラジャ村がある。遺跡は青銅器時代やフリギュア時代など何層にも重なり合っているが、ここから発掘された青銅の**スタンダード**がアンカラのアナトリア文明博物館に多数展示されている。アンカラのスヒイェにある**3頭の鹿の像**の

スフィンクス門横のレリーフ

■アラジャホユック遺跡
Map P.17B2
ハットゥシャシュとセットでタクシーで回るのが一般的。
開8:30～17:30　休月
料2YTL

ボアズカレからほかの町へ移動するときは、マーヴィ・オジャック・ホテルの前で降ろしてもらおう。長距離バスの休憩所も兼ねているので何かと便利だ。（編集室）

スフィンクス門

オリジナルもここからの出土品である。また、アンカラのアナトリア文明博物館の中央ギャラリーにあるスフィンクスの門はこの遺跡の入口に残されていたものである。

ヒッタイトの傑作がずらり

チョルム博物館

Çorum Müzesi チョルム・ミュゼスィ

宮殿のように大きな建物が印象的な近代的博物館。アラジャホユックやハットゥシャシュからの出土品がメインでトゥタルヤ4世Tuthalya IVのレリーフや、トゥタルヤ2世の剣は必見。順路に沿って見て行けば石器時代からローマ時代まで年代順に見学できる。

向かって左側半分が博物館になっている

■チョルム博物館　地図外

スングルルからアマスヤ方向にバスで約1時間のチョルム下車。オトガルからOtel Anita方向に抜け、メインストリートのイノニュ通りを渡ってさらに奥のジェンギス・トペル通りCengiz Topel Cad.の坂道を上った右側にある。

TEL(0364) 213 1568

開8:00～12:00 13:00～17:00

休月　料2YTL

内部撮影禁止

ホテル

日本からホテルへの電話　国際電話会社の番号 + 010 + 国番号90 + 364（市外局番の最初の0は不要）+ 掲載の電話番号

交通の便がよくないため、じっくり遺跡を見学しようとするなら、1泊したほうがよい。ヨズガットやスングルルでタクシーをチャーターすれば、アンカラやアマスヤ、カイセリからの日帰りも不可能ではない。

ボアズカレ村には、観光客向けに村の入口に2～3軒のホテルがある。ただし、ほとんどが夏期のみの営業なので注意。スングルルやヨズガット、チョルムには冬期もオープンしている2つ星～3つ星ホテルも数軒あり、ヨーロッパからの団体客の利用も多い。

ハットゥシャシュ Hattuşaş Pension Hotel Baykal

経済的　Map P.382

✉Boğazkale 19310

TEL(0364) 452 2013　FAX(0364) 452 2957

inet www.hattusha.com

D なし

S 7€

S 9€

W 12€

W 14€

US$ € YTL

T/C 不可

C/C M V

●広場に面したペンション。欧米のバックパッカーの利用も多く、ツアーの手配も可能。冬期でも開いているのがうれしい。寒い時期は電気式ストーブを貸し出してくれる。レストラン（ラマザン中は休業）も併設している。朝食は2€。夏期はバラの咲く中庭で朝食を取ることができる。裏にあるホテル部分はS 20€、W 25€で部屋も新しくてきれい。

マーヴィ・オジャク Mavi Ocak Motel & Restaurant

中級　地図外

✉Samsun Karayolu 5 km, Sungurlu

TEL(0364) 313 0033

FAX(0364) 313 0034

D なし

S 25€

W 40€

US$ € YTL

T/C 不可

C/C M V

●スングルル～チョルムの幹線道路沿いにある、このあたりでは最も高級なホテル。客室棟はアパートメントタイプで、全60室。360人収容のレストランやプールやスポーツ施設を完備した休暇村。朝食はビュッフェ形式。すぐ横は長距離バスのドライブインになっているのでバスへの乗降もスムーズ。

レストラン

ボアズカレ村にはレストランはない。しかしほとんどのホテルにはレストランも併設されており、食事も取れる。

アラジャホユックの遺跡の入口にも軽食を出す小さなロカンタがある。チョルムは県庁所在地の比較的大きな町なので、レストランの数も多い。

チョルムの名産品でよく見かけるのが、レブレビLeblebiと呼ばれるヒヨコマメ。ローストされて塩味がついているので、ビールやラクのつまみにぴったり。（編集室）

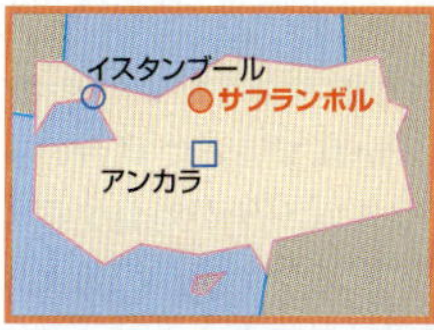

オスマン朝時代の古い町並みは世界遺産

サフランボル Safranbolu

市外局番 **0370** 人口**1万5867**人

フドゥルルックの丘から旧市街を見下ろす

その昔、この地域にサフランの花が群生していたことから名付けられた人口2万7000人の小都市。黒海から約50km内陸に入った険しい山々の間にある、切り立った谷に町が広がる。サフランボルには、トルコ国内でも特に昔ながらの民家が数多く残されており、土壁に木の窓枠が並んだ独特の木造家屋には、今も人々が暮らしている。1994年にはこの町並みが世界文化遺産に登録された。

石畳の坂道をたどりながら、昔の家々をじっくり見て回る。そんなのんびりした過ごし方がぴったりの町だ。

サフランボルが最も栄えたのは、オスマン朝時代の14～17世紀頃のこと。シルクロードへの通過点でもあったため、当時は馬の鞍や革靴作りを中心とした商業都市だった。現在は近郊の製鉄所で働く人が多くなったが、今なお中世の雰囲気を残す町のそこここで、昔ながらの作業を続けている人を見かける。

旅のモデルルート Gezme Planı

博物館になっている伝統家屋を見学したり、周辺の見どころを回ったりと最低でも2日は必要。

サフランボルと周辺を回るスタンダードコース

サフランボル→インジェカヤ水道橋→ブラク・メンジリス洞窟→ヨリュク

1日目はサフランボルの町並みをゆっくり見て回ろう。2日目はツアーに参加するか、タクシーをチャーターして周辺の見どころを回る。昼下がりにはヨリュク村に到着するので、村で昼食を取ってから伝統家屋を見学し、サフランボルへと戻ってこよう。

■サフランボルへの行き方

🚌サフランボルのオトガルにダイレクトに入るバス会社はメトロ**Metro**、ウルソイ**Ulusoy**、サフラン**Safran**の3社。8km離れたカラビュック**Karabük**に入るバスは比較的多い。

🚃アンカラと、黒海沿岸の町ゾングルダック**Zonguldak**かを結ぶカラ・エルマス・エクスプレスがアンカラから月・水・金22:50発、カラビュックまで所要7時間。

●イスタンブールから

🚌ハレム発

メトロ社から10:30 14:00 18:30

ウルソイ社から14:00 翌0:30

サフラン社から9:45 12:15 17:45 翌0:15

所要：7時間　運賃：25YTL

●アンカラから

🚌9:30～21:00に数便

所要：3時間　運賃：15YTL

旧市街の路地

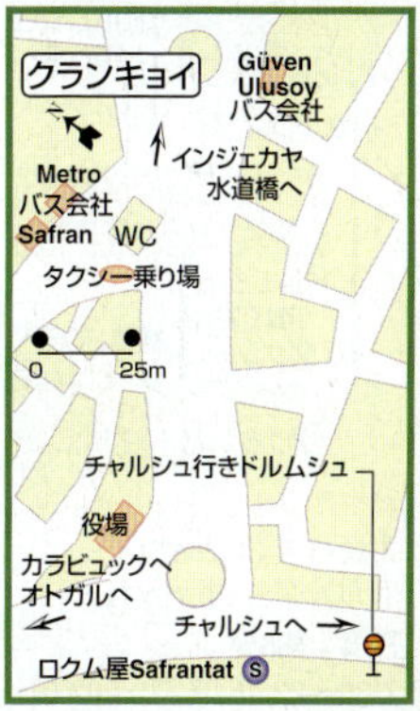

カラビュック～アンカラを結ぶカラエルマス・エクスプレスのカラエルマスとはトルコ語で黒いダイヤを意味し、カラビュック近郊で産出する石炭を指す。（編集室）

サフランボルのオトガル

歩き方

Güle Güle Gidin

サフランボルの町は3つに分かれている。高台の住宅街**バーラル**Bağlar、その南東にありドルムシュが到着するエリア、**クランキョイ**Kıranköyの交差点付近、もうひとつが伝統家屋や❶など観光に関するものの多くが集まる**チャルシュ**Çarşıと呼ばれる**旧市街**だ。

町のちょうど真ん中がハマムのある市バスの終点になる**チャルシュ広場**Çarşı Meydanıだ。

広場から路地を南へ下っていくと、**ジンジ・ハン**Cinci Hanと呼ばれるケルヴァンサライの白い壁が現れる。**カイマカムラル・エヴィ**Kaymakamlar Eviなどの公開されている民家の多くは、このすぐ近くだ。さらに5分ほど歩いた高台には広い**フドゥルルックの丘**Hıdırlık Tepesiがあり、町が一望できる。広場西側の坂を上った旧役場跡からの眺めもよい。

サフランボルへの道

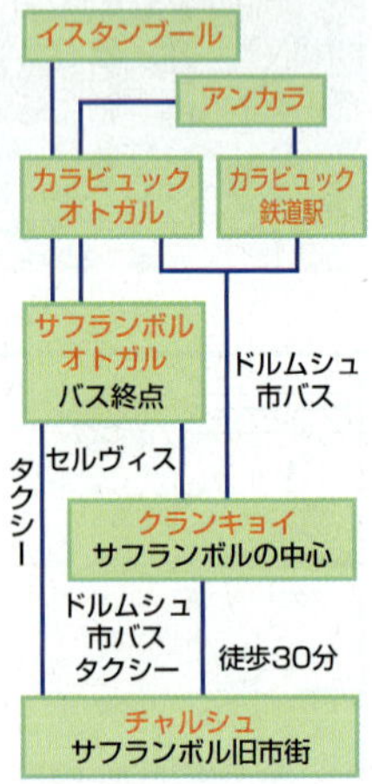

■クランキョイ～チャルシュ
市営バス：0.75YTL
ドルムシュ：0.75YTL
所要：約5分
7:30～22:45（冬期～20:00）

オトガルから市の中心部へ

サフランボル行きのバスの終点は**クランキョイ**の北にあるオトガル。ここからセルヴィスでクランキョイの広場周辺にあるバスオフィスまで行き、ドルムシュかタクシーで旧市街のチャルシュへ行く。オトガルからチャルシュへのタクシー料金は9～10YTLが相場だが、ボったくられることもある。

チャルシュ行きのドルムシュの停留所は、クランキョイの広場から西に行き、T字路を左に曲がってしばらく行くとある。徒歩で旧市街まで行くならドルムシュの停留所から下り坂を標識に従って約30分。タクシーで行くなら5～6YTLほど。

両替・郵便・電話

両替　銀行はクランキョイに何軒かある。チャルシュにあるのは、ズィラート銀行Ziraat Bankasıとイシュ銀行İş Bankasıの2軒。ATMもあるので両替に困ることはないだろう。ホテルなどでは米ドルやユーロでの支払いが可能だ。

郵便・電話　チャルシュのPTTはジンジ・ハマムから東へ延びる大通り沿いにある。周りの景観に配慮して目立たずに建っているが、すぐに見つかるだろう。

ボルBoluからカラビュックへいたる国道はここ数年、路線拡張の大規模な道路工事が行われている。工事区間は道路状態が悪く、到着が遅れることもある。（編集室）

観光案内所　チャルシュの広場のジャーミィのすぐ横にある。バスの発着時間から周辺の町へのアクセス、内部を公開している民家など情報も豊富。スタッフの数が少ないので、冬期は営業時間内でも閉まっていることがある。

クラブカー

旅行会社　カズダール・ジャーミィの裏にバトゥータ・トゥリズムBatuta Turizmという旅行会社があり、ツアー(半日ツアー23YTL)やホテルの手配もできる。英語や日本語の音声ガイドで市内を回るクラブカーが人気。料金は7.50YTL。

見どころ　Gezilebilecek Yerleri

すり鉢状の町を眼下におさめよう

フドゥルルックの丘

Hıdırlık Tepesi フドゥルルック・テペスィ

丘の上には墓廟がある

麓から歩いていくと、頂上が平らな公園になっている丘にたどり着く。ここからはサフランボルの街全体が手に取るように見え、すばらしい眺めが楽しめる。さらに上方へ登っていくと墓地があり、ここの南奥からの眺めもよい。

内部を公開している民家を見比べてみよう

サフランボルの民家

Safranbolu Müze Evleri サフランボル・ミュゼ・エヴレリ

現在サフランボルでは3軒の民家が内部を公開している。最初に公開された**カイマカムラル・エヴィ**Kaymakamlar Eviでは、土間に展示された昔の生活用具、上階のオジャック(暖炉)や飾り棚、ソファで囲まれたサロンなどから昔の暮らしがよくわかる。**ミュムタズラル・コナウ**Mümtazlar Konağıは1893年に建てられたもの。**キレジレル・コナウ**Kileciler Konağıは公開にあたって1884年以来の家を修復した。19世紀初頭の建築の**カウサラル・エヴィ**Kavsalar Eviと、19世紀後半に建築の**カラユズュムレル・エヴィ**Karaüzümler Eviは2006年11月現在改修中。バーラルにある伝統家屋は❶のスタッフに頼んで連絡を取ってもらえば見学させてもらえる。

のんびりとした時間が流れる小さな村

ヨリュク村

Yörük Köyü ヨリュク・キョユ

ヨリュク村の町並み

サフランボルから11kmの小さな村。この村にも伝統家屋が保存されており、**スィパーヒ・コナウ**Sipahi Konağıは見学できる部屋も多く、独

広場にある❶

■サフランボルの❶
Map P.387
✉Kazdağlı Meydanı
TEL & FAX(0370) 712 3863
inet www.safranbolu-bld.gov.tr (トルコ語)
開9:00～17:00　休無休

■バトゥータ・トゥリズム
Map P.387
✉Hilmi Bayramgil Sok. No.3
TEL(0370) 725 4533
inet www.batuta.com.tr
開9:00～19:00　休無休

■フドゥルルックの丘
Map P.386
料1.50YTL

■カイマカムラル・エヴィ
Map P.386
TEL(0370) 712 6678
開9:00～20:00(冬期～18:00)
休無休　料2.50YTL

ミュムタズラル・コナウ

■ヨリュク村
Map P.389
🚌コナルKonarıへ行くドルムシュ(11:00、14:00、17:00発)に乗り、途中下車して残りは徒歩。2kmほどカスタモヌ方向へ歩き、分岐点を左に入る。タクシーなら往復25YTL。

クラブカーは音声ガイド(日本語もあり)を聞きながら45分程度で旧市街を1周する。9:00～日没の運行。(編集室)

Information

サフランボルの民家

サフランボルに今残っている家は、およそ100～200年前に建てられたもの。そのほとんどが木と土壁を基本に造られている。壁は馬のえさになるわら、土、そして卵をこねて造られているそうだ。寒い冬の日、数日前に燃やした火のぬくもりが感じられるというほど保温力があり、夏は涼しいとのこと。また昔のトルコでは夏と冬の住み分けが行われており、ソファのある居間がバルコニー形式ならば夏の家、屋内にあるなら冬の家となっていた。よく見るとサフランボルの家は冬の家、ヨリュクの家は夏の家が多い。こんな違いも心に留めて眺めてみよう。

昔のトルコは、日本と同様大家族。一族がひとつ屋根の下に住んでいたため、家は大きく、家長、その子供たちの家族が住む部屋がいくつかある。そして、1～2階建ての家が多く、1階は玄関と馬車の駐車場、および客用のサロン（セラムルクSelamlık）があった。女性専用のサロン（ハラムルクHaramlık）は外部からは見えないように目隠しがされていた。

民家を改築したホテルに行くと、シャワールームがどこにあるのか一見してわからないことがある。タンスの扉のようなところを開くと、いきなりシャワールームがある仕掛けになっているのだ。昔のバンヨ（洗い場）はこんな形だっただろうと思わせる、興味深い造りになっている。

興味がある人は『世界遺産サフランボル民家とくらし』（ジョシュクン・安達智英子著）を読んでみよう。イラストや写真を用いて、民家の造りや伝統的生活習慣をわかりやすく解説している。入手はナガラ図書（TEL 03-3812-6679、Inet www.nagara-books.co.jp ）か、日本トルコ文化協会（→P.487）まで。

ヨリュク村のスィパーヒ・コナウ

扉を開けると小さなお風呂が現れる

ヨリュク村のスィパーヒ・コナウの入口（玄関）では刺繍や毛糸の靴下など手作りの民芸品なども販売されている。（編集室）

特の装飾文様や昔の風呂が興味深い。共同洗濯小屋のチャマシュルハーネÇamaşırhaneでは小屋の中央にある大きな石を洗濯板のように使っていた。

チャマシュルハーネ

橋の下は緑豊かな渓谷。向こう岸まで渡れるかな？

インジェカヤ水道橋

İncekaya Su Kemeri ヨリュク・キョユ

サフランボルから6.5kmの渓谷にある水道橋。ローマ時代に造られ、折れ曲がった部分から先はオスマン朝時代に改築された。長さ200mで、幅は1m10cm〜2m。手すりはないが、向こう岸まで渡ることができる。橋の下の緑豊かな渓谷はトカトル渓谷Tokatlı Deresiと呼ばれ、トレッキングを楽しむこともできる。

トルコ有数の鍾乳洞

ブラク・メンジリス洞窟

Bulak Mencilis Mağarası ブラク・メンジリス・マアラス

メンジリス川の岩山にある洞窟。長さは2.7kmほどあるが、見学できるのは約400m。古くは山賊のアジトとして使われていたとか。中の温度は常に12〜14°Cとひんやりとしている。

鍾乳石

■スィパーヒ・コナウ
開9:00〜20:00（冬期〜18:00）
休冬期の土・日　料2.50YTL

■チャマシュルハーネ
普段は閉まっているので、スィパーヒ・コナウの人など村人に頼んで開けてもらう。見学させてもらったら心付けを置いていこう。

■インジェカヤ水道橋
Map P.389
タクシーなら往復20YTL、ブラク・メンジリス洞窟、ヨリュク村と一緒に回って60YTL。1日ツアーで行くこともできる。

左右で建築様式が違うのがわかる

■ブラク・メンジリス洞窟
Map P.389
タクシーなら往復25YTL。1日ツアーで行くこともできる。インジェカヤ水道橋、ヨリュク村と一緒に回って60YTL。
開4〜10月9:00〜20:00
休無休　料4YTL
11〜3月は閉まっているが、アルパジュオウル・ホテルが鍵を持っているので、頼めば開けてもらえる。❶でも頼める。

ホテル

日本からホテルへの電話　国際電話会社の番号 + 010 + 国番号90 + 370（市外局番の最初の0は不要） + 掲載の電話番号

世界遺産の町並みを保護するため、ホテルも古い家の雰囲気をできるだけ崩さないよう改装している。旧市街に安い宿はあまりない。そのためバスルームやトイレがとても狭いことも多い。まず部屋を確認しよう。料金はやや高めでひとり40YTLぐらいから。週末（金・土曜）と祝日は値上がりすることも多い。電話すればサフランボルのオトガルや、クランキョイまで迎えに来てくれるホテルもあるので予約時に確認してみよう。

ハウズル・コナウ Turing Otelleri Havuzlu Konağı

中級
Map P.386

✉Hacı Halil Mah. Beybağı Sok. No.18

TEL (0370) 712 6692
FAX (0370) 712 3824
inet www.safranbolukonak.com
D なし
S 120〜160YTL
W 160〜200YTL
US$ € YTL　T/C不可　C/C M V

●チャルシュのバス停からクランキョイ方面に坂を上がり約5分。古い大民家を改装しており、雰囲気は充分。朝食を取るサロンの真ん中には大きなプールがある。近くに系列のジェヴィズリ・コナックCevizli Konakと少し安いキュチュク・エヴKüçük Evもある。

ブラク・メンジリス洞窟の入口へは駐車場から小川を渡り、山道をしばらく上らなければいけない。洞窟内は手すりもあるが、滑りにくい靴で見学しよう。（編集室）

カドゥオウル・シェフザーデ・コナックラル
Kadıoğlu Şehzade Konakları

中級 Map P.386

✉Hacı Halil Mah. Mescid Sok. No.24 Çarşı

TEL (0370) 725 2762
FAX (0370) 712 5657
inet www.kadioglusehzade.com
D なし
S 30US$
W 50US$
US$ € YTL T/C 不可 C/C M V

●客室内部をソファが囲む、古民家を改造した1号館を中心に、アスマズラル・コナウの下など、チャルシュ内に9つのホテルと3つのレストランをもっている。総ベッド数は180。全室シャワー、トイレ付き。朝食はオープンビュッフェ。夕食は3～6US$など、レストランのメニューも豊富。

私が泊まった部屋はこれでも「中級」クラスかと思われるほど窮屈な部屋でした。トイレ・シャワー室も狭かったです。
（広島県　青山晃　'06夏）

ハティジェ・ハヌム・コナウ **Hotel Hatice Hanım Konağı**

中級 Map P.386

✉Baba Sultan Mah. Naiptarla Sok. No.4

TEL (0370) 712 7545
FAX (0370) 712 6063
inet www.hotelhaticehanim.com
D なし
S 46€
W 64€
US$ € YTL T/C 不可 C/C M V

●すべての部屋には「花嫁の部屋Gelin Odası」、「子供部屋Çocuklar Odası」など名前が付いており、どんな部屋だったかわかる。客室である上の階に行くときは靴を脱ぐ。シャワー、トイレがない部屋もある。新館をはじめ、5つの家屋がある。

ジンジ・ハン **Cinci Han Hotel**

中級 Map P.386

✉Eski Çarşı Çeşme Mah.

TEL (0370) 712 0680
FAX (0370) 712 0654
inet www.cincihan.com
D なし
S 60～70YTL
W 120～140YTL
US$ € YTL T/C 不可 C/C A M V

●1645年に造られた隊商宿を改装したホテルで、全25室。シンプルなインテリアで、歴史的建造物の情緒はあまりないが、階段を下りるメゾネット方式のスイートがあったりと間取りは変わっていない。バスルームも新しく、セントラルヒーティングも完備している。

チェシメリ・コナック **Çeşmeli Konak**

経済的 Map P.387

✉Çeşme Mah. Mescid Sok. No.1
TEL (0370) 725 4455　FAX (0370) 725 2505

inet www.cesmelikonak.com.tr
D なし
S 50YTL
W 75YTL
US$ € YTL
T/C 不可 C/C A M V

●チャルシュ広場から坂を上ってすぐ左側にある。部屋はゆったりとした造りで、かわいらしい感じ。3階には暖炉付きの部屋もある。201号室のみシャワー、トイレが外にある。朝食を取る部屋は石造りでなかなか雰囲気がある。セントラルヒーティング完備。

アルパジュオウル **Arpacıoğlu Hotel**

経済的 Map P.387

✉Kazdağlı Meydanı No.1
TEL (0370) 725 4340　FAX (0370) 725 4341

inet www.arpaciogluotel.com（トルコ語）
D なし
S 35～45YTL
W 70～80YTL
US$ € YTL
T/C 不可 C/C M V

●広場に面した便利な立地のホテル。最上階にあるサロンからはチャルシュ広場を見下ろすことができる。古い建物ではないが、雰囲気ある内装でまとめられている。全室テレビ付きでセントラルヒーティング完備。1階はレストランになっているが朝食以外休業中。

ベヤズ・エヴBeyaz Evはジンジ・ハンの南にあるカフェ＆バー。毎晩19:00からはポップスや民謡などのライブが行われる。営業時間は7:00～翌1:00。（編集室）

バストンジュ Bastoncu Pansiyonu

経済的 Map P.386

✉Kaymakamlar Müzesi Altı

TEL(0370) 712 3411　FAXなし
inet www.bastoncupansiyon.com（トルコ語）
D 15YTL（2号館）
D 20YTL
S 35YTL
W 50YTL
US$ € YTL
T/C不可 C/C不可

●宿泊客の約9割が日本人という家庭的なペンション。建物自体は300年の歴史がある。値段のわりに部屋の雰囲気もよい。。家庭料理の夕食はひとり10YTL。電話すれば送迎も可能。チャルシュ広場の東に2号館（写真下）もあり、こちらは全室ドミトリーで共同キッチンもある。周辺へのツアーも企画している。

2泊しましたが、お父さんやお母さん、日本語を話すヤーセミンさんみんな親切で本島の家族のようでした。1階のロビーにあるテレビでは日本語放送を見ることができました。
（東京都　デースケ　'06秋）

レストラン

チャルシュでは、ロカンタはアラスタ・バザール周辺や、チャルシュ広場周辺にいくつかある。クランキョイの場合はバス会社のオフィスのあたりにある。ビュクメという細長いピデや、井戸のような穴で焼き上げたクユ・ケバブがサフランボルの名物料理。

カドゥオウル Kadıoğlu Şehzade Sofrası

中級 トルコ料理　Map P.387

✉Çeşme Mah. Arasta Sok. No.8
TEL(0370) 712 5091
FAX(0370) 712 5607
開9:00～22:30　休無休
US$ € YTL C/C M V

●サフランボルの郷土料理を出すレストラン。中庭の席もあってくつろげる。皮がカリッとおいしいクユ・ケバブKuyu Kebabı（9YTL）やビュクメBükme（6YTL）が自慢。具がたくさん載ったシェフザーデ・ピラウŞehzade Pilav（3.50YTL）もおすすめ。

チェヴリックキョプリュ 3 Çevrikköprü 3

中級 トルコ料理　Map P.387

✉Cinci Hamamı Yanı
TEL(0370) 725 4233
FAX(0370) 725 2587
開8:30～24:00　冬期9:00～22:00
休無休
US$ € YTL C/C M V

●3階のテラスからの眺めがよい。ケバブは5～10YTL、ピデは4.50～5YTL。自家製のアイランもなかなかの味。クユ・ケバブは9YTL、隣にあるのが伝統家屋の2号店（酒類を出す）。本店はヨリュク方面の幹線道路沿いにある大型店で、川を見下ろすテラス席が気持ちよい。

ジンジ・ハン Cinci Han

中級 🍷 トルコ料理　Map P.386

TEL(0370) 712 0680
FAX(0370) 712 0654
inet www.cincihan.com
開8:00～23:00
休無休
US$ € YTL C/C M V

●ジンジ・ハンの中庭にある、雰囲気のよいレストラン。ジンジ・ホジャ・ボレイCinci Hoca Böreği（3.50YTL）、ジンジ・ホジャ・ボンフィレCinci Hoca Bonfile（10YTL）やビュクメ（5YTL）などが人気メニュー。自家製のバクラワ（4YTL）も自慢。ワインなど酒類も各種あり。

ジンジ・ハマム Tarihî Cinci Hamamı

ハマム 庶民的　地図P.387

✉Çarşı Meydanı
TEL(0370) 712 2103　FAXなし
開6:00～24:00（男性用）
10:00～22:00（女性用）
休無休　YTL C/C不可

●チャルシュ広場にあるジャーミィの横で、煙突から湯気を出している建物がハマム。観光客もよく利用するハマムだが、英語はあまり通じない。入浴料11YTL、アカすりがプラス3.50YTL、マッサージはプラス3.50YTL。

クランキョイにあるロクム屋サフランタトSafrantatは工場直売店。新聞でも紹介されるほどの人気店で、頼めばロクムの製造工程も見学させてくれる。（編集室）

スィワス Sivas

市外局番 0346 人口25万307人

チフテ・ミナーレ

標高1300mの高地にある、アジアハイウエイの西の入口にあたる町。ローマ時代にはセバスティアと呼ばれていたが、これがスィワスに変容したという。ヨーロッパ化されていない、純粋なトルコの伝統が今も息づく町だ。セルジューク朝に統治された後、イランのモンゴル系王朝のイル・ハーン朝の支配を受けたため、町には両時代の建造物が数多く残っている。

歩き方 Güle Güle Gidin

町はいたってシンプルな造りだ。スィワスの中心は**コナック広場**Konak Meydanı。この広場から南東に延びる**アタテュルク大通り**Atatürk Bul.と南西に延びる**イノニュ通り**İnönü Cad.がスィワスのメインストリートだ。アタテュルク大通り周辺にはホテルやロカンタ、バス会社のオフィスが多い。一方イノニュ通りはおしゃれな通り。公園になっているシファーイエ神学校やチフテ・ミナーレを左に見ながら進むと通りの名前は**イスタスヨン通り**İstasyon Cad.と名前を変え、さらに南へ下ると左側にスィワス駅がある。南の高台にあるカレ公園Kale Parkıは町を一望できる市民の憩いの場。

オトガルから町の中心へ　オトガルは町の1.5km南東にある。オトガルに隣接しているのは近郊都市を結ぶドルムシュやミニバスのターミナル。オトガルと市の中心コナック広場を結

■スィワスへの行き方

●イスタンブールから

✈日・金9:45 木13:00発
所要：1時間25分
運賃：83YTL

🚌ハレム発17:00 18:30 20:30 22:30
所要：13時間　運賃：50YTL

🚃Doğu Eks. 8:35発
Vangölü Eks. 月・金20:05発
Güney Eks.火・木・金・日20:05発
所要：21時間　運賃：22YTL

●アンカラから

🚌8:30 12:30 16:30 24:00発
所要：7時間　運賃：30YTL

●アマスヤから

🚌9:30～21:00に1～2時間毎
所要：3時間30分
運賃：20YTL

●カイセリから

🚌9:30～18:30 1時間毎
所要：3時間
運賃：17YTL

●エルズルムから

🚌10:00～20:30に1～2時間毎
所要：7時間
運賃：25YTL

●マラテヤから

🚌6:00～16:00にエスキ・オトガルからミニバスが2時間毎
所要：4時間
運賃：15YTL

●ディヴリイから

🚌5:00 7:30（夏期のみ）9:00 12:00 17:00発
所要：3時間
運賃：10YTL

料理人はボル出身の人が多いといわれるように、ハマムのアカすりはスィワス出身の人が多いとよくいうが、実際に聞いているとそういうわけでもなさそうだ。（編集室）

ぶのはイェニ・シェヒルYeni Şehirの表示があるバス。タクシーならコナック広場まで7～8YTLほど。

見どころ Gezilebilecek Yerleri

高くそびえるミナーレが美しい

ウル・ジャーミィ

Ulu Camii ウル・ジャーミィ

町の中心にあるこのジャーミィはルーム・セルジューク朝スルタン、クルチ・アルスラン2世もしくはその息子のクトベッディン・マリクシャーによって13世紀に建てられ、その後は何度か改築されたが、高さ35mのミナーレには今も トルコ石の装飾などが残っている。

ウル・ジャーミィのミナレット

■ウル・ジャーミィ
Map P.392
開7:00～日没
休無休　料無料

細かなレリーフと均整のとれた姿は芸術品

ギョク神学校

Gök Medresesi ギョク・メドレセスィ

ギョクGökとは蒼天の青色の意味で、青緑色のタイルで装飾されているため、その名が付けられた。もともとの名はサヒビエ・メドレセスィといい、ルーム・セルジューク朝の宰相、サーヒップ・アタが、1291年に建てたものだ。2本のミナーレは高さ25m。正面入口の装飾は息を飲むほど美しい。

■ギョク神学校
Map P.392
2006年11月現在、改装中のため入場不可。

ギョク神学校

残る正面の入口だけが当時の様子を偲ばせる

チフテ・ミナーレ

Çifte Minare チフテ・ミナーレ

1281年にイル・ハーン朝の財務官僚にして歴史家、シャムス・アッディーン・ムハンマド・ジュワイニーによって建てられた神学校。長年にわたり放置されたため20世紀初頭に崩壊してしまった。現在は2本のミナーレをもつその荘厳な入口を残すのみ。その向かい側には、もと病院であり医学部でもあった**シファーイエ神学校**Şifaiye Medresesiがある。現在内部はみやげ物屋になっている。

チフテ・ミナーレ

■チフテ・ミナーレ
Map P.392
休シファーイエ神学校内の店は日曜は休み。

シファーイェ神学校

ホテル

日本からホテルへの電話　国際電話会社の番号 + 010 + 国番号90 + 346（市外局番の最初の0は不要）+ 掲載の電話番号

ホテルはアタテュルク大通り沿いやその周辺に集中している。ほかの都市に比べて料金が手頃なので、少し上等のホテルを利用するのもおすすめだ。内陸部で冬の寒さが厳しいスィワスでは安宿でも暖房を完備している。予備の毛布などもチェックしよう。

中級 Map P.392外

ビュユック Büyük Oteli

✉İstasyon Cad.
TEL(0346) 225 4763　FAX(0346) 225 4769

D なし
S A/C 120YTL
W A/C 190YTL
US$ € YTL
T/C不可　C/C M V

●イノニュ通りをさらに南へ行った右側にある、スィワスで一番の設備を誇る4つ星ホテル。全114室。部屋やバスルームも広い。サウナをはじめ、レストラン、バーなど設備も揃っている。ロビーでは無線LANを使用可能。

町の北側にあるギュデュック・ミナーレは、先がとがった短い鉛筆のようなユニークな姿をしている。14世紀のエレトナ君侯国の時代に建てられた墓だ。（編集室）

スルタン Sultan Otel

中級　Map P.392

✉Belediye Sok.No.18

TEL(0346) 221 2986
FAX(0346) 225 2100
D なし
S 85YTL
W 125YTL
US$ € YTL
T/C 不可　C/C M V

●アタテュルク大通りから少し北へ入った右側にある3つ星ホテル。町の中心部では一番きれい。室内はやや手狭だが品よくまとまっている。最上階はレストラン。全室テレビ付き。バスルームもピカピカ。朝食はオープンビュッフェ。ロビーでは無線LANが使用可能。

ヤウズ Yavuz Otel

経済的　Map P.392

✉Atatürk Bul. No.86

TEL(0346) 225 0204　FAX なし
D なし
S 35YTL
W 50YTL
US$ € YTL
T/C 不可　C/C 不可

●アタテュルク大通り沿いの警察署の横にあるホテル。老朽化してはいるが、全16室でトイレ、シャワー、テレビ付き。このあたりではこぎれいなほうだ。英語はあまり通じない。朝食は出していないが近くにレストランがある。

レストラン

スィワスのレストランはアタテュルク大通り沿いやPTTの裏あたりに点在している。どこも庶民的なロカンタといった雰囲気だ。コナック広場の周辺にもビュッフェやロカンタがいくつかある。中級以上のホテルにはレストランが併設されている。

エリフ Elif Ocak Başı

庶民的　ケバブ屋　Map P.392外

✉İstasyon Cad. Büyük Otel Yanı
TEL(0346) 221 1249
FAX なし
開 8:30～22:30　休 無休
US$ € YTL
C/C M V

●ビュユック・ホテルの裏側にあるこぎれいなレストラン。値段も良心的。炭火で焼いたケバブは5～8.50YTLで各種あり。なかでもイスケンデル・ケバブ(6YTL)や数種のケバブがミックスされたカルシュック・スペシャル(10YTL)が人気。ピデは各種3.50～5YTL。

セバーティベイ Sebatibey İskender

庶民的　ケバブ屋　Map P.392

✉Eski Belediye Sok. No.4
TEL(0346) 221 3494
FAX(0346) 225 6590
開 10:00～22:00　休 無休
US$ € YTL
C/C A M V

●スルタン・ホテルの近くにあるイスケンデル・ケバブの店。看板メニューのイスケンデル・ケバブは7YTL、オリジナルのパピヨン・ケバブは8YTL、フルン・シシは5YTLなど。ペルデ・ピラウ（2人前10YTL）も人気。日本のテレビ番組のロケの舞台になったこともあるそうだ。

Information

魚がすむ温泉バルクル・カプルジャ Balıklı Kaplıca

バルクル・カプルジャはトルコ語で魚温泉という意味。その名のとおり浴槽の中に入ると、魚が寄ってたかって人の皮膚をついばんでくる。もとは乾癬という皮膚病を治すための療養施設で、噂を聞き、世界各国から多くの人が訪れている。療養施設といっても陰鬱な感じはなく、日本のテレビでも紹介されているので有名だが、あくまでも観光地ではなく療養所だということをお忘れなく。水温は35℃前後と高くないので、夏期以外は寒い。

■バルクル・カプルジャへの行き方

🚌オトガルの近郊行き乗り場からカンガル行きバスに乗る。運賃は4YTL、所要1時間。カンガルからタクシーで片道約20YTL。夏期はカンガルから送迎バスがある。

温泉町のカンガルはカンガル犬（カンガル・キョペイKangal Kopeği）という大型の牧羊犬でも有名。日本のテレビでも紹介されたことがある。（編集室）

ディヴリイ　Divriği

市外局番 0346 人口1万7530人

ディヴリイの城塞

スィワスの南東約200kmの山あいにある小さな町、ディヴリイ。ここは世界遺産に登録されたウル・ジャーミィで有名な町。ディヴリイの周辺は鉄鉱石の鉱山が多く、近くに製鉄所もある。

ディヴリイの歴史は古く、ヒッタイト時代にまでさかのぼる。ビザンツ時代にはテフリケと呼ばれ、これがディヴリイという名の起源になったといわれている。12世紀にメンギュジュク朝の都となったため、ウル・ジャーミィをはじめ、当時の面影を残す建築物がいくつかある。

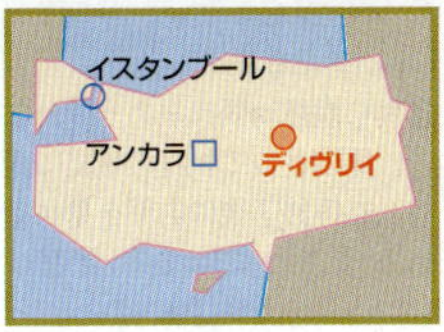

歩き方　Güle Güle Gidin

ディヴリイの町は山の斜面に家が並び、山すそを幹線道路が走るというシンプルな造り。石畳の路地裏にはトルコ独特の古い民家が軒を連ねるひっそりとしたいなか町だ。

ミニバスターミナルは町の南側にある広い空き地。オトガルはさらに500mほど南西にある。ディヴリイ・ナザールDivriği Nazar、ディヴリイ・エキスプレスDivriği Ekspres、セルチュク・ジャンラルSelçuk Canlarなどのバス会社がある。**ウル・ジャーミィ**へはミニバスターミナル前の坂をしばらく下ると、標識が見えるので、そこを右折して坂を上る。

鉄道駅はディヴリイの町の下にある。スィワス～ディヴリイの山あいを抜けていく列車の旅は、車窓からの景色がとてもきれい。鉄道駅からは左側に**城塞跡**、ディヴリイ・カレスィDivriği Kalesiを見つつ15分ほど坂を上っていくと城塞の横にウル・ジャーミィが見える。

ウル・ジャーミィの下の広場にはPTTや町役場がある。役場の下の坂道周辺が町の中心で、ロカンタや銀行もある。

■ディヴリイへの行き方

●イスタンブールから
ハレム発17:00
所要：16時間　運賃：50YTL

●アンカラから
23:00発
所要：9時間　運賃：30YTL

●スィワスから
オトガル敷地内にある近郊行きターミナルから、ディヴリイ・ビルリックDivriği Birlikのドルムシュで行く。
夏期9:00～17:00に1～2時間毎
冬期10:00（日曜運休）
12:00 15:00 17:00
所要：3時間
運賃：10YTL

ディヴリイ行きのドルムシュはスィワスのオトガルに隣接したミニバスターミナルから出発する

見どころ　Gezilebilecek Yerleri

人々の生活に根づく世界遺産

ウル・ジャーミィ

Ulu Camii ウル・ジャーミィ

世界遺産ウル・ジャーミィは、1229年にメンギュジュク朝のスルタン、アフメット・シャーが建築家のアフラットル・フッレム・シャーに建てさせた。スルタンの名前を取ってアフメット・シャー・ジャーミィとも呼ばれている。ディヴリイの町の東、

古い民家も残る

ディヴリイ～スィワス間には鉄道が走っているが、スィワス発16:35、ディヴリイ着21:30の1便のみ。ちなみに帰りの便はディヴリイを早朝5:20に出発する。（編集室）

ダーリュッシファー門の前で出会った子供たち

■ウル・ジャーミィ
Map P.395
開特に開館時間は決まっていない。原則として礼拝の時間に開き、礼拝終了後に内部を見せてもらうことになる。金曜は11:00〜14:00に開いているが、季節ごとに時間は変わってくる。どうしても中を見たい人はエザーンが詠まれるまで待とう。ただし内部の写真撮影は不可。外側なら見学自由。
休無休
料無料

城塞跡の南。ジャーミィの横にはイマーム・ハーティプİmam Hatip（聖職者養成学校）がある。

3つの入口　何といっても見どころはジャーミィの3つの門の細かい装飾だ。ゴシック様式の大聖堂を連想させる**北側のクブレ門**は深くくぼんだ尖塔アーチ状で植物文様の細かい装飾が見られる。**東側のダーリュッシファー門**は星形のレリーフが見られ、ひもの結び目のようなデザインが見られる。**西のチャルシュ門**はほかのふたつに比べると装飾は簡素だが、クローバーの葉のレリーフが美しい。

ダーリュッシファー門のレリーフ

ジャーミィの内部　メッカの方向を示す壁面のミフラーブは植物文様で装飾されており、重なるアーチ状の形がとても美しい。ミンベルは黒檀でできている。

病院　ダーリュッシファーDarüşşifaと呼ばれる、病院として使用されていた部分がジャーミィ内部にある。アフメット・シャーの妻トゥラン・メリクによって建てられた。幾何学文様のレリーフが秀逸。

チャルシュ門の装飾も美しい

一番ゴージャスな装飾のクブレ門

ウル・ジャーミィの門を飾る植物文様。写真はダーリュッシファー門

ホテル

日本からホテルへの電話 国際電話会社の番号+010+国番号90+346（市外局番の最初の0は不要）+掲載の電話番号

小さないなか町ディヴリイのホテルは現在のところ、町の北にある公営のベレディィエ・オテリBelediye Oteliだけだ。おすすめできる宿だが世界遺産のウル・ジャーミィだけを見学するのであれば、さほど時間はかからない。スィワスから日帰りするのでも充分だろう。

ベレディィエ Belediye Taşbaşı Oteli
経済的
Map P.395外
✉Divriği
TEL(0346)418 1825　FAXなし

Dなし
S 15YTL
W 20YTL
YTL　T/C不可
C/C不可

●町が経営している公営の宿。町と鉄道駅を結ぶ大通りから東に少し入ったあたりにある。全室シャワー、トイレ付き。いなか町の宿にしてはきれい。部屋からはディヴリイの山々や城塞跡が見えて景色がよい。レストランもある。

レストラン

ディヴリイのロカンタは町役場の下の通り沿い周辺に2〜3軒ほどあるのみ。いずれも庶民的なロカンタだ。城塞跡のあたりは山がちな地形で、大変景色もよい。夏期ならサンドイッチと飲み物などの弁当を持参してピクニックするのもおすすめだ。

ウル・ジャーミィの北東にある城塞は高台にあり、眺めがいい。12世紀に建てられたカレ・ジャーミィKale Camiiも残っており、入口の装飾が美しい。

秘境に、人々の笑顔を求めて

南東部、東部アナトリア

Guneydoğu ve Doğu Anadolu

旅のアドバイス
南東部、東部アナトリア

ハイライト

この地方の見どころはその複雑な歴史からエキゾチックで、バラエティにあふれている。トルコ西部に比べると観光地化されていないので、人々の素朴な笑顔やあたたかさに触れることができる。

山頂に頭像が鎮座する神秘的なネムルトダーゥや、預言者アブラハムゆかりのシャンルウルファ。ディヤルバクルやマルディンは今なお活気あふれる中世の町並みにタイムスリップできる。エメラルドグリーンのワン湖やアール（アララット）山の麓の町、ドウバヤズットからはツアーで周辺の見どころを見て回ろう。

ドウバヤズット、ノアの方舟を「発見」したおじさん

ワン湖の島アクダマルの教会に残るアダムとイヴのレリーフ

ネムルトダーゥは南東部で最も多くの観光客が訪れる名所

ドウバヤズットのイサク・パシャ宮殿

プランニング

広大な地域に町が点在しているので、旅程をよく考えて訪れる町を決めよう。各町の観光に1日、周辺への観光に1日と、できれば2日の滞在期間をみておけば余裕あるプランが立てられる。

交通

東西に3本の主要幹線が走っており、それ以外の南北の移動はドルムシュやミニバスが主になってくる。ネムルトダーゥ観光の拠点となるアドゥヤマンやキャフタはこの主要幹線からはずれているので、マラテヤかシャンルウルファからミニバスやドルムシュで行くことになる。

トルコ西部に比べると東に行けば行くほどバスの便は少なくなる。特にドウバヤズットなど東端の町は午後になると便が極端に少なくなるので、次の町への移動は前日のうちに計画しておこう。

ディヤルバクルのミニバス乗り場

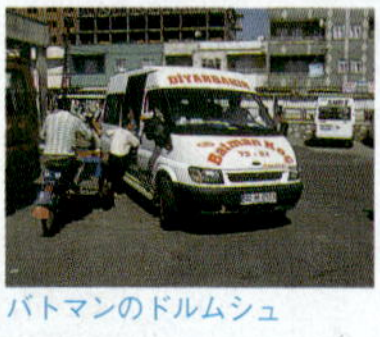

バトマンのドルムシュ

アクダマル島行きの船

アドゥヤマンのオトガルにあるバスオフィス

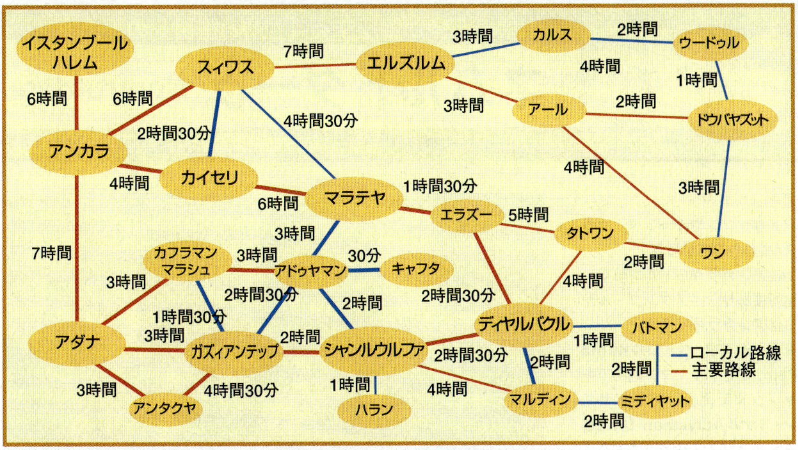

名物料理

それぞれの町に名物料理があり、食べ歩きもこの地方の楽しみ。なかでも南東部のグルメタウンはシャンルウルファとディヤルバクル。シャンルウルファではチー・キョフテやラフマジュン。ディヤルバクルでは腸詰めのムンバールや、羊肉と骨を長時間煮込んだスープのパチャなど。ほかには、マラテヤのキャーウト・ケバブ、タトワンやビトリスのビュルヤン・ケバブや、ワンのペルデ・ピラウ、エルズルムのジャー・ケバブなども御当地名物だ。

ビトリス名物のビュルヤン・ケバブ

トルコ菓子ではガズィアンテップのバクラワやディヤルバクルのカダイフ。それから忘れてはならないのがカフラマンマラシュのドンドゥルマだ。

ラフマジュンは南東部ならどこでもある

ワン名物のペルデ・ピラウ。日本人好みの味

エルズルム名物のジャー・ケバブ

挽肉や米が入ったイチリ・キョフテ

激辛チー・キョフテはレタスに挟んで食べる

ヒツジの骨を長時間煮込んだパチャ

みやげ物

あまり観光地化されていないこともあって、みやげ品は少ない。ネムルトダーゥの頭像のミニチュアや、食料品ではマラテヤの干し杏子(カイス)、ガズィアンテップのピスタチオ、カルスのハチミツなどが手頃。安い買い物ではないが、ワンはキリムの産地として有名だ。

山頂に石像が鎮座する「世界8番目（デュンヤヌン セキズィンジ ハーリカス）」の不思議

ネムルトダーゥ Nemrutdağı

市外局番 **0416** 人口7万5403人

■ネムルトダーゥへの行き方
アドゥヤマンやキャフタ、マラテヤの3つの町が起点。
✈アンカラからトルコ航空の直行便あり。イスタンブールからはアンカラ乗り換え。
🚌キャフタ・ペトロル**Kâhta Petrol**がアドゥヤマン経由でキャフタまで運行。アドゥヤマン・ユナル**Adıyaman Ünal**とギュルアラス**Gülaras**はアドゥヤマンが本拠地のバス会社。

■アドゥヤマンへの行き方
●イスタンブールから
🚌ハレム発12:30 13:00 16:00 16:30 17:30
所要：18時間　運賃：60YTL
●アンカラから
✈月・水13:00
所要：1時間15分
運賃：79YTL
🚌18:30 23:30発
所要：8～9時間
運賃：40YTL
●マラテヤから
🚌6:00～18:30（冬期～17:00）にエスキ・オトガルからドルムシュが15分毎
所要：3時間　運賃：9YTL
●シャンルウルファから
🚌6:30～18:00に30分毎
所要：2時間　運賃：7YTL
●キャフタから
🚌6:00～20:00にミニバスが30分毎
所要：30分　運賃：1.75YTL

■キャフタへの行き方
●アドゥヤマンから
🚌6:30～20:00にミニバスが30分毎
所要：30分　運賃：1YTL

■トルコ航空　Map P.401
✉Atatürk Bul. No.56 Evler Altı
TEL(0416) 216 1436
FAX(0416) 216 1440
開7:00～18:00
（日7:00～18:00）休無休

ネムルトダーゥの山頂に横たわる石像

アンカラの東600kmにあるネムルトダーゥ（ネムルト山）には、2150mの山頂に世界遺産に登録された巨大な神像がある。これは紀元前1世紀に、この地方を支配したコンマゲネ王国のアンティオコス1世の墳墓。山頂は岩のかけらが積もって円錐状の丘となっており、その東と西にそれぞれ5体の神像とワシとライオンの像が並んでいる。地震のため首が神像から転げ落ち、神々の首はまるで地面から生えたかのように前を見据えている。これは世界7不思議に続く世界8番目の不思議ともトルコでは呼ばれる。アンティオコス自身の像はゼウスやアポロン、ヘラクレスなどの神々と並んでおり、強大な権力をもっていたことがうかがえる。

旅のモデルルート　Gezme Planı

ネムルトダーゥには近隣の町からツアーに参加するのが一般的。ツアーはマラテヤは県庁裏の公園（夏期のみ）から、アドゥヤマンはオトガルから出発。キャフタやアドゥヤマンの各ホテルが主催するツアーもある。ツアーのミニバス料金はだいたいどのホテルも同じような感じ。日の出と日没の2種類のツアーがあり、日没は正午、日の出のツアーは深夜に出発することが多い。

ツアーを利用してネムルトダーゥ見学

キャフタ→ネムルトダーゥ山頂→周辺の見どころ

ネムルトダーゥのツアーはまず山頂に登って、そのあとジェンデレ橋やアルサメイアなどの見どころに寄るタイプのものが多い。夏でも山頂は冷えるので防寒対策は忘れずに。

マラテヤからアドゥヤマンへの道は断崖絶壁で、山道を上るように進む。ドルムシュの車窓からは、南東部の雄大な山岳風景を楽しむことができる。（編集室）

歩き方 Güle Güle Gidin

ネムルトダーゥの山頂へは公共交通機関で行くことは不可能。麓のアドゥヤマンやキャフタなどの町からツアーで行く。マラテヤやシャンルウルファ発のツアーもある。

アドゥヤマン　空港は町の東約20kmの所にあり、セルヴィスが運行されている。マラテヤやシャンルウルファからのドルムシュはミニバスターミナルに到着する。ここから町の中心へは道沿いを南に徒歩約15分。アダナやアンカラなどからの大型バスはオトガルに到着。ネムルトダーゥのツアーやタクシーのチャーターの手配はオトガルが便利。

キャフタ　アドゥヤマンの空港まで約7km、タクシーで約20YTL。アドゥヤマンからのドルムシュは町の北側にあるオトガルに到着する。メインストリート沿いにホテルが点在しているので、泊まりたいホテルの前で降ろしてもらうとよいだろう。夏期などシーズン中は町の入口などで悪質な客引きが待ち構えており、ホテルにむりやり連れていこうとすることもあるので気を付けよう。

観光シーズンは初夏から秋　ネムルトダーゥに行くからには山頂の頭像を見たいので5月～11月上旬頃に行こう。開山と閉山の時期はその年の天候によって異なる。冬はジェンデレ橋まででしか行けない。

見どころ Gezilebilecek Yerleri

にょっきりと突き出たユニークな表情の像

ネムルトダーゥ

Nemrutdağı ネムルトダーゥ

陵墓の東側には神像のほか捧げ物をした祭壇があり、西側には神々と握手するアンティオコスの石像なども並ぶ。遺跡は日光のあたり具合で表情を変える。石像の色が刻々と変わる日の入りツアーと日没ツアーがあるので、日程に合わせて選ぼう。駐車場から山頂の遺跡まで徒歩10分。

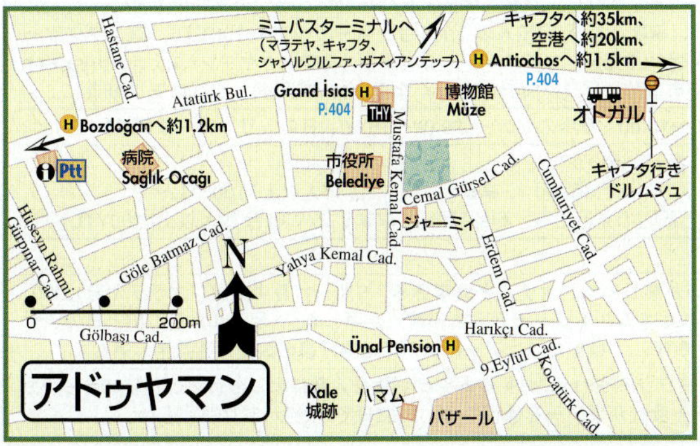

■アドゥヤマンの🛈
Map P.401
✉Atatürk Bul. No.184
TEL (0416) 216 1008
開 8:00～12:00 13:30～17:30
休 土・日（夏期は無休）

周辺へのドルムシュが発着するアドゥヤマンのミニバスターミナル

■Adıyaman Ünal（オトガル内にある、ツアーを催行するバス会社）
TEL (0416) 216 1112
FAX (0416) 216 1042
antiochosss@hotmail.com

ネムルトダーゥのツアー担当のアリ氏とカーディル氏。英語もOKだ

■山頂の気温に注意
ネムルトダーゥは標高2000mを超える。また、内陸部にあるため、日中と日没後の温度差も大きい。日の出や日没を見に行くのだから、夏でも重ね着をするなどして冬並みの防寒対策をとろう。特に、深夜に出発して日の出を見る場合、1日で最も気温の低い時間となるため、注意が必要だ。

■ネムルトダーゥ
Map P.403左
休 冬期は積雪のため道が閉ざされている。
料 4YTL

山頂に鎮座する獅子の像

ネムルトダーゥ山頂は寒いが、アルサメイアなどの見どころは日差しが強い。防寒対策と紫外線対策を両方しておいたほうがいい。水分補給も忘れずに！（編集室）

カラクシュの石柱

■カラクシュ
Map P.403左

■ジェンデレ橋
Map P.403左

■アルサメイア
Map P.403左
夏のシーズン中に行ったほうが無難。ホテル発のツアーでは行き先に含まれない場合もあるので確認しよう。
㊊無料

4本の墓碑が荒涼とした風景によく似合う
カラクシュ
Karakuş カラクシュ

キャフタから約12kmの所にある。コンマゲネ王ミトリダテスの母、姉などの墓。周囲に残る石柱の頭にはワシ（カラクシュ）の彫像がある。

ローマの建築技術の一端をかいま見せる
ジェンデレ橋
Cendere Köprüsü ジェンデレ・キョプリュスュ

ユーフラテス川の支流であるジェンデレ川Cendere Çayıにかかる橋。200年頃、ローマのセプティミウス皇帝（在位193～211）のために建設された。巨大な石材は10km近くも運ばれてきたらしい。

山の中にひっそりとたたずむ大きなレリーフ
アルサメイア（エスキ・キャフタ）
Arsameia/Eski Kâhta アルサメイア（エスキ・キャフタ）

キャフタから北に約20kmのエスキ・キャフタには、コンマゲネ王朝の夏の離宮跡があり、アルサメイアとも呼ばれている。

ヘラクレス神から王位を授かり、握手するミトリダテス王

百個近い巨石を運んで積み上げたというジェンデレ橋

アドゥヤマンの博物館

ネムルトダーゥへの道

ネムルトダーゥとその周辺を巡るツアー

アドゥヤマン発　タクシーをチャーターするか、もしくはオトガルからのミニバスを利用する。

㊊タクシー（1～4人）60US$、ミニバス（5人以上）1台ショートツアー100YTL、ロングツアー130YTL。日没13:00発、日の出深夜0:00発、ミニバスツアーはオトガルのアドゥヤマン・ユナル**Adıyaman Ünal**が催行。コンマゲネ王国の都市遺跡、ピリンPirinにも行くなら1台5YTL別途。詳細はアリAli氏に。

キャフタ発　日の出ツアーが2:00～10:00、日中のツアーは9:00～16:00、日の入りツアーは14:00～21:00。

㊊ホテルや参加人数、車種により若干の違いが出てくる。
●ショートツアー（ネムルトダーゥのみ、約6時間）　ミニバス1台（5人以上）100YTL～
●ロングツアー（ネムルトダーゥと周辺の見どころ、約8時間）　ミニバス1台（5人以上）100YTL～

マラテヤ発（→P.407）

1泊2日で日の入りと日の出の両方が楽しめる。ホテルと食事込み。5月～11月中旬頃。マラテヤ発12:00、翌朝10:00にマラテヤ帰着。ホテルはネムルトダーゥから2km離れたギュネシ・ホテル。日の出と日の入りの時間に山へミニバスが出る。㊊60YTL、❶またはツアーバスがでる県庁裏の公園で直接申し込む。

シャンルウルファからはサライ・タクシーやハラン・ドルムシュが集合人数により催行。ひとり40€～。カッパドキアからもいくつかのツアー会社がツアーを催行する。2泊3日でひとり150US$ぐらい。

アルサメイアのレリーフ下にあるトンネルは、異臭がして暗いだけ。足元も滑る可能性があるので、トンネルを下りるメリットはあまり感じられない。（編集室）

ミトリダテス王がヘラクレス神と握手している大きなレリーフがある。レリーフの下にあるトンネルの長さは約158m。出口は閉鎖されている。

ホテル

日本からホテルへの電話 国際電話会社の番号 + 010 + 国番号90 + 416（市外局番の最初の0は不要） + 掲載の電話番号

設備の整ったホテルが多いのはキャフタ。しかし、強引な客引きやツアー内容を巡ってのトラブルも報告されているので、注意しよう。アドゥヤマンにはオトガルの通り沿いに高級ホテルが1軒と、バザールの近くに料金の手頃なペンションÜnal Pensionがある程度。オトガルからキャフタ方面に徒歩15分ほどの所にも中級ホテルがある。

キャフタ

バルダックチュ Hotel Bardakçı Taş Saray

中級 Map P.403右

✉Mustafa Kemal Cad. No.24
TEL(0416) 725 8060　FAX(0416) 725 5385

Dなし
S A/C 40YTL
W A/C 60YTL
US$ € YTL　T/C不可
C/C M V

●メインストリートにある全64室の重厚な石造りのホテル。広いバスルームが自慢。ここからのツアーは3人乗りの車1台150YTL。積雪時を除いて毎日催行している。系列のホテル・メゾポタミアは休業中。

ネムルト Hotel Nemrut

中級 Map P.403右

✉Mustafa Kemal Cad.
TEL(0416) 725 6881　FAX(0416) 725 6880

Dなし
S A/C 15€
W A/C 20€
US$ € YTL
T/C不可
C/C M V

●キャフタの町の入口あたりにある5階建てのホテル。全84室。1階はレストランになっており、夕食のセットメニューは3€。全室エアコン付きでこの料金はうれしい。部屋はとても清潔。ここからのツアーは8人乗りのミニバス1台50€〜。

キャフタでのネムルトダーゥのツアーやホテルの勧誘はかなり強引。お金を出す前に、本当にこの内容や設備でいいのか、冷静になって考えよう。（編集室）

高級 Map P.403右

ゼウス Zeus Hotel

✉Mustafa Kemal Cad. No.20
TEL(0416)725 5695　FAX(0416)725 5696

D なし
S A/C 45€
W A/C 60€
US$ € YTL
T/C不可 C/C M V

●この地域では最も豪華な3つ星ホテル。プールやサウナ、レストラン、バーがあり、冷暖房完備。全66室で、ドライヤー、ミニバーもある。ツアーは9人乗りの車1台120YTL～。全館無線LAN利用可能。

経済的 Map P.403右

コンマゲネ Kommagene Pension

✉Mustafa Kemal Cad. Diyarbakır Yolu No.1
TEL(0416)725 9726　FAX(0416)725 5548

D なし
S 6€
S 12€
W 12€
W 24€
US$ € YTL T/C不可 C/C A M V

●エアコン付きの部屋は S 12€、W 20€。共同キッチンもある。朝食は3€、夕食は5€。中庭にはキャンプサイトもある。ここからのツアーはロングツアー、ショートツアーともにひとり33€。アドゥヤマンからの無料送迎あり。

アドゥヤマン

高級 Map P.401

グランド・イシアス Hotel Grand İsias

✉Atatürk Bul. No.180
TEL(0416)214 8800　FAX(0416)214 9733

Inet www.grandisias.com
D なし
S A/C 90US$
W A/C 120US$
US$ € YTL T/C不可
C/C A M V

●2004年10月にオープンした、アドゥヤマンの町の中心に建つホテル。全室に衛星放送が視聴できるテレビ、バスタブ、無線LANの設備を完備。ツアーはひとり10YTL～（人数により異なる）。S 40US$、W 60US$に割引可能とのこと。

中級 Map P.401外

アンティオコス Hotel Antiochos

✉Atatürk Bul. No.141
TEL(0416)225 0282　FAX(0416)225 0243

Mail halmalar@hotmail.com
D なし
S A/C 40YTL
W A/C 70YTL
US$ € YTL T/C不可
C/C A M V

●アドゥヤマンの中心からキャフタ方面行きドルムシュで5分の所にある3つ星ホテル。ホテルの入口にはネムルトダーゥ山頂の石像の模型がある。プール、レストランなども備えており、夕食は10YTL。ツアーは、10人乗りのミニバスが1台130YTL。

レストラン

アドゥヤマンのレストランはメインストリートやムスタファ・ケマル通り沿いの南にいくつかある。キャフタにはムスタファ・ケマル通り沿いやオトガル周辺に庶民的で安いロカンタが数軒ある。ほとんどのホテルにはレストランも併設されており、夕食付きの料金も設定している。

庶民的 ケバブ屋 Map P.403右

キャフタ Kahta Sofrası

✉Mustafa Kemal Cad.
TEL(0422)726 2055　FAXなし
開6:00～24:00
休無休
YTL　C/C M V

●ムスタファ・ケマル通りにあるロカンタ。朝早くから開いているので便利。通り沿いにあるホテルから立ち寄りやすい場所にある。煮込み料理は3YTL～、ケバブ類は各種5YTL～、ピデは5YTL～と良心的な値段設定がうれしい。

キャフタのスーパーではビールを販売していない。どうしてもビールを飲みたいときは、ホテル内のレストランに行こう。（編集室）

マラテヤ名物アンズのコスメグッズ

マラテヤ Malatya

市外局番 0422 人口38万1081人

カイセリの東約300km、ギュネイドウ・トロス山脈の麓に広がった大きな町。周囲には緑が多くのんびりとした雰囲気が漂う。

東西の分かれ目　西のほうから来た旅人は、マラテヤやエラズーを境目に、赤いレンガ葺きの家から石造りの町並みへと変わっていくことに気付くだろう。マラテヤは西・中部アナトリアと東部の境のような町だ。メインストリートの**イノニュ通り**İnönü Cad.を行き交う車や人はせわしないけれど、町全体には、心をなごませてくれる雰囲気が残っている。現在のマラテヤは19世紀になってから造られた新しい町。幹線道路沿いには大きなショッピングセンターも数軒あるちょっとした都会だ。

町の中心　町の中心は、**県庁**Vilayetがある広場。❶はその裏にある県庁オフィスの中にある。広場の周辺には商店も多く、この地方の特産である**アンズ**Kayısıを売る店も見かける。町の南には考古学博物館もある。

周辺の見どころ　北方約11kmの所には、**エスキ・マラテヤ**Eski Malatyaと呼ばれる旧市街がある。**ケルヴァンサライ**Kervansaray以外、特に見るものはないが、ひなびた風情がいい。町からはミニバスが出ている。

ネムルトダーゥのツアー　また、マラテヤはネムルトダーゥへの起点の町。夏のシーズン中は1泊2日のツアーに❶で参加の申し込みが可能(→P.407)。

ターミナルから町の中心へ

空港　到着に合わせてミニバスが待っているので、それに乗って行こう。料金は5YTL。市内から空港へはスタジアム横のザフェルZafer社がフライトに合わせて運行、8YTL。

オトガル　マラテヤにはふたつのオトガルがある。ひとつは市の西端にある新しい**テルミナル**Terminal。もうひとつはおもに近郊の町へのドルムシュが発着する**エスキ(旧)オトガル**Eski Otogar。キョイ・ガラジュKöy Garajıとも呼ばれる。

テルミナル　エスキ・オトガルに対して**イェニ(新)オトガル**Yeni Otogarとも呼ばれ、**マシュティ**Maştiの愛称ももつ。設備の整った近代的なオトガルで、建物内部は吹き抜けになっており、レストランやみやげ物屋もある。建物を入って右側にはマラテヤを本拠地とするベイダーBeydağıや、ザフェルZafer、カイスケントKayısıkentなどの会社が並ぶ。左側にはディヤルバクル、ワン、エラズーなど東や南方面の会社が並ぶ。

テルミナルから町の中心へは幹線道路を東へ行くミニバスかバスで。運賃は0.75YTL。終点で降りたら、南へ商店街やバザ

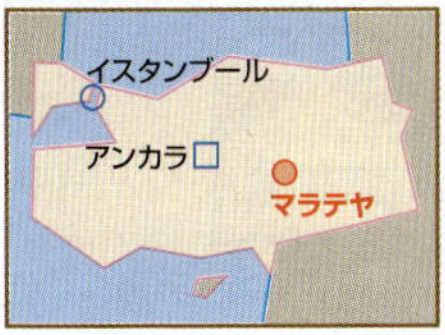

■マラテヤへの行き方

●イスタンブールから

✈19:25発
所要：1時間35分
運賃：103YTL

🚌13:00～21:15に1時間毎
所要：17時間　運賃：50YTL

🚃Vangölü Ekspresi(月・金)
Güney Ekspresi(火・木・金・日)
いずれも20:05発
所要：29時間
運賃：26.75YTL

●アンカラから

✈15:15（土曜運休）
所要：1時間　運賃：89YTL

🚌8:00 9:30、17:00～24:00に30分～1時間毎
所要：10時間　運賃：25YTL

🚃4 Eylül Mavi Treniが毎日19:55発。イスタンブールからの2便もアンカラを経由する。
所要：15時間30分
運賃：20YTL

●カイセリから

🚌6:00 7:30 18:30 22:00～翌1:00に1時間毎
所要：6時間　運賃：20YTL

●アドゥヤマンから

🚌ミニバスターミナルからドルムシュが頻発
所要：3時間　運賃：9YTL

■マラテヤの❶ Map P.406B

✉Hükümet Konağı
TEL (0422) 323 2942
FAX (0422) 323 2912
開9:00～17:00　休土・日
県庁の入口を入り、左側の廊下を直進した突きあたり右側。夏は県庁裏のブース(開10:00～22:00)もオープン。英語可。

マラテヤはアンズで有名な町で日本にも輸出している。オトガルの建物や市内バスの車体はアンズのオレンジ色を基調としている。(編集室)

マシュティと呼ばれるイェニ・オトガル

ールを抜けてイノニュ通りを目指そう。タクシーで町の中心へ行くなら13YTLぐらい。

エスキ・オトガル　アドゥヤマン行きなどのドルムシュが6:00～19:30（冬期～17:00）の間30分おきに発着している。エスキ・オトガルから市内へも幹線道路に出てミニバスに乗る。

鉄道駅　駅前の広場に停まっている市内バスやミニバスに乗ればOK。幹線道路まで歩いていってつかまえてもよい。

ホテル

日本からホテルへの電話　国際電話会社の番号＋010＋国番号90＋422（市外局番の最初の0は不要）＋掲載の電話番号

のんびりしたいなか町なので高級なホテルはあまりないが、PTT周辺やイノニュ通り沿いに手頃な中級ホテルが並んでいる。このあたりにはロカンタも多いので滞在には非常に便利な地区だ。安い小さな宿も何軒かあるが、玉石混淆なのでよく見てから決めよう。

イェニ・ケント Hotel Yeni Kent

中級　Map P.406B

✉PTT Cad. No.33
TEL(0422) 321 1053　FAX(0422) 324 9243

D なし
S A/C 30YTL
W A/C 45YTL
US$ € YTL
T/C 不可 C/C A M V

●PTTの前にある、2つ星ホテル。建物は古いが部分的に改装が施されており清潔。部屋は広くて、全室にバスタブ、ミニバーなどが整っている。朝食はオープンビュッフェ。通り沿いの部屋はやや騒音が気になるかも。

ビュユック Malatya Büyük Otel

中級　Map P.406B

✉Yeni Camii Karşısı No.1
TEL(0422) 325 2828　FAX(0422) 323 2828

D なし
S A/C 35YTL
W A/C 60YTL
YTL
T/C 不可 C/C 不可

●PTTの前の通りを東に行った突きあたり左側。白い外観の2つ星ホテル。全52室と大型で、全室にテレビ、エアコン、セントラルヒーティング、シャワー、トイレが付いており清潔。部屋も広々としている。

パルク Park Otel

経済的　Map P.406B

✉Atatürk Cad. No.7
TEL & FAX(0422) 326 3230

E-mail parkotelmalatya@mynet.com
D なし
S 22.50YTL
W 35YTL
YTL
T/C 不可 C/C M V

●アタテュルク通りにある白地に青い建物。町歩きに便利な立地。全室テレビ付きで、部屋はシンプルながらとても清潔。共同トイレは洋式ではなくトルコ式で、大変清潔に保たれている。共有スペースには、大型テレビとソファが置かれている。

カフェテリアやレストランが点在するカナル・ボユをさらに南に進むと左側に公園がある。遊歩道の中央に人工の小川が流れ、滝のような部分もある。（編集室）

レストラン

レストランや庶民的なロカンタはイノニュ通り沿いと、県庁の広場周辺にたくさんある。おしゃれなカフェやレストランは、イノニュ通りを東にしばらく行った運河沿いの通り、カナル・ボユKanal Boyuに並んでいる。デデ・コルクト公園も市民に人気のスポットだ。

庶民的 ケバブ屋 スルタン Sultan Sofrası

Map P.406B

⊠Vilayet Arkası No.86
TEL(0422)323 2393 FAXなし
開24時間
休無休
US$ €YTL C/C M V

●県庁の裏にある24時間営業のレストラン。有名人が来店したときの写真が壁を飾っている。スープ(1.75YTL)がとてもおいしいと評判で、ラフマジュンは1.25YTL。ほかにはサラダ類が1〜2.50YTL、ケバブ類が4.50〜9.50YTLほど。

庶民的 ケバブ屋 アンテップ Antep Kebap & Lahmacun Salonu

Map P.406B

⊠Dabakhane Mah. Antepli Sok. No.9
TEL(0422)325 4060 FAXなし
開6:30〜22:00(ラマザン中17:00〜)
休無休
US$ €YTL C/C M V

●伝統的なインテリアで飾られた雰囲気のあるケバブ屋さん。店頭でピデを焼いている様子も見られる。ズル・ケバブ(6.50YTL)やラフマジュン(4.50YTL)などが人気メニュー。特に山盛りサラダと香草付きのラフマジュンは格別のおいしさ。

庶民的 トルコ料理 ノスタルジー Nostalji Tarihî Malatya Evi

Map P.406B

⊠Mücelli Cad. No.8 Vilayet Yanı Yeşil Sinema Karşısı
TEL(0422)323 4209
FAXなし
開8:00〜24:00
休無休
YTL C/C M V

●1840年代に建てられた古い民家をレストランとしている。メニューの多くは地方料理で、アナル・クズ・キョフテ、スクマ・キョフテ(いずれも4YTL)などのメニューが並ぶ。マラテヤ文化の紹介のためにやっているそうで、値段はかなりお手頃。ナルギレ(水タバコ)は5YTLで、トルココーヒーは2YTL。

---

from Readers マラテヤからネムルトダーゥのツアーに参加！

どの町から行くのにもツアーに参加するしかない。ネムルトダーゥに人が住んでいないので、公共交通機関はないからだ。道路は舗装されていないため、砂ぼこりが激しい。人もいない、こんな山奥に、こんな神殿があることが不思議な気がする。
(埼玉県 日野烈 '05夏)

●マラテヤ発のツアー(1泊2日でひとり60YTL)は5月〜11月上旬ぐらいまでです。ただし天候(積雪があると入山できない)や観光客の数によって出発しないこともあります。6〜8月のシーズン中ならほぼ毎日参加できる可能性が高いでしょう。また、ツアーは❶の主催ではなく、民間の旅行会社によるもの。土・日曜で❶が閉まっていても、県庁裏の公園に行けば、夏期のシーズン中ならツアーに参加できる可能性はあります。→P.402

マラテヤ市内にあるジェム・ツアーCem Tour(カッパドキアのギョレメにも支店あり)という旅行会社でもツアーを催行しています。こちらはキャフタの3つ星ホテルに泊まり、朝夕食付き1泊2日で90€(最低5人から催行)、月・木曜発です。いずれも入場料、昼食は別途。(編集室)

■ギュネシ・ホテルGüneş Hotel
TEL(0416) 323 9378 FAX(0416) 324 5490
mail nemruttourmalatya@yahoo.com

■ジェム・ツアーCem Tour Map P.406B
⊠Galeria İş Merkezi No.1/11 (ビルの2階)
TEL(0422) 322 6666
FAX(0422) 322 8444
開8:30〜20:00 休無休

オトガルのお土産屋では、さまざまなアンズ関連の商品が並んでいる。アンズを使ったコロンヤはマラテヤ限定品。(編集室)

名物ラフマジュンやチー・キョフテ、食のふるさとここにあり

シャンルウルファ Şanlı Urfa

市外局番 **0414** 人口38万3870人

■シャンルウルファへの行き方

●イスタンブールから

✈アンカラで乗り換え

🚌13:00 13:30 14:30 18:30 20:00 21:30 22:30 翌0:30発

所要：18時間

運賃：50YTL

●アンカラから

✈月・水・木・金・日17:45発

所要：1時間30分

運賃：119YTL

🚌15:00〜翌0:30に1〜2時間毎

所要：13時間

運賃：35YTL

●アドゥヤマンから

🚌6:00〜19:00にミニバスが30分毎

所要：2時間

運賃：7YTL

●ガズィアンテップから

🚌8:00〜23:00に30分〜1時間毎

所要：2時間30分

運賃：10YTL

●ディヤルバクルから

🚌8:00〜翌1:00に30分〜2時間毎

所要：2時間30分

運賃：10YTL

●マルディンから

🚌8:00〜19:00に1〜2時間毎

所要：3時間

運賃：15YTL

散歩客でにぎわう聖なる魚の池

聖なる池でボート遊び

シリア国境にも近い、人口53万人あまりの都市。紀元前2000〜3000年頃から栄えたこの町は、アレキサンダー大王が命名したエデッサEdessaという名で知られており、アナトリアとメソポタミアを結ぶ重要な位置にあった。預言者アブラハム（イブラヒム）、ヨブ、エリアが住んでいたといわれ、ペイガンベル（預言者）の町とも呼ばれている。また、この町は同じく聖書の舞台となったハランへの観光の起点でもある。

なお、「シャンル」は、独立戦争の際に勇敢に戦った住民に対して贈られた称号。単に「ウルファ」と呼ばれることも多く、バスの行き先表示などは「Ş. Ufra」と書かれている。

旅のモデルルート Gezme Planı

シャンルウルファの観光は、市内とハランなど周辺の見どころのふたつに大別される。

ハランとウルファとラフマジュンの1日

ウルファ→ハラン→ウルファ→聖なる魚の池

朝からタクシーをチャーターしてハランへ。昼過ぎにウルファに帰ってきたら、バザールやウル・ジャーミィなどを散策しつつ、聖なる魚のすむ池に行こう。夕食は名物のラフマジュンを。

歩き方 Güle Güle Gidin

見どころはすべてメインストリートの**サライオニュ通り**Sarayönü Cad.を南へ進んだ先にある。15分ほど歩いていくと、やがてバザールが見えてくる。ここを通り抜けて道なりに

☺聖なる魚の池のあたりには、カードをぶら下げたボランティア・ガイドの男の子がいる。英語を話す人もいて、いろいろ説明してくれる。（兵庫県　あさこ　'05春）

進むと、預言者アブラハム生誕の地がある。聖なる魚の池公園もこの近く。また、この先の丘の上に建つシャンルウルファ城から見下ろす町並みは見事だ。

ターミナルから町の中心へ

オトガル　オトガルの下はハラン、アドゥヤマン、ガズィアンテップ行きなどへのドルムシュ乗り場になっている。

オトガルから町の中心まで徒歩なら約20分。オトガルの横の幹線道路からチャルシュÇarşı行きのミニバスも出ているが、遠回りするので20分かかる。運賃は0.75YTL。ミニバスは、幹線道路を少し戻ったあと、サライオニュ通りに入って南に行き、市役所を右折して聖なる魚の池公園まで行く。ホテルに向かうなら市役所前（Belediyeベレディエ）で降りよう。歩いていくなら、オトガルを出て右側に50mほど歩き最初の角を右へ。左側にあるお墓の角を左に曲がり、道なりに進むと大通りに出る。

見どころ　Gezilebilecek Yerleri

崖上に伸びる2本の石柱が印象的

シャンルウルファ城

Şanlı Urfa Kalesi シャンルウルファ・カレスィ

ヒッタイト時代に建てられたもので、高さ10～15mにも及ぶ石の塔が25本残されており、南側は壕が1.5kmほど続いている。上からは眼下に広がる石造りの町並みが眺められる。よく目立つ2本の石柱は高さ17.25mで、紀元前2～3世紀に造られた。

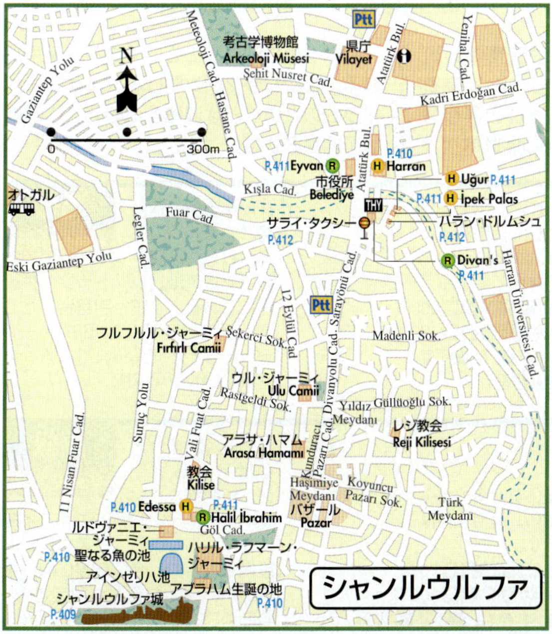

バスなどの行き先表示にはŞ. Urfaと書かれることが多い

タトゥルセス・トゥリズムのバス

オトガルと町の中心を結ぶバス

県庁前にある❶

■シャンルウルファの❶
Map P.409
県庁前にある。
✉Atatürk Cad.
TEL(0414) 312 5332
開8:00～17:00（夏期）
7:30～16:30（冬期）
休土・日

■シャンルウルファ城
Map P.409
開8:00～17:00
休無休　料2YTL
洞窟の階段を上っていく。かなりきつい。

城壁から市街を望む

市役所の1階のロビーにはシャンルウルファ城と聖なる魚の池公園周辺のミニチュア模型がある。（編集室）

■アブラハム生誕の地
Map P.409
開 7:00～18:00（夏期）
7:00～16:00（冬期）
休 無休　料 寄付歓迎
市内ミニバスはバルクルギョリュBalıklıgölが終点なのでオトガルからも直行できる。女性は入口でスカーフを借りる。

アブラハム生誕の地

■聖なる魚の池
Map P.409
開 常時開放　料 無料

アブラハム生誕の地近辺

アブラハムはここで生まれたという
アブラハム生誕の地
Hz. İbrahim（A.S.） Peygamberin Doğum Yeri
ハズレッティ・イブラヒム・ペイガンベリン・ドウム・イェリ

国を失う夢を見た当時の支配者ニムロットは、その年に生まれる子供が国を滅ぼすという祈祷師の言葉を信じ、嬰児の皆殺しを命じた。そのためアブラハムの母が隠れて彼を出産したのがこの洞窟だ。その後、アブラハムは7歳で父の家に移るまで、ここで暮らしたといわれている。

預言者アブラハムゆかりの魚がすむ
聖なる魚の池
Halil-ür Rahman Gölü ハリリュル・ラフマン・ギョリュ

伝説によれば、ここはアッシリア領主ニムロットが、アブラハムを火あぶりの刑にしようとした場所。また、南側にあるもうひとつのアインゼリハ池Ayn-ı Zelihâ Gölüは、アブラハムの教義を信じたニムロットの娘ゼリハが、アブラハムを追い、火の中に身を投げたところ、神が火刑の火を水に、燃えさかる薪を魚に変えたという。今でもこの池にはたくさんの魚がすみ、聖なる魚とあがめられている。魚はコイに似ているが、もちろん食用にはしない。池の北側には1736年建造のルドヴァニエ・ジャーミィRıdvaniye Camiiが、アインゼリハには聖マリア教会跡にハリル・ラフマーン・ジャーミィHalil Rahman Camiiが建つ。これは1211年にアイユーブ朝のマリク・アシュラフによって建造されたものだ。周囲は美しい公園として整備されている。

ホテル

日本からホテルへの電話 国際電話会社の番号 + 010 + 国番号90 + 414（市外局番の最初の0は不要）+ 掲載の電話番号

中級ホテルや安宿は、町のメインストリートであるサライオニュ通りの県庁付近に集中しているので、宿探しは簡単だ。

聖なる魚の池周辺にもいくつかホテルがある。ただしラマザン明けのシェケル・バイラムのときなどは混雑するのでこの時期は予約が必要だ。

エデッサ Hotel Edessa
高級　Map P.409

✉Balıklıgöl
TEL (0414) 215 9911　FAX (0414) 215 5589

D なし
S A/C 50US$
W A/C 70US$
US$ € YTL　T/C 不可
C/C A M V

●聖なる魚の池公園のすぐ近くにあるおしゃれなブティックホテル。レストランも併設されている。本館と別館合わせて全64室で、室内にはミニバーやテレビなどが備えられている。全室無線LAN使用可能。

ハラン Hotel Harran
高級　Map P.409

✉Atatürk Bul.

TEL (0414) 313 2860
FAX (0414) 313 4918
D なし
S A/C 70YTL
W A/C 100YTL
US$ € YTL　T/C 不可　C/C M V

●外観はいまひとつぱっとしないが、新館がきれいな4つ星ホテル。中庭にはスイミングプールもある。バスルームの設備も最新式。全室無線LAN使用可能。ハマムも併設されており、料金はひとり7YTL～。

聖なる魚の池近辺では、イスラーム関連商品が販売されている。ジュマーCUMA（金曜日の意）という香水はノンアルコールで、値段も1YTL～と格安。（編集室）

イペッキ・パラス Hotel İpek Palas

経済的 Map P.409

✉Dünya Hastanesi Arkası No.4
TEL(0414)215 1546 FAX(0414)215 1290

D なし
S A/C 30YTL
W A/C 50YTL
YTL
T/C 不可
C/C M V

●客室は近年改装を終えたばかり。全36室にエアコン、シャワー、トイレ、テレビを備え、この値段はかなり良心的といえる。シャワーとトイレは少し狭い。朝食サロンは2階にある。トリプルの部屋もあり、こちらは60YTL。

ウール Otel Uğur

経済的 Map P.409

✉Köprübaşı Cad. No.3 Belediye Karşısı

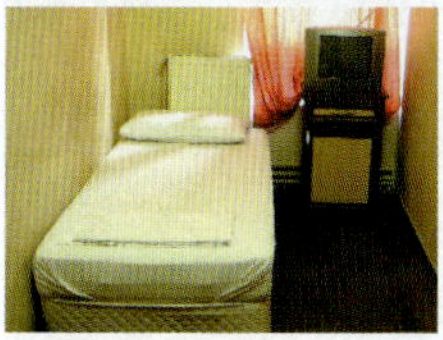

TEL(0414)313 1340 FAX なし
D なし
S A/C 15YTL
S A/C 20YTL
W A/C 25YTL
US$ € YTL
T/C 不可 C/C 不可

●ハラン・ホテルのそば。商店の屋根の上にあり、店の横の階段を上ったピンクの建物の2階にある。古い安宿で部屋はシンプルだが、シーツや共同シャワーはとても清潔に保たれているので、気持ちよく滞在できる。全室エアコンとテレビ付き。

レストラン

シャンルウルファは、とにかく食べ物がうまいので有名な町だ。ラフマジュンやチー・キョフテはここが本場だし、煮込み料理のパチャやスイーツのカダイフなどもぜひとも試してみたい。忘れちゃいけないウルファ・ケバブも絶品だ。レストランは、サライオニュ通り沿いに、いくつもの店がが軒を連ねている。夜はケバブの屋台も出ている。

エイヴァン Eyvan Lokantası

庶民的 トルコ料理 Map P.409

✉Belediye Arkası
TEL(0414)313 4610 FAX なし
開 7:00〜23:00
休 無休
US$ € YTL
C/C A M V

●市役所の裏にある評判のよいレストラン。メニューは豊富だが、まずはウルファ名物ラフマジュン（1枚1.50YTL）を注文しよう。ケバブ類は約5YTL。チョムレッキÇömrek（2.50YTL）という壺に入った煮込み料理も店のおすすめだ。ラマザン中のみチー・キョフテも出す。

ディワーンズ Divan's Restaurant

中級 トルコ料理 Map P.409

✉Sarayönü Cad. No.28 Kızlay Çay Bahçesi
TEL(0414)215 8552 FAX なし
開 7:00〜24:00
休 無休
US$ € YTL C/C M V

●橋の近くにあるチャイ・バフチェ（ティーガーデン）。水の流れる庭もある涼しげなレストランで多くの若者でにぎわう。人気メニューはパトゥルジャンル・ドマテスリ・ケバブPatlıcanlı Domatesli Kebabı（9YTL）。ほかのケバブは4.50YTL〜。ナルギレ（水パイプ）もある。

ハリル・イブラヒム Halil İbrahim Sofrası

中級 トルコ料理 Map P.409

✉Balıklıgöl Civarı Dergah Karışısı Şurkav İş Merkezi B Blok No.5

TEL(0414)216 8444
FAX(0414)216 7733
開 7:00〜24:00
休 無休 US$ € YTL C/C M V

●聖なる魚の池の公園近くにあるレストラン。メニューもかなり豊富。雰囲気のわりに値段はそれほど高くない。ケバブ類は4.75〜7YTL。サラダは2YTLぐらい。おすすめはチー・キョフテ（2.50YTL）とシュルルクŞılılıkというスイーツ。聖地という場所柄アルコール類はない。

エイヴァンのチー・キョフテはものすごい人気。販売してから30分もしないうちに売り切れてしまう。早めに行って地元の人と一緒に味わおう！（編集室）

とんがり帽子の屋根が並ぶ
ハラン

Harran ハラン

日干しレンガでできた、とんがり帽子の家が並ぶハラン

シャンルウルファから44km南にある集落。旧約聖書には、アブラハムが神の啓示によってユーフラテス川下流のウルから約束の地カナン（イスラエル）へ向かう途中、ハランに住んでいたと書いてある。周辺にはウル・ジャーミィやビザンツ時代の教会のほか、城内部には厨房跡なども見られる。

ハランの村長さん曰く「子供たちに物を与えないで」

エッグハウスと呼ばれる日干しレンガ造りの家は、遺跡のさらに奥にある。観光用に内部を公開しているところがあり、おみやげを並べたり、庭先でチャイを出したりしている。

ハランの村は馬車で観光することもできる

ハランへの行き方

●シャンルウルファのオトガルから

🚌オトガルの下にある近郊行きドルムシュ乗り場の一番奥にあるハラン・スル社Harran Surのハラン行きのミニバス（6:30～18:00に30分～1時間毎、所要1時間、運賃3YTL）で終点下車。そこから500mは徒歩、またはタクシーをチャーターする。

●ハラン・ドルムシュ
Harran Dolmuş
Map P.409
TEL（0414）215 1575
e-mail ozcan_aslan_teacher@hotmail.com
開8:30～20:00 休無休
ハランのみなら4人乗り乗用車で1台40€（入場料込み）。14人乗りミニバスでひとり10€（4人以上）。ハラン、ソゥマタール、シュアイブなど6ヵ所の遺跡を回る1日ツアーはひとり25€（昼食込み。4人以上）。ネムルトダーゥへのツアーは、1日ツアーがひとり40€（入場料、昼・夕食込み）、2日間ならひとり60€（入場料、3食、ホテル代1泊込み）マルディンとディヤルバクルの1泊2日ツアーは80€。ツアーの詳細は英語が堪能なオーナーのオズジャン・アスランÖzcan Aslan氏に相談。長距離バスチケットの手配やホテル紹介も。

●サライ・タクシー
Saray Taksi Map P.409
ハラン半日60YTL
ソゥマタールも行くコース200YTL
ネムルトダーゥ日没250YTL。

トルコを代表する歌手であるイブラヒム・タトルセスはウルファ出身。タトルセス・トゥリズムというバス会社を経営し、地元の雇用創出に一役買っている。（編集室）

ガズィアンテップ Gazi Antep

市外局番 0342 人口86万2033人

評判の高いモザイク

シリアとの国境に近い、人口約86万人の商工業都市。古くはアインタップAyintapと呼ばれ、交通の要所として栄えてきた。第1次世界大戦後、この町を占領したフランス軍に対して勇猛果敢に抵抗した住民にガズィ（戦士）の称号が贈られた。

普通はアンテップと呼ばれ、郊外で栽培される特産のピスタチオやスイーツのバクラワで有名だ。

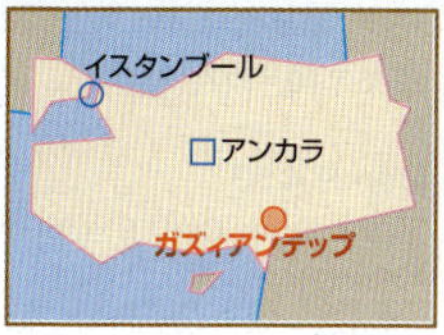

歩き方 Güle Güle Gidin

町のメインストリートは駅から南に延びる**イスタスヨン通り**İstasyon Cad.だ。この通り沿いにスタジアムや整備されたユズンジュユル公園、大型デパートの**ミグロス**Migrosなどがある。ℹはこの公園内にある。イスタスヨン通りと交差する**アタテュルク大通り**Atatürk Bul.と**スブルジュ通り**Subrucu Cad.はホテルやロカンタが軒を連ねる繁華街だ。

旧市街はスブルジュ通りの北側と東側あたりで、ガズィアンテップ城Gazi Antep Kalesi周辺には古い町並みが残る。

オトガルは市の北部にあり、中心部まで約8km。オトガル前の幹線道路からチャルシュÇarşı行きのミニバスに乗る。運賃は0.90YTL、所要約20分。鉄道駅からもチャルシュ行きのミニバスがある。

■ガズィアンテップへの行き方

●イスタンブールから

✈1日2便
所要：1時間50分
運賃：123YTL

🚌13:15〜24:00に1時間毎
所要：17時間
運賃：50YTL

🚃火・木・日8:55発
所要：26時間40分
運賃：35YTL

●アンカラから

🚌12:30 20:00〜24:00に1〜2時間毎
所要：9時間30分
運賃：35YTL

●シャンルウルファから

🚌7:00〜24:00に30分〜1時間毎。ほかに深夜便あり。
所要：2時間
運賃：8YTL

●アドゥヤマンから

🚌5:30〜19:30に頻発
所要：2時間30分
運賃：8YTL

●アンタクヤから

🚌6:00〜17:30に1時間毎
所要：4時間30分
運賃：12YTL

見どころ Gezilebilecek Yerleri

1500年間アンテップを守ってきた ガズィアンテップ城

Gazi Antep Kalesi ガズィアンテップ・カレスィ

旧市街にあって町を見渡す小高い丘にあるのがガズィアンテップ城。この城塞は565年にビザンツ皇帝ユスティニアヌスによって建てられた。城壁の周囲は1200mで36本もの塔が建っている。マムルーク朝のカーイト・ベイやオスマン朝のスュレイマン大帝の名前も城塞の門に刻まれている。入口からぐるりと坂道を上っていくと城の上に出る。城は廃墟となっていてあちこちに穴が開いているが、塔やジャーミィ跡、ハマムや貯蔵庫など、堅固な城塞であったことを偲ぶ跡があちこちに見られる。

町を見下ろすガズィアンテップ城

スブルジュ通りの交差点からイスタスヨン通りを南へ徒歩5分ほどにあるムザッフェルMuzafferという店ではピスタチオをふんだんに使ったドンドゥルマが絶品。

■ガズィアンテップの🛈
Map P.413
開100. Yıl Parki içi
Vllayet Arkasi
TEL(0342) 230 9960
FAX(0342) 232 8481
開8:00～12:00 13:00～17:00
休土・日

■ガズィアンテップ城
Map P.413
開8:00～16:30
休月　料無料
2006年10月現在修復中。

■考古学博物館
Map P.413
✉İstasyon Cad. Stadyum Arkası
TEL(0342) 324 8809
開8:30～12:00 13:00～17:30
休月　料2YTL

考古学博物館

城塞の周囲にはふたつのジャーミィがある。シルワーニー・ジャーミィŞirvanî Camiiは創建年代はわかっていないが、正面入口は1681年に新たに造られたことがわかっている。タフタニ・ジャーミィTahtani Camiiは1557年の創建。扉や入口などの装飾が美しい。周囲には古い町並みも残っている。

色鮮やかなモザイクは世界一級品

考古学博物館

Arkeoloji Müzesi アルケオロジ・ミュゼスィ

美しいモザイクが数多く展示されている

ガズィアンテップの東、50kmにあるゼウグマZeugmaで発掘された、美しいモザイクのコレクションで知られる博物館。アフロディテやアキレスなどは実に表情豊かで、色の異なる石を巧みに組み合わせて描かれた傑作だ。ゼウグマはセレウコス朝のニカトール1世によって紀元前3世紀に築かれた町で、7世紀のアラブ人の侵入まで栄えていた。

ホテル

日本からホテルへの電話　国際電話会社の番号 + 010 + 国番号90 + 342（市外局番の最初の0は不要）+ 掲載の電話番号

南東部の交通の要所にある代表的な大都市なので、ホテルは種類も数もたくさんある。ビジネス利用の多い中級ホテルはスブルジュ通り沿いに多く、安宿はスブルジュ通りとアタテュルク通りの交差点の南のPTT周辺にいくつかある。

カタン Hotel Katan

中級　Map P.413

✉İstasyon Cad. No.58

TEL(0342) 230 6969
FAX(0342) 220 8454
D なし
S A/C 28YTL
W A/C 40YTL
US$ € YTL　T/C不可
C/C M V

●スタジアムや公園の目の前にある黄色い建物、立地条件は抜群。屋上からはガズィアンテップ城が見える。部屋は広々としていて機能的で、設備も整っている。全室バスタブ付きでこの料金は魅力的。朝食はビュッフェスタイル。

ギュルリュオウル Hotel Güllüoğlu

中級　Map P.413

✉ Subrucu Cad. No.1/B

TEL(0342) 232 4363
FAX(0342) 220 8689
D なし
S A/C 30YTL
W A/C 50YTL
US$ € YTL　T/C不可　C/C不可

●スブルジュ通り沿いにある。通りに面している部屋は少しうるさいのが難点。全室にソニーのテレビがあるのが自慢。部屋は近年改装されたばかりで、バスルームの設備も最新式。1階に同経営のバクラワ屋がある。

レストラン

ガズィアンテップ名物といえば、中近東で広く親しまれている甘いバクラワだ。町のメインストリートにはバクラワ屋さんが多い。スブルジュ通りには24時間営業のロカンタもいくつかあるので便利。スタジアムの周辺には屋台風のケバブ屋が店を連ねている。

色鮮やかなモザイクが出土したゼウグマの遺跡はガズィアンテップ近郊のニズィップNizipの東約10kmのユーフラテス川沿いにある。（編集室）

トルコ名物のび～るアイスクリーム ドンドゥルマのふるさと

カフラマンマラシュ

Kahraman Maraş カフラマンマラシュ

カフラマンマラシュ産の良質の乳製品のおかげでドンドゥルマがおいしい

カフラマンマラシュはヒッタイトによって紀元前2000年に造られた。単にマラシュと呼ばれることも多い。カフラマンとはトルコ語で英雄という意味で、第1次世界大戦後の1919年2月にマラシュがフランス軍やアルメニア軍に占領されたときに、武器を持って勇敢に蜂起したことへの称号である。

この町で有名なのはここの特製アイスクリームのドンドゥルマ。「よそにない味」として海外からの取材も多く、日本でも静かなブームを呼んでいる。カフラマンマラシュでも最も有名なのはこの道一筋150年の老舗、ヤシャル・パスターネスィYaşar Pastanesiのドンドゥルマ。この町を訪れる観光客のほとんどがこの店を訪れる。トルコ全土に140店以上、海外にも支店（残念ながら日本にはまだない）をもつMADOグループの総本店だ。

●ヤシャル・パスターネスィ Yaşar Pastanesi
Map P.415
✉Trabzon Cad. No.21/E
TEL (0344) 225 0808　開6:30～24:00
休無休　US$ € YTL　ADMV

アンティークな店内

トラブゾン通りTrabzon Cad.にある。アンティークなインテリアの店内で自慢のドンドゥルマを食べてみよう。もちろんそれ以外のバクラワやカダイフといったトルコ菓子も豊富に揃っている。店先ではソフトクリームやジェラートも販売している。冬期はドンドゥルマの販売はしていない。

カフラマンマラシュへの行き方

●ガズィアンテップから
バス6:30～22:30にミニバスが1時間毎
所要：1時間30分
運賃：6YTL

●アドゥヤマンから
バス7:00～16:00に1～2時間毎
所要：3時間　運賃：10YTL

●アンタクヤから
バス7:00～17:00にミニバスが1時間毎
所要：4時間　運賃：10YTL

クブルス広場から城跡を望む

ドンドゥルマのチェーン店MADOはドバイ、オーストラリア、サウジアラビアと店舗を拡大中。日本に近い所だと、韓国の仁川空港内にある。日本上陸も間近か。（編集室）

歴史と伝統が今なお残る南東部最大の古都

ディヤルバクル Diyarbakır

市外局番 0412 人口55万1046人

■ディヤルバクルへの行き方

●イスタンブールから

✈1日2便、サビハ・ギョクチェン空港からも1日1便ある。
所要：1時間55分
運賃：119YTL

🚌ハレム発14:00～17:30に30分～1時間毎 20:00 22:00
所要：17時間　運賃：50YTL

🚆Güney Eks.
火・木・金・日20:05 発
所要：35時間
運賃：33YTL

●アンカラから

🚌15:00 17:00 20:30発
所要：13時間　運賃：45YTL

●マルディンから

🚌6:00～18:30にミニバスが約20分毎
所要：2時間　運賃：6YTL

●ワンから

🚌7:00～18:00に1～2時間毎、夜行22:30、23:00発
所要：6時間　運賃：25YTL

●アドゥヤマンから

🚌9:00発のみ
所要：3.5時間
運賃：20YTL

●シャンルウルファから

🚌8:00～18:00に1～2時間毎、夜行便あり
所要：3時間
運賃：10YTL

●アダナから

🚌9:00～24:00に午前3便、午後7便程度
所要：8時間
運賃：30YTL

ウル・ジャーミィの前でサッカー

町のシンボルのウル・ジャーミィ

ディヤルバクルは全長5.5kmもの城壁で囲まれた町。規模では最も長大な万里の長城に遠く及ばないものの、城壁の長さは世界第2位を誇る。メソポタミア文明を生んだティグリス川Dicle Nehri上流にあり、古くはアミダAmidaあるいはアーミドAmidと呼ばれた。

ローマ・ビザンツ時代の後、639年にハーリド・ブン・ワリード将軍率いるアラブ軍がやってきた。以来、数々のキリスト教会がジャーミィに改築されてきた。旧市街の城壁内には星の数ほどのジャーミィが現在でも残り、時代によって相違する建築美を楽しむことができる、トルコでも興味深い町だ。

この町を中心に勃興したアクコユンル朝が、勢力を増して一躍歴史の主役に躍り出たのは15世紀のことである。首都にふさわしい美しい建物が次々と建てられた。しかし、1473年にオスマン朝との決戦に敗れ、1515年にはオスマン朝に組み込まれた。現在は南東部の重要な地方都市である。

旅のモデルルート Gezme Planı

ディヤルバクルは城壁や内城をはじめ、見どころが多い町。城壁沿いにぐるっと回ってみるのもよいが、治安があまりよい地域とはいえないので気を付けよう。

城壁巡りと旧市街散策の1日

ダーカプ→内城→ウル・ジャーミィ→マルディン門

スタートはダーカプ、その後内城（イチカレ）に行き、マルディン門まで歩いていく。活気あるバザールを散策したあとは、焼きたてのラフマジュンを食べてみよう。また、フンドゥクの塔からティグリス川を眺めるのもよいし、南の石橋まで散歩するのも楽しい。

ダーカプからウルファ門にかけて緑地帯が整備されており、昼間は市民の憩いの場となっている。夜は人気が少なくなるので注意が必要だ。（編集室）

歩き方 Güle Güle Gidin

ディヤルバクルの旧市街には東西と南北に大通りが走っている。ダーカプ(ダー門Dağkapı。ハルプット門Harput Kapıとも呼ばれる)からマルディン門まで南北に続く道がメインストリートの**ガーズィ通り**Gazi Cad.。ダーカプの南の交差点付近や、ネビ・ジャーミィNebi Camiiから西に延びる**イノニュ通り**İnönü Cad.の周辺はホテルやロカンタ、バス会社のオフィスが並ぶ町の中枢。旧市街を東西に貫き、鉄道駅まで続くのが**メリク・アフメッド・パシャ通り**Melik Ahmed Paşa Cad.だ。

ターミナルから町の中心へ

空港 空港からはセルヴィスはないのでタクシーで市内まで行く。10YTLぐらい。市内から空港まではダーカプのドルムシュ乗り場からクル・チェシメKuru Çeşme行きが空港を通る。運賃は1YTLほど。

オトガルはふたつ メインとなるのは、大都市への長距離バスが発着する**オトガル**。もうひとつはマルディンやバトマン行きミニバスが発着する**イルチェ・オトガル**İlçe Otogarıだ。

■新オトガルへの移転計画
ディヤルバクルでは市の郊外に新しいオトガルが完成しており、数年前から移転の話が持ち上がっているが、その時期は明らかではない。

■ディヤルバクルのバス会社
イェニ・ディヤルバクル**Yeni Diyarbakır**、オズ・ディヤルバクル**Öz Diyarbakır**、ディヤルバクル・スル**Diyarbakır Sur**、オズレム・ディヤルバクル**Özlem Diyarbakır**、スタル・ディヤルバクル**Star Diyarbakır**などがある。

イルチェ・オトガルが近郊への起点

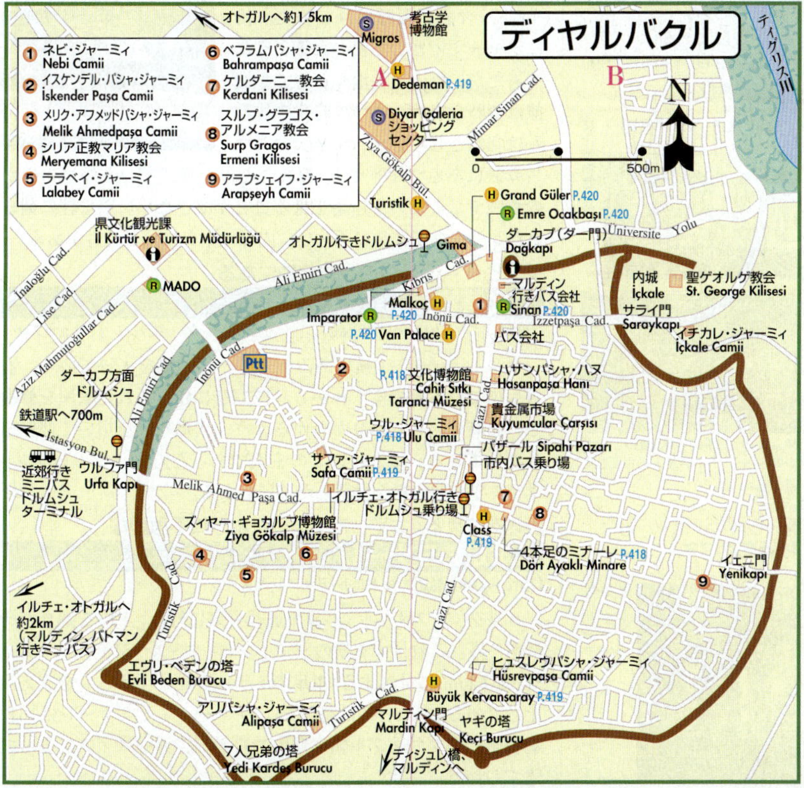

イルチェ・オトガルの横は、家畜の取引所になっている。時間帯によっては、多くのウシやヒツジの取り引きを目の当たりにすることができる。(編集室)

■トルコ航空（空港内）
地図外
✉Kuruçeşme Kavşağı
TEL (0412) 235 5714
開8:00〜23:00　休無休

■ディヤルバクルのℹ
Map P.417B
✉Dağkapı Burcu Girişi
TEL (0412) 221 1706
FAX (0412) 224 0930
開8:00〜12:00　13:00〜17:00
休土・日

■ウル・ジャーミィ
Map P.417B
開6:00〜日没　休無休
料無料

ジャーミィに刻まれたレリーフ

■文化博物館
Map P.417B
TEL (0412) 223 8958
開8:00〜12:00　13:00〜17:00
休月　料無料

文化博物館の館内

今はおみやげ屋の隊商宿跡、ハサンパシャ・ハヌ。ガイドの手配もできる

■4本足のミナーレ
Map P.417B

かつてはディヤルバクルに5本足のミナーレもあったという記述もある

オトガルから町の中心へは、ダーカプ（D. Kapıと表示）行きのドルムシュかバス会社のセルヴィスを利用しダーカプ下車。市内からオトガルへは、ダーカプ西からドルムシュで。バス会社のオフィスでチケットを買えばセルヴィスを利用できる。

イルチェ・オトガルから町の中心へは、幹線道路沿いからドルムシュを利用すれば10分ほどだ。

鉄道駅　ディヤルバクル駅はウルファ門を抜けてイスタスヨン大通りİstasyon Bul.を約700m西に行った所にある。ドルムシュでガーズィ通りとの交差点付近まで行ける。0.65YTL。

両替・郵便・電話

PTTはイノニュ通りを西に行ったクプルス通りにある。銀行や両替所はイノニュ通りとガーズィ通りの交差点付近に多い。

見どころ　Gezilebilecek Yerleri

アナトリア最古の寺院
ウル・ジャーミィ
Ulu Camii ウル・ジャーミィ

ウル・ジャーミィの中庭

かつてはキリスト教会であり、マル・トーマ教会と呼ばれていた。後にジャーミィとして使われるようになったが、町のシンボルとしての機能は変わらない。いつの時代の建物かは判然としないが、シリアのダマスカスにあるウマイヤド・モスクと似た様式で、トルコのほかの地域ではこういう建築を見ることができない。壁や柱に刻まれたレリーフが非常に美しい。内部の中央には日時計がある。

ジャヒット・タランジュ屋敷跡にある
文化博物館
Cahit Sıtkı Tarancı Müzesi ジャヒット・ストゥク・タランジュ・ミュゼスィ

ウル・ジャーミィ横にあるチャイハネの脇を入っていく。看板も出ているのですぐわかる。1733年に建てられた家屋を修復し、当時の暮らしぶりがわかるよう、人形などを用いて部屋を公開している。また、ここの主人であった詩人、ジャヒット・タランジュの資料を展示した部屋もある。

巨塔を支える4本足、宙に浮いたように不思議な
4本足のミナーレ
Dört Ayaklı Minare ドルト・アヤクル・ミナーレ

メリク・アフメット・パシャ通りを東に行き、PTTを過ぎた所にある塔。これはすぐ横のシェイフ・マタール・ジャーミィŞeyh Matar Camiiに付属する4本足のミナーレだ。ミナーレを支える土台である4本の石柱は高さ2m。ジャーミィとミナーレは16世紀初頭にアクコユンル朝末期のスルタン、カースィムによって建てられた。

南部や東部地方はクルド系住民が多い。クルド語（→P.499）であいさつをすると、すごく喜ばれる。ディヤルバクル周辺はクルド系のザザ語を話す人が多い。（編集室）

細微なレリーフが施されたミナーレが美しい

サファ・ジャーミィ

Safa Camii サファ・ジャーミィ

メリク・アフメッド・パシャ通りを西に行き、わかりにくい小さなパロ通りPalo Sok.を入った所にある。地元の人にはパロ・ジャーミィPalo Camiiの名で知られている。15世紀、アクコユンル朝最盛期のスルタン、ウズン・ハサンの時代に建てられ、その後何度もの増改築を経て現在にいたる。ミナーレにびっしりと施された緻密なレリーフは息を飲む美しさ。下部には青い装飾タイルがところどころ残っている。

サファ・ジャーミィの美しいミナーレ

■サファ・ジャーミィ
Map P.417A
建物に小さくペンキでPalo Sk.と書かれた小道を入る。
開6:00～日没　休無休
料無料　※内部は修復中

ホテル

日本からホテルへの電話 国際電話会社の番号 + 010 + 国番号90 + 412（市外局番の最初の0は不要）+ 掲載の電話番号

安宿や中級ホテルはダーカプからイノニュ通り、内城へと行くイッゼット・パシャ通りにたくさん並んでいる。ただ、ホテルの設備やお湯はあまり期待しないほうがよい。ダーカプ周辺は庶民的なロカンタも多く、バス会社のオフィスも揃っているので町歩きの拠点に便利だ。

デデマン Hotel Dedeman Diyarbakır

高級 Map P.417A

✉Elazığ Cad. Yeni Belediye Sarayı Yanı
TEL(0412)229 0000　FAX(0412)224 7353

inet www.dedemanhotels.com
D なし
S A/C 130€
W A/C 173€
US$ € YTL
T/C US$ €
C/C A D M V

●市役所の後ろにそびえるピンクの建物。南東部では最大級のホテルで、全98室。プールやサウナ、ビューティサロンといった設備はほかのデデマン・グループホテルに引けを取らない。最上階のレストランは旧市街を一望できる人気スポット。全室で無線LAN使用可能。

クラス Class Hotel Diyarbakır

高級 Map P.417B

✉Gazi Cad. No.101
TEL(0412)229 5000　FAX(0412)229 2599

inet www.diyarbakirclasshotel.com
D なし
S A/C 110€
W A/C 165€
US$ € YTL
T/C 不可
C/C A D M V

●旧市街のど真ん中にある町一番の5つ星ホテル。ホテルの中庭にあるプールは14世紀の建物を改装したもので雰囲気もよい。全120室で、部屋の狭さが少し気になるが、設備は非常に整っている。全室で無線LAN使用可能。旧市街を360°のパノラマで見渡すことができる最上階のレストランも自慢。

ビュユック・ケルヴァンサライ Hotel Büyük Kervansaray

中級 Map P.417B

✉ Gazi Cad. Mardin Kapı

TEL & FAX(0412)228 7731
inet www.dunyainsanlarininevi.com
D なし
S A/C 60～70US$
W A/C 80～100US$
US$ € YTL
T/C 不可
C/C M V

●マルディン門の近く。デリルレルハヌDelillerhanı（ガイドのケルヴァンサライ）として使われていた建物を、雰囲気を壊さずにホテルにした。部屋の入口部分が低いので頭をぶつけないように。建物を囲む中庭も開放的でとても気分がよい。朝食は中庭でオープンビュッフェ。

ビュユック・ケルヴァン・サライホテルでは夏期はプールサイドでディナーコンサートが開かれ、有名アーティストも出演することがある。（編集室）

中級 Map P.417B

グランド・ギュレル Hotel Grand Güler

✉Dağ Kapı Kıbrıs Cad. No.13
TEL(0412)229 2221　FAX(0412)224 4509

e-mail grandgulerhotel@hotmail.com
D なし
S A/C 40YTL
W A/C 60YTL
US$ € YTL　T/C不可　C/C A M V

●ダーカプの近くにある青い外観のきれいなホテル。室内のテレビは衛星放送が視聴可能、部屋も新しくてきれい。全室エアコン、冷蔵庫付き。朝食はビュッフェ。エレベーターはやや狭く、壊れがちなのが難点。

経済的 Map P.417B

マルコッチ Hotel Malkoç

✉İnönü Cad. Sütçü Sok. No.6
TEL(0412)224 4642　FAX(0412)228 6134

D なし
S A/C 20YTL
W A/C 30YTL
YTL　T/C不可
C/C不可

●イノニュ通りから少し入った所にある。全室にエアコン、シャワー、テレビ付きでこの値段はうれしい限り。お湯も24時間いつでも出る。部屋の改装は完了済みできれい。チャイも無料。

経済的 Map P.417B

ワン・パレス Hotel Van Palace

✉İnönü Cad. Kervansaray Hotel 2 Yanı

TEL(0535)683 3837（携帯）
FAX なし
D なし
S 7YTL
W 12YTL
YTL　T/C不可
C/C不可

●イノニュ通りから小道を入った左側。古くてくたびれた宿だが、気さくなラマザン爺さんがひとりで40年間切り盛りしてきた家庭的な雰囲気の安宿だ。開放的な中庭と安さが自慢。バックパッカーに人気で、日本語情報ノートがある。

レストラン

シャンルウルファと並ぶ南東部の食い倒れの町ディヤルバクル。手頃なロカンタはダーカプ周辺に多い。名物料理はピラウの腸詰めのムンバールとメンチカツのようなイチリ・キョフテや煮込み料理のパチャ（夏期は出さない）など多彩。夕方から営業を始めるダーカプやネビ・ジャーミィ周辺のケバブ屋台も地元っ子に大人気のディヤルバクル名物。

甘味ではディヤルバクルのカダイフが全国的に有名だ。

庶民的 ケバブ屋 Map P.417B

エムレ・オジャックバシュ Emre Ocakbaşı

✉Dağ Kapı Kıbrıs Cad. No.19
TEL(0412)228 7238　FAX なし
開 10:00～24:00
休 無休
€ YTL
C/C M V

●ダーカプ入口にある人気の炉端焼き店。炭火で焼かれたケバブはどれもおいしい。おすすめは手羽元と手羽中のケバブ（4YTL）。皮はパリッと香ばしく､中はジューシー。キョフテやレバーなども各種もあり、持ち帰りも可能。アルコール類は出していない。

庶民的 トルコ料理 Map P.417B

スィナン Sinan Et Lokantası

✉Gazi Cad. No.9
TEL(0412)224 2978
FAX なし
開 24時間
休 無休
US$ € YTL　C/C M V

●ガーズィ通りとイノニュ通りの交差点付近の24時間営業レストラン。赤と黄色の入口が目立つ。間口は狭いが、店内は清潔で広くメニューも多い。肉料理、煮込み料理は3YTLほど。前菜は2.50YTL。2階席にはバーカウンターもあり、民謡のライブ演奏をすることもある。

ムンバールやパチャは衛生上の問題からどのロカンタでも冬期のみの販売と決められている。イチリ・キョフテは通年ロカンタなどで出している。（編集室）

ティグリス川に残る要衝の遺跡

ハサンケイフ

Hasankeyf ハサンケイフ

ティグリス川の要衝として、ハサンケイフの橋は重要な通商路だった

ハサンケイフはティグリス河畔に残る遺跡。あまり有名ではないが、建築的価値からいっても早急な保存と修復が必要な遺跡である。

ハサンケイフは紀元前からの歴史を有し、シリア語で「鉄の城」を意味するように、堅固な城塞があった。現在残る建物の多くは、11〜12世紀のアルトゥク朝時代に造られたものである。なかでも圧巻なのは12世紀にティグリス川にかけられたといわれる橋の橋脚だ。当時の姿を想像するのは難しいが、5つの橋脚に支えられた美しいアーチ状の橋がかかっていたといわれる。ティグリス川の左岸にあるのは、アクコユンル朝時代に造られたゼイネル・ベイ・テュルベスィだ。ゼイネル・ベイはアクコユンル朝最盛期のスルタン、ウズン・ハサンの息子。青いタイルを多用したドーム型の墓でイランや中央アジアでよく見られる型だ。

ハサンケイフ城趾

ミナーレはアルトゥク朝時代の様式

バトマンへの行き方

ディヤルバクルからハサンケイフへの直通バスはない。ディヤルバクルから1時間のバトマンで乗り換える。

●ディヤルバクルから

イルチェ・オトガルから6:00〜20:00にミニバスが頻発

所要：1時間　運賃：5YTL

ハサンケイフへの行き方

バトマンのオトガルから頻発。ミディヤット行きで途中下車。7:00〜17:00に30分毎。

所要：30分　運賃：2YTL

ホテル&レストラン

橋のたもとに小さなペンションがあるのみ。設備の整った中級クラスのホテルはバトマンにある。レストランは河原に点在しており、川で獲れた魚を食べることができる。

ミディヤット行きのドルムシュ

町で出会った子供たち

ハサンケイフの上流ではダム建設の計画が数十年前から計画されており、遺跡や橋脚の水没が懸念されている。（編集室）

斜面に沿って広がる町並み

マルディン Mardin

市外局番 0482 人口6万5072人

ディヤルバクルから96km。ディヤルバクル市街を抜けたバスは、しばらく畑地や荒れた平原を疾走する。やがて道の両脇に山が連なり始め、正面にマルディンの町がある岩山が見えてくる。

スュリヤーニー（シリア）語のメルディン（城壁）という言葉がこの町の名の由来。その名のとおり、城山の斜面にへばりつくように白っぽい家が並ぶ。城塞の頂上にあるスイカの形をした施設は軍関係のものだ。古くからアラブ人やクルド人、また、スュリヤーニーと呼ばれるキリスト教徒などが混ざって暮らしており、アラビア語を話す人も多い。

■マルディンへの行き方

●イスタンブールから
バス ハレム発13:00 13:15 16:00 17:00
所要：22時間
運賃：60YTL

●アンカラから
飛行機 週3便
所要：1時間30分
運賃：109YTL
バス 16:00 19:30 20:00 23:00発
所要：17時間
運賃：45YTL

●ディヤルバクルから
バス 7:30〜17:00にイルチェ・オトガルからドルムシュが約30分毎
所要：2時間　運賃：6YTL

●シャンルウルファから
バス 午前5便、午後4便
所要：4時間　運賃：15YTL

歩き方 Güle Güle Gidin

旧市街を背に

ディヤルバクルからのドルムシュや長距離バスは町の入口のオトガルまたは、町の東端にあるバス乗り場、**メイダンバシュ**Meydanbaşıに着く。

オトガルから延びる**ビリンジ通り**Birinci Cad.がメインストリート。ただし、一方通行なので、逆からは町の南側にある新道**イェニ・ヨル**Yeni Yolを通る。**シェヒル・イチ**Şehir İçiの表示のあるミニバスは旧市街を上記のルートでグルグル回っている。**イェニ・シェヒル**Yeni Şehirと書かれたミニバスは、やや西に離れた新市街と旧市街の間を回る。ミニバスの運賃は0.50YTL。

メインストリートのビリンジ通り沿いに、ロカンタや貴金属店などが軒を連ねている。町の中心である**ジュムフリエット広場**Cumhuriyet Meydanıもビリンジ通り沿いにある。

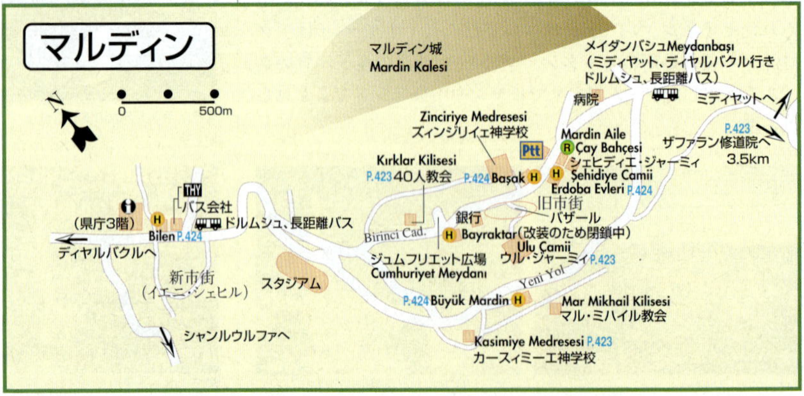

ディヤルバクルからマルディンを結ぶ幹線道路では検問がしばしば行われる。日帰りでマルディンを訪れる場合でも、パスポートなどのIDを携帯しよう。（編集室）

見どころ Gezilebilecek Yerleri

現在でも使用されている数少ない教会のひとつ
40人教会
Kırklar Kilisesi クルクラル·キリセスィ

ジュムフリエット広場の少し西の路地を入った右側にあるシリア正教会。地元ではアラビア語でケニーサ·アルバイーンとも呼ばれている。569年にマル·ベフナム教会として建造され、40人の殉教者の骨がここに埋葬されたため、後に40人教会と呼ばれるようになった。

ミナーレのレリーフが秀逸な
ウル·ジャーミィ
Ulu Camii ウル·ジャーミィ

ジュムフリエット広場から南東に行くと市場が見え、バザールの坂を下りた所にあるジャーミィ。ミナーレには西暦でいう1176年の日付が入っている。セルジューク朝分裂後、この地を支配したアルトゥク朝初期の代表的な建築物だ。

500年間も残る血痕の伝説は本当？
カースィミーエ神学校
Kasimiye Medresesi カースィミーエ·メドレセスィ

屋上に上ると美しいドームを間近に見ることができる

マルディンにある建造物のなかでは最大級のもの。メドレセの名前カースィミーイェは、アクコユンル朝末期の君主カースィムに由来する。そのためカスム·パーディシャー·メドレセスィとも呼ばれる。建物の中央部の壁には赤いシミがついている。これはカースィムとその姉妹がここで殺されたときの血痕だという。これが本当かは別にして、階段を上って2階からはマルディンの平野を見渡せる。

シリア正教会の総司教座が置かれていた
ザファラン修道院
Deyrül Zafaran デイリュル·ザファラン

山の斜面に町並みができているマルディン

マルディン市内から5kmほど東にあるシリア正教会の修道院。創建は紀元前にさかのぼると考えられているが、紀元4世紀末にキリスト教徒が使うようになった。1293

■マルディンの🛈
Map P.422
新市街の県庁内にある。正面向かって右側の建物の3階。
✉Hükümet Konağı
TEL (0482) 212 3776
FAX (0482) 212 5845
開8:00～12:00 13:00～17:00
休土·日

■トルコ航空 Map P.422
空港から市内へはタクシーで20YTLほど。ミニバスは1YTL。
TEL (0482) 213 3773
開8:00～20:00 休無休

■40人教会 Map P.422
通り沿いに看板が出ている。
開8:00～17:00 休無休

40人教会

■ウル·ジャーミィ
Map P.422
開8:00～17:00 休無休
付属のハマムも営業中。

■カースィミーエ神学校
Map P.422・
開9:00～18:00 (夏期～18:00)
休無休 料無料
2006年10月現在修復中。

カースィミーエ神学校の前で出会った少女

■ザファラン修道院
Map P.422外
開8:00～17:00
休無休 料無料
直接修道院まで行く公共交通手段はない。タクシーかドルムシュをチャーターする。往復で15YTL～。自分のペースで行きたい人はケナン·エヴレン Kenan Evren行きのドルムシュに乗り終点で下車、そこから1本道を30分ほどひたすら歩いた突きあたり。門は自動で開く。

中世の雰囲気を残すマルディンは近年、ドラマのロケ地としてよく使用されている。このPR効果は抜群で、トルコ人旅行客もかなりの伸びを見せている。(編集室)

ザファラン修道院内部の礼拝堂

年から1932年まで、シリア正教会の総本山であるアンティオキア総主教座が置かれていた由緒ある修道院。活動は現在も続いており、スュリヤーニー（シリア）語による礼拝や、少年信徒たちへの教育も行われている。古いスュリヤーニー語の聖書なども興味深い。

ホテル

日本からホテルへの電話 国際電話会社の番号 + 010 + 国番号90 + 482（市外局番の最初の0は不要） + 掲載の電話番号

マルディンは、人気テレビドラマの舞台となったこともあって国内観光客が一気に増加。ホテルも増えているが、休日はほとんど空室がない。週末ならば予約は早めにしたい。ディヤルバクルからの日帰りも検討しよう。ジュムフリエット広場にあった安宿のバイラックタル・ホテルBayraktarは長期閉鎖中。

ビュユック・マルディン Büyük Mardin Oteli

高級 Map P.422

✉Yeni Yol Cad. Meteoroloji Yanı
TEL(0482)213 1047 FAX(0482)213 1447
inet www.dunyainsanlarininevi.com（トルコ語）

D なし
S A/C 85US$
W A/C 100US$
US$ € YTL
T/C 不可 C/C M V

●2003年6月にオープンした4つ星ホテル。旧市街側の部屋からはマルディン市街が、平原側の部屋からは遠くシリアまで続く美しい風景が見られる。フィットネスルーム、サウナ、ハマムがある。ジャクージ付きの豪華なスイートルーム（ふたり利用115US$～）もある。

エルドバ・エヴレリ Erdoba Evleri

高級 Map P.422

✉ Birinci Cad. No: 137
TEL(0482)213 7787 FAX(0482)212 8821

inet www.erdoba.com.tr
D なし
S A/C 85YTL
W A/C 130YTL
US$ € YTL T/C 不可
C/C A M V

●ビリンジ通り沿いにあるプチホテル。マルディン独特の古い建築を改装したホテルで雰囲気もよい。バスルームも新しい。全室エアコン、テレビ、ドライヤー付き。レストランでは郷土料理も出す。中庭からの眺めもよい。フロントスタッフは流暢な英語を話す。

ビレン Hotel Bilen

中級 Map P.422

✉Karayolları Karşısı Vali Ozan Cad. No.72 Yenişehir
TEL(0482)212 5568 FAX(0482)212 2575

D なし
S A/C 45YTL
W A/C 80YTL
US$ € YTL
T/C 不可 C/C A M V

●新市街にある老舗の3つ星ホテル。テラスバーやレストラン、サウナ、バーといった設備もある。朝食はオープンビュッフェ。トリプルルームは120YTL。客室は改装が進行中。トルコ航空の代理店も兼ねている。

バシャク Otel Başak

経済的 Map P.422

✉Birinci Cad. Kuyumcular Çarşısı No.360

TEL(0482)212 6246 FAX なし
D なし
S 15YTL
W 30YTL
US$ € YTL T/C 不可 C/C 不可

●マルディン唯一の経済的な宿だが、競争がないためずいぶん高い。割引には応じてくれる。部屋はいたって普通の安宿といった感じだが、扇風機があるのはうれしい。共同トイレはトルコ式。

レストラン

庶民的で安いロカンタやパスターネがビリンジ通り沿いにいくつかある。値段はどこもそれほど変わらない。近年の観光ブームで、観光客向けにマルディンの古い建物を改装した雰囲気あるレストランもオープンし始めた。

ビュユック・マルディン・ホテル前からの旧市街の眺めは抜群！　マルディン城と斜面に建ち並ぶ家々の風景を納める絶好の撮影スポット。（編集室）

石造りの重厚な教会が多い
ミディヤット

Midyat ミディヤット

昔ながらの白っぽい町並みが続くミディヤットの旧市街

旧市街にあるシリア正教会

マルディンから2時間。ミディヤットは紀元前180年代に造られたともいわれる古い町だ。ビザンツ時代から残る古い様式のモティーフや、独特の色合いのレンガをもつ教会や修道院がある。町はエステルと呼ばれる新市街と旧市街(エスキ・ミディヤット。単にミディヤットと呼ぶこともある)のふたつの町から成り立ち、両者をドルムシュが結ぶ。ホテルやレストランがあるのは新市街。旧市街のアタテュルク像広場はヘイケルと呼ばれ、ドルムシュの発着点にもなっている。広場から一歩入ると、シリア正教会の鐘楼が建ち並ぶ光景が目に入る。

聖ガブリエル修道院 Mor Gabriel Manastır

397年に創建された世界で最も古い修道院のひとつ。7世紀にこの地を征服した2代目カリフの名をとって、ウマル修道院Deyrül Umarとも呼ばれている。かつてはこの修道院の神学部に数千人の学生が学んでいたといわれる。門を入り階段を上ると、右に礼拝堂、正面左側に修道院事務所と接待室の建物がある。高台にあるので周囲の眺めはすばらしい。

聖ガブリエル修道院

聖ガブリエル修道院では、現在も少年たちが集団生活を営みながら勉強しており、なかには海外からの留学生もいる。(編集室)

マルディンから近郊への旅

ミディヤットへの行き方

1日1便しかないが、イスタンブールやアンカラからもバスの便がある。

●マルディンから

🚌メイダンバシュから1時間に1本程度。運賃は5YTL。
新市街にあるビレン・ホテルで車をチャーターしてツアーで回ることも可能。

●ハサンケイフから

🚌始発はバトマン。便によってはミディヤットの手前のゲルジュシュGercüsで乗り換えの場合もある。
所要：1時間
運賃：4YTL

聖ガブリエル修道院

ミディヤットの南東20kmにある。公共交通機関はないので、タクシーを利用する。ミディヤットから片道35YTLほど。

ホテル&レストラン

新市街のエステルの交差点に安いホテルが1軒ある。レストランはエステルのメインストリート沿いやエスキ・ミディヤットの広場周辺に点在している。

スュリヤーニー語で書かれた聖書

怪獣と猫で有名な美しい湖のほとりの町

ワン Van

市外局番 **0432** 人口**28**万**4464**人

■ワンへの行き方

●イスタンブールから

✈1日1便、サビハ・ギョクチェン空港からも1日1便
所要：2時間10分
運賃：84YTL
🚌ハレム発12:00 16:00 17:00発
所要：24時間
運賃：50YTL

●アンカラから

✈1日1便
所要：1時間40分
運賃：84YTL
🚌10:30 11:00 12:00 16:00 17:00 17:30発
所要：約13時間
運賃：50YTL

●タトワンから

🚌1時間毎
所要：2時間
運賃：10YTL

●ドウバヤズットから

🚌7:30 9:00 12:00 14:00発 ドルムシュのみ
所要：2時間30分
運賃：10YTL

●ディヤルバクルから

🚌7:00～23:30に午前4便、午後5便。深夜便23:00 23:30
所要：6時間
運賃：25YTL

●エルズルムから

🚌8:00 11:30 12:00 12:30 15:30 24:00発
所要：6時間
運賃：20YTL

●マラテヤから

🚌6:30 7:00 20:00 20:30 23:30発
所要：8時間
運賃：30YTL

●シャンルウルファから

🚌15:00 20:00 23:00 23:30発
所要：10時間
運賃：30YTL

ワン城に来ていた地元の女性たち

アナトリアの東部のイラン国境近く、満々と塩水をたたえたトルコ最大の湖がワン湖。ワンは、その東側にある町だ。紀元前9～6世紀に西アジアで栄えた、ウラルトゥ王国の首都トゥシバとして歴史に名を連ねている。ウラルトゥ王国は、最盛期にはアルメニア高原の全域に広がり、アララトArarat王国の名で、旧約聖書に登場した国。その後、アルメニア王国の中心地となったが、王国衰退後、10世紀からはトルコ人の侵入とともに、トルコ化、クルド化が進み、3者間の抗争地となった。第1次世界大戦中、一時的にロシア領となったこともある。

旅のモデルルート Gezme Planı

ワンの見どころは、ワン湖やその周辺の遺跡だ。ドルムシュを乗り継いで行けないこともないが、最終便が早いことが多いので、効率よく回るならタクシーをチャーターしたほうがいい。

ワン湖とアクダマル島の1日

ワン→ゲワシュ村→アクダマル島→ワン→ワン湖

タクシーを使わずに自分の足で回るなら、1日で行ける所は2～3ヵ所。朝6:00～8:00にドルムシュやバスなどでアクダマル島への埠頭に行き、船をチャーターしてアクダマル島を見学したら、幹線道路でバスを待つ。本数は多くはないので、千載一遇と思い、体を張ってバスを停めよう。ワンに戻ったら昼食を取ってワン城へ。またはお弁当を持っていって、ワン城で食べるのもよいかもしれない。市内で博物館などを見て、夕暮れに合わせてワン城に行くと、夕日に染まる赤いワン湖を眺めることができる。

市役所前の地下商店街入口には、ワン猫をかたどったモザイクがある。また、地下商店街では色鮮やかなワン猫の置物が販売されている。(編集室)

歩き方 Güle Güle Gidin

ワンのメインロードは南北に走る**ジュムフリエット通り**Cumhuriyet Cad.。これに直交する1本の道、ワン湖に向かって西に走る**キャーズム・カラベキル通り**Kâzım Karabekir Cad.と、東に走る**ワーリー・メフメット・エフェンディ通り**Vali Mehmet Efendi Cad.との交差点を中心に町は広がっている。交差点から南にジュムフリエット通りを1分ほど歩くと、左側にⓘがある。北に行くと30～40mほどの右側に銀行が並ぶ。通りの向かい側にはPTTがある。この周辺ではイランリアルの両替が可能な両替所も多く、レートを掲げていなくとも聞いてみる価値がある。

アクダマル島Akdamarなど近郊の見どころへはドルムシュを利用するが、乗り場は行き先によって数ヵ所に分かれている。夕方には便がなくなるので早めに帰ってこよう。

■ワンのⓘ
Map P.427
✉Cumhuriyet Cad. No.19
TEL (0432) 216 2530
開 8:00～12:00 13:30～17:30
休 無休

■トルコ航空
地図外
TEL (0432) 217 2818
FAX (0432) 217 9237

■ワン空港　地図外
TEL (0432) 217 1660

■タクシー料金の相場
ワン城→アクダマル島→チャウシュテペ城→ホシャップ城と回って120US$～。値段は交渉可。ⓘの前でチャーターできる。

ターミナルから市の中心部へ

ワン空港　市内へはトルコ航空のセルヴィスが利用できる。タクシーなら18YTLぐらい。

オトガル　ワンまで来るバスは、ほとんどがワンを本拠地とするバス会社。イランのオルーミーイェまで行くワン・ギョリュVan Gölü、ワン猫がマスコットのベスト・ワン・トゥルBest Van Tur、オズ・ワン・ヨルÖz Van Yoluのほか、ビトリス本拠のビトリス・タチBitlis Taçもある。いずれもオトガルから約2km離れた町の中心ジュムフリエット通りの交差点までセルヴィスを運行。市内からオトガルも、市内でチケットを買えばセルヴィスが利用できる。

ドウバヤズット線のドルムシュ　町の北側イスケレ通りİskele Cad.の近くから発着している。ここに着いたらイスケレ通りに出て、大きなジャーミィ（ハズレト・オメル・ジャーミィHazret Ömer Camii）を目印に東に行けば、ジュムフリエット通りに出ることができる。

ワンのオトガル。18:00以降はバスがなくなるので注意しよう

見どころ Gezilebilecek Yerleri

七色に変化するといわれている美しい湖面

ワン湖

Van Gölü ワン・ギョリュ

湖面の標高は1646m、面積3713km²、湖岸線約500km、スイスのレマン湖の約6倍半もあるこの湖は、流入河川はあるが、流出河川が少ないため、**塩湖**。しかし、場所によって濃度が違い、川の付近では魚が豊富に獲れ、岸辺付近では泳げる。塩水でも死海のように体が浮くようなことはない。

■ワン湖
Map P.19C～D2

ワン湖のほとり

ワン湖の城塞の下は断崖絶壁になっている。防護策のようなものはないので記念撮影をするときは足元に気を付けよう。（編集室）

また、ここは昔から巨大生物、ワン・ジャナーヴァルVan Canavarıが生息しているという噂があり、沿岸には目撃者も多い。1997年6月、この生物がビデオに撮られたとして国中で話題になり、日本でもテレビで放映された。

力強く素朴なレリーフが残る教会が建つ

アクダマル島

Akdamar Adası アクダマル・アダス

アクダマルはワン湖に浮かぶ島で、915～921年に建てられたというアルメニア教会がある。内部のフレスコ画の保存状態は悪いが、外壁はアダムとイヴの物語など聖書に出てくる説話のレリーフが美しく残る。高台に上れば、ワン湖と教会の眺めが楽しめる。島にはレストランやチャイハーネはない。船の戻りの時間を確認しておこう。

アルメニア教会（上）と教会入口のレリーフ（下）

広大な見晴らしと夕日に感激！

ワン城跡

Van Kalesi ワン・カレスィ

町の外れにある岩山の城跡。紀元前825年に、この地で高度な文明を築き上げたウラルトゥ王国のサルドゥール1世によって建てられたもの。石灰岩のブロックでできており、幅70～80m、長さ1.5km、高さ80mにも及ぶ。

ワン城跡からの眺め

ワン城の麓に広がる草原にはあちこちに大きな穴が開いて凸凹になっている。これは古代の財宝を求めて掘りまくった跡だとか。また、岩山へ行く途中、道の左側に教会がある。参拝すれば子宝に恵まれるという言い伝えがある。

ワン城は昼間は問題ないが、夕方は村の子供が寄ってきて金をねだったりする。城壁から眺める湖に沈む夕日はすばらしいが、ほかにあまり人がいないので注意しよう。

ライオン模様のレリーフがある

ホシャップ城

Hoşap Kalesi ホシャップ・カレスィ

ワンの町から東へ60kmほどの、ホシャップ川を挟んだ向かいの丘にある。ペルシア語でホシュとは美しい、アブとは水という意味。ふたつ合わせてホシャップという。トルコ語では同じ意味をもつギュゼルスGüzelsuと呼ばれている。

ホシャップ城の門

■アクダマル島

Map P.19D2

開アルメニア教会8:00～12:00 13:00～18:00（冬期～17:00）

休無休

料2YTL

※教会は2006年9月現在修復中。外観のみの見学となる。

🚌タトワンTatvan方面に行くバスで途中下車。または7km手前のゲワシュGevaş村まで行く。ゲワシュ村行きは6:30～日没に運行。運賃は2YTL。ゲワシュ村からアクダマルの桟橋までは運転手と交渉。夏期は桟橋まで行くドルムシュもある。片道5YTL。

⛴桟橋からアクダマルまで1隻往復約30YTL。乗船人数により値段は上下する。

■ワン城跡 Map P.427外

開8:00～18:00 休無休

料2YTL

🚌Kaleの表示のあるドルムシュに乗ろう。運賃は約0.50YTL。ドルムシュは6:30から21:00頃まで運行している。

■ワン猫の家

左右の目の色が違うことで有名なかわいい猫、ワン猫はワンのマスコット的存在。そのワン猫の保護、繁殖を行う施設がユズンジュユル大学キャンパス内にあるワン・ケディ・エヴィVan Kedi Eviだ。旅行者の見学も可能。カンピュスKanpüs行きドルムシュで終点下車。運賃は0.65YTLほど。開館時間等はⓘで確認しよう。

多くのワン猫が飼育されている

■ホシャップ城

Map P.19D2

開8:00～12:00 13:00～17:00（夏期～19:00）

※早く閉まることも多い。

休無休 料2YTL

🚌ドルムシュは8:30～18:00（冬期～15:00）の毎時発。運賃は5YTL。

ワン猫の家は大学キャンパスの外れにある。ワン猫の家では数十匹の猫が飼育されているが、目の色が同じ猫のほうが多い。（編集室）

城はオスマン朝時代の1643年にクルド人領主サル・スュレイマン・マフムディーによって建てられた。城内には365の部屋、ふたつのジャーミィ、3つのハマムなどがある。興味深いのは門に刻まれたレリーフで、紋章の両側に鎖につながれたライオンが配置されている。城も美しいが、城からの眺めが特に美しい。下にクルド人の村があり、オスマン朝時代の橋も残る。

数々の遺物から文明の高さが偲ばれる

チャウシュテペ城

Çavuştepe Kalesi チャウシュテペ・カレスィ

ホシャップ城に行く途中、ワンから20kmの所にある城。紀元前760〜730年にウラルトゥ王、サルドゥール2世によって建てられた。城はふたつの部分からなる。手前の部分は寺院、宝庫などがあり、「神、イルムシーニ」などの楔形文字の記述が見られる。回廊で続く奥の城には礼拝所、宮殿などがある。ここで発見された青銅器などはワン博物館に展示されている。

ウラルトゥ王国の遺物を集めた

ワン博物館

Van Müzesi ワン・ミュゼスィ

ウラルトゥ王国の遺物の展示では世界でも有数の博物館。考古学部門と民芸部門とに分かれており、考古学部門にはウラルトゥの陶器、青銅器などが陳列されている。民芸部門にはベルトやネックレスなど美しい銀細工などがある。

■チャウシュテペ城
Map P.19D2
開8:00〜12:00 13:00〜17:00（夏期〜19:00） 休無休
料2YTL
ドルムシュは8:30〜18:00（冬期〜15:00）の毎時発。運賃2YTL。

寺院跡に残っている楔形文字

ワン博物館の入口

■ワン博物館
Map P.427
開8:00〜12:00 13:30〜17:30
休月 料2YTL
2006年10月現在、改修のため閉館中。

ホテル

日本からホテルへの電話 国際電話会社の番号 + 010 + 国番号90 + 432（市外局番の最初の0は不要） + 掲載の電話番号

イランから国境を越えてやって来る人も多いワンには、ホテルの数が多い。安宿はバザールの中に集中しており、中級ホテルは、ジュムフリエット通りやキャーズム・カレベキル通り周辺に点在している。ワン湖の湖畔には高級ホテルもオープンし始めている。

ビュユック・ウラルトゥ Büyük Urartu Oteli

高級 Map P.427

✉Cumhuriyet Cad.No.60
TEL(0432)212 0660 FAX(0432)212 1610

Dなし
S 70€
W 100€
US$ € YTL
T/C不可 C/C V

●市役所の裏にある4つ星ホテル。フロアごとにテーマカラーが決められ、部屋のインテリアも趣味がよい。最上階のレストランからはワン湖が遠くに見える。全75室室のうち、バスタブ付きは12室。全室無線LAN使用可能。

ビュユック・アスル Büyük Asur Oteli

中級 Map P.427

✉Cumhuriyet Cad. No.13, Turizm Sok. No.5
TEL(0432)216 3753 FAX(0432)216 9461
inet www.buyukasur.com

Dなし
S 18€
W 30€
US$ € YTL
T/C不可
C/C A M V

●ⓘの横にある。ワンやドウバヤズットなど東部、南東部のツアーも行う。4〜5人集まればひとり30US$〜。オーナーのレムズィRemzi氏が堪能な英語でガイドをしてくれる。宿泊者以外も歓迎。また観光情報の相談もOK。部屋は改装済みで掃除も行き届いている。2階はレストランで、テラス席もある。

ビュユック・アスルホテル横の半地下にはレムズィ氏の兄が経営する土産物店があり、絨毯やシルバーアクセサリーを売っている。（編集室）

中級 Map P.427

グランド・チャー Grand Çağ Hotel

✉Hastane Cad. No.42
TEL(0432)214 5713　FAX(0432)214 5712

Mail erbay65@mynet.com
D なし
S A/C 45YTL
W A/C 60YTL
US$ € YTL T/C不可
C/C A D M V

●2004年の夏に改装し、おしゃれな雰囲気のブティックホテルになった。全室ミニバー、テレビ付きでインテリアのセンスもなかなか。スイートルームにはパソコン付き。レストランもあり、朝食はオープンビュッフェ。トリプルルームは60YTL。

中級 Map P.427

バイラム Bayram Oteli

✉Cumhuriyet Cad. No.1/A

TEL & FAX(0432)216 1136
Mail bayramotel@hotmail.com
D なし
S 30YTL
W 50YTL
US$ € YTL T/C不可 C/C A D M V

●交差点にあるのでわかりやすい。バス会社が経営する宿で、オフィスもすぐ目の前。2階はレストランとつながっていて便利。部屋は広くて清潔。暖房もよく効く。全室テレビ付き。シャワーも熱い湯がよく出る。朝食はビュッフェ。

中級 Map P.427

ギュゼル・パリス Hotel Güzel Paris

✉İrfan Başbuğ Cad. Hükümet Konağı Yanı No.20

TEL(0432)215 9328
FAX(0432)216 7897
D なし
S 25YTL
W 40YTL
US$ € YTL T/C不可 C/C A M V

●ホテル・ワン・グランドと同じ並びにある3つ星ホテル。老舗ホテルのため、全70室と大型で、部屋は新しくはないが広々としており、バスタブ付きは10室。全室テレビ付き。朝食はビュッフェ。バーやレストランなどもある。

経済的 Map P.427

ケント Hotel Kent

✉İş Bankası Arkası
TEL(0432)216 2404　FAXなし

D なし
S 8YTL
S 10YTL
W 14YTL
W 18YTL
YTL T/C不可 C/C M V

●ジュムフリエット通りから2本西側の通りにある、全63室の大型の安宿。シャワー付きの部屋は45室ある。暖房は常時作動しているが、お湯は7:00～9:00と20:00～24:00となっている。共同シャワーや室内シャワーはあまりきれいとはいえない。

レストラン

レストランはジュムフリエット通り沿いに何軒かある。またキャーズム・カラベキル通りにはビラハーネが数軒あり、夜はショーなども行われる。新鮮な食材をふんだんに使ったワンの朝食はとても有名。ホテルでは出さないが、バザールで新鮮な食材が調達できる。

庶民的 **トルコ料理** Map P.427

アンテップ Antep Ocakbaşı

✉Cumhuriyet Cad. No.34
TEL(0432)215 9101
FAXなし
開6:00～24:00
休無休
YTL
C/C M V

●ジュムフリエット通りの2階にある人気のレストラン。煮込みは3.75YTL、ラフマジュンは1枚1YTL。名物料理では、ピラウを薄焼きパンでくるんでオーブンで焼いたペルデ・ピラウPerde Pilavや、ケバブの回りにラフマジュンがのっているヴァリ・ケバブVali Kebabıなどがある。メインは1品8YTLほど。

iの近くにパン屋があり、ボレキ（トルコ風パイ）が絶品。挽肉とチーズの2種類がある。店の奥に座るスペースがあり、焼きたてを店内で食べることもできる。（編集室）

タトワン Tatvan

市外局番 0434 人口6万6748人

火山の噴火でできたネムルト湖

タトワンは、ワンからワン湖に沿ってぐるっと約150km半周した反対側にある町。町の語源はタフトゥ・ワンTaht-ı Vanという城塞にあるとされる。ネムルト湖やアフラット、ビトリスの観光の拠点になる町だ。

PTTのあるジュムフリエット通りの交差点

タトワンの町は一本のメインストリート、**ジュムフリエット通り**Cumhuriyet Cad.を覚えればいいシンプルな造り。この通り沿いのPTTがあるあたりが町の中心。長距離バスは通常このあたりで降りることになる。

オトガルは町の中心からビトリス方面に約3km行った町の北側にある。バスオフィスは町の中心部にあり、バスの出発に合わせてセルヴィスが出ている。

観光案内所　ⓘはメインストリートのPTTがある交差点からビトリス方向(オトガル方面)へ約2km行った右側にある。簡単なパンフレットが用意されている。

タトワンのⓘ

ネムルト湖とアフラットへ　ネムルト湖とアフラットへはドルムシュやバスなどの便はない。夏期ならタトワン・カルデレン・ホテルがネムルト湖とアフラットへの1日ツアーをアレンジしてくれる。14人乗りの車が1台100YTLほど。ツアーは3〜10月に催行可能だ。タクシーで行くならネムルト湖とアフラットを回って180〜200YTL。タクシーはタトワン・カルデレン・ホテル周辺でつかまえる。

見どころ Gezilebilecek Yerleri

エメラルドグリーンのカルデラ湖

ネムルト湖

Nemrut Gölü ネムルト・ギョリュ

タトワンから車で約1時間の距離にある。観光地として有名なのはアドゥヤマンのネムルトダーゥだが、こちらのネムルト山は標高3050m。東アナトリア火山帯の最南端に位置し、世界有数のカルデラ湖、ネムルト湖を有する。湖は5つのカルデラ湖からなっており、エメラルドグリーンの湖面は一見に値する。春から秋にかけての週末はトレッキングやピクニックを楽しむ家族連れも多い。

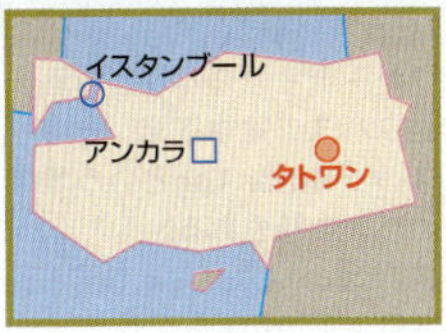

■タトワンへの行き方

ワン行きのバスで途中下車する場合が多い。

●イスタンブールから

🚌ハレム発12:00 16:00 17:00発

所要：22時間

運賃：50YTL

●ワンから

🚌9:00〜17:00に30分〜1時間毎

所要：2時間

運賃：10YTL

●ビトリスから

🚌8:00〜17:00に1時間毎

所要：30分

運賃：2.50YTL

●ディヤルバクルから

🚌9:30 11:30 13:00 16:00 19:00 23:00発

所要：4時間　運賃：15YTL

●マラテヤから

🚌6:30 7:00 20:00 20:30 23:30発

所要：6時間　運賃：25YTL

■タトワンのⓘ

✉Kültür Merkezi Binası

TEL & FAX (0434) 828 0201

開8:00〜17:00　休日

■ネムルト湖 Map P.19C2

湖畔で会った子供たち

ジュムフリエット通りの交差点脇のビルの3階にチャイハーネがある。窓際の席は特等席で、町のにぎわいとネムルト山の景色を同時に楽しめる。(編集室)

ミステリアスな光景のアフラット

■アフラット
Map P.19C2

■ビトリス
Map P.19C2
ワン～ディヤルバクル方面を結ぶバスで途中下車。ビトリス・タチBitlis Taçという地元のバス会社もある。
バス8:00～17:00に約1時間毎
運賃：2.50YTL

坂の多いビトリスの町

墓標が林立する不思議な光景

アフラット

Ahlat Mezarlar アフラット・メザルラル

アフラットの近郊、ワン湖岸には高さ2mを超す墓が林立する興味深い光景が広がっている。これらの墓の多くは17～18世紀に造られたもので、なかでも古いものは12世紀のモンゴル統治時代に造られたものである。墓の表面に施された幾何学紋様もよく見てみよう。

清流が流れる谷間の町

ビトリス

Bitlis ビトリス

タトワンから25km。町の中央を清流ビトリス川が流れ、切り立った谷間の斜面に沿って町が広がっている。この町のシンボルでもある町を見下ろす難攻不落のビトリス城Bitlis Kalesiはアレキサンダー大王の部下ベドリスが造ったとされ、この町の名前であるビトリスの由来ともなっている。ほかにも13世紀のイフラスィイェ・メドレセスィİhlasiye Medresesiや16世紀にシェレフハン4世によって建てられたジャーミィやメドレセなども一見の価値がある。

ホテル

日本からホテルへの電話 国際電話会社の番号＋010＋国番号90＋434（市外局番の最初の0は不要）＋掲載の電話番号

タトワンはビトリス県で最も大きな町だが、ホテルの数はそれほど多くはない。ジュムフリエット通り沿いやその周辺に数軒の中級ホテルがある。また、県庁所在地であるビトリスにもホテルは1、2軒あるが、いずれも老朽化してきており、あまり快適とはいえない。

タトワン・カルデレン Hotel Tatvan Kardelen

中級 地図外

✉Beledíye Yanı

TEL(0434)827 9500
FAX(0434)827 9505
e-mail otelkardelen@gmail.com
D なし
S 40YTL
W 75YTL
US$ € YTL T/C不可 C/C A M V

●役場の隣にある。ジュムフリエット通りからもすぐわかる大きな建物。レストランやサウナなどの設備も整った町一番のホテルだ。全75室で広々とした室内には衛星放送視聴可能なテレビやバスタブ、ドライヤー、ミニバーなども備える。スイートルームは2室。

アルトゥラル Hotel Altılar

経済的 地図外

✉Cumhuriyet Cad. No.164

TEL(0434)827 4096
FAX(0434)827 4098
D なし
S 15YTL
W 30YTL
US$ € YTL T/C不可 C/C不可

●ジュムフリエット通りのPTTの近くにある2つ星のホテル。レセプションは階段を上がった2階。全20室で全室テレビ付き。シャワーなしの安いツインもあり20YTL。ワン湖を望む部屋も5室ほどある。バスオフィスにも近いので便利。

レストラン

レストランはジュムフリエット通りに点在している。この地方の名物ビュルヤン・ケバブ（仔羊を床下に掘った大きな釜の中で燻した料理）を出す店もあるのでぜひ味わいたい。スープのアフショル・チョルバスなど、ほかにも郷土料理はあるので、レストランで聞いてみよう。

ビトリスは、ハチミツの産地としても知られている。タトワンのジュムフリエット通りでは、ビトリス産のハチミツが販売されている。（編集室）

アララット山の麓、国境の静かな町

ドゥバヤズット Doğubayazıt

市外局番 0472 人口5万6261人

町を見下ろす山腹にあるイサク・パシャ宮殿

トルコの東の果ての町ドゥバヤズットは、ノアの方舟で有名なアララット山（5137m）の麓にある人口5万余の活気ある町だ。北へ50kmでアルメニア共和国へ、東へ35km行くとイランへ抜ける国境の町でもある。

町の中から遠目に見るアララット山の威容も見事だが、市街の外れにあるクルド人の王宮イサク・パシャ宮殿の美しさも広く知られている。また、周辺の山あいにはクルドの人々が昔ながらの生活を営んでいる。

旅のモデルルート Gezme Planı

見どころへの公共交通機関はないので、タクシーをチャーターするか、オトガル横のツアー会社で1日ツアーに参加すると効率よく見どころを回ることができる。

ドゥバヤズット周辺の見どころを回る

ドゥバヤズット→イサク・パシャ宮殿→メテオ・ホール→ノアの方舟→クルド村→アール山パノラマ

以上のコースが代表的な半日ツアーのコース。ひとり20US$ぐらいから。冬は観光客が減るので車1台チャーターするのに100US$ほどかかる場合がある。1日ツアーはディヤディンの温泉にも行く。

歩き方 Güle Güle Gidin

町のメインストリートは**アブドゥッラー・バイダル通りAbdullah Baydal Cad.**だ。この通り沿いにPTTやホテル、ロカンタ、パスターネなどが軒を連ねている。アブドゥッラー・バ

■ドゥバヤズットへの行き方

✈一番近いアールAğrı空港へは、イスタンブールやアンカラから就航している

●イスタンブールから

🚌ハレム発11:00 13:00 15:00 18:30
所要：22時間
運賃：60YTL

●アンカラから

🚌15:00 15:30 19:00発
所要：約19時間
運賃：40YTL

●ワンから

🚌7:30 9:00 12:00 14:00発
ドルムシュのみ
所要：2.5時間
運賃：10YTL

●エルズルムから

🚌11:30 12:00 12:30 14:00 15:30発。アールで乗り換えの場合あり。
所要：4時間
運賃：20YTL

●カルスから

🚌ウードゥルで乗り換えとなる。ウードゥルからのミニバス最終は15:00発。その日のうちにドゥバヤズットへ行くには、遅くともカルス発13:00の便に乗ろう。
所要：カルスから4時間

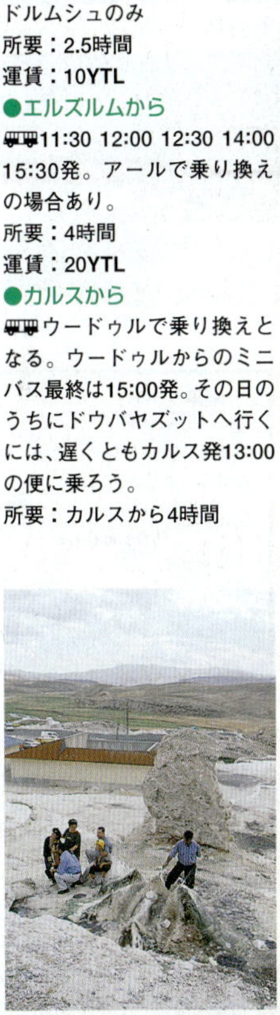
ディヤディンの温泉

アララット・ホテルの裏側にバザールがある。国境の町だけあってイラン産の紅茶やイラン製の小物なども売られている。（編集室）

ドウバヤズット発のバスの便は午後には終わってしまうので、移動は午前中にしたほうが無難

イラン国境行きのドルムシュとその乗り場

■イサク・パシャ宮殿
Map P.19D1
タクシーで往復して15YTLほどだが言い値はかなり高い。行きはきついが、帰りは下りなので徒歩でも充分行ける。片道30分～1時間ぐらい。
開8:00～17:00（冬期～16:00）
料5YTL

軍営としてロシア軍やイラン軍も使用したイサク・パシャ宮殿

イダル通りの西端のガソリンスタンドあたりが町で最もにぎやかな所。衣類や食料品のほか、ありとあらゆる雑貨を積んだ屋台がずらりと並んでいる。ときどきその人込みの真ん中を羊の群れが通っていく。

オトガルから町の中心へ

オトガルは町の東側にある。ドウバヤズットのバス会社はアール・アララットAğrı Araratとエフサーネ・アールダーゥEfsane Ağrıdağı、アール・トゥルAğrı Turの3社。ドウバヤズット行きのバスはアールで乗り換える場合があるが、たいてい追加料金は不要で乗り換えもスムーズ。ワンやウードゥルIğdır、アール、イラン国境の町ギュルブラックGülbulakからのドルムシュはアブドゥッラー・バイダル通りの西端の幹線道路沿いに発着する。タクシーもこのあたりで拾いやすい。タクシー料金は交渉制だ。

見どころ Gezilebilecek Yerleri

突如として現れる王宮生活の夢の跡
イサク・パシャ宮殿
İshak Paşa Sarayı イスハク・パシャ・サラユ

町の東5kmの山腹に建つ宮殿で、17世紀にこの地を治めたクルド人の知事イサク・パシャによって1685年に建造が始まった。宮殿の工事は99年という年月を費やし、完成したのは1784年、イサク・パシャの孫であるメフメット・パシャの時代。全面積7600㎡の敷地には、ジャーミィ、ハレム、浴場、イサク・パシャの墓、牢獄などがあり、部屋数は366もある。宮殿から望む雄大な景色もすばらしい。なお、宮殿から約200m下った所には清潔で格安のペンションMurat Campingもある。

アブドゥッラー・バイダル通りの歩道には、細切れの大理石がアスファルトに埋め込まれており、モザイク状に店名を表記している箇所がいくつかある。（編集室）

雪をたたえた雄々しい姿に感激

アール(アララット)山

Ağrı Dağı アール・ダーゥ

標高5165mのトルコ最高峰。聖書ではノアの方舟がこのアララット山に漂着したと伝えられているが、近年次々と「方舟の遺骸!?」が発見されて話題にされることがある。頂上から見て南東部に標高3896mの小アララット山がある。

アールの雄峰を望む

■アール(アララット)山
Map P.19D1

みやげ話に「ノアの方舟の遺物!?」見学

ノアの方舟

Nuh'un Gemisi ヌフン・ゲミスィ

方舟伝説の遺物がアララット山の麓にある。ドウバヤズットの町から26kmの地点に、ノアの方舟が埋まっているというのだ。確かに方舟のような形に隆起しているが。ここがアメリカ人研究者によって発見されたのが1985年。その後の調査で科学的根拠は認められなかった。研究者を案内した人が建てた小さな博物館が隣にある。

■ノアの方舟
Map P.19D1

盛り上がった部分が舟の形に見えるかな？

隕石が落ちてできた大穴

メテオ・ホール

Meteor Çukuru メテオル・チュクル

町から35km、イランとの国境検問所近くにある。1920年に巨大な隕石が落ちた際にできた大きなクレーターで、直径35m、深さ60m。

■メテオ・ホール
Map P.19D1

ボッカリと開いた大穴。クレーターとしては世界有数の大きさだといわれている。以前はゴミ捨て場だったそうだ

ホテル

日本からホテルへの電話 国際電話会社の番号 + 010 + 国番号90 + 472（市外局番の最初の0は不要）+ 掲載の電話番号

ホテルはアブドゥッラー・バイダル通りと並行するビュユック・アール通りに集中している。ツアー客も多い町なので、中級ホテルが多いが、設備はいまひとつ。見かけは立派でも、電力供給量が少ないため、エレベーターが動かないことがあったり、シャワーがぬるいことがある。

アララット Hotel Ararat

中級 Map P.434B

Belediye Cad. No.33

TEL & FAX (0472) 312 6123
D なし
S 30YTL
W 50YTL
US$ € YTL
T/C 不可 C/C M V

●オトガルの向かいにある3つ星ホテル。レセプションは階段を上がって2階。外観はいまひとつだが部屋はきれい。このクラスにしては料金もかなり安い。バスタブ付きのスイート(75YTL)もある。レストランや朝食サロン、バーも完備。

グランド・デルヤ Hotel Grand Derya

中級 Map P.434A

Abdullah Baydal Cad. No.203
TEL (0472) 312 7531 FAX (0472) 312 7833

E-mail salman72303@hotmail.com
D なし
S 25YTL
W 40YTL
US$ € YTL
T/C 不可 C/C D J M V

●PTTの斜め向かいあたりにある中級ホテル。全60室。部屋はシンプルな造りだが、バスルームも清潔。冬には割引あり。ツアーもやっており、1日ツアーでひとり100YTLぐらい。朝食は2階の広いラウンジでビュッフェ形式。夕食付きプランはひとり8YTLプラス。

イサク・パシャ宮殿の下にレストランがある。夏の夜は居酒屋のように手羽先やビールを楽しめ、ドウバヤズット市内を見下ろしながら食事ができる。(編集室)

ヌフ Hotel Nuh

中級
Map P.434A

✉Büyük Ağrı Cad. No.65
TEL(0472) 312 7232　FAX(0472) 312 6910

inet www.hotelnuh.8m.com（トルコ語）
D なし
S 60US$
W 80US$
US$ € YTL
T/C不可 C/C M V

●外見やロビーは古そうだが、客室は全面改装が終了し、とてもきれいになった。部屋の質と設備はドウバヤズットで最高。全57室でシャワー室やベッドもピカピカ。夕食はひとり12US$（要予約）。最上階のレストランからはアララット山が見える。

イスファハン Hotel İsfahan

経済的
Map P.434A

✉İsa Geçit Cad. No.26 Eminiyet Cad.

TEL & FAX(0472) 312 4363
D なし
S 25YTL
W 50YTL
US$ € YTL T/C不可 C/C M V

●ヌフ・ホテルと同じ並びにあるオレンジ色の建物。近年部屋を改装し、きれいになった。全105室中35室が改装済みで、バスルームも広い。未改装の古い部屋なら割引可。1階にバーカウンターがある。

イサク・パシャ Hotel İshak Paşa

経済的
Map P.434A

✉Büyük Ağrı Cad. Eminiyet Karışısı
TEL(0472) 312 7036　FAX(0472) 312 7644

D なし
S 15YTL
W 25YTL
US$ € YTL
T/C不可 C/C不可

●アブドゥッラー・バイダル通り沿いにあるホテル。建物は古いがこの値段なら納得か。朝食はひとり5YTL。外国人観光客にもよく利用されている。全室テレビ付き。冷蔵庫付きの部屋もある。アララット山が見える部屋もある。

サルハン Hotel Saruhan

経済的
Map P.434B

✉Abdulla Baydal Cad. No.67

TEL(0472) 312 2397　FAX なし
e-mail hotelsaruhan@hotmail.com
D 5YTL
S 7.50YTL
W 10YTL
US$ € YTL T/C不可 C/C不可

●エルズルム・ホテルの隣で2階に受付がある。全9室で、古いが掃除は行き届いている。シャワールームも清潔。周辺のツアーは車1台50US$、英語を話すオーナーが案内する。日本語情報ノートあり。チャイは無料。

Information

アール（アララット）山に登る

アール山は1990年に一般登山者の入山も可能になったが、許可証取得とツアーへの参加が義務づけられている。登頂可能な時期は6月中旬～9月下旬。山頂往復には3～4日かかる。許可証取得は、各旅行会社にパスポートの写真のページのコピー1枚、顔写真1枚、血液型と緊急連絡先の電話番号を提出すればOK。取得所要日数は旅行会社により異なり、トルコ国内から申請する場合通常1ヵ月必要。日本から申し込む場合はいずれも3ヵ月必要。ツアー料金には通常、交通費、ガイド料、食糧、許可証が含まれるが、詳細は必ず確認を。また山頂を目指さずともアール山域に入るには許可証が必要。

■Murat Camping Mt. Ararat Expeditions
Map P.434B
✉İsakpaşa Sarayı
TEL&FAX (0472) 312 0367
e-mail muratcamping@hotmail.com
開7:00～20:00　休無休
料ひとり250US$
周辺への日帰りツアーもある。

ワン行きのドルムシュの始発便（7:30発）の便はいつも込んでいて、30分前には満席になってしまうことも多い。前日に予約しておくのが無難。（編集室）

レストラン

レストランはホテルの数に比べて少なく、ツアー客などはホテルのレストランを利用することが多い。ドウバヤズットの名物はアブディギョル・キョフテだが、アブドゥッラー・バイダル通り沿いにレストランが数軒ある。どの店も値段はあまり変わらず、味もそれほど外れはない。

庶民的 ケバブ屋

イズミル
İzmir Ocakbaşı

Map P.434B

✉Meryamana Cad. No.19
TEL (0472) 312 2950
FAX なし
開 8:00～24:00
休 ラマザン中
💱 US$ € YTL
C/C Ⓐ Ⓜ Ⓥ

●炭火の炉端で自分で肉を焼ける焼肉屋。地元客や旅行者でにぎわう人気店。1皿300gで牛肉、鶏胸肉、手羽先、キョフテ、レバーなどいずれも6YTL。ショーケースを見て選ぼう。焼き野菜、サラダ、チャイは無料。焼肉のタレがなくても美味。天然もののマス（100g3YTL）もあり、焼き魚にできる。

Information

トルコ東部からイランへ

ドウバヤズットはトルコやイランの商人たちでにぎわう国境の町。旅行者にとってもイランの国境越えの起点となる町だ。また、ワンからもバスが出ており、ダイレクトでイランのオルーミーイェまで行くことができる。

■イランへの行き方

イラン入国にはビザが必要。厳格なイスラーム国イランでは、女性は旅行者でも髪、肌、体の線が見えない服装が義務づけられている。女性は髪と首をすっぽり覆うスカーフを着用しよう。

●ドウバヤズットから

🚌トルコ側国境のギュルブラックGülbulakへは、町の西端から運行。7:00～17:00頃に約1時間毎。　所要：20分　運賃：3YTL
🚕タクシーは25YTL～

●ワンから

🚌Vangölü社など数社が各社1日1～3便運行。エセンデレEsendere経由オルーミーイェ（トルコ語ではウルミエUrumiye）行きの便がある。
運賃：20～25YTL　所要：約7時間

■イラン領事館（エルズルム）

Map P.441A外

✉Yenişehir Girişi Üçler Ap. No. 28
TEL (0442) 315 6598
開 8:00～12:30 14:30～17:00　休 金・日
料 50€（1ヵ月のツーリストビザ）
指定の用紙に必要事項を記入し、ビザ代をOyak Bank（Map P.441A）に振り込んで、その領収書を書類と一緒に提出する。状況にもよるが通常は1日で取得できる。写真2枚（女性はスカーフを着用したもの）が必要。

■イラン領事館（トラブゾン） Map P.449B

✉Taksim Cad. Kızıl Toprak Sok. No.3
TEL (0442) 322 2190
開 8:00～13:00 15:00～18:00　休 金・日
料 50€（1ヵ月のツーリストビザ）
取得方法はエルズルムの領事館と同じ。ビザ代は指定のOyak Bankに振り込む。

ギュルブラックの国境

■イラン国境

●ギュルブラック

開 随時　TEL (0472) 321 2009
検問を抜けるとバスやタクシーが待っているのでそれに乗り、国境近くのバーザルガーンへ。徒歩でも30分ぐらい。バーザルガーンからタクシーでマークー（約2.5US$）まで行けばテヘランやタブリーズなどへの便がある。

●エセンデレ

開 随時
ワン発のバスなら、国境からダイレクトでオルーミーイェのバスターミナルに到着。

エセンデレの国境

■イランリアルへの両替

●ドウバヤズット

2006年10月現在イランリアルへの両替はできない。

●ワン

ジュムフリエット通りにあるいくつかの私設両替商でイランリアルへの両替がスムーズに行える。2006年10月現在のレートは1US$=8700～9300リアル（870～930トマーン）。1YTL=5880～6250リアル（588～625トマーン）。

●バーザルガーン

町入口の門の中にあるイラン・メッリー銀行の支店で両替が可能。

トルコとイランの間には1時間30分の時差がある。トルコからイランに入国したら時計の針を進めるのを忘れずに。（編集室）

カルスの名産品はハチミツ

カルス Kars

市外局番 **0474** 人口7万9789人

ドゥバヤズットの北、グルジア、アルメニア国境近くにある町。このあたりは19世紀にはオスマン朝と南下する帝政ロシアの間で激しい争奪戦が行われ、ロシア領になっていた時期もある。

■カルスへの行き方

●エルズルムから

6:00～17:00に1～3時間毎
所要：3時間
運賃：15YTL

●ドゥバヤズットから

ウードゥルIğdırで乗り換え。ウードゥルへは7:00～17:00の間に頻発。　所要：3～4時間

アニへの拠点　カルスの町自体に見どころは多くないが、50km離れたアニAniの遺跡群への拠点として旅行者が訪れる。

オトガルとセルヴィス　オトガルは町の外れにある。市内からオトガルへは、町の中心にあるオフィスでチケットを買えばオフィス前からセルヴィスを利用できる。エスキガラジからはウードゥル行きのミニバスが出ており、オトガルも経由する。

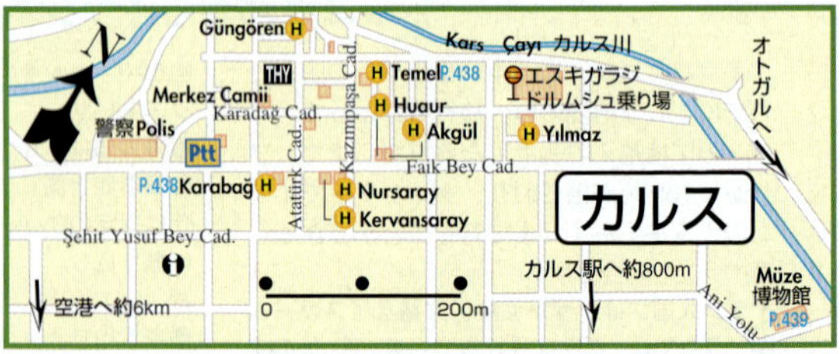

ホテル

日本からホテルへの電話 国際電話会社の番号 + 010 + 国番号90 + 474（市外局番の最初の0は不要）+ 掲載の電話番号

カルスは小さな町だがホテルはけっこうたくさんある。しかし、町のメインストリートであるファーイク・ベイ通りやカラダー通りに集中しているので探しやすいだろう。旅行者が集まるシーズンは夏。この時期は早めにチェックインすることをおすすめする。

カラバー　Hotel Karabağ

中級　Map P.438

✉Faik Bey Cad. No.142
TEL(0474)212 3480　FAX(0474)223 3089
inet www.hotel-karabag.com
Dなし
S 37US$
W 52US$
US$ € YTL　T/C不可　C/C M V

●町のほぼ中心にあり便利。部屋はきれいで設備も整っている。フロントのスタッフも英語を解す。朝食が自慢で地元産の乳製品やハチミツを出す。2階にはレストランもあり、食事もできる。空港への送迎は20YTL。

テメル　Hotel Temel

中級　Map P.438

✉Yenipazar Cad. No.9
TEL(0474)223 1376　FAX(0474)223 1287
Dなし
S 30YTL
W 45YTL
YTL　T/C不可　C/C M V

●少し古めの外観だが、室内は改装されているのでこの値段は魅力的。全室テレビ、ドライヤー付き。夏期はアニへのツアーも催行。ひとり20YTL～。向かい側に系列の新しいホテルがオープン予定。

レストラン

レストランはキャーズムパシャ通りやファーイク・ベイ通りなどに点々と存在している。この地方の名物のハチミツは純天然で蜂の巣付き。抱えるほど大きな巣もあり、重さを量って売ってくれる。巣は多少じゃりじゃりするが、味は素朴で濃厚な甘さだ。

カルスはチーズの名産地としても有名。チェチル・ペイニルÇeçil Peynirというプロセスチーズが代表的。油分は少なく、さっぱりとした味。(編集室)

アルメニア王国の夢の跡 アニ

Ani アニ

アルメニア教会の中心地として栄えたアニには今もいくつかの教会が残されている

アニの町は、971年にアルメニアのバグラト朝の王アショット3世がカルスからアニに遷都してから急速に発展を始めた。以降シルクロードの中継都市として、また、992年にはアルメニア教会の司教座がアニに移されたことにより、宗教的中心地として栄えた。最盛期のアニは10万人を超える人口を抱え、1001の教会をもつ町といわれていたほど。しかし、11世紀中頃以降は徐々に力を失っていった。

●アルメニア教会の遺跡 アニの町の中心には、1001年に建てられた大聖堂（カテドラル）が残っている。1064年にアニがセルジューク朝に占領された際にはジャーミィとして使われるようになったが、13世紀になり、再び教会として使われるようになった。現在見られるような形となったのは、そのときの修復によるもの。天井にあるドームは14世紀に起きた地震によって失われてしまった。

町の西の端にある小さな教会は、聖グレゴリオ教会で、とんがり帽子の屋根の典型的なアルメニア教会。1040年、アニがまだ独立を保っていた頃に造られたものだ。

一方、町の東にある教会は名前も同じ聖グレゴリオ教会だが、1215年、アニがグルジアの影響下にあった頃に造られたもの。教会内部にはキリストの生涯と、聖グレゴリオの生涯を描いたフレスコ画がある。

周囲の自然も美しい

カルスから歴史の旅

アニ

アニはカルスから東へ50km行った所にある。公共の交通手段はないので、タクシーをチャーターして行くことになる。

開8:00〜日没 休無休

料5YTL

🚗見学時間も含めて往復80YTL前後。カルスの博物館に寄ってから遺跡に行くコースが一般的。

■カルスの❶

Map P.438

✉Cumhuriyet Mah. Lise Sok. No.15

TEL (0474) 212 6817

inet www.kars.gov.tr （トルコ語）

開8:00〜12:00 13:00〜17:00

休土・日

■博物館

Map P.438

✉Cumhuriyet Cad. No.365

TEL (0474) 212 3817

開8:00〜12:00 13:00〜17:00

休無休 料2YTL

14世紀に建てられたヤクティエ神学校

エルズルム Erzurum

市外局番 0442 人口36万6962人

東部アナトリア最大の都市エルズルムは、トルコ東北部や黒海地方へ抜けるバスの乗り換え地点としても重要な位置にあるが、市内にはセルジューク朝の建築物などの見どころも多い。また、ここは標高1853mという高地にあるため、冬は雪が多く、零下40℃にもなることがあるという厳寒の地だ。

■エルズルムへの行き方

●イスタンブールから

✈1日1便、サビハ・ギョクチェン空港からも1日1便
所要：2時間
運賃：84YTL

🚌12:00～16:00に1時間毎、20:00～23:00に2時間毎
所要：18時間
運賃：50YTL

🚃Doğu Eks. 8:35発
所要：31時間
運賃：31.75YTL

●アンカラから

✈1日1便
所要：1時間25分
運賃：84YTL

🚌11:00～24:00に1～2時間毎
所要：13時間
運賃：40YTL

●トラブゾンから

🚌7:00 10:00 12:00 18:00 24:00発
所要：7時間
運賃：17～20YTL

●ドウバヤズットから

🚌午前中に数便
所要：5時間
運賃：15YTL

●スィワスから

🚌10:30 23:30～翌2:00に約1時間毎
所要：7時間　運賃：30YTL

●カルスから

🚌9:00～13:00に30分～1時間毎。17:00発もある。
所要：3時間　運賃：15YTL

歩き方 Güle Güle Gidin

エルズルムは市内バスも走る大きな町だが、見どころを回るだけなら徒歩でも充分。歴史的な建築物は町のメインストリート、**ジュムフリエット通り**Cumhuriyet Cad.沿いにある。**メンデレス通り**Menderes Cad.との交差点には、典型的なオスマン朝様式のララ·ムスタファ·パシャ·ジャーミィがある。このジャーミィを北に曲がって坂を下った右側の地下には銀製品や数珠のバザール、**リュステムパシャ·チャルシュス**Rüstempaşa Çarşısıがある。ジュムフリエット通りを東にさらに進むとチフテ·ミナーレに着く。大通りの向かい側の道は小高い丘へと延び、頂上には城塞跡がある。大通りを右折するとセルジューク朝時代の地方政権サルトゥク朝のアミールの墓、ユチュ·キュンベットレルが建つ。

町の中心ハウズバシュ

オトガル　エルズルムのオトガルは町の北西1.5kmの所にある。エルズルムを本拠地にするバス会社はダダシュDadaşとエサダシュEsadaş、パランドケンPalandökenなど。市内のオフィスは、ポラト·ホテル周辺やジュムフリエット通りなどに点在しており、チケットを買えばセルヴィスの利用が可能。オトガルと市内を結ぶのは2番のミニバスだ。オトガルを出て左側にある、ガソリンスタンドの前から。運賃は0.75YTL。町の中心、ジュムフリエット通りまで運行している。ホテルの多いイスタスヨン通りİstasyon Cad.周辺へはタクシーで7YTLほど。

エルズルムのオトガル

鉄道駅　駅からは徒歩で充分。スーパーのミグロス、ホテルなども駅前のイスタスヨン通りやその周辺に多い。

どっしりとした外観のエルズルム駅

リュステムパシャ・チャルシュスでは数珠などを作る工房が並んでいる。近郊で産出するオトゥル・タシュOtlu Taşという黒い石を材料に用いている。(編集室)

見どころ Gezilebilecek Yerleri

青い模様のミナーレが美しい

ヤクティエ神学校

Yakutiye Medresesi ヤクティエ・メドレセスィ

縄目文様のミナーレ

イル・ハーン朝時代の1310年に、将軍ホジャ・ジェマレッティン・ヤクートによって建てられた、エルズルムで最も有名な歴史的建造物。青とレンガ色の細かい縄目文様が彫り込まれたミナーレが、日の光を受けてきらきら輝く様はとても美しい。もともとミナーレは各コーナーにあったものだが、今では1本だけ残っている。館内は民俗学博物館になっている。

そびえ立つ2本の塔に圧倒される

チフテ・ミナーレ

Çifte Minare チフテ・ミナーレ

正面の入口に堂々とそびえる2本のミナーレが見事なルーム・セルジューク朝時代の建物。スルタン、カイクバート2世の娘ホダーバンド・ハンデ・ハトゥン、もしくはイル・ハーン朝の君主ガイハートゥーの妻ハンド・パーディィシャーによって建てられたといわれる。もとは神学校として建てられ、ハトゥニエ・メドレセスィと呼ばれていた。しかし、1829年にロシアに占領さ

堂々とした2本のミナーレ

■エルズルムの🛈
Map P.441A
PTTからさらに噴水がある広場ハウズバシュHavuzbaşıを越えて西に行った所。
✉Cemal Gürsel Cad. No.9/A
TEL (0442) 235 0925
FAX (0442) 233 0771
開8:00～12:00 13:00～17:00
休土・日

■ヤクティエ神学校
Map P.441B
✉Cumhuriyet Cad.
TEL (0442) 235 1964
開8:00～17:00
休月・水　料2YTL

チフテ・ミナーレのレリーフ

■チフテ・ミナーレ
Map P.441B
開8:00～12:00 13:00～17:00
(夏期13:30～17:30)
休無休
料無料

ボヤハーネ・ハマムの前のチェシメ（給水所）は昼夜を問わず、ポリタンクを持った市民が列をなす。キリリと冷えた軟水だが、生水なのでおなかと相談しよう。(編集室)

■パランドケン・スキー場
Map P.441B外
TEL (0442) 315 7838
開8:00～17:00　休無休
エルズルム市内から片道10～15YTL。
バスは積雪のある冬期の土・日のみ便がある。終点は下の入口近く。そこからは徒歩。スキー用具はデデマン・ホテルやパラン・ホテルなどでレンタルできる。セットで1日15US$～。リフトの1日パスは15～50US$ほど（使用リフトによって異なる）。

れたとき、内部を飾っていた美しいレリーフや碑文などは、ロシアのサンクトペテルブルグに持っていかれてしまった。

白銀の世界と連なる白い尾根

パランドケン・スキー場

Palandöken Kayak Merkezi パランドケン・カヤック・メルケズィ

高級ホテルチェーンのデデマンDedemanが開発したスキーリゾート。市街の南6kmの所にある。12月の初旬から4月までスキーを楽しむことができる。

パランドケン・スキー場

ホテル

日本からホテルへの電話 国際電話会社の番号 + 010 + 国番号90 + 442（市外局番の最初の0は不要）+ 掲載の電話番号

エルズルムのホテルは駅前から延びるイスタスヨン通り付近や、イスタスヨン通りの突きあたりにある広場周辺に数軒ある。冬はマイナス20°近くにもなる極寒の土地柄だから、どんなに安いホテルでも、暖房付きなのはうれしい。ちなみに、夏は暑い。

パラン
Palan Otel

高級　Map P.441A外

✉Palandûken, Erzurum
TEL (0442) 317 0707　FAX (0442) 317 0700

inet www.palanotel.com
Dなし
S A/C 80～100US$
W A/C 120～150US$
US$ € YTL
T/C不可 C/C M V

●パランドケン・スキー場にある通年営業の4つ星ホテル。町の中心からタクシーで5分、13YTLほど。外国人の利用が多く、フロントは英語もOK。サウナやフィットネス、室内プールなど館内施設も充実しており、宿泊客は無料で利用できる。ロビーでは無線LANが使用できる。

ポラト Otel Polat

中級　Map P.441A

✉Kazım Karabekir Cad. No.2

TEL (0442) 235 0363
FAX (0442) 234 4598
Dなし
S 35YTL
W 55YTL
US$ € YTL T/C不可 C/C M V

●イスタスヨン通りから南西へ少し入った所にある2つ星ホテルでビジネス客の利用が多い。新しいホテルではないが、外観も館内も改装済み。室内は白や青で統一されており、バスタブ付き。最上階は朝食用のサロンになっている。

レストラン

エルズルム名物はドネル・ケバブを水平方向にしたように薪の直火で焼き上げたジャー・ケバブ**Cağ Kebabı**。ラヴァシュ（薄焼きパン）も一般的によく食べられており、熱々の焼きたてはとてもおいしい。串刺し肉と野菜をユフカに挟んで食べるのもまた格別だ。

ゲルギョル
Gelgör Cağ Kebap Salonu

庶民的　ケバブ屋　Map P.441B

✉Kongre Cad. Nazik Çarışı No.10
TEL (0442) 213 5071
FAXなし
inet www.gelgorcagkebabi.com（トルコ語）
開9:00～23:00　休無休
US$ € YTL C/C A M V

●1975年創業のジャー・ケバブの名店。入口の壁には、来店した有名人の写真が自慢気に飾られている。広い店内には家族連れの姿も見られる。ケバブは1本3YTL。無料で付いてくるサラダなどと一緒に焼きたてのアツアツをラヴァシュに巻いていただこう。持ち帰りもできる。

トルコのウインタースポーツの中心地、エルズルムは2011年の冬季ユニバーシアードの開催地に立候補している。（編集室）

緑濃いチャイのふるさと

黒海沿岸

Karadeniz

黒海沿岸

ハイライト

緑豊かで波の穏やかな海岸線が続く黒海地方は、風光明媚で独自の文化をもつ地域。十字軍の攻撃から生き延びたビザンツの故地トラブゾンや、断崖絶壁が厳しい修道生活を物語るスュメラ修道院、牧歌的な風景が広がるウズンギョルなどがおもな見どころ。山間部にはヤイラYayla（夏営地）が数多くあり、夏はピクニックやトレッキング客でにぎわっている。

エメラルドグリーンのウズンギョル

リゼの緑濃い斜面に建つ家並み

アクチャアバト、サルジュクの海水浴場

チャイカラの町の川岸に建つ伝統的家屋

プランニング

黒海沿岸の幹線道路が各都市を結んでいるので、途中下車しながらの旅も楽しい。沿岸と内陸部の町村を結ぶドルムシュは冬期は便数が少なくなる。

やや時間はかかるが、サフランボルからはカスタモヌを経由すればスィノップに出ることができる。

交通

サムスンとトラブゾンでほとんどのバスはオトガルに入るが、それ以外では幹線道路にあるバス会社のオフィス前での乗降が基本となる。アナトリア各地からやって来るバスは1〜2時間ほど出発時間が遅れることがある。また、サムスンからスィノップへは若干バスの本数が少ない。

スィノップのオトガル

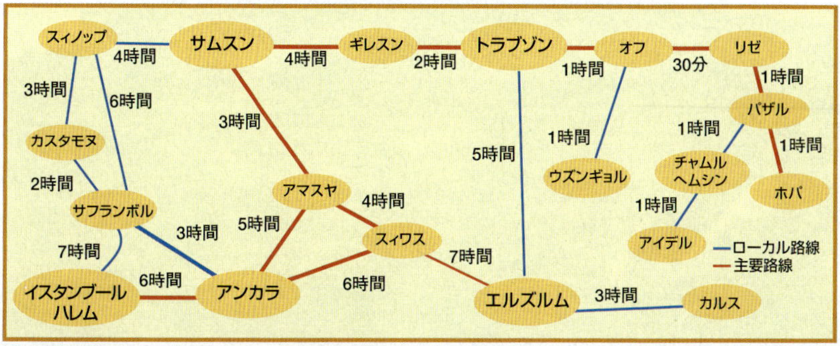

名物料理

食べたい魚を選んで調理してもらうのが基本

カラデニズ（黒海）といえば、ピデ。生地が薄くてクリスピーなコンヤ風のピデと比べると、黒海地方のピデは舟形でふんわりとしたパンピザのような食感が特徴。漁業が盛んなだけあって、ハムスィ（イワシ）のフライも名物。ウズンギョルなどで養殖されるアラバルック（マス）もぜひ試してみたい。トラブゾンの隣町のアクチャアバトは、キョフテで有名な町だ。

みやげ物

黒海といえば紅茶の産地。リゼやオフなどには多くの工場がある。この地方でしか売っていない銘柄もあるので、飲み比べてみるのもよいだろう。山間部はハチミツの産地になっている。ギレスンに本社があるフィスコ・ビルリックFisko Birlik社のクルミ製品はかなりのクオリティでペーストなどが人気。サムスンなどにも直売店がある。

黒海の伝統装束のリカちゃん？

リゼでは売られているチャイの種類も多い

リゼ近くで売られていた伝統家屋のミニチュア

カチカル山脈トレッキング

トルコの自然といえば、カッパドキアのような荒涼とした大地を思い浮かべる人が多いだろう。ところが黒海にほど近い北東部の山間に、そのイメージを覆す水と緑に育まれた別天地がある。近年ハイキングスポットとして注目されているカチカル山脈Kaçkar Dağlarıだ。3000m級の峰々が連なる雄大な山岳風景は、まさにトルコのアルプス。その高みを目指して、夏には世界中からハイカーがやって来る。

ケメリ・カチカル山とエメラルドグリーンの湖

高原にはヤイラとよばれる夏の放牧地が点在しており、牛飼いたちは夏の間ここに小さな集落を形成して牛を追いながら暮らす。これらのヤイラに立ち寄り、山の民の素朴な暮らしに触れられるのも、この地方のハイキングの大きな魅力である。

起点はアイデル

拠点となるのは、標高約1265mの村、アイデル。ここは緑濃い針葉樹の森に囲まれたトルコ随一の山岳リゾートで、ログハウ

紅葉が美しいアヴソル・ヤイラス

ス風のホテルが点在する。さらに特筆すべきは、村に湧き出る温泉の存在。歩いたあとのひとっ風呂はまさに極楽！

ガイドを雇うかツアーに参加

詳細な地図の入手は難しく、また道標もないため、安全のためにも必ず現地ガイドを雇って歩こう。ガイドはアイデルのホテルやレストラン（→P.458）で手配可能。夏は1日ツアーを行うホテルも多い。ガイド料はライセンスの有無や英語の可否により大きく異なり1日40～160US$。夏は近隣のチャムルヘムシンÇamlıhemşinやトラブゾンなどから、旅行会社主催のツアーに参加してもいい。

コースはいろいろ

半日程度のピクニックから、1週間かけて歩く本格的なコースまで多彩。下記は人気コースの一部。

アヴソル・ヤイラス Avusor Yaylası ～ビュユック湖 Büyük Göl

アイデルからドルムシュで1時間のアヴソル・ヤイラスが起点。高原を歩きケメリ・カチカル山直下の湖を訪れる。湖畔でピクニックもできる。往復2時間30分。

パンに温めたチーズやバターをつけて食べる質素な食事

アヴソル・ヤイラスの牛飼いとヤイラにいた女の子

トバ・ヤイラスからフセル・ヤイラスへの道

アヴソル・ヤイラス ～フセル・ヤイラス Huser Yaylası ～アイデル

上記コースをたどったあとアヴソル・ヤイラスへ戻り、トバToba、フセルなどのヤイラを巡る。往復6～7時間。

カチカル山 Kaçkar Dağı 登頂

3泊4日のロングコース。オルグンラルOlgunlarなどから出発し、途中でキャンプしながら、標高3937mのカチカル山頂を目指す。

アヴソル・ヤイラスのドルムシュ乗り場にて

歴史的建造物に彩られた黒海のエメラルド

トラブゾン Trabzon

市外局番 0462 人口21万5058人

■トラブゾンへの行き方

●イスタンブールから

✈毎日3便、サビハ・ギョクチェン空港からも1日2便出ている。
所要：1時間45分～2時間50分
運賃：99YTL
🚌11:30～22:30に各社3～4便、1～2時間毎
所要：18時間
運賃：50YTL

●アンカラから

✈9:00 22:30発
所要：1時間15分
運賃：119YTL
🚌14:00～20:30に1～2時間毎
所要：13時間
運賃：35YTL

●サムスンから

🚌7:30～翌0:30に頻発
所要：7時間
運賃：30YTL

●リゼから

🚌7:00～18:00に30分～1時間毎
トラブゾン行きのドルムシュやバスに幹線道路から乗る。
所要：1時間30分
運賃：7YTL

●エルズルムから

🚌8:00～18:30に1～2時間毎
所要：5時間
運賃：20YTL

メイダン公園で披露された黒海の踊り、ホロン

トラブゾンの町は、黒海の海岸線近くまで迫りくる山々のスロープに貼り付くように築かれている。海沿いには4～5階建てのビルが林立しているが、坂道を上って中心街に足を踏み入れると、そこは石畳が続き、チャイハーネが軒を並べる味わい深い町。1年を通して湿潤温暖、緑に育まれた町だ。

この町の歴史は紀元前8世紀のギリシアの植民地時代までさかのぼる。その後ペルシア、ローマ、ビザンツ、オスマン朝などさまざまな帝国の支配を受けた。その歴史が建築物に今もかいま見られる。また13世紀にはトレビゾンド帝国の中心であったため、数多くのビザンツ美術が残っている。

近郊の町マチカMaçkaにあるスュメラ僧院は、イスラーム勢力に追われたキリスト教徒が隠れ住んだ断崖絶壁にある修道院として広く知られている。

旅のモデルルート Gezme Planı

午前中にスュメラ僧院、午後からはトラブゾン市内を散策というのが一般的。夏期なら足を延ばしてサルジュクのビーチで海水浴するのも楽しい。日帰りで足を延ばすなら交通の便の比較的よいウズンギョルがおすすめ。

ボズテペからの眺め

スュメラ僧院とトラブゾン市内1日コース

トラブゾン→スュメラ僧院→トラブゾン→アヤソフィア→ボズテペ

冬に訪れる場合、積雪のためスュメラ僧院への道が閉ざされることもあるので、旅程を立てる際は頭に入れておこう。また、夕食は黒海で獲れたハムスィ（イワシ）のフライがおすすめ。

サルジュクのビーチへは町の西側にある中距離バス乗り場から、アクチャアバト方面へ行くドルムシュで行く。（編集室）

歩き方 Güle Güle Gidin

町の中心は**メイダン公園**Meydan Parkı。園内はチャイバフチェになっており、地元の人や旅行者の憩いの場だ。オトガルやスュメラ僧院、アヤソフィアなどの観光地へのバスやドルムシュは、すべてこの広場が起点となっている。ホテルはこの公園から東側に多い。ロカンタは公園周辺をはじめ、町のあちこちにある。公園の南側の道を西へ進むと、ブティックやロカンタなどが並ぶ**ウズン通り**Uzun Sok.だ。これと並行する1本北側の通りには銀行が多く、そこを過ぎると**パザル**Pazarと呼ばれる古くからの商業地区になる。

ウズン通り

町の中心、メイダン公園

メイダン公園のドルムシュ乗り場

空港から市の中心部へ

空港は幹線道路を海沿いに東約6kmにある。中心のメイダンまでは**ハワリマヌ・メイダン**Havalimanı Meydanの表示があるドルムシュを利用しよう。空港行きはメイダンから北に1本入ったホロン・ホテルHoron Hotel前の通りの角から頻発している。

オトガルから市の中心部へ

オトガルとメイダン公園を結ぶドルムシュの表示

オトガルは町の南側の幹線道路沿いにある。市の中心メイダン公園へはドルムシュに乗る。メイダン行きの乗り場は、幹線道路に出た反対側車線。ここを通るドルムシュのほとんどはメイダンへ行く。1回

■トルコ航空（空港内）
地図外
✉Trabzon Havalimanı
TEL (0462) 325 6738
FAX (0462) 326 6739

トラブゾン空港

カンベルオウル社のバス

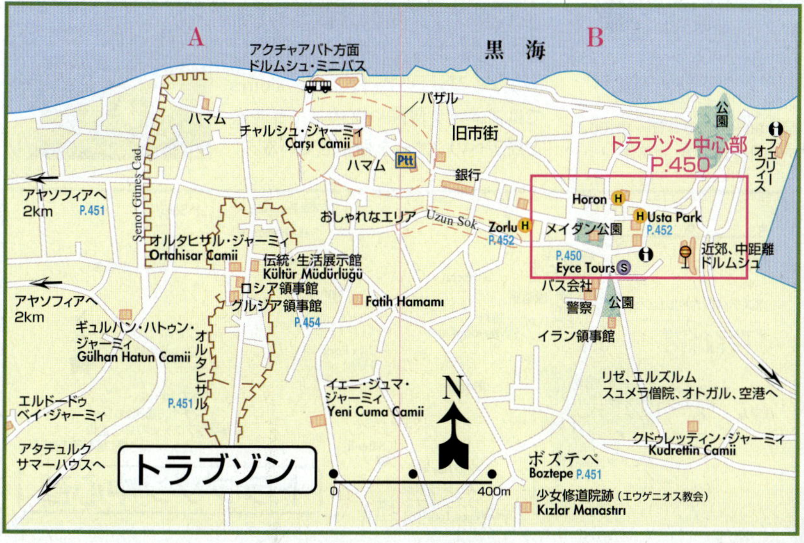

メイダンからアヤソフィアへ向かうドルムシュの途中に、トラブゾンスポルのホームスタジアム、シェノル・ギュネシ・スタドゥがある。（編集室）

■トラブゾンの🛈
Map P.450B
✉Meydan Camii Sok.
TEL & FAX (0462) 326 4760
開8:00〜12:30 13:00〜17:00
休冬期のみ土・日

トラブゾンの🛈

■エイジェ・ツアーズ
Eyce Tours
Map P.449B
近郊への日帰りツアーを催行。スュメラ僧院へは通年毎日10:00発、15YTL。ウズンギョルへは5〜9月の毎日9:00発、20YTL。料金はひとり分の往復バス料金のみで、入場料や昼食は各自負担。バス会社Ulusoyでも予約可能。宿泊ホテルへの無料送迎あり。夏期はアイデルへのツアー（35YTL）もある。ガイド付きハイキングツアーや、カラジャ洞窟へのツアーなども応相談。
✉Taksim İşhanı Sok. 11-1
TEL (0462) 326 7174
FAX (0462) 326 7423
inet www.eycetours.com（トルコ語）
開8:30〜19:30（日〜11:00、6〜9月〜21:00）休無休

0.90YTL。逆に、市内からオトガルへのドルムシュは、メイダン公園前から頻発している。車の上にあるMeydan Garajlar（メイダン・ガラジラル）の表示が目印。タクシーなら6YTL。

港から市の中心部へ

トラブゾンの港は、町の中心から遠くはない。幹線道路に出て、メイダン行きのドルムシュに乗ろう。坂を上がっても徒歩15〜20分ほどで中心のメイダン公園へ着く。

ドルムシュ

トラブゾン市民の足はドルムシュ。車両の上の部分に行き先が書いてある。以前はタクシー型のドルムシュがほとんどだったが、すべて白いミニバス型に変わった。おもな路線はオトガルや、空港、アヤソフィア、ボズテペなど。乗り場はメイダン公園周辺に点在している。運賃は行き先により0.90YTL〜。

アヤソフィア行きドルムシュ

両替・郵便・電話

銀行や両替はメイダン広場周辺やウズン通りUzun Sok.に集中している。中央郵便局はホテル・オメサHotel Omesaの向かい。メイダン公園内にもPTTのブースがある。

メイダン公園のPTT

旅の情報収集

🛈はメイダン公園の東側にある市役所の裏にある。メイダン公園南東にあるエイジェ・ツアーズEyce Toursではスュメラ僧院やウズンギョルなど周辺へのツアーを催行している。

エイジェ・ツアーズのスタッフ

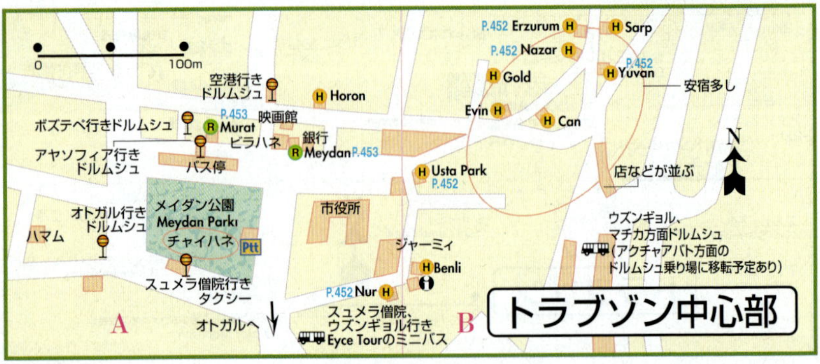

😊ボズテペから市街を撮影した写真を友人に見せたら、『魔女の宅急便』に出てくる街並みみたいだね、と言われた。（千葉県　くろぴー　'06秋）

見どころ Gezilebilecek Yerleri

岩壁に残る美しいフレスコ画

スュメラ僧院

Sümera Manastırı スュメラ・マナストゥル

垂直の壁にへばりつくスュメラ僧院

トラブゾンの南約54kmにある、岩壁に貼り付いているようなビザンツ寺院。トルコ人にさえ、「夢の地」といわれるほど人里離れた所にある。創設はビザンツ時代の6世紀にさかのぼり、現在ある建物は14世紀の建造で、6階建て全72室。奥にある洞窟の内部と、外壁にはフレスコ画が数多く残っている。ただ心ない落書きが多いのが残念だ。登り口から僧院までは急な上り坂の山道が続く。標高1200m、川から300mも切り立った垂直の岩壁の途中にある。ここからの風景は壮観だ。

■スュメラ僧院
Map P.18B1
開9:00〜17:00
(冬期〜16:00)
冬期は雪が降ると山道が閉鎖されることもある。
休冬期の水曜(不定期)
料5YTL
バスバス会社ウルソイの前の乗り場からエイジェ・ツアーズのミニバス。
トラブゾン発10:00
スュメラ発14:00
運賃:15YTL(往復)
タクシーメイダン公園にあるタクシー乗り場から
運賃:言い値だと4〜5人乗りで1台90〜100YTL。カラジャ洞窟と一緒に回ると170YTL程度。

黒海を見下ろす赤い屋根のビザンツ教会

アヤソフィア

Ayasofya アヤソフヤ

黒海を見下ろす丘に建つ

市の中心部から西へ3km、黒海を背に建つ教会跡。5世紀に建立され、1238〜63年にマヌエル1世の命で改修されたもの。オスマン朝時代以降はジャーミィとして使われた。典型的なビザンツ後期の建築物で、中央に高いドームがあり、その前後左右に屋根が延びている。内壁にはビザンツ美術の傑作とされるフレスコ画があり、最後の晩餐、聖母マリアなど聖書の場面が並ぶ。西側の高い鐘楼は1427年に完成。

■アヤソフィア
Map P.449A外
バスメイダン公園などからドルムシュ(Ayasofyaの表示がある)。
開9:00〜17:00
休無休 料2YTL

最後の晩餐のフレスコ画

坂の多いトラブゾンの町を取り囲む

オルタヒサル

Ortahisar オルタヒサル

城壁周辺の風景

少し崩れているが見ごたえ充分。オルタヒサルは14世紀、トレビゾンド皇帝アレクシオス2世の時代に建てられた。周囲は公園として整備されている。

オルタヒサル・ジャーミィ

■オルタヒサル
Map P.449A

丘の上から黒海とトラブゾンの赤い屋根の眺めを楽しもう

ボズテペ

Boztepe ボズテペ

トラブゾンの山側にある丘で、背後にそびえる高峰が間近に迫って見える。眺めのよいカフェテリアもあるので、のんびりと景色を眺めよう。

町を見下ろすカフェテリア

■ボズテペ
Map P.449B
バスメイダン公園北の路地からドルムシュ。Boztepeと表示されている。
運賃:0.75YTL

スュメラ僧院の周辺の山々はアルトゥンデレ国立公園Altındere Milli Parkıに指定されている。(編集室)

ホテル

日本からホテルへの電話 国際電話会社の番号 + 010 + 国番号90 + 462（市外局番の最初の0は不要）+ 掲載の電話番号

安い宿はメイダン公園、市役所の南側に密集しているが、売春宿も多いので注意しよう。特に市役所南側のエリアの一部や、オトガルへ向かう幹線道路沿いのホテルはほとんどが売春宿だ。夏の夜などは周囲が騒がしいこともあるので、ホテルと周辺の雰囲気を見極めて宿を決めよう。

ゾルル Zorlu Grand Hotel

最高級 Map P.449B

✉Maraş Cad. No.9 TEL(0462) 326 8400 FAX(0462) 326 8458

inet www.zorlugrand.com
D なし
S A/C 200€
W A/C 250€
US$ € YTL T/C不可 C/C A D M V

●この地域では唯一の5つ星で、最も豪華なホテル。噴水のある吹き抜けのロビーは外の喧噪を忘れさせてくれる。客室はこのロビーを囲むように配されている。サウナやジム、ディスコなどもある。

ウスタ・パルク Usta Park Hotel

高級 Map P.450B

✉İskenderpaşa Mah. No.3
TEL(0462) 326 5700 FAX(0462) 322 3793

D なし
S A/C 90€
W A/C 115€
US$ € JPY YTL T/C不可
C/C A D M V

●市役所の隣にある設備の整った高級ホテル。隣には系列の旅行代理店がある。バスルーム内のアメニティグッズも充実している。海側や広場側など部屋は希望に応じてくれ、上階の部屋から見る黒海もなかなか。

ナザル Hotel Nazar

中級 Map P.450B

✉İskenderpaşa Mah. Güzelhisar Cad. No.5
TEL(0462) 323 0081 FAX(0462) 321 7366

D なし
S A/C 70YTL
W A/C 95YTL
US$ € YTL T/C不可 C/C M V

●2005年12月オープンの全41室のホテル。安宿街の中では比較的高値だが、そのぶん設備は新しく、部屋もきれいだ。エレベーターもある。全室エアコン、ケーブルテレビ付き。

ヌル Nur Otel

中級 Map P.450A

✉İskenderpaşa Mah. Cami Sok. No.15
TEL(0462) 323 0445 FAX(0462) 323 0447

D なし
S A/C 39YTL
W A/C 59YTL
US$ € YTL T/C不可 C/C M V

●ⓘのすぐ横にある便利な立地。部屋数15のこぢんまりとしたビジネスホテル風の宿。バスルームは少し狭いが、広々としてきれいな部屋。エアコン付きでこの値段は良心的。テレビ、冷蔵庫付き。

ユワン Yuvan Hotel

経済的 Map P.450B

✉Güzel Hisar Cad. No.10

TEL(0462) 326 6823 FAX なし
D なし
S 25YTL
W 40YTL
US$ € YTL T/C不可 C/C V

●ホテルが密集する地域にある。内部を全面改装したので、この料金にしては、室内やベッドやバスルームも新しくてきれい。全24室。エレベーターがないので上階はつらい。

エルズルム Erzurum Oteli

経済的 Map P.450B

✉Güzel Hisar Cad. No.15

TEL(0462) 322 5427 FAX なし
D なし
S 15YTL
W 26YTL
US$ € YTL T/C不可 C/C M

●全34室で、古いが清潔。この料金でこの設備は魅力的で部屋もこざっぱりしている。シャワーなしの部屋は S 10YTL、W 20YTL。すぐ近くに同経営のホテル、ナザル Hotel Nazarがある。

名物のアクチャアバト・キョフテスィAkçaabat Köftesiは牛肉を使ったキョフテ。アクチャアバトの幹線道路沿いに専門店が数軒ある。（編集室）

レストラン

黒海東部最大の都市であるトラブゾンにはロカンタが多い。メイダン公園周辺にはナスや豆などを使った煮込み屋が並び、いずれの店も評判はよい。しかし、トラブゾンといえば何といってもハムスィ（イワシ）。ほかにも、魚のグリルやフライを試してみよう。

庶民的 魚料理
ムラト
Murat Köfte ve Balık Salonu

Map P.450A

✉Parkı Karşısı
TEL(0462) 322 3100　FAXなし
開7:00〜22:00
休ラマザン中
US$ € YTL C/C M V

●広場のバス停近くにある、グリルやフライのおいしい魚料理専門店。店先で魚を焼いたり揚げているので、すぐわかる。近くの山で養殖しているマス（1人前4〜5YTL）なども試してみよう。パラムート（サバ）のグリルは3〜4YTL。

庶民的 トルコ料理
メイダン
Meydan Kebap ve Yemek Salonu

Map P.450A

✉Meydan Parkı Karşısı
TEL(0462) 321 0203　FAXなし
開6:00〜翌3:00　休無休
US$ € YTL
C/C M V

●地元の人でにぎわうロカンタ。広場のバス停近くにあるので、観光の途中に立ち寄るのに便利。各種煮込み料理やドネル・ケバブやイワシのから揚げが美味。予算はひとりあたり約5〜7YTL。お酒は出さないが、すぐ横にビラハーネがある。

Information

チャイの産地、リゼ

紅茶の産地として有名なリゼはトラブゾンから約80km。人口約12万8000人、トラブゾン以東では最大の黒海沿岸都市だが、町なかを川が流れ、こぢんまりとした印象を受ける。リゼの歴史は紀元前6世紀、ギリシア人の植民にさかのぼる。リゼの語源はギリシア語で山すそを意味するRhisosといわれている。

リゼで茶葉の生産が始まったのは1930年代。政府の手厚い保護の下、茶葉を生産する農家が増え始めた。安定した現金収入が得られるとあって、多くの農民が茶葉の栽培を始め、1950年代にはチャイ成金が続出し、リゼの町はおおいに潤った。しかし、供給過剰から専売制に終止符が打たれ、私営の紅茶会社の続出によって茶葉の価格は暴落し、以前の繁栄は見られなくなった。しかし現在でもリゼやオフ周辺には多くのチャイ工場があり、初夏の収穫期には工場を見学することもできる。

町の中心はジャーミィ（イスラームパシャ・ジャーミィ）のある広場。この広場に面して❶やPTT、古い民家を改造した民俗博物館Etnografya Müzesiなどがある。

リゼの町を見下ろす高台にあるチャイ・エンスティテュスュÇay Enstitüsü（紅茶研究所）に隣接したズィラアト・チャイバフチェスィZiraat Çaybahçesiに行ってみよう。眼下に広がる茶畑や黒海を眺めながらお茶ができる。広場のジャーミィの横の坂道を20分ほど上っていった所。広場からタクシーで行っても片道5YTLくらいだ。

■リゼへの行き方
●トラブゾンから
🚌トラブゾンのオトガルから頻発。ホパHopa行きのバスで途中下車。
所要：1時間30分　運賃：5YTL
●ウズンギョルから
🚌オフOfまで行き、幹線道路でリゼ行きに乗り換え。

■リゼの❶　地図外
✉Meydan PTT Yanı
TEL(0464) 214 4730
開8:00〜17:00（5〜9月）休冬期は休業

■民俗博物館　地図外
✉Meydan PTT Arkası
開9:00〜11:30 14:00〜16:30
休月　料2YTL

■ズィラアト・チャイバフチェスィ　地図外
✉Ziraat Mah.　開8:00〜23:00（5〜9月）
8:00〜17:00（10〜5月）

広場にあるティーポットのモニュメント

リゼの中心部の海側は大きな魚市場が広がっており、活気にあふれている。幹線道路沿いにはロカンタがあり、新鮮な魚を食べることができる。（編集室）

Information

トラブゾンからカフカス諸国へ

グルジア、アルメニア、アゼルバイジャンは距離的にも情報的にも日本人には非常に遠い国である。しかし、これらの国はトルコにとってみれば隣国でトラブゾンなど黒海沿岸からは特に近く、各国へバスの便も出ている。なお情報は2006年9月の現地取材による。ビザの取得方法、国境や政治情勢は常に変化するので、現地で必ず確認してほしい。

グルジア　1991年にソ連邦から独立したものの内戦が起こり、産業は崩壊し、国民は疲弊し苦しんだ。内戦は終えたものの、まだ国内復興はできておらず、首都トビリシにはまだ傷跡が残っている。グルジアはその美しい自然でも有名な国。情勢さえ問題なければ、カフカス山脈越えのドライブもおすすめだ。ビザなしで滞在できるので、以前より行きやすくなった。

■グルジアへの行き方

トルコ、アルメニア、アゼルバイジャン、ロシアとすべての国にボーダーを開いている。

●イスタンブールから

✈月・水・金23:10発のトビリシ行きがある。
運賃：450.73YTL
🚌エセンレル10:30発（コチ・アルダハンKoç Ardahan社）
所要：30時間　運賃：50US$

●トラブゾンから

🚌13:00発
（マフムート・トゥルMahmut Tur社）
13:00、20:00発（ギョクタシュGöktaş社）
運賃：トビリシまで25US$（国際便は原則としてUS$払い）

■グルジア領事館（トラブゾン）

Map P.449A
✉Petrev Paşa Cad. No.10
TEL(0462) 326 2226
開10:00〜12:00　14:00〜18:00　休土・日
3ヵ月までの滞在であればビザは不要。

■グルジア国境

ホパHopaの北東のサルプSarpとポソフの北のテュルクギョズュTürkgözüの2ヵ所。

アルメニア　グルジアの南にあるアルメニアは、4世紀に世界で初めてキリスト教を国教化したことで有名な国だ。また、アルメニア商人は、中東やヨーロッパ各地にそのネットワークを築き、東西交易の一翼を担った。オスマン朝末期まではアナトリアには多くのアルメニア人が居住していた。オスマン朝の弱体化の機を見て、帝国主義諸国との密約などから独立機運が高まり、第1次世界大戦中にはアナトリア東南部では戦闘が行われた。数百万ともいわれる犠牲者を出し、多くのアルメニア人はシリアのアレッポをはじめ各地への移住を余儀なくされた。

■アルメニアへの行き方とビザ

イランとグルジアのみにボーダーを開いている。イラン経由の場合テヘランまでいったん出て、ビザを取ってからエレヴァンを目指す必要があるので、グルジア経由が便利だ。ビザはグルジアの首都トビリシにあるアルメニア大使館で取ることができる。申請から7営業日程度で受領。

●イスタンブールから

✈エレヴァンへはアルメニアのarmavia airが週2便運航している。

●トラブゾンから

🚌土12:00（マフムート・トゥルMahmut Tur社）
金9:00、土・日17:00（ギョクタシュGöktaş社）
運賃：エレヴァンまで35〜40US$（国際便は原則としてUS$払い）

アゼルバイジャン　グルジアとアルメニアの東にあり、首都バクーはカスピ海に面した工業都市。20世紀初頭まで世界の石油の半分以上を産出し、現在でも重要な産油国である。ナゴルノカラバフ紛争はいまだに解決しておらず、アルメニアとの仲は悪い。

アゼルバイジャンの公用語、アゼリー語はトルコ語に非常に近く、トルコとは相互安全保障条約を結んでいる。バクーからフェリーでカスピ海を渡って、トゥルクメニスタンへ抜けることもできる。

■アゼルバイジャンへの行き方とビザ

アゼルバイジャンのビザはアンカラの大使館やイスタンブールの領事館で翌日発行が可能。

●イスタンブールから

✈毎日23:10発のバクー行きがある。
運賃：528.56YTL

●トラブゾンから

🚌ヌフオウルNuhoğlu社のバスが火・水・金18:00発。いずれもグルジア経由。ウードゥルIğdırから直接アゼルバイジャンへの便があるのは、国境を接するナヒチェヴァンNakhitchevan地方だが、飛び地になっているので陸路でバクーに入ることはできない。ナヒチェヴァンからは空路を利用できる。
運賃：50US$（国際便は原則としてUS$払い）

トラブゾンの南にあるギュミュシュハーネの近郊にはカラジャ洞窟Karaca Mağarasıという巨大な鍾乳洞がある。観光シーズンは4〜10月。（編集室）

ウズンギョル Uzungöl

市外局番 0462 人口6200人

湖を見下ろす

黒海沿岸のチャイの産地、オフOfからソラクル川Solaklı Çayıに沿って車は北に進む。チャイカラの村からさらに20km。しばらく車窓からは、緑あふれる渓流と、山の斜面にへばりつくようにして建つ家々の風景が続く。ソラクル川がさらに川幅を狭めると突然視界が開ける。目の前には水を満々とたたえた美しい湖が現れる。のどかな牧歌的風景が広がるトルコ屈指の避暑地、それがウズンギョルだ。

村の女性

ウズンギョルは緑深い山に囲まれた小さな湖。ソラクル川の上流に開けた**ハルディゼン渓谷**Haldizen Deresiの谷底に広がる湖で、標高は1900m。この湖はハルディゼン渓谷の斜面にあった岩々が転げ落ち、川の水を堰き止めてできたといわれる。湖畔の白いジャーミィも美しく、湖ではボート遊びもできる。

6～9月にかけては多くの観光客でにぎわう。トレッキングやバードウオッチングなども楽しめるので、自然が好きな人にはおすすめの場所だ。また、地元の人は山々が真っ赤に染まる10月下旬～11月の紅葉シーズンもすすめている。

東西が川、中心に湖　湖は徒歩で1周約30分。湖沿いの道を歩いていくと、湖の幅が狭まり、川になっていく。この川の北側沿いのエリアにレストランやホテルが点々としている。

湖周辺を歩く　ウズンギョル・メルケズ・ジャーミィUzungöl Merkez Camiiのあたりがウズンギョルの入口。湖の入口でミニバスを降りてもよいが、ミニバスは湖の東側のペンションが並

■ウズンギョルへの行き方

●トラブゾンから

🚌6～9月のみメイダン広場西のミニバス乗り場（アクチャアバト方面乗り場へ移転予定あり）からチャイカラ・トゥルÇaykara Tur社の直通の便が8便。帰りの便は6便。
所要：2時間
運賃：6.50YTL
冬期は20km手前のチャイカラÇaykaraで乗り換えだが、便数は少ない。チャイカラからタクシーで行くなら片道30YTL。

■トラブゾンからのツアー

●Eyce Tours

5～9月9:00発
ひとり往復20YTL。復路は15:30発。昼食は各自負担。

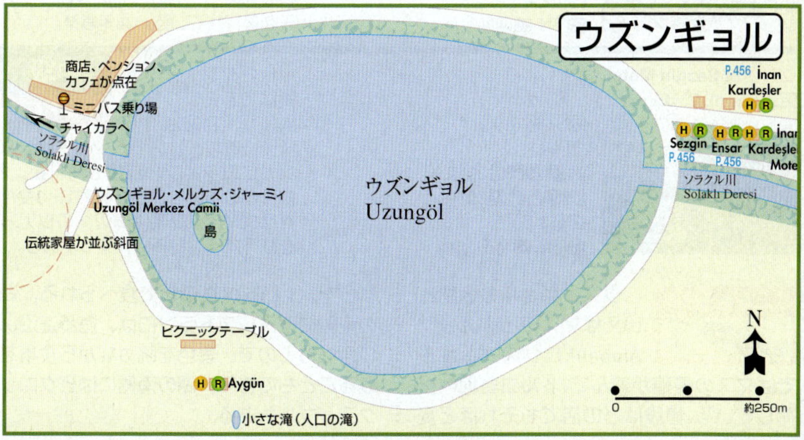

伝統家屋が並ぶ斜面をしばらく登っていくと、湖を見下ろせるビューポイントにたどり着く。ちょっとしたハイキング気分が味わえる。（編集室）

秋の実りのとうもろこしが民家の軒先に干されていた

ぶエリアまで行く。ジャーミィの西側の斜面には伝統的な家屋が建ち並んでいる。民家を通り抜け30分ほど歩くと、湖を眺望できる場所に出る。

ウズンギョル・メルケズ・ジャーミィ

周辺のヤイラ(夏の放牧地)へ

周辺へのトレッキングならヤイラYayla(夏の放牧地)へ行ってみるのもよい。デミルカプDemirkapı、シェケルスŞekersu、ヤイラオニュYaylaönüといったヤイラがある。夏期はヤイラへのツアーを催行するホテルもある。

ホテル

日本からホテルへの電話 国際電話会社の番号 + 010 + 国番号90 + 462（市外局番の最初の0は不要）+ 掲載の電話番号

トラブゾンからの日帰りも充分可能だが、トレッキングをしたりして自然を満喫するには1～2泊はしたい。ペンションはミニバスの終点あたりに多く、湖の入口にも安いペンションがある。グループ向けのバンガロータイプの部屋があるホテルも多い。冬期の平日は閉まるところもある。

エンサル Ensar Motel

中級 Map P.455

✉Fatih Cad. No.18
TEL(0462)656 6321 FAX(0462)656 6346

inet www.ensarmotel.com（トルコ語）
D なし
S 40～50YTL
W 90～100YTL
US$ € YTL
T/C 不可 C/C A D M J V

●ミニバスの終点近くにあるホテル兼レストラン。比較的新しいホテルで通年オープンしている。客室は全66室。湖側の部屋からの眺めは格別。5人まで泊まれるバンガロータイプの大きな部屋も16室あり、1室200YTL。レストランや遊具施設なども完備している。

イナン・カルデシレル İnan Kardeşler Motel

中級 Map P.455

✉Uzungöl, Çaykara
TEL(0462)656 6260 FAX(0462)656 6066

inet www.inankardesler.com.tr（トルコ語）
D なし
S 50～80YTL
W 90～110YTL
US$ € YTL
T/C 不可 C/C M V

●1974年にレストランとしてオープンしたウズンギョル最大規模の施設を誇る老舗。国内外の山岳愛好家も多く利用している全18室のホテル。遊歩道から橋を渡った所がマスの養殖場になっており、イケスを見ることもできる。夏期はツアーを催行している。通年営業。

セズギン Sezgin Motel

中級 Map P.455

✉Uzungöl, Çaykara
TEL(0462)656 6175 FAX(0462)656 6192

D なし
S 30YTL
W 60YTL
US$ € YTL
T/C 不可 C/C M V

●レセプションの建物はこぢんまりしているが、客室はその背後にあり、レストランも併設。バンガロータイプの部屋も同料金。2食付きの料金はひとり40YTL、3食付きは50YTL。夏期は周辺へのツアーを催行する。冬期は休業している。

レストラン

ウズンギョルの名物といえばマス(アラバルック Alabalık)。ウズンギョルではマスの養殖が盛んで、トルコ各地へ出荷している。値段はどの店でもそれほど変わらず、1人前3YTLほどで食べられる。湖の東側に並ぶレストランには、遊歩道沿いの席もあるので、景色を眺めながら食事を取ることもできる。湖の南側にはピクニックテーブルもある。

湖の東側では、マスの養殖が行われている。どのホテルも養殖場をもっており、自由にイケスを見ることができる。(編集室)

牧歌的風景が広がる

アイデル　Ayder

市外局番 **0464** 人口**200**人

黒海の町パザルPazarから山道を川沿いに約1時間。アイデルは標高1265mの小さな村だ。村ではカフカス系のラズ族やヘムシン族と呼ばれる人々が遊牧を営んできた。見上げれば高い峰々が続き、牧場からカウベルの音が響く。ここはスイス？と思ってしまうような牧歌的な風景が続いている。アイデルは温泉地としても知られ、周りにある高原や山々へのトレッキング基地となっており、6〜9月のシーズン中は多くの観光客でにぎわう。60種以上の野生動物や130種以上の植物が確認されている自然の宝庫でもある。

小さな村　パザルからのドルムシュの終点にあるのが村の中心の広場。このあたりにしか商店はない。さらに上に行くと、下には温泉の湯煙が見える。さらに上に行けば右側にビネクタシュの滝Binektaş Şelalesiが見え、周囲には牧場が広がる。

ビネクタシュの滝

周辺のヤイラ（夏の放牧地）へ　アイデルの村は谷底にあるので眺めはあまりよくない。トレッキングに出かけて大自然を満喫しよう。ただし天候は変わりやすいので、雨具や防寒具を用意しておこう。村では山岳ガイドも手配できる。村から比較的近いヤイラでは、フセル・ヤイラスHuser Yaylasıやアヴソル・ヤイラスAvusor Yaylasıなどがある。3000m級の山々が連なるフルトゥナ渓谷Fırtına Vadsiでは、カヤックやパラセイリングなども楽しめる。

アヴソル・ヤイラス

見どころ　Gezilebilecek Yerleri

ダイエットにも効果あり!?

アイデル温泉

Ayder Kaplıcaları アイデル・カプルジャラル

村人には銭湯の代わり

村の中心にあるこの温泉は、古くから湯治客が訪れていた。温泉の温度は44°ぐらい。この温泉の効能は痛風、リウマチ、関節痛、心臓疾患など。大きなプール型の浴槽のほか、貸し切りできる家族風呂もある。温泉の水を飲めばダイエットにも効果があるといわれている。病院も併設している。

■アイデルへの行き方

直通バスはないのでパザルPazarでドルムシュに乗り換え。パザルへはホパHopa行きなどのバスで途中下車。トラブゾンから約2時間。

●パザルから

発着場所は大通りのHızır Mobilyaという家具屋の前。8:00〜15:00に毎時発。アイデルからは7:30〜15:00（夏期〜15:00）に30分〜2時間毎。

所要：1時間　運賃：5YTL

家具屋の横にタクシー乗り場がある。

運賃：50YTL

パザル発のドルムシュ

■アイデル温泉

地図外

TEL(0464) 657 2102〜3

開7:00〜20:00

(10〜3月10:00〜18:00)

休無休　料5YTL

貸し切り用の家族風呂は1時間25YTL。

アイデル温泉の建物

アイデル温泉の泉質はアルカリ性。体を洗うお湯ももちろん、ヌルッとした天然温泉だ。大理石製の温泉プールでくつろいで旅の疲れを落とそう。(編集室)

ホテル

日本からホテルへの電話 国際電話会社の番号 + 010 + 国番号90 + 464（市外局番の最初の0は不要）+ 掲載の電話番号

人気上昇中のアイデルにはペンション、ホテルとも数は多いが、繁忙期の7・8月は満室になってしまうこともしばしばある。逆に冬期は多くのホテル、ペンションが休業してしまう。夏期は人数さえ集まればヤイラへの日帰りハイキングツアーを行うホテルも多い。

ハシムオウル Otel Haşimoğlu

中級 地図外

✉Ayder Çamlıhemşin
TEL(0464)657 2037　FAX(0464)657 2038

D なし
S 75YTL
W 100YTL
US$ € YTL　T/C不可
C/C Ⓐ Ⓜ Ⓥ

●広場の橋の横から延びる坂道を下った所にある。村一番の高級ホテルで全65室と大型。全室テレビ、ミニ冷蔵庫付き。全館で無線LAN使用可能。温泉のすぐ上に系列のレストラン、アイデル・ソフラスAyder Sofrasıもある。

スィス Sis Otel

中級 地図外

✉Ayder Çamlıhemşin

TEL(0464)657 2030
FAX(0464)657 2186
D なし
S 25～67YTL
W 50～90YTL
US$ € YTL　T/C不可　C/C Ⓜ Ⓥ

●村から10分ほど坂を下りた所にある老舗ホテル。建物はログハウス風で、全室テレビ付き。オーナーは周辺の地理に精通しており、山岳ガイドの手配も可能。レストランにはテラス席もあって眺めがよい。

コル Koru Hotel

中級 地図外

✉Ayder Çamlıhemşin
TEL(0464)657 2083　FAX(0464)657 2010

D なし
S 30YTL
W 60YTL
US$ € YTL
T/C不可　C/C不可

●村の中心から山側に坂を上って10分ほど行った牧場の近くにある。ロビーには暖炉も置かれている。客室はフローリング。すぐ横は牧場になっているので、部屋からの眺めがいい。全室に衛星放送視聴可能なテレビ付き。通年営業。

イェシルヴァーディ Yeşilvadi Otel

経済的 地図外

✉Ömer Aktuğ Cad. No.34
TEL & FAX(0464)657 2050

inet www.ayderyesilvadi.com
D なし
S 40～60YTL
W 60～80YTL
US$ € YTL　T/C不可　C/C Ⓐ Ⓜ Ⓥ

●広場から坂を少し下るとある、家庭的な雰囲気の宿。通りに面したレストランではマス料理を出している。客室はレストランの裏側にある。女性スタッフが多いからか掃除も念入りにされている。シャワールームも新しい。通年営業。

レストラン

広場やアイデル温泉の周辺にレストランが数軒あり、レストランを併設しているホテルも多い。アイデルの名物料理は川で獲れる魚（マスなど）や、バターとチーズで作るムフラマMuhramaというスフレのような料理。魚は特産のバターを使ったフライにしてもらうとおいしい。

チセ Çise Cafe Restaurant

庶民的 トルコ料理　地図外

✉Ayder Merkez, Çamlıhemşin
TEL(0464)657 2171
開7:00～翌2:00
休12～3月頃
US$ € YTL　C/C不可

●ドルムシュ乗り場の前にあるレストランで待ち時間にも便利。英語のメニューもあるのがうれしい。ムフラマ、マスのグリルといった郷土料理以外にも、さまざまな料理がある。店の奥には座ってくつろげる席や暖炉もある。

アイデル・ソフラスはアイデル温泉を見下ろす場所に建つレストラン。テラス席もあり、郷土料理を楽しむことができる。また、夏期には音楽演奏がある。（編集室）

サムスン Samsun

市外局番 0362 人口36万2756人

町の中心の幹線道路と広場を見下ろす

サムスンは黒海沿岸最大の工業都市。歴史的な建築物はほとんど残っていないが、ここはトルコ近代史上重要な意味をもつ。1919年5月19日、アタテュルクが外部勢力からトルコを守るためにこの地を訪れ、抵抗運動を組織したからだ。

また、サムスンは茶やタバコの産地でもあり、夏から秋に見られるタバコの葉がつるされた風景は、この街の風物詩だ。

時計塔の周辺

サムスンの歩き方　サムスンの中心街はフアル公園Fuar Parkıの北側で、ホテルやロカンタも多い。町の目印はふたつのジャーミィ。ひとつはアタテュルク大通り近くの**ビュユック・ジャーミィ**Büyük Camii。周囲は魚屋や露店が軒を連ねている。またジュムフリエット通りの西側にある**メルケズ・ジャーミィ**Merkez Camiiは1階がショッピングセンターの近代的なジャーミィ。周辺には安宿が多い。

オトガルと長距離バス　サムスンは黒海沿岸最大のバスの中継地。2006年、市の南側に新しいオトガルが完成した。共和国広場付近のバス会社オフィスからセルヴィスが利用できる。

オトガルから市の中心部へ　ミニバスやドルムシュが多発している。共和国広場Cumhuriyet Meydanı付近で下車、1回1YTL。深夜は割増料金になることがある。

空港と市内を結ぶセルヴィス　サムスンのチャルシャンバ空港は市の中心から30kmほど南西にある。飛行機の発着に合わせて、トルコ航空のオフィス前から、市内と空港を結ぶセルヴィスが往復している。運賃はひとり5YTLほど。タクシーなら50YTLほど。

■サムスンへの行き方

●イスタンブールから

✈毎日2便
所要：1時間30分
運賃：113YTL
🚌10:00～23:00に頻発
所要：14時間
運賃：40YTL

●スィノップから

🚌6:00～20:00に1～2時間毎
所要：3～4時間
運賃：10YTL

●トラブゾンから

🚌7:30～23:30に頻発
所要：約6時間
運賃：25YTL

●アマスヤから

🚌8:30～22:30の間に頻発
所要：2時間30分～3時間
運賃：10YTL

サムスンの時計塔は19世紀に造られたが、1944年に起きた地震で倒壊した。今見られるものは1977年に再建されたものだ。（編集室）

ライトアップされた伝統家屋と城塞

アマスヤ Amasya

市外局番 **0358** 人口**7万4393**人

古代名アマセイヤで知られるアマスヤは、5000年以上前から栄えていたといわれている町。中央を流れる**イェシル川**Yeşil Irmak、周囲を囲む切り立った岩山に切り開かれた岩窟墳墓、そして山の傾斜地に民家が並んだ様子など、美しい景観でも有名だ。また、オスマン朝やセルジューク朝期の歴史的建築物も多い。

歩き方　オトガルは町の東の外れにあり、ドルムシュや市内バスで約5分。観光は徒歩で充分。**アタテュルク像**Atatürk Anıtıあたりの広場が町の中心。メインストリートはオトガルまで延びる**アタテュルク通り**Atatürk Cad.だ。イェシル川沿いに真っすぐ行くと橋が見える。PTTもこの橋のたもとにある。イェシル川を渡って対岸の左には古い民家の博物館**ハゼランラル・コナウ**Hazeranlar Konağıがある。上を見上げると**岩山と岩窟墳墓**が見える。見晴らし台からの眺めもよい。

見どころ Gezilebilecek Yerleri

ミイラの展示で有名な

博物館

Müze ミュゼ

ローマ、ヒッタイト、オスマン朝時代の硬貨などの遺物やこの地方の伝統衣装などを展示している。フェティエ・ジャーミィFethiye Camiiから運ばれた13～14世紀のイル・ハーン朝時代のミイラは中庭の別館で展示されている。

博物館の展示

アマスヤの町を見下ろす

岩窟墳墓

Kral Kaya Mezarları クラル・カヤ・メザルラル

ハゼランラル・コナウの手前の鉄道のガードをくぐって路地に入った所に入口がある。階段を上った展望台からはアマスヤ

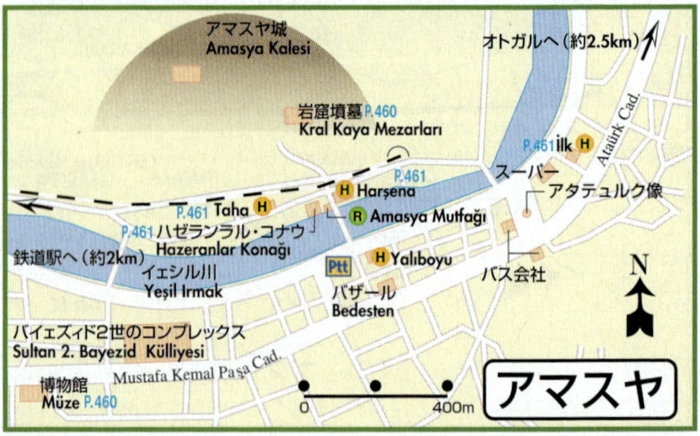

■アマスヤへの行き方

●イスタンブールから

🚌21:00 21:30 23:15発

所要：13時間　運賃：40YTL

●アンカラから

🚌8:30～18:00に2時間毎24:00発

所要：5時間

運賃：25YTL

●スングルルから

🚌各社頻発。幹線道路で車を停めて乗車する。

所要：2時間30分

運賃：10YTL

●スィワスから

🚌7:30～15:30に2時間毎

所要：4時間　運賃：20YTL

●サムスンから

🚌6:00～24:00に頻発

所要：2時間30分～3時間

運賃：9YTL

■アマスヤのℹ

オトガルへ向かう途中のアタテュルク通り沿いに県文化観光課のオフィスがある。

■博物館　Map P460

開8:00～11:45 13:00～16:45

休月　料2YTL

■岩窟墳墓　Map P460

開9:00～11:45 13:30～18:00

休無休　料2YTL

岩窟墳墓前を走る鉄道

アマスヤは皇太子の町（シェフザーデ・シェフリŞehzade Şehri）の異名をもつ。14～16世紀に多くの皇太子がアマスヤに赴任したことによる。（編集室）

の町を一望できる。東西に延びる城壁の内側には紀元前3世紀に栄えたポントス王国の王らの岩窟墓がある。

古い民家がそのまま博物館

ハゼランラル・コナウ

Hazeranlar Konağı ハゼランラル・コナウ

ハゼランラル・コナウ

朽ちかけていた18世紀の民家を、1984年に復元した博物館。建物は木造、土壁を使ったトルコの伝統的な建築で、地下室もある。内部ではキリムや婦人服も展示している。

■ハゼランラル・コナウ
Map P460
開9:00～12:00 13:30～17:00
休月　料2YTL

人形を使った展示

ホテル

日本からホテルへの電話 国際電話会社の番号 + 010 + 国番号90 + 358（市外局番の最初の0は不要） + 掲載の電話番号

アマスヤにはホテルはそれほど多くはないが、アタテュルク通り沿いやその周辺、バザールと川に挟まれた地区などに点在している。中級ホテルが多く、安い宿はあまりない。川沿いには伝統家屋を改築した雰囲気のよいホテルもオープンし始めている。

イルク İlk Pansiyon

中級 Map P460

✉Gümüşlu Mah. Hitit Sok. No.1

TEL (0358) 218 1689
FAX (0358) 218 6277
D なし
S 35～65YTL
W 50～90YTL
YTL
T/C 不可 C/C 不可

●スーパーの横の道を入った左側にある。180年ぐらい前のアルメニア風の民家を改造したおしゃれなホテル。さまざまなアンティークのものが置かれている。値段は部屋の大きさやシャワーの有無によって変わる。家庭的な朝食（別料金5YTL）も自慢。

ハルシェナ Harşena Otel

中級 Map P460

✉PTT Karşısı Yalıboyu Evleri
TEL (0358) 218 3979　FAX (0358) 218 3980

inet www.harsena.com
D なし
S A/C 30€
W A/C 50€
US$ € YTL
T/C 不可 C/C M V

●橋を渡ってすぐ右側にあるホテル。本館と別館があり、川を見下ろす別館（エアコンなし）はアンティーク調の内装。本館の部屋はエアコン付きでバスルームも新しい。別館の庭にはカフェテリアがあり、シーズン中は生演奏をやることもある。朝食はオープンビュッフェ。

タハ Taha Hotel

経済的 Map P460

✉Hatuniye Mah. Hazelanlar Sok. No.28
TEL (0358) 218 2675　FAX なし

D なし
S 25YTL
W 50YTL
US$ € YTL
T/C 不可 C/C M V

●ハゼランラル・コナウから道沿いに西に行った右側にある。ズュムリュトZümrütから名前が変わり、部屋も改装された。全室テレビ、ミニ冷蔵庫付き。バスルームはやや狭い。朝食は5YTL。キッチンの使用も可能。

レストラン

アタテュルク像のある広場から川沿いの路地裏にかけてロカンタが点在している。橋のたもとにあるアマスヤ・ムトファウAmasya Mutfağıというレストランでは郷土料理を出している。ケシュケッキKeşkekというギュヴェチ（壺焼き）を試してみよう。

アマスヤの名産品はリンゴで、年間2万6000トンの収穫量がある。日本のものと比べると小ぶりなサイズだがなかなかおいしい。（編集室）

港で出会った釣り人

スィノップ Sinop

市外局番 0368 人口3万502人

黒海に突き出たボズテペ半島の真ん中あたりに開けているのが、アナトリアの最北端スィノップの町だ。町の歴史はヒッタイト時代にまでさかのぼる。さまざまな支配者のもとで港は発展を遂げ、スィノップは黒海最大の貿易都市となった。しかし、オスマン朝時代になるとその地位をサムスンに奪われ、今では歴史を刻んだ城壁が取り巻く静かな町となっている。

町の中心は港周辺　オトガル前から岬の方向へ延びる道、**ジュムフリエット通り**Cumhuriyet Cad.と**サカルヤ通り**Sakarya Cad.、そしてその先を右に曲がった**アタテュルク通り**Atatürk Cad.がこの町のメインストリート。

オトガルからは徒歩で　**オトガル**から港までは1km程度なので、徒歩で充分だ。市内を走るミニバスは1回0.70YTL。

■スィノップへの行き方

●アンカラから

🚌22:00発
所要：10時間
運賃：30YTL

●サムスンから

🚌メトロ社6:15 7:00 8:30 9:30 11:00 18:00 19:00発
Sinop Birlik、Sinop Ünal社からも数便あり
所要：4時間
運賃：10YTL

■スィノップの ℹ

Map P.463
✉Gazi Cad.
TEL (0368) 261 5298
開 8:00～20:00　休 冬期
冬期は旧刑務所博物館のチケットオフィスが観光案内業務を行う。

■城壁

Map P.463

■アラアッディン・ジャーミィ

Map P.463

見どころ　Gezilebilecek Yerleri

スィノップに来たらまず目に付く

城壁

Sinop Kalesi スィノップ・カレスィ

オトガルの裏に残る城壁

海岸線に沿って旧市街を囲むように建つ城壁。全長2053m、高さ25～53m、幅3mの砦。最初に築かれたのは紀元前2000年にもさかのぼり、紀元前100年頃には現在のような形を成していたという。その後ローマ・ビザンツ時代の拡張により、さらに強固なものとなり、セルジューク朝時代には、内部の砦が築かれた。埠頭近くの西側に階段があるので、城壁の上に上ってスィノップの町と黒海を一望することができる。

町随一の歴史を誇る重厚なジャーミィ

アラアッディン・ジャーミィ

Alaaddin Camii アラアッディン・ジャーミィ

セルジューク朝時代、アラアッディン・ケイクバードによって建設が始まり、1267年にセルジューク朝の宰相ムーイヌッディン・スュレイマン・ペルヴァーネによって完成された。中心に大きなドーム、その両側に小さなドームを配している。

Information

トレビゾンド帝国

トレビゾンド帝国は、ラテン帝国にコンスタンティノープルを奪われたコムネノス家の末裔がトレビゾンド（現トラブゾン）に建てた帝国である。13世紀、アナトリアは群雄割拠のような状態だったが、このなかでトレビゾンド帝国は巧みに生き抜く。スィノップは重要な港として、トレビゾンド帝国と周辺政権との奪い合いが続いた。コンスタンティノープルが陥落した後も、南のアクコユンル朝と結び、1461年の滅亡までオスマン朝に対抗した。

オトガルの裏側にある城壁からは黒海が美しく見える。写真撮影の絶好のスポット。足場が悪い所もあるので足元に注意して。（編集室）

スィノップ周辺で出土した美しいイコンが展示されている

スィノップ博物館

Sinop Müzesi スィノップ・ミュゼスィ

先史時代以来のものが時代別に展示されており、美しい金色の聖像やイコンなどもある。中庭にもローマ時代の石像などがあって興味深い。

■スィノップ博物館
Map P.463
開8:00（土・日9:00）～12:00
13:00～16:45
休月
料2YTL

ホテル

日本からホテルへの電話 国際電話会社の番号 + 010 + 国番号90 + 368（市外局番の最初の0は不要）+ 掲載の電話番号

ホテルの数はそれほど多くはなく、ほとんどが中級から安いホテル。港近くに集まっているので探しやすい。町から離れたビーチ周辺にはもう少し高級なホテルもある。なお、ホテルによってはシーズン外の冬は閉鎖しているところもあるので、注意が必要だ。

中級

Map P.463

エッリ・イェディ Otel 57

✉Meydankapı Mah. Kurtuluş Cad. No.29

TEL(0368) 261 5462
FAX(0368) 261 6068
Dなし
S A/C 32.50YTL
W A/C 47.25YTL
US$ € YTL T/C不可 C/C M V

●ホテル名の57は車のナンバープレートなどに使われるスィノップの都市番号。港周辺のホテルでは新しいほう。部屋はこぎれいにまとまっていて広々している。上の階なら海も見える。朝食は1階のサロンで取る。

経済的

Map P.463

メラル Otel Meral

✉Kurtuluş Cad. No.29

TEL(0368) 261 5012 FAXなし
Dなし
S 10YTL
W 20YTL
US$ € YTL
T/C不可 C/C M V

●1950年からの歴史ある安宿。全20室。古びているが部屋は清潔。4人部屋やトリプルなどは新しい部屋があるがシングルは古い部屋がほとんど。トイレ、シャワー、テレビ付きの部屋は朝食付きで、S20YTL、W40YTL。

レストラン

ロカンタが多いのは港の近く。新鮮な魚を自分の目で選んで調理してもらおう。オトガルと中心部を結ぶサカルヤ通りには煮込み料理が中心の店が点在している。クレープのような生地に干しブドウや挽肉が入ったノクルNokulという郷土料理が有名。

オトガルの近くにある旧刑務所博物館は、13世紀に城壁と内城の一部として建てられ牢獄として使用されてきた。現在の建物は1887年に造られたもの。（編集室）

安全快適、
楽しい旅の
ヒント

旅の準備とテクニック

Hazırlık

海外旅行保険は空港でも加入することができる

旅の手続き

トルコへは日本から直行便が就航しており、旅行者を煩わせるビザの問題もほとんどない。比較的旅のしやすい国だが、トルコの旅をより楽しく充実したものにするためにも、日本で準備できることは最低限しておいたほうがよいだろう。

パスポートの取得

まずはパスポート　海外に出かけるときに、必ず必要なのがパスポート（旅券）。パスポートは、本人が発行国の国民であることを証明する公文書。つまり、政府から発給される国際的な身分証明書の役割を果たすので、旅行中は常に携行しなければならない。盗難や紛失といったことがないよう、大切に保管しよう。

日本国籍のパスポートの発給は、各都道府県庁の旅券課で行っている。申請から発給まで7～10日間ぐらいかかるので、できるだけ早めに手配しておこう。5年有効のものは1万1000円、10年有効のものは1万6000円が必要。取得方法などの詳しい問い合わせは各都道府県庁旅券課まで。

保険と国際学生証

海外での盗難は年々増加しており、比較的安全といわれるトルコも例外ではない。また、保険なしで現地の病院に行くのは金銭的にも大きな負担になる。出発前に海外旅行保険にはぜひとも加入しておこう。

アクシデントに遭ったら、速やかに現地デスクに連絡して指示を受ける。その際加入時の書類が必要なので携帯しよう。

保険会社の選び方　海外旅行保険を扱う保険会社はたくさんあるが、保険商品の特徴や保険料の違い、目的地での現地連絡事務所の有無、日本語緊急サービスの充実度などをよく検討しよう。各社からユニークな商品が発売されている。例えば、最大45%割引のインターネット専用商品「OFF！（オフ）」（損保ジャパン）などがある。資料を取り寄せたり、インターネットで比較検討し、自分に合った保険を選ぼう。ちなみに、地球の歩き方ホームページからも、インターネット保険を紹介している。24時間出発当日でも申し込める。アクセスは下記へ。

inet www.arukikata.co.jp/hoken

国際学生証　以前は博物館や遺跡などの見どころに学生料金があったのだが、近年は若干の見どころを除き、ほとんどの見どころで学生料金が撤廃されてしまった。しかしながら鉄道や一部のバス会社には学生割引のシステムがある。割引率は10～20%。

■損保ジャパン
inet www.sompo-japan.co.jp
●新・海外旅行保険「OFF！」
海外旅行保険は、これまで全世界どこに行っても同じ保険料だった。しかしこの商品は、渡航地を分け、それぞれ違う保険料を設定している。また、保険料も旅行期間に合わせた合理的な「1日刻み」。さらには「ケガによる死亡補償」をはずすこともできるようになった。加入はインターネットのみ。旅行期間は3ヵ月までとなっている。

■地球の歩き方ホームページからも加入可能！
inet www.arukikata.co.jp/hoken

■東京海上日動火災保険
inet www.tokiomarine-nichido.co.jp

■AIU保険
inet www.aiu.co.jp

■国際学生証の取得
日本の各大学のプレイガイドや、大学生協トラベルセンターなどで申し込めばすぐに発行してもらえる。

必要書類・発行手数料
1）在学証明書または学生証のコピー
2）6ヵ月以内に撮影した顔写真1枚（縦33×横28mm、裏面にパスポートネームを記入）
3）申込書1枚（各窓口にある。郵送の場合は大学生協トラベルセンターなどから取り寄せる）
4）発行手数料1430円（郵送の場合は別途発送料が必要）

出国と入国

アタテュルク空港

2006年10月現在、3ヵ月までの観光滞在の場合、必要なのはパスポートだけでビザはいらない。ただしパスポートの有効残存期間は滞在日数＋6ヵ月以上あること。なお、ビザに関する情報は、事前にトルコ大使館で確認することをおすすめする。

スムーズに入国するための手続き

トルコの入国は関税規則を含めて、とても緩やか。入国カードも荷物検査もなく、口頭申告で通過できるはずだ。予防接種の証明書（イエローカード）はコレラなどの汚染地を経由して入国する場合のみ必要。トルコそのものはもちろん汚染地域指

日本からのイスタンブール便

トルコ航空　TEL (03) 5251-1551　inet www.turkishairlines.co.jp
成田発：行き　火·水·金·日　帰り　月·火·木·土
関空発：行き　木·土　帰り　水·金

日本航空　無料 0120-25-5931　inet www.jal.co.jp
成田発：行き　火·水·金·日　帰り　月·火·木·土
関空発：行き　木·土　帰り　水·金
全便がトルコ航空とのコードシェア便。

ルフトハンザ航空　無料 0120-051-844　inet www.lufthansa.co.jp
成田発：行き　毎日　帰り　毎日
関空発：行き　毎日　帰り　毎日
フランクフルトのほかミュンヘンでも乗り継ぐ。

KLMオランダ航空　TEL (03) 3570-8770　inet www.klm.co.jp
成田発：行き　毎日　帰り　毎日
関空発：行き　毎日　帰り　毎日
アムステルダムでの乗り換えは行きは4時間10分～4時間20分。帰りは約7時間。

ブリティッシュエアウェイズ　TEL (03) 3570-8657　inet www.british-airways.co.jp
成田発：行き　毎日　帰り　毎日
ロンドンでの乗り継ぎはスムーズ。

大韓航空　TEL 0088-21-2001　inet www.koreanair.co.jp
成田発：行き　火·金·日　帰り　月·火·金
関空発：行き　火·金·日　帰り　月·火·金
成田発の便はソウルで3時間40分～6時間35分待ち。帰りの乗り継ぎはスムーズ。

エミレーツ航空　TEL 0570-001-008　inet www.emirates.com/japan
関空発：行き　毎日　帰り　毎日
中部発：行き　毎日　帰り　毎日
関空、中部ともほぼ同じ時間帯。行きはドゥバイで8時間待ち。帰りの乗り継ぎはスムーズ。

カタール航空　TEL 0570-048-988　inet www.qatarairways.com
成田発：なし
関空発：行き　月·水·金　帰り　月·水·金
行きはの月·水は3時間30分待ち、金は7時間待ち、帰りの月・水は4時間待ち、金は1時間待ち。

マレーシア航空　TEL (03) 5733-2111　inet www.mas-japan.co.jp
成田発：行き　木·土　帰り　金·日
関空発：行き　木·土　帰り　金·日
行きはクアラルンプールで1泊。関空便の帰りの便は、クアラルンプールに朝到着し、その日の夜に出発。

ウズベキスタン航空　TEL (03) 3593-5007　inet www.proco-air.co.jp/uzbekistan
成田発：水·金　帰り　火·木
関空発：水·金　帰り　火·木
成田発も関空発も同じ飛行機。チケットの予約は上記のプロコ·エアサービスへ。

2007年1月現在

あたたかい笑顔とホスピタリティがうれしい。日本人アテンダントもいつも乗務しているので安心

定外。また骨董品を持ち込む場合は、混乱を避けるという理由でパスポートに記入することになっている。

飛行機で入るならトルコ航空が便利!

ビジネスクラスにはバーカウンターがある。一度は乗ってみたい

日本からの直行便はトルコ航空と日本航空が運航している（日本航空は全便トルコ航空とのコードシェア便で、機材はすべてトルコ航空のものを使用）。直行便なら12時間程度でイスタンブールに入ることが可能だ。

トルコ航空のコックピット

成田からは週4便、関空からは週2便と合わせて週6便を運行している。

ヨーロッパの経由便は乗り継ぎのため深夜に到着することが多いが、トルコ航空の成田発は午後に出発して同日夕方にイスタンブールに着くから初めてのトルコでも安心。一方関空発は夜に出て翌日早朝に着く。早朝着なら1日を有効に使え、乗り継いで地方都市に同日に到着できる。

ヨーロッパ経由便　毎日運航しているエアラインも多く、出発日が選べるのが利点だが、乗り継ぎのため、イスタンブール到着は深夜になるのが欠点。帰国便もたいていは早朝発だ。なお、EU諸国及びノルウェー、アイスランド、スイスを経由する便は、液体、ジェル、及びスプレー類の機内持ち込みができない。免税品も対象になるので、免税店での酒類や香水の購入時には注意しよう。

アジア経由便　マレーシア航空の便は南回り。時間はかかるが時期によっては安い。大韓航空は日本の地方都市からもソウルへの便があるので成田や関空を経由するより楽な場合もあり、利用価値が高い。ウズベキスタン航空は便数が少ないが、乗り継ぎは良好で、南回りよりも早い。途中乗り継ぎの都市でプラスアルファの旅を楽しむ日程が組めるなら、検討する価値があるかもしれない。

バスでのんびり国境を越える

ギリシアのアテネ、ブルガリアのソフィアはもちろん、イラン、シリア、ヨルダンなど中東諸国、グルジアなどへもバスが出ている。ずっと座席に座ることになるので楽ではないが料金は安い。また、通過する国のビザ（トランジットビザなど）の取得もお忘れなく。イラン行きはイスタンブールのアクサライ～ラーレリ周辺にバスオフィスが多い。

■イスタンブール発の国際バス路線

エセンレルのバス会社はP.469の表に挙げた以外にもドイツ、イタリアなど、いろいろな所に便を出している。オトガルのチケットブースは、各社の看板に地名が書いてあり、国際路線を運行している会社はだいたいわかる。ただ、地名をトルコ語で書いていることも多いので注意が必要。テッサロニキは**Selanik**セラニキ、マケドニアのスコピエは**Üsküp**ユスキュップなど。シリアのアレッポは**Halep**ハレプ、ダマスカスは**Şam**シャム、トビリシは**Tiflis**ティフリスという具合。

周辺諸国から鉄道でトルコ入り

ヨーロッパから来る列車は、どれもイスタンブールの旧市街にあるスィルケジ駅に、アジア側からの列車はハイダルパシャ駅に到着する。現在トルコに乗り入れする国際列車はイスタンブール←→ブカレスト（ルーマニア）とイスタンブール←→ソフィア（ブルガリア）、イスタンブール←→テッサロニキ（ギリシア）のほか、イラン、シリアとを結ぶ列車（アジア側のハイダルパシャ駅発着）がある。

地中海を渡る船の旅

ギリシア各島と、トルコを結ぶ路線はアイワルク←→レスボス島、チェシメ←→シオス島、クシャダス←→サモス島、ボドルム←→コス、ロドス島、マルマリス←→ロドス島といったルートで船が出ている。いずれも冬期は減便もしくは運休することが多い。イタリアのブリンディシからは夏期のみ1泊2日～2泊3日でトルコ入りする船がある。

クシャダスのサモス島行きフェリー乗り場

イタリアのブリンディシへは夏期のみチェシメ港から定期便がある

イスタンブール（エセンレル・オトガル）発の国際バス路線

行き先·国名	料金	所要	出発時・本数	会社名・備考
ギリシア·テッサロニキ	88YTL	16時間	10:00	Varan、Derya、Ulusoy
ギリシア·アテネ	135YTL	24時間	10:00	Varan、Derya、Ulusoy
ブルガリア·ソフィア	35YTL	15時間	9:45 23:00	HAS、Metro Europeなど。
ルーマニア·ブカレスト	60YTL	17時間	14:00	Özlem（日曜運休）
マケドニア·スコピエ	25€	18時間	17:00など	Alpar Tur、Drinaなど。
グルジア·トビリシ	50US$	36時間	10:30	Koç Ardahan

ボスポラス·エキスプレスBosfor Expressの列車発着時間·料金

時刻	料金（寝台車）
イスタンブール22:00発→ブカレスト17:30着	イスタンブール～ブカレスト 92.80YTL
ブカレスト14:10発→イスタンブール8:25着	

イスタンブール～ソフィア間の列車発着時間·料金

時刻	料金（寝台車）
イスタンブール22:00発→ソフィア12:25着	イスタンブール～ソフィア 52YTL
ソフィア20:00発→イスタンブール8:25着	

フィリア·エキスプレスFilia Expressの列車発着時間·料金

時刻	料金（寝台車）
イスタンブール20:00発→テッサロニキ7:53着	イスタンブール～テッサロニキ 90.50YTL
テッサロニキ20:00発→イスタンブール7:44着	

トランス·アジア·エキスプレスTrans Asia Expressの列車発着時間·料金

時刻	料金（クシェット）
イスタンブール水曜22:55発→テヘラン土曜18:45着	イスタンブール～テヘラン 98YTL
イスタンブール木曜8:55発→ダマスカス金曜20:05着	イスタンブール～ダマスカス 112.40YTL

イタリア～トルコ間の船便スケジュール

時刻	座席料金	キャビン料金	運航時期
チェシメ月21:30発→ブリンディシ水6:30着	77～102€	117～306€	6月下旬～9月上旬
チェシメ金9:00発→ブリンディシ土17:30着			
ブリンディシ水14:00発→チェシメ金0:30着			
ブリンディシ土23:30発→チェシメ月10:00着			

■問い合わせ·予約　ギリシアのMESラインが運航
inet www.ferries.gr/mesline

2006年11月現在

■再両替
トルコリラは国外では使えない。出国時に残っている分は空港や街の両替商で米ドルやユーロに再両替する。残ったお金をしぶしぶ空港で使う、なんてことのないように気を付けよう。出国時には**15US$**相当の空港税が必要だが、チケット購入時に含まれている。

出国するときはおみやげにご用心

出国時の税関検査では、非常に稀にだが、荷物のチェックが行われることがある。トルコは文化財保護のため、古美術品の国外持ち出しは禁止されている。高価な美術品、古いカーペットなども持ち出し禁止の対象となる。おみやげを買った店で古美術品ではないという証明書をくれるから、疑いをかけられたら提示しよう。

近隣諸国のビザ

各国のビザの受付は大変混雑することもあるので、できるだけ早く行くこと。9:00には門前に並んでいないと、また翌日アプローチすることにもなりかねない。

なおビザの取得に関しては、申請費用などの条件が変更される可能性もあり、また、大使館や領事館の住所や電話番号も変更されることが多いので、**現地で必ず確認**しよう。取得に時間がかかったり、取れなかったりというトラブルを避けたい人は、日本ですべてのビザを取ることをおすすめする。

トルコで取得できるビザ

在イスタンブール・イラン総領事館 İran Başkonsolosluğu
✉Ankara Cad.　スィルケジ地区にある（→Map P.84B1）
TEL(0212)513 8230　開8:00〜16:00（申請は8:30〜11:30）休金・土・日
写真2枚（トランジットビザなら1枚）とパスポートのコピー（写真のあるページとトルコ入国時のスタンプがあるページも必要）が必要。1ヵ月のツーリストビザ、5日のトランジットビザともに10日ほどかかり、1ヵ月のツーリストビザは50€。トランジットビザは通過した先の国のビザが必要。

在イスタンブール・シリア総領事館 Suriye Başkonsolosluğu
✉Maçka Cad. No.59　テシヴィキエ、ニシャンタシュから徒歩（→折込Map 左C1）
TEL(0212)232 7110　開9:30〜11:00　休土・日
写真2枚とパスポートのコピー、日本領事館からのレターが必要。即日受領可（午前中に申請して午後に受領）。3ヵ月有効、15日間のツーリストビザが発給可能。申請費用は20€。

在イスタンブール・ヨルダン総領事館 Ürdün Başkonsolosluğu
✉Sümbül No.51 Levent　タクスィムからメトロに乗り、ビリンジ・レヴェント下車（→折込Map 右C2）
TEL(0212)325 6862　開9:30〜14:30（申請は10:00〜12:00、受領は同日の16:00〜17:00）　休土・日
写真1枚が必要。ビザは無料で取れる。空路なら国際空港到着時にもビザは取得できる。

在アンカラ・イラン大使館 İran Büyük Elçiliği
✉Tahran Cad. No.10　ヒルトン・ホテルの近くにある
TEL(0312)468 2821　開8:00〜13:00 15:00〜18:00　休金・土・日
1ヵ月のツーリストビザ、7日のトランジットビザともに写真2枚とパスポートのコピー（写真のあるページとトルコ入国時のスタンプがあるページも必要）と日本領事館からのレターが必要。申請費用はともに50€（指定の銀行に行って振り込む）。申請の1営業日後に受領が可能

在アンカラ・アゼルバイジャン大使館 Azerbaycan Büyük Elçiliği
✉Diplomatik Site, Bakü Sok. No.1 Oran　アンカラ南のオランにある（→Map P.371B3外）
TEL(0312)491 1681　開9:00〜12:00　休土・日
5日間有効のトランジットビザは通過した先の国のビザが必要。シングル40US$、ダブル80US$、3日後の発給。ツーリストビザは1ヵ月有効。いずれも日本大使館からのレター、写真2枚、申請用紙、パスポートのコピーが必要。バクーの空港でも各種ビザ取得は可能。

※ブルガリア、ルーマニア、ギリシア、マケドニア、セルビア、モンテネグロ、グルジア、北キプロスへはビザ不要。※イランのビザについてはトラブゾン、エルズルムでも取得が可能（→P.454）。

2006年10月現在

通貨と両替

新通貨への移行で、硬貨は単位の位取りが変わったが、いまだに慣れない人が多い

新トルコリラ(YTL)　2005年1月1日に旧通貨のトルコリラTLからゼロを6つ取るという**デノミ**が実施され、トルコの通貨は新トルコリラ（イェニ･テュルク･リラスYeni Türk Lirası）となった。本書ではYTL（通称イェー･テー･レー）で表記した。補助単位はイェニ･クルシュYKr（イェニ･クルシュYeni Kuruş）と呼ばれる。1YTL＝100YKr。紙幣は1YTL、5YTL、10YTL、20YTL、50YTL、100YTL札が、コインは1YKr、5YKr、10YKr、25YKr、50YKr、1YTLが流通している。

なお、2005年は新通貨への移行のため、旧通貨TLも流通していたが、2006年からはYTLのみが流通している。

お金は何で持っていくか

トルコで便利な外貨　トルコリラは日本で入手できない。では、どの通貨を持っていくか。最も便利なのは米ドルかユーロのキャッシュ。銀行をはじめ、**私設両替商**döviz bürösü、ホテル、一部のPTTなどでも両替可能だ。

観光地ならそのまま使える　レートは悪いが、米ドルかユーロなら観光地のホテルやレストラン、みやげ物屋など、ほとんどのところで直接支払いが可能というメリットもある。だが、落としたり盗まれたときのことを考えるとキャッシュは最小限にしたい。

トラベラーズチェック(T/C)　T/Cは使いづらい。いなかのほうに行くと銀行でも両替してくれなかったり、キャッシュよりもレートが悪いこともしばしば。しかし、盗難のことを考えるとまったく持っていかないのも不安だ。

便利なATM

クレジットカード　トルコの各銀行のATMでクレジットカードを利用してキャッシングもできる（ただし利息が付く）。ATM機は24時間利用でき、小さな町までトルコ全土に普及している。画面上では英語の説明も選択できるので安心だ。暗証番号を周囲に見られないように注意しよう。

カードの通用度は高い　中級以上のホテルや、町のレストラン、大手バス会社、スーパーマーケット、商店など、クレジットカードで支払いできる店舗は日本よりも多い。ただ、端末によって受け付けないこともあるので2～3枚持参すると心強い。

ICチップ付きのカードでショッピングをする際、暗証番号（英語でPIN、トルコ語でシフレŞifre）の入力が必要になる場合がある。暗証番号を覚えていない場合は日本出発前にクレジットカード会社に確認をしておこう。

■トルコ共和国中央銀行
[inet] www.tcmb.gov.tr

■銀行の両替時間
銀行は空港にはもちろん、大きな駅にもある。銀行は原則として平日の8:30～12:00、13:30～17:00のオープン。ただし両替は原則として15:00までなので注意すること。最近は昼休みにも営業するところが出てきた。普通は土・日曜が休みだが、夏の観光地では休日も営業しているところもある。窓口は受付と払い出し場所が分かれていることが多い。手数料やレートが銀行によって違うので、いくつか比べてみよう。

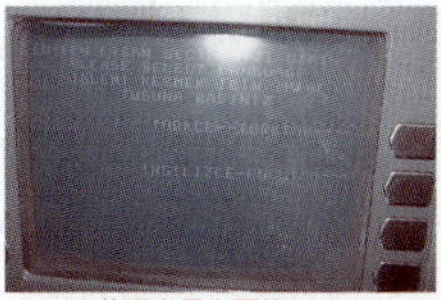

ATMは英語表示も可能

イスタンブールのシティバンクはフンドゥクルや、アタテュルク空港到着ロビーにATMがある

旅の予算

ロカンタのレジ。地元の常連さんはツケで払っていくこともある

レストランのメニューには値段がきちんと表示されている

物価の安かったトルコだが、近年は物価の上昇に加え日本円の価値が下落していることもあり、比較的高く感じる。地元の人々の生活に密着している雑貨や公共交通機関はまだ安いが、観光客やお金持ちにしか用のないもの、例えば観光施設の入場料、高級ホテル、観光客用レストラン、ブランドの服などは日本並みだったりする。

イスタンブールのホテル事情を見てみよう。1泊の宿泊費の最低はドミトリーで1000円ぐらい。逆に超一流ホテルに泊まると2万円ぐらいする。こぎれいなペンションで、シャワー付きのツインだと1部屋3000～5000円ぐらいが相場だ。つまり、予算に合わせてピンからキリまである。食事は庶民的なロカンタで、1皿500～600円といったところ。普通2～3品注文し、飲み物をプラスすれば800円ぐらいかかる。ただしホテルもレストランも**西高東低型**。イスタンブールや、ヨーロッパからの観光客が多いエーゲ海側は何かとお金がかかるが、東部や南東部に行けばイスタンブールの半額以下で過ごすことができる。交通費としては、長距離バスの料金はひと晩乗って3500円。まる1日乗って5000円ぐらい。これにツアー参加費、おみやげ代などをプラスすればおおまかな予算が立てられるだろう。

全力で観光した20代女性の旅の支出例

●1日目　イスタンブール	
アタテュルク空港～市内（地下鉄）	1.30YTL
トラムヴァイ	1.30YTL
トプカプ宮殿	12YTL
ハレム	10YTL
昼食(ドネルサンドイッチ)	4YTL
アヤソフィア	15YTL
地下宮殿	10YTL
夕食(キョフテ)	15YTL
ホテル代(シャワー付きシングル)	50YTL
●2日目　イスタンブール～サフランボル	
バス代(イスタンブール～サフランボル)	25YTL
昼食代(ドライブインで煮込み料理)	6YTL
夕食(ロカンタでケバブ)	15YTL
ジュース	1YTL
ハマム代(入浴+アカすり+マッサージ)	18YTL
ホテル代(シャワー付きシングル)	50YTL
●3日目　サフランボル～カッパドキア	
バス代(サフランボル～アンカラ)	15YTL
バス代(アンカラ～ギョレメ)	23YTL
トイレ代（ドライブインで）	0.50YTL
昼食代(サチタワ)	10YTL
ホテル代(洞窟部屋)	50YTL
夕食（テスティ・ケバブ）	15YTL
●4日目　カッパドキア	
ツアー代(ギョレメ屋外博物館など)	50YTL
ホテル代(洞窟部屋)	50YTL
●5日目　カッパドキア～デニズリ	
ツアー代(南部の地下都市とウフララ渓谷)	50YTL
夕食(ギョレメのレストラン)	15YTL
夜行バス(ネヴシェヒル～デニズリ)	30YTL
●6日目　デニズリ～セルチュク	
市内バス(デニズリ～パムッカレ×2)	3YTL
パムッカレ入場料	5YTL
バス(デニズリ～セルチュク)	13YTL
夕食代	15YTL
ホテル代	45YTL
●7日目　セルチュク～エフェス	
朝食代	5YTL
考古学博物館入場料	5YTL
エフェス遺跡入場料	15YTL
昼食代	10YTL
夕食代(チョプ・シシ+ビール)	20YTL
夜行バス(セルチュク～イスタンブール)	38YTL
●8日目　イスタンブール～帰国	
グランドバザールでおみやげ(お皿など)	50YTL
タクシー（市内～空港）	25YTL

合計約6万8949円（1YTL＝約90円で計算）

郵便と電話

トルコで郵便・電話といえばペー・テー・テー

トルコの郵便局は黄色いサインが目印　トルコ語で「郵便局」は**ポスターネ**Postane。または**PTTペー・テー・テー**という。これはPosta Telegraf Telefon İdaresiの略で、郵便局兼電信電話局といったところ。人に道を尋ねるときはポスターネのほうが通じやすいが、どこの郵便局でもPTTと書かれた黄色い看板が目印だ。町の中心はもちろん、オトガルや空港、大きな駅にも出張窓口があるので便利。

日本へのエアメール料金は2006年10月現在0.80YTL。英語でBy Air、Airmailと書いてもよいが、トルコ語でUçak İle（ウチャック・イレ）と書くと気分が出る。

小包は普通のPTTでは扱わない　外国への小包はどこのPTTからでも送れるわけではない。イスタンブールの場合はエミノニュの中央郵便局だけで扱う。荷物の中身をチェックするので、その場で梱包することになる。または、小包用の箱がPTTに用意してあり、これを利用するのも便利。日本への小包料金は航空便で最初の1kgで40.30YTLその後1kgごとに14.90YTL。本のみを送るなら少し安くなる。EMS（APS＝Acele Posta Servisi）なら最初の500gが40YTL。

電話はテレホンカードで　大きなPTTの前にはだいたい電話ボックスがずらりと並んでいる。電話は専用の**テレホンカード**でかける。カードは度数が記された面と写真の面があるが、かけるときは電子チップのある**度数の面を上にして**入れる。クレジットカードも使用可能。ノートパソコンが接続できる新型タイプも大都市を中心に2005年後半から順次設置されている。そのほか、ジェトンという専用のコインでかける旧型タイプもあるが、現在はほとんど見かけない。

電話のかけ方　故障している電話機があるので、受話器を耳にあて、発信音を確かめてからカードを入れて番号をプッシュする。トルコから日本へのかけ方は以下のとおり。

00＋81＋市外局番（最初の0不要）**＋相手先の電話番号**

日本からトルコへの電話　日本からトルコへは、KDDI（001）、NTTコミュニケーションズ（0033）、au（005345）、NTTドコモ（009130）などの電話会社を通して電話をかけることができる。

マイライン　2001年から開始された電話会社選択サービスの「マイライン」。これに登録した場合は国際電話の手順が変わり、電話会社の番号を押さずに、010からかける。詳しくは各電話会社に問い合わせを。

■テレホンカードの値段
50度数3.60YTL
100度数7.20YTL

■日本にかけるなら
●コレクトコール
KDDIジャパンダイレクト
00-800-81-1177
●国際クレジットカード通話
KDDIスーパージャパンダイレクト
00-800-81-0081
NTTコミュニケーションズ
国際クレジットカード通話
00-800-812-277
●プリペイドカード通話
KDDIスーパーワールドカード
NTTコミュニケーションズワールドプリペイドカード

■国際電話会社問い合わせ先
●KDDI　無料 0057
inet www.kddi.com
●NTTコミュニケーションズ
無料 0120-506506
inet www.ntt.com
●au
無料 0077-7-111
inet www.au.kddi.com
●NTTドコモ
無料 0120-800-000
inet www.nttdocomo.co.jp
●ソフトバンクテレコム
無料 0088-41
inet www.softbanktelecom.co.jp

国際電話会社の番号（※マイラインの国際区分に登録している場合は不要。）＋**010**（※auは不要。）＋トルコの国番号**90**＋（最初の0は不要）**市外局番**＋**相手先の電話番号**

民族衣装を着て踊る子供たち

暦と祝祭日

トルコでは日常生活に日本やヨーロッパと同じ西暦を採用している。一般の行事や祭りは西暦で行われるが、イスラームの祭りだけはイスラーム暦のため、毎年祭日が変わる。トルコの祭りには陽気で楽しいものが多い。若い女性の民族衣装姿や、伝統的な歌や踊りが披露されるのもこのときだ。

時差とサマータイム

トルコの時間は日本より7時間遅れ。日本が正午のとき、トルコは午前5:00。トルコではサマータイムを実施しており3月最終週の日曜午前1:00(土曜と日曜の境目)に時計の針を1時間進め、10月の最終週の日曜午前1:00にもとへ戻す(1時間遅らせる)。夏は日本との時差がマイナス6時間。ただし、いつ夏時間にするか、いつ夏時間から戻すかは毎年変わる。❶や観光ホテルに掲示が出ることもあるが、聞かないと誰も教えてくれないので注意しよう。

休日とビジネスアワー

官公庁は原則として土・日曜が休み。営業時間は8:30〜17:30、昼食時は休憩。銀行は原則として午前は8:30〜12:00、午後は13:30〜17:00。土・日曜は休み。中央郵便局の国際電話は24時間オープン。博物館はトプカプ宮殿などいくつかの例外を除き月曜休み。商店は日曜休み。

イスラームの行事

イスラームの行事は陰暦のイスラーム暦によって行われる。毎年11〜12日ぐらいずつ早くなる。

シェケル・バイラム(砂糖祭)　イスラーム暦第9月の断食月(トルコ語でラマザン)の終わりを祝って甘いものを食べる3日間の祭り。

クルバン・バイラム　各家庭が神に生贄を捧げる。イスラーム暦第12月の10日目から4日間。

ラマザン(断食)　ラマザンは信仰告白、礼拝、巡礼、喜捨、断食というイスラーム五行のひとつ。休日ではなく、日が出ている間、飲料、食物、タバコなどを一切口にしない。

また1日のラマザンをやり遂げて家族揃って取る日没後の食事は、ムスリムにとって最も楽しいひとときだ。

庶民的な食堂は日中閉店するものの、妊婦、旅行者などはラマザンを義務づけられてはいないし、トルコでは旅行者がその期間中食事に困るようなことはあまりない。しかし、地方では外国人でも人前で物を口にしているとたしなめられることがある。また食堂が開いていても、酒は出ないことが多い。

■国の祝日

1月1日 新年
4月23日 独立記念日、子供の日
5月19日 青少年とスポーツの日、アタテュルク記念日
8月30日 勝利の日(1922年侵入軍敗走の日)
10月29日 トルコ共和国宣言記念日

■イスラームの行事

多少のズレ、変更はあるので注意。

●シェケル・バイラム
2007年:10月12日〜10月14日
2008年:9月30日〜10月2日

●クルバン・バイラム
2007年:12月20〜23日
2008年:12月8〜11日

それぞれ前日は休み。実際には、これらの祭りの日を含む約1週間が休みになり、官公庁、商店もほとんどクローズする。またその週はトルコ人はいっせいに休暇を取り、交通機関は非常に混雑する。飛行機、バス、ホテルなどは早めに予約したほうが無難。

■ラマザン Ramazan
2007年:9月13日〜10月11日
2008年:9月1日〜29日

ラマザン中は日没近くなるとパン屋さんが大忙しになる

生活習慣

1日5回のお祈りの時間を示す時計

トルコは人口の99％がイスラーム教徒である。イスラームというと、厳しい戒律という印象を受けるがトルコは政教分離の国であり、近代化が進んだ地域では、生活からイスラーム色が抜けつつあるのが現状だ。特にイスタンブールや南部海岸地方では西欧の雰囲気に近い。

トルコ式トイレの使い方

トルコ式トイレは日本のようにしゃがんで使う。オトガルなど公共トイレは有料だが、そのためちゃんと管理する人がいて、とても清潔だ。観光客が多いホテルは洋式トイレが多いが、安宿（特に地方の）、ロカンタ、公衆トイレなどはほとんどトルコ式トイレ。丸くくり抜かれた和式に似た形の便器の両側にぎざぎざになった足置が付いている。便器のそばには水道の蛇口があって、小さなオケやじょうろが置いてある。これはコトを成し遂げたあとの始末をするためのものだ。トイレットペーパーは置いていないことが多い。

まず、穴の上におしりを持ってくるようにすること。ちゃんと命中させないと、水は勢いよく流れないので大変だ。日本と反対に扉のほうを向くことになるが、それで正解。コトを成し遂げたら、オケの水を上手に使って、左手でおしりを洗う。なお、トルコでは水洗トイレがほとんど。タンクのヒモ、ボタン、配水管のレバーなど、押したり引いたり倒したりしてみよう。ただし、下水管が細かったり、水流が弱いことが多いので、**紙はトイレ内にあるゴミ箱に捨てる**ようにしよう。詰まってしまったらあとが大変だ。

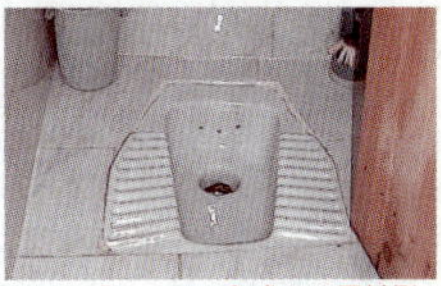
トルコ式トイレ。和式とは反対側を向いて構えよう

■エレベーターの乗り方
エレベーターのほとんどは扉を自分で開閉する。ボタンを押して待ち、エレベーターが来てカチッと音がしてから扉を引こう。ボタンを押しても反応がない場合は扉を引いてみよう。Zと書かれたボタンは**Zemin katı**、グランドフロア（日本の1階）。

電池を買うなら
バザールで売っている電池には粗悪品もある。アルカリやリチウムの電池はミグロス**Migros**などスーパーに行けば安く買える。

電圧と電気製品

トルコの電圧は220Vなので、旅行中にドライヤーなど日本の電気製品を使うためには変圧器（トランサー）を持参しなくてはならない。プラグはヨーロッパ型のCタイプ。

写真を撮るときの注意とフィルム

いなかの女性は被写体になることを嫌うことがある。撮影は必ず相手の意向を確かめてからにしよう。大都市なら即日現像もOK。APSの現像やデジカメのプリントができるところもある。8ミリビデオテープなどは入手しにくい。

ビルの入口にある階数表示

階数の数え方

トルコはほかの欧州諸国と同じように、外から普通に入った階がグランドフロアとなる。日本でいう2階はトルコでは1階、日本での3階がトルコでの2階。日本とは違うので要注意。

■階数のトルコ語
グランドフロアは**Zemin katı**ゼミンカトゥ、1階（日本の2階）が**Birinci kat**ビリンジカトゥ、2階が**İkinci kat**イキンジカトゥ、3階が**Üçüncü kat**ユチュンジュカトゥという。

長距離バスの車内

国内交通

トルコ国内を移動するにはおもに3つの手段が考えられる。スピーディな移動が魅力の**飛行機**、最もポピュラーな移動方法である**バス**、独特な旅情を感じさせる**鉄道**の3つだ。さらに近隣の島や、マルマラ海を渡る**船**も重要な移動手段のひとつだ。

どれもそれぞれに味があり、時間さえ許せば全部試してみたい。移動上手は旅を楽しむ基本だ。

広いトルコを移動するのに飛行機は便利な手段

格安系の航空会社は安いキャンペーン運賃を出している

効率よい旅をしたいなら飛行機

トルコの面積は日本の約2倍、81万km²。この広大な土地を隅々まで網羅するのは、もちろん**トルコ航空**Türk Hava Yollaľı（略称THY）だ。そのほかにもトルコにはいくつかの航空会社がある。

イスタンブールからアンカラまで飛行機なら1時間（バスなら6時間）、カッパドキアの玄関口カイセリまで1時間25分（同11時間）、地中海のリゾート、アンタルヤまで1時間15分（同12時間）。町をひとつずつ訪ねながら、バスで2～3時間ずつ旅をするというのんびり派にはバスが適しているが、連日8時間もバスにゆられるのでは体がもたない。また、トルコ東部にイスタンブールから直接入りたいときは、バスで行くとまる1日かかることとなる。効率的に旅するなら、やはり飛行機を上手に旅程に取り入れよう。

世界有数のバス大国・トルコ

トルコは本当にありがたい国だ、と実感できるのはバスを利用したときではないだろうか。広い国土を縦横無尽に走り、し

Information

国内線の価格競争

トルコの国内線はほとんどがトルコ航空のみだったが、近年は多くの航空会社が参入し、価格競争も激化している。特にイスタンブールとイズミル、アンタルヤやボドルムを結ぶ路線はドル箱路線であり、各社とも安いキャンペーン運賃などを打ち出して対抗している。

いわゆる格安系の航空会社にはオヌル航空、アトラスジェットペガサスエア、フライエアなどがある。就航都市も多いオヌル航空の場合イスタンブール～イズミル、イスタンブール～アンタルヤが49YTL～。アトラスジェットはトルコ航空の路線がないイスタンブール～チャナッカレ路線が2006年12月より週6便就航している。ペガサスエアはイズミル発着便に力を入れている。

フライエア以外は英語ページからでもオンライン予約が可能。

■トルコ航空
Inet www.turkishairlines.com
■オヌル航空
Inet www.onurair.com.tr
■アトラスジェット
Inet www.atlasjet.com
■ペガサスエア
Inet www.pegasusairlines.com
■フライエア
Inet www.flyair.com.tr

かも安い。道路は整備されており、サービスも満点。言葉がわからなくても親切な人が必ず助けてくれるだろう。

トルコには多くのバス会社がある　トルコのバスはすべて民間会社が運行。イスタンブールのオトガルに入っている会社だけでも数百社はある。地方専門の路線も入れると星の数ほどの会社があるといっていい。運賃は政府から認可された基本料金がある。しかし、競合路線ではよく値引き合戦が行われる。また、地方の中継地でもバスの空席状況によってはかなりの割引運賃で乗れることがある。もちろん安ければいいというわけではない。主要路線を走るバスにそうそうハズレはないが、事前にバスをチェックしておくのも大切だ。

チケットはどこで買うの？　バスのチケットはオトガルのブースはもちろん、市内にあるオフィスでも買うことができる。オフィスのガラス窓にはその会社が行く地名が書かれている。オトガルでも旅行者がうろちょろしていれば、バス会社のおじさんがやって来て、目的地を言えば、該当する会社のブースに連れていってくれる。市内にあるオフィスからはオトガルへの無料送迎のセルヴィスが出ることが多い。長距離バスはすべて指定席でシーズンやルートによっては当日買いに行くと満席で乗れないことがある。特に早朝の便に乗るときは前日に手続きを済ませておきたい。

チケットを買ったらよく読んでね　チケットはトルコ語でビレットと呼ばれる。ビレットを買ったらまず乗り場番号Peron No.を確認しておこう。座席は乗ってから、あるいはバスが発車してからでも車掌が調整し、よく変更される。家族やカップル以外は女性は女性同士、男性は男性同士が隣になる。さらに女性は運転手近くの前方に移されたりする。

バスターミナル・オトガルを使いこなす　オトガルOtogar、ガラジュGaraj、テルミナルTerminalなど町によって呼称は違うが、オトガルと言えばだいたい通じる。町にもよるが、オトガルは市の中心から離れていて、たいていドルムシュやミニバスで10～30分ぐらいかかる。

オトガルには荷物の一時預かり所エマネトEmanetのほか食堂、雑貨屋などもある。イスタンブールやアンカラ、ブルサ、イズミル、アンタルヤ、ガズィアンテップなどの巨大オトガルになると設備は空港並みだ。

車内のサービスは相当なもの　トルコのバスはベンツか三菱プリンセスが多い。だから乗り心地満点。普通、運転手さんと世話係のお兄さん（お姉さんのこともある）のふたりが乗務員として乗り込む。何かわからないことや要望があれば世話係の人に言えばよい。バスが発車するとコロンヤがふるまわれ、チャイやネスカフェ、コーラなど飲み物やお菓子なども配られる。また、一部の路線の夜行バスの場合、チケットに朝食券が付いていることもたまにある。この券で食べられるのは簡単な朝食

バイラムに注意

クルバン・バイラムの前日にイスタンブールに到着し、デニズリ行きの夜行バスに乗ろうと思ってエセンレルのオトガルに行きましたが、どのバスも満席でした。翌日の早朝まで待ってやっとイズミル行きのバスに乗ることができました。

（東京都　デースケ　'06秋）

東部の町にあるバス会社のオフィスは多くの会社を扱っている

イスタンブール、エセンレル・オトガルの表示

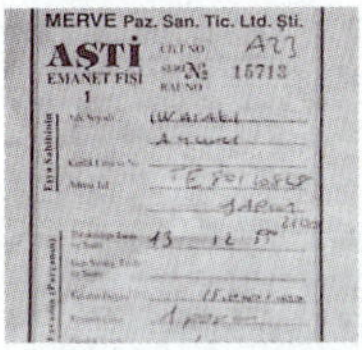

エマネトでもらう荷物預かり証

ドリンクをサービスしてくれる乗務員

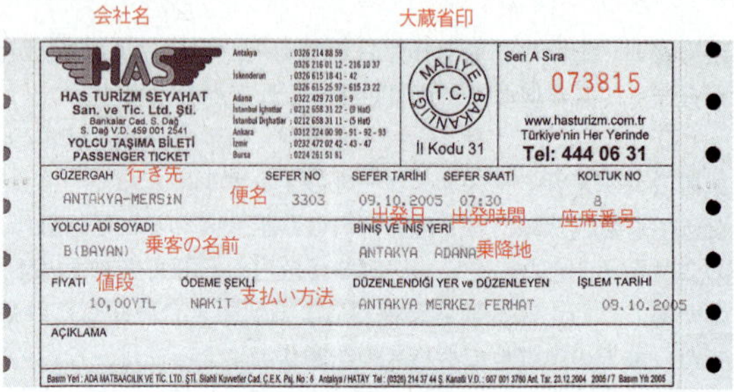

セット。好きなものを取ったらその分は自分で支払う。

バス内は**全面禁煙**で携帯電話の使用も禁止。日本人にはつらいことに**車内で靴を脱いでくつろぐことも禁止**なので注意してほしい。

ドライブインでひと休み　長距離バスは途中3～5時間に1回の割合でドライブインDinlenme Tesisに寄り、トイレや食事、お祈りをする。トイレなら15分、食事なら30分（15分ぐらいのことも）が目安。発車時間が近くなるとアナウンス（トルコ語のみ）があるのでバス会社名とバスの最終目的地は覚えておこう。間違えて別の車に乗らないように。

目的地に着いたら　オトガルに着いたら、バス会社の**セルヴィス**（無料送迎バス）に乗って町の中心へ行こう。イスタンブールはもちろんアンカラ、イズミル、アダナ、アンタルヤなどの巨大オトガルに到着したなら、ほとんどの会社にセルヴィスがある（ブルサ、コンヤにはない）。しかし、小さなバス会社や東部、東南部の地方都市では、その都市を本拠地にしたバス会社以外ではセルヴィスを利用できない場合がある。しかし、オトガルと市の中心の間にはミニバスやドルムシュなど**必ず公共の交通機関の足が確保されている**ので心配することはない。ただし深夜や早朝はドルムシュがないので、朝まで待つか、タクシーでホテルまで行くことになる。

オトガルではない所で降ろされた　町にもよるが、最終目的地ではない町で途中下車する場合、オトガル以外の場所（多くは幹線道路沿い）で客を降ろすこともある。昼間なら少し待てばドルムシュが来るが、深夜や早朝ならドルムシュもバスの便もないので途方にくれてしまう。このような事態を未然に防

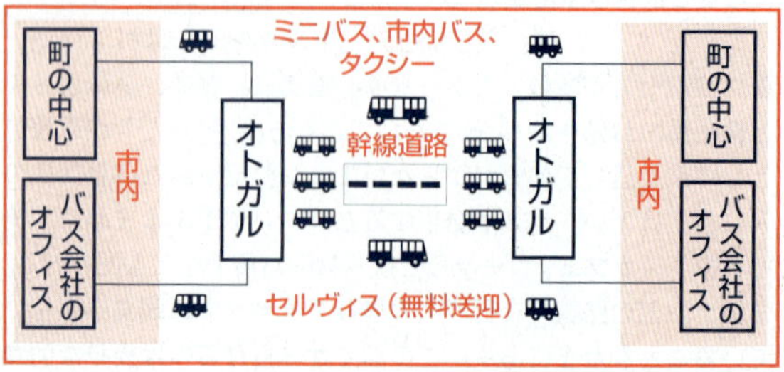

ドライブインではバスの洗車も行われることがある

座席番号はイスの横などに表示されている

ドライブインのレストランは通常セルフサービス方式

■地方都市の町の中心の呼称

イズミル：チャンカヤÇankaya
バスマーネBasmane
エディルネ：カレイチKaleiçi
ブルサ：ヘイケルHeykel
アンタルヤ：カレカプスK.Kapısı（Kale Kapısı）
コンヤ：チャルシュÇarışı
トラブゾン：メイダンMeydan
カイセリ：サアト・クレスィSaat Kulesi
スィワス：チャルシュÇarışı
アダナ：チェティンカヤÇetinkaya
シャンルウルファ：チャルシュÇarışı
ディヤルバクル：ダーカプD.Kapı（Dağkapı）

※道路標識などにはセントゥルムCentrumと書かれていることもある。一般的に町の中心を指す場合は「シェヒル・メルケズィŞehir Merkezi」と言えばわかってくれる。

バスのトランクに大きな荷物を預けたときにもらう札は降車時までなくさないように保管しよう

ぐためには、やはり終点と自分の行く場所が同じバスや、その町を本拠地にしている会社を選ぼう。

町の中心へ　オトガル横の幹線道路にミニバスやドルムシュの停留所がある。町の中心は**シェヒル・メルケズィ**Şehir Merkeziというが、町ごとに町の中心の呼び名は違う。小さな町なら**チャルシュ**Çarışıといえば町の中心を指すことが多い。

TCDDでトルコの大地を行く

広いアナトリアの大地を駆けるトルコ国鉄の基礎は、19世紀オスマン朝時代にフランス、ドイツ、イギリスなど西欧列強によって作られた。イスタンブールからは遠くバグダッド、エルサレムにまで運行していた。現在のトルコ国鉄TCDD（テー・ジェー・デー・デー）は、バスと比較すると、路線網、便数、所要時間などで遅れをとっており、決して移動手段としては主流とはいえないが、横になって眠れたり、料金がバスよりも安いという利点がある。完成は当分先だが、イスタンブール〜アンカラ〜コンヤ間に高速鉄道を走らせるプロジェクトが進行中。実現すればアンカラ〜イスタンブールが2時間台になる予定。

■寝台料金

●アンカラ・エキスプレスィ（乗車券＋寝台料金）
1人用65YTL　2人用45YTL

●アナドル、イズミル・マーヴィ、ドクズ・エイリュル（寝台料金）
1人用42YTL　2人用27YTL

●パムッカレ（寝台料金）
1人用42.50YTL
2人用27.50YTL

●エルズルム、イチアナドル、チュクロワ・マーヴィ（寝台料金）
1人用38YTL　2人用26YTL

●そのほかの列車（寝台料金のみ）
1人用36YTL　2人用25YTL

●クシェット（簡易寝台）
3〜8YTL

TCDDのおもな急行の時刻表

列車名	出発時刻/駅	到着時刻/駅	料金	おもな停車駅・備考
Başkent Ekspresi バシュケント	10:20/アンカラ 10:00/ハイダルパシャ	16:50/ハイダルパシャ 16:30/アンカラ	22YTL	エスキシェヒル、イズミット。
Cumhuriyet Eks. ジュムフリイェット	14:30/アンカラ 14:30/ハイダルパシャ	21:34/ハイダルパシャ 21:21/アンカラ	22YTL	エスキシェヒル、イズミット。
Fatih Ekspresi ファーティフ	23:30/アンカラ 23:30/ハイダルパシャ	7:30/ハイダルパシャ 7:20/アンカラ	22YTL （寝台別）	エスキシェヒル、イズミット。 翌日着。
Anadolu Ekspresi アナドル	22:00/アンカラ 22:00/ハイダルパシャ	7:15/ハイダルパシャ 7:12/アンカラ	18YTL （寝台別）	エスキシェヒル、イズミット。
Ankara Ekspresi アンカラ	22:30/アンカラ 22:30/ハイダルパシャ	8:00/ハイダルパシャ 8:04/アンカラ	65YTL （寝台込）	翌日着。 ※寝台のみ。人気なので要予約。
9 Eylül ドクズ・エイリュル	20:00/アンカラ 20:00/バスマーネ	9:06/バスマーネ 9:25/アンカラ	22YTL （寝台別）	エスキシェヒル、マニサなど。 翌日着。
İzmir Mavi Treni イズミル	18:10/アンカラ 18:15/バスマーネ	7:50/バスマーネ 8:20/アンカラ	21YTL （寝台別）	エスキシェヒル、マニサなど。 翌日着。
Karesi Ekspresi カレスィ	19:10/アンカラ 18:55/バスマーネ	10:12/バスマーネ 10:33/アンカラ	18YTL （寝台別）	エスキシェヒル、マニサなど。 翌日着。
Doğu Ekspresi ドウ	8:35/ハイダルパシャ 7:10/カルス	22:00/カルス 21:45/ハイダルパシャ	35YTL （寝台別）	アンカラ、カイセリ、スィワス、 エルズルムなど。翌日着。
Erzurum Ekspresi エルズルム	13:30/アンカラ 9:30/カルス	15:39/カルス 11:05/アンカラ	30YTL （寝台別）	カイセリ、スィワス、エルズルム など。翌日着。
Toros Ekspresi トロス	8:55/ハイダルパシャ 14:30/ガズィアンテップ	11:35/ガズィアンテップ 17:55/ハイダルパシャ	35YTL （寝台別）	※ハイダルパシャ火・木・日発。 コンヤ、アダナなど。翌日着。
Meram Ekspresi メラム	19:20/ハイダルパシャ 17:50/コンヤ	8:21/コンヤ 6:30/ハイダルパシャ	20YTL （寝台別）	キュタフヤ、アフヨン。翌日着。
Pamukkale Ekspresi パムッカレ	17:35/ハイダルパシャ 17:00/デニズリ	8:20/デニズリ 8:34/ハイダルパシャ	21YTL （寝台別）	キュタフヤ、アフヨン、ウスパルタ。 翌日着。
Van Gölü Ekspresi ワンギョル	20:05/ハイダルパシャ 7:20/タトワン	13:09/タトワン 23:00/ハイダルパシャ	33YTL （寝台別）	翌々日着。 ※ハイダルパシャ月・金発。
Güney Ekspresi ギュネイ	20:05/ハイダルパシャ 11:36/ディヤルバクル	7:40/ディヤルバクル 23:00/ハイダルパシャ	33YTL （寝台別）	翌々日着。 ※ハイダルパシャ火・木・金・日発。

※値段と時間は2006年度のもの。このほかにも多くの急行列車が走る。 inet www.tcdd.gov.tr

旅は道連れ。初対面でも話がはずむ、車内のコンパートメント

アンカラ駅のチケット売り場

アダナとメルスィンを結ぶ列車

■トルコ海運
✉Rıhtım Cad.
TEL (0212) 249 9222

■イスタンブール・シーバス（イスタンブール・デニズ・オトビュスュ）
inet www.ido.com.tr

イスタンブール、イェニカプから発着する高速フェリー

列車の造りはこうなっている　列車の設備は、オープンサロン車、寝台車、個室といったところ。1等車と2等車がある。夜行列車は予約制になっている。寝台車はたまに満席になって乗れないこともあるので朝のうちに予約しておきたい。座席の1等ビリンジ・メウキBirinci Mevkiiはバスの座席のように各個別の座席になっており、2等のイキンジ・メウキİkinci Mevkiiはコンパルトマン Konpartman（コンパートメント）となる。寝台車はベッドひとつから3つまである（アンカラ・エクスプレスィはふたつ）。

おもな国内路線　479ページの表は急行列車の一部。表記した値段は運賃のみで、寝台料金は別途必要。このほかにも急行、普通といろいろある。特にアンカラ～イスタンブールは1日6本の急行列車が走っている。学生には学割（2割引き）がある。時刻などは駅で必ず確認しよう。

味わいのある船の移動

トルコを囲む海岸線は全長7000kmにも及ぶ。特に南側のエーゲ海、地中海の入江は昔から天然の良港となっており、観光スポットとしても重要だ。これらの沿岸都市を結ぶ観光航路はごく短時間で目的地に着くものから、何日もかけて航海を楽しむものまでたくさんある。

マルマラ海の船　イスタンブールと近郊を結ぶ。ルートによっては陸上交通より所要時間が短く、とても便利。特にブルサやイズニックなどに行くときに便利。航路、料金など詳しくはイスタンブールの108～110ページも参考にしてほしい。チャナッカレと近郊を結ぶ路線もある（→P.215）。

エーゲ・地中海の船　ギリシアとを結ぶ船は乗る時間も短く、エクスカーションにぴったり。ほかにも、ボドルムやダッチャの定期航路をはじめ、クルーズもたくさんある。ただし、多くは冬期運休。また、メルスィン、アランヤ、タシュジュからは北キプロスへ行く便が運航されている。

市内と近郊の交通

地方都市の市内バス車内

自由が利くレンタカーやタクシー　レンタカーはおもな都市にAvis、Herts、Budget、Europcarなどの大手の事務所がある。料金は小型車で1日50€～ぐらい。多くの場合乗り捨てはできないので、またもとの都市に戻すことになる。運転免許証は日本で国際免許証を取得し、日本の免許証と両方持っていく。日本とは逆の右側通行だし、いなかでは道路標識も少ないので気を付けよう。特に冬期や山越えは注意。イスタンブール市内は渋滞や一方通行が多く、運転するのには不向きだが、郊外の遺跡などに足を延ばすときにはとても重宝するだろう。

タクシーはメーター制で距離と時間の併用型。イスタンブールの場合は、2006年12月現在、1.73YTLからスタート。深夜は50%アップ。また、メーターは必ず発車前にボタンを押してもとに戻してもらおう。前の人の料金に上乗せされたりするからだ。いなかでメーターのないタクシーに乗るときは運転手と交渉する。何ヵ所も回るときや、3時間以上乗るならばチャーターしよう。観光地で半日借り切ると距離にもよるが90YTLぐらいかかるが、メーターで計算するよりは安い。3～4人で割ればかなりお得。

トルコのタクシーは黄色い車体が目印。英語は通じないことがほとんどだ

街を網羅する市内バス　市内バスの行き先はフロント上部と乗車口近くに書いてある。バス停にバスが近づいたら手を挙げて停め、前から乗ってチケットを入れる。チケットは近くのキオスクか立ち売りの人（少し割高）からあらかじめ買っておく。アンカラやイスタンブールなどは、チケット以外に車内で運賃を払う民営のバスもあるので注意しよう。降りるときは降車口の上にあるボタンを押す。

経由地と目的地が書いてあるバス。これはイスタンブールのエミノニュからベシクタシュを経由する

庶民の足ドルムシュ　ドルムシュはバンやミニバスを改造した乗合タクシー。10～15人乗りのものだ。乗用車タイプのものもある。トルコ人は徒歩5分程度の所でも気軽に乗っている。ミニバス型のドルムシュには車掌がいることもあり、運賃を集めたり、途中の町を教えてくれる。ドルムシュは市内を走るほか郊外も結ぶ。しかし狭いので3時間以上乗るのはキツい。

ドルムシュは座席がいっぱいになり次第出発する

近年増加中のトラムヴァイとメトロ　イスタンブールやアンカラ、ブルサ、イズミルなど、トルコの大都市では近年路面電車トラムヴァイと地下鉄メトロの新規開通が続いており、新たな市民の足として定着してきている。アダナやカイセリでも計画が進行中だ。各駅で停車し、駅名の表示もしっかりしているトラムヴァイとメトロは、旅行者にとっても利用しやすい。乗車の仕方は、各都市によって異なるが、ジェトンと呼ばれる専用のコインやカードをあらかじめ購入しておき、改札で機械に通して乗るものが多い。

イスタンブールのトラムヴァイは旧市街観光に便利

アクサライとアタテュルク空港を結ぶハフィフ・メトロ

賢いホテル利用術

4つ星クラスのホテルの室内

トルコ語でホテルのことをオテルという。看板では「Otel ～」や「～ Oteli（名詞が前に来るとiが付いてオテリとなる）」などと書かれている。しかし、外国人観光客の多い国なのでHotelと表記されていることも多い。エーゲ海、地中海やカッパドキアやパムッカレにはペンションも数多く存在する。トルコ語ではPansiyonパンスィヨンというがPensionの英語表記、そのふたつを混同したPansyon、Pansionなどといったスペルもよく見かける。本書ではホテルの看板や、名刺の表記に従って記述してある。

世界の仲間と情報交換できるドミトリー。貴重品や荷物の管理には注意を払おう

世界中のみんなとワイワイ！ ドミトリー　ホテル代を安くするならドミトリー方式のホテルがおすすめ。ドミトリーは4～8人ぐらいで1部屋をシェアするシステム。男女を分けるかはホテルによって違う。

安くても清潔に保たれているホテルが多い

個室の安宿で旅の疲れを取る　ドミトリーほど安くはないがイスタンブールでもシングルが30YTLぐらいからある。地方では15YTL以下の宿も少なくない。シャワーがあるのにトイレが部屋の外にあったりとこのクラスの設備はまちまちなので、いろいろ比べてみよう。

クシャダスにあるファミリーペンションのオーナー兄弟

家庭的な雰囲気のペンション　ペンションは比較的小さな宿。料金も安めでアットホームな雰囲気。ペンションは規模が小さいため、設備をはじめ、質はさまざま。ホテル経営に対するオーナーの姿勢もさまざまなので当たり外れが大きい。家族で経営しているファミリーペンションなら、持ち家を兼ねているため、何かあっても比較的安心。

■ファミリーペンション
外見だけでは判断がつかないが、看板などにトルコ語で**Aile Pansiyonu**アイレ・パンスィヨヌと表記されている場合がある。

3つ星クラスでもバスタブ付きのホテルもある

ある程度の設備が期待できる星付き　50YTL以上の宿になると規模も大きく、部屋にはそれなりの設備がある。2つ星以上なら部屋内にテレビ、シャワー、トイレなどが付く。特に地方の2～3つ星は30YTLほどで快適な部屋に泊まれることが多い。このクラスのホテルではエアコンを使用する場合、別料金を取るホテルもたまにある。

フレンドリーな応対をしてくれるホテルのスタッフ

おしゃれなインテリアや液晶テレビなど、最新の設備を揃える高級ホテルも増えてきた

豪華ホテルでスルタン暮らし　高級ホテルやリゾートホテルになると設備は日本と変わらない。公定料金だと200€以上のホテルがあるが、シーズンオフや、旅行会社を通したりインターネットで予約することによってかなり安くなることがある。

ホテルの予約　トルコでは、高級ホテルを除いて宿を予約する必要はない。ただし、夏のシーズンとイースターなどの欧米の休暇、トルコの長期休暇であるシェケル・バイラムとクルバン・バイラムのときは予約が必須。特にイスタンブールと南部海岸地域で大変な混雑となる。そのため安宿は予約しても結局早い者勝ちとなってしまうことが多い。朝10:00～11:00のチェックアウトの頃を見はからって行くとよい。

夏期以外ならホテルはすいている。地中海やエーゲ海のリゾート地ではクローズしてしまうペンションやホテルも多いが、泊まるところがまったくないということはない。

ホテル探しは明るいうちに　バスや鉄道で目的地に着いたら、まずは宿を探そう。よい宿に出合うためには、必ず明るいうちに何軒か回ること。じっくり選ぶつもりなら、オトガルや駅の荷物預かり所エマネトに荷物を預けて身軽になってから探すという手もある。

お湯は出るかな？　水道の水は飲まないほうがいい。ホテルの水道の蛇口は、青がお湯で赤が水のところも多い。また、安宿などではお湯を出す構造上の問題からけっこう時間がかかることが多い。出ないのかな？と思っても5～10分は蛇口をひねったまま待ってみよう。待てばお湯が出てくることもある。バスタブは4つ星以上のホテルにあることが多く、シャンプーや石けんなども一応ある。中級ホテルのバスタブには栓がないことも多い。

高級ホテルなら簡単なアメニティセットも揃う

宿代には何が含まれ、何が別なのか？　ホテルによってはホットシャワーが別料金のところもあり、さらに時間によっては熱い湯が出なかったり、続けて使うと水になることがある。朝食も込みのところと別に料金を取るところがある。また、寒い時期は暖房代を別に請求することがある。以上の点はあらかじめチェックしておこう。

中庭でみんなと食べる朝食は気持ちがいい

チェックインとチェックアウト　トルコのホテルはチェックインもチェックアウトも正午のことが多い。しかし、たいていのホテルでは時間にアバウトでインもアウトも多少の前後が許されている。ただし、混雑するドミトリーの安宿は10:00～11:00をチェックアウト時間としていることもあり、状況によってはこれを過ぎると、もう1泊分の料金を取られることも多い。トラブルを避けるためにもチェックアウトの時間は必ず確かめておこう。

また、混雑時のイスタンブールなどでは11:00で出されることもある。チェックインの前でもチェックアウトしたあとでも荷物は預かってもらえる。

プール付きのリゾートホテル

■安宿やペンションの給湯

1. オートマチック着火方式（少し時間がかかることもある）
2. ガスタンク着火方式（給湯器の下のガスボンベをひねって着火してもらう）
3. ソーラー方式（天気が悪いとお湯が出ない）
4. ソーラーとガスの併用（南部海岸地域などに多い）

シャワーやガスコンロのボンベの交換には、哀愁漂う音楽とともに軽トラックが路地裏を回る

日本からの団体ツアー客も利用する大型ホテル

■ラマザン中の朝食

ラマザン中の朝食は日の出前に取る。観光地ならほとんど関係のないことだが、地方の2つ星ホテルなどでは朝食は2:00～5:00ということも。

交通警察のお兄さん

旅のトラブル

トルコは比較的治安のいい国で凶悪な殺人事件などは少ない。しかしここ数年、旅行者に関わるトラブルが急増している。理由はいろいろあるが、特に金銭トラブルが増えているのが特徴だ。日本人が狙われるのは、文句を言わないとか、商習慣が違うということもあるが、根本的な理由は日本とトルコの経済的格差にある。3US$、10US$といったお金の価値が違うのだ。

絨毯屋でのトラブル

被害件数もさることながら被害額も大きい。ここ数年で地方の観光地でも被害が報告されている。日本とは違って支払い後の返品、返金はまず不可能。充分注意すること。

品物に支払った額ほどの価値がない　絨毯の正しい相場を知り、価値を見分けることは難しい。多くの店で、たくさんの絨毯を見ることぐらいしか方法はない。できれば日本やヨーロッパの各都市でよいものを見ておく。値段は参考にならないが、輸出用のものにはよいものが多いので質を見極めるには有効。旅行の最初のうちは高額な商品を買わないこと。

カードで支払わせてゼロを増やす　クレジットカードでの支払いは充分注意する。最近は学生でもカードを持っていることを絨毯屋は知っており、高額なものをカードで支払わせようとする。伝票が必要以上に重なっていないか、ゼロの数や単位(トルコリラかドルか)、日付、店名などしつこくチェックすること。カードは目の前で処理してもらい、預けないこと。伝票にサインがしてあれば、品物が届かなかったとしても、あとから支払いを止めることは非常に難しい。

カードでの支払いは現金と同じこと。カードの利点は、現金を持ち歩かなくてよいこと、盗難時に被害が少ないことぐらい。サインすれば現金と同じと心得よう。また、クレジットカードに関しては偽造事件が発生している。

「送る」といって送らず、あとはナシのつぶて　自分で送付してもよいが、絨毯やキリムを送る手続きは旅行者には大変難しい。持ち帰るのが確実。

ホテルやレストランでのトラブル

絨毯屋と同じように、観光客を狙っているのが観光地のホテルやレストランだ。近年客の奪い合いが急速に激化している。ホテルの場合、行こうとするホテルが満室だとウソをついたり、シャワーなどの設備をごまかしたりすることもある。観光地へのツアーや契約している絨毯屋へ強引に誘うトラブルも多い。また、ゼロを増やして請求するケースも多々報告されている。部屋の中

タクスィムでも注意
タクスィムのカフェで休んでいたとき、オーナーから紹介されてタクスィム広場近くのみやげ物店に行きました。ちょっとしたおみやげを買うつもりで選んでいたら、奥からキリムを持ってきて説明を始めたので、いらないと断りました。それでも非常にしつこくて「日本円で1000万円以上するが、350US$にする」とか「ローンで月1000円からでいい」などと引き下がりません。それもいらないといったら、向こうは完全にきれて、日本語でわめきだしました（ここまでの会話は英語でした）。つまり、日本語ができるのにできない振りをして、多分日本人客同士の会話や相談を盗み聞きしていたんでしょう。
（佐賀県　T.Y.　'05春）

ジュース売り
イスタンブールのブルーモスクとアヤソフィアの間にある公園に朝方ジュース売りのコスチュームを着た男の人たちがいます。写真を撮ろうとうっかり近づくとジュースを飲まされ、こちらが日本人だとわかると法外な金額を言ってきます。私は14YTL取られました。“Where are you from?”と聞いてくるのでどこの国の人かで対応を決めているのかもしれません。別のところで“I am from Korea.”と言ったらけっこうすぐ引き下がりました。でも、日本人だと見破られたこともありました。
（神奈川県　sakura　'06夏）

での盗難も増えているので荷物の管理には細心の注意を払おう。

また、バーやナイトクラブなどの酒場でいくつかの被害が出ている。多くは不当に高いお金を請求されたというものだが、ホテルの場合も、レストランの場合も**客引きについていったら**というケースが多い。ホテル探しやレストラン探しは**自分の足と目で**が基本だ。

頻発する強盗の手口

トルコで最も流行している犯罪は**睡眠薬強盗**。イスタンブール以外でも多発しており、列車のコンパートメントなどではトルコ人も被害に遭っている。手口は睡眠薬入りの飲食物を口にさせ、金品を奪うというもの。状況はさまざまで、数日間かけてガイドを買って出て親切にして安心させたりするもの、同じ旅行者（外国人）を装って親しくなろうとする、ウエーターとグルになって睡眠薬を混入する、バスの乗客全員に菓子を配り、ひとつだけに睡眠薬が入っている……など。被害を防ぐには、人からもらったものは口にしない、栓の開いているジュースは飲まないといった基本的なことしかない。とはいえ、観光地ではない場所や、明らかにわかる普通の人に対してまで警戒することはトルコ人に対して失礼にもなる。このあたりの判断は自己責任においてあなた自身にお任せするしかない。

もうひとつ、**偽警官強盗**というものも発生している。これは警官と名乗る男が所持品検査を装って鞄を開けさせ、調べるふりをして金品を抜き取るというもの。身分証明書をチラッと見せて安心させることもある。もし、私服警官の尋問を受けたら、氏名や車のナンバーを確認し、「日本領事館内で応じる」などと毅然とした態度をとるようにしよう。

■客引きはガイドブックを口実に使う！

観光客向けの商売をしている人、特に日本人に声をかけるような人は『歩き方』などのガイドブックを知っていて、「自分のホテルが載っている」と言って強引に勧誘することがある。また、ガイドブックに載っていたホテルに日本人がたくさん押し寄せるせいか、日本人と見るとフッかけてくるような悪質なところもときどきある。

そのような事情で、本誌ではホテル、レストランを除く、特定の観光客向けの店（絨毯屋、みやげ物屋など）は一切推薦してはいない。

日本のガイドブックに掲載されると、金払いのよい日本人が増えるため、せっかくの「よいホテル」が「悪いホテル」になるケースもある。逆に「悪い」と書かれて客が減り、あわてて「よいホテル」になるケースもある。編集室でも追跡調査をしているが、常に情勢は動いている。このように刻々と変わる状況の中で正しい情報を掲載するためにはできるだけ多くの読者投稿が必要。よかった体験談、がっかりした体験談、要望、訂正などを送ってほしい。

軽い運動と水分補給で
深部静脈血栓症（エコノミークラス症候群）を防ごう！

6時間を超えるフライトやバスなどでの移動時に注意したいのが深部静脈血栓症だ。長時間、同じ姿勢でいることにより血の固まりができ、重症になると死にいたることもある。予防策としては、身体をしめつけない服装を心がけ、時々、ストレッチや足先の運動をすること。そして意識的に水分を取ることが重要なポイント。1時間に100cc程度の水分補給が望ましいが、通常のミネラルウオーターより体液に近い成分組成のイオン飲料がいい。

イオン飲料は、身体に負担をかけることなく、失われた水分を速やかに補給でき、長時間にわたって体内を潤し続けてくれる。海外では、イオン飲料がいつでも手に入るというわけではないので、ミネラルウオーターのボトルに直接入れて溶かして飲む粉末タイプの物を持って行こう。代表的なポカリスエットの粉末タイプなら旅立ち前に簡単に入手できるし、かさばらないので持ち運びにも便利。

ポカリスエット粉末タイプ200mℓ用／1ℓ用

日本人同士のトラブル

このところ「日本人にだまされた」とか「日本人の客引きについていったら」という投稿が目立つ。居心地のよいトルコでは昔から長期滞在する人が多く、なかには、違法だが絨毯屋の客引きや旅行代理店を手伝ったりする人がいる。もちろん合法的に商売している人もおり、いずれにしろ多くの日本人が日本人相手に商売しているのが現実。「まさか同胞にだまされるなんて…！」と思いがちな状況はわかるが、日本語だから、日本人だからと気を許しすぎる旅人も多いのが現実。「日本なら**路上で話しかけられた人に気軽についていきますか？** 簡単に大金を払ったり、お金を貸したりできますか？」日本人ということに甘えず、自己の判断で行動してほしい。

蛇足だが、商売をしている日本人でも良心的な人は多く、また観光商売とはまったく関係のないところで生活している日本人も多いことも付け加えておきたい。

旅行中の病気

衛生状態も悪くないトルコでは、これといって気を付ける病気はないが、生野菜を食べて食あたりを起こしたり、空気の汚いイスタンブールでぜんそくを悪化させたりといった症状が報告されている。また夏期は屋外でハチに刺される人も多い。薬局の薬を飲んでもよくならないときや急を要するときはすぐに病院に行こう。

注意したい地域

1991年9月にトルコ南東部について発出された注意喚起（十分注意してください）は、2006年8月9日付けで継続が発出されている。これはクルドの独立を要求するクルド労働者党（PKKペーカーカー）がゲリラ戦を展開、トルコ軍との間に多数の死傷者が出たことに起因する。しかし、その後1999年8月にPKKの党首アブドゥッラー・オジャランが武装闘争中止の呼びかけを行って以来、テロは沈静化し、衝突もほとんど起こっておらず、平穏な状態が続いている。2006年10月現在「十分注意してください」が発出されている地域は、イスタンブール県とディヤルバクル、マルディン、バトマン、ビトリス、ワンなどの南東部12県。イスタンブール市内で発生している小規模な爆発事件についても注意を促している。

イスタンブールにある外国系病院

アメリカン病院 Amerikan Hastanesi（アメリカン・ハスターネスィ）
✉Güzelbahçe Sok. Nişantası. TEL(0212) 311 2000 FAX(0212) 311 2190

ドイツ病院 Alman Hastanesi（アルマン・ハスターネスィ）
✉Sıraselviler Cad.No.119 TEL(0212) 293 2150 FAX(0212) 293 9319

国際病院 İnternational Hospital
✉Çınar Oteli Yanı No.82 Yeşilköy TEL(0212) 663 3000 FAX(0212) 663 2862

タクシー運転手の手口
数は少ないけど悪質なタクシーはある。メーターを動かしていても停止するとすぐに操作して2倍くらいの料金を請求する。そのような時は怒りを表し、相場の金額を払って降りればよいと地元の人が教えてくれた。
（京都府　Ayakkabı　'06夏）

タクシーでのトラブル
ブルーモスクから空港近くのホテルまでタクシーで移動した。ホテルまで着いたのに、正面玄関ではなく、なぜか近くの暗がりに停車された。支払いになり、20YTL札を出すと、「これは偽札だから、受け取れない」と言われた。「そんなはずはない。銀行で両替した」と言うと運転手は「ならば見せてみろ」と言うので、代わりを出すと「コレもダメ、こっちも偽札」とブツブツ言いながら、お札をすかして見たり、ふれたりするうちに、運転手は何枚かの札を手にしていた。私は「ホテルのフロントで確かめよう」と主張したが通じず、逆にすごまれた。結局、その場で使えると彼の言う札で支払うことになった。しかし、後で数えると、20YTL札のうち、2枚がなくなっていた。手品のようにまんまと札を抜かれていた。（東京都　木村聡　'05春）

地方都市の中学生
カイセリに行ったときのこと。城壁あたりで地元の中学生ぐらいの少年グループに「ジャポン、ジャポン」としつこく声をかけられた。無視して通り過ぎると、後ろから蹴られ、100mぐらい追いかけられて恐かった。
（東京都　デースケ　'06秋）

情報を集める

英語ページもある情報誌

トルコ人は旅人に優しく、何か困ったことがあっても、助けてくれることが多い。だから、行き当たりばったりでもなんとかなってしまうところがトルコのいいところ。そんな旅もおもしろいが、日本で情報収集やちょっとだけ勉強をしていけば、トルコ旅行がさらに意義深く楽しいものになること間違いなし。

日本で得られる情報

■トルコ共和国政府観光局

✉〒150-0001　東京都渋谷区神宮前2-33-6
TEL(03)3470-6380　inet home.turkey.or.jp
トルコ共和国政府観光局が発行している日本語の小冊子がもらえる。送料別で郵送してもらうことも可能。ウエブサイトもトルコのさまざまな情報が充実している。

■日本トルコ協会

✉〒107-0061　東京都港区北青山2-5-1　伊藤忠商事ビル内
TEL(03)3497-8039　inet www8.itochu.co.jp/tkjts
大正5年創立の友好団体。トルコ語講座やトルコ料理教室、さまざまな交流イベントを行っている。三笠宮殿下が名誉総裁を務めている。

■日本トルコ文化協会

✉〒604-8156　京都府京都市中京区室町通り錦小路上ル　三洋室町ビル505
TEL(075)255-7530　inet www7.plala.or.jp/kyoto-nitto
トルコ語講座やトルコに関するさまざまな講演会活動を行う民間団体。

■トルコ中央アジア文化センター

✉〒151-0053 東京都渋谷区代々木2-10-10　東京プラザビル7F
TEL(03)5388-8681　inet www.turkeycenter.co.jp
トルコ語や中央アジア諸語教室、トルコ料理、ダンス、楽器、手芸教室など幅広い交流活動を行う。名古屋、大阪、仙台、岡山にも支部がある。

トルコで手に入れられる情報誌

■タイムアウト・イスタンブール　Timeout İstanbul

イスタンブールのトレンドを満載した隔月刊紙。レストランやコンサートの情報にも強い。

■ターキッシュ・デイリー・ニュース　Turkish Daily News

英字の日刊新聞。あちこちのキオスクで売っており、トルコの政治情勢などを知るのにもよい。週末はレジャー情報が充実している。

■在アンカラ日本国大使館

Japonya Büyük Elçiliği
Map P.371B3外
✉Reşit Galip Cad. No.81 Gazi Osmanpaşa
TEL(0312) 446 0500
FAX(0312) 437 1812
inet www.tr.emb-japan.go.jp
開9:30～13:00 14:30～17:30
休日（土曜は午前のみ）

■在イスタンブール日本国総領事館

Japonya Başkonsolosluğu
地下鉄レヴェントLevent駅下車、ショッピングセンターのメトロ・シティ側の出口（ギュルテペ西出口Gültepe Batı Çıkışı）から徒歩8分。テクフェン・タワーTekfen Tower内。
✉Tekfentower 10th floor, Büyükdere Cad. No.209, 4. Levent
TEL(0212) 317 4600
FAX(0212) 317 4604
inet www.istanbul.tr.emb-japan.go.jp
開9:00～12:00 14:00～17:00
休土・日

日本総領事館が入っているテクフェン・タワー

役立つ厳選リンク集

観光一般情報

●トルコ共和国政府観光局
inet home.turkey.or.jp

●文化観光省
inet www.turizm.gov.tr

●イスタンブール県庁
inet english.istanbul.gov.tr

鉄道・フェリー関連

●TCDDトルコ国鉄
inet www.tcdd.gov.tr（トルコ語）

●イスタンブール市交通局
inet www.iett.gov.tr/en

●イスタンブール・シーバス
inet www.ido.com.tr

●トゥルヨル（海上ドルムシュ）
inet www.turyol.com.tr

●アンカラ市交通局
inet www.ego.gov.tr（トルコ語）

飛行機、空港関連

●トルコ航空
inet www.turkishairlines.com

●オヌル航空
inet www.onurair.com.tr

●アトラスジェット
inet www.atlasjet.com

●フライエア
inet www.flyair.com.tr

●ハワシュ（空港～市内のシャトルバス）
inet www.havas.com.tr

●イスタンブール・アタテュルク国際空港
inet www.ataturkairport.com

●イスタンブール・サビハ・ギョクチェン国際空港
inet www.sgairport.com

バス会社

●ワラン
inet www.varan.com.tr

●ウルソイ
inet www.ulusoy.com.tr

●キャーミル・コチュ
inet www.kamilkoc.com.tr（トルコ語）

●ハス
inet www.hasturizm.com.tr

●メトロ
inet www.metroturizm.com.tr（トルコ語）

旅行会社、ホテル予約

●アルキカタ・ドット・コム
inet www.arukikata.com

●セトゥル
inet www.setur.com.tr

●イスタンブール・ホテルズ
inet www.istanbulhotels.com

●ユースホステル・ターキー
inet www.youthhostelturkey.com

エンターテインメント、タウン情報

●イスタンブールネット（タウン情報）
inet www.istanbul.net.tr（トルコ語）

●タイムアウトイスタンブール（タウン情報）
inet www.timeoutistanbul.com

●アンカラレフベリ（タウン情報）
inet www.ankararehberi.com（トルコ語）

●ビレティクス（サッカー、コンサートのチケット）
inet www.biletix.com.tr

●チケットトゥルク（コンサート、演劇のチケット）
inet www.ticketturk.com

●イスタンブール国立劇場
inet www.istdt.gov.tr（トルコ語）

スポーツ関連

●トルコサッカー協会
inet www.tff.org（トルコ語）

●F1イスタンブールGP
inet www.formula1-istanbul.com

その他の機関

●PTT（郵便局）
inet www.ptt.gov.tr

●テュルク・テレコム（電話局）
inet www.telekom.gov.tr

●気象庁
inet www.meteor.gov.tr

●ターキッシュ・デイリー・ニュース
inet www.turkishdailynews.com

地球の歩き方「AMiGO」
自由にサークルを作って楽しめます

面白そうなテーマを探して仲間になる。撮り溜めた写真をもとに旅行記を公開する。旅仲間を作るため、秘密の連絡板として使う。ビギナーもベテランも地球の歩き方「AMiGO」をフルに使っています。
inet amigo.arukikata.jp/

旅のトルコ語

トルコ語は日本語とよく似ている。まず文章の作り方（語順）が同じだし、発音もしやすい。一部の例外を除いて、すべてローマ字読みをすれば、簡単に読めてしまう。だから、短い旅行の間でもトルコ語をどんどん使ってみよう。おもな観光地では英語が通じる国だけど、つたないトルコ語も一生懸命聞いてくれる。旅の楽しさが、コミュニケーションによって増すこと請け合いだ。

「トルコの居場所はEU（トルコ語でアウルパ・ビルリイ）である」というEU加盟促進のスローガン

カラマンのオトガルにあった「トルコ語を書きましょう、話しましょう」というスローガン。コンヤの南にあるカラマンは13世紀にトルコで初めてトルコ語を公用語とした地域

チャナッカレにある大学の日本語学科。学生は皆日本語が上手。でも漢字が苦手だとか。

トルコ語のアルファベットと発音

トルコでは、昔はアラビア文字を使っていたが、第1次世界大戦後にケマル・アタテュルクの改革でアラビア文字が廃止され、ローマ字で書き表すようになった。その際、一部特殊な形の文字が使われており、読み方が異なるものがあるので覚えておこう。また、トルコ語ではW、Q、Xの表記はない。

C c→ジュ　cadde ジャッデ（大通り）　cam ジャム（ガラス）
Çç →チュ　çarşı チャルシュ（バザール）　çay チャイ（紅茶）
ğ→発音しない、あるいは前の母音を伸ばす（語頭に来ない）
oğul オウル（息子）　dağダー（山）
Iı→「イ」の口をして「ウ」と発音。日本語の「ウ」に近い
kız クズ（娘）　ırmakウルマク（川）
Öö→「オ」の口で「エ」と発音　köprü キョプリュ（橋）
köpek キョペッキ（犬）
Üü→「ウ」の口で「イ」と発音　üzümユズュム（ぶどう）
Türkiye テュルキイェ（トルコ）
Şş→シュ　şekerシェケル（砂糖）　şemsiyeシェムスィエ（傘）
kâ→キャ　kâğıtキャーウト（紙）　kâseキャーセ（どんぶり）

トルコ語は日本語と同じ語順

ベン	イズミルデン	トークヨヤ	チチェックレリ	ギョンデルディム
Ben	İzmir'den	Tokyo'ya	çiçekleri	gönderdim.
私は	イズミルから	東京へ	花（複数形）を	送った

単語と単語がそのまま対応し、日本語の文の並び方と順番が同じであることがわかったかな。またトルコ語には「てにをは」のような助詞や接尾辞もある。上の例文を単語に分解していこう。

「私」は Ben、「～から」は den、「へ」は a、花は çiçek、その複数形が ler、「を」は i 、送るという動詞は gönder、その過去形が di、である。だから文法事項に少し慣れてあとは単語を覚えてしまえば、日本人にとっては意思疎通もそれほど難しくはない。ただ、「～から」の den、「へ」の a、「を」の i、動詞の過去形の di、はそれぞれ少し変化する。これは母音調和と呼ばれるトルコ語特有のものだ。

■ECC音声旅会話

『地球の歩き方』掲載の英会話（ほか6言語）の文例が“ネイティブの発音”で聞ける！「ゆっくり」「ふつう」の再生スピードがあるので初心者でも安心。
Inet **www.arukikata.co.jp/tabikaiwa**

■注意しなくてはいけない発音

1 **v** はヴと発音するが、ヴとウの間の音で母音に挟まれるとウと聞こえることが多い。例 **ev** エヴ（家）**kavun** カウンまたはカヴン（メロン）。

2 **ı** と **u** の区別をしっかりとつける。**ı** は口を横に広げてウと発音。**u** は口をまるめてウと発音。

3 **r** が語尾に来ると舌音がはっきり聞こえ、「シュ」に近い音が出る。

■母音調和

母音調和は語尾（日本語の助詞や助動詞のようなもの）を付けるときや動詞を活用させるときに知っていなければならないトルコ語の法則だ。トルコ語には(e i ü ö a ı u o)の8つの母音がある。この8つが4つずつの2グループに分かれる場合と2つずつの4グループに分かれる場合がある。

●パターン1

e を代表とする e i ü ö
a を代表とする a ı u o

●パターン2

a とe、i とı、o とö、uとü という4つのグループ。

■人称を表す語尾

名詞にもその所属を表す人称語尾が付く。
私の「m」
君の「n」
私たちの「miz」
あなたたちの「niz」

●例1 anne アンネ(母)

annem（アンネム）私の母
annen（アンネン）君の母
annemiz（アンネミズ）私たちの母
anneniz（アンネニズ）君たちの母(あなたの母)
annesi（アンネスィ）彼、彼女の母

●例2 活用すると

annemden（アンネムデン）私の母から
annenize（アンネニゼ）君たちの母へ(あなたの母へ)

■人称代名詞と一緒に

名詞+人称語尾が難しければ、人称代名詞の「〜の」+名詞でも通じる。例えばannemの代わりにbenim anneでもわかってもらえる。benim annemだとさらに正確。

トルコ語の「てにをは」

トルコ語は日本語と同じように単語の後ろに、いわゆる「てにをは」の助詞が来るが、単語の最後に来る母音によって変化する。難しいと思ったら最初は無視しても構わない。

1.「〜へ、〜に」=〜e、〜a

Vanワン→Van'aワナ（ワンへ）「a ı o u」のときは「〜a」
Bursa ブルサ→Bursa'yaブルサヤ(ブルサへ)
ön→öne オネ(前へ)「e i ö ü」のときは「〜 e」
「〜 e」「〜 a」のどちらを使うかは「母音調和」で決まる。例えば「ワンへ」という場合、Van＋語尾「 e か a 」だが、語尾のすぐ前の母音は a でパターン1でaの代表グループに属す。したがって、Van'aとなる。ön の ö は e 代表のグループなので、öneとなる。つまり、すぐ前の母音に左右されるのだ。母音で終わる単語の場合は「〜ye、〜ya」と母音が重ならないように「y」を入れる。

2.「〜に、〜で」=〜de、〜da

例 Ankaraアンカラ→Ankara'daアンカラダ(アンカラで)
İzmirイズミル→İzmir'deイズミルデ（イズミルで）

3.「〜から、〜より」=〜den、〜dan

例 Japonyaジャポンヤ(日本)→Japonya'danジャポンヤダン
Türkiyeテュルキエ(トルコ)→Türkiye'denテュルキエデン

4.「〜を、」=〜i、〜ı、〜ü、〜u

「〜を」に当たる語尾は「〜 i、〜 ı、〜 ü、〜 u」と4つもある。欄外の母音調和のパターン2の対応を見てほしい。すぐ前の母音が e や iなら「〜 i」、ü や ö なら「〜 ü」というように4つのうちのひとつが語尾として付くことになる。

例 baş バシュ(頭) → başı バシュ 頭を
kutu クトゥ(箱) → kutuyu クトゥユ 箱を

これも「〜e、〜a」と同じく、母音で終わる単語のときは「y」を入れて「〜 yi、〜 yı、〜yu、〜 yü」となる。

5.「〜の」=〜in、〜ın、〜ün、〜un

「〜の」に当たる語尾も「〜in、〜ın、〜ün、〜un」と4つある。母音で終わる単語のときは「〜nin、〜nın、〜nün、〜nün」と間に n を入れる。

例 ev エヴ(家)→ evin エヴィン(家の)
yol ヨル(道) → yolun ヨルン(道の)
elma エルマ（リンゴ)→ elmanın エルマヌン(リンゴの)
köprü キョプリュ(橋)→ küprün キュプリュン(橋の)

人称代名詞.・指示代名詞

			〜の	〜へ	〜を	〜で	〜から
私	1人称単数	benベン	benimベニム	banaバナ	beniベニ	bendeベンデ	bendenベンデン
君	2人称単数	senセン	seninセニン	sanaサナ	seniセニ	sendeセンデ	sendenセンデン
彼・彼女・それ	3人称単数	oオ	onunオヌン	onaオナ	onuオヌ	ondaオンダ	ondanオンダン
私たち	1人称複数	bizビズ	bizimビズィム	bizeビゼ	biziビズィ	bizdeビズデ	bizdenビズデン
あなた、君たち	2人称複数	sizスィズ	sizinスィズィン	sizeスィゼ	siziスィズィ	sizdeスィズデ	sizdenスィズデン
彼ら・彼女ら・それら	3人称複数	onlarオンラル	onlarınオンラルン	onlaraオンララ	onlarıオンラル	onlardaオンラルダ	onlardanオンラルダン

動詞と時制の種類

辞書にはトルコ語の動詞はすべて○○mek、○○makというようにmek、makの付いた形で表される。これは英語の不定詞と同じで名詞形になっているもの。つまり、gelmek ゲルメッキ（来る**こと**）、yemek イエメッキ（食べる**こと**）となる。mek、makを取り去った形を**語幹**という。この語幹にいろいろな語尾が付いて、現在、過去、未来形を作っていく。さらにその後ろに人称を表す語尾が来る。

現在形（超越形） 現在形の変化語尾は、動詞の語幹によって3つほどのパターンがある。

1 r…語幹が母音で終わるとき

2 ir、ır、ür、ur…2音節以上の語幹のとき、または l, r で終わる1音節語幹のとき

3 er、ar…その他の1音節語幹のとき

この形は人に何かをお願いするときによく使う。

例 どうか 私を 助けてください。

Lütfen bana yardım eder misin?リュトフェン バナ ヤルドゥム エデルミスィン

現在進行形 語尾のあとにyorを付ける。子音で終わる語にはi ı ü uを付ける。

例 gelmek ゲルメッキ(来る)、geliyorum ゲリヨルム(私は来る)、geliyorsun ゲリヨルスン(あなたは来る)

yorの前には i ı ü uしか来ないので、e、a で終わる語幹の動詞は母音調和により次のようになる。

例 anlamakアンラマック(理解する)→ anlıyorumアンルヨルム

istemek イステメッキ(欲しい)→ istiyorum イスティヨルム

過去形 di、dı、dü、duを語幹に付ける。語幹が無声子音(ç f h k p t s ş) で終わる動詞はti、tı、tü、tuを語幹に付ける。

例 vermek ヴェルメッキ(与える)→ verdim ヴェルディム(私は与えた)

içmek イチメッキ(飲む)→ içtim イチティム(私は飲んだ)

yapmak ヤプマック(する)→yaptım ヤプトゥム (私はした)

未来形 ecek、acakを語幹に付ける。母音で終わる語幹には間に「y」を入れる。1人称の語尾が付くときにはecek、acakのkがğに変わる。

例 yüzmek ユズメッキ(泳ぐ)

yüzeceğim ユゼジェイム (泳ぐつもりです)

yıkamak ユカマック(洗う)

yıkayacağımユカヤジャウム(洗うつもりです)

語幹		時制		人称語尾		肯定文
iste (欲しい)		r (超越形)		sin (あなた)		istersin イステルスィン (あなたは欲しい)
inan (信じる)	+	ıyor (現在進行形)	+	um (私)	=	inanıyorum イナヌヨルム (私は信じています)
yak (燃やす)		tı (過去形)		n (あなた)		yaktın ヤクトゥン (あなたは燃やした)
sev (愛する)		ecek (未来形)		sin (あなた)		seveceksin セヴェジェキスィン (あなたは愛するでしょう)

■動詞に付く語尾

動詞に付く語尾は2種類。

※過去形(di、duなど)の場合

私：m、m、m、m

あなた：in、ın、ün、un

私たち：ik、ık、ük、uk

君たち：niz、nız、nüz、nuz

例:geldi (来た)

geldimゲルディム(私は来た)

geldikゲルディッキ (私たちは来た)

※それ以外の場合

私：im、ım、üm、um

あなた：sin、sın、sün、sun

私たち：iz、ız、üz、uz

君たち：siniz、sınız、sünüz、sunuz

例:gider (行く)

giderimギデリム (私は行く)

gidersinizギデルスィニズ (あなたたちは行く)

■現在形(超越形)の否定文

okumak→okurオクル(読む)

okumazオクマズ(読まない)

okumazsınオクマズスン (あなたは読まない)

■現在形(超越形)の疑問文

gelmek→gelirゲリル(来る)

gelir mi? ゲリルミ (彼は来ますか?)

gelir misin? ゲリルミスィン (あなたは来ますか？)

■現在進行形の否定文

yorの前にmi、mı、mü、muを入れる。

istiyorum イスティヨルム (私は欲しい)

istemiyorイステミヨルム (私は欲しくない)

■現在進行形の疑問文

人称を表す語尾の前にmuを入れる。

istiyor musun?

イスティヨルムスン (あなたは欲しいですか?)

■過去形の否定文

語尾の前にme、maを入れる。

gittim ギッティム (私は行った)

gitmedim ギトメディム (私は行かなかった)

Yarın yağmur yağacak ヤルン ヤームル ヤアジャック
（あす雨が降るでしょう）

疑問詞を覚えると行動範囲が広がる

文法が煩わしかったら、疑問詞と名詞だけでも何とか通じることが多いので、疑問詞は覚えておくと便利。

1）何　ne　ネ

Bu ne? ブ ネ（これは何）　Ne kadar? ネ カダル（いくら）

İzmir'in nesi meşhur? イズミリン ネスィ メシュフル？
（イズミルの何が有名？）

2）だれ　kim　キム

Siz kimsiniz? スィズ キムスィニズ（あなたは誰ですか）

Bu kimin sözlüğü? ブ キミン ソズリュウ（これは誰の辞書？）

3）いつ　ne zaman　ネ ザマン

Ne zaman buraya geldin? ネ ザマン ブラヤ ゲルディン？
（いつここに来たの？）

Bu bina ne zaman yapıldı? ブ ビナー ネ ザマン ヤプルドゥ？
（この建物はいつ建てられましたか？）

4）どこ　nere　ネレ

İstasyon nerede? イスタスヨン ネレデ（駅はどこ？）

Burası neresi? ブラス ネレスィ（ここはどこ？）

5）なぜ（niyeニエ niçinニチン nedenネデン　どれでもよい）

Niye böyle? ニエ ボイレ（どうしてこうなるの？）

Neden olmuyor? ネデン オルムヨル（なぜダメなの？）

Niçin cevap vermiyorsun?ニチン ジェヴァプ ヴェルミヨルスン
（どうして返事してくれないの？）

6）どのように　nasıl ナスル

Müzeye nasıl gider? ミュゼイェ ナスル ギデル？
（博物館へはどうやって行くの？）

Nasıl yani ナスル ヤーニ（だからどういうこと？）

7）いくつ、いくら　kaç カチ

Saat kaç? サアトカチ（何時？）　Kaç saat?カチサアト（何時間？）

Kaç kişi? カチ キシ（何人？）

8）どちら　hangi ハンギ

Hangisi? ハンギスィ（どっち？）※手などに持ちながら

その他の疑問文

動詞を活用しないそれ以外の疑問文は聞きたいことのあとに「か？」を意味するmi、mı、mü、muを付ければよい。

1.あなたは 日本人ですか?

Siz Japon musunuz? スィズ ジャポン ムスヌス

2.ここに 本が ありますか?

Burada kitap var mı? ブラダ キタプ ヴァル ム

3.割引は ないのですか?

İndirim yok mu? インディリム ヨック ム

Damsız Girilmezダムスズ・ギリルメズとは同伴カップル以外は入場できないという意味

■過去形の疑問文

人称を表す語尾のあとにmi、mı、mü、muを付ける。

düşündüm デュシュンデュム
（私は思った）

düşündün mü?
デュシュンデュンミュ
（あなたは思いましたか?）

■未来形の否定文

ecek、acakの前に me、ma を付ける。

geleceğim ゲレジェイム
（私は来るでしょう）

gelmeyeceğim
ゲルメイェジェイム
（私は来ないでしょう）

■未来形の疑問文

疑問形：ecek、acakのあとにmi、mıを付ける。

例 uyuyacaksın
ウユヤジャックスン
（君は眠るでしょう）

uyuyacak mısın?
ウユヤジャックムスン
（君は眠りますか?）

ちょっとしつこい気もするが、読むという意味のokumak（オクマック）の動詞の人称変化が書かれた栞

あいさつはコミュニケーションの基本

はい	エヴェット	Evet.
いいえ	ハユル	Hayır.
いいえ	ヨック	Yok.（くだけた言い方）
こんにちは	メルハバ	Merhaba.
こんにちは（さよならにも使える）	イイ ギュンレル	İyi günler.
おはよう	ギュナイドゥン	Günaydın.
こんばんは（夜のさよならにも使う）	イイ アクシャムラル	İyi akşamlar.
お元気ですか	ナスルスン	Nasılsın?
お元気ですか	ナスルスヌズ	Nasılsınız?（ていねい）
元気です	イイイム	İyiyim.
ありがとう	テシェッキュレデリム	Teşekkür ederim.
ありがとう	サーオル	Sağ ol.（くだけた言い方）
どういたしまして	ビッシェイデーイル	Bir şey değil.
さようなら（去って行く側）	アラスマラドゥク	Allahısmarladık!
さようなら（見送る側）	ギュレ ギュレ	Güle güle!
またあした	ヤールン ギョリュシュルズ	Yarın görüşürüz.
おやすみなさい	イイ ゲジェレル	İyi geceler.
ごめんなさい	アフェデルスィニス	Affedersiniz.
いいんですよ	リジャ エデリム	Rica ederim.
ごきげんよう（じゃあね）	ホシュチャ カルン	Hoşça kalın.
がんばってね	コライゲルスィン	Kolay gelsin!
どうぞ	ブユルン	Buyurun.
ごちそうさま（料理を作った人に）	エリニゼ サールック	Elinize sağlık.
（食事する人に向かって）	アーフィエト オルスン	Afiyet olsun.

日常会話でよく使う言葉

OKです	タマーム	Tamam.
OKですか	タマーン ム	Tamam mı?
わかりません	アンラマドゥム	Anlamadım.
わかりました	アンラドゥム	Anladım.

トルコ語の数字を覚えよう

1	bir	ビル
2	iki	イキ
3	üç	ユチ
4	dört	ドルト
5	beş	ベシ
6	altı	アルトゥ
7	yedi	イェディ
8	sekiz	セキズ
9	dokuz	ドクズ
10	on	オン
11	onbir	オンビル
20	yirmi	イルミ
30	otuz	オトゥズ
40	kırk	クルク
50	elli	エッリ
60	altmış	アルトゥムシュ
70	yetmiş	イェトゥミシ
80	seksen	セクセン
90	doksan	ドクサン
100	yüz	ユズ
千	bin	ビン
万	on bin	オンビン
100万	bir milyon	ビルミルヨン
150万	bir buçuk milyon	ビル ブチュク ミルヨン
1000万	on milyon	オンミルヨン
億	yüz milyon	ユズミルヨン
10億	bir milyar	ビルミルヤル
1兆	bir trilyon	ビルトリルヨン

■基本単語　そのほかの数詞

1.5 bir buçuk ビル ブチュク
半分 yarım ヤルム
4分の1 çeyrek チェイレッキ
1時 saat bir サアト ビル
2時30分 saat iki buçuk サアト イキ ブチュク
1時間 bir saat ビル サアト
1番目 birinci ビリンジ
2番目 ikinci イキンジ
1番 bir numara ビル ヌマラ
2番 iki numara イキ ヌマラ

■基本単語　月名

1月 Ocak オジャック
2月 Şubat シュバット
3月 Mart マルトゥ
4月 Nisan ニサン
5月 Mayıs マユス
6月 Haziran ハズィラン
7月 Temmuz テムズ
8月 Ağustos アウストス
9月 Eylül エイリュル
10月 Ekim エキム
11月 Kasım カスム
12月 Aralık アラルク

■基本単語　曜日名

月曜日 pazartesi パザルテスィ
火曜日 salı サル
水曜日 çarşamba チャルシャンバ
木曜日 perşembe ペルシェンベ
金曜日 cuma ジュマ
土曜日 cumartesi ジュマルテスィ
日曜日 pazar パザル

■基本単語　季節

春 ilk bahar イルク バハル
夏 yaz ヤズ
秋 son bahar ソン バハル
冬 kış クシュ

■基本単語　日時

昨日 dün デュン
今日 bugün ブギュン
明日 yarın ヤールン
先週 geçen hafta ゲチェン ハフタ
今週 bu hafta ブ ハフタ
来週 gelecek hafta ゲレジェッキ ハフタ
先月 geçen ay ゲチェン アイ
今月 bu ay ブ アイ
来月 gelecek ay ゲレジェッキ アイ

■基本単語　時間帯

朝 sabah サバフ
正午 öğle オゥーレ
昼間 gündüz ギュンデュズ
晩 akşam アクシャム
夜 gece ゲジェ

■基本単語　身の回り

トイレ tuvalet トゥワレット
男性 bay/erkek バイ/エルケッキ
女性 bayan/hanım バヤン/ハヌム
トイレットペーパー tuvalet kâğıdı トゥワレットゥ キャードゥ

■基本単語　国籍・言語

日本 Japonya ジャポンヤ
日本人 Japon ジャポン
日本語 Japonca ジャポンジャ
韓国 Kore コレ
韓国人 Koreli コレリ
韓国語 Korece コレジェ
中国 Çin チン
中国人 Çinli チンリ
中国語 Çince チンジェ
トルコ Türkiye テュルキイェ
トルコ人 Türk テュルク
トルコ語 Türkçe テュルクチェ
クルド人 Kürt キュルトゥ
クルド語 Kürtçe キュルッチェ
アラブ人 Arap アラプ
アラビア語 Arapça アラプチャ

もちろんです	タビー	Tabii.
ちょっと待って	ビ ダッカ・ビ サニイェ	Bir dakika./ Bir saniye.
英語を話せますか	インギリズジェ ビリヨル ムスヌズ	İnglizce biliyor musunuz?
～さん（シャーバンさん、男性）	ベイ シャーバン ベイ	Bey（Şaban bey）
～さん（ハティジェさん、女性）	ハヌム ハティジェ ハヌム	Hanım (Hatice hanım)
これでいいですか	ブ ドールム・ブ タマンム	Bu doğru mu? / Bu tamam mı?

自己紹介のときに使う言葉

どちらの方ですか	ネレリスィニス	Nerelisiniz?
私は日本人です	ベン ジャポヌム	Ben Japonum.
あなたの名前は	アドゥヌズ ネ	Adınız ne?
私の名前は伴宙太です	アドゥム バンチュウタ	Adım BAN Çuta.
何歳ですか	カチ ヤシュンダスヌス	Kaç yaşındasınız?
私は22歳です	ベン イルミ イキ ヤシュンダユム	Ben yirmi iki yaşındayım.
トルコへは初めて来ました	テュルキエイェ イルク ゲルディム	Türkiye'ye ilk geldim.
トルコへは2回目です	テュルキエイェ ゲリシム イキンジ デファ オルドゥ	Türkiye'ye gelişim ikinci defa oldu.
ひとりで／友達と一緒に	アルカダシュムラ ベラーベル	Tek başına / Arkadaşımla beraber
トルコが（トルコ人が）好きです	テュルキイェイ テュルクレリニ セヴィヨルム	Türkiye'yi (Türklerini) seviyorum.
お目にかかれてうれしく思います	タヌシュトゥームザ メムヌン オルドゥム	Tanıştığımıza memnun oldum.
おかげでとても楽しかったです	サイェニズデ イイ ザマン ゲチルディム	Sayenizde iyi zaman geçirdim.
何かあったんですか	ノオルドゥ	Ne oldu?
ゆっくり話してください	リュトフェン ヤワシュ ソイレルミスィニス	Lütfen yavaş söyler misiniz?
もう一度話してください	リュトフェン テクラル ソイレルミスィニス	Lütfen tekrar söyler misiniz?
住所を教えてください	アドレスィニズィ アラビリルミィイム	Adresinizi alabilir miyim?
お手紙待ってます	メクトゥブヌズ ベクリヨルム	Mektubunuzu bekliyorum.
手紙を出します	サナ メクトゥプ ヤザジャァウム	Sana mektup yazacağım.
ここに書いてください	リュトフェン ブラヤ ヤザルムスヌス	Lütfen buraya yazar mısınız?
私は結婚しています	ベン エブリイム	Ben evliyim.

私は独身です	ベン ベキャールム	Ben bekârım.

買い物のとき

これはいくらですか	ブ ネ カダル ブ カチ パラ	Bu ne kadar?/ Bu kaç para?
それを見せてください	オヌ バナ ギョステリルミスィン	Onu bana gösterir misin?
試着してみていいですか	ブヌ デニイェビリルミィイム	Bunu deneyebilir miyim?
どれがおすすめですか	ハンギスィニ タウスィイェ エデルスィニズ	Hangisini tavsiye edersiniz?
いくらで買ったの	カチャ アルドゥン	Kaça alıdn?
1kgいくらですか	キロス ネ カダル	Kilosu ne kadar?
それは気に入らない	ベーンメディム	Beğenmedim.
大きすぎます／小さすぎます	チョク ブユック チョク キュチュク	Çok büyük./ Çok küçük.
もっと安いのが欲しい	ダハ ウジュズ イスティヨルム	Daha ucuzu istiyorum.
まけてくれない	ダハ ウジュズ オルマズム	Daha ucuz olmaz mı ?
これにしてください	ブ オルスン	Bu olsun.
ドルではいくらですか	ドラルダ ネ カダル	Dolarda ne kadar?
計算が間違っています	ヘサブヌズ ヤンルシュ	Hesabınız yanlış.
おつりをください	パラユストュ ヴェリルミスィニズ	Paraüstü verir misiniz ?
10YTL支払いました	オン リラ オデディム	On lira ödedim.

人に何か尋ねるとき

～はどこですか	ネレデ	~nerede?
両替所はどこですか	ドヴィズ ビュロス ネレデ	Döviz bürösü nerede?
1ドルいくらですか	ビル ドラル カチ リラ	Bir dolar kaç lira?
手数料は何%？	コミスヨン ユズデ カチ	Komisyon yüzde kaç ?
20ドルをトルコリラにしてください	イルミ ドラル ボズドゥラビリル ミイム	Yirmi dolar bozdurabilir miyim?
ここから遠い（近い）ですか	ブラダン ウザク ヤクン ム	Buradan uzak (yakın) mı?
今何時ですか	サアト カチ	Saat kaç?

願望を言ってみよう

～が欲しい	イスティヨルム	~ istiyorum.
いらない	イステミヨルム	~ istemiyorum.

■基本単語　職業

仕事 meslek メスレッキ
学生 öğrenci オゥレンジ
先生 öğretmen オゥレトメン
警察官 polis ポリス
公務員 memur メームル
兵士 asker アスケル
失業中 işsiz イシスィズ

■基本単語　宗教

宗教 din ディン
信仰 ibadet イバーデット
預言者 peygamber ペイガンベル
イスラーム İslam
ムスリム Müslüman ミュスリュマーン
仏教徒 Budist ブディスト
キリスト教徒 Hıristiyan フリスティヤン
無宗教 dinsiz ディンスィズ

■基本単語　買い物

店 dükkân デュッキャン
雑貨屋 bakkal バッカル
絨毯屋 halıcı ハルジュ
値段 fiyat フィヤト
値引き indirim インディリム
50%　% (yüzde) 50 ユズデエッリ
ボる人 kazıkçı カズックチュ
偽の sahte サフテ
本物 orijinal オリジナル
品質 kalite カリテ
粗悪品 kalitesiz カリテスィズ

■基本単語　場所

ここで burada ブラダ
そこで şurada シュラダ
あそこで orada オラダ
右にある sağda サーダ
左にある solda ソルダ
外にある dışarda ドゥシャルダ
中にある içeride イチェリデ
向かいにある karşıta カルシュタ

■基本単語　指示代名詞など

これ bu ブ
それ şu シュ
あれ o オ
どれ hangisi ハンギスィ

■基本単語　動詞の不定詞

食べる yemek イェメッキ
寝る yatmak ヤトマック
遊ぶ oynamak オイナマック
行く gitmek ギトメッキ
歩く yürümek ユリュメッキ
走る koşmak コシュマック
休む dinlenmek ディンレンメッキ
旅行する gezmek ゲズメッキ
働く çalışmak チャルシュマック
払う ödemek オデメッキ

■基本単語　国名

ギリシア Yunanistan ユナニスタン

ブルガリア Bulgaristan ブルガリスタン

ルーマニア Romanya ロマンヤ

マケドニア Makedonya マケドンヤ

イラン İran イーラン

エジプト mısır ムスル

シリア Suriye スーリイェ

ヨルダン Ürdün ユルデュン

グルジア Gürcistan ギュルジスタン

■基本単語　交通関係

オトガル otogar

チケット bilet ビレット

チケット売り場 yazhane ヤズハーネ

乗り場 peron ペロン

座席 koltuk コルトゥク

出発時間 hareket saati ハレケット サアティ

目的地 istikamet イスティカーメット

休憩 mola モラ

ドライブイン dinlenme tesis ディンレンメ・テスィス

駅 istasyon イスタスヨン

桟橋 iskele イスケレ

空港 havaalanı ハワアラヌ

国際線 dış hattı ドゥシュ ハットゥ

国内線 iç hattı イチ ハットゥ

飛行機 uçak ウチャク

路面電車 tramvay トラムヴァイ

高速道路 otoban オトバン

■基本単語　PTT

切手 pul プル

記念切手 hatıra pulu ハトゥラ プル

手紙 mektup メクトゥプ

封筒 zarf ザルフ

小包 koli コリ

速達 APS アーペーセー

テレホンカード telefon kartı テレフォン カルトゥ

50度数 ellilik エッリリック

100度数 yüzlük ユズリュク

ユニット kontör コントゥル

公衆電話 Sokak Telefonu ソカク・テレフォヌ

携帯電話 Cep Telefonu ジェプ・テレフォヌ

航空便 uçak ile ウチャック イレ

船便 gemi ile ゲミ イレ

～したい　～mek、～mak istiyorum.（イスティヨルム）

～に行きたい　～a、～e gitmek istiyorum.（ギトメッキ イスティヨルム）

～をください　～verir misiniz?（ヴェリル ミスィニズ）

乗り物に乗る

市内へ行くバスはどこから出ますか
Şehir merkezine giden otobüs nereden kalkar?（シェヒル メルケズィネ ギデン オトビュス ネレデン カルカル）

（バス・ドルムシュが）～に行きますか　～dan geçer mi?（ゲチェル ミ）

このバスはオトガルに行きますか　Bu otobüs otogardan geçer mi?（ブ オトビュス オトガルダン ゲチェルミ）

バスは何時の便がありますか　Hangi saatlerde otobüs var?（ハンギ サァトレルデ オトビュス ヴァル）

次のバスは何時ですか　Sonraki otobüs saat kaçta?（ソンラキ オトビュス サアト カチタ）

1枚ください　Bir kişi verir misiniz?（ビキシ ヴェリル ミスィニズ）

ギョレメに何時に着きますか　Saat kaçta Göreme'deyiz?（サァアト カチタ ギョレメデイズ）

何番線ですか　Peron numarası nedir?（ペロン ヌマラス ネディル）

いつ出るんですか　Ne zaman çıkacağız?（ネ ザマン チュカジャーウズ）

私の荷物が見つかりません　Bagajlarım yerinde yok.（バガジラルム イェリンデ ヨック）

（ドルムシュで）ここで降ります　Müsait bir yerde.（ミュサーイットゥ ビル イェルデ）

（ドルムシュで）停留所で降ります　Durakta inecek var.（ドゥラックタ イネジェッキ ヴァル）

郵便・電話（PTT）

日本へ電話したい　Japonya'ya telefon etmek istiyorum.（ジャポンヤヤ テレフォン エトメッキ イスティヨルム）

ここで切手を買えますか　Burada pul alabilir miyim?（ブラダ プル アラビリルミイム）

手紙を日本へ送りたい
Japonya'ya mektup göndermek istiyorum.（ジャンポンヤヤ メクトゥプ ギョンデルメッキ イスティヨルム）

日本に小包を送りたい
Japonya'ya paketi göndermek istiyorum.（ジャポンヤヤ パケティ ギョンデルメッキ イスティヨルム）

日本へファクスを送りたい
Japonya'ya faks çekmek istiyorum.（ジャポンヤヤ ファクス チェクメッキ イスティヨルム）

写真を撮るとき

ここで写真を撮ってもいいですか
Burada resim çekebilir miyim?（ブラダ レスィム チェケビリルミイム）

フラッシュをたいてもいいですか　Flaş kullanabilir miyim?（フラッシュ クルラナビリルミイム）

私の写真を撮ってくれませんか レスミミ チェケルミスィニズ Resmimi çeker misiniz?

一緒に写りませんか ベラーベル チェケリム Beraber çekelim.

あなたの写真を撮ってもいいですか レスミニズィ チェケビリルミイム Resminizi çekebilir miyim?

観光地で

入場料はいくらですか ギリシ ユジュレティ ネカダル Giriş ücreti ne kadar?

何時まで開いていますか サアト カチャ カダル アチュック Saat kaça kadar açık?

中に入っていいですか イチェレギレビリルミイム İçere girebilir miyim?

ホテルで

空室はありませんか ボシュ オダヌズ ヴァルム アジャバ Boş odanız var mı acaba?

シングルをお願いします テク キシリク オダ イスティヨルム Tek kişilik oda istiyorum.

2日間泊まります イキ ギュン カラジャウム İki gün kalacağım.

シャワー付き(なし)の部屋をお願いします ドゥシュル (ドゥシュスズ) ビル オダ イスティヨルム Duşlu (Duşsuz) bir oda istiyorum.

静かな部屋をお願いします サーキン ビル オダ イスティヨルム Sakin bir oda istiyorum.

眺めのいい部屋をお願いします ギュゼル マンザラル オダユ イスティヨルム Güzel manzaralı odayı istiyorum.

1泊いくらですか ゲジェリイ ネ カダル Geceliği ne kadar?

それはシャワー付きの部屋ですか オダス ドゥシュルム Odası duşlu mu?

部屋を見せてください オダヤ バカビリルミイム Odaya bakabilir miyim?

もっと安い部屋はありませんか ダハ ウジュズ オダヌズ ヨックム Daha ucuz odanız yok mu?

この部屋にします ブ オダ オルスン Bu oda olsun.

今チェックインできますか シムディ オダヤ ギレビリルミイム Şimdi odaya girebilir miyim?

何時までにチェックインしなければならないですか サァアト カチャカダル イチェリ ギルメリイム Saat kaça kadar içeri girmeliyim?

領収書をください ファトゥラスヌ アラビリルミイム Faturasını alabilir miyim?

チェックアウトは何時？ オテルデン サァアト カチタ チュクマルユム Otelden saat kaçta çıkmalıyım?

シーツを替えてください チャルシャフヌ デーイシティリルミスィニズ Çarşafını değiştirir misiniz?

明朝6時に起こしてください ベニ ヤルン サァアト アルトダ ウヤンドゥルル ムスヌス Beni yarın saat 6'da uyandırır mısınız?

■基本単語 銀行

銀行 banka バンカ
両替所 döviz ドヴィズ
日本円 Japon Yeni ジャポン・イェニ
USドル Amerikan Doları アメリカン・ドラル
ユーロ Euro ユロ(エヴロ)
売り値 satış サトゥシュ (例えばドル→トルコリラ)
買い値 alış アルシュ (例えばトルコリラ→ドル)
トラベラーズチェック seyahat çeki セヤハット チェキ
クレジットカード kredi kartı クレディ カルトゥ

■基本単語 観光

観光案内所 turizm danışma トゥリズム ダヌシュマ
チケット売り場 gişe ギシェ
オープン açık アチュク
旅行代理店 seyahat acantası セヤハット アジャンタス

■基本単語 ホテル

ホテル otel オテル
ペンション pansiyon パンスィヨン
フロント resepsiyon レセプスィヨン
部屋 oda オダ
鍵 anahtar アナフタル

■基本単語 ホテルの料金

1人部屋 tek kişilik oda テク キシリッキ オダ
2人部屋 çift kişilik oda チフキシリッキ オダ
領収証 fatura ファトゥラ
朝食 kahvaltı カフヴァルトゥ
〜込み dahil ダーヒル
〜なし hariç ハーリチ
キャンセル iptal イプタル

■基本単語 部屋の中

ベッド yatak ヤタック
ダブルベッド duble yatak ドゥブレ ヤタク
ツイン çift yatak チフト ヤタク
風呂 banyo バンヨ
お湯 sıcak su スジャク ス
シャワー duş ドゥシュ
バスタブ küvet キュウェット
バスタブの栓 tuba トゥーバ
テレビ televizyon テレヴィズヨン
暖房 kalolifer カロリフェル
ストーブ soba ソバ
エアコン klima クリマ
電球 lamba ランバ
毛布 battaniye バッターニエ
シーツ çarşaf チャルシャフ

■基本単語　野菜

トマト domates ドマテス
ピーマン biber ビベール
ナス patlıcan パトゥルジャン
ジャガイモ patates パタテス
タマネギ soğan ソーアン
トウモロコシ mısır ムスル
キャベツ lahana ラハナ
キュウリ salatalık サラタルク

■基本単語　くだもの

リンゴ elma エルマ
オレンジ portakal ポルタカル
モモ şeftali シェフターリ
バナナ muz ムズ
レモン limon リモン
イチゴ çilek チレッキ
サクランボ vişne ヴィシュネ

■基本単語　肉

羊肉 koyun eti コユン エティ
鶏肉 tavuk タウク
レバー ciğer ジエル
卵 yumurta ユムルタ

■基本単語　魚介類

魚 balık バルック
マス alabalık アラバルック
イカ kalamar カラマル
エビ karides カリデス
ムール貝 midye ミディエ
イワシ hamsi ハムスィ

■基本単語　飲み物

水 su ス
牛乳 süt スュト
ビラ bira ビラ

■基本単語　オーダーのとき

1人前 bir kişilik ビル キシリッキ
2人前 iki kişilik イキ キシリッキ
1盛り bir porsiyon ビル ポルスィヨン
半分 yarım ヤルム
ミックス karışık カルシュック
勘定 hesap ヘサップ

■基本単語　形容詞

よい iyi イイ
とてもいい çok iyi チョクイイ
最もよい en iyi エン イイ
ナイス güzel ギュゼル
悪い kötü キョテュ
熱い sıcak スジャック
寒い、冷たい soğuk ソーウク
大きい büyük ビュユック
小さい küçük キュチュック
軽い hafif ハフィフ
重い ağır アーゥル
安い ucuz ウジュズ
高い pahalı パハル
長い uzun ウズン
短い kısa クサ

お湯が出ません　Sıcak su çıkmaz.（スジャク ス チュクマズ）

部屋を替えたい　Oda değiştirmek istiyorum.（オダ デーイシティルメッキ イスティヨルム）

この荷物を5時まで預かってくれますか
Bagajılarımı saat beşe kadar saklar mısınız?（バガジラルム サァアト ベシェカダル サクラル ムスヌス）

レストランで

おなかがすいた　Acıktım.（アジュクトゥム）

トルコ料理が食べたい　Türk yemeği yemek istiyorum.（トゥルク イェメーイ イェメキ イスティヨルム）

いいレストランを知っていますか
İyi lokanta biliyor musunuz?（イイ ロカンタ ビリヨルムスヌズ）

ここに座ってもいいですか　Buraya oturabilir miyim?（ブラヤ オトゥラビリルミイム）

（ボーイさん）ちょっと！　Bakar mısınız!（バカルムスヌズ）

メニューを見せてください　Menüyü görmek istiyorum.（メニュユ ギョルメック イスティヨルム）

この地方の独特の料理があれば教えてください
Bu Bölgedeki özel yemek varsa söyleyebilir misiniz?（ブ ボルゲデキ オゼル イェメッキ ヴァルサ ソイレイェビリル ミスィニズ）

あれと同じ料理が欲しい　Onunla aynı yemekten istiyorum.（オヌンラ アイヌ イエメッキテン イスティヨルム）

名物料理はありますか　Spesiyal Yemeğiniz var mı?（スペスィヤル イェメイニズ ヴァルム）

朝食を取りたい　Kahvaltı etmek istiyorum.（カフヴァルトゥ エトメッキ イスティヨルム）

これは注文していません　Bunu söylemedim.（ブヌ ソイレメディム）

料理がまだ来ていません　Yemeğimiz daha gelmedi.（イエメーイミズ ダハ ゲルメディ）

お茶をお願いします　Çay istiyorum.（チャイ イスティヨルム）

持ち帰りにできますか　Paket yapar mısnız?（パケット ヤパル ムスヌズ）

お勘定をお願いします　Hesap rica ederim.（ヘサップ リジャー エデリム）

計算が違います　Hesapta yanlışlık var.（ヘサプタ ヤンルシュルク ヴァル）

とてもおいしかったです　Yemek çok güzel.（イェメッキ チョク ギュゼル）

困ったとき

助けて！　İmdat!（イムダートゥ）

出て行け！　Defol!（デフォル）

うるさい！　Sus be!（スス ベ）

触るな！　この変態！　Dokunma! Bu hayvan!（ドクンマ ブ ハイヴァン）

警察に言いますよ　Polise haber vereceğim.（ポリセハベルヴェレジェーイム）

この嘘つき！	サフテキャール Sahtekâr!
危ない！	ディッカーテット Dikkat et!
警察に電話して！	ポリセ テレフォネット Polise telefon et!
どろぼう！ つかまえて！	フルスズ ヴァル、ヤカラユン！！ Hırsız var, yakalayın!!
パスポートをなくしました	パサポルトゥム カイベッティム Pasaportumu kaybettim.
日本語を話す人はいますか？	ジャポンジャ コヌシャン ヴァルム Japonca konuşan var mı?

病気・ケガをしたとき

医者を呼んでください	ドクトラ イフティヤジュム ヴァル Doktora ihtiyacım var.
下痢をしています	イスハル オルドゥム İshal oldum.
熱があります	アテシィム ヴァル Ateşim var.
頭が痛い	バシュム アールヨル Başım ağrıyor.
ここが痛い	ブラスアールヨル Burası ağrıyor
めまいがします	バシュム ドヌヨル Başım dönüyor.
気分が悪いです	ラハットスズルック ヒッセディヨルム Rahatsızlık hissediyorum.
風邪をひきました	ソーウク アルドゥム Soğuk aldım.
私の血液型はB型です	カン グルブム ベー ディル Kan grubum B dir.
一番近い薬局はどこですか	エン ヤクン エジュザーネ ネレデ En yakın eczane nerede?
薬が欲しい	イラチ イスティヨルム İlaç istiyorum.

■基本単語　病気・ケガ

病院 hastane ハスターネ
医者 doktor ドクトル
保険 sigorta スィゴルタ
痛み acı アジュ
歯痛 dış ağırsı ドゥシュ・アールス
頭痛 baş ağırsı バシュ・アールス
熱 ateş アテシ
出血 kanama カナマ
下痢 ishal イスハル
せき öksürük オキュスュリュク
ぜんそく astım アストゥム
薬 ilaç イラチ
薬局 eczane エジュザーネ
目薬 göz damlası ギョズ・ダムラス
包帯 sargı サルグ
絆創膏 sıva スヴァ
診断書 Doktor Raporu ドクトル・ラポル

■基本単語　体の部位

頭 baş バシュ
目 göz ギョズ
鼻 burun ブルン
口 ağız アウズ
耳 kulak クラク
のど boğaz ボアズ
手 el エル
足 ayak アヤック
脚 bacak バジャック
胃 mide ミデ
肺 akciğer アクジエル

Information

簡単なクルド語Kurmancîを覚えよう

トルコ南東部や東部で広く話されているクルド語（クルマンジー）は、トルコ語とは文法体系が異なり、ペルシア語に近い。また、各地によって方言差が大きく、いわゆる標準語はない。以前は公共の場でクルド語を話したり、クルド語による出版は禁止されていたが、近年はEU加盟を控え、ずいぶんと規制が緩やかになってきた。最近ではヨーロッパ発のクルド語テレビ局もある。

元気ですか Çawa nê チャワ・ネー
元気です Başî バシー
元気ではありません Ne baş e ネーバシェ
はい Bele ベレ　　いいえ Na ナー
私は元気です Ez rindim エズ・リンディム
こんにちは Rojbaş ロージバシ
こんばんは Şevbaş シェバシ
さようなら（去る側） Xatir-ê te ハティレーテ
さようなら（送る側） Oxir be オグルベ
気を付けてね Xu rind bî nîre フ・リンビニーレ
ありがとう Sipas dikim スィパース・ディキム
チャイ飲む？ Çay we dı xu チャイ・ヴェ・ドゥ・フ
名前は何ですか Navê-te Çiye? ナヴェテチエ
私の名前は○○です Nave-min ○○ ナヴェミン・○○
クルド語話せる？ Kurmancî Zanî ? クルマンジー・ザーニー
クルド語わかりません Kurmancî nî-zânî . クルマンジー・ニーザーニー
何してるの？ Tu çi dikî トゥ・チディキー
どこに行くの？ Tu di çî kudere トゥ・ディチ・クーデレ
どこ出身？ Tuj kudere トゥジュ・クーデレ
日本人です Ez Japonım エズ・ジャポヌム

トルコの主要バス会社

大手バス会社		
メトロMetro	イスタンブール	inet www.metroturizm.com.tr
ワランVaran	イスタンブール	inet www.varan.com.tr
キャーミル・コチKâmil Koç	イスタンブール	inet www.kamilkoc.com.tr（トルコ語）
ウルソイUlusoy	イスタンブール	inet www.ulusoy.com.tr
エーゲ海、地中海地方		
ニリュフェルNilüfer	ブルサ	inet www.niluferturizm.com.tr(トルコ語)
ヴォルカンVolkan	エディルネ	inet www.volkanturizm.com.tr（トルコ語）
キュタフヤルラルKütahyalılar	キュタフヤ	
キュタフヤ・アストゥルKütahya Astur	キュタフヤ	
イスマイル・アヤズİsmail Ayaz	エスキシェヒル	inet www.ismailayaz.com.tr（トルコ語）
イスタンブール近郊、西部アナトリア		
トゥルワTruva	チャナッカレ	inet www.truvaturizm.com（トルコ語）
ラダルRadar	チャナッカレ	
キョセオウルKöseoğlu	イズミル	
イズミル・トゥリズムİzmir Turizm	イズミル	inet www.izmirturizm.com.tr（トルコ語）
アイドゥン・セヤハットAydın Sehyahat	アイドゥン、クシャダス	
ウスパルタ・ペトロルIsparta Petrol	ウスパルタ	inet www.ispartapetrol.com.tr（トルコ語）
ウスパルタ・ギュルマンIsparta Gülman	ウスパルタ	
パムッカレ・トゥリズムPamukkale Turizm	デニズリ	inet www.pamukkaleturizm.com.tr（トルコ語）
デニズリ・セヤハットDenizli Seyahat	デニズリ	
アクデニズ・セヤハットAkdeniz Seyahat	アンタルヤ	
リュクス・メルスィンLüks Mersin	メルスィン	
メルスィン・セヤハットMersin Seyahat	メルスィン	inet www.mersinseyahat.com.tr（トルコ語）
キョクサルラルKöksallar	メルスィン	inet www.koksallarseyahat.com.tr（トルコ語）
リュクス・アダナLüks Adana	アダナ	
イェニ・アダナYeni Adana	アダナ	
リデル・アダナLider Adana	アダナ	inet www.lideradana.com.tr（トルコ語）
ハスHAS	アンタクヤ	inet www.hasturizm.com.tr
ハタイ・ジェットHatay Jet	アンタクヤ	
ハタイ・ヌルHatay Nur	アンタクヤ	
ハタイ・ギュンサスHatay Günsas	アンタクヤ	
ハタイ・ジャンHatay Can	アンタクヤ	
中部アナトリア		
ネヴシェヒル・セヤハットNevşehir Seyahat	ネヴシェヒル	
インジİnci	カイセリ	
イペッキİpek	カイセリ	
ケントKent	カイセリ	inet www.kentturizm.com（トルコ語）
イェシル・アクサライYeşil Aksaray	アクサライ	
アクサライ・ビルリックAksaray Birlik	アクサライ	
コントゥルKontur	コンヤ	
オズカイマックÖzkaymak	コンヤ	inet www.ozkaymak.com.tr
アクセルAksel	アクシェヒル、コンヤ	
リデル・チョルムLider Çorum	チョルム	
オズレルÖzler	チョルム	
ハットゥシャシュHattuşaş	チョルム	
テンポTempo	ヨズガット	
セスSES	ヨズガット	
カラビュック・ギュウェンKarabük Güven	カラビュック、サフランボル	
サフランSafran	サフランボル	inet www.safranturizm.com

カスタモヌ・ギュウェンKastamonu Güven	カラビュック	
スィワス・トゥルSivas Tur	スィワス	
フズル・スィワスHuzur Sivas	スィワス	
クズルウルマックKızılırmak	スィワス	
トプチャムTopçam	トカト	
トカト・セヤハットTokat Seyahat	トカト	inet www.tokatseyahat.com.tr（トルコ語）
セルチュク・ジャンラルSelçuk Canlar	ディヴリイ	
南東部、東部アナトリア		
アドゥヤマン・ユナルAdıyaman Ünal	アドゥヤマン	
ギュルアラスGülaras	アドゥヤマン	
キャフタ・ペトロルKâhta Petrol	キャフタ	
ザフェルZafer	マラテヤ	inet www.zaferturizm.com.tr（トルコ語）
ベイダーBeydağı	マラテヤ	inet www.beydagi.com.tr（トルコ語）
カイスケントKaysıkent	マラテヤ	
マラテヤルラルMalatyalılar	マラテヤ	
メディネMedine	マラテヤ	
タトゥルセス・トゥリズムTatlıses Turizm	シャンルウルファ	inet www.tatlises.com.tr（トルコ語）
ウルファ・ジェスールUrfa Cesur	シャンルウルファ	
ウルファ・セヤハットUrfa Seyahat	シャンルウルファ	inet www.urfaseyahat.net（トルコ語）
ヒダーイェットHidayet	ガズィアンテップ	inet www.hidayet.com.tr（トルコ語）
ベン・トゥリズムBen Turizm	ガズィアンテップ	inet www.benturizm.com.tr（トルコ語）
チャユルアースÇayırağası	ガズィアンテップ	
セチSeç	ガズィアンテップ	inet www.sec.com.tr（トルコ語）
アク・トゥリズムAk Turizm	カフラマンマラシュ	inet www.akturizm.com（トルコ語）
アクスAksu	カフラマンマラシュ	
ディヤルバクル・スルDiyarbakır Sur	ディヤルバクル	
ハス・ディヤルバクルHas Diyarbakır	ディヤルバクル	inet www.hasdiyarbakir.com.tr（トルコ語）
オズ・ディヤルバクルÖz Diyarbakır	ディヤルバクル	
スタル・ディヤルバクルStar Diyarbakır	ディヤルバクル	inet www.stardiyarbakir.com.tr（トルコ語）
イェニ・ディヤルバクルYeni Diyarbakır	ディヤルバクル	
オズレム・ディヤルバクルÖzlem Diyarbakır	ディヤルバクル	
マルソイMarsoy	マルディン	
マルトゥルMartur	マルディン	
マルディン・セヤハットMardin Seyahat	マルディン	
ベスト・ワンBest Van	ワン	
ワンギョリュVangölü	ワン	
オズ・ワン・ヨルÖz Van Yolu	ワン	
イェニ・ワン・セヤハットYeni Van Seyahat	ワン	
ビトリス・タチBitlis Taç	ビトリス、ワン	
アールダーゥAğrıdağı	アール、ドウバヤズット	
アール・アララットAğrı Ararat	アール、ドウバヤズット	
ダダシュDadaş	エルズルム	
エサダシュEsadaş	エルズルム	
パランドケンPalandöken	エルズルム	inet www.palandokenturizm.com.tr（トルコ語）
ドウ・カルスDoğu Kars	カルス	inet www.dogukars.com.tr（トルコ語）
カフカス・カルスKafkas Kars	カルス	
カルス・トゥグルトレイスKars Tugrutreis	カルス	inet www.turgutreis.com.tr（トルコ語）
黒海地方		
カンベルオウルKanberoğlu	トラブゾン	
スュゼルSüzer	トラブゾン	
アマスヤ・イティマットAmasya İtimat	アマスヤ	inet www.amasyaitimat.com（トルコ語）
アマスヤ・メルトゥルAmasya Mertur	アマスヤ	inet www.amasyamertur.com（トルコ語）
スィナイ・エッリ・イェディSinay 57	スィノップ	inet www.sinay57.com.tr（トルコ語）

パーソナル・データ PERSONAL DATA

名前 Adı　姓 Soyadı　名 Adı

生年月日 Doğum Tarihi　日 Gün ／　月 Ay ／　年 Yıl（西暦）

血液型 Kan Grubu　O　A　AB　B　RH　－　＋　性別 Cinsi　男 Erkek　女 Bayan

身長 Boy　cm（　ft）　体重 Kilo　kg（　pd）

持病 süreğen hastalık

飲んでいる薬 İlaçla Tedavi

アレルギー alerji　□あり var　□なし yok

食べ物 yemek alerjisi

薬 ilaç alerjisi

妊娠の可能性 hamile　□なし hayır　□しているかもしれない olabilir　□あり evet

滞在地 adres

電話番号 telefon

治療費の支払い方法 Ödeme Şekil

□クレジットカード Kredi Kardı　□トラベラーズチェック Seyahat Çeki

□海外旅行保険 Sigorta　□現金 Nakit

会社名／証券番号

薬の服用方法

※薬の服用の仕方がわからない人は、医師または薬剤師に下の書式を見せて記入してもらおう。

薬の服用について教えてください İlacın kullanım şekilini tarif edebilir misiniz?

該当する記号を□の中に記入してください Aşağıdaki □lardan uygunu doludurabilir misiniz?

薬の種類 İlaç tipi

□内服ağızdan alınan ilacı

□錠剤tablet／□カプセルkapsül／□粉toz／□シロップşurup

□外用薬parenteral ilacı

□軟膏merhem／□液薬sıvı／□点眼薬göz damlası／□座薬supozituvar／□湿布komprres

1日__回günde ____ defa／□食前yemekten önce／□食間yemekler arası／□食後yemekten sonra

__時間毎her____saat／□適時uygun bir biçimde

□熱が__°あるときAteşin ____dereceden yüksek olduğu zaman／□痛いときacıldığı zaman

1回の分量（適量doz）________________

□薬を冷蔵保存する必要がありますか？Buzdolabına ilacı saklamamı gerekiyor mu?

□冷蔵保存するEvet.　□冷蔵保存しないHayır.

旅行者がかかりやすい病気

食中毒／旅行者下痢

下痢は、比較的衛生的な地域を旅行するときでもよく経験する症状。水を飲んで様子を見るだけで良いものから、救急治療を要する場合まである。

発病が疑われたときの対策

海外旅行中の下痢に関して多い誤りは、水分を取るとさらに下痢するからといって、飲水を控えること。下痢で失った水分を補給しないと、特に幼児や高齢者は容易に脱水に陥るのだ。下痢は腸内の有害物質を体外へ押し出そうとする生体防御反応なので、**下痢止めを乱用するのも考えもの**。無理に下痢を止めて観光を続けるよりも、スープやヨーグルトなどで栄養と水分を取りながら、宿で安静にしていた方が、体にも旅の想い出にもプラスになることが多いものだ。

脱水がひどく、朦朧（もうろう）とした受け答えしか出来ない場合は、至急病院を受診すべき病態と心得よう。女性なら生理用ナプキンをして病院に行くと良い。点滴治療を受ける間にも脱水が悪化するので、飲水できるならスポーツ飲料などをできるだけ飲むべきだ。

下痢症状が軽くても、**血性の下痢（血液が変性して、黒褐色のこともある）**の場合も、直ちに医師の診察を受けるのが良い。キャンピロバクター腸炎、腸管出血性大腸菌O-157、細菌性・アメーバ性赤痢のことばかりでなく、中高年の旅行者では大腸癌の初発症状のこともある。腸が破れると腹膜炎を合併し、即命に関わる事態となる。

薬局で抗生剤を入手するためには医師の処方箋が必要。しかし全般的には、旅行中の下痢で抗生剤治療が必要な場合は少ない。抗生剤を服用すると、必要な腸内細菌まで死滅することに注意しよう。

下痢の原因は、微生物だけでなく、ストレスによる過敏性大腸炎の事もある。キノコやフグなどの毒による下痢もあり、その際は食べたものを吐き出させて、病院に行く。ただし、無理に吐かせると気道内に誤飲して危険なこともあるので注意したい。

下痢が消失するまでは、おなかを冷やさない温飲料のほうがよい。コーヒーは胃を刺激するので避ける。たとえばお湯に梅干しを入れて飲めば、**塩分補給**も同時にできる。旅行中は結構汗をかいているので、塩分が足りなくなって体調不良に陥ることも多い。

予防策

下痢を予防するためには、不衛生な食べ物や水を取らないことだ。また旅行中は、疲労や暴飲暴食などで、病原性の微生物を殺菌する胃酸分泌が低下していることが多い。特に高齢者や胃腸の手術を受けた人は要注意。食事のときは、消化の悪いもの、香辛料などの刺激物、 脂肪の多いもの、アルコール類を避ける。路上で売っているアイスクリームなどは避けた方がいい。

水道水のなかには、鉱質分が高いため、下痢をすることもある。成分表示に注意してミネラルウォーターを飲んだ方が良いこともある。食べ物ではハンバーグなど生焼けの肉類や、不衛生な屋台でのなまものには注意が必要だ。

ロングフライト症候群
（下肢深部静脈血栓症＋肺静脈血栓塞栓症）

この病気は、水分が不足した状態で機内のような低湿度の環境下で長時間同じ姿勢を取っていると起こりやすい。下肢の奥の方にある静脈に**血栓**ができ、体動時に剥がれて肺に到達し、肺静脈を詰まらせて**突発性の呼吸困難**が起こり、心臓機能を低下させる。重症の場合死に至ることもある。

日本とイギリスの直行便飛行時間は約12時間。ひところに比べ短くはなったがこの病気のリスクが高い。

血栓症の既往がある人、糖尿病、高脂血症、肥満、動脈硬化などの人は、血栓ができやすいため注意が必要だ。機内では1時間に80ccの水分が失われるので、それ以上の**水分を補給**する。イオン飲料ならば効果的。ビールは利尿作用があり、他の酒類もアルコール分解に水分が必要なため逆効果である。経由便などを使って帰国便を現地深夜発の夜行便にする人は、夕飯で飲酒したり機内で過度に飲酒しないようにしよう。血栓予防に**適宜体を動かす**ことだ。

索引

●遺跡

●キリスト教会

●城・城塞・塔・橋・モニュメント

●自然を楽しむ見どころ・公園

●博物館

●市場・買い物スポット

地球の歩き方 シリーズ年度一覧

2007年2月現在

地球の歩き方は1年～1年半で改訂されます。改訂時には価格が変わることがあります。表示価格は定価（税込）です。
●最新情報は、ホームページでもご覧いただけます。URL book.diamond.co.jp/arukikata/

地球の歩き方 アルファベット付きの数字は新番号です●改訂版発行時には順次新番号になります

A ヨーロッパ

A01	ヨーロッパ	2006～2007	¥1869
A02	イギリス	2006～2007	¥1764
A03	ロンドン	2006～2007	¥1659
A04	スコットランド&湖水地方	2006～2007	¥1764
A05	アイルランド	2006～2007	¥1764
A06	フランス	2007～2008	¥1764
A07	パリ&近郊の町	2006～2007	¥1764
A08	南仏プロヴァンスとコート・ダジュール&モナコ	2006～2007	¥1659
A09	イタリア	2007～2008	¥1764
A10	ローマ	2006～2007	¥1659
A11	ミラノ、ヴェネツィアと湖水地方	2006～2007	¥1659
A12	フィレンツェとトスカーナ	2006～2007	¥1659
A13	南イタリアとマルタ	2006～2007	¥1764
A14	ドイツ	2006～2007	¥1764
A15	南ドイツ ロマンティック街道／古城街道 フランクフルト／ミュンヘン	2006～2007	¥1659
A17	ウィーンとオーストリア	2007～2008	¥1764
A18	スイス	2006～2007	¥1764
A19	オランダ／ベルギー／ルクセンブルク	2006～2007	¥1659
A20	スペイン	2007～2008	¥1764
A21	マドリッド トレドとスペイン中部	2006～2007	¥1659
A22	バルセロナ マヨルカ島とスペイン東部	2007～2008	¥1659
A23	ポルトガル	2006～2007	¥1659
A24	ギリシアとエーゲ海の島々&キプロス	2007～2008	¥1764
A25	中欧	2006～2007	¥1890
A26	チェコ／ポーランド／スロヴァキア	2006～2007	¥1764
A27	ハンガリー	2006～2007	¥1659
A28	ブルガリア／ルーマニア	2005～2006	¥1764
A29	北欧	2006～2007	¥1764
A30	バルトの国々	2005～2006	¥1764
A31	ロシア	2006～2007	¥1974
A32	シベリア&シベリア鉄道とサハリン	2007～2008	¥1869
10 A33	ヨーロッパのいなか	1999～2000	¥1722

B 南北アメリカ

B01	アメリカ	2006～2007	¥1869
B02	アメリカ西海岸	2006～2007	¥1764
B03	ロスアンゼルス	2006～2007	¥1764
B04	サンフランシスコ	2006～2007	¥1764
B05	シアトル&ポートランド	2006～2007	¥1764
B06	ニューヨーク	2006～2007	¥1764
B07	ボストン&ニューイングランド地方	2006～2007	¥1869
B08	ワシントンD.C.	2007～2008	¥1764
B09	アメリカ東部とフロリダ	2005～2006	¥1764
B10	フロリダ	2007～2008	¥1764
B11	シカゴ	2006～2007	¥1764
B12	アメリカ南部 アトランタ他	2006～2007	¥1869
B13	アメリカの国立公園	2005～2006	¥1869
B14	テーマで旅するアメリカ	2006～2007	¥1764
B15	アラスカ	2007～2008	¥1764
B16	カナダ	2006～2007	¥1764
B17	カナダ西部 カナディアン・ロッキーとバンクーバー	2006～2007	¥1659
B18	カナダ東部 ナイアガラと赤毛のアンの島	2005～2006	¥1659
B19	メキシコ	2006～2007	¥1869
B20	中米 グアテマラ他	2005～2006	¥1974
B21	ブラジル	2005～2006	¥2079
B22	アルゼンチン／チリ	2005～2006	¥2079
B23	ペルー	2006～2007	¥2079
B24	カリブ海の島々（バハマ、キューバ他）	2006～2007	¥1869
B25	アメリカ・ドライブ	2005～2006	¥1764

C 太平洋／インド洋の島々&オセアニア

C01	ハワイ I オアフ島&ネイバーアイランド	2006～2007	¥1764
C02	ハワイ II マウイ島 ハワイ島 カウアイ島 モロカイ島 ラナイ島&ホノルル	2006～2007	¥1659
C03	サイパン	2006～2007	¥1449
C04	グアム	2007～2008	¥1449
C05	タヒチ／イースター島／クック諸島	2007～2008	¥1764
C06	フィジー／サモア／トンガ	2007～2008	¥1764
C07	ニューカレドニア／バヌアツ	2006～2007	¥1764
C08	モルディブ	2006～2007	¥1764
C09	マダガスカル／モーリシャス／セイシェル	2007～2008	¥1974
C10	ニュージーランド	2007～2008	¥1764
C11	オーストラリア	2006～2007	¥1869
C12	オーストラリア東海岸	2007～2008	¥1764
C13	シドニー&メルボルン	2006～2007	¥1659

D アジア

D01	中国	2006～2007	¥1869
D02	上海 杭州・蘇州	2006～2007	¥1764
D03	北京・天津	2006～2007	¥1659
D04	大連・瀋陽・ハルピン	2007～2008	¥1764
D05	広州・アモイ・桂林 珠江デルタと華南地方	2007～2008	¥1764
D06	成都・九寨溝・麗江 雲南・四川・貴州の自然と少数民族	2006～2007	¥1764
D07	西安とシルクロード	2005～2006	¥1764
D08	チベット	2006～2007	¥1974
D09	香港／マカオ	2006～2007	¥1764
D10	台湾	2006～2007	¥1764
D11	台北	2006～2007	¥1554
D12	韓国	2006～2007	¥1764
D13	ソウル	2007～2008	¥1554
D14	モンゴル	2007～2008	¥1869
D15	シルクロードと中央アジアの国々	2005～2006	¥1974
D16	東南アジア	2006～2007	¥1764
D17	タイ	2006～2007	¥1764
D18	バンコク	2006～2007	¥1554
D19	マレーシア／ブルネイ	2007～2008	¥1764
D20	シンガポール	2007～2008	¥1554
D21	ベトナム	2006～2007	¥1764
D22	アンコールワットとカンボジア	2007～2008	¥1764
D23	ラオス	2007～2008	¥1869
D24	ミャンマー	2006～2007	¥1974
D25	インドネシア	2006～2007	¥1659
D26	バリ島	2006～2007	¥1764
D27	フィリピン	2007～2008	¥1764
D28	インド	2006～2007	¥1869
D29	ネパール	2005～2006	¥1869
D30	スリランカ	2005～2006	¥1764
D31	ブータン	2005～2006	¥1827
48 D32	パキスタン	2001～2002	¥1722

E 中近東&アフリカ

E01	ドバイとアラビア半島の国々	2006～2007	¥1974
E02	エジプト	2007～2008	¥1764
E03	イスタンブールとトルコの大地	2007～2008	¥1869
E04	ヨルダン／シリア／レバノン	2004～2005	¥1890
83 E05	イスラエル	2002～2003	¥1617
E06	イラン	2005～2006	¥1869
E07	モロッコ	2006～2007	¥1869
E08	チュニジア	2006～2007	¥1974
E09	東アフリカ ウガンダ／エチオピア／ケニア／タンザニア	2006～2007	¥1974
E10	南アフリカ	2006～2007	¥1974

地球の歩き方　リゾート

301	マウイ島	￥1722
302	カウアイ島	￥1722
303	ハワイ島	￥1722
304	テーマパークinオーランド	￥1827
305	ケアンズとグレートバリアリーフ	￥1722
307	ハワイ・ドライブ・マップ	￥1838
308	プーケット／サムイ島／クラビ	￥1722
309	ホノルル&オアフ島	￥1722
310	ペナン／ランカウイ	￥1722
311	ラスベガス	￥1722
313	カンクン　ロス・カボス	￥1722
314	バリ島	￥1722
315	テーマパーク in ロスアンゼルス	￥1722
316	セブ/ボラカイ	￥1722
317	ダイビング旅行完全ガイド	￥1995
318	グアム	￥1512
319	パラオ	￥1617
320	子供と行くハワイ	￥1554
321	子供と行くグアム	￥1554
322	ゴールドコーストとシドニー	￥1722
323	ハワイ バスの旅	￥1155

地球の歩き方　トラベル会話

1	米語+英語	￥1000
2	フランス語+英語	￥1200
3	ドイツ語+英語	￥1200
4	イタリア語+英語	￥1200
5	スペイン語+英語	￥1200
6	韓国語+英語	￥1200
7	タイ語+英語	￥1200
8	ヨーロッパ5ヵ国語	￥1200

地球の歩き方　旅の会話集

7	ロシア語／英語	￥1509
8	ヒンディー語・ネパール語／英語	￥1512
9	留学&ホームステイ	￥999
10	アラビア語／英語	￥1509
11	インドネシア語／英語	￥1203
12	中国語／英語	￥1509
15	ハンガリー・チェコ・ポーランド語／英語	￥1509
16	ビジネス出張英会話	￥1203

英語でしゃべらナイト海外旅行編

旅の現場の英会話	￥1000

地球の歩き方　旅する会話術

1	アメリカ	￥998
2	ロンドン&イギリス	￥998
3	パリ&フランス	￥1260

地球の歩き方　BY　TRAIN

1	ヨーロッパ鉄道の旅	￥1785
2	スイス鉄道の旅	￥1890
3	ドイツ&オーストリア鉄道の旅	￥1890
4	フランス鉄道の旅	￥1890
5	イギリス鉄道の旅	￥1890
6	イタリア鉄道の旅	￥1890
7	スペイン&ポルトガル鉄道の旅	￥1890
8	北米大陸鉄道の旅	￥1890
	ヨーロッパ鉄道ハンドブック	￥1260

トーマスクック・ヨーロッパ鉄道時刻表

年4回　3、6、9、12月　各月の中旬発行	￥2200

地球の歩き方　ポケット

1	ワイキキ	06~07	￥1050
2	グアム	06~07	￥1050
3	ケアンズ	06~07	￥1050
4	バリ島	07~08	￥1050
5	香港	06~07	￥1050
6	北京&上海	05~06	￥900
7	台北	06~07	￥1050
8	ホーチミン	06~07	￥1050
9	バンコク	06~07	￥1050
10	ソウル	06~07	￥1050
11	釜山&慶州	07~08	￥1050
12	シンガポール	07~08	￥1050
13	ロンドン	07~08	￥1050
14	パリ	07~08	￥1050
15	ローマ／フィレンツェ	06~07	￥1050
16	マドリッド&バルセロナ　アンダルシア	06~07	￥1050
17	ロンドン／パリ／ローマ	04~05	￥900
18	ウィーン／プラハ／ブダペスト	07~08	￥1050
19	ニューヨーク	06~07	￥1050
20	ロスアンゼルス	06~07	￥1050
21	上海　杭州・蘇州	07~08	￥1050

地球の歩き方　プラス・ワン

401	ヨーロッパ・ドライブ旅行	￥1722
403	ニューヨーク暮らすような旅	￥1617
404	大リーグ観戦ガイド	￥1785
405	欧州サッカー観戦ガイド	￥2100
407	見て読んで旅するインド	￥1722

地球の歩き方　アイ・マップ・ガイド

2	ロンドン	￥1344
3	パリ	￥1344

地球の歩き方　成功する留学

A	アメリカ語学留学	￥1995
B	イギリス・アイルランド留学	￥1995
C	世界の仲間と本気で学ぶアメリカ大学・大学院留学	￥2625
D	カナダ留学	￥1575
E	スペイン留学	￥2520
F	フランス留学	￥2310
H	ワーキングホリデー完ペキガイド	￥1575
I	イタリア留学	￥2520
J	オーストラリア・ニュージーランド留学	￥1575

地球の暮らし方　海外生活応援ガイド

1	イギリス	2006~2007	￥2310
2	フランス	2006~2007	￥2310
3	アメリカ	2007~2008	￥2310
5	オーストラリア	2005~2006	￥2310
6	北京・上海	2006~2007	￥2310
7	カナダ	2006~2007	￥2310
8	ニュージーランド	2007~2008	￥2310
9	香港	2002~2003	￥2310
10	ハワイ	2006~2007	￥2310
11	ロングステイ	2006~2007	￥2310

地球の歩き方ムック

●海外最新情報が満載されたMOOK

ホノルル ワイキキ+オアフ島（6月発行）	￥1100
ハワイ 最旬ホノルル+離島観光（11月発行）	￥1100
エクセレント・ハワイ	￥1300
ロマンス・ハワイ ふたりならもっとしあわせ	￥1300
グアム 遊・買・食の楽園リゾート	￥1000
ソウル 近くて、おいしい都市	￥1150
香港 至高のミラクル・シティ	￥1150
台湾 美味芳香のオアシス	￥1150
上海 未来都市と麗しの杭州・蘇州	￥1150
タイ 美と癒しの楽園へ	￥1100
イタリア 美・知・食のワンダーランド	￥1100

●新しい視点で国内旅行を楽しむMOOK

京都で過ごす1週間	￥1400
沖縄で過ごす1週間	￥1400
沖縄の歩き方 人でつなぐ美ら島の旅　本島&慶良間	￥840
沖縄の歩き方 素足で歩く美ら島の旅　石垣・宮古・西表	￥840

●人気テーマで旅心を刺激するMOOK

見て 読んで 旅する 世界遺産 VOL.1~3	￥1470
見て 読んで 旅する 世界遺産 VOL.4	￥1580
おとなの浪漫紀行 世界遺産50の旅	￥1400
ヨーロッパ 列車の旅 VOL.2~5	￥1260
ヨーロッパ 花めぐり	￥1260
世界のビーチ&リゾート VOL.3	￥1100

地球の歩き方　BOOKS

●入門シリーズ

入門　おとなの京都ドリル	￥1050
入門　おとなの京都ドリル　完全予想問題集	￥840
入門　おとなの京都ドリル　直前予想問題集	￥840
入門　おとなの沖縄ドリル	￥1050
入門　おとなの横浜ドリル	￥1050
入門　おとなの鉄道旅ドリル	￥1050
入門　おとなの世界遺産ドリル	￥1050
入門　おとなの温泉旅ドリル	￥1050
入門　おとなの江戸東京ドリル	￥1050
入門　おとなのジャズドリル	￥1050

●京都の本

入門　おとなの京都ドリル	￥1050
入門　おとなの京都ドリル　完全予想問題集	￥840
入門　おとなの京都ドリル　直前予想問題集	￥840
京都の練習帖	￥1050

●江戸・東京の本

入門　おとなの江戸東京ドリル	￥1050
大江戸東京の歩き方　東京シティガイド検定公式テキスト	￥2100
東京市民マラソン アイコンマップ	￥840

●視点を変えて個性ある海外旅行をする本

中国・江南　日本人の知らない秘密の街・幻影の村34	￥2600
マレーシアで過ごす1週間　シティリゾートKLの誘惑	￥1260

●幸せを運ぶ本

世界のラッキーアイテム77 ヨーロッパ編	￥1575

創刊！　●地球の歩き方　GEM STONE

パリの手帖　とっておきの散歩道	￥1575
御朱印でめぐる鎌倉の古寺	￥1470
ビバ　キューバ!	￥1575
極上ホテルからの招待状　フランスを旅する10の物語	￥1470

●中学受験・教育関連の本

中学受験図鑑　首都圏全校+全国有名校=555	￥1995
中学受験　お父さんが教える算数	￥1890
中学受験　お母さんが教える国語	￥1890
中学受験　入りやすくてお得な学校	￥1890
ママとキッズの英語体験　ハワイ&オーストラリア　プチ親子留学のすすめ	￥1890

●日本を旅する本

やさしく歩く日本百名山	￥1680
御朱印でめぐる鎌倉の古寺	￥1470
東京市民マラソン アイコンマップ	￥840

●頭を鍛える話題の本

おとなが楽しむ旅のぬり絵　地球の歩き方が選ぶ世界の絵になる風景	￥998
現役東大生プロデュース　脳をシゲキする算数ドリル	￥840

トラベル・エージェント・インデックス

Travel Agent INDEX

専門旅行会社で新しい旅を発見!

特定の地域やテーマを扱い、
豊富な情報と経験豊かなスタッフが
そろっている専門旅行会社は、
航空券やホテルの手配はもちろん、
現地の生活情報や最新の生きた情報などを
幅広く蓄積しているのが魅力です。
<トラベル・エージェント・インデックス>は、
旅のエキスパートぞろいの
専門旅行会社を紹介するページです。

※ 広告に記載されている内容(ツアー料金や催行スケジュールなど)に関しては、直接、各旅行代理店にお問い合わせください。
※ 旅行契約は旅行会社と読者の方との直接の契約になりますので、予めご了承願います。

「役に立つ旅の専門店」で、旅行の目的とエリアからピッタリの旅行会社を探せます。
地球の歩き方ホームページの「個性派旅行専門店」からアクセスできます。

役に立つ旅の専門店
http://www.arukikata.co.jp/original/

東西文明の十字路トルコは、さまざまな魅力にあふれています。皆様もぜひトルコに足を運んで、実際のトルコの大地と文化、人々のあたたかさに触れてください。現地調査はイスタンブールを高谷一美さん、そのほかは平山大輔、黒須洋行が担当しました。発行にあたり、ご協力いただいたすべての皆様に御礼申し上げます。

制　作：打越信夫　Producer：Nobuo Uchikoshi
編　集：どんぐり・はうす　Editors：Donguri House
大和田聡子　Akiko Ohwada
岩崎　歩　Ayumu Iwasaki
黄木克哲　Yoshinori Ogi
平田　功　Isao Hirata
デザイン：アート・ワーク　Design：Artwork
表　紙：日出嶋昭男　Cover Design：Akio Hidejima
地　図：どんぐり・はうす　Maps：Donguri House
校　正：槍楯社　Proofreading：Sojunsha

協力：一志敦子　岩間幸司　大城道則　平岡ひとみ　高谷一美　野中幾美
七海光　松本みつこ　高城佳美　杉原まゆみ
ケマル・スナル普及協会　Metin Coşkun

読者投稿・受付デスク
〒103-0007　東京都中央区日本橋浜町2-61-11　飯森ビル5階
地球の歩き方サービスデスク「トルコ編」投稿係
FAX (03) 5643-8556　inet www.arukikata.co.jp/guidebook/toukou.html
地球の歩き方ホームページ（海外旅行の総合情報）
inet www.arukikata.co.jp
ガイドブック『地球の歩き方』(本の検索＆購入、更新情報、オンライン投稿)
inet www.arukikata.co.jp/guidebook

地球の歩き方 E03 トルコ　2007〜2008年版
1986年7月20日　初版発行
2007年3月2日　改訂第18版第1刷発行

Published by Diamond Big Co., Ltd.
3-5-2, Akasaka, Minato-ku, Tokyo 107-0052 Japan
TEL (81-3)3560-2117　(Editorial Section)
TEL (81-3)3560-2113　FAX (81-3)3584-1221　(Advertising Section)

著作編集　「地球の歩き方」編集室
発行所　株式会社ダイヤモンド・ビッグ社
〒107-0052　東京都港区赤坂3-5-2　サンヨー赤坂ビル
編集部　TEL (03) 3560-2117
広告部　TEL (03) 3560-2113　FAX (03) 3584-1221
発売元　株式会社ダイヤモンド社
〒150-8409　東京都渋谷区神宮前6-12-17
販　売　TEL (03) 5778-7240

DTP制作　有限会社どんぐり・はうす
印刷製本　開成堂印刷株式会社　Printed in Japan

ISBN978-4-478-05362-1

旅と君とポカリスエット ～秘境篇～
ギラ
ギラ
水…
水をくれ…
ありえねー…
キラ
キラ
お困りですか？
アンタだれ？
粉末のポカリスエットはいかがですか？
ポカリスエット
POCARI SWEAT
水
ムカッ
粉なんていらんっ!!
水くれ!
水!!
ハァ
ハァ
バッ
カラダが乾いた時は、ただの水より、吸収の速い、ポカリスエットの方がいいんです。
ガーン
エッて!
分かってないわネ!
フンッ
サラ
サラ
じ・じゃあポカリスエット下さい…
ダメ。
ゴクッ
クイッ
ゴクッ
カク
カク
あーおいしい!
ポカリスエット
POCARI SWEAT
イオンの力で、
どこでもすいすい水分補給。
HAVE A NICE TRIP!!